LE TRAIN DE VIE EN DROIT PRIVÉ

Logiques Juridiques

Fondée par Gérard Marcou
Dirigée par Jean-Claude Némery et Thomas Perroud

Le droit n'est pas seulement un savoir, il est d'abord un ensemble de rapports et pratiques que l'on rencontre dans presque toutes les formes de sociétés. C'est pourquoi il a toujours donné lieu à la fois à une littérature de juristes professionnels, produisant le savoir juridique, et à une littérature sur le droit, produite par des philosophes, des sociologues ou des économistes notamment.

Parce que le domaine du droit s'étend sans cesse et rend de plus en plus souvent nécessaire le recours au savoir juridique spécialisé, même dans des matières où il n'avait jadis qu'une importance secondaire, les ouvrages juridiques à caractère professionnel ou pédagogique dominent l'édition, et ils tendent à réduire la recherche en droit à sa seule dimension positive. À l'inverse de cette tendance, la collection « Logiques juridiques » des éditions L'Harmattan est ouverte à toutes les approches du droit. Tout en publiant aussi des ouvrages à vocation professionnelle ou pédagogique, elle se fixe avant tout pour but de contribuer à la publication et à la diffusion des recherches en droit, ainsi qu'au dialogue scientifique sur le droit. Comme son nom l'indique, elle se veut plurielle.

Dernières parutions

Hafedh BOUAZIZ, *La conversion des actes juridiques,* 2018.
Gabriel ECKERT et Jean-Philippe KOVAR, *La régulation économique et financière face aux défis de l'information,* 2018.
Adil MOUSSEBBIH, *Le contentieux électoral dans la jurisprudence du Conseil constitutionnel marocain, Étude comparative*, 2018.
CLUB MARC BLOCH, *Citoyen !*, 2018.
Lamine TIRERA, *L'État stratège*, 2018.
Léa CASTELLON, *La place de la victime dans le procès pénal,* 2018.
Soror BAHBOUHI, *Le conflit d'intérêts du banquier*, 2018.
Tenile MASCOLO GIL, *Les droits de l'homme dans le Mercosur,* 2018.
Mohammed BERRAOU, *La responsabilité des acteurs de la gestion publique devant la Cour des comptes. Le modèle marocain*, 2017.
Eric GILARDEAU, *Cicéron, père de la codification du droit civil*, 2017.
Daphne AKOUMIANAKI, *Les rapports entre l'ordre juridique constitutionnel et les ordres juridiques européens. Analyse à partir du droit constitutionnel grec*, 2016.
Boris BARRAUD, *La Recherche juridique. Sciences et pensées du droit*, 2016.

Michaël Martinez

Le train de vie en droit privé

Préface de Philippe Delmas Saint-Hilaire

L'Harmattan

5-7, rue de l'École-Polytechnique ; 75005 Paris

http://www.editions-harmattan.fr/

ISBN : 978-2-343-15845-7
EAN : 9782343158457

À Margot,

À mes parents

Je ne saurais suffisamment remercier ma compagne, ma famille, mes amis ainsi que tous ceux qui m'ont accompagné et soutenu pendant mon travail de thèse.

Je remercie également mes collègues de l'IRDAP, doctorants, personnels administratifs et enseignants, qui ont partagé mon quotidien pendant cette période.

Je remercie tout particulièrement Audrey, Barbara, Céline, Charlotte, Élodie, Guillaume, Jean-Baptiste, Lucas et Maxence pour leur précieux travail de relecture.

Je remercie vivement Monsieur le Professeur Guillaume Wicker, qui m'accompagne depuis le Master II, pour sa disponibilité et la qualité de ses conseils.

Je remercie enfin et avec une attention toute particulière Monsieur le Professeur Philippe Delmas Saint-Hilaire pour la confiance qu'il m'a accordée et dont il m'a régulièrement témoignée, tant dans la conduite de mes recherches que dans mes activités d'enseignement à ses côtés.

Listes des principales abréviations

adde	ajouter
AJ fam.	Actualité juridique famille
al.	alinéa
Arch. Phil. dr.	Archives de philosophie du droit
art.	article
art. préc.	article précité
Ass. plén.	Assemblée plénière de la Cour de cassation
Bib.	Bibliothèque
BICC	Bulletin d'information de la Cour de cassation
Bull. civ. I, II, III	Bulletin des arrêts de la Cour de cassation, chambres civiles
Bull. crim	Bulletin des arrêts de la Cour de cassation, chambre criminelle
CA	Cour d'appel
CASF	Code de l'action sociale et des familles
Cass.	Cour de cassation
Cass. civ. 1re, 2e, 3e	1re, ou 2e, ou 3e chambre civile de la Cour de cassation
Cass. com.	chambre commerciale de la Cour de cassation
Cass. crim.	chambre criminelle de la Cour de cassation
C. assu.	Code des assurances
CCC	Revue contrats, concurrence et consommation
C. civ.	Code civil
C. com.	Code de commerce
C. conso	Code de la consommation
C. pénal.	Code pénal
C. travail.	Code du travail
CE	Conseil d'État
Cf.	confer (rapprochez)
CGI	Code général des impôts
chron.	chronique
coll.	collection
comp.	comparer
concl.	conclusion
Cons. const.	Conseil constitutionnel
CPC	Code de procédure civile
Contra	en sens contraire
CSS	Code de la sécurité sociale
D.	Recueil Dalloz
dir.	direction (sous la)
Defrénois	Répertoire du notariat Defrénois
DH	Dalloz hebdomadaire
DP	Recueil périodique et critique mensuel Dalloz
Dr. fam.	Revue de droit de la famille

Dr. fisc.	Revue de droit fiscal
Dr. et patr.	Revue droit et patrimoine
Dr. social	Revue droit social
Dr. sociétés	Revue droit des sociétés
éd.	édition
Fasc.	Fascicule
Gaz. Pal.	Gazette du Palais
Ibid.	*Ibidem* (au même endroit)
In	dans
Infra.	au-dessous
IR	informations rapides (Recueil Dalloz)
J.-Cl.	Juris-classeur
JCP ou JCP G	La semaine juridique édition, générale
JCP E	La semaine juridique édition, édition entreprises et affaires
JCP N	La semaine juridique édition, édition notariale et immobilière
JORF	Journal officiel de la République française
LPA	Les petites affiches
LGDJ	Librairie Générale de Droit et de Jurisprudence
loc. cit.	*loco citato* (à l'endroit cité)
n°	numéro
obs.	observations
op. cit.	*opere citato* (dans l'ouvrage précité)
Ord.	Ordonnance
p.	page
PA	Petites affiches
préc.	précité(e)
préf.	préface
PUAM	Presses universitaires d'Aix-Marseille
PUF	Presses universitaires de France
QPC	Question prioritaire de constitutionnalité
Rép. civ.	Répertoire de droit civil Dalloz
RDA	Revue de droit d'Assas
RDC	Revue des contrats
RLDC	Revue Lamy droit civil
Rev.	Revue
Rev. sociétés	Revue des sociétés
RJF	Revue de jurisprudence fiscale
RRJ	Revue de la recherche juridique, droit prospectif
RSC	Revue de science criminelle et de droit pénal comparé
RTD civ.	Revue trimestrielle de droit civil
RTD com.	Revue trimestrielle de droit commercial et de droit économique
s.	suivants
spéc.	spécialement
somm.	sommaire
Supra	au-dessus
T.	tome

TGI	tribunal de grande instance
th. préc.	thèse précitée
V°	*verbo* (au mot)
vol.	volume

SOMMAIRE

TITRE II - LE TRAIN DE VIE, SOURCE DE PROTECTION

Chapitre I - La protection juridique du train de vie

Chapitre II - Pour la reconnaissance d'un droit à la déshabitude économique

Préface

S'il existe des thèses purement descriptives, en voici une qui ne l'est pas et qui brille par sa grande originalité. Aborder le sujet « le train de vie en droit privé » est déjà un acte de courage, la notion étant fuyante, non définie et pourtant si présente dans de nombreuses ramifications du Droit. A l'origine dotée d'une dimension fiscale à des fins de contrôle du contribuable, la notion s'est développée en droit social, en droit pénal et aujourd'hui en droit civil où elle peut même incarner « un droit à ». Monsieur Martinez, avec un talent peu commun, bouscule certains canons classiques et suggère, au risque de déplaire à des esprits très classiques, une vision innovante du train de vie, où se mêlent une approche économique et une dimension sociologique. Le train de vie affiche deux versants, un ubac et un adret ; au fond, il y a le train de vie qu'on oppose à une personne pour rectifier une déclaration ou une position mais il y a aussi celui dont se prévaut un individu afin d'obtenir un avantage lié à sa situation antérieure. La notion s'inscrit dans un logiciel caractérisant une proportionnalité et incarne une fin en soi, offrant à celui qui s'en prévaut un droit au maintien dans un état préexistant, à la manière d'un droit acquis, comme si l'emprise du temps offrait à son titulaire, en cas de rupture violente, un droit de réaction fondé sur l'habitude économique acquise pendant le temps de la relation brisée.

Le train de vie, conforté par la notion d'habitude, ouvre à celui qui l'oppose, la reconnaissance d'un « droit à la déshabitude économique », lié à un bouleversement de ses circonstances de vie et que le droit patrimonial de la famille, si cher à Monsieur Martinez, illustre à merveille dans la consécration d'un droit au maintien de son cadre de vie, en cas de décès de son conjoint ou en cas de séparation.

On ne peut que louer la richesse et l'originalité de cette étude qui, nous le souhaitons, devraient ouvrir magistralement à Monsieur Martinez les voies de l'enseignement.

Ph. DELMAS SAINT HILAIRE,
Professeur à l'Université de Bordeaux (IRDAP)

INTRODUCTION

1. ***Le train de vie : une notion intuitive*** - « Mais qu'est-ce donc que le train de vie ? (…) Le nombre et la valeur des véhicules automobiles ; la valeur locative du bien immobilier détenu ou mis à la disposition du demandeur, ce qui englobe aussi les logements gratuits, par exemple prêtés par un proche ; les avantages en nature ou en espèces servis par des tiers, par exemple les aides de la famille ; la fréquence et le coût des voyages à l'étranger[1]... ». Cette question avait été posée par un sénateur lors des débats parlementaires relatifs à la loi de financement de la sécurité sociale pour l'année 2007[2] et plus spécifiquement lors de l'étude d'un amendement portant sur l'instauration d'un contrôle des prestations sociales d'après les éléments du train de vie. Elle n'avait pas reçu de réponse alors même que la notion de « train de vie » allait être utilisée dans un texte répressif dont l'objet était de lutter contre la fraude aux prestations sociales.

2. ***Première approche du train de vie*** - Cette anecdote permet d'ores et déjà d'affirmer que la notion de « train de vie » est utilisée dans des textes de lois. Dès lors, elle appartient au lexique juridique. Cette appartenance n'est absolument pas exclusive. Bien au contraire, l'expression « train de vie » appartient initialement et principalement au langage courant. Il suffit de regarder la presse pour se rendre compte de l'usage commun de cette expression et de la connotation péjorative qu'on lui attribue. Ainsi, on peut lire les formules suivantes : « La République doit-elle continuer à assurer le train de vie des anciens président[3] ? », « Réduction du train de vie de l'État, beaucoup de bruit pour rien[4] », « Le train de vie de l'État revu à la baisse[5] », « Environnement : l'insoutenable train de vie des riches[6] », « Voyages, logement : le train de vie de François Fillon à Matignon épinglé »[7], « La question du train de vie, épreuve de campagne décisive pour DSK[8] », « Le

---

[1] Séance du sénat du 17 novembre 2006, étude de l'amendement n° 291, *JORF* n° 99 du 18 novembre 2006, p. 8306, spéc. p. 8441.

[2] Loi n° 2006-1640 du 21 décembre 2006, *JORF* n° 296 du 22 décembre 2006 page 19315.

[3] *Le Parisien*, 15 avril 2016.

[4] *Le Monde*, 29 juin 2010.

[5] *La Tribune*, 20 août 2010.

[6] *Alternatives économiques*, hors-série n° 83, décembre 2009.

[7] *Le Monde*, 1er février 2012.

[8] *Le Monde*, 11 mai 2011.

train de vie très dispendieux de Tony Blair[9] », « L'indécent train de vie du football européen[10] », « Le train de vie d'Amber Heard exposé pour justifier la pension qu'elle demande à Johnny Depp[11] », « INA : Le train de vie professionnel de Mathieu Gallet (encore) épinglé[12] ».

Quelques recherches sur internet permettent de prendre conscience de la diversité des usages de cette expression. Il s'agit du titre d'un film[13] dans lequel les membres d'une communauté juive organisèrent eux-mêmes leur déportation, à bord d'un train acheté à cette fin, afin de rallier la Russie et d'échapper aux Nazis. Cette expression a également servi de titre à un spectacle participatif portant « sur l'appréhension contemporaine de la notion d'immédiateté[14] ». Elle est enfin le nom d'une association dont l'objet est de voyager écologiquement[15], ainsi que de plusieurs restaurants et bars. Dans le film *La guerre est déclarée*[16], l'un de ces établissements[17] servait de lieu de repère à un couple confronté à la maladie incurable de leur enfant. Le choix de ce lieu apportait une dimension allégorique aux destins et routines bouleversés de ces parents.

3. *Définition des termes de la locution « train de vie »* - La locution « train de vie » peut d'abord être envisagée à travers chacun de ses éléments. Le premier terme important est le substantif train. Il a pour racine traire qui provient lui-même du latin *trahere*, *tractus* signifiant « tirer, traîner[18] » ou par extension « ce que l'on traîne » et la « manière de traîner, l'allure[19] ». Le terme « train » est apparu au XIIe siècle[20]. Il signifiait à la fois « le fil des choses » et « la marche des choses ». Vers 1240, ce terme a été utilisé pour désigner une « file de bêtes de somme et du personnel de service qui suivent

---

9 *Les Echos*, 12 janvier 2015.

10 *Courrier international,* 4 juin 2010.

11 *Voici*, 1er juin 2016.

12 *20 minutes*, 26 mai 2016.

13 Comédie dramatique de Radu Mihaileanu . Date de sortie : 16 septembre 1998.

14 http://www.lasophiste.com/portfolio/traindevie/

15 http://traindevie.over-blog.org/

16 Drame, de Valérie Donzelli. Date de sortie : 31 août 2011.

17 « Au train de vie »,1 rue des Deux Gares 75010 Paris.

18 *Le Robert, Étymologie du français*, V° *Traire.*

19 *Grand dictionnaire étymologique et historique du français*, Larousse, V° *Train.*

20 *Le Robert, Étymologie du français*, V° *Traire,* B, 3 ; *Grand dictionnaire étymologique et historique du français*, Larousse, V° *Train.*

quelqu'un[21] ». Évoluant un peu, le terme a par la suite permis de désigner « l'ensemble des domestiques, suivants, chevaux, voitures qui accompagnaient une personne[22] ». Au début du XIXe siècle[23] sont apparues les locutions train de maison[24] et grand train[25].

Le deuxième terme de la locution « train de vie », par ordre d'importance, est le terme « vie ». Il sert à qualifier le premier terme, « train ». Il s'agit là encore d'un terme très polysémique[26]. Il peut désigner le fait de vivre, d'être vivant, ou un espace de temps compris entre la vie et la mort ou encore tout ce qui appartient au monde humain. Il peut également désigner les « moyens matériels (nourriture, argent...) d'assurer la subsistance (d'un être vivant)[27] ». Ce dernier sens est largement présent dans l'expression train de vie. Pourtant, tous les autres sens ne doivent pas être écartés. L'idée de durée, inhérente à la vie humaine, est également présente au sein du train de vie, qui caractérise une situation économique habituelle et par là même, ancrée dans la durée.

Enfin, la préposition « de », permet de relier les deux autres termes de la locution. Dans un mot composé ou une locution, il n'a aucune valeur sémantique particulière. Il ne traduit pas une idée d'appartenance. Il renvoie à une qualité de quelque chose ou sert à déterminer quelque chose. Il conforte l'opinion selon laquelle le terme « vie » sert à qualifier le terme « train ».

4. ***Définition du train de vie dans le langage courant* -** La locution train de vie serait apparue vers la fin du XVe siècle. Elle est associée au

---

[21] *Le Grand Robert de la langue française*, V° *Train*, I, A, 1. Quelques exemples sont donnés : train de chevaux, de mulets portant des vivres ; Centre national de la recherche scientifique, *Trésor de la langue française, Dictionnaire du XIXe et XXe siècle*, V° Train, I, A, 1 : « File de bêtes destinées au transport de marchandises ou à la consommation ».

[22] *Le Grand Robert de la langue française*, V° *Train*, I, A, 5. Synonyme d'équipage.

[23] Fin XIXe (1876) pour le *Grand dictionnaire étymologique et historique du français*, Larousse, V° *Train*.

[24] *« Domestiques qui servent dans une maison »*, *Le Grand Robert de la langue française*, V° *Train*, I, A, 5 ; « Domesticités, commodités, dépenses d'une maison » : *Le Petit Robert de la langue française*, V° *Train*, I, 4 ; « Ensemble des services d'une maison ».

[25] « Mener grand train : mener la vie à grands guides, vivre sur un grand pied, dans le luxe », *Le Grand Robert de la langue française*, V° *Train*, I, A, 5.

[26] *Le Grand Robert de la langue française*, V° *Vie*.

[27] *Le Grand Robert de la langue française*, V° *Vie*, I, 7. Les exemples suivants sont visés : gagner sa vie, niveau de vie, mener grande vie.

terme train entendu au sens d' « allure », de « marche, de progression[28] ». Aujourd'hui elle peut être définie comme « le genre de vie, du point de vue matériel, en rapport avec la situation sociale et financière de quelqu'un[29] » ou comme « la manière de vivre de quelqu'un, d'une famille considérée, par rapport à leurs revenus, à leurs ressources[30] ». Cette expression avait un sens plus large au début du XVIIe siècle. Ainsi, elle désignait « le style, la manière de vivre en général[31] » ou encore « le mode d'existence, le genre de vie [32] ». Elle n'avait pas la connotation économique dont elle dispose aujourd'hui qui invite à rechercher une définition du train de vie en économie.

5. ***Absence de définition du train de vie dans le langage économique*** - Cette notion est inconnue des dictionnaires d'économie. Elle n'est donc pas utilisée en ce domaine d'un point de vue technique. En revanche, le « niveau de vie », notion voisine du train de vie[33], y est défini, ou plus exactement sa méthode de calcul. Ainsi selon l'INSEE « le niveau de vie est égal au revenu disponible du ménage[34] divisé par le nombre d'unités de consommation. Le niveau de vie est donc le même pour tous les individus d'un même ménage. Les unités de consommation sont généralement calculées selon l'échelle d'équivalence dite de l'OCDE modifiée qui attribue 1 unité de consommation au premier adulte du ménage, 0,5 unité de consommation aux autres personnes de 14 ans et plus et 0,3 unité de consommation aux enfants de moins de 14 ans[35] ». Bien qu'elle donne des indications intéressantes, une telle définition est difficilement exploitable par un juriste. La mise à l'écart

---

[28] *Le Grand Robert de la langue française*, V° *Train*, III. Antérieurement, les expressions *train de maison* et *grand train* étaient associées au terme train entendu au sens *« de suite, d'ensemble de choses ou de personnes ».*

[29] Le Robert, Expressions et locutions, V° *Train, Train de vie ; Le Grand Robert de la langue française,* V° *Train*, III, 4, train de vie (sens moderne) : « manière de vivre relativement aux dépenses de la vie courante que permet la situation, l'état des gens ».

[30] *Le Grand Larousse,* V° *Train.*

[31] *Le Robert, Expressions et locutions*, V° *Train, Train de vie ; Le Robert de la langue française,* V° *Train, train de vie* (sens vieilli) : « le genre de vivre, la manière de vivre ».

[32] *Pierre Larousse, Grand dictionnaire universel du XIXe siècle*, V° *Train.*

[33] Il sera vu ultérieurement que le train de vie traduit une double idée : un niveau de vie et une habitude de vie. Concernant le niveau de vie, voir *infra*, n° 30 et s.

[34] http://www.insee.fr/fr/methodes/default.asp?page=definitions/revenu-disponible.htm : *« Le revenu disponible d'un ménage comprend les revenus d'activité (nets des cotisations sociales), les revenus du patrimoine, les transferts en provenance d'autres ménages et les prestations sociales (y compris les pensions de retraite et les indemnités de chômage), nets des impôts directs ».*

[35] http://www.insee.fr/fr/methodes/default.asp?page=definitions/niveau-de-vie.htm

de cette définition technique ne doit pas conduire à rejeter le caractère économique de la notion de train de vie. Sa définition, dans le langage juridique, mettra en exergue un tel caractère.

6. ***Existence d'une définition du train de vie dans le langage juridique*** **-** L'utilisation de l'expression « train de vie » peut être recensée dans le code civil[36], le code général des impôts[37], le livre des procédures fiscales[38], de code de la sécurité sociale[39], le code de l'action sociale et des

---

[36] *C. civ.*, art. 220 : « Chacun des époux a pouvoir pour passer seul les contrats qui ont pour objet l'entretien du ménage ou l'éducation des enfants : toute dette ainsi contractée par l'un oblige l'autre solidairement.

La solidarité n'a pas lieu, néanmoins, pour des dépenses manifestement excessives, eu égard au train de vie du ménage, à l'utilité ou à l'inutilité de l'opération, à la bonne ou mauvaise foi du tiers contractant.

Elle n'a pas lieu non plus, s'ils n'ont été conclus du consentement des deux époux, pour les achats à tempérament ni pour les emprunts à moins que ces derniers ne portent sur des sommes modestes nécessaires aux besoins de la vie courante et que le montant cumulé de ces sommes, en cas de pluralité d'emprunts, ne soit pas manifestement excessif eu égard au train de vie du ménage ».

Art. 515-4 al. 2 « Les partenaires sont tenus solidairement à l'égard des tiers des dettes contractées par l'un d'eux pour les besoins de la vie courante. Toutefois, cette solidarité n'a pas lieu pour les dépenses manifestement excessives. Elle n'a pas lieu non plus, s'ils n'ont été conclus du consentement des deux partenaires, pour les achats à tempérament ni pour les emprunts à moins que ces derniers ne portent sur des sommes modestes nécessaires aux besoins de la vie courante et que le montant cumulé de ces sommes, en cas de pluralité d'emprunts, ne soit pas manifestement excessif eu égard au train de vie du ménage ».

[37] *CGI*, art. 168 « En cas de disproportion marquée entre le train de vie d'un contribuable et ses revenus, la base d'imposition à l'impôt sur le revenu est portée à une somme forfaitaire déterminée en appliquant à certains éléments de ce train de vie le barème ci-après, lorsque cette somme est supérieure ou égale à 45 405 € ».

Art. 1649 quater-0 ter « Lorsque l'administration fiscale est informée, dans le cadre de la lutte contre les activités lucratives non déclarées portant atteinte à l'ordre public et à la sécurité publique et dans les conditions prévues aux articles L.82 C et L.101 ou L.135 L du livre des procédures fiscales, qu'un contribuable dispose d'éléments mentionnés ci-après, elle peut, en cas de disproportion marquée entre son train de vie et ses revenus, porter la base d'imposition à l'impôt sur le revenu à une somme forfaitaire déterminée en appliquant à ce ou ces éléments de train de vie le barème ci-après, compte tenu, le cas échéant, de la majoration prévue au 2 ».

[38] *LPF*, art. L.12 « Dans les conditions prévues au présent livre, l'administration des impôts peut procéder à l'examen contradictoire de la situation fiscale des personnes physiques au regard de l'impôt sur le revenu, qu'elles aient ou non leur domicile fiscal en France, lorsqu'elles y ont des obligations au titre de cet impôt.

À l'occasion de cet examen, l'administration peut contrôler la cohérence entre, d'une part les revenus déclarés et, d'autre part, la situation patrimoniale, la situation de trésorerie et les éléments du train de vie des membres du foyer fiscal ».

familles[40], le code pénal[41], le code de procédure pénale[42] et le code du service national[43]. Malgré cette consécration légale incontestable, la notion

---

Art. L.63 « 1. Lorsque les agents des impôts constatent une disproportion marquée entre le train de vie d'un contribuable et les revenus qu'il déclare, ils peuvent modifier la base d'imposition dans les conditions prévues aux articles 168 et 1649 quater-0 B ter du code général des impôts ».

[39] *CSS*, art. L.553-3-5 et L.861-2-1 : « Lorsqu'il est constaté par l'organisme local de sécurité sociale, à l'occasion de l'instruction d'une demande ou lors d'un contrôle, une disproportion marquée entre, d'une part, le train de vie du demandeur ou du bénéficiaire et, d'autre part, les ressources qu'il déclare, une évaluation forfaitaire des éléments de train de vie est effectuée. Cette évaluation forfaitaire est prise en compte pour la détermination du droit à la prestation.

Les éléments de train de vie à prendre en compte, qui comprennent notamment le patrimoine mobilier ou immobilier, sont ceux dont la personne a disposé au cours de la période correspondant à la déclaration de ses ressources, en quelque lieu que ce soit, en France ou à l'étranger, et à quelque titre que ce soit ».

Art. R.553-3-1 et R.861-15-1 : « L'évaluation forfaitaire du train de vie prévue à l'article L.553-5 (ou L.861-2-1) prend en compte les éléments et barèmes suivants » + liste de différents éléments du train de vie.

Art. R.553-3-4 à R. 553-3-7 et R.861-2-4 à R.861-2-7 ; art. L.380-2. Ces articles ont trait à la procédure de contrôle.

[40] *CASF*, art. L.262-41 : « Lorsqu'il est constaté par le président du conseil départemental ou les organismes chargés de l'instruction des demandes ou du versement du revenu de solidarité active, à l'occasion de l'instruction d'une demande ou lors d'un contrôle, une disproportion marquée entre, d'une part, le train de vie du foyer et, d'autre part, les ressources qu'il déclare, une évaluation forfaitaire des éléments de train de vie, hors patrimoine professionnel dans la limite d'un plafond fixé par décret, est effectuée. Cette évaluation forfaitaire est prise en compte pour la détermination du droit au revenu de solidarité active.

Les éléments de train de vie à prendre en compte, qui comprennent notamment le patrimoine mobilier ou immobilier, hors patrimoine professionnel dans la limite d'un plafond fixé par décret, sont ceux dont le foyer a disposé au cours de la période correspondant à la déclaration de ses ressources, en quelque lieu que ce soit, en France ou à l'étranger, et à quelque titre que ce soit ».

Art. R.262-74 : « L'évaluation forfaitaire du train de vie prévue à l'article L.262-41 prend en compte les éléments et barèmes suivants » + liste des éléments du train de vie.

Art. R.262-79 : « La disproportion marquée entre le train de vie et les ressources déclarées est constatée lorsque le montant du train de vie évalué forfaitairement en application de l'article R.262-74 est supérieur ou égal à un montant résultant, pour la période de référence, du double de la somme :

1° Du montant forfaitaire applicable au foyer ;

2° Des prestations et aides mentionnées aux articles R.262-10 ;

3° Des revenus professionnels et assimilés mentionnés à l'article R.262-12.

Dans ce cas, l'évaluation forfaitaire des éléments du train de vie est prise en compte pour la détermination du droit au revenu de solidarité active ».

Art. R.262-78 et R.262-80 (règles procédurales).

[41] *C. pénal*, art. 222-12-15 al. 2 : « Est assimilé à l'exploitation de la mendicité le fait de ne pouvoir justifier de ressources correspondant à son train de vie tout en exerçant une influence

de train de vie n'est jamais définie. Cette lacune a été mise en lumière par un sénateur lors des débats parlementaires relatifs à la loi de financement de la sécurité sociale pour l'année 2007 [44]. En l'absence de définition, le législateur use parfois du procédé de l'énumération. C'est ainsi que de

---

de fait, permanente ou non, sur une ou plusieurs personnes se livrant à la mendicité ou en étant en relation habituelle avec cette ou ces dernières ».

Art. 225-12-8 al. 3 : « Est également assimilé à l'exploitation de la vente à la sauvette le fait de ne pouvoir justifier de ressources correspondant à son train de vie tout en exerçant une influence de fait, permanente ou non, sur une ou plusieurs personnes commettant habituellement l'une des infractions mentionnées audit article 446-1 ou en étant en relation habituelle avec cette ou ces dernières ».

Art. 225-6 : « Est assimilé au proxénétisme et puni des peines prévues par l'article 225-5 le fait, par quiconque, de quelque manière que ce soit :

3° De ne pouvoir justifier de ressources correspondant à son train de vie tout en vivant avec une personne qui se livre habituellement à la prostitution ou tout en étant en relations habituelles avec une ou plusieurs personnes se livrant à la prostitution ».

Art. 321-6 al. 1er : « Le fait de ne pas pouvoir justifier de ressources correspondant à son train de vie ou de ne pas pouvoir justifier de l'origine d'un bien détenu, tout en étant en relations habituelles avec une ou plusieurs personnes qui soit se livrent à la commission de crimes ou de délits punis d'au moins cinq ans d'emprisonnement et procurant à celles-ci un profit direct ou indirect, soit sont les victimes d'une de ces infractions, est puni d'une peine de trois ans d'emprisonnement et de 75 000 euros d'amende ».

Art. 421-2-3 : « Le fait de ne pouvoir justifier de ressources correspondant à son train de vie, tout en étant en relations habituelles avec une ou plusieurs personnes se livrant à l'un ou plusieurs des actes visés aux articles 421-1 à 421-2-2, est puni de sept ans d'emprisonnement et de 100 000 euros d'amende ».

[42] CPP, art. 706-73, 706-73-1 et 706-91.

[43] *Code service national*, art. R.58 : « Ne peuvent être classés soutiens de famille au sens de l'article L. 32, et dispensés comme tels des obligations du service national actif, les jeunes gens qui n'appartiennent à aucune des catégories familiales définies à l'article R.* 56 et ceux pour lesquels le quotient des ressources par personne à charge, calculé comme il est dit à l'article R.* 57, est supérieur au salaire mensuel de base et entraîne le classement en sous-catégorie b.

En outre, la dispense ne peut être accordée lorsqu'il ressort de renseignements portant notamment sur le patrimoine et le train de vie du jeune homme et de sa famille que, malgré l'incorporation de celui-ci, l'entretien des personnes dont il a la charge continuera à être suffisamment assuré. Les intéressés sont alors classés dans la sous-catégorie b, quel que soit le quotient des ressources par personne à charge ».

Art. R.68-6 al. 1er : « Dans le cas prévu au sixième et au septième alinéa de l'article L. 32, la dispense ne peut être accordée, lorsqu'il ressort de renseignements portant sur le patrimoine et le train de vie du jeune homme et de sa famille, ainsi que sur les revenus à provenir de l'exploitation, que malgré l'incorporation du requérant, la marche de l'entreprise peut continuer à être assurée en raison des possibilités financières de remplacement de l'intéressé ».

[44] Sénat, séance du 17 novembre 2006, étude de l'amendement n° 291, *JORF* n° 99 du 18 novembre 2006, p. 8306, spéc. p. 8441. *Supra*, n° 1.

nombreux textes légaux sont accompagnés d'une liste exhaustive d'éléments du train de vie[45]. La jurisprudence utilise le même procédé. Elle ne définit pas non plus le train de vie. Afin de le caractériser dans chaque espèce, elle relève un certain nombre d'éléments du train de vie. Ce vide législatif et jurisprudentiel n'est pas comblé par la doctrine.

Aucune monographie n'est en effet consacrée au train de vie. Cette notion a néanmoins été étudiée par Monsieur Louis Ségor dans un article intitulé « Le rôle du train de vie dans l'application du droit civil[46] ». Elle y est définie comme « l'expression extérieure et comptable de la personnalité ou, si l'on préfère comme le comportement économique d'une personne ».

Enfin, parmi l'ensemble des lexiques des termes juridiques, seul le *Vocabulaire juridique de l'Association Henri Capitant* propose une définition doctrinale le la notion de train de vie[47]. Il s'agit de la « façon plus ou moins large (avec faste, aisance ou malaisément) de vivre quant aux dépenses de l'existence : volume variable que représentent dans un budget familial ou personnel les dépenses affectées à la satisfaction des besoins et des plaisirs[48] ». Plus complète que les définitions des dictionnaires non juridiques, cette définition va néanmoins dans le même sens[49]. En effet, toutes ces définitions évoquent la manière de vivre, appréciée d'un point de vue économique.

Ces définitions ne permettent pas de cerner avec précision la notion de train de vie. Elles permettent tout au plus d'en avoir une perception abstraite. Par ailleurs, les définitions juridiques, assez proches des définitions du langage courant, ne parviennent pas à traduire juridiquement ce qu'est le train de vie. L'étude des manifestations de cette notion dans la sphère juridique permettra de la découvrir davantage.

7. ***Une double approche du train de vie en droit privé*** - Le train de vie se manifeste de deux manières en droit privé. D'une part, l'expression « train de vie » est utilisée explicitement dans certains textes[50]. D'autre part,

---

[45] *CGI*, art. 168 et 1649 quater-0 ter ; *CASF*, art. R.262-74 ; *CSS*, art. R.553-3-1 et R.861-15-1.

[46] *JCP* 1963, I, 1783.

[47] Aucune entrée n'existe dans le *Dictionnaire du vocabulaire juridique* (Lexis Nexis), ni dans le *Dictionnaire juridique* (Larcier, Paradigme), ni dans le *Lexique des termes juridiques* (Dalloz), ni dans le *Dictionnaire élémentaire du droit* (Dalloz).

[48] *Vocabulaire juridique de l'Association Henri Capitant,* sous la dir. de G. Cornu, 11e éd., PUF, Coll. Quadrige, 2016, V° *Vie (6e sens).*

[49] *Supra*, n° 4.

[50] *Supra*, n° 6.

le train de vie peut se manifester plus abstraitement. Tel est le cas en droit patrimonial de la famille. Les droits du conjoint survivant, la prestation compensatoire, l'obligation d'entretien des enfants sont autant d'hypothèses dans lesquelles la problématique du maintien du train de vie est récurrente.

Dans cette seconde forme de manifestation, le vocable « train de vie » n'est pas toujours utilisé. Il est parfois remplacé par des notions voisines, telles que le « niveau de vie » ou « le cadre de vie ». La confusion entre ces différentes notions, qui fait ressortir le besoin de définition du train de vie, n'est pas blâmable. Tout au long de ce travail de recherche, de nombreuses interactions apparaîtront entre ces différentes notions. Ainsi, il sera montré que le train de vie exprime une double réalité. Il traduit un niveau de vie auquel se rajoute une composante temporelle, de durée. Il est donc à la fois un niveau de vie et une habitude de vie[51]. Le cadre de vie quant à lui, apparaîtra comme une composante du train de vie[52]. Cette notion présente une double dimension, à la fois patrimoniale et extra-patrimoniale, alors que le train de vie est une notion exclusivement patrimoniale.

8. ***L'utilisation explicite de l'expression « train de vie » en droit fiscal*** - Le train de vie est une notion juridique récente. Elle a fait sa première apparition dans le droit en matière fiscale en 1939. Ses racines y étaient pourtant ancrées depuis plusieurs siècles. Une étude de l'imposition sur le revenu au XVIIIe siècle[53] fait apparaître le lien récurrent entre l'impôt et le train de vie à cette période. Son auteur révèle, à propos de la taille, un impôt de l'Ancien Régime à la fois aléatoire et abusif, une volonté pour les contribuables de sombrer dans la misère pour ne pas être taxé. Il ajoute que « toute amélioration dans les conditions de vie, tout signe de richesse était prétexte à l'impôt[54] ». La référence au train de vie existait également pour calculer le vingtième d'industrie, impôt s'appliquant aux revenus des négociants, des marchands et des fabricants. Devant les difficultés d'évaluation de ces revenus l'auteur relève que l'administration exigeait des corporations professionnelles qu'elles répartissent l'impôt en leur sein « d'après le chiffre présumé de leur fortune [celle des marchands] ou le train de vie[55] ». Il en était également de même pour la contribution personnelle

[51] *Infra*, n° 26 et s.

[52] *Infra*, n° 535 et s.

[53] Marion (M.), *L'impôt sur le revenu au XVIIIe siècle principalement en Guyenne*, Slatkine-Megariotis-Reprints, Genève, 1976 (réimpression de l'édition de Toulouse de 1901).

[54] *Ibid.*, p. 15.

[55] *Ibid.*, p. 103.

mobilière, impôt qui frappait les revenus après la Révolution. Elle était susceptible d'être calculée à partir des signes extérieurs de richesse[56].

À la suite d'importantes réformes fiscales de 1914-1917, l'impôt général sur le revenu allait être substitué aux « Quatre vieilles[57] ». Partant, certains textes, sans utiliser le vocable « train de vie » ont fait clairement référence à cette notion. L'imposition allait reposer sur une déclaration du contribuable contrôlée par l'administration[58]. Dans le même temps, les procédures de taxation d'office, basées sur les signes extérieurs de richesse, allaient émerger pour faire face au refus des contribuables de se soumettre à leurs obligations déclaratives. Quatre procédures allaient répondre à des situations différentes. La première était mise en œuvre lorsque le contribuable n'avait pas souscrit dans le délai légal la déclaration de son revenu global ; la déclaration tardive étant réputée inexistante[59]. La deuxième répondait à l'hypothèse dans laquelle le contribuable s'était abstenu de répondre aux demandes d'éclaircissement ou de justification de l'inspecteur[60]. La troisième procédure était mise en œuvre lorsqu'il était constaté une disproportion marquée entre le train de vie du contribuable et le revenu qu'il avait déclaré[61]. Cette procédure, organisée par décret du 21 avril 1939[62], a matérialisé la pénétration de l'expression « train de vie » dans le Droit. La quatrième et dernière procédure était ouverte lorsque les dépenses personnelles, ostensibles ou notoires, couramment appelées dépenses de train de vie, excédaient soit le minimum imposable, soit le revenu déclaré[63].

---

[56] *Ibid.*, p. 245.

[57] La contribution foncière, la contribution personnelle et mobilière, la contribution de la patente, la contribution sur les portes et les fenêtres. Voir le projet de loi portant suppression directes et établissement d'un impôt général sur les revenus et d'un impôt complémentaire sur l'ensemble du revenu voté le 9 mars 1909 : *L'impôt sur le revenu, Texte et commentaire du projet de loi voté par la chambre des députés*, Dalloz, (disponible sur le site internet Gallica).

[58] Buisson (J.) et Maîtrot (J.-C), « Les avatars de l'article 180 du code général des impôts », *Rev. science financière*, 1975, p. 25, spéc. p. 27 et s.

[59] *CGI*, art. 179 anc., devenu art. L.66 du *LPF*.

[60] *CGI*, art. 180 bis anc., abrogé.

[61] *CGI*, art. 168.

[62] Décret-loi du 21 avril 1939 relatif à la taxation forfaitaire d'après les signes extérieurs de certains revenus, *JORF*, 22 avril 1939, p. 5210. Un rapport de Monsieur Paul Reynaud, Ministre des finances à cette époque, accompagnait ce décret. Il explicite les motivations du gouvernement et les raisons pour lesquelles le train de vie des contribuables devait être pris en considération dans le calcul de l'impôt. Ce décret faisait suite à une loi du 19 mars 1939 tendant à accorder au gouvernement des pouvoirs spéciaux en vue de réformer les contributions directes et de lutter contre la fraude fiscale (*JORF* 19 avril 1939 ; *Dalloz* 1939, p. 315). Voir aussi, « Les dispositions fiscales des décrets-lois du 21 avril 1939 », *D. Recueil Hebdomadaire*, 1939, n° 23, notes fiscales, VI, p. 21.

[63] *CGI*, art. 128-3 ancien, devenu art. 180 ancien, lui-même devenu art. L.71 du *LPF*, abrogé.

Le train de vie est aujourd'hui encore utilisé pour déterminer le revenu imposable d'un contribuable qui n'aurait pas déclaré ses revenus ou à l'encontre duquel il existe un doute sur la sincérité de sa déclaration[64]. Ce mécanisme a été repris en 2009, dans le cadre de la lutte contre les activités lucratives non déclarées portant atteinte à l'ordre public et à la sécurité publique[65].

En 2011, le Conseil constitutionnel a été saisi d'une question prioritaire de constitutionnalité portant sur l'article 168 du code général des impôts, lequel permet à l'administration fiscale de taxer les revenus d'un contribuable à partir des éléments de son train de vie[66]. Il a estimé que cette disposition ne méconnaissait pas le principe d'égalité devant la loi mais que l'un de ses alinéas[67] méconnaissait le principe d'égalité devant les charges publiques[68]. Cet article reste donc en vigueur aujourd'hui, amputé d'une de ses dispositions. En revanche, une disposition semblable existe toujours au 2° de l'article 1649 quater-0 B ter du code général des impôts. Elle sera très certainement abrogée si elle fait l'objet, à son tour, d'une question prioritaire de constitutionnalité.

---

[64] *CGI*, art. 168.

[65] *CGI*, art. 1649 quater-0 ter issu de la loi n° 2009-1674 du 30 décembre 2009 de finances rectificative pour 2009, art. 19 XI.

[66] Décision n° 2010-88 QPC du 21 janvier 2011 : Pelletier (M.), « L'article 168 du CGI : le dinosaure vacille mais ne tombe pas », *Droit fiscal* n° 7, 17 Février 2011, comm. 219 ; Fouquet (O), « Article 168 du CGI : la preuve contraire, enfin ! », *Droit fiscal* n° 4, 27 janvier 2011, act. 30. Pour une retranscription de l'art. 168 du CGI, voir *supra*, note de bas de page n° 37.

[67] *CGI*, art. 168, 2° « La somme forfaitaire déterminée en application du barème est majorée de 50 % lorsqu'elle est supérieure ou égale à deux fois la limite mentionnée au 1 et lorsque le contribuable a disposé de plus de six éléments du train de vie figurant au barème ».

[68] « 6. Considérant, en premier lieu, qu'en retenant chacun des éléments du train de vie, visés au 1 de l'article 168, susceptibles d'être pris en compte pour déterminer la base d'imposition et en attribuant à chacun de ces éléments une valeur forfaitaire, le législateur a entendu lutter contre la fraude fiscale dans les seuls cas où une disproportion marquée entre le train de vie et les revenus déclarés est établie ; qu'ainsi, il s'est fondé sur des critères objectifs et rationnels en fonction des buts qu'il s'est assignés ;

7. Considérant, en deuxième lieu, que le 2 du même article dispose : « La somme forfaitaire déterminée en application du barème est majorée de 50 % lorsqu'elle est supérieure ou égale à deux fois la limite mentionnée au 1 et lorsque le contribuable a disposé de plus de six éléments du train de vie figurant au barème » ; qu'en ne se fondant plus sur le barème fixé au 1 pour évaluer la base d'imposition dès lors qu'un certain nombre des éléments de train de vie utilisés pour définir l'assiette est dépassé, le législateur a retenu un critère qui n'est ni objectif ni rationnel et fait peser, le cas échéant, sur certains contribuables une charge excessive au regard de leurs facultés contributives ; que, dès lors, le 2 de l'article 168 du code général des impôts doit être déclaré contraire au principe d'égalité devant les charges publiques ».

L'utilisation du train de vie en matière fiscale n'est pas une spécificité française. Au Gabon, le code des impôts met en œuvre, de la même manière qu'en France, une procédure de taxation forfaitaire des revenus d'après les éléments du train de vie[69].

L'utilisation de l'expression « train de vie » dans un texte de loi n'est pas non plus une spécificité fiscale. Le législateur français a transposé purement et simplement les textes de droit fiscal au droit social. Cette transposition justifie que le train de vie soit d'abord envisagé en droit social, alors même qu'il a été utilisé antérieurement dans d'autres branches du droit.

9. ***Transposition pure et simple des textes de droit fiscal au droit social***[70] **-** Au début des années 2000, les textes du code général des impôts, et particulièrement l'article 168, ont été transposés au droit social afin de lutter contre la fraude aux prestations sociales[71]. Ainsi, la loi de financement de la sécurité sociale a introduit pour la première fois une procédure de contrôle des ressources par rapport au train de vie du demandeur[72]. Cette procédure s'appliquait initialement aux prestations familiales et à celles relatives à l'assurance complémentaire de santé. Elle a très rapidement été

[69] *Code des impôts* gabonais (disponible sur le site internet du ministère des finances : http://www.dgi.ga/), art. 160 : « Est taxé d'office à l'Impôt sur le Revenu des Personnes Physiques d'après les éléments de train de vie, tout contribuable dont les dépenses personnelles, ostensibles ou notoires sont supérieures aux revenus qu'il déclare ou tout contribuable qui, dans les mêmes conditions, n'a pas souscrit de déclaration.

Le revenu imposable est déterminé en appliquant à certains éléments de train de vie, le barème ci-dessous ».

[70] Ce paragraphe déroge volontairement au caractère chronologique de la présentation. Cela se justifie par le fait que le droit social a repris presque mot pour mot les textes du droit fiscal. Il nous est alors apparu plus logique de réaliser la présentation du train de vie dans le droit social dans la continuité de celle du droit fiscal, plutôt que de revenir ultérieurement sur des points ayant déjà été développés.

[71] *CGI*, art. 168 : « En cas de disproportion marquée entre le train de vie d'un contribuable et ses revenus, la base d'imposition à l'impôt sur le revenu est portée à une somme forfaitaire déterminée en appliquant à certains éléments de ce train de vie le barème ci-après, lorsque cette somme est supérieure ou égale à 45 405 € ».

CSS, art. L.553-3-5 et L.861-2-1 : « Lorsqu'il est constaté par l'organisme local de sécurité sociale, à l'occasion de l'instruction d'une demande ou lors d'un contrôle, une disproportion marquée entre, d'une part, le train de vie du demandeur ou du bénéficiaire et, d'autre part, les ressources qu'il déclare, une évaluation forfaitaire des éléments de train de vie est effectuée. Cette évaluation forfaitaire est prise en compte pour la détermination du droit à la prestation ».

[72] Loi n° 2006-1640 du 21 décembre 2006 de financement de la sécurité sociale pour 2007, *JORF* 22 décembre 2006, spéc. l'art. 132 créant les articles L.553-5 et L.861-2-1 du Code de la sécurité sociale.

étendue au revenu de solidarité active[73]. Un décret du 28 janvier 2008, appelé « décret train de vie[74] », est venu organiser cette procédure[75].

Avant même la transposition des textes de droit fiscal au droit social, la notion de train de vie, avait été adoptée par d'autres branches du droit, notamment le droit pénal et le droit civil.

10. ***Importation de la notion de train de vie par le droit pénal*** - Dès 1960, une ordonnance[76] a étendu l'incrimination de proxénétisme à toute personne « qui étant en relation habituelle avec une ou plusieurs personnes se livrant à la prostitution, ne peut justifier de ressources correspondant à son train de vie[77] ». Cette infraction reposait sur une présomption. La personne vivant en relation avec une prostituée et ayant un train de vie disproportionné par rapport à ses ressources licites était présumée tirer profit de l'activité de prostitution et devait donc être qualifiée de proxénète[78]. Cette méthode d'incrimination s'est développée par la suite en droit pénal. Ainsi, à partir des années 1980 et plus particulièrement, des années 2000, de nombreuses infractions ont été élargies sur ce modèle. Il en est ainsi du recel par la loi n° 83-466 du 10 juin 1983[79], du trafic de stupéfiants par la loi n°

---

[73] *CASF*, art. L.262-41 issu de la loi n° 2008-1249 du 1er décembre 2008 généralisant le revenu de solidarité active et réformant les politiques d'insertion, art. 3 ; *CASF*, art. R.262-74 issu du décret n° 2009-404 du 15 avril 2009 relatif au revenu de solidarité active, art. 2.

[74] *JCP S* 11 mars 2008, n° 11-12 : « question réponse sur le "décret train de vie" ».

[75] *CSS*, art. R.524-15-1 (abrogé), R.553-3-1 et R.861-15-1 issus du décret n° 2008-88 du 28 janvier 2008 relatif aux modalités d'évaluation des biens et des éléments de train de vie pour le bénéfice de certaines prestations sociales sous condition de ressources, art. 2, 4 et 5.

[76] Ordonnance n° 60-1245 du 25 novembre 1960 relative à la lutte contre le proxénétisme. *JORF* 27 novembre 1960, p. 10603. Cette disposition est actuellement codifiée à art. 225-6, 3° du code pénal. Pour un commentaire de ces dispositions, voir Sacotte (M.), « L'ordonnance n° 60-1245 du 25 novembre 1960 et la lutte contre le proxénétisme », *JCP* 1960, I, 1591 ; Larguier (J.), « Rigueur des mœurs et rigueur des lois », *D.* 1961, chron. VI, p. 25 ; Vouin (R.), Chronique législative, *RSC* 1961, p. 373.

[77] *C. pénal* ancien, art. 334, 4°. Avant cette ordonnance deux textes étaient déjà intervenus pour pénaliser un tel comportement. Ainsi, une loi du 13 avril 1946 sanctionnait pour proxénétisme celui ou celle *« qui, vivant sciemment avec une personne se livrant habituellement à la prostitution, ne peut justifier de ressources suffisantes pour lui permettre de subvenir seul à sa propre existence »* (*C. pénal* ancien, art. 334, 3°). Ce texte avait été réformé par l'ordonnance n° 58-1298 du 23 décembre 1958. L'absence de justification des ressources avait disparu. Était susceptible d'être considéré comme proxénète celui ou celle *« qui, sciemment vit avec une personne se livrant habituellement à la prostitution »*.

[78] Voir Merle (Ph.), *Les présomptions légales en droit pénal*, LGDJ, 1970, spéc. p. 77 et s.

[79] *C. pénal* ancien (jusqu'au 1er mars 1994), art. 461-1 devenu l'art. 321-6 du *C. pénal* actuel (abrogé par la loi du 23 janvier 2006).

96-392 du 13 mai 1996[80], de l'association de malfaiteurs par la loi n° 2001-420 du 15 mai 2001[81], de l'exploitation de la mendicité[82], de la traite des êtres humains[83] et des actes de terrorisme[84] par la loi n° 2003-239 du 18 mars 2003 et enfin de l'exploitation de la vente à la sauvette par la loi n° 2011-267 du 14 mars 2011[85]. Il en résulte désormais qu'est assimilé au recel ou à l'exploitation de la mendicité ou encore au proxénétisme, « le fait de ne pouvoir justifier de ressources correspondant à son train de vie tout en exerçant une influence de fait, permanente ou non, sur une ou plusieurs personnes se livrant » à l'une de ces infractions. En 2006, le législateur a été encore plus loin en créant une infraction autonome de « non justification des ressources correspondant au train de vie[86] ». Ainsi, dès lors qu'une personne n'est pas en mesure de justifier de l'origine des ressources finançant son train de vie, tout en étant en relation habituelle avec une personne se livrant à certaines infractions, il existe à son encontre une présomption légale de financement illicite du train de vie. Or, le fait de tirer profit d'une activité illicite est incriminé en lui-même.

La référence au train de vie s'est largement répandue dans la législation pénale. Pour autant, cette notion n'a jamais été définie en cette matière, alors même que le principe constitutionnel de légalité des délits et des peines[87] impose que les infractions soient définies dans des termes suffisamment clairs et précis[88].

---

[80] *C. pénal*, art. 222-39-1 al. 1er (abrogé par la loi du 23 janvier 2006).

[81] *C. pénal*, art. 450-2-1 (abrogé par la loi du 23 janvier 2006).

[82] *C. pénal*, art. 222-12-5 al. 2.

[83] *C. pénal*, art. 225-4-8 (abrogé par la loi du 23 janvier 2006).

[84] *C. pénal*, art. 421-2-3.

[85] *C. pénal*, art. 222-12-8 al. 3.

[86] Loi n° 2006-64 du 23 janvier 2006 relative à la lutte contre le terrorisme et portant dispositions diverses relatives à la sécurité et aux contrôles frontaliers, art. 24 codifié à l'article 321-6 du *code pénal* : « Le fait de ne pas pouvoir justifier de ressources correspondant à son train de vie ou de ne pas pouvoir justifier de l'origine d'un bien détenu, tout en étant en relations habituelles avec une ou plusieurs personnes qui soit se livrent à la commission de crimes ou de délits punis d'au moins cinq ans d'emprisonnement et procurant à celles-ci un profit direct ou indirect, soit sont les victimes d'une de ces infractions, est puni d'une peine de trois ans d'emprisonnement et de 75 000 euros d'amende ».

[87] Article 8 de la Déclaration des droits de l'Homme et du citoyen.

[88] Conseil constitutionnel, Décision n° 84-183 DC du 18 janvier 1985, considérant n° 12 : « Considérant qu'il résulte de ces dispositions l'obligation pour le législateur de fixer les règles concernant la détermination des infractions ; que, par voie de conséquence, il doit en définir les éléments constitutifs en des termes clairs et précis ».

11. ***Importation du train de vie par le droit civil*** - Au milieu des années soixante c'est au tour du droit civil d'importer la notion de train de vie. Lors de la réforme des régimes matrimoniaux du 13 juillet 1965[89], la solidarité passive entre époux pour les dettes ménagères a été consacrée à l'article 220 du code civil. Ce principe reçoit différentes exceptions, notamment pour « les dépenses manifestement excessives, eu égard au train de vie du ménage[90] ».

Une loi du 17 mars 2014[91] a utilisé une seconde fois le train de vie pour restreindre le domaine de la solidarité lorsque la dette a été contractée par plusieurs emprunts portant sur des sommes modestes nécessaires aux besoins de la vie courante. Ainsi, la solidarité n'est admise qu'à la condition « que le montant cumulé de ces sommes, en cas de pluralité d'emprunts, ne soit pas manifestement excessif eu égard au train de vie du ménage[92] ». Cette disposition a été également insérée dans l'article 515-4 du code civil consacrant les obligations patrimoniales des partenaires d'un pacte civil de solidarité, parmi lesquelles figure la solidarité pour les dettes contractées par l'un d'eux pour les besoins de la vie courante.

En droit civil l'expression train de vie est donc assez peu utilisée. C'est pourtant en cette matière qu'elle était particulièrement attendue. Cela ne signifie pas qu'elle est absente de cette branche du droit. Elle y est bien présente, mais sous un autre visage. En effet, elle se manifeste plus implicitement, sous la forme d'un concept relativement abstrait et diffus. Elle se cristallise notamment autour de la problématique du maintien du train de vie de l'époux survivant ou de l'époux subissant le divorce.

12. ***Le maintien du train de vie du conjoint survivant*** - Le concept de train de vie s'est développé au fil des siècles autour de l'épouse. Le Droit n'a eu de cesse de lui permettre de bénéficier d'un certain train de vie durant le mariage et de le maintenir lors de sa dissolution.

Au début du Xe siècle, le droit a conféré des droits patrimoniaux à l'épouse survivante en lui permettant de bénéficier d'un douaire[93]. Selon les

---

[89] Loi n° 65-570 portant réforme des régimes matrimoniaux, *JORF* 14 juillet 1965, p. 6044.

[90] Al. 2.

[91] Loi n° 2014-344 relative à la consommation, art. 50.

[92] Al. 3.

[93] En droit romain elle disposait déjà de quelques droits. Elle pouvait notamment récupérer sa dote. Son mari pouvait également réaliser une donation *ante* ou *propter nuptias* (avant ou pendant le mariage) dont le but était de compléter sa dot et de lui assurer un gain de survie. À l'époque franque l'épouse bénéficiait de la *Dos ex marito* et le *morgengab*. Il s'agit d'une sorte de dot, constituée par le mari au profit de sa femme dont l'importance était variable. Si l'épouse était répudiée injustement ou qu'elle était veuve, elle devenait propriétaire des biens

écrits de Beaumanoir, ce n'est qu'au XIIIe siècle que cette institution conventionnelle[94], ou coutumière, a été généralisée par une ordonnance royale de Philippe Auguste[95]. Il s'agit d'un « gain de survie donné à la veuve, et constitué sur les propres de son mari défunt. Le douaire proprement dit n'est qu'un droit en usufruit, qui s'éteint à la mort de la veuve. Son but est de lui assurer des ressources afin qu'elle puisse maintenir son train de vie et conserver son rang social[96] ». Plus précisément, le douaire portait sur la moitié ou le tiers des propres du mari, c'est-à-dire sur ses immeubles.

La veuve disposait également d'un droit de deuil et d'un droit d'habitation. Le premier lui permettait de se faire payer par la succession du mari ses vêtements de deuil. Le second lui permettait de continuer à demeurer dans le foyer familial[97]. Elle pouvait ainsi conserver son cadre de vie.

Sous l'Ancien Régime, le douaire a été critiqué car il présentait un double inconvénient. D'une part, en tant que charge réelle, il entrainait l'indisponibilité des biens qui en constituaient l'assiette[98]. D'autre part, la douairière n'était pas tenue de contribuer aux dettes de la succession[99]. Malgré cela, le douaire s'est maintenu jusqu'à la Révolution[100]. À cette époque, la communauté s'était généralisée conférant une protection au conjoint survivant[101]. Le code civil de 1804 n'attribuait quant à lui aucun droit successoral au conjoint survivant. Il a fallu attendre près d'un siècle pour que ce dernier retrouve des droits successoraux. Ainsi, la loi du 9 mai 1891 a accordé, au profit des deux époux, des droits en usufruit[102].

---

constitués en dot. Voir Lévy (J.-Ph.) et Castaldo (A.), *Histoire du droit civil*, 2e éd., Dalloz, Précis, 2010, n° 1057 (pour la dot romaine) et 1061 (pour la *Dos ex marito* et le *morgengab*).

À l'exception de quelques coutumes, notamment celle de Lorraine ou celles du Nord, le mari ne bénéficiait d'aucune protection patrimoniale au décès de l'épouse. Il était présumé qu'il avait des ressources issues de son travail ou de sa famille. Voir Lévy (J.-Ph.) et Castaldo (A.), *op. cit.*, n° 1067.

[94] Prévue dans le contrat de mariage.

[95] Lévy (J.-Ph.) et Castaldo (A.), *op. cit.*, n° 1068 et s.

[96] *Ibid.*, n° 1067.

[97] *Ibid.*, n° 1069, 3°.

[98] *Ibid.*, n° 1072.

[99] *Ibid.*, n° 1075.

[100] *Ibid.*, n° 1077.

[101] Dès le Moyen âge, le conjoint survivant, mari ou femme, bénéficiait d'une protection renforcée en cas de décès. La communauté était accompagnée de privilèges augmentant les droits du conjoint survivant. Voir Lévy (J.-Ph.) et Castaldo (A.), *op. cit*, n° 1102.

[102] *Ibid.*, n° 1078.

Lors de la réforme des droits du conjoint survivant, le maintien du train de vie du conjoint survivant a été une véritable préoccupation. Il s'agissait de lui assurer un droit à la maintenance[103], c'est-à-dire de lui assurer des conditions de vie semblables à celles dont il bénéficiait du temps du mariage[104]. La maintenance nécessite notamment l'attribution de droits sur le logement familial et plus largement de droits en usufruit. Cela a été concrétisé par la loi du 3 décembre 2001. Désormais, les droits temporaire et viager au logement permettent au conjoint survivant de maintenir son cadre de vie[105]. En outre, sa vocation successorale, tant en usufruit qu'en pleine propriété, lui permet de maintenir son niveau de vie[106]. Si la réforme du droit successoral a choisi cette voie c'est principalement pour calquer la situation patrimoniale du conjoint veuf sur celle du conjoint divorcé. En effet, la question du maintien du train de vie ne concerne pas uniquement la dissolution du mariage par la mort. Se présentant comme une technique d'ajustement pour les époux en présence d'une rupture, elle concerne également le divorce. C'est en ce domaine qu'elle est d'abord apparue mais elle y a reçu une réponse moins aboutie qu'en droit successoral, justifiant qu'elle ne soit abordée que maintenant.

13. ***Le maintien du train de vie après le divorce*** **-** Déjà en droit romain, la femme qui divorçait devait retrouver de quoi vivre et de quoi se remarier[107]. À cet effet, elle pouvait récupérer sa dot lors de la dissolution du

---

[103] Projet de loi modifiant le code civil et relatif aux droits des héritiers, n° 2530, enregistré à la présidence de l'assemblée nationale le 23 décembre 1991 ; Dagot (M.), « Réflexions sur le droit à maintenance prévu dans le projet de loi modifiant le Code civil et relatif aux successions », *JCP G* 1994, I, 3806 ; Sériaux (A.), « Le maintien du cadre de vie du conjoint survivant en droit successoral mauricien », *RRJ* 1995-1, p. 359 ; Rémy (Ph.), « Les droits du conjoint survivant dans le projet de réforme des successions », *Écrits en hommage à Gérard Cornu*, PUF, 1994, p. 377 ; Malaurie (Ph.) et Aynès (L.), *Droit civil, Les successions, les libéralités*, 2e éd., Cujas, 1993, n° 105 ; Catala de Roton (M.-C.), *Les successions entre époux*, préf. F. Terré, Économica, Coll. Droit civil, série Études et recherches, 1990, n° 379 et s.

Nombreux parmi ces auteurs n'envisagent la maintenance qu'à partir d'un seul droit du conjoint survivant (droit au logement, droit à pension) et non de l'ensemble de ses droits. Le terme maintenance avait également été utilisé à propos de la prestation compensatoire lors de la réforme du divorce de 1975. Voir Philippe (C.), *Le devoir de secours et d'assistance entre époux, Essai sur l'entraide conjugale*, préf. G. Wiederkehr, LGDJ, Coll. Bib. droit privé, T. 170, 1981, p. 155.

[104] Selon la définition du *Grand Robert de la langue française*, le terme maintenir implique une idée de continuité, de conservation de quelque chose dans un état similaire à ce qu'il était antérieurement.

[105] *Infra*, n° 535 et s.

[106] *Infra*, n° 558 et s.

[107] Lévy (J.-Ph.) et Castaldo (A.), *op. cit.*, n° 1050 et 1053.

mariage. À l'époque franque, le mariage tend à devenir indissoluble. Il le deviendra de manière définitive à partir du IXe siècle et le divorce ne sera réintroduit dans le droit français qu'en 1792. Pendant cette période, la situation patrimoniale de la veuve divorcée ou répudiée est donc peu étudiée. Néanmoins, certaines lois, comme la loi des Burgondes, frappaient d'une peine pécuniaire le mari qui répudiait sa femme. Lorsque rien n'était prévu par la loi, le mari versait bien souvent une composition pécuniaire afin d'éviter les représailles de la famille de l'épouse[108]. Cette somme avait donc une finalité spécifique mais elle permettait également à l'épouse de se maintenir économiquement.

Jusqu'en 1975, une pension alimentaire était versée à l'époux qui avait obtenu le divorce, sous la forme d'une rente viagère. Elle était considérée comme le prolongement du devoir de secours dont était privé l'époux subissant le divorce. Elle était évaluée au regard des besoins des époux et de leurs ressources[109]. La jurisprudence déterminait les besoins du créancier « en fonction de ses habitudes de vie » ou « compte tenu du niveau de vie, des habitudes de confort et du luxe des époux pendant le mariage[110] ». En principe alimentaire, cette pension permettait tout de même d'obtenir plus qu'un simple minimum vital. Elle assurait, par une appréciation *in concreto* des besoins du créancier, un maintien de son train de vie après le divorce, dans la limite des ressources du débiteur. Si elle ne permettait pas toujours d'assurer une compensation intégrale de la perte de train de vie dans son montant, elle assurait tout de même un maintien du train de vie dans la durée.

La loi du 11 juillet 1975 réformant le divorce a remplacé cette pension par la prestation compensatoire qui est « destinée à compenser, autant qu'il est possible la disparité que la rupture du mariage crée dans les conditions de vie respectives » des époux[111]. Depuis cette date, il ne s'agit plus d'une obligation alimentaire. La prestation compensatoire a une nature hybride, à la fois alimentaire et indemnitaire. L'objectif est de permettre à l'époux le plus faible économiquement d'acquérir une indépendance patrimoniale au sortir du mariage. Dès 1975 le versement de cette prestation devait principalement être effectué sous la forme d'un capital. Ces éléments devaient marquer une évolution par rapport à l'ancienne pension alimentaire. Celle-ci n'a pas été immédiatement ressentie car les juges allouaient le plus

108 *Ibid.*, n° 116.

109 *C. civ.*, art. 301 ancien.

110 Voir par exemple, Trib. civ. Angers, 20 novembre 1930 : *Gaz. Pal.* 1931, I, 64 ; CA Paris, 10 février 1959, *JCP* 1961, II, 2107 ; CA Paris, 8 novembre 1962, *D.* 1963, 126.

111 *C. civ.*, art. 270.

souvent une prestation compensatoire sous forme de rente, sur le modèle de l'ancienne pension alimentaire viagère. Ainsi, dans les premiers temps, la prestation compensatoire, qui n'a pas exclusivement une nature alimentaire, a pu servir à maintenir le niveau de vie de l'époux divorcé qui avait le moins de ressources, toute sa vie durant.

Par ailleurs, jusqu'en 2004, le divorce pour rupture de la vie commune présentait une spécificité en ce qu'il ne mettait pas fin au devoir de secours entre les époux. L'époux subissant le divorce pouvait alors obtenir une pension destinée à maintenir le train de vie dont il jouissait pendant le mariage. La jurisprudence est claire est constante sur l'étendue de cette obligation. Depuis le début des années 1980 elle a affirmé que cette obligation a pour but de maintenir, dans la mesure du possible, le train de vie[112] dont bénéficiaient les époux durant la vie conjugale[113]. Aujourd'hui le devoir de secours s'éteint lors du prononcé du divorce, quelle qu'en soit la cause. En revanche, il persiste pendant toute la durée de la procédure.

Avec les réformes de 2000 et 2004 le législateur a réaffirmé sa volonté de régler les conséquences du divorce lors de son prononcé. La prestation compensatoire ne peut donc plus être considérée comme un instrument de maintien illimité du train de vie.

14. ***Droit comparé*** **-** Le concept de train de vie se rencontre également dans différentes législations étrangères. Ainsi, en Allemagne et en Italie, la

---

[112] Cass. civ. 1re, 25 janvier 2005, n° 02-17.146 : « la pension alimentaire, au titre du devoir de secours, a pour objet de permettre au créancier de faire face à ses besoins mais également de lui assurer le même train de vie dans les limites de la capacité contributive du débiteur ». Voir aussi, Cass. civ. 2e, 7 mai 1980, n° 78-15.739, *Bull. civ. II*, n° 97 ; *Defrénois* 1981, 32599, n° 4, obs. J. Massip.

CA Rennes, 16 septembre 2014, n° 13/03562, 13 mai 2014, n° 13/02178 et 13/01854 : « Le devoir de secours a pour finalité non seulement la satisfaction des besoins essentiels de l'époux qui en revendique l'exécution mais aussi le maintien autant qu'il est possible, du train de vie qui était le sien avant la séparation, en fonction des facultés de son conjoint ».

CA Douai, 22 septembre 2011, n° 11/02631 ; 30 juin 2011, n° 10/08540 ; 9 juin 2011, n° 10/07816 ; 10 février 2011, n° 10/05433 : « Attendu qu'il résulte de l'article 255-6e du code civil que l'obligation au titre du devoir de secours n'a pas seulement pour vocation d'assurer les besoins minimaux de l'existence mais aussi de permettre à l'époux, dans le cadre des obligations du mariage, de bénéficier du maintien d'un train de vie aussi proche que possible de celui existant du temps de la vie commune ».

[113] Elle vise utilise parfois d'autres formulations tel que le niveau de vie (Cass. civ. 1re, 31 octobre 2007, n° 06-20.867) ou le niveau social (Cass. civ. 1re, 25 novembre 2003, n° 01-16307).

CA Paris, 20 décembre 2001, n° 2000/10661, *AJ famille* 2002, p. 66 : « Le devoir de secours tend à assurer non pas seulement le minimum vital mais une égalisation des niveaux de vie respectifs pendant la procédure de divorce ».

pension alimentaire versée postérieurement au divorce doit permettre à son créancier de maintenir le même niveau de vie qu'il avait durant le mariage[114]. Il en était de même en Belgique antérieurement à la réforme du droit du divorce de 2008[115]. Cette loi a modifié les conditions d'octroi de la pension alimentaire consécutive au divorce. Néanmoins, une certaine interprétation des textes, notamment de l'article 301 du code civil belge qui vise la « dégradation significative de la situation du demandeur », permet aujourd'hui encore au créancier d'une telle pension « de continuer à bénéficier du niveau de vie qu'il connaissait durant la vie commune[116] ».

Dans certains pays, une telle pension n'est pas exclusivement réservée au mariage. Elle peut également être due en cas de rupture d'un partenariat. Ainsi, en Allemagne, le partenaire dans le besoin « peut exiger de son ancien partenaire d'être entretenu dans des conditions équivalentes au train de vie adopté pendant le partenariat de vie[117] ».

15. ***Délimitation du champ de l'étude*** **-** Cette première approche du train de vie permet d'ores et déjà de délimiter le champ de l'étude. Il ressort du recensement de l'expression « train de vie » que cette notion irrigue toutes les branches du droit. Initialement apparue en droit fiscal, elle a été utilisée en droit social, en droit pénal et en droit civil. Le concept de train de vie semble, quant à lui, s'épanouir dans un domaine plus limité, à savoir le droit patrimonial de la famille.

Dans toutes ces hypothèses, le train de vie a trait à des relations patrimoniales. En revanche, l'ensemble de ces relations ne semblent pas restreintes au cercle familial. Cependant, lorsque le train de vie est invoqué dans un litige entre un contribuable et l'administration fiscale, à propos du calcul de l'impôt sur le revenu, ou dans un litige entre un organisme délivrant des prestations sociales et un bénéficiaire de telles prestations, tout

---

114 Dutoit (B.), Arn (R.), Sfondylia (B.) et Taminelli (C.), *Le divorce en droit comparé Vol. 1*, Librairie Droz, 2000, spéc. p. 43 pour l'Allemagne et p. 228 pour l'Italie. L'expression train de vie n'est jamais contenue dans les textes. Les auteurs interprètent les critères légaux et la jurisprudence pour affirmer que le niveau de vie doit être maintenu.

115 *Ibid.*, p. 88. L'auteur utilise la formulation suivante : « une pension lui permettant de maintenir un train de vie équivalent à celui dont il bénéficiait durant la vie commune ».

116 Dandoy (N.), sous la dir. de Hauser (J.) et Renchon (J.-L.), *Le statut juridique du couple marié et du couple non marié en droit belge et français, Vol. 1 : Les statuts légaux des couples*, Larcier 2012, n° 582.

117 Devers (A.), *Le concubinage en droit international privé*, préf. Hugues Fulchiron, LGDJ, coll. Bib. droit privé, T. 416, 2004, spéc. n° 562.

lien avec la famille n'est pas exclu. Ces situations fiscale[118] ou sociale auraient donc pu être rattachées au droit patrimonial de la famille.

Deux hypothèses étaient alors envisageables : soit circonscrire le champ de l'étude au seul droit patrimonial de la famille en profitant de l'absence de limites strictes de cette branche du droit[119], soit l'élargir à l'ensemble du droit privé. Afin d'éviter de repousser, sans doute à l'excès, les frontières du droit patrimonial de la famille, la seconde hypothèse a été préférée. De plus, étendre le champ de cette étude à l'ensemble du droit privé, permettra de déterminer si la notion de train de vie présente une unité, ou si elle présente des spécificités dans certaines branches du droit.

16. ***Une unité mise en cause*** **-** La présentation du train de vie qui a été faite jusqu'à présent, permet de douter de cette unité. D'une part, en l'absence d'études consacrées à la notion même de train de vie, il n'existe aucune unité notionnelle. D'autre part, les utilisations du train de vie semblent diverses. Lorsque l'expression « train de vie » est contenue dans un texte, le train de vie est utilisé comme un instrument de contrôle. Il sert par exemple à contrôler la sincérité de la déclaration de revenus d'un contribuable ou la déclaration de ressources d'un demandeur de prestations sociales. Le train de vie serait alors une notion purement fonctionnelle. Cependant, lorsqu'il est envisagé de manière abstraite, en tant que concept, le train de vie ne remplit aucune fonction. Il ne constitue pas un tel instrument de contrôle. En revanche, il peut être envisagé comme étant l'objet d'une revendication. Ainsi, en revendiquant une prestation compensatoire, un époux cherche à maintenir autant que possible son train de vie.

---

[118] Pour une définition du droit patrimonial de la famille incluant une dimension fiscale voir Douet (F.), *Le droit patrimonial de la famille*, PUF, Coll. Que sais-je ?, n° 3517, 1999, spéc. p. 3.

[119] Pour le professeur Grimaldi, trois matières forment la substance du droit patrimonial de la famille : les régimes matrimoniaux, les successions et les libéralités. Cependant elles ne forment pas, à elles seules, tout le droit patrimonial de la famille (*Droit civil, Successions*, 6e éd., Litec, 2001, Préambule, n° 1 et s.). Le droit patrimonial de la famille a également pu être défini ainsi : « Prolongement, spécialisation et synthèse du droit des personnes, des biens et des obligations, le droit patrimonial de la famille – et non le droit du patrimoine familial, car la famille n'est pas une personne morale – détermine les conséquences patrimoniales des liens de parenté et d'alliance, gouverne l'activité juridique des membres d'une famille dans leurs relations mutuelles comme vis-à-vis des tiers et assure l'organisation et la transmission des patrimoines individuels de manière à garantir à la fois la solidarité et l'autonomie des personnes dans la famille » (Labrusse (C.), « Propos introductifs au cours de droit patrimonial de la famille », in *Études offertes à Alex Weill*, Dalloz-Litec, 1983, p. 337).

La diversité des usages du train de vie contraste avec l'unité de son mode opératoire. En effet, le train de vie est toujours utilisé de la même manière, comme un point de référence, mais pour parvenir à des objectifs différents.

17. ***Point de référence pour caractériser une disproportion*** **-** Lorsque l'expression « train de vie » est utilisée dans un texte, elle est toujours associée à un autre terme, à savoir la disproportion[120] ou l'excès[121]. Cette association entre ces deux éléments poursuit une double finalité. Dans un premier temps, le train de vie permet de caractériser un excès ou une disproportion. Dans un second temps, cet excès ou cette disproportion entraîne des conséquences juridiques spécifiques. Ainsi, dans l'article 220 du code civil le train de vie sert à apprécier le caractère excessif d'une dépense ménagère lequel a pour conséquence d'exclure la solidarité entre les époux[122]. Dans l'article 168 du code général des impôts, le train de vie permet d'apprécier le caractère disproportionné de la déclaration de revenus d'un contribuable, lequel permet à l'administration fiscale de mettre en œuvre une procédure de taxation d'office[123].

Dans toutes ces hypothèses le train de vie se révèle être un instrument de contrôle. Il est utilisé comme un point de référence permettant d'apprécier, de manière relative, une disproportion ou un excès auxquels sont attachés des effets juridiques spécifiques.

Cette fonction de contrôle ainsi que ce mode opératoire se retrouvent dans d'autres textes, notamment en droit patrimonial de la famille, qui n'utilisent pas spécifiquement l'expression train de vie. Tel est par exemple le cas de l'article L.132-13 du code des assurances. Afin de protéger les héritiers réservataires, ce texte exclut du régime dérogatoire de l'assurance-vie les primes manifestement exagérées eu égard aux facultés du souscripteur. Ces sommes sont alors soumises aux obligations successorales du rapport et de la réduction. Dans cette disposition du code des assurances, la notion de facultés, qui renvoie à une idée de ressources, de revenus et qui

---

[120] *CGI*, art. 168 et 1649 quater-0 ter ; *CSS*, art. L.553-5 et L.861-2-1 ; *CASF*, art. L.262-41.

[121] *C. civ.*, art. 220 et 515-4.

[122] « La solidarité n'a pas lieu, néanmoins, pour les dépenses manifestement excessives eu égard au train de vie du ménage ».

[123] « En cas de disproportion marquée entre le train de vie d'un contribuable et ses revenus, la base d'imposition à l'impôt sur le revenu est portée à une somme forfaitaire déterminée en appliquant à certains éléments de ce train de vie le barème ci-après, lorsque cette somme est supérieure ou égale à 45 405 € ».

n'est pas sans rappeler le train de vie, est également utilisée comme un point de référence pour apprécier le caractère exagéré des primes versées.

18. ***Point de référence pour revendiquer un avantage*** - Lorsque le train de vie est utilisé dans sa dimension conceptuelle, cette fonction de contrôle ne se retrouve pas, à la différence du mode opératoire. Le train de vie est ici encore utilisé comme un point de référence mais cette fois, il est invoqué par son bénéficiaire dans le but de lui procurer un avantage.

Le train de vie n'est pas saisi par un tiers en vue de caractériser un excès ou une disproportion et de faire supporter certaines conséquences juridiques à son bénéficiaire. Il se présente au contraire comme la source d'un bienfait. Il est allégué ou revendiqué par son bénéficiaire. Ainsi afin d'accéder à un certain train de vie ou de maintenir son train de vie, un individu peut se prévaloir, à l'encontre d'un tiers, de son train de vie antérieur. Par exemple, un époux peut se prévaloir, à l'encontre de son ex-conjoint, du train de vie dont il bénéficiait pendant le mariage, pour demander une prestation compensatoire. De même, un jeune majeur peut se prévaloir à l'encontre de ses parents, du train de vie auquel il a toujours été habitué pour obtenir une pension alimentaire. Ici, le train de vie antérieur est un point de référence pour déterminer les droits d'un créancier et corrélativement, les obligations d'un débiteur.

19. ***L'exclusion de la qualification de standard juridique*** - Point de référence servant à évaluer une disproportion ou un excès, point de référence servant à déterminer des droits et des obligations, absence de définition précise, dénominations variables renvoyant à une même idée, etc., sont autant d'éléments convergents qui semblent orienter le train de vie vers la catégorie des standards juridiques. Cette qualification sera pourtant exclue.

Pour bien comprendre cette exclusion, il est d'abord nécessaire de revenir sur la définition même du standard juridique. Le terme « standard » est souvent utilisé pour qualifier certaines notions indéterminées. Or, s'il est vrai que les standards juridiques sont des notions indéterminées, des notions au contenu variable[124], la réciproque n'est pas vraie : toute notion indéterminée

[124] Notions vagues, notions-cadres, notions-confuses, notions au contenu variable, notions indéterminées, notions floues, notions relatives, standards juridiques, sont autant de vocables qui peuvent être utilisés pour désigner une notion qui ne peut être définie invariablement. Ces notions sont le plus souvent utilisées indistinctement. Certains auteurs s'emploient néanmoins à les distinguer voire même à les hiérarchiser. Voir Perelman (Chaïm) et Vander Elst (Raymond) (sous la dir.) *Les notions à contenu variables en droit*, Travaux du centre national de recherche de logique, Bruxelles, Bruylant, 1984. Cet ouvrage consacre des études aux notions floues, aux standards et aux notions indéterminées. Voir aussi, Bergel (J.-L.), *Théorie*

ne constitue pas un standard juridique. Le Professeur Rials a démontré que la singularité du standard tient à ce qu'il permet de mesurer des situations et des comportements en termes de normalité[125], entendue dans une double acception[126] : dogmatique ou descriptive[127]. Ainsi, la norme peut être une conduite sociale, telle qu'elle devrait être de manière abstraite, par renvoi à un modèle, ou une moyenne, au sens de conduite sociale couramment admise dans une société donnée[128].

La normalité, critère du standard n'est pas seulement une normalité juridique[129]. Elle inclut également des éléments sociaux. D'ailleurs, la moyenne la plus souvent considérée est la moyenne sociale. La morale et les bonnes mœurs en sont des exemples significatifs. L'un des premiers auteurs à s'être intéressé au standard juridique avait d'ailleurs défini cette notion comme une mesure moyenne du comportement social considéré comme conforme à la moralité[130]. Le standard sert donc à apprécier des comportements en termes de moralité. Cela justifie leur faible utilisation en droit patrimonial[131].

---

générale du droit, 5e éd., Dalloz, coll. Méthodes du droit, 2012, n° 174 (« notion à contenu variable, flou, indéterminé ») n° 266 (« notions souples, à contenu variable »). Pour présentation hiérarchique des différentes notions, voir Castets-Renard (C.), *Notions à contenu variable et droit d'auteur*, L'Harmattan, 2004, spéc. p. 19 et s. et p. 101.

La notion à contenu variable a pu être définie comme la « notion dont le signifiant, le contenant reste fixe alors que le signifié, le contenu, évolue dans le temps et dans l'espace » (Legros (R.), « Les notions à contenu variable en droit pénal » in *Les notions à contenu variable en droit*, *op. cit.*, p. 21-37).

125 Rials (S.), *Le juge administratif français et la technique du standard : essai sur le traitement juridictionnel de l'idée de normalité*, préf. P. Weil, LGDJ, Coll. Bib. droit public, T. 135, 1980, p. 120, n° 77. Des travaux de recherches antérieurs avaient déjà introduit cette idée. Voir Pound (R.), *An introduction to the philosophy of law*, Transaction Publishers, 1999 (rééd.) ; Al Sanhoury (A.-A.), « Le standard juridique », in *Les sources du droit, Mél. En l'honneur de F. Gény, T. II*, Librairie du Recueil Sirey, 1934, p. 144, spéc. p. 145 ; M. O. STATI, *Le standard juridique*, Th. Paris, 1927. Voir aussi J Bergel (J.-L.) (sous la dir.), « Les standards dans les divers systèmes juridiques », *RRJ* 1988-4, Cahiers de méthodologie n° 3, p. 805 à 1193 ; Neron (S.), « Le standard, un instrument juridique complexe », *JCP G* n° 38, 19 septembre 2011, doctr. 1003.

126 Rials (S.), *th. préc.*, p. 120, n° 93.

127 *Ibid.*, p. 75, n° 81.

128 Castets-Renard (C.), *th. préc.*, spéc. n° 44 p. 100.

129 *Ibid.*

130 Pound (R.), *An introduction to the philosophy of law*, Transaction Publishers, 1999 (rééd.) : « Le standard est une mesure moyenne de conduit sociale correcte qui repose sur des notions de moralité civique ou commerciales latentes qui ne peuvent être définies par des méthodes exactes et certaines de logique légale ».

131 On peut néanmoins citer l'intérêt de la famille qui permet d'apprécier l'opportunité d'un changement de régime matrimonial (*C. civ.*, art. 1397). Voir Carbonnier (J.), « Les notions à

Le train de vie est une notion à contenu variable mais il n'exprime aucune normalité. Ce caractère ne lui est pas intrinsèque. Il n'implique aucun jugement moral. Il n'existe pas un train de vie de référence, un train de vie idéal ou normal. Si le train de vie était remplacé par le terme « revenus », cela paraîtrait avec une plus grande évidence. En effet, il n'existe pas de revenus normaux ou idéaux. Par ailleurs, le train de vie, à la différence de la morale ou du raisonnable ne peut être apprécié *a priori* et de manière abstraite. Il est en effet possible de dire approximativement ce qu'est un comportement raisonnable dans telle ou telle situation. En revanche, il est impossible de dire ce qu'est le train de vie d'une personne sans le caractériser de manière concrète.

Le train de vie n'est donc pas un standard. En revanche, il est très souvent au service d'un standard, notamment la proportionnalité[132] ou l'excès[133]. C'est sans doute pour cette raison que le train de vie a tendance à être assimilé à un standard. Dès lors, il contribue à apprécier la normalité d'une situation sans pour autant être cette normalité. La proportionnalité et l'excès ne peuvent pas être déterminés *in abtracto*[134]. Ils le sont de manière relative, par rapport à une référence de comparaison. Le train de vie constitue cette référence. Il permet en quelque sorte d'étalonner l'unité de mesure.

20. ***Objectifs et démarche de la thèse*** **-** A ce jour, le train de vie n'a jamais été appréhendé d'un point de vue notionnel. Il conviendra donc de déterminer s'il s'agit d'un vague concept, importé du langage courant, ou d'une véritable notion juridique. Pour admettre la qualification de notion juridique, il faudra d'abord définir cette notion. Ensuite, il conviendra de déterminer si des effets juridiques peuvent lui être associés.

Afin de définir la notion de train de vie nous prendrons d'abord appui sur les textes et les décisions de justice contenant l'expression « train de vie ». Ils seront un outil indispensable pour identifier les éléments servant de support au train de vie. En revanche, ils ne permettront pas, à eux seuls, de définir le train de vie car cette notion ne peut pas être appréhendée par son contenu matériel. En effet, il est vain de vouloir la définir en énumérant les

---

contenu variable dans le droit français de la famille », in *Les notions à contenu variable en droit*, *op. cit.*, p. 99-112, spéc. p. 100.

[132] *CGI*, art. 168 et 1649 quater-0 ter ; *CSS*, art. L553-5 et L.861-2-1 ; *CASF*, art. L.262-41.

[133] *C. civ.*, art. 220 et 515-4.

[134] À propos de la proportionnalité, Stéphane Rials a écrit : « Standard plus complexe que ceux jusqu'ici étudiés, le proportionné ne vise pas à mesurer en terme de normalité un comportement ou une situation, saisis intrinsèquement, mais à juge globalement ce qu'ils sont dans un juste rapport » (*th. préc.*, p. 87).

différents éléments qui en composent la substance. Ce travail de recensement ne sera pourtant pas inutile. Il permettra de déterminer la nature des éléments susceptibles de composer la substance du train de vie. Par la suite, il conviendra de s'intéresser au lien juridique unissant l'auteur du train de vie[135] à ces éléments. Cela permettra notamment de déterminer si le train de vie nécessite un rapport de propriété ou s'il peut également être caractérisé par un simple rapport de jouissance.

Le travail de définition du train de vie ne s'achèvera pas au terme de cette étape qui aura permis d'appréhender la dimension économique du train de vie. En effet, cette notion dispose d'une seconde dimension, d'ordre temporel. Le train de vie ne traduit pas qu'un niveau de vie, il traduit également une habitude de vie, faisant de l'habitude, l'un de ses éléments constitutifs. Définir le train de vie n'est pas suffisant pour élever cette notion au rang des notions juridiques. Celle-ci doit également produire des effets juridiques.

De prime abord, il semble évident que le train de vie produise des effets juridiques. Dans le cas contraire, pourquoi serait-il utilisé si largement par le législateur ? L'analyse fera pourtant apparaître que le train de vie, ne produit pas directement des effets juridiques. En effet, il est utilisé comme un instrument d'évaluation. Il sert de point de référence permettant de caractériser une disproportion, laquelle engendre des effets juridiques. Ce n'est donc pas le train de vie mais la disproportion qui produit des effets juridiques. Cependant, dans la mesure où le train de vie est indispensable à la caractérisation d'une disproportion, force est d'admettre que des effets juridiques, certes indirects, lui sont attachés.

Aujourd'hui, le train de vie ne saurait se restreindre à une unique fonction de contrôle. Il apparaît également comme un concept autonome, protégé par le droit. Il tend même à devenir l'objet d'une revendication. Cette manifestation du train de vie est, en droit positif, à la fois abstraite et diffuse. Jamais envisagée explicitement par les textes, la notion de train de vie est pourtant très présente au sein du droit patrimonial de la famille et du droit

[135] Lors de la rédaction de cette thèse une difficulté terminologique a été rencontrée : comment désigner la personne qui mène un train de vie ? Le titulaire, l'auteur, le bénéficiaire, l'initiateur ? La notion de titularité, qui renvoie à celle de prérogative juridique, a été écartée au regard du lien de rattachement qui a été retenu, à savoir la jouissance. Ce rapport caractéristique du train de vie, n'étant pas toujours une prérogative juridique, la titularité n'est pas appropriée. Le terme « jouisseur » aurait été le plus adapté mais son utilisation est délicate dans une thèse. Deux termes ont finalement été retenus : l'auteur à titre principal et le bénéficiaire à titre secondaire. L'auteur permet d'envisager un rôle actif de celui qui mène un train de vie. Le bénéficiaire, permet quant à lui d'insister sur le fait que le train de vie peut se présenter comme un avantage pour celui qui jouit des biens d'autrui.

social. Cette notion tend à s'imposer une nouvelle fois comme un point de référence, mais cette fois-ci dans le temps, laissant présager que le train de vie pourrait produire de nouveaux effets juridiques.

21. ***Plan*** **-** En conséquence, la première partie de ce travail de recherche sera consacrée à l'étude de la notion de train de vie et la seconde aux effets juridiques qui lui sont attachés.

PARTIE I - LA NOTION DE TRAIN DE VIE

PARTIE II - LES EFFETS JURIDIQUES ATTACHÉS AU TRAIN DE VIE

Première partie - La notion de train de vie

22. ***La conceptualisation d'une notion : une étape préalable et indispensable à son utilisation*** **-** « Avant de commencer par dire d'un objet qu'il ne doit pas être, pour le condamner, ou au contraire qu'il peut ou doit être afin de permettre son existence, la tolérer ou exiger son advenue, il faut bien dire ce qu'il est [136] ». Tel est le travail du juriste. À partir de l'observation des faits il lui revient d'appliquer une qualification à partir de laquelle découlent des effets juridiques. Pour ce faire, encore faut-il disposer de concepts juridiques adaptés. Ainsi, avant de mettre en œuvre une notion, de qualifier des faits, il est nécessaire que cette notion existe et qu'elle ait été consacrée par le droit. Or tel n'est pas le cas pour la notion de train de vie. Certes, celle-ci est utilisée dans les textes de lois, par la jurisprudence et plus généralement par le droit positif, mais elle n'a jamais été définie. La réalisation d'un travail de conceptualisation sera donc l'étape préalable et indispensable à l'utilisation de la notion de train de vie[137].

23. ***La définition d'une notion*** **-** La définition d'une notion peut être trouvée dans une source de droit positif[138]. Comme le souligne un auteur, « on peut même penser qu'elle n'a de réelle effectivité que si elle est donnée par la loi ou la jurisprudence[139] ». En ce qui concerne le train de vie, ni la loi ni la jurisprudence ne fournissent de définition. Il nous revient donc d'entreprendre ce travail de définition et par là même, de conceptualisation.

---

[136] Cayla (O.), « Ouverture : La qualification ou la vérité du droit », *in* La qualification, *Revue Droits*, n° 18, 1993, p. 3.

[137] Bergel (J.-L.), *Théorie générale du droit*, 5e éd., Dalloz, Méthodes du droit, 2012, n° 170.

[138] Voir Cornu (G.), « Les définitions dans la loi », in *Études offertes à Jean Vincent*, Dalloz, 1981, p. 77 ; Cornu (G.), *Linguistique juridique*, 3e éd., Montchrestien, coll. Domat droit privé, 2005, n° 22.

[139] Bergel (J.-L.), *op. cit.*, n° 172.

Définir une notion consiste à « en décrire la substance et en révéler les critères distinctifs[140] ». Il s'agit ainsi d' « énoncer les éléments qui y sont toujours réunis[141] » et de déterminer les relations qui existent entre eux[142].

24. ***La définition d'une notion à contenu variable*** **-** Le train de vie de chaque individu est unique[143]. En effet, les mêmes éléments du train de vie ne peuvent être recensés chez deux personnes différentes. Dit autrement, il n'est pas possible que deux personnes jouissent exactement des mêmes biens. Le train de vie semble donc être davantage une notion empreinte de variabilité que de stabilité. Cela pourrait-il faire obstacle à toute tentative de définition ?

Les notions à contenu variable[144], dont la catégorie n'est pas clairement définie[145], sont assez fréquemment désignées par des expressions péjoratives, du fait de leur difficile appréhension. Elles sont ainsi qualifiées de notions « confuses[146] », « floues », « équivoques », « ambiguës » ou « indéfinies[147] ». Un auteur a même estimé qu'elles sont des « notions générales au contenu indéterminé qui, pratiquement, ne peuvent donner lieu à des définitions[148] ».

---

140 *Ibid.*, n° 173.

141 *Ibid.*

142 Par exemple : cumul, alternative, exclusion, causalité, réciprocité, dépendance, etc. Bergel (J.-L.), *op. cit, loc. cit.*

143 Sous réserve des personnes vivant ensemble car la vie commune tend à unifier les trains de vie.

144 Ce vocable est privilégié car il permet de traiter de l'ensemble des notions souples telles que les notions cadres, les standards, etc. Perelman (Ch.) et Van Elst (R.), sous la dir., *Les notions à contenu variable*, Bruxelles, Bruylant, 1984 ; Castets-Renard (C.), *Notions à contenu variable et droit d'auteur*, L'Harmattan, 2004, spéc. p. 19 et s. ; Jarrosson (Ch.), *La notion d'arbitrage*, préf. Bruno Oppetit, LGDJ, Coll. Bib. droit privé, T. 198, 1987, n° 463 et s. ; Voir aussi, Coët (Ph.), *Les notions-cadres dans le Code civil, Études des lacunes intra-legem*, (thèse publiée dans différents numéros de la revue) *LPA*, 30 juillet 1986, n° 91, p. 39 à 49, spéc. p. 41 et s. ; Fortier (V.), « La fonction normative des notions floues », *RRJ* 1991-3, p. 755.

145 *« L'idée même de notion à contenu variable est…à contenu variable »* : Jarrosson (Ch.), th. préc., n° 463.

146 Perelman (Ch.), « L'usage et l'abus des notions confuses », *Logique et analyse*, Publication trimestrielle du Centre national belge de recherches de logique, n° 81, mars1978, p. 3.

147 Perelman (Ch.), « Les notions à contenu variable en droit, essai de synthèse », in *Les notions à contenu variable*, *op. cit.*, p. 365.

148 Ghestin (J.), « L'ordre public, notion à contenu variable en droit privé français », in *Les notions à contenu variable*, *op. cit.*, p. 77.

Toutefois, ce n'est pas parce qu'une notion contient un certain degré de variabilité qu'elle est nécessairement indéfinissable. Dès lors que ses éléments constitutifs sont invariables celle-ci sera définissable. Si la variabilité affecte seulement le contenu d'un des éléments constitutifs, cela n'est pas problématique. Or les éléments du train de vie, aussi visibles, nombreux et variables soient-ils, ne sont pas directement un des éléments constitutifs de la notion de train de vie.

25. ***Distinction entre les éléments du train de vie et les éléments constitutifs de la notion de train de vie*** **-** Dans certaines branches du droit, notamment en droit fiscal et en droit social, des listes d' « éléments du train de vie » sont établies par le législateur ou le pouvoir réglementaire[149]. Il s'agit de différents biens, strictement référencés et auxquels est associée une valeur forfaitaire, permettent de reconstituer le revenu d'un contribuable ou d'un demandeur de prestations sociales dont le train de vie avait conduit à douter de la sincérité de la déclaration de ses revenus ou de ses ressources. Ces biens, qualifiés d'éléments du train de vie, ne doivent pas être confondus avec les éléments constitutifs de la notion de train de vie. S'ils participent à la constitution du train de vie, ce n'est que matériellement. Ils n'en sont que le support. Pris dans leur individualité, ils ne sont pas des éléments constitutifs. De plus, les éléments du train de vie, tels qu'ils sont énumérés dans les listes ou identifiés par la jurisprudence sont variables, interchangeables et indéterminés. L'absence de l'un d'eux ne fait pas échec à l'existence d'un train de vie. Or les éléments constitutifs du train de vie sont quant à eux indispensables à une telle reconnaissance. Les éléments du train de vie permettent simplement d'appréhender matériellement le train de vie d'une personne.

26. ***Le train de vie : un comportement économique*** **-** Le train de vie ne se confond pas avec les biens qui en sont le support et qui sont qualifiés d'éléments du train de vie. Cette notion désigne le « comportement économique d'une personne[150] ». Le terme « comportement » peut se définir comme la « manière de se comporter[151] », c'est-à-dire la manière de se conduire et d'agir[152]. Il n'est pas recensé dans les lexiques juridiques. En

---

[149] *CGI*, art. 168 et 1649 quater-0 ter ; *CSS*, art. R. 524-15-1, R. 553-3-1 et R. 861-15-1 ; *CASF*, art. R. 262-74.

[150] Ségor (L.), « Le rôle du train de vie dans l'application du droit civil », *JCP* 1963, I, 1783.

[151] *Le Petit Robert de la langue française*, V° « *Comportement* » (sens n° 1).

[152] Cette définition n'est pas sans rappeler celle du « train de vie ». Voir *Le Petit Robert de la langue française*, V° *« Train de vie »* ; dans un sens vieilli, « genre de vie, manière de

psychologie, le comportement est défini comme l' « ensemble des réactions objectivement observables [153] ». Si cette définition ne concerne pas directement le domaine juridique, elle mérite néanmoins une certaine attention. En effet, le train de vie, tel qu'il est appréhendé par les matières fiscale et sociale, se rapproche de cette définition. L'administration se fonde sur un ensemble d'éléments du train de vie, objectivement observables, pour reconstituer le revenu du contribuable ou les ressources du demandeur de prestations sociales. Si cet aspect extérieur du train de vie présente un très grand intérêt[154], il ne permet pas pour autant de saisir la substance même de la notion. Définie largement, celle-ci serait un ensemble d'actes et de faits relatifs à des biens. Pour exploiter pleinement la notion de train de vie, il est nécessaire de cerner plus précisément ce qui est entendu sous l'expression « comportement économique ».

Exprimé en des termes plus juridiques et appliqué au train de vie, le comportement économique, qui constitue la substance du train de vie, traduit un rapport de jouissance. Ainsi, le train de vie peut être défini comme la jouissance d'une certaine quantité de biens et de services, qualifiés d'éléments du train de vie. En cela, il exprime le niveau de vie d'un individu.

27. *Le train de vie : un comportement habituel* - Pour s'extraire du domaine des faits et pénétrer dans la catégorie des notions juridiques, le train de vie ne peut pas être défini comme un simple comportement économique. Un élément supplémentaire, un critère juridique, doit être adjoint à cette situation strictement factuelle.

Le droit ne peut pas transformer toutes les situations factuelles en situations juridiques. À l'opposé, il ne peut pas ignorer certaines situations factuelles, notamment celles qui se sont installées dans le temps et qui sont devenues des réalités sociales. De la même manière, le droit ne peut pas prendre en considération tout acte ou tout fait isolé. Au contraire, il lui est difficile d'ignorer un comportement répété. Ainsi, le droit ne peut ignorer ni les faits qui s'inscrivent dans la durée, ni ceux qui ont un caractère répétitif.

La durée et la répétition, sont deux critères juridiques qui permettent de transcender une situation factuelle en une situation juridique. Il existe une notion qui intègre ces deux éléments. Il s'agit de l'habitude dont les deux composantes sont précisément la durée et la répétition. Cette notion est déjà

---

vivre » ; dans un sens plus moderne, « manière de vivre, relativement aux dépenses de la vie courante que permet la situation des gens ».

[153] *Le Petit Robert de la langue française*, V° « *Comportement* » (sens n° 2).

[154] *Infra*, n° 258 et s.

utilisée dans de nombreuses branches du droit. Il n'est qu'à citer l'infraction d'habitude en droit pénal[155] pour s'en convaincre. C'est également sur elle que repose la qualification de commerçant[156].

L'habitude a un rôle déterminant dans la définition du train de vie. Un comportement économique ne pourra être qualifié de train de vie, et par là même intégrer la sphère juridique, qu'à la condition d'être habituel.

28. ***Les éléments constitutifs de la notion de train de vie*** **-** Le train de vie est donc l'association de deux éléments. Le premier est d'ordre économique. Il s'agit d'un comportement qui traduit un rapport de jouissance d'une certaine quantité de biens et de services qualifiés d'éléments du train de vie. Le second est d'ordre juridique, il s'agit de l'habitude.

Ces deux éléments sont à la fois indispensables et cumulatifs. Le train de vie ne peut résulter que de leur combinaison. Dépourvu d'un caractère habituel, un comportement économique restera une situation factuelle ignorée du droit. En l'absence d'un comportement économique, l'habitude ne pourra produire aucun effet puisqu'elle ne se conçoit pas en l'absence d'un support. Comme l'a relevé un auteur, « on ne conçoit pas d'effet attachés au temps nu ; son efficacité consiste toujours à opérer sur une situation de fait qui s'est établie et qui parvient à durer[157] ».

29. ***Plan*** **-** L'étude de la notion de train de vie sera réalisée à l'aune de ces deux éléments. À travers le premier se dégage l'idée selon laquelle le train de vie est révélateur d'un niveau de vie (TITRE I). Le second permet quant à lui d'appréhender cette notion comme une habitude de vie (TITRE II).

TITRE I - UN NIVEAU DE VIE

TITRE II - UNE HABITUDE DE VIE

[155] Claverie-Rousset (Ch.), *L'habitude en droit pénal*, préf. Valérie Malabat, LGDJ, Coll. Bib. sc. criminelles, T. 57, 2014.

[156] *C. com.*, art. L. 121-1 : « Sont commerçants ceux qui exercent des actes de commerce et en font leur profession habituelle ».

[157] Hebraud (P.), « Observations sur la notion du temps dans le droit civil », *Études offertes à Pierre Kayser*, T.2, PUAM, 1979, p. 1 à 58, spéc. n° 30 p. 50.

Titre I - Un niveau de vie

30. ***Les éléments du train de vie*** - Lorsque l'expression « train de vie » est employée, l'attention tend à se focaliser sur les éléments qui en sont le support, et notamment sur les plus ostentatoires d'entre eux. On peut citer par exemple les villas, les voitures de sport, les vêtements de luxe, etc. Comme évoqué précédemment, ces biens ne sont pas les éléments constitutifs de la notion de train de vie. En effet, cette notion ne se réduit pas à une collection de biens, quand bien même disposeraient-ils d'un caractère luxueux. Cet amalgame entre le support et la substance du train de vie s'explique par l'absence de matérialité de la notion même de train de vie. Il s'agit d'une notion totalement immatérielle. Elle est une pure invention de l'esprit, un concept imagé. Tout comme il est impossible d'appréhender matériellement une personne morale, un fonds de commerce, il est impossible d'appréhender matériellement un train de vie. En revanche, ces notions empruntent leur matérialité à certains éléments tangibles qui la composent. En matière de train de vie, les biens dont un individu peut jouir disposent de cette matérialité et d'une certaine extériorité qui expliquent qu'une grande attention leur soit accordée.

Chercher à identifier tous les éléments du train de vie potentiels est une entreprise vaine. Cette qualification est attribuée uniquement *a posteriori*. Les éléments du train de vie ne sont identifiés comme tel que pour servir un but, celui de caractériser le train de vie d'une personne. Sous cette qualification d'apparence, il s'agit de biens sans la moindre spécificité. Malgré l'association souvent réalisée entre le train de vie et la richesse, aucun critère lié à la valeur ne les caractérise.

31. ***Un comportement économique*** - Le train de vie est aussi le comportement économique d'une personne. Il s'agit donc de la manière de vivre de cette personne, appréhendée sous son seul aspect économique. Selon l'objectif qui est recherché, ce comportement est appréhendé sous deux aspects différents : l'un ressources et l'autre dépenses. Lorsque l'administration fiscale cherche à reconstituer le revenu imposable d'un contribuable, elle s'intéresse aux ressources de ce dernier[158]. Dans d'autres domaines et notamment en matière pénale, lorsque les juges caractérisent le train de vie d'un délinquant, ils s'attachent à mettre en évidence les dépenses

[158] *CGI*, art. 168.

de ce dernier[159]. De la même manière, en matière de solidarité ménagère, ce sont les dépenses qui permettent de caractériser le train de vie du ménage[160]. En résumé, le train de vie serait d'un côté l'ensemble des biens dont dispose une personne et de l'autre, il s'agirait de l'ensemble de ses dépenses. Ces deux aspects du train de vie en apparence antinomiques sont en réalité complémentaires. En effet, le train de vie inclut tant les dépenses que les ressources. Plus encore, il les met en corrélation dans la mesure où les dépenses de train de vie ne sont permises que par l'acquisition préalable et récurrente de ressources. La notion de train de vie fonctionne en quelque sorte comme une universalité. L'actif – les ressources – répondent du passif – les dépenses –. Un équilibre doit être trouvé entre ces deux aspects.

---

[159] Pour exemple, Cass. crim., 30 octobre 1989, n° 89-84.727 : « *l'information a établi que Gilles X... qui n'exerce aucune profession et ne peut justifier de revenus réguliers avait, au cours de ces dernières années, séjourné plusieurs fois en France, dans la région lyonnaise et dans les Alpes, (...) ; que, plus précisément, Gilles X... a été interpellé en mai 1989 pendant la période du Festival international du cinéma, circulant en voiture de luxe et fréquentant assidument des établissements de grand standing* » ; Cass. crim. 5 décembre 2001, n° 80-87.546 : « *la cour d'appel énonce que, bien qu'ayant déclaré être sans ressources, l'intéressé dispose de comptes bancaires dont le solde avoisine 700 000 francs et a versé environ 60 000 francs en espèces pour l'achat d'un véhicule* » (...) « *la cour d'appel relève que cette dernière, qui ne peut justifier d'autres ressources que celles provenant d'une allocation d'un montant variant de 74 à 101 francs par jour, dispose de 6 comptes faisant apparaître un solde de 196 085 francs, sur lesquels elle a déposé, en espèces, entre janvier et avril 1998, des sommes de 20 000, 16 000 et 13 000 francs et qu'elle verse 2 000 francs par mois en remboursement d'un emprunt contracté pour l'achat d'une maison à son nom* » (...) « *la cour d'appel relève que ce dernier, qui ne déclare percevoir qu'une allocation de l'ASSEDIC d'un montant de 2 200 francs par mois, effectue régulièrement des dépenses importantes à la discothèque Club de Deaux et dispose de comptes bancaires dont le solde global s'élève à 445 914 francs ; que les juges ajoutent que l'intéressé mène une vie relativement confortable, avec, en particulier, l'achat d'un véhicule Renault Espace pour un prix de 60 000 francs, réglé en espèces, des séjours au ski, également réglés en espèces, des achats de mobiliers et des dépenses de transformation de bijoux, encore réglées en espèces* » ; Cass. crim., 22 janvier 2003, n° 02-83.160 : « *les investigations des policiers avaient mis en évidence que le demandeur, qui détenait 3 000 francs en espèces à son domicile, avait acheté entre mars et août 1999 des appareils électroménagers neufs pour un montant de 22 115 francs et que, malgré la modicité de son salaire d'animateur de quartier de l'association Argonne Plus qui l'employait depuis deux ans et de ses revenus tirés de son travail au cours des dernières années, de l'ordre de 5 000 francs par mois lorsqu'il travaillait, était déposée sur ses comptes bancaires la somme de 210 000 francs, hors de proportion avec ses facultés d'épargne* » ; Cass. crim., 20 février 2008, n° 07-81.247, *Bull. crim.* n° 47, p. 216 : « *Ali X... était titulaire d'une dizaine de comptes bancaires et de deux contrats d'assurance-vie pour un capital total de 140 592,98 euros ; qu'il était propriétaire de sept logements, pour une capitalisation immobilière représentant une valeur d'achat de l'ordre de 160 832,75 euros ; une seule automobile était à son nom, une BMW série 5 ; Fazia X... était titulaire de seize comptes bancaires, pour une situation au 23 mars 2004 de 81.800,26 euros ; qu'elle possédait en outre avec son conjoint les sept immeubles précités* ».

[160] *C. civ.*, art. 220.

32. ***Convergence autour de la notion de jouissance*** - Qu'il soit envisagé sous l'un ou l'autre de ses aspects, qui ne sont que les deux faces d'une même pièce, le train de vie converge vers une même notion, la jouissance. Il n'est pas qu'une simple collection de biens et de services. Il est également une relation entre une personne et des biens. L'analyse de cette relation fait apparaître un rapport de droit assez inhabituel. Le train de vie ne se réduit pas à un rapport de propriété. Il n'est pas nécessaire que l'auteur du train de vie soit propriétaire d'un bien pour que ce dernier intègre son train de vie. Le rapport juridique présent en matière de train de vie est empreint de réalisme. Il s'agit d'un rapport de jouissance entre une personne et une certaine quantité de biens qui sont qualifiés d'éléments du train de vie.

33. ***Première définition du train de vie*** - La substance du train de vie est donc composée de deux éléments : un support matériel d'une part, que sont les éléments du train de vie et un lien personnel entre l'auteur du train de vie et ces mêmes éléments d'autre part, qui réside dans un rapport de jouissance. Le train de vie pourrait donc être défini comme la jouissance d'une certaine quantité de biens et de services. Il ressort très clairement de cette définition que le train de vie exprime avant tout un niveau de vie.

34. ***La mesure du niveau de vie*** - L'expression niveau de vie reçoit dans des domaines extra-juridiques des définitions techniques[161] qui ne seront pas pleinement exploitées dans cette étude. En revanche, le terme niveau renvoie à une idée de quantité qui se retrouve de manière limpide dans la définition de la substance du train de vie. Cette quantité doit être mesurée. En matière de train de vie cette mesure est réalisée de deux manières. D'une part, les éléments du train de vie, constituant l'assiette de la jouissance, permettent d'établir une mesure quantitative. Ce critère de mesure focalise toutes les attentions. Il mériterait pourtant de passer en second plan. La spécificité du train de vie ne réside pas tant dans ses éléments que dans le rapport de jouissance qui existe entre l'auteur du train

---

[161] Définition proposée par l'INSEE, http://www.insee.fr/fr/methodes/default.asp?page=definitions/niveau-de-vie.htm : « Le niveau de vie est égal au revenu disponible du ménage divisé par le nombre d'unités de consommation (uc). Le niveau de vie est donc le même pour tous les individus d'un même ménage. Les unités de consommation sont généralement calculées selon l'échelle d'équivalence dite de l'OCDE modifiée qui attribue 1 uc au premier adulte du ménage, 0,5 uc aux autres personnes de 14 ans ou plus et 0,3 uc aux enfants de moins de 14 ans » ; *Le Grand Robert* de la langue française, V° *Niveau, niveau de vie* : « Ensemble des biens et des services que permet d'acquérir ou de se procurer le revenu national moyen, ou le revenu moyen d'une catégorie déterminée de citoyens ».

de vie et ces mêmes éléments. Ce rapport permet de réaliser une mesure qualitative du niveau de vie. Le niveau de vie ainsi mesuré ne correspond pas à la valeur des biens possédés par l'auteur du train de vie mais à la valeur de leur usage.

35. ***Plan*** **-** L'étude portera dans un premier temps sur les éléments du train de vie lesquels constituent la substance du train de vie (Chapitre I). Elle se focalisera dans un second temps sur la jouissance, rapport caractéristique du train de vie (Chapitre II).

CHAPITRE I - LES ÉLÉMENTS DU TRAIN DE VIE CARACTÉRISANT LA SUBSTANCE DU NIVEAU DE VIE

CHAPITRE II - LA JOUISSANCE DES ÉLÉMENTS DU TRAIN DE VIE CARACTÉRISANT LE NIVEAU DE VIE

Chapitre I - Les éléments du train de vie constituant la substance du niveau de vie

36. ***L'attractivité des éléments du train de vie*** - S'intéresser au train de vie d'une personne conduit à se focaliser sur certains des éléments de son train de vie, les plus ostensibles. Cela s'explique à différents égards. D'une part, en l'absence de définition de la notion de train de vie, seuls les éléments du train de vie permettent son utilisation. Le législateur l'a bien compris. C'est pour cela qu'il rédige des listes d'éléments du train de vie. Les tribunaux se focalisent eux aussi sur ces éléments. Lorsqu'ils doivent faire application d'une norme contenant l'expression « train de vie », ils se doivent d'identifier un certain nombre d'éléments du train de vie. D'autre part, le train de vie est une création intellectuelle. Cette notion n'a donc en elle-même aucune tangibilité. Or, pour caractériser le train de vie d'une personne il est nécessaire de se fonder sur des réalités concrètes et matérielles. Les éléments du train de vie, empreints d'une certaine matérialité, sont les seuls éléments concrets de la notion.

Pourtant, aussi attractifs soient-ils, les éléments du train de vie sont impuissants à faire émerger une définition de la notion même de train de vie. Une analyse, minutieuse du droit positif[162], focalisée sur les éléments du train de vie, permet simplement de dire que le train de vie repose sur une pluralité d'éléments qui varient pour chaque individu. Ce constat ne doit pas pour autant conduire à écarter les éléments du train de vie du champ de la présente étude.

37. ***Un objet de jouissance*** - Il a été esquissé que le train de vie traduit le comportement économique d'une personne et plus spécifiquement encore, un rapport de jouissance. Or, cette jouissance doit s'exercer à l'encontre de quelque chose. Cette chose ou plutôt ces choses sont les éléments du train de vie. Ils constituent donc l'objet de la jouissance.

Dans le même temps, ils sont aussi l'assiette économique de la notion. Ce sont des indices directs ou indirects du niveau de vie d'une personne. Pris dans leur individualité ils n'ont que peu de signification. En revanche, mis bout à bout, ils permettent de quantifier un niveau de vie.

38. ***La nature des éléments du train de vie*** - Les éléments du train de vie apparaissent à la fois comme un support matériel et économique de la

[162] *Infra*, n° 41.

notion de train de vie. Ils ont donc un rôle indispensable dans la constitution de cette notion. Pour autant, cette sous-notion n'est elle-même pas définie. Les éléments du train de vie ne sont définis comme tel qu'au regard de leur fonction, qui est de révéler le train de vie. Leur qualification est toujours donnée *a posteriori*. Elle permet d'habiller juridiquement une autre réalité juridique. L'identification de cette première catégorie juridique, à laquelle appartiennent les éléments du train de vie, est une étape initiale dans le processus de définition de la notion d'éléments du train de vie.

Les éléments du train de vie recensés dans les listes légales ou dans la jurisprudence sont principalement des choses corporelles parmi lesquelles peuvent être cités les voitures automobiles[163], les bateaux[164], les chevaux[165], l'argent liquide, les vêtements de luxe, les articles de joaillerie[166]ou encore les appareils électroménagers[167]. Ils peuvent tout autant être des choses incorporelles telles que des capitaux[168]. À côté de ces choses, sont également référencés d'autres éléments au sein de cette catégorie qui sont pour la plupart des prestations de services. Ainsi, peuvent être cités les voyages[169], les séjours en hôtel[170], les abonnements à des clubs de golf[171], les travaux d'embellissement[172], la location d'un bien ou encore les employés de maison[173]. C'est tantôt la prestation qui est visée, tantôt le titre qui permet de bénéficier d'une prestation, tantôt la relation entre deux personnes qui l'est. C'est enfin la valeur d'usage d'un bien, et non le bien lui-même, qui peut être directement identifiée comme étant un élément du train de vie. Tel est le cas de la valeur locative cadastrale des résidences principales ou secondaires[174].

Cette diversité pourrait s'effacer au profit du rattachement de tous les éléments du train de vie à une même catégorie juridique, celle des biens. Cette catégorie juridique est relativement large du fait de l'existence de différentes acceptions de la notion de bien. En effet, cette qualification n'est

---

[163] *CGI*, art. 168 et 1649 quater-0 B ter.

[164] *CGI*, art. 168.

[165] *Ibid.*

[166] *CGI*, art. 1649 quater-0 B ter.

[167] *CGI*, art. 1649 quater-0 B ter ; *CSS*, art. R.861-15-1, I, 6°.

[168] *CSS*, art. R.861-15-1, I, 10°.

[169] *CGI*, art. 1649 quater-0 B ter.

[170] *CGI*, art. 1649 quater-0 B ter ; *CSS*, art. R.861-15-1, I, 8°.

[171] *CGI*, art. 168.

[172] *CSS*, art. R.861-15-1, I, 3°.

[173] *CGI*, art. 168.

[174] *CGI*, art. 168 et 1649 quater-0 B ter.

pas réservée aux seules choses corporelles. Les choses incorporelles tout comme les droits, tant réels que personnels, reçoivent également cette qualification. Cependant, cette abstraction juridique ne serait pas en adéquation avec la réalité matérielle induite par le train de vie. Ce n'est pas en ayant recours à des concepts intellectuels tels que les droits que cette notion peut être cernée. Celle-ci repose avant tout sur des éléments concrets, qui doivent se retrouver dans sa définition. Aussi, les éléments du train de vie, constituant l'assiette économique de la notion seront rattachés à deux catégories, celle des biens, dans son acception stricte et celle des services.

39. ***La valeur des éléments du train de vie*** - Par ailleurs, le train de vie est couramment associé aux extrêmes. Ainsi, il reçoit des qualificatifs comme modeste, dispendieux, scandaleux, excessif, etc. Les éléments du train de vie sont impactés par ces qualifications. Ceux qui sont mis en avant sont bien souvent ceux qui reflètent la tendance générale. Ainsi, lorsque l'on souhaite dénoncer le train de vie dispendieux d'une personne, ce sont ses biens luxueux, ou tout du moins ceux qui ont une certaine valeur qui sont mis en avant. Il en est de même de ses dépenses importantes dans des services. Tous les autres biens ou services dont jouit cette même personne, et qui sont passés sous silence parce qu'ils n'ont pas une valeur importante, doivent-ils être exclus de la catégorie des éléments du train de vie ? Autrement dit, le seuil d'une certaine valeur est-il un critère de qualification des éléments du train de vie ? La réponse est clairement négative. Aucune condition liée à la valeur ne s'applique aux éléments du train de vie. Il est vrai que les éléments du train de vie ayant une certaine valeur sont souvent ceux qui permettent de caractériser le train de vie d'une personne. Cependant, cette valeur n'est pas inhérente à la catégorie des éléments du train de vie. Sa prise en considération est justifiée par la finalité répressive des normes qui sont mises en œuvre. En effet, lorsque le prononcé d'une sanction repose sur la notion de train de vie, il ne doit exister aucun doute dans la caractérisation, pour chaque espèce, du train de vie de la personne poursuivie. L'identification de certains éléments, particulièrement ostentatoires, notamment du fait de leur valeur importante, permet alors de diminuer les risques d'erreur.

40. ***Plan*** - Ainsi, après avoir cerné les éléments susceptibles d'intégrer le train de vie (Paragraphe 1) il sera montré que leur valeur intrinsèque est indifférente (Paragraphe 2).

Section I - Les éléments susceptibles d'intégrer le train de vie

41. ***Méthode et champ de l'étude*** - Pour identifier la nature des éléments du train de vie, il est d'abord nécessaire de recenser un maximum d'éléments du train de vie, qualifiés comme tel en droit positif[175]. Trois sources différentes ont servi de support à cette étude : les listes d'éléments du train de vie établies par le législateur ou le pouvoir réglementaire[176], la jurisprudence [177] et les formulaires de déclaration sur l'honneur. Cette troisième source mérite d'être explicitée. Pour obtenir une aide pécuniaire[178], une personne peut être invitée à faire état de l'ensemble de ses ressources[179]. De manière concrète, elle doit réaliser par écrit une déclaration au terme de laquelle elle s'engage sur l'honneur de l'exactitude de son contenu. Le contenu de ces déclarations est donc déterminé par leur auteur qui pourrait mentionner tous les éléments qu'il associe à ses ressources. Afin que tel ne soit pas le cas et qu'une certaine cohérence imprègne la matière, des formulaires[180], support indispensable à ces déclarations, sont fournis par

---

[175] Il est impossible de tous les identifier. Notre entreprise de classification permettra de les identifier sans avoir à les citer un par un.

[176] *CGI*, art. 168 et 1649 quater-0 B ter ; *CSS*, art. R. 553-3-1, R. 524-15-1 et R. 861-15-1 ; *CASF*, art. R. 262-74. Ces listes présentent un caractère exhaustif dans les matières où elles sont utilisées mais elles n'incluent pas tous les éléments du train de vie. La finalité répressive des textes qu'elles accompagnent, à savoir la fraude fiscale ou la fraude aux prestations sociales, nécessite que les éléments du train de vie, qui vont permettre de reconstituer le revenus du contribuable ou du demandeur de prestations sociales, soient identifiés à l'avance. Cela évite tout arbitraire de la part de l'autorité de contrôle. Voir *infra*, n° 251 et s.

[177] Plus de 700 décisions de justice ont été étudiées. Il s'agit de toutes celles disponibles sur le site www.legrifrance.gouv.fr contenant l'expression « train de vie ». Pour information, sont disponibles sur ce site les décisions rendues par la Cour de cassation qui ont été publiées au Bulletin des chambres civiles (1re, 2e, 3e, chambre sociale et chambre commerciale) depuis 1960, celles publiées au Bulletin de la chambre criminelle depuis 1963, celles non publiées au Bulletin depuis 1987 ainsi qu'un échantillon des décisions de Cours d'appel. Au 1er juin 2012, cela représentait 748 décisions. Parmi elles, les deux tiers ont été rendus par la Cour de cassation (477) et le tiers restant par des cours d'appel (271).

[178] Prestations sociales, aide juridictionnelle, prestation compensatoire, etc.

[179] En matière d'aide juridictionnelle, voir la loi n° 91-647 du 10 juillet 1991 relative à l'aide juridique et plus spécialement ses articles 4 et 5 (*JORF* n° 0162 du 13 juillet 1991 page 9170).

[180] Pour l'aide juridictionnelle : *Cerfa* n° 12467*01, not. p. 3 pour une demande réalisée par une personne physique et *Cerfa* n° 14404*01, not. p. 3 pour une demande réalisée par une personne morale. Pour la prestation compensatoire, aucun formulaire officiel n'est proposé. On peut néanmoins se référer à celui du site internet du conseil national des barreaux (www.cnb.avocat.fr) notamment à sa page 4 ou à celui annexé à la circulaire du 25 novembre 2002 (CIV/11/02). Pour le revenu de solidarité active : *Cerfa* n° 13880*03 ; pour la

l'administration. Ils contiennent des rubriques dédiées aux éléments du train de vie au sein desquelles sont contenues des indications permettant de cerner cette notion.

Ensuite, ces éléments sont rattachés à une catégorie juridique existante. De premier abord, celle des biens semble s'imposer comme une évidence. Malgré la largesse de cette catégorie, tous les éléments du train de vie ne pourront l'intégrer. Certains doivent être rattachés à une autre catégorie juridique, celle des services.

42. ***Plan*** - La qualification de bien pourrait s'appliquer à tous les éléments du train de vie (Paragraphe 1). Celle-ci ne sera pourtant pas exclusivement retenue. Certains de ces éléments seront qualifiés de services (Paragraphe 2).

Paragraphe 1 - Des biens

43. La notion de bien reçoit plusieurs acceptions (A). La plus large permettrait d'englober tous les éléments du train de vie (B).

A - La notion de bien

44. La notion de bien est une notion complexe qui, aujourd'hui encore, fait l'objet d'une attention particulière de la doctrine[181]. L'objet de la présente étude n'est pas de la revisiter mais simplement d'en présenter les différentes acceptions. Ainsi, un bien peut être une chose (1) ou un droit (2).

---

couverture maladie universelle : *Cerfa* n° 12504*3. Pour les aides personnalisés aux logement : *Cerfa* n° 11423 (CAF) et n° 12361 (MSA). Pour la prestation d'accueil du jeune enfant : *Cerfa* n° 12399*02.

[181] Berlioz (P.), *La notion de bien*, préf. Laurent Aynès, LGDJ, coll. Bib. droit privé, T. 489, 2007 ; Libchaber (R.), « La recodification du droit des biens », in *Le Code civil 1804-2004, livre du bicentenaire*, Dalloz-Litec 2004, p. 297 ; Mignot (M.), « La notion de bien, contribution à l'étude du rapport entre droit et économie », *RRJ*, 2006-4, p. 1805.

1 - Les biens-choses

45. ***Une chose est un bien*** **-** Dans une première acception la notion de bien tend à être rapprochée de celle de chose, sans que ces deux notions ne se confondent[182]. Ainsi, un bien est une chose susceptible d'appropriation[183]. Les choses non susceptibles d'appropriation mais dont on peut néanmoins jouir, à l'image choses communes ne peuvent accéder à cette catégorie[184].

Cette appropriation est motivée par l'utilité qu'une personne retire d'une chose[185] ce qui lui confère une certaine valeur. La conception traditionnelle de la chose ainsi que celle de la propriété[186] avaient conduit à restreindre la notion de bien aux choses corporelles[187], objet du droit de propriété de l'article 544 du code civil. Il était en effet couramment pensé que seules les choses matérielles pouvaient être appropriées. Cette analyse restrictive a été dénoncée par certains auteurs qui estiment qu'elle conduit à envisager la notion de bien dans un « sens primitif et courant du terme[188] ».

Les biens n'étaient initialement que des choses, « objet du monde réel [189] », appropriables. Cependant, les choses n'appartiennent pas uniquement « au monde sensible, à ce qui est corporel. Il existe d'autres choses (…) qui se conçoivent par leur valeur patrimoniale encore qu'elles ne

---

[182] Carbonnier (J.), *Droit civil Vol. II, Les biens, les obligations*, PUF, Quadrige, 2004, n° 707 *:* « Ce que nous appelons droit des biens, d'autres codifications l'appellent droit des choses ». Un ouvrage de droit des biens récent s'intitule « *Les choses* » abandonnant l'appellation habituelle « *les biens* » tout en y traitant des mêmes problématiques par une approche moins classique de la matière. Cf. Dross (W.), *Les choses*, LGDJ, 2012 (traité). *Adde* avec Dross (W.), *Droit civil, Les biens,* Montchrestien, 2012 (manuel qui reprend en grande partie les développements du traité).

[183] Association Henri Capitant, *Vocabulaire juridique*, 11 éd., PUF, Quadrige, 2016, V° *Bien* ; Zénati-Castaing (F.) et Revet (Th.), *Les biens*, 3e éd., PUF, coll. Droit fondamental, 2008, n° 2 ; Carbonnier (J.), *Droit civil Vol. 2, Les biens*, les obligations, PUF, Quadrige, 2004, n° 707, p. 1595.

Pour certains auteurs, le caractère appropriable n'est pas suffisant pour entrainer la qualification de bien. Il est aussi nécessaire que la chose soit cessible ou saisissable : Berlioz (P.), *th. préc.*

[184] *Infra*, n° 128.

[185] Zénati-Castaing (F.) et Revet (Th.), *op. cit.*, n° 2 ; Libchaber (R.), *Rép. Civ. Dalloz*, 2009, V° *Biens*, n° 5 et s.

[186] P Berlioz (P.), *th. préc.*, n° 11.

[187] Association H. CAPITANT, *op. cit.*, V° *Bien*, 1 ; Zénati-Castaing (F.) et Revet (Th.), *op. cit.*, n° 1.

[188] P Berlioz (P.), *th. préc.*, n° 11.

[189] Libchaber (R.), *op. cit.*, n° 6.

soient pas tangibles[190] ». C'est la prise en compte de la valeur de certaines choses incorporelles qui a fait évoluer la notion de bien[191]. Certains auteurs parlent à ce propos de « la consécration des biens nouveaux[192] ». D'autres plus nuancés rappellent que « *la notion de bien incorporel était déjà évoquée dans le code civil* » tout en affirmant que « l'immatériel (...) a envahi le droit en cette fin de siècle[193] ».

Ce n'est pas tant les caractéristiques intrinsèques de la chose qui ont fait évoluer la notion de bien que son adaptation aux besoins de l'homme[194]. Dépourvues de toute substance matérielle les choses incorporelles ont pour seule substance leur valeur. L'appropriation [195] de ces valeurs par la reconnaissance explicite du droit a permis d'intégrer les choses incorporelles dans la catégorie des biens[196].

Il est couramment admis aujourd'hui que l'appropriation puisse porter sur des choses « qui n'ont pas besoin d'être corporelles[197] ». L'avant-projet de réforme du livre II du code civil élaboré en 2008 par l'association Henri Capitant va en ce sens[198]. Les biens y sont définis comme « les choses corporelles ou incorporelles faisant l'objet d'une appropriation[199] ». Cette définition renouvelée du bien permet d'élargir la notion de biens. Elle ne repose plus sur les choses mais sur les droits portant sur les choses.

---

[190] *Ibid.*, n° 27.

[191] « Il n'est pas contesté que le mouvement vers l'accroissement et l'abstraction dans le système du droit des biens tend à mettre en relief l'importance de la valeur comme dénominateur commun » : Terré (F.) et Simler (Ph.), *Droit civil, Les biens*, 9e éd., Dalloz, Précis, 2014, n° 43 ; Mignot (M.), *art. préc.*, p. 1805 ; F Zénati (F.), « L'immatériel et les choses », *APD 1999*, T. 43, p. 79.

[192] Libchaber (R.), « La recodification du droit des biens », in *Le Code civil 1804-2004, livre du bicentenaire*, Dalloz-Litec 2004, n° 39, p. 341.

[193] Carbonnier (J.), *op. cit.*, n° 707, p. 1595.

[194] *Ibid.*, p. 1596.

[195] « Propriété ou monopole d'exploitation ? » : Malaurie (Ph.) et Aynès (L.), *Les biens*, 6e éd., LGDJ, coll. Droit civil, 2015, n° 206 ; Catala (P.), « L'immatériel et la propriété », *APD* 1999, T. 43, p. 61.

[196] Libchaber (R.), « La recodification du droit des biens », *op. cit.*, n° 39, p. 341.

[197] Libchaber (R.), *Rép. Civ. Dalloz*, 2009, V° *Biens*, n° 12.

[198] Périnet-Marquet (H.), sous la dir., *Propositions de l'association Henri Capitant pour une réforme du droit des biens*, Litec, Coll. Carré droit, 2009.

[199] *Ibid.*, art. 520.

2 - Les biens-droits

46. ***Un droit est un bien*** **-** S'étant détaché de son enveloppe corporelle, le bien s'est étendu à la notion de droit. Ainsi, un droit peut être qualifié de bien incorporel[200]. Les biens seraient « les droits portant sur les choses qui leur confèrent leur utilité et leur valeur économique. La notion de bien est ainsi dominée par celle de droits relatifs aux choses et désigne en réalité surtout les droits qui portent sur les choses que les choses elles-mêmes[201] ». Cette évolution de la notion de bien ne fait pas débat en doctrine[202]. Certains auteurs émettent tout de même une réserve à l'égard du droit de propriété. Ils affirment que tous les droits sont des biens, à l'exception du droit de propriété. Cette exclusion résulte du fait que le droit de propriété permet de créer un rapport d'appropriation à l'égard de tous les autres biens. Or il n'est pas possible de s'approprier un droit de propriété qui permet lui-même de créer un rapport d'appropriation[203]. Ainsi, parce qu'il n'est pas susceptible d'appropriation, le droit de propriété ne peut pas être qualifié de bien. D'autres auteurs ne font pas cette distinction. Pour eux, le patrimoine se compose activement de biens appréciables en argent que sont les droits réels ou personnels[204]. L'aptitude à intégrer le patrimoine permet de qualifier de bien tous les droits, y compris le droit de propriété.

47. ***Un bien est un droit ayant une valeur économique*** **-** C'est donc la prise en considération de la valeur qui a conduit à élargir de la notion de bien et à l'émanciper de celle de chose. Dans cette même optique, les biens ont également pu être définis comme étant des « droits ayant une valeur économique qui ne supposent pas nécessairement le support matériel d'une chose corporelle[205] » ou comme « une valeur économique, située dans une prérogative juridique quelconque, et consacrée comme telle par le droit

---

200 À ne pas confondre avec les choses incorporelles.

201 Bergel (J.-L.), Bruschi (M.) et Cimamonti (S.), *Traité de droit civil, Les biens*, 2e éd., LGDJ, 2010, n° 1.

202 Voir cependant Dross (W.), *Droit civil, Les choses*, LGDJ, 2012, n° 488 et s., p. 888 et s.. Cet auteur exclut la qualification de chose à un droit mais retient celle de bien.

203 Zénati-Castaing (F.) et Revet (Th.), *op. cit.*, n° 3 : « Il serait tautologique et absurde de s'approprier le rapport d'appropriation. Le droit de propriété ne peut être un bien parce qu'il est ce qui permet aux choses d'être des biens. Ce sont les objets de propriété qui sont des biens, non pas la propriété elle-même » ; Laurent (J.), *La propriété des droits*, préf. Thierry Revet, LGDJ, coll. Bib. droit privé, T. 537, n° 70 et s. et 133 et s.

204 Bergel (J.-L.), Bruschi (M.) et Cimamonti (S.), *op. cit.*, n° 1 et 2 ; Cornu (G.), *Droit civil, Les biens*, 13e éd., Montchrestien, 2007, n° 4.

205 Bergel (J.-L.), Bruschi (M.) et Cimamonti (S.), *op. cit.*, n° 1.

objectif[206] ». La valeur serait désormais considérée comme étant « la substance de la notion de bien[207] ».

B - Une qualification applicable à tous les éléments du train de vie

48. ***Évolutions parallèles des contenus des notions de bien et d'éléments du train de vie*** **-** La notion de train de vie est beaucoup plus récente que celle de bien. L'expression « éléments du train de vie » a été utilisée pour la première fois en droit dans un décret du 21 avril 1939[208]. Quelques biens énumérés dans une liste recevaient cette qualification. Des listes du même ordre se sont considérablement développées depuis la fin des années 1940. À cela s'ajoute une importante jurisprudence relative à la notion d'éléments du train de vie. Il en ressort que les éléments du train de vie ne se limitent plus aux quelques biens énumérés initialement. Le contenu de la notion d'éléments du train de vie a suivi l'évolution de celui de la notion de bien. Initialement focalisée sur les choses corporelles, l'assiette du train de vie s'est élargie. Elle inclut désormais tant des choses incorporelles que des droits.

49. ***Plan*** **-** La notion de bien reçoit une double acception : l'une reposant sur les choses l'autre sur les droits[209]. La première permet de qualifier la majorité des éléments du train de vie mais certains restent néanmoins à sa marge. La seconde permet quant à elle d'englober tous les éléments du train de vie.

Les biens-choses sont les éléments principaux du contenu du train de vie. Les biens-droits, s'ils occupent une place secondaire, sont néanmoins à prendre en compte notamment parce qu'ils permettent d'appréhender les

---

[206] Mignot (M.), *art. préc.*, n° 8.

[207] Mercier (V.), *L'apport du droit des valeurs mobilières à la théorie générale du droit des biens*, préf. Didier Porrachia, PUAM, 2005, n° 188, p. 97 ; Berlioz (P.), *th. préc.*, n° 15 et s. ; Mousseron (J.-M.), « Valeurs, Biens, Droits », *Mél. André Breton et Fernand Dérida*, Dalloz, 1991, p. 177.

[208] *JORF*, 22 avril 1939, p. 5210.

[209] Malaurie (Ph.) et Aynès (L.), *op. cit.* ; Zénati-Castaing (F.) et Revet (Th.), *op. cit.* ; Carbonnier (J.), *Droit civil Vol. 2, Les biens*, les obligations, PUF, Quadrige, 2004. Il en est de même lorsque les plans des ouvrages reposent uniquement sur les droits. Dans ces ouvrages l'introduction comporte des développements sur les biens envisagés en tant que choses : Terré (F.) et Simler (Ph.), *Droit civil, Les biens*, 9e éd., Dalloz, Précis, 2014, n° 29 ; Bergel (J.-L.), Bruschi (M.) et Cimamonti (S.), *op. cit.*, n° 1.

prestations de service. C'est sur cette distinction entre biens-choses (1) et biens-droits (2) que le support du train de vie sera analysé.

1 - Des choses

50. ***Les éléments du train de vie, d'abord des choses corporelles*** - Le train de vie repose sur une assiette d'éléments économiques qui sont principalement des choses corporelles. Tant les immeubles que les meubles servent de support au train de vie. Les seconds sont venus grossir considérablement la catégorie des éléments du train de vie. Cela s'explique notamment par la prise en compte des biens de consommation courante[210].

Les choses corporelles ont été intégrées, dès l'origine, aux éléments du train de vie. Aujourd'hui encore, elles constituent le cœur de la notion. La liste originelle des éléments du train de vie était très restreinte. Trois éléments y figuraient dont deux étaient des choses corporelles[211]. Ainsi, étaient recensées les résidences principales et secondaires et les voitures automobiles destinées au transport de personnes[212].

Les immeubles avaient une place prépondérante parmi les éléments du train de vie. Leur matérialité et leur forte valeur justifiaient sans doute ce choix. Éléments centraux tant du patrimoine que du train de vie, les immeubles n'épuisent pas à eux seuls la catégorie des éléments du train de vie. L'adage du très Ancien Droit *res mobilis, res vilis*[213] ayant très largement perdu de sa force au XXe siècle, il semblait normal que certains meubles intègrent également cette catégorie. Les automobiles, devenaient des biens consommation courante[214]. Cela n'ôtait en rien leur valeur importante et l'image économique qu'elles permettaient de véhiculer pour leur propriétaire. Il n'en est d'ailleurs pas autrement aujourd'hui. Aux origines du train de vie les meubles corporels accompagnaient donc les immeubles.

---

[210] *Supra*, n° 43.

[211] Le troisième élément était les « domestiques, précepteurs, préceptrices, gouverneurs, gouvernantes ». Il ne s'agit pas d'une chose corporelle. Cet élément sera envisagé dans de prochains développements. Voir *infra*, n° 58.

[212] Ces mêmes éléments, complétés par quelques autres (yachts de plaisance, aéronefs de tourisme, chasses, écuries de courses) étaient recensés sous l'appellation *« signes extérieurs de richesse »* à l'art. 78 de la loi du 31 mai 1933 ; *JORF*, 1er juin 1933, p. 68.

[213] Rolland (H) et Boyer (L.), *Adages du droit français*, 4e éd., Litec, 1999, V° « *Res mobilis, res vilis* ».

[214] Avec l'emblématique Ford T produite en série depuis l'année 1908.

La situation actuelle a été renversée. Les meubles sont largement majoritaires parmi les éléments du train de vie. Cela résulte de l'ajout des biens d'équipement[215] et des biens culturels dans les listes d'éléments du train de vie. Sans doute moins nombreux, mais appartenant également à la catégorie des meubles corporels, les objets de valeur ont aussi rejoint ces listes[216].

Par ailleurs, les éléments du train de vie n'ont pas échappé au phénomène de la dématérialisation puisqu'y figurent désormais des choses incorporelles. Néanmoins, le support du train de vie demeure principalement composé de choses corporelles tant meubles qu'immeubles.

51. ***Distinction entre choses incorporelles et biens incorporels*** **-** Avant de montrer que les éléments du train de vie peuvent également être rattachés à la catégorie des choses incorporelles, il n'est pas inutile de revenir sur la distinction entre les biens incorporels et les choses incorporelles[217]. La catégorie des biens incorporels est plus large que celle des choses incorporelles[218]. Elle inclut toutes les acceptions du terme « bien » à l'exception des choses corporelles. Elle inclut ainsi les biens-droits mais aussi les choses dépourvues de matérialité. L'association des termes « meuble » et « incorporel » est un bon exemple du risque de confusion entre les biens incorporels et les choses incorporelles. De prime abord, un bien meuble semble être une chose. Un meuble incorporel serait donc une chose incorporelle. Or tel n'est pas forcément le cas. La catégorie des meubles, catégorie par défaut, qui a connu une considérable extension avec l'évolution de la notion de bien, accueille également les droits. Les

---

[215] Appareils électroménagers, équipements son-hifi-vidéo et matériels informatiques.

[216] Articles de joaillerie et métaux précieux, objets d'art ou de collection.

[217] Libchaber (R.), *Rép. Civ. Dalloz*, *op. cit.*, n° 46 : « Les choses incorporelles ne doivent pas être confondues avec les biens incorporels les plus ordinaires, qui sont les droits. La différence est claire : les choses incorporelles sont des choses certes artificielles, mais dont l'existence relève des relations économiques et non d'un quelconque système juridique préétabli ; en revanche, les droits sont des objets créés à l'intérieur même du système juridique et par des techniques juridiques. Qu'est-ce qu'un droit ? Un lien juridique constitué entre deux personnes, aux termes duquel l'une – appelée « débiteur » – doit quelque chose à une autre, nommée créancier. Ces droits sont donc des liens obligatoires, en vertu desquels une personne attend d'une autre qu'elle obéisse à ses engagements. Il s'agit là d'objets purement juridiques, qui n'ont aucune contrepartie dans le monde réel, et qui s'évanouissent dès lors que le système juridique défaille. Mais il est manifeste que ces droits sont des biens ».

[218] Malaurie (Ph.) et Aynès (L.), *op. cit.*, n° 200. Parmi les biens corporels ces auteurs identifient ceux qui « constituent un droit contre un tiers, les autres forment la catégorie des propriétés incorporelles ». La seconde catégorie concerne les choses incorporelles.

meubles incorporels sont donc tant des choses incorporelles[219] que des droits[220]. Le vocable utilisé doit donc être sélectionné avec attention.

Il ne fait pas de doute qu'il existe bien une distinction entre les choses corporelles et les choses incorporelles[221] mais cette distinction doit être relayée au second plan en matière de droit des biens. La distinction entre ce qui n'existe que dans le monde juridique – les droits – et ce qui existe en dehors du droit – les choses, fussent-elles immatérielles – est plus adéquate. Les choses incorporelles, dont l'existence repose sur la valeur[222], sont une réalité indépendante du monde juridique, à la différence des droits[223].

52. ***L'intégration des choses incorporelles*** - Il est aisé de passer du corporel à l'incorporel tout en conservant la qualification de chose. Le train de vie repose également sur des choses incorporelles. Tel est notamment le cas des capitaux financiers[224], du montant de l'argent placé ou de l'épargne disponible[225]. Plus généralement, les avoirs bancaires sous quelque forme qu'ils se trouvent, y compris la plus immatérielle, sont référencés parmi les éléments du train de vie. Ainsi peut-on citer les contrats d'assurance-vie[226], les valeurs mobilières[227] et les capitaux mobiliers.

Les listes d'éléments du train de vie intègrent également les biens culturels[228]. En ce domaine, la dématérialisation est importante. Les musiques et films en sont deux exemples.

---

[219] Office ministériel, clientèle, œuvre littéraire et artistique, etc.

[220] Bergel (J.-L.), Bruschi (M.) et Cimamonti (S.), *Traité de droit civil, Les biens*, 2e éd., LGDJ, 2010, n° 31 et s. : « Obligations et actions qui ont pour objet des sommes exigibles ou des effets mobiliers ».

[221] Libchaber (R.), *Rép. Civ. Dalloz, op. cit.*, n° 24.

[222] *Ibid.*, n° 39.

[223] *Ibid.*, n° 27.

[224] *CSS*, art. R.861-15-1, R.524-15-1 et R.553-3-1, élément n° 10 ; *CASF*, art. R.262-74, élément n° 10. Ils peuvent être détenus sous la forme de billet de banque ou par une simple inscription en compte. On pourrait objecter que l'inscription en compte est une forme de matérialisation ; cependant, cela ne permet pas d'appréhender matériellement les sommes déposées sur le compte.

[225] Formulaire *Cerfa* n° 13880*03, spéc. p. 4, pour une demande de RSA ; Formulaire *Cerfa* n° 12467*01, spéc. p. 3 pour une demande d'aide juridictionnelle.

[226] Cass. crim., 20 février 2008, n° 07-81.247, *Bull. crim.* n° 47, p. 216 : « Ali X... était titulaire d'une dizaine de comptes bancaires et de deux contrats d'assurance-vie pour un capital total de 140 592,98 euros ».

[227] Martin (D. R.), « Du corporel », *D.* 2004, Doctrine, p. 2285.

[228] *CSS*, art. R.861-15-1, R.524-15-1 et R.553-3-1, élément n° 8 ; *CASF*, art. R.262-74, élément n° 8.

53. Les éléments du train de vie sont donc tant des choses corporelles que des choses incorporelles. Ils pourraient aussi être des droits.

2 - Des droits

54. Avant de montrer que les éléments du train de vie pourraient être rattachés aux différentes catégories de droits (b), il est important de revenir sur la distinction entre les droits personnels et les droits réels en insistant sur la spécificité de leur objet (a).

a) La distinction entre les droits réels et les droits personnels

55. ***Démarche*** - De l'avis de certains auteurs, la distinction entre les droits réels et les droits personnels, et plus précisément encore, « la définition du droit réel est une des questions les plus difficiles et les plus controversées du droit civil[229] ». Cette présentation n'a d'autre but que d'éclairer les propos qui suivront. Elle n'a pas pour objectif de retracer l'ensemble des débats doctrinaux qui ont eu lieu sur ce thème[230].

56. ***Le droit réel*** - Le droit réel est une prérogative qui confère à son titulaire un « pouvoir direct et immédiat sur une chose[231] ». « Ce qui caractérise le droit réel - la propriété et toutes les prérogatives construites à son image - c'est qu'entre le sujet et l'objet du droit il n'y a rien, il n'y a personne (…). D'où la définition suivante : constitue un droit réel, tout pouvoir direct reconnu à une personne sur une chose[232] ». Il comporte deux éléments : la personne sujet du droit et la chose, objet du droit. Parmi les

---

[229] Zénati-Castaing (F.) et Revet (Th.), *Droit civil, Les biens*, 3e éd., PUF, Coll. Droit fondamental, 2010, n° 291.

[230] Demolombe, *Cours de Code Napoléon, t. IX*, n° 473 ; Planiol, *Traité élémentaire de droit civil, t. I*, 4e éd., par Georges Ripert, LGDJ, 1952, n° 2160 ; Dabin (J.), « Une nouvelle définition du droit réel », *RTD civ.* 1962, p. 20 ; en réponse : Ginossar, « Pour une nouvelle définition du droit réel », *RTD civ.* 1962, p. 573 ; Déruppé (J.), *La nature juridique du preneur à bail et la distinction des droits réels et des droits de créance*, préf. J. Maury, th. Toulouse, Dalloz, 1952 ; Ghestin (J.), Goubeaux (G.) et Fabre-Magnan (M.), *Traité de droit civil, Introduction générale*, 4e éd., LGDJ, 1994, n° 219 et s.

[231] Terré (F.) et Simler (Ph.), *Droit civil, Les biens*, 9e éd., Précis Dalloz, 2014, n° 47 ; Cornu (G.), *Droit civil, Les biens*, 13e éd., Montchrestien, Domat Droit privé, 2007, n° 19.

[232] Atias (Ch.), *Les biens*, 12e éd., Lexis-Nexis, 2014, n° 38.

droits réels, les droits réels principaux[233] confèrent à leur titulaire le pouvoir de tirer directement d'une chose tout ou partie de son utilité économique[234]. Ils lui permettent d'user directement de la chose objet du droit[235]. Au contraire, les droits réels accessoires ne sont que des sûretés réelles[236] qui confèrent « une sûreté monétaire plus qu' (une) utilité économique » sur le bien qui en est l'objet[237].

57. ***Le droit personnel*** - Le droit personnel ou droit de créance n'est pas un rapport entre une personne et une chose. Il s'agit d'un rapport entre deux personnes, un créancier et un débiteur. Il se défini comme « le droit en vertu duquel le débiteur est obligé envers le créancier à accomplir une certaine prestation[238] » ou « un service[239] ». L'objet de l'obligation, appelée prestation, est variable. Il peut consister, « suivant la classification traditionnelle, soit à faire, soit à donner quelque chose (c'est-à-dire à transférer la propriété d'un bien) soit encore en raffinant l'analyse, à concéder la détention d'une chose avec ou sans usage (c'est-à-dire soit à la donner à usage comme dans le bail ou le prêt à usage, soit à donner une chose en dépôt ou en garantie ainsi dans le gage)[240] ». Dans cette situation, le créancier peut bénéficier d'un certain usage sur une chose mais cette chose n'est pas l'objet du droit, elle est l'objet de la prestation[241].

La distinction entre le droit réel et le droit personnel, fondée sur leur objet, va désormais être appliquée aux éléments du train de vie.

---

[233] La propriété, l'usufruit, le droit d'usage qui confèrent un droit de jouissance sur l'ensemble du bien. Les servitudes ont une assiette plus restreinte, elles permettent la jouissance d'un bien d'autrui. Le droit réel spécial de jouissance, récemment consacrée en jurisprudence a une assiette variable, déterminée conventionnellement. Sur ce dernier point, voir *infra* n° 157.

[234] Cornu (G.), *Droit civil, Les biens*, 13e éd., Montchrestien, Domat Droit privé, 2007, n° 19.

[235] *Ibid.*

[236] Avec ou sans dépossession.

[237] Cornu (G.), *op. cit., loc. cit.*

[238] *Ibid.*

[239] Carbonnier (J.), *Droit civil vol. 2, Les biens, les obligations*, PUF, Quadrige, 2004, n° 701.

[240] Ou de ne pas faire. Dans ce cas, il est plus délicat de parler de prestation. Celle-ci résiderait dans une abstention.

[241] Il s'agit de l'obligation appelée autrement créance ou prestation.

b) La distinction entre les différents droits subjectifs appliquée aux éléments du train de vie

58. *Les droits personnels* **-** Depuis l'origine, le train de vie intègre un certain nombre d'éléments qui ne peuvent pas être qualifiés de choses. L'exemple le plus significatif est sans doute la référence aux « domestiques, précepteurs, préceptrices, gouverneurs, gouvernantes » dans les listes d'éléments du train de vie[242]. Les personnes étant l'antithèse des choses, celles occupant des fonctions domestiques ne peuvent en aucun cas être qualifiées comme telles. En revanche, ces éléments du train de vie peuvent être qualifiés de biens en considération des droits personnels qui existent entre l'auteur du train de vie et la personne accomplissant un travail domestique. La relation de travail, organisée par un contrat, confère des droits à l'auteur du train de vie. Ce dernier est donc titulaire d'un droit personnel, celui d'exiger une prestation contractuellement déterminée.

Ce raisonnement est applicable à d'autres éléments du train de vie. Ainsi, la participation dans les clubs de golf, les abonnements à des clubs de sport ou de loisirs, les voyages, séjours en hôtel, locations saisonnières, restaurants, frais de réception, services culturels, éducatifs, de communication et de loisirs peuvent également être envisagés en tant qu'objet d'un droit personnel. Appréhendés comme des droits, ces éléments du train de vie sont aussi qualifiables de biens.

59. *Les droits réels* **-** Le recours à une acception large de la notion de bien, et plus spécifiquement aux droits personnels, est nécessaire pour qualifier les éléments du train de vie qui ne sont pas des choses. En est-il de même pour les droits réels ? Cette question se pose dans la mesure où ils ont pour objet une chose qui est déjà en elle-même un bien.

Il faut également avoir à l'esprit que la doctrine n'est pas unanime pour qualifier de bien tous les droits réels. Ainsi, pour certains auteurs tous les droits sont des biens à l'exception du droit de propriété[243]. Dès lors, le rattachement des éléments du train de vie à la catégorie juridique des biens qui a été retenue[244], serait une erreur.

Outre ces considérations juridiques, il en existe d'autres d'ordre pratique. Le train de vie est une notion tournée vers les tiers. Cette notion a été

---

[242] Décret du 21 avril 1939, *JORF* du 22 avril 1939, p. 5210.

[243] *Supra*, n° 46.

[244] *Supra*, n° 44 et s.

consacrée en droit parce qu'elle révèle, à la vue de tous, le véritable comportement économique d'une personne. Le recensement des éléments du train de vie permet de reconstituer les ressources de cette personne alors même qu'elle souhaiterait les cacher. Pour appréhender le train de vie d'une personne, il est donc nécessaire d'identifier des choses concrètes, matérielles. Les droits n'ayant aucune matérialité, leur existence ne peut être décelée qu'à travers l'existence de leur support. Il convient donc d'accorder davantage d'importance aux choses objet d'un droit réel qu'au droit lui-même.

60. ***Les droits personnels portant sur des choses*** - Il existe une catégorie de droits personnels qui pourrait présenter les mêmes risques que les droits réels. Il s'agit des droits personnels qui portent sur des choses corporelles. Ils se différencient de ceux qui sont absolument détachés de tout support matériel en ce qu'ils permettent à une personne de jouir de la chose d'autrui[245]. En matière de train de vie ce n'est pas tant le droit qui permet de jouir d'une chose que la chose elle-même qui présente un intérêt. Le réalisme de la matière contraint à faire un tel constat. Ce qui est visible ce n'est pas le droit sur la chose, c'est la chose en elle-même. C'est elle qui a une signification pour les observateurs du train de vie d'une personne. Par ailleurs, la chose peut déjà recevoir la qualification de bien. La prise en compte de droit n'est donc d'aucun apport.

61. Il ressort de ces développements que tous les éléments du train de vie pourraient appartenir à la catégorie juridique des biens. Afin qu'aucun n'en soit exclu, la notion de bien devrait être entendue dans ses deux acceptions. Une telle démarche, juridiquement exacte, rendrait néanmoins la notion de train de vie trop abstraite. Or celle-ci repose avant tout sur des éléments concrets et matériels. La notion de bien sera donc limitée aux seules choses, excluant les droits. Les autres éléments du train de vie seront alors qualifiés de services.

Paragraphe 2 - Des services

62. L'ensemble des éléments du train de vie pourraient être qualifiés de biens. Cela présente néanmoins un risque, celui de leur double prise en

---

[245] Ces biens ont pu être qualifiés de « biens incorporels absolus ». Cf. Carbonnier (J.), *Droit civil Vol. 2, Les biens*, les obligations, PUF, Quadrige, 2004, n° 712 et s.

considération dans la caractérisation du train de vie d'une personne. L'exclusion d'une des deux acceptations de la notion de bien nécessite alors de qualifier autrement les éléments du train de vie qui ne sont pas des choses. La notion de service, qui est assez peu exploitée par le droit, est tout à fait adéquate.

Après avoir montré l'exigence d'une qualification spécifique des services (A), une analyse de la notion même de service sera réalisée permettant de justifier le choix en faveur de cette qualification (B).

A - L'exigence d'une qualification spécifique des services

63. ***Le risque d'une double prise en compte d'un même élément du train de vie*** - Rattacher l'ensemble des éléments du train de vie à la catégorie des biens présente un risque, celui de leur double prise en compte. Prenons l'exemple d'un appartement loué par une personne. La qualification de bien peut être attribuée en considération de la nature même d'un immeuble, une chose corporelle. Elle peut également l'être au regard du droit portant sur cette chose, le droit au bail. Ainsi, un même élément du train de vie peut être qualifié à plusieurs égards de bien, risquant d'être recensé plusieurs fois dans le train de vie d'une personne. Or, un même élément du train de vie, fut-il appréhendable de différentes manières par le droit, ne doit être pris en compte qu'une seule fois dans la caractérisation du train de vie.

64. ***Analyse du risque*** - Ce risque résulte d'une appréhension des éléments du train de vie à des niveaux différents. D'un côté, cet élément est appréhendé en tant que chose, objet d'un droit. De l'autre, il est appréhendé en tant droit.

Afin d'éviter cette double prise en compte, il est nécessaire de ne retenir qu'une seule acception de la notion de bien. Une acception stricte du bien, permettrait de ne prendre en compte que les éléments du train de vie qui sont des choses. Corrélativement, cela aurait pour conséquence d'exclure les services. Or ceux-ci semblent avoir toute leur place dans le train de vie. Il n'est qu'à considérer l'ensemble des listes d'éléments du train de vie pour s'en rendre compte et dans lesquelles sont notamment visés les « employés de maison, précepteurs, préceptrices, gouvernantes »[246] ou « les personnels et services domestiques[247] ».

---

[246] *CGI*, art. 168, élément n° 3.

[247] *CSS*, art. R.553-3-1 et R. 861-15-1 élément n° 4 ; *CASF*, art. R.262-74, élément n° 4.

Une acception large permettrait d'englober tous les éléments du train de vie. Elle supposerait aussi d'appréhender abstraitement tous les éléments du train de vie, y compris ceux qui sont des choses matérielles. Cette seconde approche ne correspond pas à l'esprit de la notion de train de vie, qui tire sa force de son extériorité.

Il en résulte qu'il faut admettre la première branche de l'option, celle qui retient une acception stricte de la notion de bien. Dans le même temps, il est nécessaire d'admettre que les éléments du train de vie appartiennent à une seconde catégorie, celle des services.

B - La notion de service

65. ***La notion de service en économie -*** La notion de service est bien connue en économie. Elle est souvent associée à celle de bien car les biens et les services sont le résultat du processus de production. La production consiste en effet « à créer des biens et des services propres à satisfaire des besoins individuels ou collectifs [248] ». Plus spécifiquement, les biens matériels sont opposés aux biens immatériels ou aux services. Les premiers ont une réalité physique, palpable et peuvent être stockés[249]. Les seconds sont « des biens non palpables et non stockables dont la production et la consommation sont réalisées simultanément[250] ». Les services peuvent être marchands ou non marchands. L'éducation par exemple est un service non marchand.

Le service peut également être défini, au regard de la prestation délivrée et non du résultat de cette prestation. Il s'agit alors de « toute prestation en travail directement utile pour l'usager et sans transformation de la matière[251] ».

66. ***La notion de service en droit -*** La notion de service n'a jamais fait l'objet d'une étude spécifique en droit. Elle n'a « pas une acception juridique

---

[248] Capul (J.-Y.) et Garnier (O.), *Dictionnaire d'économie et de sciences sociales*, Hatier, 2013, V° *Production (sens courant)*.

[249] *Ibid.*, V° *Biens matériels*.

[250] *Ibid.*, V° *Biens immatériels ou services* ; Silem (A.), sous la dir, Lexique d'économie, 13ᵉ éd., Dalloz, 2014, V° *Service* : « Bien économique immatériel dont la production et la consommation sont simultanées. Toute production ou prestation d'un service est en même temps une consommation de service. Le prestataire et le prestateur doivent être simultanément présents ».

[251] Echaudemaison (C.-D.), sous la dir., *Dictionnaire d'économie et de sciences sociales*, Nathan, 2014, V° *Service(s)*.

précise[252] » mais reçoit une entrée dans le Vocabulaire juridique. Elle y est définie tantôt comme « l'action de servir, considérée soit comme acte isolé, soit, le plus souvent comme activité habituelle[253] » tantôt comme « le résultat de cette action[254] ».

Elle se rencontre dans différentes branches du droit. Ainsi, en droit fiscal, les prestations de service sont une opération assujettie à la taxe sur la valeur ajoutée[255]. Elles sont définies à titre résiduel par l'article 256-IV du code général des impôts « comme englobant les opérations autres que les livraisons de meubles corporels[256] ».

En droit, tout comme en économie, la notion de service présente aussi un double visage. Elle est le plus souvent envisagée en tant qu'action de l'homme. Elle est également parfois envisagée en tant que résultat de cette action. Objectivée, elle tendrait alors à se rapprocher de la notion de bien.

67. ***Le service : une prestation*** - La notion de service se rencontre surtout en droit des obligations, plus précisément, en droit des contrats. Au sein de la relation contractuelle, le débiteur d'une obligation est tenu de réaliser une prestation.

Le droit personnel peut se définir comme « le droit en vertu duquel le débiteur est obligé envers le créancier à accomplir une certaine prestation [257] » ou « un service [258] ». L'objet de l'obligation, appelée prestation, est variable et la prestation est alors l'objet d'un droit personnel, celui du créancier. D'une manière générale, la prestation consiste « soit à faire, soit à donner quelque chose (c'est à dire à transférer la propriété d'un bien) soit encore en raffinant l'analyse, à concéder la détention d'une chose avec ou sans usage (c'est-à-dire soit à la donner à usage comme dans le bail

---

[252] Antonmattéi (P.-H.) et Raynard (J.), *Droit civil, Contrats spéciaux*, 7e éd., Lexis-Nexis, 2013, n° 418.

[253] Association Henri Capitant s. la direction de Cornu (G.), *Vocabulaire juridique*, 11e éd., PUF, Quadrige, 2016, V° *Service,* sens n° 1.

[254] *Ibid.*, V° *Service,* sens n° 3.

[255] *CGI*, art. 256, I : « sont soumises à la taxe sur la valeur ajoutée les livraisons de biens et les prestations de services effectuées à titre onéreux par un assujetti agissant en tant que tel ».

[256] Cozian (M.), Deboissy (F.) et Chadefaux (M.), *Précis de fiscalité des entreprises 2016/2017*, 40e éd., Lexis-Nexis, Coll. Précis fiscal, 2016, n° 1399 ; Pour une définition générale et une liste de prestations de services, voir : *Bulletin officiel des finances publiques*, BOI-TVA-CHAMP-10-10-40-30-20120912.

[257] Cornu (G.), *Droit civil, Les biens*, 13e éd., Montchrestien, Domat Droit privé, 2007, n° 19. Voir *supra*, n° 57

[258] Carbonnier (J.), *Droit civil vol. 2, Les biens, les obligations*, PUF, Quadrige, 2004, n° 701.

ou le prêt à usage, soit à donner une chose en dépôt ou en garantie ainsi dans le gage) ». La prestation de service se restreint à une obligation de faire[259].

Le droit des contrats spéciaux confirme cette analyse. La notion de service est fréquemment utilisée dans cette branche du droit. Nombreux sont les manuels qui classent les contrats spéciaux au regard de leur objet et qui consacrent un titre aux « contrats de services »[260]. Parmi ces contrats, sont recensés le mandat, le louage d'ouvrage ou d'entreprise, le dépôt et prêt. Tous ces contrats engendrent une obligation de faire pour le débiteur[261]. Certains auteurs définissent la notion de service comme « une activité professionnelle exercée à titre onéreux »[262] ou comme des « prestations qui ne portent pas sur des biens[263] ». D'autres encore ne la définissent pas. Ils l'assimilent à une obligation de faire en ce que, dans les contrats de service, « la prestation attendue tient dans un travail humain[264] ».

68. ***Le service : une chose*** **-** Jusqu'à présent, le service a été envisagé comme une prestation réalisée par une personne. On comprend alors aisément que le service, parce qu'il est attaché à la personne, soit opposé au bien. Pourtant, certains auteurs ont tenté d'objectiver le service. L'un d'eux a démontré que la force de travail, qui est au cœur de la notion de service, peut être objectivée. Il en a conclu qu'elle pouvait être qualifiée de chose[265] susceptible d'être louée[266]. Cette conception objectivée du service peut également dans les écrits du Doyen Savatier qui assimile le service à un « objet incorporel[267] ».

---

[259] Ou de ne pas faire. Dans ce cas, il est plus délicat de parler de prestation. Celle-ci résiderait dans une abstention.

[260] Antonmattéi (P.-H.) et Raynard (J.), *op. cit.* ; Bénabent (A.), *Les contrats spéciaux civils et commerciaux*, 11e éd., LGDJ, Domat Droit Privé, 2015 ; Collart Dutilleul (F.) et Delbecque (Ph.), *Contrats civils et commerciaux*, 10e éd., Dalloz, Précis, 2015 ; Malaurie (Ph), Aynès (L.) et Gautier (P.-Y.), *Les contrats spéciaux*, 7e éd., LGDJ, coll. Droit civil, 2014 ; Voir aussi Merchiers (Y.), « Les contrats de service, flou artistique, réalité économique ou catégorie juridique », in *Mél. Phillipe Malinvaud*, Litec, 2007, p. 431.

[261] Bénabent (A.), *Les contrats spéciaux civils et commerciaux*, 9e éd., Montchrestien, Domat Droit Privé, 2011, n° 470.

[262] *Ibid.*

[263] Collart Dutilleul (F.) et Delbecque (Ph.), *op. cit.*, n° 630.

[264] Antonmattéi (P.-H.) et Raynard (J.), *op. cit.*, n° 418.

[265] Revet (Th.), *La force de travail (Étude juridique)*, préf. Frédérique Zénati, Litec, coll. Bib. de droit de l'entreprise, T. 28, 1992, n° 53 et s.

[266] *Ibid.*, n° 223 et s.

[267] Savatier (R.), « La vente de services », *D.* 1975, Chron. 32, p. 223, spéc. p. 232.

Cette approche renvoie, à une seconde acception de la notion de service. Ici, le service est envisagé comme étant le résultat d'une prestation et non comme étant la prestation elle-même.

Cette opération d'objectivation du service n'en fait pas un bien ordinaire. En effet, la force de travail n'est pas une chose comme une autre du fait de sa dimension personnelle[268]. En outre, elle n'est pas aliénable et donc appropriable par l'employeur[269]. Or la caractéristique majeure d'un bien est d'être appropriable[270]. La distinction entre les biens et les services, apparaît donc comme pleinement justifiée.

69. ***L'absence de condition d'onérosité*** - Un service n'est pas nécessairement conditionné au versement d'une contrepartie. Pourtant, comme il l'a été vu précédemment, les prestations de service prises en considération par le droit fiscal, sont celles qui sont réalisées à titre onéreux[271]. L'exclusion des prestations de service à titre gratuit en cette matière signifie simplement que celles réalisées à titre gratuit ne sont pas soumises à la taxe sur la valeur ajoutée. Les prestations de service peuvent tout à fait se concevoir à titre gratuit, incluant donc l'entraide.

En matière de train de vie, les services sont le plus fréquemment des prestations à titre onéreux. Les abonnements à des clubs de sport[272], les voyages[273], « les services culturels, éducatifs, de communication ou de loisirs[274] », recensés dans des listes d'éléments du train de vie, en sont des exemples. Corrélatifs d'une dépense, ces services sont à la fois les plus fréquents et les plus faciles à identifier. Pour autant, les services gratuits, font pleinement partie des éléments du train de vie[275].

---

[268] Revet (Th.), *th. préc.*, n° 83 et s.

[269] *Ibid.*, n° 347.

[270] *Supra*, n° 45.

[271] *Supra*, n° 66. Voir *CGI*, art. 256, I.

[272] *CGI*, art. 1649 quater-0 B ter, élément n° 5 et art. 168, élément n° 12 ; *CSS*, art. R.861-15-1, R.524-15-1 et R.553-3-1, élément n° 9 ; *CASF*, art. R.262-74, élément n° 9.

[273] *CGI*, art. 1649 quater-0 B ter, élément n° 6 ; *CSS*, art. R.861-15-1, R.524-15-1 et R.553-3-1, élément n° 8 ; *CASF*, art. R.262-74, élément n° 8.

[274] *CSS*, art. R.861-15-1, R.524-15-1 et R.553-3-1, élément n° 8 ; *CASF*, art. R.262-74, élément n° 8.

[275] La jouissance, rapport caractéristique du train de vie, n'est pas non plus caractérisée par son onérosité. La jouissance d'un bien ou d'un service peut pleinement être réalisée à titre gratuit. Voir *infra*, n° 113.

70. ***Bilan*** - La qualification de service présente l'avantage d'appréhender tous les éléments du train de vie sur un même niveau. Ils sont tous objet d'un droit. Les uns d'un droit réel, les autres d'un droit personnel. Cette approche, tout en n'excluant aucun élément du train de vie, permet d'écarter le risque de leur double prise en considération.

Les éléments du train de vie sont donc des biens – au sens strict, celui de choses – et des services. Il ne faut pas pour autant en conclure que le train de vie est un ensemble de biens et de services. Cette notion ne se confond pas avec les éléments du train de vie qui n'en sont que le support. Cette première étape, si elle ne permet pas de définir la notion de train de vie, permet tout de même d'en déterminer le support, l'assiette économique.

Le double rattachement catégoriel des éléments du train de vie peut sembler être une conclusion assez décevante. En effet, à ce stade de l'étude une seule affirmation peut être formulée : le support du train de vie est composé de biens et de services. Afin de définir avec davantage de précision la notion d'éléments du train de vie, il convient de rechercher d'autres critères. Le train de vie étant souvent associé au luxe, à la richesse, ou à l'excès, une analyse fondée sur la valeur pourrait conduire à sélectionner parmi les biens et les services, ceux qui pourraient être qualifiés d'élément du train de vie.

Section II - L'absence de critère tenant à la valeur intrinsèque des éléments du train de vie

71. ***Dénonciation de l'association train de vie / richesse*** - Dans le langage courant, le train de vie est souvent associé à une idée d'aisance économique, de richesse. La lecture de la presse en atteste[276]. Il n'en est pas différemment dans le langage juridique. En atteste qu'avant de recourir au vocable « train de vie », le législateur avait obligé le contribuable à mentionner dans sa déclaration de revenus certains signes extérieurs de richesse[277]. D'ailleurs, la première liste d'éléments du train de vie datant de

[276] « Voyages, logement : le train de vie de François Fillon à Matignon épinglé », *Le Monde*, 1er février 2012 ; « La question du train de vie, épreuve de campagne décisive pour DSK », *Le Monde*, 11 mai 2011 ; « Sénat, un train de vie de première classe », lexpresse.fr, 26 septembre 2014 ; « Le train de vie indécent de nos chers sénateurs », *Challenges.fr*, 27 septembre 2014 ; « Un train de vie royal », *Le point*, n° 1983, 16 septembre 2010 ; « L'indécent train de vie du foot européen », *Courrier international*, 4 juin 2010.

[277] Art. 78 de la loi du 31 mai 1933, *JORF* du 1er juin 1933, p. 68 ; Cf. Buisson (J.) et Maitrot (J.-C.), « Les avatars de l'article 180 du CGI », *Rev. science financière*, 1975, p. 25, spéc. p.

1939 contenait un bon nombre de biens qualifiés quelques années plus tôt de signes extérieurs de richesse. Dès leur consécration juridique, les éléments du train de vie étaient donc assimilés à des signes extérieurs de richesse.

L'association entre le train de vie et la richesse n'est pas fondamentalement contestable. Cependant, elle conduit à avoir une approche parcellaire du train de vie car la catégorie des éléments du train de vie n'est pas réservée aux biens ayant une forte valeur. Elle intègre tous les biens, quelle que soit leur valeur.

72. ***Justification de l'intérêt accordé aux biens ayant une forte valeur*** - L'attention, sans doute excessive, accordée aux biens ayant une certaine valeur se justifie à différents égards. Le train de vie est l'expression d'un comportement économique. En cela, il est une image patrimoniale dont peuvent se saisir les tiers. L'attention tend naturellement à se focaliser sur certains biens et notamment sur les biens ostentatoires qui sont à la fois rares et très visibles.

Une autre justification peut être apportée. L'expression train de vie est souvent incluse dans des textes dont la finalité est répressive[278]. Une sanction pouvant être de nature pénale, peut être ordonnée sur le fondement du train de vie. Il convient alors de le caractériser sans le moindre doute. La référence aux éléments du train de vie ostentatoires permettra de satisfaire à cette exigence.

73. ***Plan*** - La valeur, en tant que caractéristique des éléments du train de vie n'est qu'une apparence (Paragraphe 1). Toute association entre les deux doit être réfutée (Paragraphe 2).

Paragraphe 1 - L'apparente importance de la valeur des éléments du train de vie

74. ***Plan*** - Les éléments composant le train de vie semblent avoir une caractéristique commune, celle d'avoir une certaine valeur économique (A).

32 ; Waschmann (P.), « L'article 168 et l'article 180 du code général des impôts », *Rev. science financière*, 1976, p. 645.

278 Que ce soit en droit pénal, en droit fiscal ou en droit social, le recours à la notion de train de vie a pour but de révéler la réalité des ressources d'une personne pour les rattacher à un comportement incriminé pénalement, pour les taxer fiscalement ou pour refuser le versement de prestations sociales. Dans tous ces cas, des sanctions pécuniaires peuvent être prononcées.

Plus encore, cette catégorie semble être réservée, tout du moins dans certaines matières, aux biens luxueux et ostentatoires (B).

A - La prise en considération des éléments du train de vie ayant une certaine valeur

75. ***La valeur dans les éléments du train de vie*** **-** Le propre des biens est d'avoir une valeur pécuniaire[279]. Lorsque la loi s'intéresse au train de vie, elle s'attache bien souvent à fixer la valeur des éléments du train de vie qu'elle identifie[280]. Ainsi, dans les matières fiscale et sociale, les éléments du train de vie contenus dans les listes font l'objet d'une évaluation forfaitaire dans le but de reconstituer les ressources du contribuable ou du demandeur de prestations sociales.

La valeur est également prise en considération en tant que critère d'exclusion de certains éléments du train de vie. Ainsi, parmi plusieurs biens de même nature, seuls certains peuvent être retenus pour caractériser le train de vie. Les autres restent en marge du fait de leur trop faible valeur. Tel est le cas par exemple des motocyclettes dont seules celles de plus de 450 cm^3 figurent dans certaines listes d'éléments du train de vie[281]. Ainsi, pour le droit fiscal les motocyclettes dont la cylindrée est inférieure à 450 cm^3 ne sont pas des éléments du train de vie ou, plus exactement, ne sont pas des éléments du train de vie dignes d'attention. Un lien entre la cylindrée et la valeur de la motocyclette peut être effectué sans être exposé à la critique. En effet, plus la cylindrée d'une motocyclette est importante, plus son prix d'achat l'est également. Il apparaît donc que le train de vie est caractérisé par des éléments ayant une certaine valeur.

---

[279] Bergel (J.-L.), Bruschi (M.) et Cimamonti (S.), *Traité de droit civil, Les biens*, 2e éd., LGDJ, 2010, n° 2. *« Les biens, que caractérise leur valeur économique, font partie du patrimoine »*. Voir néanmoins, Chilstein (D.), « Les biens à valeur vénale négative », *RTD civ.* 2006, p. 663.

[280] Par exemple dans l'art. 168 du *CGI* : pour les véhicules motorisés, une valeur est arrêtée pour chaque cheval-vapeur. Pour les bateaux à moteur cette valeur est fixée à 910 € pour les vingt premiers chevaux-vapeur, à 69 € pour les suivants. Pour les aéronefs, cette valeur est fixée à 69 € pour tous les chevaux-vapeur. En revanche, pour les automobiles ou les motocyclettes la valeur est égale à la valeur à neuf du bien avec un abattement de 50 % après trois ans d'usage. Pour connaître les modalités d'évaluation des biens et services, voir Jemmar (S.), *L'évaluation des biens et services en droit fiscal*, préf. L. Chatel, C. Goarant-Moaglia et D. Gutmann, l'Harmattan, coll. Logiques juridiques, 2010.

[281] *CGI*, art. 168 et 1649 quater-0 B ter.

76. *Élargissement des listes à de nouvelles valeurs* - L'évolution du contenu des listes d'éléments du train de vie traduit également une volonté d'appréhension des biens ayant une certaine valeur. Initialement, en 1939, les biens contenus dans le train de vie étaient les immeubles, le personnel de maison et les voitures automobiles[282]. Il ne fait pas de doute que ces biens avaient une valeur importante. Cette remarque se vérifie davantage encore, à propos de la loi du 31 mai 1933 relative aux signes extérieurs de richesse qui sont les prédécesseurs des éléments du train de vie[283]. Ainsi, les yachts, les aéronefs, les situations de chasses et les écuries de courses étaient, et sont aujourd'hui encore, des biens dont la valeur est indéniable.

En outre, ces listes incluent désormais les biens de consommation courante et ceux liés aux loisirs. Leur valeur est certes plus faible que celle d'une voiture ou d'un cheval de course et leur dépréciation rapide mais leur acquisition peut néanmoins représenter des sommes relativement importantes. Ainsi, les appareils électroménagers[284], les équipements son-hifi-vidéo et les matériels informatiques visés par les listes récentes d'éléments du train de vie[285], restent des biens qui ont une certaine valeur. Le même constat peut être fait à l'égard des biens culturels et de loisirs référencés dans les listes[286]. Eux aussi sont empreints d'une certaine valeur.

77. *La traduction d'une aisance économique* - Bon nombre d'éléments du train de vie sont associés à une idée de valeur. Lorsqu'une personne peut jouir de plusieurs d'entre eux, c'est qu'elle dispose, au moins de manière apparente, d'une aisance économique.

De plus, les dépenses de culture et de loisirs ne sont pas des dépenses primaires. Il s'agit de dépenses d'agrément qui ne sont donc réalisées que par les ménages disposant d'un certain niveau de vie.

---

282 Décret du 21 avril 1939 ; *JORF*, 22 avril 1939, p. 5210.

283 Art. 78 ; *JORF* du 1er juin 1933, p. 68.

284 Seuls ceux dont la valeur est supérieure à 1000 € sont pris en compte par l'art. 1649 quater-0 B ter.

285 *CSS*, art. R.861-15-1, R.524-15-1 et R.553-3-1 issus du décret n° 2008-88 du 28 janvier 2008 ; *CASF*, art. R.262-22-1 issu du décret n° 2008-88 du 28 janvier 2008 devenu R.262-74 avec le décret n° 2009-404 du 15 avril 2009 ; *CGI*, art. 1649 quater-0 B ter issu de la loi n° 2009-1674 du 30 décembre 2009 de finances rectificative pour 2009.

286 *CGI*, art. 1649 quater-0 B ter, *8°* : « Voyages, séjours en hôtel, locations saisonnières, (…) biens et services culturels, éducatifs, de communication et de loisirs » *; Ibid*, 9° *: « Clubs de sport et de loisirs ».*

Cette considération pour la valeur est encore renforcée dans certaines matières où seuls des biens luxueux et ostentatoires semblent être retenus pour caractériser le train de vie d'une personne.

B - La prise en considération des éléments du train de vie ayant un caractère somptuaire

78. ***L'association entre train de vie et ostentatoire*** - L'adjectif « ostentatoire[287] »peut être défini par référence au nom « ostentation » qui est la « mise en valeur excessive et indiscrète d'un avantage[288] ». Il associe à la fois une idée de valeur et une idée de démonstration de cette valeur. Un bien ostentatoire est indéniablement un bien ayant une certaine valeur laquelle peut apparaître plus importante qu'elle ne l'est réellement. La valeur peut en effet être exacerbée par la mise en lumière excessive d'un bien.

Certaines matières accordent beaucoup d'intérêt aux éléments du train de vie ayant un caractère ostentatoire. Tel est notamment le cas de la matière pénale où le train de vie est associé au luxe[289]. Il s'agit de délaisser les biens ayant une certaine valeur au profit de ceux ayant une valeur très importante et qui ne peuvent passer inaperçus aux yeux des tiers. Entre le luxe et l'ostentatoire il n'y a qu'un pas. Ces deux termes sont d'ailleurs associés dans les dictionnaires pour illustrer la définition du terme « ostentatoire[290] ».

79. ***Le recensement d'un grand nombre d'éléments somptuaires*** - Sans être nécessairement ostentatoires, nombreux éléments du train de vie, notamment ceux référencés dans les listes, sont liés au luxe[291]. Tel est notamment le cas des yachts ou bateaux de plaisance, des aéronefs, des chevaux de pur-sang, des droits de chasse, des participations dans les clubs de golf et abonnements payés en vue de disposer de leurs installations, des articles de joaillerie.

---

287 « Qui témoigne de l'ostentation, qui est fait, montré avec ostentation » : *Le Grand Robert de la langue française*, V° *Ostentatoire.*

288 *Le Grand Robert de la langue française*, V° *Ostentation.*

289 *Supra,* n° 81.

290 *Le Grand Robert de la langue française*, V° *Ostentatoire.*

291 *CGI*, art. 168 et 1649 quater-0 B ter ; *CSS*, art. R. 553-3-1, R. 524-15-1 et R. 861-15-1 ; *CASF*, art. R. 262-74.

Il pourrait résulter de cette présentation que les éléments du train de vie sont exclusivement des biens ayant une certaine valeur. Il n'en est rien. Tout critère d'exclusion fondé sur la valeur n'est qu'apparence, leur valeur est indifférente.

Paragraphe 2 - La réelle indifférence de la valeur des éléments du train de vie

80. ***Plan*** - La valeur peut avoir une certaine utilité mais elle n'est pas une caractéristique intrinsèque des éléments du train de vie. Elle n'est prise en compte que de manière indirecte pour servir un but spécifique. Ainsi, sa prise en considération n'est justifiée que par la finalité répressive de la disposition mise en œuvre (A). Pour le reste, tous les biens, quelle que soit leur valeur économique, peuvent servir de support au train de vie (B).

A - La justification de la prise en considération circonstanciée de la valeur

81. ***La finalité répressive*** - Ce n'est pas le caractère ostentatoire d'un élément du train de vie qui est recherché par celui qui s'intéresse au train de vie d'autrui, c'est son caractère visible, ostensible. L'ostentation est « la mise en valeur de manière excessive et indiscrète un avantage[292] ». Ce qui est ostentatoire est donc *a fortiori* manifestement ostensible. C'est pour cette raison que les textes et la jurisprudence s'intéressent particulièrement aux biens ayant cette qualité. La finalité répressive de certaines matières accentue davantage cette attirance pour les biens ostentatoires. La caractérisation du train de vie, sur laquelle repose une sanction pénale ou administrative, ne doit pas laisser la moindre place au doute. Afin de mettre en évidence une disproportion entre les ressources déclarées et le train de vie de la personne mise en cause, les éléments de train de vie luxueux et ostentatoires sont donc privilégiés. Cependant, rien ne fait obstacle à ce que les autorités de contrôle caractérisent le train de vie d'une personne à partir de biens qui ne seraient pas d'une grande valeur.

82. ***La finalité d'une prétention*** - Dans d'autres matières, notamment en droit patrimonial de la famille, la finalité d'une prétention conduit à

[292] *Le Grand Robert de la langue française*, V° *Ostentation.*

sélectionner parmi les éléments du train de vie ceux qui ont une certaine valeur. Ainsi, pour obtenir la prestation compensatoire la plus élevée possible il faudra mettre en lumière devant les juridictions un maximum d'éléments du train de vie de son ancien époux dotés d'une certaine valeur[293]. Dans un tout autre registre, l'héritier qui souhaite démontrer un recel successoral[294] commis par l'un de ses cohéritiers devra montrer que le *de cujus* avait un train de vie modeste, ou tout du moins, sans aucune mesure par rapport aux dépenses importantes réalisées par le cohéritier avec les deniers de la succession[295].

La prise en considération des éléments du train de vie ayant une valeur importante se justifie donc par la finalité de la norme ou celle de la prétention mise en œuvre. Cela n'est pas suffisant pour justifier l'admission d'un critère de restriction des éléments du train de vie fondé sur la valeur.

B - Le rejet d'un critère fondé sur la valeur

83. ***Train de vie et richesse : une association révolue*** **-** L'expression « train de vie » est assez couramment utilisée pour dénoncer ou traiter d'une situation de grande richesse. Cette association trouve une explication historique[296].

Le terme « train » employé de manière isolée traduit une idée de série. Ce peut être une série de wagons, une file de choses, un convoi de bêtes, ou encore une série d'actes. La multitude et la ressemblance des éléments qui composent la série est inhérente au terme train. Dans un sens vieilli, le terme « train » est relatif à l' « ensemble des domestiques, suivants, chevaux,

---

[293] Cass. civ. 2e, 22 février 1995, n° 93-10.282 ; Cass. civ. 2e, 22 novembre 1995, n° 94-10.993, Cass. civ. 2e, 7 octobre 1999, n° 97-22.568.

[294] *C. civ.*, art. 778.

[295] CA Amiens, 15 mai 2008, n° 06/03869 : « Que, même si de nombreux autres retraits ont été effectués sans qu'il soit possible de retenir qu'ils n'ont pas profité aux susnommés, encore que leur montant est élevé eu égard à leur train de vie, il n'en demeure pas moins que les prélèvements ci-avant énumérés représentent des sommes dépourvues de tout rapport avec l'existence matérielle des époux H... qui vivaient modestement et qu'en particulier, ils ont été effectués dans une période de dix-huit mois environ au cours de laquelle les époux H... étaient atteints par la maladie et, pour les derniers retraits, à une date proche du décès de chacun d'eux » ; ; CA Limoges, 6 mai 2014, n° 12/01413. La Cour de cassation n'utilise pas directement l'expression « train de vie ». Il est néanmoins très intéressant d'observer qu'elle se retrouve régulièrement dans les moyens développés au pourvoi. Par exemple : Cass. civ. 1re, 29 novembre 1989, n° 87-15.093 ; Cass. civ. 1re, 8 avril 2009, n° 07-21.090, *Bull. civ.* 2009, I, n° 77.

[296] *Supra*, n° 71 et s.

voitures (qui accompagnent une personne)[297] ». Dans un sens proche, le train de maison désignait au début du XIXe siècle « les domestiques qui servent dans une maison » et par extension les « domesticités, commodités et dépenses d'une maison[298] ». À la fin du XVe siècle, ce terme avait plus généralement attrait à l' « ensemble des moyens matériels, au mode de vie envisagé sous un aspect matériel, ou sur un plan financier[299] ». L'empreinte économique était très marquée. Parce que les moyens matériels visés étaient essentiellement des moyens dont disposaient les personnes ayant un niveau de vie élevé, le train de vie a été associé à la richesse. Une connotation morale péjorative accompagnait également l'emploi de cette notion.

Il semble néanmoins que la définition actuelle du train de vie s'est quelque peu écartée de cette conception. Il s'agit de la « manière de vivre relativement aux dépenses de la vie courante que permet la situation, l'état des gens ». Rien ne pousse à exclure, à la différence des définitions plus anciennes, les dépenses courantes qui seraient modestes.

Sur le terrain juridique cette évolution se retrouve pleinement. La première liste des éléments du train de vie incluait le domicile principal, les résidences secondaires, le personnel de maison et les véhicules automobiles. Cette liste fait directement écho à la définition du train de vie. Certes les listes plus modernes reprennent les mêmes éléments, mais elles en intègrent de nouveaux, beaucoup plus diversifiés et moins associés à la richesse.

84. ***Une prise en compte des éléments du train de vie indépendamment de leur valeur*** - Une évolution tendant à prendre en considération les éléments du train de vie indépendamment de leur valeur est également identifiable. Ainsi, dans les anciens textes[300], certains éléments du train de vie n'étaient pris en compte qu'à condition que leur valeur dépasse un certain montant. Tel était le cas des participations ou abonnement dans des clubs de golf lorsqu'ils dépassaient 4.600 € sur la période d'imposition. Les textes plus récents[301] sont moins restrictifs tant à l'égard de la nature de

---

[297] *Supra*, n° 3 et s.

[298] *Ibid.*

[299] *Ibid.*

[300] *CGI*, art. 168 issu du décret n° 50-478 du 6 avril 1950 portant règlement d'administration publique pour la refonte des codes fiscaux et la mise en harmonie de leurs dispositions avec celles du décret du 9 décembre 1948 et des lois subséquentes qui trouve lui-même ses racines dans le décret du 21 avril 1939 ; *JORF*, 22 avril 1939, p. 5210.

[301] *CGI*, art. 1649 quater-0 B ter issu de la loi n° 2009-1674 du 30 décembre 2009 de finances rectificative pour 2009.

l'élément pris en compte qu'à l'égard de sa valeur. Ainsi, intègrent le train de vie les abonnements dans des clubs de sport ou de loisirs quel que soit leur montant.

85. ***Le champ restreint des éléments ostentatoires du train de vie*** **-** Les listes des éléments du train de vie sont un indicateur de référence pour cerner le contenu de cette notion. Cependant, elles n'épuisent pas, à elles seules, toute la catégorie des éléments du train de vie. Leur domaine réduit et leur finalité spécifique, ne permettent pas de restreindre le contenu du train de vie aux seuls éléments qu'elles contiennent. Une remarque similaire peut être formulée en matière pénale où, pour caractériser des infractions, les juridictions ont besoin de se fonder sur des éléments matériels visibles, qui ne laissent pas de place au doute, et dont la valeur est en totale disproportion avec les ressources déclarées par l'agent. Or de tels éléments ne se retrouvent pas dans d'autres branches du droit, notamment en droit patrimonial de la famille. Plus encore, en droit social le caractère modeste des ressources sera bien souvent une condition d'octroi des prestations sociales. Les éléments recensés dans les déclarations de ressources tout en étant des éléments de l'actif patrimonial ne sont donc pas pour autant des éléments ayant une grande valeur. Bien au contraire, le dépassement d'un certain seuil fermera l'accès aux dites prestations[302].

86. ***Conclusion de la section II*** **-** L'assiette du train de vie est composée de biens quelle que soit leur valeur. Le train ne vie n'est donc pas que l'affaire des personnes aisées. Toute association entre le train de vie et la richesse doit donc être abandonnée au profit d'une approche purement objective du train de vie. C'est le contexte d'utilisation de cette notion qui guidera la recherche des éléments du train de vie. La finalité des matières dans lesquelles elle est utilisée ou celle de la prétention défendue par le justiciable conduit à mettre en exergue des éléments traduisant un train de vie élevé ou au contraire un train de vie modeste.

❖

[302] Pour l'aide juridictionnelle : *Cerfa* n° 12467*01, not. p. 3 pour une demande réalisée par une personne physique et *Cerfa* n° 14404*01, not. p. 3 pour une demande réalisée par une personne morale. Pour le revenu de solidarité active : *Cerfa* n° 13880*03. Pour la couverture maladie universelle : *Cerfa* n° 12504*3. Pour les aides personnalisés aux logement : *Cerfa* n° 11423 (CAF) et n° 12361 (MSA). Pour la prestation d'accueil du jeune enfant : *Cerfa* n° 12399*02.

87. ***Conclusion du chapitre Ier*** **-** Le rattachement catégoriel à la notion de bien, dans son acception large, de tous les éléments du train de vie n'est pas opportun dans la mesure où il conduit à envisager certains d'entre eux de manière trop abstraite, par le recours à des abstractions juridiques. Or le train de vie est une notion concrète et dont la matérialité est l'un de ses atouts. Il convient donc d'entendre la notion de bien dans un sens étroit. Une telle acception ne permet pas d'appréhender tous les éléments du train de vie. Aussi ces derniers doivent être rattachés à deux catégories, celle des biens et celle des services.

Aucun autre critère ne permet de définir *a priori* les éléments du train de vie. La valeur, qui semblait inhérente à la notion de train de vie, ne permet pas d'opérer une sélection au sein de la catégorie des biens ou de celle des services.

En conséquence, tous les biens et les services, quelle que soit leur valeur, sont susceptibles de composer le support matériel de la notion du train de vie. Ils participent également à la détermination quantitative d'un niveau de vie dont la valeur ne pourra être pleinement fixée qu'en prenant en compte un second critère, celui de la nature du lien qui les unit à l'auteur du train de vie.

Chapitre II - La jouissance des éléments du train de vie caractérisant le niveau de vie

88. ***Le train de vie, un lien*** - Appréhendé par ses éléments, le train de vie n'a pu pas être défini d'une manière générale. En effet, cette notion ne se réduit pas à une liste de biens et de services, puissent-ils recevoir la qualification d'éléments du train de vie. Il est donc nécessaire d'appréhender cette notion autrement en ne focalisant pas toute l'attention sur ces seuls éléments. Cependant, ces derniers vont tout de même conserver un certain intérêt en ce qu'ils constituent une donnée essentielle dans la poursuite du travail de définition de la notion de train de vie.

Les éléments du train de vie ont été qualifiés objectivement de biens et de services. Ils ne deviennent des éléments du train de vie qu'en considération d'un élément subjectif, un lien de rattachement à une personne déterminée. La notion d'élément du train de vie inclut donc une dimension personnelle. Ce rapport entre l'auteur du train de vie et les éléments du train de vie est au cœur de la notion même de train de vie.

Cela renvoie aux propos du Doyen Carbonnier pour qui « les biens n'ont de sens que par rapport à l'homme[303] ». Cette formule est pleinement transposable aux éléments du train de vie. Au-delà même de donner du sens aux éléments du train de vie, le rapport qu'ils entretiennent avec l'auteur du train de vie, donne un sens à la notion même de train de vie.

89. ***Rapport de droit et rapport de fait*** - Il existe deux types de rapports entre une personne et un bien. Le Doyen Cornu illustre bien cette dualité de rapport. Ainsi, expose-t-il : « qu'un lecteur soit propriétaire du livre qu'il tient en ses mains : deux ordres de rapport se joignent dans cette rencontre : d'une part, un rapport de droit, une prérogative juridique, un droit ; d'autre part un rapport de fait, une maîtrise matérielle de fait. Loin de s'exclurent, les deux pouvoirs s'attirent (la propriété tend naturellement à coïncider avec la possession et vice versa). Mais ils peuvent ne pas coexister ; le propriétaire peut être dépouillé de la possession de sa chose, et le voleur s'en emparer : l'un a un droit sans pouvoir de fait, l'autre un pouvoir de fait sans droit[304] ». Ces deux ordres de rapport sont présents au sein de la notion de train de vie. L'auteur du train de vie entretient soit un rapport de droit, soit un rapport de fait à l'égard des éléments du train de vie.

---

303 *Droit civil vol. 2, Les biens, les obligations*, PUF, Quadrige, 2004, n° 729, p. 1636.

304 *Droit civil, Les biens*, 13e éd., Montchrestien, Domat droit privé, 2007, n° 23.

Il conviendra d'identifier un rapport qui puisse appartenir à ces deux ordres et qui permette de caractériser la relation entre l'auteur du train de vie et les éléments du train de vie.

90. ***Quel rapport pour le train de vie ?*** - Lorsqu'une personne vit dans une certaine maison, se déplace avec un certain véhicule, porte certains vêtements, réalise telles et telles dépenses, son train de vie peut en être déduit à partir de l'association réalisée entre lesdits éléments et cette personne. Pour autant, et comme il vient de l'être exposé, cette association peut traduire des réalités juridiques très diverses. Il peut s'agir d'un rapport de droit ou d'un rapport de fait. Ainsi, une personne peut être au contact d'un bien parce qu'elle en est le propriétaire, l'usufruitier, le locataire, le possesseur ou encore le simple détenteur. Tous ces liens ont des implications patrimoniales bien différentes.

Paradoxalement, en matière de train de vie aucune importance n'est accordée à la nature du lien unissant l'auteur du train de vie aux éléments du train de vie. Cela confère une grande efficacité à cette notion. Seule l'existence d'un lien semble avoir de l'importance.

Pour concilier ces deux approches, il sera nécessaire d'identifier un rapport juridique qui est à la fois présent à chaque contact entre une personne et un élément du train de vie et qui, dans le même temps, est susceptible d'être inhérent à certains rapports de droit et de fait.

91. ***Un rapport de jouissance*** - Toutes ces exigences sont remplies dès lors qu'une personne jouit d'un bien, à quelque titre que ce soit. Ainsi, le rapport de jouissance sera caractéristique de la notion de train de vie.

Les différents actes de jouissance réalisés par une personne sur un ensemble de biens ne présentent pas un intérêt lorsqu'ils sont envisagés dans leur individualité. En revanche, lorsqu'ils sont envisagés dans leur ensemble, ils permettent de révéler le comportement économique habituel d'une certaine personne. C'est à ce comportement économique habituel, traduisant la jouissance d'un ensemble de biens et de services, que doit être assimilé le train de vie.

Il conviendra de montrer dans un premier temps que le train de vie, qui caractérise un comportement économique, s'analyse juridiquement comme un ensemble d'actes de jouissance (Section I). Il faudra dans un second temps s'intéresser aux modalités d'exercice de cette jouissance (Section II).

Section I - La nature du lien unissant l'auteur du train de vie aux éléments du train de vie

92. ***Propriété et jouissance*** - Caractériser le train de vie d'une personne consiste couramment à établir la liste des biens dont elle a l'usage. Cette situation peut recouvrir une multitude de réalités juridiques car l'usage d'un bien par une personne peut être réalisé à différents titres : propriété, usufruit, location, prêt à usage, mise à disposition, utilisation sans droit, etc. Malgré la diversité des rapports reconnus par le droit, une *summa divisio* est proposée par le code civil. Ainsi, « on peut avoir sur les biens, ou un droit de propriété, ou un simple droit de jouissance[305] ».

La propriété paraît être le rapport juridique le plus évident en matière de train de vie. En effet, un bien approprié par une personne est incontestablement un élément de son train de vie. L'analyse du droit positif fera néanmoins apparaître que la propriété n'est pas le rapport exclusif du train de vie.

Selon la distinction évoquée, le code civil invite à se pencher sur la jouissance. Ce rapport englobe toutes les hypothèses dans lesquelles une personne bénéficie d'un droit d'usage sur la chose d'autrui. La jouissance peut néanmoins porter sur sa propre chose. La jouissance n'est jamais envisagée de manière autonome. Le droit de jouissance est toujours traité au sein du droit civil comme une prérogative découlant d'une autre prérogative. Cette dernière pouvant par exemple être un droit d'usufruit, un droit d'usage ou d'habitation ou encore un droit au bail.

Dotée d'un caractère transversal, la jouissance présente un intérêt tout particulier en matière de train de vie. Elle est apte à caractériser toutes les situations dans lesquelles une personne est en contact avec un bien. Par ailleurs, la jouissance dispose d'une forte matérialité, essentielle au train de vie, et d'une grande souplesse dans son régime juridique qui conduisent à faire d'elle le rapport caractéristique du train de vie.

L'exclusion du rapport de propriété (Paragraphe 1) précèdera la démonstration selon laquelle la jouissance est le rapport caractéristique du train de vie (Paragraphe 2).

---

[305] *C. civ.*, art. 543. Ce texte ajoute « ou seulement des services fonciers à prétendre ». Il s'agit là encore d'un droit de jouissance sur les biens d'autrui.

Paragraphe 1 - La propriété, un rapport non caractéristique du train de vie

93. ***Définition du droit de propriété*** - La propriété est selon les termes du code civil « le droit de jouir et de disposer des choses de la manière la plus absolue, pourvu qu'on n'en fasse pas un usage prohibé par les lois ou par les règlements[306] ». Dans cette définition, la propriété est envisagée comme une relation aux choses[307]. Elle est présentée comme un rapport de domination, d'emprise totale sur une chose. L'accent est alors mis sur les prérogatives du propriétaire que sont l'usus, le fructus et surtout l'abusus, ainsi que sur les caractères du droit de propriété que sont l'absolutisme, la perpétuité et l'exclusivité.

La propriété peut aussi être envisagée comme une relation aux personnes[308] et à l'environnement social. Elle peut alors être définie comme le pouvoir d'imposer à autrui son exclusivité sur une chose[309]. Dans cette conception, l'aspect prédominant est donc l'exclusivité. Cette seconde conception a eu des influences sur le schéma traditionnel de la propriété au sein duquel un individu isolé était propriétaire d'une chose corporelle[310]. C'est ainsi que la propriété s'est ouverte aux choses incorporelles et aux propriétaires collectifs[311].

Quelle que soit la conception retenue, la propriété est un droit qui implique au moins un titulaire. La titularité d'un droit ne se conçoit pas sans la titularité d'un patrimoine. Ainsi, le droit de propriété ne peut être rattaché qu'à une personne juridique.

94. ***Propriété et train de vie*** - Le rapport de propriété est présent dans le train de vie. Il n'est cependant pas le rapport caractéristique du train de vie. En d'autres termes, il n'est pas nécessaire d'être propriétaire d'un bien pour que celui-ci intègre le train de vie. L'analyse du droit positif, permet d'affirmer qu'il n'existe pas un rapport exclusif entre l'auteur du train de vie et les éléments du train de vie. La propriété n'est qu'un rapport parmi

---

[306] Art. 544.

[307] Rochefeld (J.), *Les grandes notions du droit privé*, 2e éd., PUF, Thémis droit, 2013, Notion n° 5 : La propriété, n° 3 et s.

[308] *Ibid.*, n° 12 et s.

[309] Zénati (F.), « Pour une rénovation de la théorie de la propriété », *RTD civ.* 1993, p. 305, spéc. p. 315.

[310] Rochefeld (J.), *op. cit.*, n° 10 et s.

[311] *Ibid.*, n° 2.

d'autres. Par ailleurs, la propriété et le train de vie présentent à certains égards des incompatibilités juridiques. Il suffit par exemple de voir que l'auteur du train de vie peut être un ensemble de personnes non pourvu de la personnalité juridique pour se rendre compte de cette incompatibilité. En effet, la propriété ne se conçoit pas sans patrimoine qui lui-même doit être rattaché à une personne juridique.

95. La propriété n'est pas le rapport exclusif du train de vie (A). Dans le même temps, elle peut s'avérer mal adaptée à certaines situations relevant de la sphère du train de vie (B). Elle ne peut donc être le rapport caractéristique de la notion de train de vie.

A - La diversité des rapports juridiques retenus en droit positif

96. Le rapport de propriété a toute sa place dans le train de vie, mais il n'épuise pas cette notion. Au sein du droit positif d'autres rapports juridiques peuvent être recensés. Tant les textes (1) que la jurisprudence (2) contiennent des références à des rapports distincts de la propriété.

1 - La diversité des rapports juridiques dans les textes

97. ***Les rapports dans les textes contenant des listes d'éléments du train de vie*** - Une fois encore, ce sont les textes utilisant expressément la notion de train de vie et notamment ceux qui sont accompagnés de listes d'éléments du train de vie qui constituent le point de départ de notre réflexion. Ainsi, pour caractériser le train de vie, sont pris en compte les biens dont le foyer fiscal a disposé[312], ou ceux qui ont été détenus par le demandeur ou le bénéficiaire de prestations sociales[313]. Ces deux termes recouvrent des réalités juridiques bien différentes. Le premier, qui revient

---

[312] *CGI*, art. 168 : « Les éléments dont il est fait état pour la détermination de la base d'imposition sont ceux dont ont disposé pendant l'année de l'imposition, les membres du foyer fiscal désignés aux 1 et 3 de l'article 6 » ; *CGI*, art. 1649 quater-0 B ter : « Le contribuable dispose d'éléments mentionnés ci-après » ; CSS, art. L.553-5 et L. 861-2-1 et CASF, art. L.262-41 : « ceux dont la personne a disposé au cours de la période correspondant à la déclaration de ressources ».

[313] *CSS*, art. R.861-15-1 I, R.524-15-1 I, R.553-3-1 I : « Propriétés bâties détenues ou occupées par le demandeur ou le bénéficiaire ».

très fréquemment dans les textes incluant la notion de train de vie[314], semble induire un rapport de propriété. En effet, selon le code civil, « la propriété est le droit de jouir et de disposer des choses de la manière la plus absolue[315] ». Seul le droit de propriété confère cette prérogative à son titulaire[316]. Cela a pu conduire à qualifier la disposition de composante essentielle du droit de propriété[317]. Le deuxième rapport est la détention. Il ne s'agit plus d'un rapport de droit entre une personne et un bien mais d'un « pouvoir de fait exercé sur la chose d'autrui en vertu d'un titre juridique (bail, dépôt...) qui rend la détention précaire en ce qu'il oblige toujours le détenteur à restituer la chose à son propriétaire et l'empêche de l'acquérir par prescription[318] ». Ce pouvoir de fait nécessite néanmoins un titre juridique[319], à la différence de la possession, qui peut être un pouvoir de fait non corroboré par un titre juridique. Dans d'autres textes, ce sont des rapports moins étudiés par les manuels de droit des biens qui sont recensés. Tel est le cas de l'occupation[320], qui dans l'acception où elle est envisagée ici n'est même pas un rapport juridique traditionnellement étudié dans les manuels de droit des biens[321]. En effet, il s'agit d'un rapport de fait qui se définit comme « le fait d'occuper un lieu en vertu d'un titre ou sans droit »[322].

---

314 Voir les articles R.861-15-1, R.524-15-1, R.553-3-1 du *CSS* ; R.262-74 du *CASF* ; 168 et 1649 quater-0 B ter du *CGI* dans lesquels sont recensés parmi, les éléments du train de vie, les automobiles, bateaux de plaisance, motocyclettes, appareils électroménagers, équipements son-hifi-vidéo, matériels informatiques, objets d'arts ou de collection, articles de joaillerie et métaux précieux dont le contribuable ou le demandeur de prestations sociales a disposé.

315 *C. civ.*, art. 544.

316 « Le droit du propriétaire de disposer de sa chose, l'abusus, attribut spécifique du droit de propriété, constitue l'expression la plus complète de son pouvoir » : Bergel (J.-L.), Bruschi (M.) et Cimamonti (S.), *Traité de droit civil, Les biens*, 2e éd., LGDJ, 2010, n° 88.

317 Terré (F.) et Simler (Ph.), *Droit civil, Les biens*, 9e éd., Dalloz, Précis, 2014, n° 125.

318 Association Henri Capitant sous la dir. de Cornu (G.), *Vocabulaire juridique*, 11e éd., PUF, Quadrige, 2016, V° *Détention* ; Voir Bergel (J.-L.), Bruschi (M.) et Cimamonti (S.), *Traité de droit civil, Les biens*, 2e éd., LGDJ, 2010, n° 140 et 141 ; Terré (F.) et Simler (Ph.), *Droit civil, Les biens*, 9e éd. Dalloz, 2014, n° 162 et s. ; Carbonnier (J.), *Droit civil vol. 2, Les biens, les obligations*, PUF, Quadrige, 2004, n° 785 et s.

319 Cornu (G.), *Droit civil, Les biens*, 13e éd., Montchrestien, 2007, n° 51.

320 *CSS*, art. R.861-15-1 I : « Propriétés bâties détenues ou occupées par le demandeur ou le bénéficiaire ».

321 L'occupation bénéficie néanmoins d'un sens technique, qui ne sera pas retenu ici. Elle est le « mode originaire d'appropriation effective d'une chose n'appartenant à personne » (Association Henri Capitant, sous la dir. de Cornu (G.), *Vocabulaire juridique*, *op. cit.*, V° *Occupation*, sens n° 3). Cette modalité d'appropriation convient particulièrement bien aux trésors.

322 *Ibid.*, V° *Occupation*, sens n° 1.

L'ensemble des termes précédemment identifiés ont une signification juridique mais ils appartiennent dans le même temps au lexique courant. Dans un sens courant le terme « disposer » a une portée beaucoup plus large. Il signifie « avoir à sa disposition, avoir la possession, l'usage de[323] ». Il a pour synonyme jouir, user ou utiliser. La pleine propriété, l'usufruit, la location, la possession ou encore la simple détention permettent de disposer d'un bien, c'est à dire de l'utiliser. Le choix de l'une ou l'autre de ces acceptions a des conséquences importantes. Retenir une définition juridique du terme « disposer » conduit à n'inclure dans le train de vie que les éléments appropriés en pleine propriété. Retenir une définition courante du même terme élargit considérablement le périmètre du train de vie. Le simple usage d'un bien participerait au train de vie. Une acception non juridique, dont le sens se rapproche de la détention et de l'occupation, semble devoir être privilégiée [324]. La propriété ne serait donc pas une condition indispensable pour faire entrer un bien dans le train de vie.

98. ***Les rapports dans les autres textes*** **-** Le constat est le même dans les textes contenant l'expression « train de vie » mais qui ne sont pas accompagnés d'une liste d'éléments du train de vie. La loi du 10 juillet 1991 relative à l'aide juridique expose les modalités de prise en compte des éléments du train de vie afin de déterminer les ressources du demandeur[325]. Ainsi, sont pris en considération tous les biens « dont le demandeur a

[323] *Le Petit Robert de la langue française*, V° *Disposer.*

[324] En ce sens Casimir (J.-P.), *Les signes extérieurs de revenus : le contrôle et la reconstitution du revenu global par l'Administration fiscale*, préf. Maurice Cozian, LGDJ, 1979, n° 171 et s. ; Wachsmann (P.), L'article 168 et l'article 180 du Code général des impôts, *Rev. science financière* 1976, p. 645, spéc. p. 662 : « Les termes « ont disposé » doivent s'entendre dans leur acception commune. Il résulte d'une jurisprudence fournie et de la doctrine administrative que disposer d'un élément du train de vie énuméré à l'article 168, c'est pouvoir l'utiliser à tout moment, dès que le désir s'en fait sentir ».

[325] Art. 5 de la loi n° 91-647 du 10 juillet 1991 sur l'aide juridique : « Pour l'application de l'article 4 (du même texte), sont prises en considération les ressources de toute nature dont le demandeur a directement ou indirectement la jouissance ou la libre disposition. Il est tenu compte des éléments extérieurs du train de vie. Sont exclues de l'appréciation des ressources les prestations familiales ainsi que certaines prestations sociales à objet spécialisé selon des modalités prévues par décret en Conseil d'État. Il est tenu compte de l'existence de biens, meubles ou immeubles, même non productifs de revenus à l'exclusion de ceux qui ne pourraient être vendus ou donnés en gage sans entraîner un trouble grave pour l'intéressé. Il est encore tenu compte, dans l'appréciation des ressources, de celles du conjoint du demandeur à l'aide juridictionnelle, ainsi que de celles des personnes vivant habituellement à son foyer, sauf si la procédure oppose entre eux les conjoints ou les personnes vivant habituellement au même foyer. Il n'en est pas non plus tenu compte s'il existe entre eux, eu égard à l'objet du litige, une divergence d'intérêt rendant nécessaire une appréciation distincte des ressources (…) ».

directement ou indirectement la jouissance ou la libre disposition[326] ». Ces termes peuvent, à l'image du terme disposer, être rattachés aux prérogatives du propriétaire. Cette formulation n'est pas sans rappeler l'article 544 du code civil relatif au droit de propriété[327]. L'association entre les termes « jouissance », « libre disposition » et le droit de propriété est tentante, mais elle doit néanmoins être rejetée. La propriété exige que l'*usus*, le *fructus* et l'*abusus* soient réunis entre les mains d'une même personne. Or la disposition étudiée n'envisage pas de manière cumulative la jouissance et la libre disposition. Dans ce texte, les prérogatives sont placées de part et d'autre de la conjonction de coordination « ou », qui induit une alternative. Ensuite, il semble que le législateur n'a pas voulu restreindre le champ de ce texte aux biens détenus en propriété. Si tel avait été sa volonté, une formulation plus claire aurait été adoptée. Enfin, les adverbes « directement » et « indirectement » permettent d'exclure définitivement l'idée selon laquelle seuls les biens détenus en propriété intègrent les ressources du demandeur. En conséquence, il semble qu'une analyse semblable à celle qui a été présentée dans les développements précédents doit être retenue. Les termes « jouissance » et « disposition » doivent donc être entendus dans une acception courante.

99. Les textes du code civil [328] ou du code pénal [329] contenant l'expression « train de vie » ne permettent pas réellement d'identifier les rapports unissant les éléments du train de vie à l'auteur du train de vie. Ils exposent une règle mais n'en donnent pas ses modalités d'application. Il semble donc que la détermination du lien unissant les éléments du train de vie à l'auteur du train de vie n'ait pas été une préoccupation du législateur.

---

[326] La demande d'aide juridictionnelle pour les particuliers s'accompagne d'un formulaire (*Cerfa* n° 12467-01) dans lequel le demandeur est invité à mentionner certains éléments de son train de vie. Une nouvelle fois, le terme « disposez » est utilisé (p. 3 : « Indiquez la nature et la valeur des biens mobiliers (actions, obligations, capitaux…) et l'adresse et la valeur des biens immobiliers (maison, terrain…) même non productifs de revenus dont vous disposez »). La demande d'aide juridictionnelle pour les professionnels (*Cerfa* n° 14404-01) qui comporte un volet intitulé « Biens mobiliers ou immobiliers et éléments du train de vie » vise quant à elle les « immeubles détenus en propriété » ainsi que les « immeubles pris en location ». Pour les véhicules de tourisme et les valeurs et capitaux mobiliers, aucun lien juridique n'est expressément visé.

[327] *C. civ.*, art. 544 : « La propriété est le droit de jouir et disposer des choses de la manière la plus absolue, pourvu qu'on n'en fasse pas un usage prohibé par les lois ou par les règlements ».

[328] *C. civ.*, art. 220.

[329] *Code pénal*, art. 225-6, 3°, 321-6, 225-12-5, 421-2-3 ; *Code de procédure pénale*, art. 706-73, 16°.

Dès lors, il est nécessaire de se tourner vers la jurisprudence pour conforter ou infirmer les précédentes analyses.

2 - La diversité des rapports juridiques dans la jurisprudence[330]

100. ***Dans la jurisprudence en matière pénale*** - Avant d'analyser le contenu de la jurisprudence en matière pénale il est important de mettre en évidence l'influence de la finalité du texte sur la manière avec laquelle est appréhendé le train de vie. En matière pénale, l'objectif est d'apprécier la conformité du train de vie par rapport aux ressources connues d'un agent. À cette fin, ses dépenses sont comparées à ses ressources. Le train de vie est donc davantage caractérisé par les dépenses[331]. Des formulations telles que, le train de vie a été « financé » ou « assuré »[332] ou encore « mené »[333] peuvent être recensées. Ne correspondant à aucun rapport juridique connu, elles ne sont d'aucune utilité pour identifier le lien unissant l'auteur du train de vie aux éléments du train de vie.

Cette approche spécifique du train de vie par la matière pénale n'est pas un obstacle dirimant. Une analyse plus fouillée de la jurisprudence montre qu'une multitude de termes sont utilisés pour relier les éléments du train de vie à l'auteur du train de vie. Parmi eux, le terme « disposer » revient à de nombreuses reprises[334] notamment à propos de comptes ou de d'avoirs

---

[330] Toutes les matières ne seront pas analysées. Seule l'étude des matières civile et pénale sera réalisée. Pour les autres, les textes permettent d'avoir un aperçu significatif du lien unissant le titulaire du train de vie aux éléments qui y sont contenus. De plus, aucun arrêt étudié dans les autres matières n'a permis de préciser davantage la nature du lien.

[331] Cass. crim., 1er décembre 2010, n° 09-88.075 : « l'importance et la nature des achats démontrant au contraire un grand train de vie au détriment d'autrui et M. X... » ; Cass. crim., 21 octobre 2009, n° 09-80.363 : « toujours était-il que son train de vie avait été du 30 août 1999 au 28 février 2001 important, avec des dépenses mensuelles de 23 000 euros » ; Cass. crim., 19 septembre 2007, n° 06-86.343 : « toutes les dépenses de Marc X..., y compris celles engagées pour le train de vie ou les loisirs de ce dernier ; en l'espèce, il n'a été justifié que les frais de location de vitrine, ou d'une annonce dans Le Figaro ».

[332] CA Versailles, 13 novembre 2012, RG n° 10/09082 : « ces prélèvements ont servi à financer le train de vie de la famille », « ceux-ci n'avaient détenu que des fonds employés pour assurer le train de vie du couple ». (Les mots sont soulignés par nos soins. Il en est de même pour les notes qui suivront).

[333] Cass. crim., 6 décembre 2011, n° 11-81.081 : « le couple mène un train de vie élevé (caravane, voiture Mercedes, maison), sans disposer de ressources ».

[334] Cass. crim., 3 janvier 2012, n° 11-80.757 : « la famille a disposé pendant plusieurs années de liquidités sans rapport avec leurs ressources officielles ».

bancaires[335]. Les expressions « être en possession de[336] », « être propriétaire de[337] », « profiter de[338] », « conservé[339] » sont également utilisées pour caractériser le train de vie.

La Cour de cassation emploie donc des termes multiples. Certains n'ont aucune signification juridique. Cela semble laisser penser qu'il n'existe aucun rapport juridique spécifique au train de vie. L'hétérogénéité des éléments du train de vie justifierait qu'une pluralité de rapports soit retenue[340]. Au surplus, il est certain qu'un rapport de propriété n'est en aucun cas exigé. En effet, la possession et le simple usage sont également admis.

101. ***Les différents rapports dans la jurisprudence en matière civile -*** En matière civile et notamment en droit patrimonial de la famille, le recours

---

[335] Cass. crim., 10 mars 2010, n° 09-80.480 ; 13 décembre 2005, n° 05-85.814 ; 25 juin 2003, n° 02-86182.

[336] Cass. crim., 31 mai 2012, n° 10-87641 et 11-84.843 : « L'importance des sommes retrouvées en sa possession ».

[337] Cass. crim., 7 septembre 2011, n° 10-87.152 : « que M. X... a disposé successivement de deux domiciles en France,... à Mougins, jusqu'en avril 2000 et ... à Grasse, à compter de mai 2000 ; que sa fille, Maeva, résidait à Paris avec son ex-épouse et y était scolarisée ; que M. X... a disposé en France de comptes bancaires qui ont été régulièrement mouvementés de dépenses de train de vie ; qu'il était propriétaire de quatre véhicules immatriculés en France ; qu'en outre, il a exercé les fonctions de directeur commercial de la Sarl Alize Finance dont il détenait plus de 90 % des parts ; qu'au titre de l'année 2001, il a été salarié des Sarl Colyseum et Albinvest ; que de même, il détenait des comptes bancaires en France ainsi que des participations dans sept sociétés dont les sièges sociaux étaient situés en France » ; Cass. crim., 31 mai 2006, n° 05-80.777 : « qu'il résulte de la procédure que le train de vie du prévenu ne pouvait être couvert par ses seules ressources officielles de cadre de banque ; qu'ainsi, il était propriétaire d'un quart de trois chevaux de course qui lui coûtaient chacun 1 200 francs mensuels de frais de pension, selon ses dires devant le magistrat instructeur ».

[338] Cass. crim., 31 mai 2006, n° 05-81.837 : « qu'elle dispose d'un compte joint avec sa fille ; qu'elle profite des véhicules, de la location très coûteuse de l'appartement du quai Louis Blériot et des vacances elles aussi très coûteuses ».

[339] Cass. crim., 30 octobre 2002, n° 02-85.838 : « le train de vie entretenu par Didier X... qui a conservé deux véhicules de standing ».

[340] Cass. crim., 29 janvier 2003, n° 02-83.332 : « qu'il portait au poignet une montre achetée 28 000 francs et s'était d'ailleurs fait une réputation de dealer de cocaïne avec son ami Aurélio B... dans les boîtes de nuit tropéziennes qu'il fréquentait assidûment ; que Régis X... disposait à Cannes de deux logements, le premier au nom de sa concubine, le second, loué au nom de Norbert G..., avec Aurélio B... et visité régulièrement (y compris après leur arrestation) par Angelo E... et Gérard C... ; que peu après sa sortie de prison en janvier 1998 dans le cadre d'une affaire de transport d'armes, il achetait, par l'intermédiaire du frère d'Adriano Y..., un véhicule 4 X 4 pour la somme de 170 000 francs qu'il payait en liquide et qu'il mettait au nom de H... ».

à la notion de train de vie est extrêmement fréquent alors que les textes, à l'exception des articles 220 et 515-4 du code civil, n'emploient pas explicitement ce vocable. La situation patrimoniale des justiciables, et notamment leur train de vie, est soumise à l'appréciation souveraine des juges du fond[341]. C'est essentiellement dans les arrêts de cours d'appel que la notion de train de vie est recensée. Néanmoins, quelques arrêts rendus par la Cour de cassation, notamment en matière de prestation compensatoire, permettent de confirmer les analyses qui ont été réalisées en matière pénale. Ainsi, les liens juridiques entre l'auteur du train de vie et les différents éléments de son train de vie sont de différentes natures. Il peut s'agir aussi bien de droits réels comme la propriété individuelle[342] ou indivise, que de droits personnels[343].

102. ***Bilan*** - L'analyse du droit positif se résume en deux points. D'une part, la nature du lien unissant l'auteur du train de vie aux éléments du train de vie n'est ni une préoccupation ni du législateur ni de la jurisprudence. Pourtant, nous persistons à penser que le train de vie est caractérisé par un rapport juridique unique. D'autre part, aucun rapport juridique spécifique au train de vie n'a émergé. Cette étude a au contraire montré que plusieurs rapports juridiques pouvaient être admis parmi lesquels figure la propriété. Celle-ci n'est cependant pas indispensable à la constitution du train de vie. Plus encore, la propriété est parfois mal adaptée pour régir certaines situations relevant de la sphère du train de vie.

---

341 Cass. civ. 2e, 28 janvier 1999, n° 96-21.414 : « Mais attendu qu'ayant constaté que les époux avaient des revenus et des capitaux très largement supérieurs à la moyenne, justifiant pour l'épouse, délaissée à l'âge de 55 ans, un train de vie dont elle a souverainement évalué l'importance, la cour d'appel a légalement justifié sa décision ».

342 Cass. civ. 1re, 6 juin 2012, n° 11-18.206 : « son train de vie démontre puisqu'elle a acquis, en 2006, un véhicule Mercédès mis en circulation en 2001 » ; Cass. civ. 2e, 22 février 1995, n° 93-10282 : « du train de vie qui était par ailleurs le sien, en tant qu'il était propriétaire d'un bateau, d'une villa, d'un appartement et de deux véhicules automobiles ».

343 Cass. civ. 1re, 1 décembre 2010, n° 09-71.863 : « par les éléments de son train de vie actuel, comme l'achat apparemment au comptant, d'un véhicule de 11.500 euros, suivant la facture du 14 novembre 2007 ; que son patrimoine immobilier ne paraît pas conséquent puisque constitué d'une maison en Croatie qu'il possède en indivision et où sa famille est logée ; qu'actuellement il occupe un appartement loué et sa compagne ne travaille pas » ; Cass. civ. 1re, 8 juillet 2010, n° 09-66.966 : « qu'il résulte de différents éléments que son train de vie est totalement disproportionné avec les revenus qu'elle déclare : loyers de 856 euros par mois, crédits indiqués sur la déclaration sur l'honneur de 1045 euros par mois … ».

B - Les hypothèses d'absence d'appropriation des éléments du train de vie

103. La propriété est un rapport juridique qui peut convenir au train de vie. Cela n'est pourtant pas vrai dans tous les cas. Il existe même des incompatibilités juridiques entre les deux. L'une est liée à l'absence de personnalité juridique de l'auteur du train de vie (1). L'autre réside dans le fait que certains éléments du train de vie ne sont pas appropriables (2).

1 - Les hypothèses tenant à l'auteur du train de vie

104. ***Identification de l'auteur du train de vie -*** Le train de vie est principalement celui d'un individu unique, d'une personne physique. Celle-ci peut être expressément identifiée par un texte[344] ou déduite sans aucune ambiguïté. En matière pénale par exemple, le train de vie ne peut être que celui de l'agent pénal[345]. Le train de vie peut aussi être rattaché à un ensemble de personnes, ne disposant pas nécessairement de la personnalité juridique. Le ménage[346] et la famille[347] en sont des exemples. Ce n'est pas parce qu'il existe une entité composée de plusieurs personnes que le train de vie est apprécié à ce niveau. Il peut l'être au niveau de chacun des membres de cette entité. Tel est notamment le cas pour les membres d'un foyer fiscal[348].

105. ***Seule une personne juridique peut être propriétaire -*** L'auteur du train de vie n'est pas nécessairement doté de la personnalité juridique, à l'image du ménage[349]. Le droit de propriété quant à lui ne se conçoit pas en l'absence de patrimoine et, par voie de conséquence, de personnalité juridique[350]. Le recul de la théorie classique du patrimoine constaté

---

[344] *Code du service national*, art. R.58 et R.68-6 : « train de vie du jeune homme » ; *CSS*, art. L.861-2-1 : « train de vie du demandeur ou du bénéficiaire ».

[345] *Code pénal*, art. 225-6 3°, 321-6, 225-12-5 al.2, 421-2-3 : « son train de vie ».

[346] *C. civ.*, art. 220 al. 2 et 4 et 515-4 al. 3 : « train de vie du ménage ».

[347] *Code du service national*, art. R.58 et R.68-6 : « train de vie du jeune homme et de sa famille ».

[348] *CGI*, art. 168.

[349] *C. civ.*, art. 220 al. 2 et 4 et 515-4 al. 3 : « train de vie du ménage ».

[350] Terré (F.) et Simler (Ph.), *Droit civil, Les biens*, 9e éd., Dalloz, Précis, 2014, n° 19.

aujourd'hui [351] n'a aucune influence sur le lien entre patrimoine et personnalité juridique. Désormais plusieurs patrimoines peuvent être rattachés à une seule personne. En revanche, il n'existe pas de patrimoine sans titulaire, c'est-à-dire, en l'absence d'une personne juridique. Le titulaire du train de vie n'ayant pas systématiquement la personnalité juridique, le rapport de propriété n'est donc pas toujours compatible avec le train de vie.

2 - Les hypothèses tenant aux éléments du train de vie

106. ***Un double fondement*** **-** À un double égard le rapport d'appropriation doit être écarté en matière de train de vie. Cela résulte d'une part de l'intégration au train de vie de biens appartenant à autrui et d'autre part de l'impossibilité pour certains éléments du train de vie d'être objet du droit de propriété.

107. ***La prise en considération de biens appartenant à autrui*** **-** L'analyse des listes d'éléments du train de vie, corroborée par celle de la jurisprudence, fait apparaître qu'un élément du train de vie peut servir à caractériser le train de vie d'une personne alors qu'il est la propriété d'une autre. Ainsi, est référencée dans les listes des éléments du train de vie la « location de droits de chasse[352] ». Le fait de louer une chose implique qu'elle appartient à autrui. Sont également référencées les « propriétés bâties détenues ou occupées ». Le simple fait d'occuper un immeuble peut se superposer avec un rapport de propriété. La référence à un tel rapport, entendu dans un sens commun du terme, peut néanmoins être utilisée pour pallier l'absence d'un rapport de propriété. De plus, elle permet de prendre en compte tous les rapports servant de fondement à la jouissance d'un immeuble qu'ils s'agissent de droits réels, de droits personnels, ou même de rapports de fait. Les rapports juridiques de location et d'occupation excluent donc celui de propriété. Pour ces éléments, l'incompatibilité résulte de la prise en compte d'un rapport juridique distinct de la propriété. L'incompatibilité est alors tout à fait circonstanciée. Pour d'autres, à savoir les prestations de service, elle paraît plus générale.

---

[351] *Ibid.*, n° 21 et s. ; Rochefeld (J.), *Les grandes notions du droit privé*, Notion n° 6 : Le patrimoine, PUF, Thémis, 2011, p. 349, spé. p. 369 ; Zénati-Castaing (F.) et Revet (Th.), *Les biens*, 3e éd., PUF, Coll. Droit fondamental, 2008, n° 8 ; Bergel (J.-L.), Bruschi (M.) et Cimamonti (S.), *Traité de droit civil, Les biens,* LGDJ, 2e éd., 2010, n° 7.

[352] *CGI*, art. 168, élément n° 11.

108. ***L'objet du droit de propriété*** **-** Avant de mettre en exergue cette incompatibilité, qui a déjà été esquissée, il convient de dire quelques mots sur l'objet du droit de propriété. Celui-ci est double, renvoyant aux deux acceptions de la notion de bien[353]. Il s'agit d'une part des choses, corporelles ou incorporelles et d'autre part des droits. Un auteur a montré que ce qui est traditionnellement appelé titularité n'est autre qu'un rapport de propriété[354].

109. ***L'absence d'appropriation d'une prestation de service*** **-** De nombreux éléments du train de vie sont des prestations de service. Il a déjà été montré que celles-ci peuvent être appréhendées en droit soit en tant que droit personnel, soit en tant qu'objet d'un droit personnel[355]. En matière de train de vie, la seconde acception est la plus adaptée. Le rapport de propriété s'en trouve exclu. Il n'est en effet pas possible d'être propriétaire d'une prestation de service délivrée par autrui. Le fait de bénéficier de cette prestation n'implique en rien la présence d'un rapport de propriété.

La théorie de la propriété des droits montre ici ses limites[356]. Elle peut tout à fait expliquer le rapport initial, entre une personne et un droit personnel, celui d'exiger une prestation. En revanche, elle ne peut pas s'appliquer au second rapport, celui existant entre le droit personnel et la prestation elle-même. En d'autres termes, s'il est possible d'être propriétaire d'un droit personnel, il n'est pas possible d'être propriétaire de la prestation de service délivrée au titre d'un droit personnel.

110. ***L'absence d'appropriation de la force de travail*** **-** Envisagée comme un objet de droit, la prestation de service peut encore être considérée de deux manières. Elle peut être conçue comme le résultat d'une activité déployée par l'homme ou désigner la force de travail déployée par l'homme. Malgré une option exercée en faveur de la première conception[357], la seconde mérite également d'être abordée. Quelle que soit la conception retenue, la prestation de service n'est pas appropriable. Il a été montré que la force de travail pouvait être objectivée[358] et que dès lors, elle peut recevoir la

---

353 *Supra*, n° 44 et s.

354 Laurent (J.), *La propriété des droits*, préf. Thierry Revet, Th. 2012, LGDJ, coll. Bib. droit privé, T. 537, n° 133 et s.

355 *Supra,* n° 67

356 Pour une critique de cette théorie, voir Dross (W.), *Droit civil, Les choses*, LGDJ, 2012, n° 491.

357 *Supra*, n° 67

358 Revet (Th.), *La force de travail (Étude juridique)*, préf. Frédérique Zénati, Litec, coll. Bib. de droit de l'entreprise, T. 28, 1992, n° 53 et s.

qualification de chose. Il ne s'agit pas d'une chose ordinaire, son détachement à l'homme n'étant jamais total[359]. Cette qualification ne suffit pas à la rendre appropriable. La force de travail, du fait de son inaliénabilité, échappe à la propriété de l'employeur[360]. Elle ne peut être que l'objet d'un droit de jouissance[361].

111. Le rapport de propriété dispose d'un régime juridique rigide qui le rend inadapté, et parfois même incompatible avec le train de vie. Il convient donc de rechercher un rapport plus souple et dans le même temps transversal pour qualifier la relation unissant l'auteur du train de vie aux éléments du train de vie.

Paragraphe 2 - La jouissance, rapport caractéristique du train de vie

112. La relation qui unit les éléments du train de vie à l'auteur du train de vie doit répondre à plusieurs exigences. Le train de vie étant avant tout saisi par les tiers, ce rapport doit être empreint d'une forte matérialité, gage de son rayonnement. Dans le même temps, il doit pouvoir englober une multitude de réalités juridiques. Cela signifie qu'il n'est pas exclusif d'autres rapports juridiques. Il doit au contraire pouvoir s'y superposer.

Un seul rapport juridique répond à l'ensemble de ces exigences. Il s'agit de la jouissance. La définition de ce rapport (A) précèdera la justification du choix en sa faveur (B).

A - La définition de la jouissance

113. La jouissance n'est pas inconnue du droit. Le code civil recense trois rapports différents entre les biens et ceux qui les possèdent[362]. Ainsi « on peut avoir sur les biens, ou un droit de propriété, ou un simple droit de jouissance, ou seulement des services fonciers à prétendre[363] ». La jouissance est principalement abordée dans les manuels de droit des biens même si ce

[359] *Ibid.*, n° 83 et s.

[360] *Ibid.*, n° 347 et s.

[361] *Ibid.*, n° 224 et s.

[362] Livre deuxième : Des biens et des différentes modifications de la propriété, Titre I : De la distinction des biens, Chapitre III : Des biens dans leurs rapports avec ceux qui les possèdent.

[363] art. 543.

rapport n'est pas ignoré des autres branches du droit. Les contrats spéciaux et le droit des sociétés[364] connaissent également cette notion. Malgré cette présence assez massive dans le droit, la jouissance n'y est jamais définie. Plus encore, ce rapport juridique n'est jamais étudié de manière autonome. Il est toujours associé à un titre qui induit une prérogative juridique ou un ensemble de prérogatives. Ainsi, un droit de jouissance est reconnu à l'usufruitier[365], au titulaire d'un droit réel spécial[366], au bailleur[367], à l'emprunteur[368], au possesseur[369], ou encore aux parents exerçant l'autorité parentale[370]. Devant cette présentation de la jouissance en droit positif, la définition de cette notion ne pourra pas seulement consister à dire ce qu'elle est. Il conviendra également d'en déterminer la nature juridique.

Cette notion pourra être définie comme étant l'utilisation matérielle ou juridique d'une chose en vue d'en retirer un avantage personnel (1). Sa nature juridique ne sera pas arrêtée. C'est une notion qui repose sur des faits mais qui ne parvient pas toujours à intégrer la sphère juridique. Si dans de nombreux cas la jouissance pourra être rangée parmi les prérogatives juridiques, elle restera, dans d'autres, un simple pouvoir de fait (2).

---

364 Regnaut-Moutier (C.), *La notion d'apport en jouissance*, préf. Jean Prieur, LGDJ, coll. Bib. droit privé, T. 242, 1994.

365 *C. civ.*, art. 578 : « L'usufruit est le droit de jouir des choses dont un autre à la propriété comme le propriétaire lui-même, mais à la charge d'en conserver la substance ».

366 Cass. civ. 3e, 31 octobre 2012, n° 11-16.304, *Bull. civ.* 2012, III, n° 159, JurisData n° 2012-024285 : « Le propriétaire peut consentir, sous réserve des règles d'ordre public, un droit réel conférant le bénéfice d'une jouissance spéciale de son bien » ; *D.* 2013, p. 53, note L. d'Avout et B. Mallet-Bricout ; *RD imm.* 2013, p. 80, obs. J.-L. Bergel ; *JCP G* 2012, 2352, note F.-X. Testu ; *RLDC* 2013/101, p. 7, note J. Dubarry et M. Julienne ; *LPA* 16 janv. 2013, p. 10, note F.-X. Agostini ; *Defrénois* 2013, p. 12, note L. Tranchant ; *RTD civ.* 2013, p. 141, note W. Dross. Voir, *infra* n° 157.

367 *C. civ.*, art. 1709 : « Le louage de choses est le contrat par lequel l'une des parties s'oblige à faire jouir l'autre d'une chose pendant un certain temps, et moyennant un certain prix que celui-ci s'oblige de lui payer ».

368 *C. civ.*, art. 1875 : « Le prêt à usage est un contrat par lequel l'une des parties livre une chose à l'autre pour s'en servir, à la charge pour le preneur de la rendre après s'en être servi ».

369 *C. civ.*, art. 2258 : « La possession est la détention ou la jouissance d'une chose ou d'un droit que nous tenons ou que nous exerçons par nous-même, ou par un autre qui la tient ou qui l'exerce en notre nom ».

370 *C. civ.*, art. 382 : « Les père et mère ont, sous les distinctions qui suivent, l'administration et la jouissance des biens de leur enfant ».

1 - L'utilisation d'une chose permettant d'en retirer un profit

114. ***Plan*** - En ayant recours à la conjonction de coordination « ou », l'article 543 du code civil[371] semble induire que le droit de propriété et le droit de jouissance sont des prérogatives alternatives. Pourtant tel n'est pas le cas. Il est certes exact d'affirmer qu'il est possible de n'avoir qu'un droit de jouissance sur la chose d'autrui ; en revanche, le propriétaire compte parmi ses prérogatives l'*usus* et le *fructus* qui lui permettent de jouir de sa chose à la fois matériellement et juridiquement. Le titulaire du droit de propriété dispose donc également du droit de jouir de sa chose.

L'*usus* – permettant une jouissance matérielle – et le *fructus* – permettant une jouissance juridique – sont deux prérogatives qui permettent de révéler les différents visages de la jouissance. Ainsi, avant de montrer que la jouissance peut s'entendre d'une utilisation matérielle ou juridique d'un bien (b) il convient d'en identifier sa substance (a).

a) Tirer profit d'une des utilités d'une chose

115. ***Définitions courante et juridique*** - Dans un sens courant, la jouissance peut se définir comme l' « action d'user, de se servir de quelque chose, d'en utiliser les avantages, d'en tirer les satisfactions qu'elle est capable de procurer »[372]. Dans le lexique juridique, la jouissance peut être envisagée de différentes manières. Dans un sens strict, il s'agit du « droit de percevoir les fruits d'un bien sur sa seule signature et d'en disposer sans en être comptable[373] » c'est-à-dire du *fructus*. Dans un sens large, la jouissance englobe également l'usage d'une chose, l'*usus*. À ce stade de l'étude, il ne convient pas d'opérer un choix entre l'une de ces deux conceptions de la jouissance[374]. Il s'agit simplement de trouver une définition qui serait susceptible de s'appliquer à toutes les hypothèses de jouissance.

---

[371] « On peut avoir sur les biens, ou un droit de propriété, ou un simple droit de jouissance, ou seulement des services fonciers à prétendre ».

[372] *Le Grand Robert de la langue française*, V° *Jouissance.*

[373] Association Henri Capitant, sous la dir. de Cornu (G.), *Vocabulaire juridique*, 11e éd., PUF, Quadrige, 2016, V° *Jouissance.*

[374] *Infra*, n° 118.

116. ***Profiter des utilités d'une chose*** **-** Celui qui fait usage d'une chose et celui qui perçoit les fruits produits par une chose, en tire un avantage, un profit. Ce profit sera tantôt médiat, tantôt immédiat. Dans le cas d'un usage matériel de la chose, le profit sera immédiat. Chaque chose, par ses caractéristiques, est apte à remplir des fonctions. Une voiture permet de se déplacer, un immeuble permet de se loger. L'aptitude à remplir certaines fonctions permet de révéler les utilités d'une chose. À côté de cet usage matériel, les choses peuvent procurer un profit de manière médiate. Ainsi, un immeuble loué procure à son propriétaire non pas un toit mais un revenu. Dans ce cas, il présente pour lui non plus une utilité matérielle, mais une utilité économique. Dans l'ensemble de ces cas, les utilités de la chose procurent un profit, qui est au cœur de la jouissance.

117. ***Profiter d'au moins une des utilités procurées par une chose*** **-** Seul le droit de propriété, parce qu'il confère à son titulaire l'ensemble des prérogatives sur un bien, permet de profiter de toutes les utilités d'un bien[375]. La jouissance quant à elle, ne s'étend pas à l'ensemble des utilités d'un bien. Ainsi, il est possible de jouir d'une chose en ayant accès à seulement quelques-unes de ses utilités, ou même à une seule d'entre elles. Une comparaison entre l'usufruitier et le titulaire d'un droit d'usage ou d'habitation[376] permettra d'éclairer ces propos.

L'usufruit, qui se définit comme « le droit de jouir des choses dont un autre à la propriété comme le propriétaire lui-même, mais à la charge d'en conserver la substance », ne se confond pourtant pas avec la jouissance[377]. Cela signifie que l'usufruit n'est qu'une hypothèse de jouissance parmi d'autres. L'usufruitier, jouisseur par excellence, bénéficie de l'*usus* et du *fructus*[378]. Il peut donc profiter des utilités matérielles et économiques procurées par la chose. La jouissance est protéiforme et ne se résume pas au seul usufruit. Le titulaire d'un droit d'usage ou d'habitation ne peut quant à lui profiter que de certaines utilités. Cette limitation est notamment cantonnée aux utilités matérielles d'une chose[379]. Plus encore, les parties

---

[375] Bergel (J.-L.), Bruschi (M.) et Cimamonti (S.), *Traité de droit civil, Les biens*, 2e éd., LGDJ, 2010, n° 95.

[376] *C. civ.*, art. 625 et s.

[377] *C. civ.*, art. 578.

[378] *C. civ.*, art. 595 et s. Dans une certaine mesure il dispose également de l'*abusus*. Il ne peut certes pas céder la chose objet de son droit, mais il peut céder son droit. Voir Terré (F.) et Simler (Ph.), *Droit civil, Les biens*, 9e éd., Dalloz, Précis, 2014, n° 806.

[379] *C. civ.*, art. 631 : « L'usager ne peut ni céder ni louer son droit à un autre » ; *C. civ.*, art. 634 : « Le droit d'habitation ne peut être ni cédé ni loué ». Une exception à ce régime a été accordée au conjoint survivant. Alors même qu'il est titulaire d'un droit d'usage sur les

peuvent convenir de limiter le droit d'usage à certaines utilités de la chose spécifiquement identifiées[380].

Cette comparaison permet de montrer que la jouissance est susceptible de degrés. Dès lors qu'une personne tire profit d'au moins une des utilités d'une chose, un rapport de jouissance peut être caractérisé entre elle et la chose. À ce stade de l'étude, la jouissance peut donc être appréhendée par sa finalité. Elle consiste à retirer un profit personnel d'au moins une des utilités procurées par une chose.

Il convient désormais de s'intéresser à la manière de se procurer un tel profit. Comme cela a déjà été esquissé, celui-ci provient d'une utilisation matérielle ou juridique d'une chose.

b) Un profit résultant d'une utilisation matérielle ou juridique

118. ***Une jouissance matérielle ou juridique*** - La définition de la jouissance a fait apparaître deux acceptions juridiques de cette notion[381]. Alors même que le terme « jouissance » est parfois employé dans un sens strict[382], le code civil ne conçoit pas la jouissance dans un sens restrictif. Comme le relève un auteur, « qu'il s'agisse de l'usufruit, de la location, ou encore de la jouissance légale conférée aux parents, aucune de ces institutions ne limite les pouvoirs de leur bénéficiaire à la seule perception des fruits sur la chose[383] ». C'est donc dans son acception la plus large que la

meubles meublant et d'habitation du logement qu'il occupait effectivement au jour du décès de son conjoint, il dispose de la faculté de louer le logement à un usage autre que commercial ou agricole, lorsque celui-ci n'est plus adapté à ses besoins, afin de dégager les ressources nécessaires à de nouvelles conditions d'hébergement (*C. civ.*, art. 765 al. 5).

380 Terré (F.) et Simler (Ph.), *op. cit.*, n° 861.

381 *Supra*, n° 115.

382 On peut citer par exemple la distinction entre la jouissance (*fructus*) et l'usage (*usus*) en matière de propriété ou d'usufruit (voir Terré (F.) et Simler (Ph.), *op. cit.*, n° 807 et s.), ou encore la distinction entre la jouissance et la détention en matière de possession (*C. civ.* art. 2255). La détention viserait « *tous les actes par lesquels une personne tient une chose en son pouvoir physique* » alors que la jouissance désignerait les « *actes d'utilisation économique* ». Voir Carbonnier (J.), *Droit civil vol. 2, Les biens les obligations*, PUF, Quadrige, 2004, n° 781. Dans ces hypothèses la jouissance se distingue d'une autre notion, elle aussi technique. C'est pour cette raison qu'elle est entendue dans un sens strict.

383 Tadros (A.), *La jouissance des titres sociaux d'autrui*, préf. Thierry Revet, Dalloz, coll. Nouvelle bibliothèque des thèses, vol. 130, 2013, p. 10.

jouissance sera entendue. La jouissance présente différentes facettes mais il n'est pas nécessaire qu'elles soient toutes réunies pour que la jouissance soit caractérisée. Elle peut l'être par l'utilisation matérielle et juridique d'une chose, ou par l'une d'elles seulement.

119. ***L'utilisation matérielle d'une chose*** **-** Dans le lexique courant, la jouissance signifie d'abord « l'action d'user, de se servir de quelque chose [384] ». Dans le lexique juridique, il est nécessaire d'entendre la jouissance dans un sens large pour inclure l'usage d'une chose [385]. L'utilisation matérielle d'une chose est soumise à plusieurs conditions. La chose en question doit d'abord être une chose corporelle. Elle doit ensuite être détenue par le jouisseur. La réciproque n'est en revanche pas vraie, il ne suffit pas de détenir une chose entre ses mains pour en user[386].

120. ***L'utilisation juridique[387] d'une chose*** **-** La définition juridique de la jouissance inclut, y compris dans son acception la plus restrictive, l'utilisation juridique d'une chose [388]. Cette modalité d'utilisation est beaucoup moins exigeante que la précédente. Toutes les choses, y compris les choses immatérielles peuvent y être soumises. Les choses corporelles n'en sont pas exclues. Elles peuvent être soumises dans le même temps à une utilisation matérielle et à une utilisation juridique. Tel est le cas d'un immeuble loué. Il est habité par le locataire alors que les loyers qu'il produit sont perçus par le propriétaire. Cet exemple montre dans le même temps que le bien n'a pas besoin d'être détenu matériellement pour être utilisé. L'utilisation juridique a donc un domaine extrêmement large.

121. ***Distinction entre utilisation et administration*** **-** L'utilisation doit être distinguée de l'administration. Dans les deux cas, une personne est au contact d'une chose. Pour autant, les conséquences en sont différentes. Il n'est qu'à regarder les prérogatives des parents sur les biens de leur enfant[389] pour se rendre compte que ces deux notions doivent être distinguées. Le

---

[384] *Le Grand Robert de la langue Française*, V° *Jouissance.*

[385] Association Henri Capitant, sous la dir. de Cornu (G.), *Vocabulaire juridique*, 11ᵉ éd., PUF, Quadrige, 2016, V° *Jouissance.*

[386] *Supra*, n° 121.

[387] L'utilisation économique serait tout aussi adaptée.

[388] Association Henri Capitant, sous la dir. de Cornu (G.), *Vocabulaire juridique*, 11ᵉ éd., PUF, Quadrige, 2016, V° *Jouissance.*

[389] *C. civ.*, art. 382 et s.

code civil leur attribue un pouvoir d'administration d'une part et un droit de jouissance d'autre part. Ces deux prérogatives sont liées[390] mais elles ont chacune un régime juridique qui leur est propre. La jouissance reçoit des limitations liées à l'âge de l'enfant[391] ou à l'origine des biens[392] qui ne s'appliquent pas à l'administration. En outre, lorsque l'administration des biens légués ou donnés est confiée à un tiers, celui-ci ne bénéficie pas de la jouissance des biens qu'il administre[393].

L'administration, à la différence de l'utilisation, ne permet pas de procurer un profit à celui qui est au contact du bien. Exercée en vertu d'un mandat conventionnel ou légal, elle doit profiter non pas à celui qui gère, mais à celui qui est propriétaire des biens gérés. L'utilisation caractéristique de la jouissance, parce qu'elle doit procurer un profit direct à l'utilisateur ne doit pas être un simple rapport d'administration[394].

122. ***Proposition d'une définition de la jouissance*** **-** Il est donc possible de proposer la définition suivante de la jouissance : utilisation matérielle ou juridique, partielle ou totale, d'une chose procurant un profit personnel.

Pour parfaire ce travail de définition, il convient désormais d'essayer de découvrir la nature juridique de la jouissance. Cela consiste à déterminer si la jouissance est ou non une prérogative juridique.

---

[390] *C. civ.*, art. 386-1 : « La jouissance légale est attachée à l'administration légale ». (art. 383 al. 2 antérieurement à l'ordonnance n° 2015-1288 du 15 octobre 2015).

[391] *C. civ.*, art. 386-2, 1° : « Le droit de jouissance cesse (…) dès que l'enfant a seize ans accomplis ». (art. 384, 1° ancien).

[392] *C. civ.*, art. 386-4 : « La jouissance légale ne s'étend pas aux biens que l'enfant peut acquérir par son travail, ni à ceux qui lui sont donnés ou légués sous la condition expresse que les père et mère n'en jouiront pas ». (art. 387 ancien).

[393] *C. civ.*, art. 384 (art. 389-3 ancien). Sur l'étendue des pouvoirs de l'administrateur, voir Delms Saint-Hilaire (Ph.), « À propos de la clause d'exclusion de l'administration légale », in *Mél. Raymond Le Guidec*, Lexis-Nexis, 2014, p. 333 et s., spé. p. 342 et 343.

[394] J. Derruppé défend cette idée mais il la lie à la distinction entre les droits subjectifs et les pouvoirs. Selon lui, la jouissance est un droit réel et donc un droit subjectif. Elle est donc exercée à titre personnel et non pour le compte d'autrui. Cf., *La nature juridique du preneur à bail et la distinction des droits réels et des droits de créance*, préf. Jean Maury, th. Toulouse, Dalloz, 1952, spéc. n° 309.

Sur la distinction entre les pouvoirs et droits subjectifs fondée sur la finalité de la prérogative, voir Gaillard (E.), *Le pouvoir en droit civil*, préf. Gérard Cornu, th. Paris 2 1981, Économica, 1985. Le pouvoir y est défini comme une prérogative finalisée qui doit être exercée dans un intérêt au moins partiellement distinct de celui qui l'exerce (n° 235). Le droit subjectif peut quant à lui être défini comme une « prérogative reconnue à une personne par le droit objectif, pour la satisfaction d'un intérêt personnel » (Cornu (G.), *Droit civil, Introduction au droit*, 13e éd, Montchrestien, 2007, n° 35).

2 - Un pouvoir de droit ou un pouvoir de fait

123. ***L'indifférence du titre permettant de jouir*** **-** Il a déjà été mentionné que la jouissance est souvent envisagée comme une prérogative accessoire, découlant d'une autre prérogative principale. Ainsi, le propriétaire est titulaire d'un droit de propriété sur une chose qui lui permet d'en jouir. De la même manière, l'usufruitier est titulaire d'un droit d'usufruit qui lui permet de jouir de la chose d'autrui. Il n'en est pas autrement pour le preneur à bail ou l'emprunteur disposant eux aussi d'un droit de jouissance sur la chose d'autrui. Dans toutes ces situations, le jouisseur est avant tout titulaire d'une prérogative principale qui lui confère une qualité. Cette prérogative est en réalité un ensemble de plusieurs prérogatives parmi lesquelles se trouve la jouissance. Pour définir la jouissance, il est important de se détacher de la prérogative principale, de celle qui confère un titre. Montrer que la jouissance peut s'exercer en vertu d'un droit réel ou d'un droit personnel n'apportera que des informations sur l'origine de la jouissance et non sur son contenu. Il convient donc de s'intéresser à la jouissance en elle-même et de faire abstraction des prérogatives en vertu desquelles elle est permise.

124. La jouissance telle qu'elle vient d'être définie peut être un droit. C'est une notion qui repose également sur des faits. Elle relève à la fois du droit, du fait et parfois même du non-droit. L'occupation sans droit ni titre en est un exemple. L'occupant jouit du bien alors qu'il n'a aucun titre pour cela. La jouissance sera donc envisagée comme un pouvoir de droit (a) mais également comme un pouvoir de fait (b).

a) La jouissance envisagée comme un pouvoir de droit

125. ***Justification de l'emploi du terme « pouvoir »*** **-** Le terme « pouvoir » peut revêtir différentes significations. Dans un sens technique, il désigne une prérogative finalisée exercée dans un intérêt au moins partiellement distinct de celui qui l'exerce[395]. Dans un sens général, il

---

[395] Gaillard (E.), *Le pouvoir en droit civil*, préf. Gérard Cornu, th. Paris 2 1981, Économica, 1985 ; Association Henri Capitant, sous la dir. de Cornu (G.), *Vocabulaire juridique*, 11e éd., PUF, Quadrige, 2016, V° *Pouvoir* : « prérogative finalisée que son titulaire a reçu mission d'exercer dans un intérêt au moins partiellement distinct du sien et dont l'exercice est soumis à un contrôle juridictionnel ».

désigne une maîtrise de fait, une force, une puissance[396]. C'est dans ce second sens que le terme pouvoir doit être entendu ici. La jouissance, en tant que pouvoir de droit, serait donc une prérogative juridique conférant une maîtrise de fait. Autrement dit, elle serait une prérogative juridique permettant d'user d'une chose.

L'emploi du terme « pouvoir » est particulièrement adapté à la jouissance parce qu'il permet de distinguer les situations dans lesquelles celle-ci n'est qu'un pouvoir de fait de celles dans lesquelles ce même pouvoir de fait est corroboré par une prérogative juridique. Dans ces deux cas, la jouissance est originairement une situation factuelle. Elle est parfois légitimée par le droit, produisant alors des effets juridiques, mais dans tous les cas la jouissance est d'abord une relation factuelle.

126. ***Un droit réel*** **-** Jusqu'à présent la jouissance a été uniquement envisagée comme une situation factuelle reconnue et légitimée par le droit. Ainsi, le droit de propriété, le droit d'usufruit, le droit du preneur à bail, sont des prérogatives juridiques qui permettent à leur titulaire de jouir de leur bien ou de celui d'autrui en toute légalité, mais elles ne se limitent pas à la seule jouissance[397]. Il en résulte que la jouissance est un pouvoir ayant pour origine un droit réel ou personnel. Cette présentation ne permet pas de dire si elle est ou non une prérogative autonome.

Un auteur s'est intéressé à cette question, qualifiant le droit de jouissance de droit réel[398]. Ainsi, cette qualification trouve ses racines dans le critère de distinction des droits réels et des droits personnels qu'il a retenue. Les droits réels et les droits personnels sont tous les deux des droits subjectifs en ce qu'ils sont des pouvoirs juridiquement protégés. Ces deux catégories de droit ont un objet distinct qui a pour conséquence de conférer à leur titulaire des pouvoirs de nature différente. Les premiers ont pour objet une chose. Le titulaire d'un droit réel exerce donc ses pouvoirs directement à l'égard de cette chose. Les seconds ont pour objet une prestation. Le titulaire d'un droit réel ne peut exercer ses pouvoirs qu'à l'encontre du débiteur de cette prestation. Pour lui, doivent être classés « parmi les droits réels ceux qui

---

[396] Association Henri Capitant, sous la dir. de Cornu (G.), *op. cit.*, V° *Pouvoir.*

[397] Sur la distinction entre la jouissance et la prérogative juridique qui la légitime, voir *supra*, n° 123.

[398] Derruppé (J.), *La nature juridique du preneur à bail et la distinction des droits réels et des droits de créance*, préf. Jean Maury, th. Toulouse, Dalloz, 1952. Il qualifie néanmoins le droit du preneur à bail de droit personnel car ce dernier ne dispose pas uniquement de pouvoirs d'utilisation matérielle sur la chose. Il est également « titulaire de véritables droits de créances à l'encontre du bailleur ». Sur la question de la coexistence d'un droit réel de jouissance et de droit de créance, cf. n° 264 et s.

accordent à un individu un pouvoir sur une chose, pouvoir de retirer d'une chose certaines utilités, et parmi les droits de créance, ou droits personnels, ceux qui accordent à leur titulaire un pouvoir contre une personne, pouvoir d'exiger d'une personne certains services[399] ». Ayant défini le droit réel comme un pouvoir accordé à un individu sur une chose, il en déduit que la jouissance des biens d'autrui est un droit réel. Ainsi, il inclut dans cette catégorie le droit du commodataire et le droit du possesseur de jouir de la chose d'autrui. Ces deux derniers droits font partie intégrante d'une catégorie juridique regroupant tous les droits de jouissance sur la chose d'autrui.

La jouissance peut être envisagée comme une prérogative juridique dans certains cas. Cependant, elle n'est dans d'autres cas, qu'une réalité factuelle. Elle n'est alors qu'un simple pouvoir de fait.

b) La jouissance envisagée comme un simple pouvoir de fait

127. ***Jouissance et possession -*** Le droit des biens reconnaît, à côté des rapports de droits existant entre une personne et des biens, des rapports de fait. La possession en est l'exemple le plus caractéristique. Le recours à cette notion permet d'appréhender la notion de pouvoir de fait qui peut être définie comme la maîtrise de fait d'une chose[400].

La possession est définie par le code civil comme « la détention ou la jouissance d'une chose ou d'un droit que nous tenons ou que nous exerçons par nous-même, ou par un autre qui la tient ou qui l'exerce en notre nom[401] ».

Dans cette définition la possession est assimilée à la jouissance. Dès lors qu'une personne possède un bien, elle en jouit. En revanche, la réciproque n'est pas vraie. Tout jouisseur n'est pas nécessairement un possesseur. Un

---

[399] *Ibid.*, n° 254.

[400] Pour une définition du pouvoir de fait entre deux personnes, voir Lokiec (P.), *Contrat et pouvoir, Essai sur les transformations du droit privé des rapports contractuels*, préf. Antoine Lyon-Caen, LGDJ, coll. Bib. droit privé, T. 408, 2004, spéc. n° 18 : « La seconde face du pouvoir est le pouvoir factuel, ce pouvoir qui « vient d'en bas » auquel le juriste ne s'intéresse guère du fait de son caractère extra-juridique. La faculté d'imposer sa volonté à autrui peut pourtant provenir non seulement du droit mais également d'une situation de fait comme une puissance économique, une violence physique ou un savoir ».

[401] Art. 2255.

jouisseur qui n'est pas animé par la volonté de se comporter comme un véritable propriétaire n'est pas un possesseur, mais un simple détenteur précaire[402].

Pour certains auteurs « il résulte de cette définition que la possession n'est pas une prérogative juridique mais un pouvoir de fait sur un bien[403] ». Cette qualification bien que très largement partagée en doctrine[404] n'en est pas moins nuancée[405]. Cette nuance est liée aux effets juridiques associés à la possession[406]. Permettant notamment d'acquérir la propriété[407], elle confère alors de véritables droits subjectifs dont la qualification de prérogatives juridiques ne peut être écartée. La possession n'est cependant pas systématiquement liée à la propriété. Cette situation peut aussi se concevoir de manière autonome. À cet effet, elle recevait, jusqu'à récemment[408], une protection spécifique grâce aux actions possessoires[409] conférant là encore des droits subjectifs au possesseur. Malgré ses différents effets juridiques, la possession est toujours la maîtrise de fait, le pouvoir physique exercé sur une chose.

Il ne faut pas confondre la possession envisagée dans son aspect matériel qui est une situation de jouissance et la possession envisagée dans sa dimension juridique, qui permet de protéger une situation de fait. Jean Derruppé a étudié la jouissance au sein de la possession. Il l'a qualifiée de

---

402 Sur la distinction entre la possession et la détention, voir Carbonnier (J.), *Droit civil vol. 2, Les biens les obligations*, PUF, Quadrige, 2004, n° 785 ; Terré (F.) et Simler (Ph.), *Droit civil, Les biens*, 9e éd., Dalloz, Précis, 2014, n° 162 et s.

403 Zénati-Castaing (F.) et Revet (Th.), *Les biens*, 3e éd., PUF, coll. Droit fondamental, 2008, n° 441.

404 Terré (F.) et Simler (Ph.), *op. cit.*, n° 151 et s. ; J. CARBONNIER, *op. cit.*, n° 780.

405 Bergel (J.-L.), Bruschi (M.) et Cimamonti (S.) J, *Traité de droit civil, Les biens*, 2e éd., LGDJ, 2010, n° 129.

406 Carbonnier (J.), *op. cit.*, PUF, Quadrige, 2004, n° 784.

407 *C. civ.*, art. 2260 et s. ; Terré (F.) et Simler (Ph.), *op. cit.*, n° 181 et s.

408 La loi n° 2015-177 du 16 février 2015 relative à la modernisation et à la simplification du droit et des procédures dans les domaines de la justice et des affaires intérieures, a supprimé ces actions. Désormais, le possesseur peut uniquement intenter une procédure de référé. Cette voie était déjà ouverte et plébiscitée du fait de l'ensemble des restrictions propres aux actions possessoires alors que le seul constat de l'urgence, d'un dommage imminent ou d'un trouble manifestement illicite suffit en matière de référé. (*C. pr. civ.*, art. 808 et 809). Voir Cass. civ. 3e , 22 mars 1995, n° 92-21.269, *Bull. civ. III*, n° 90 ; ,1996, 193, note M. Leroy ; *AJDI* 1995. 968 ; ibid . 969, obs. R. Léost ; *RDI* 1996, 179, obs. J.-L. Bergel ; *RTD civ.* 1996, 427, obs. F. Zénati ; *JCP* 1995. I, 3878, obs. Périnet-Marquet ; *ibid.* 3891, obs. L. Cadiet ; *Dr. et patr.* févr. 2009, 144, obs. Seube.

409 *C. civ.*, art. 2278 al. 1er et 2279 (abrogés), Terré (F.) et Simler (Ph.), *op. cit.*, n° 196 et s.

droit[410], de nature réelle[411], parce qu'elle est protégée par le droit. Cette analyse conduit à faire un amalgame entre la possession et la protection possessoire[412]. Avant d'entrer en action, notamment par la mise en œuvre d'une action possessoire ou d'un référé[413], la possession est d'abord une situation de fait. Certes, elle peut produire des effets juridiques, et par là même devenir une situation juridique, tout comme elle peut se muter en droit de propriété par la prescription acquisitive ; mais dans le même temps elle reste toujours une situation factuelle. Il en résulte que la possession, en tant que maîtrise de fait, doit être distinguée des prérogatives juridiques qui en découlent. La possession est une situation factuelle de jouissance quels qu'en soient ses effets juridiques ultérieurs. Cette distinction n'est pas sans rappeler celle qui a été faite entre la jouissance et la prérogative juridique qui la légitime[414].

128. ***La jouissance des choses communes : un pouvoir de fait*** **-** La notion de pouvoir de fait a déjà été utilisée pour caractériser la jouissance sur les choses communes[415]. Ces choses, parce qu'elles sont hors-du commerce et non-appropriables, ne peuvent pas être objet d'un acte juridique. Dans le même temps, leur usage est bien une réalité. Leur jouissance s'effectue donc en vertu d'un pouvoir de fait.

129. ***Complément de définition de la jouissance*** **-** La jouissance prend un autre visage que celui rencontré jusqu'à présent. Elle se présente aussi comme un pouvoir de fait.

La définition de la jouissance qui a été donnée précédemment peut alors être complétée[416]. La jouissance est un pouvoir de droit ou de fait, d'utilisation matérielle ou juridique d'une chose. Elle ne se confond pas avec la prérogative juridique qui la légitime ou qui en découle. La définition de ce rapport ayant été arrêtée, il convient désormais de justifier le choix en sa faveur en matière de train de vie.

---

[410] Derruppé (J.), *La nature juridique du preneur à bail et la distinction des droits réels et des droits de créance*, préf. Jean Maury, Dalloz, 1952, n° 301 et s.

[411] *Ibid.*, n° 305 et s.

[412] *Ibid.*, spéc. n° 303

[413] *Supra*, notre de bas de page n° 404.

[414] *Supra*, n° 123.

[415] Chardeaux (M.-A.), *Les choses communes*, préf. Grégoire Loiseau, LGDJ, coll. Bib. droit privé, T. 464, 2006, n° 232.

[416] *Supra*, n° 122.

B - Le fondement du choix de politique juridique en faveur de la jouissance

130. La jouissance est le rapport caractéristique du train de vie. Ce rapport s'impose par son réalisme (1) et sa souplesse (2), deux exigences que requiert le train de vie.

1 - Un rapport empreint de réalisme

131. ***Les caractéristiques de la jouissance*** - Le train de vie est une notion qui a été plébiscitée par le droit du fait de son extériorité. Son utilisation fréquente dans les politiques de lutte contre la fraude fiscale ou la fraude aux prestations sociales en est un exemple. Pour pouvoir être saisi par les tiers, le train de vie doit reposer sur des éléments matériels et tangibles. Ce réalisme ne se manifeste pas uniquement dans les éléments du train de vie. Il ressort également du rapport de jouissance qui unit ces éléments à l'auteur du train de vie.

La jouissance peut être qualifiée de rapport réaliste à un autre égard, en ce qu'elle constitue une réalité juridique à elle seule. Alors même qu'elle se superpose à d'autres rapports juridiques, elle leur est indépendante. Elle n'a pas besoin d'être corroborée par un titre juridique. Elle est également indifférente au rapport juridique qui la légitime.

La jouissance s'impose comme le rapport caractéristique du train de vie parce qu'elle est à la fois ostensible (a) et indépendante de la situation juridique sous-jacente (b).

a) Un rapport ostensible

132. ***Une double matérialité*** - La jouissance a été définie comme un pouvoir de droit ou de fait[417] d'utilisation matérielle ou juridique[418]. Quelle que soit la forme qu'elle prend, elle se manifeste par des éléments matériels ostensibles qui, à eux seuls, permettent de la caractériser sans aucune autre investigation.

---

[417] *Supra*, n° 123 et s.

[418] *Supra*, n° 113 et s.

Lorsqu'il s'agit d'une utilisation matérielle, la plus fréquente en matière de train de vie, l'auteur du train de vie se trouve directement au contact d'une chose. La matérialité de la situation provient alors tant du support de la jouissance, la chose, que du comportement de l'auteur du train de vie. Ses actes d'usage, visibles par tout un chacun, révèlent alors un rapport de jouissance.

133. ***La matérialité propre à la jouissance*** **-** Lorsque la jouissance porte sur une chose incorporelle ou un service, la matérialité du support de la jouissance, c'est-à-dire de l'élément du train de vie, fait défaut. Le comportement économique de l'auteur du train de vie prend alors le relais. C'est par lui seul que se matérialise la jouissance. Ainsi, la fréquentation de certains lieux ou de certaines personnes permettent de révéler la jouissance de telle chose ou de telle prestation.

134. ***Une matérialité indirecte*** **-** La jouissance la moins ostensible est celle qui est exercée juridiquement, celle qui procure un profit pécuniaire. Dans cette configuration, l'auteur du train de vie n'est pas au contact d'un élément du train de vie. C'est un tiers qui l'est. Par exemple, ce n'est pas le propriétaire mais le locataire qui vit dans un immeuble loué. Pour une personne extérieure à cette situation il n'est pas aisé de rattacher l'immeuble au train de vie du propriétaire. En l'absence d'un rapport de jouissance évident, il est nécessaire d'en rechercher des indices matériels. Ceux-ci pourront notamment provenir d'une analyse des relevés bancaires de l'auteur du train de vie. Ainsi, des écritures bancaires habituelles traduiront un rapport de jouissance.

La jouissance présente l'avantage d'être caractérisée par son seul aspect matériel. La situation juridique qui lui est sous-jacente ne la remettra pas en cause.

b) L'indifférence de la situation juridique sous-jacente

135. ***Objectivité du rapport caractéristique du train de vie*** **-** Commentant les dispositions de l'article 168 du code général des impôts, et notamment le sens du terme « disposé », un auteur a estimé que « le législateur frappe ici une situation objective, sans se préoccuper de l'origine des biens dont le contribuable a disposé, ni surtout du titre juridique lui ayant permis la disposition »[419]. Un autre affirme que ne doit être pris « en considération que le fait matériel de la jouissance, quel que soit le fondement juridique de l'utilisation de l'un des éléments du barème »[420]. Il résulte de ces deux remarques que le rapport juridique caractéristique du train de vie doit être objectif c'est-à-dire indépendant de la réalité juridique sous-jacente. La jouissance répond à cette exigence.

136. ***Objectivité de la jouissance*** - La jouissance est un rapport juridique qui est très souvent adossé à une prérogative juridique. Pourtant, cette prérogative ne se confond pas avec la jouissance. Elle ne sert qu'à la légitimer. La jouissance est un rapport objectif qui est indépendant de la prérogative qui la légitime. Dès lors, la jouissance présente l'avantage d'écarter tout risque de distorsion entre les apparences matérielles et la réalité juridique sous-jacente. Celui qui cherche à caractériser le train de vie d'une personne se fonde avant tout sur des éléments objectifs. Il n'a pas nécessairement une connaissance de la réalité juridique sous-jacente. À partir de simples observations du comportement d'une personne, il est par exemple impossible de distinguer un propriétaire d'un locataire de longue durée d'un véhicule automobile. Pourtant, la voiture est, dans les deux cas, objet de jouissance. Ce simple constat est suffisant en matière de train de vie. Il n'est pas nécessaire d'aller au-delà et de déterminer l'origine de cette jouissance. Dès lors que ce lien existe, à quelque titre que ce soit, il participe au train de vie.

Le choix en faveur de la jouissance résulte du caractère réaliste de ce rapport. Il est confirmé par la souplesse de son régime.

2 - Un rapport empreint de souplesse

137. La jouissance n'est pas un rapport juridique dont le régime juridique est très contraignant. Plus exactement, ce rapport n'est absolument pas réglementé de manière autonome. Dès lors, il est compatible avec toutes les situations relevant du train de vie. Il sied à tous les auteurs du train de vie (a) ainsi qu'à tous les éléments du train de vie (b).

---

[419] Waschsmann (P.), « L'article 168 et l'article 180 du code général des impôts », *Rev. science financière*, 1976, p. 645, spéc. p. 662.

[420] Dupont (M.-P.) cité par Casimir (J.-P.), *Les signes extérieurs de revenus : le contrôle et la reconstitution du revenu global par l'Administration fiscale*, préf. Maurice Cozian, LGDJ, 1979, n° 172.

a) Un rapport compatible avec l'ensemble des auteurs du train de vie

138. ***Un rapport individuel ou collectif*** **-** L'auteur du train de vie n'est pas nécessairement une personne physique[421]. Il peut s'agir d'une personne morale ou même d'un groupement de personnes physiques dépourvu de personnalité morale. Le foyer fiscal, le ménage ou encore la famille sont en effet clairement identifiés comme étant des auteurs du train de vie. L'absence de personnalité juridique, obstacle diriment à la consécration de la propriété comme rapport caractéristique du train de vie, est sans incidence sur la jouissance. Ce rapport étant concret, il s'affranchit des considérations juridiques parmi lesquelles figure la personnalité juridique. Ce qui importe c'est qu'une personne fasse usage d'une chose.

De plus, une même chose peut être l'objet de jouissance de plusieurs personnes en même temps. La jouissance, indépendante de toute prérogative juridique, n'est donc pas seulement individuelle. Elle peut être collective. C'est pour cette raison que l'auteur du train de vie peut être une pluralité de personnes dépourvue de la personnalité juridique.

b) Un rapport compatible avec l'ensemble des éléments du train de vie

139. ***La jouissance d'une chose*** **-** Un auteur a qualifié le droit de jouissance de droit réel[422] tout en estimant que « le domaine des droits réels doit être restreint aux droits sur des choses corporelles ou matérielles »[423]. Par le jeu d'un syllogisme la jouissance ne pourrait donc avoir pour objet que des choses corporelles ou matérielles. Une telle conception de la jouissance est sans doute trop restrictive. La jouissance ne doit pas se limiter à l'utilisation matérielle d'une chose. Jouir c'est profiter des utilités d'une chose. S'il est incontestable que la jouissance consiste à profiter d'une chose corporelle en l'utilisant, il est également possible de profiter d'une chose juridiquement ou économiquement. Profiter des fruits produits par une chose est aussi une manière d'en jouir. La jouissance parce qu'elle n'est pas

---

[421] *Supra*, n° 104

[422] JDerruppé (J.), *th. préc.*, n° 262 et s.

[423] *Ibid.*, n° 259

qu'une utilisation matérielle peut donc porter sur des choses incorporelles. Pour autant, est-elle limitée à des choses ?

140. ***La jouissance de services*** - Il a été montré que les éléments du train de vie ne sont pas que des choses. Il s'agit aussi de services[424] mais la notion de service n'est pas celle classiquement retenue en droit, c'est-à-dire l'objet d'un droit personnel. Les services, doivent être envisagés, en matière de train de vie, en considération de la prestation effectivement réalisée. La relation juridique entre un créancier et un débiteur ne présente pas d'intérêt pour appréhender la notion de train de vie. Dans cette matière, seule la prestation déjà réalisée présente un intérêt.

La propriété n'a pas été retenue comme rapport caractéristique du train de vie parce qu'elle s'accommode mal avec les services. Il n'est en effet pas possible d'être propriétaire d'une prestation de service. Seule la propriété d'un droit à une prestation est envisageable mais cela nécessiterait d'avoir une autre approche de la notion de service. La jouissance est un rapport beaucoup plus souple qui s'adapte à tous les objets. Elle s'entend à l'égard d'une chose, d'un droit mais aussi d'un service, dans la mesure où ces trois objets peuvent être la source d'un profit, caractérisant la jouissance. La prestation de service est davantage source de profit que le droit d'exiger la réalisation d'une telle prestation.

141. ***Conclusion de la section 1*** - L'étude du droit positif a permis de montrer d'une part qu'il existait plusieurs rapports juridiques au sein du train de vie et d'autre part qu'aucun d'entre eux n'était nécessaire. Plus encore, la propriété qui paraissait s'imposer comme une évidence s'est au contraire montrée trop rigide et trop étroite pour caractériser le train de vie. Une conciliation de toutes ces données a pu être réalisée grâce à la notion de jouissance. Ce rapport présente l'avantage majeur de se superposer à de multiples réalités juridiques tout en étant autonome. Son réalisme et sa souplesse ont confirmé le choix en sa faveur.

La jouissance des éléments du train de vie s'impose donc comme la seconde composante de la substance du train de vie. L'identification de ce rapport ayant été réalisée, il convient désormais d'envisager ses modalités d'exercices.

---

[424] *Supra*, n° 65 et s.

Section II - Les modalités d'exercice de la jouissance des éléments de train de vie

142. ***Train de vie et patrimoine*** - En matière de train de vie – notion qui traduit un comportement économique – une question doit être tranchée : le train de vie est-il lié à l'activité économique effective d'une personne ? Peut-on admettre qu'un individu, pour échapper aux effets juridiques attachés à la notion de train de vie, limite son activité économique ? Ainsi, alors même qu'il serait fortuné, il vivrait modestement. Il en résulterait un décalage entre son train de vie et son patrimoine.

Le train de vie et le patrimoine entretiennent des relations étroites mais elles ne se confondent pas. Le train de vie présente notamment un aspect extérieur dont est dépourvu le patrimoine[425]. De plus, l'assiette du train de vie est bien plus large que celle du patrimoine. Le train de vie repose sur les éléments du patrimoine de son auteur mais aussi sur ceux d'autrui. La jouissance est une notion souple qui ne s'arrête pas aux frontières du patrimoine.

S'il est vrai que les deux notions ne se superposent pas, celle de train de vie ne peut totalement ignorer celle de patrimoine. Le train de vie est une image patrimoniale qui doit en principe être conforme à la réalité sous-jacente. Il ne doit donc pas exister un décalage trop important entre le train de vie et le patrimoine, qu'il s'agisse tant d'un « sur train de vie » que d'un « sous train de vie ». Sur ce second aspect, l'absence de jouissance effective de certains éléments du patrimoine ne doit donc pas influer négativement sur la caractérisation du train de vie. La flexibilité du rapport de jouissance permet de ne pas circonscrire le périmètre de la notion de train de vie à celui de l'activité économique effective de son auteur. La potentialité de jouissance doit également être retenue. Au sein du mariage et du PACS, la contribution aux charges du ménage, à hauteur des facultés respectives de chacun des membres du couple, va dans ce sens. Celui qui dispose des plus hauts revenus doit, par sa contribution aux charges, déterminer le train de vie du couple[426]. Le train de vie ne saurait être déterminé par les facultés du plus faible. La contribution consiste principalement à assumer financièrement les charges du ménage mais elle peut également consister à mettre à disposition du couple certains biens de l'un d'eux. Ainsi, le propriétaire d'un chalet à la

---

[425] *Supra*, n° 254 et s. Sur la difficulté de distinguer les deux notions lorsque le caractère extérieur du train de vie n'est pas recherché, voir *supra* n° 249

[426] *Supra*, n° 489 et s.

montagne ou d'une villa en bord de mer, mettra à disposition de sa famille ces biens quelques semaines dans l'année.

143. ***Jouissance matérielle et jouissance juridique*** **-** La jouissance est une notion protéiforme. Elle se conçoit tant matériellement que juridiquement[427]. Dès lors, il n'est pas nécessaire qu'une personne jouisse matériellement d'un bien pour que ce dernier intègre son train de vie. La jouissance juridique permet par exemple à l'auteur du train de vie de jouir des revenus provenant de la mise en location d'un de ses biens. Si l'auteur du train de vie ne jouit pas matériellement de son bien, la mise à bail est tout de même caractéristique d'une activité économique effective. Qu'en est-il en l'absence d'une jouissance effective ?

144. ***Faculté et effectivité*** **-** La jouissance, qui caractérise le train de vie, irrigue de très nombreux autres rapports juridiques, tels que la propriété ou la location. Au sein de ces différents rapports elle n'est jamais une condition. Elle est toujours une conséquence. Ainsi, le propriétaire d'un bien, parce qu'il dispose de cette qualité bénéficie de l'*usus* et du *fructus* sur ce bien. S'il choisit de ne pas mettre en œuvre ces prérogatives, son titre n'en sera pas affecté. La jouissance, lorsqu'elle est associée à un titre n'est donc pas nécessairement effective. Elle peut être facultative. En revanche, lorsqu'elle est autonome, c'est-à-dire qu'elle ne résulte d'aucune prérogative juridique, elle n'a d'autre choix que d'être effective. Si elle ne l'est pas, c'est qu'elle est inexistante.

145. ***Plan*** **-** La jouissance caractéristique du train de vie peut être facultative en présence d'un titre juridique (A). Elle doit en revanche être effective en son absence (B).

Paragraphe 1 - L'indifférence d'une jouissance effective en présence d'une prérogative juridique de jouissance

146. ***Définition*** **-** Une faculté est « un droit à l'état virtuel[428] ». Il s'agit de la « possibilité légale de choisir entre faire et ne pas faire[429] ». Cette

[427] *Supra*, n° 115 et s.

[428] Carbonnier (J.), *Droit civil, Introduction, Les personnes, La famille, l'enfant, le couple, Vol. 1*, PUF, Quadrige, 2004, n° 162, p. 313.

définition implique que la faculté est une prérogative juridique. Cette qualification, qui ne sied pas systématiquement à la jouissance, ne pose aucune difficulté lorsque la jouissance résulte d'un titre juridique duquel découlent différentes prérogatives, tel que le droit de jouissance.

147. La jouissance, envisagée comme une faculté, ne doit être conditionnée que par la volonté de l'auteur du train de vie. À tout moment, celui-ci doit pouvoir jouir personnellement de son bien (A). Le non-usage de son droit de jouissance ne doit pas permettre à autrui d'en jouir. Cette réserve de jouissance est garantie tant par la titularité d'un droit réel que par celle d'un droit personnel (B).

A - Une faculté garantissant une jouissance personnelle

148. ***La volonté, condition unique de mise en œuvre d'une faculté -*** Le propre d'une faculté est de n'être soumise qu'à la volonté de son auteur. La faculté de jouissance doit donc permettre, en toutes circonstances, à son titulaire de jouir du bien sur lequel elle porte. Sa mise en œuvre doit simplement être déclenchée pas une manifestation de volonté. Ainsi, le propriétaire d'une maison de campagne dans laquelle il ne se rend jamais peut, en vertu de son droit de propriété, investir les lieux quand bon lui semble. Il conserve à tout moment un droit exclusif de jouissance. Les modalités de cette jouissance peuvent néanmoins être conditionnées par l'étendue du droit ainsi que par les choix antérieurement faits par le titulaire de ladite faculté.

149. ***Tempérament à l'exclusivité de la jouissance -*** La titularité d'une prérogative, y compris du droit de propriété, ne permet pas toujours de jouir d'un bien dans son intégralité. En matière d'indivision par exemple, chaque indivisaire n'est propriétaire que d'une quote-part du bien. Aussi étendue soit elle, celle-ci ne saurait lui conférer le droit de jouir de l'intégralité du bien. Lorsque celui-ci est indivisible, il n'existe d'autre choix que d'organiser les modalités d'une jouissance privative du bien au profit de l'un des indivisaires ou d'un tiers. Dans cette hypothèse de propriété collective, chaque indivisaire dispose néanmoins d'une faculté de jouissance personnelle. S'il exerce son droit matériellement, il n'aura pas à verser d'indemnité d'occupation à ses coïndivisaires pour la quote-part dont il est

---

[429] *Ibid.*

propriétaire[430]. S'il ne jouit pas matériellement du bien, il pourra en jouir juridiquement, en percevant une indemnité d'occupation versée par le coïndivisaire qui jouit matériellement et privativement du bien. Ici l'assiette du droit de propriété est limitée à une quote-part du bien. Cela a des conséquences sur l'étendue de la jouissance. En revanche, en toutes circonstances, le titulaire de la faculté de jouissance conserve la possibilité de l'exercer ou d'en revendiquer l'exercice.

150. ***Le transfert volontaire de la jouissance*** **-** Le titulaire d'une faculté de jouissance peut avoir fait de choix d'abandonner temporairement la jouissance à autrui. Dans un premier cas de figure, cet abandon peut se limiter à la jouissance matérielle. Dans ce cas, il conserve la jouissance juridique de son bien qui assure toujours une jouissance personnelle. Tel est le cas d'une mise à bail par exemple. Dans un second cas de figure, l'abandon de la jouissance matérielle peut être réalisé à titre gratuit. Le prêt à usage, gratuit, correspondrait à cette situation. Ce choix ne permet plus au titulaire de la faculté de jouissance de la mettre en œuvre à sa guise. Cependant, seul ce transfert volontaire de la jouissance légitime la jouissance d'autrui. En son absence, et malgré l'absence de jouissance effective du titulaire de la faculté de jouissance, personne n'aurait pu jouir légitimement du bien.

La faculté de jouissance qui permet à la fois de jouir ou de ne pas jouir tout en écartant la jouissance d'autrui est strictement liée à la titularité d'un droit subjectif.

B - Une faculté garantie par la titularité d'un droit subjectif

151. La titularité d'une prérogative juridique permet de pallier l'absence de jouissance effective. À tout moment, son titulaire dispose de la faculté de jouir. Cette faculté peut découler tant d'un droit réel (1) que d'un droit personnel (2).

430 Si l'indemnité d'occupation n'est pas directement versée aux indivisaires qui ne jouissent pas privativement du bien et qu'elle est portée à l'actif de l'indivision, l'indivisaire bénéficiera d'une quote-part de cette indemnité lors du partage.

1 - Une faculté garantie par la titularité d'un droit réel

152. ***Exclusion des droits réels accessoires*** - Parmi les droits réels, tous ne confèrent pas le droit de jouir de la chose qui en est l'objet[431]. Les droits réels accessoires[432] dont la finalité est la garantie d'une créance seront écartés du champ de l'étude. L'étude se limitera aux seuls droits réels principaux[433]. Au sein de cette catégorie encore très vaste, tous les droits ne seront pas envisagés. Dans la mesure où tous permettent de jouir de la chose, les conclusions tirées de l'étude de certains de ces droits pourront être étendues à tous les autres. Les modalités de la jouissance, propres à chacun d'entre eux, n'interférèrent en rien dans cette entreprise.

153. ***La propriété*** - Le titulaire du droit de propriété concentre entre ses mains l'ensemble des prérogatives qui peuvent être exercées sur une chose. Ce droit « est un monopole conférant au propriétaire toutes les utilités des biens[434] ». Ce dernier dispose donc de la faculté d'user de sa chose. Corrélativement, du fait du caractère imprescriptible du droit de propriété, il dispose de celle de ne pas en user[435]. Cela résulte du caractère exclusif du droit de propriété. Le propriétaire étant le seul à disposer des prérogatives sur sa chose, le fait de ne pas les mettre en œuvre ne confère pas pour autant des prérogatives à autrui. Le caractère facultatif de la jouissance a été identifié comme le critère distinctif de la propriété par rapport à la possession[436]. La possession est une jouissance effective alors que la propriété est une jouissance facultative. Cette dernière a pu être alors définie comme la « potentialité de jouissance complète d'une chose[437] ».

154. ***L'usufruit et ses dérivés*** - L'usufruit est un démembrement du droit de propriété. Son titulaire dispose des mêmes prérogatives relatives à la

[431] Bergel (J.-L.), Bruschi (M.) et Cimamonti (C.), *Traité de droit civil, Les biens*, 2e éd., LGDJ, 2010, n° 45 et s.

[432] Larroumet (Ch.), *Droit civil t. 2, Les biens, Droits réels principaux*, 5e éd., Économica, 2004, n° 32.

[433] *Ibid.*, n° 30.

[434] Bergel (J.-L.), Bruschi (M.) et Cimamonti (C.), *op. cit.*, n° 95.

[435] *Ibid.*, n° 98.

[436] Danos (F.), *Propriété, possession et opposabilité*, préf. Laurent Aynès, Économica, coll. Recherches juridiques, T. 15, 2007.

[437] *Ibid.*, n° 21 et s.

jouissance que le plein propriétaire[438]. Titulaire de l'*usus* et du *fructus*, qui lui permettent de jouir matériellement et juridiquement de la chose, il est libre de mettre en œuvre ces prérogatives ou de les laisser latentes. De la même manière que la propriété, l'usufruit se caractérise aussi par une potentialité de jouissance.

Les droits d'usage et d'habitation sont des dérivés de l'usufruit. Ils permettent à son titulaire de jouir matériellement et personnellement d'une chose[439]. Alors même que l'assiette de ce droit est déterminée par les besoins personnels de l'usager et de sa famille[440], le non-usage de la chose n'entraine pas la perte du droit[441]. Celui-ci se perd dans les mêmes conditions que l'usufruit[442], c'est-à-dire, à son terme ou en cas d'abus de jouissance.

155. ***Les servitudes -*** Les servitudes constituent une autre catégorie de droits réels[443]. Elles sont définies comme la « charge établie sur un immeuble pour l'usage et l'utilité d'un autre immeuble appartenant à un autre propriétaire[444] ». À la différence des prérogatives qui viennent d'être envisagées, les servitudes peuvent s'éteindre par leur non-usage trentenaire[445]. La faculté de jouissance est donc limitée à cette durée. Afin qu'elle ne s'éteigne pas, il sera nécessaire de jouir effectivement de la chose d'autrui.

La durée du non-usage n'est pas la seule raison qui invite à relativiser l'impact de l'exigence d'une jouissance effective en matière de train de vie. Les servitudes présentent en effet assez peu d'intérêt en matière de train de

---

438 Lorsque l'usufruit porte sur une chose consomptible au premier usage, l'usufruitier voit ses prérogatives étendues. La jouissance de la chose entraînant *de facto* sa dissipation, il dispose alors du droit de disposer de la chose. Le nu-propriétaire disposera alors d'une créance de restitution contre l'usufruitier ou sa succession. Cette situation est qualifiée de quasi-usufruit. L'expression quasi-propriété serait sans doute plus parlante.

439 *C. civ.*, art. 625 et s. ; Piedelievre (S.), *Rép. Civ. Dalloz*, mars 2006, V° *Usage-habitation.* Il existe une exception en droit successoral. Le conjoint survivant bénéficiant d'un droit d'habitation viager peut louer son bien lorsqu'il n'est plus adapté à ses besoins (*C. civ.*, art. 764 *in fine*).

440 *C. civ.*, art. 630.

441 Cass. civ. 1re, 10 juin 1981, 80-10.524, *Bull. civ. I*, n° 201 : « C'est l'abus de jouissance et non l'abandon des lieux par le titulaire du droit d'habitation qui peut entraîner l'extinction de son droit ».

442 *C. civ.*, art. 625.

443 *C. civ.*, art. 685 et s.

444 Association Henri Capitant, sous la dir. de Cornu (G.), *Vocabulaire juridique*, 11e éd., PUF, Quadrige, 2016, V° *Servitude.*

445 *C. civ.*, art. 706 ; Djoudi (J.) *Rép. Civ. Dalloz*, avril 2007, V° *Servitudes*, n° 549 et s.

vie dans la mesure où elles ne sont que l'accessoire d'un droit de propriété. C'est ce dernier qui retiendra l'attention. La jouissance d'une partie du bien d'autrui apparaît elle aussi très accessoire par rapport à celle de son propre bien.

156. ***Les baux à long terme*** **-** La dernière catégorie de droits réels principaux est les baux de longue durée. Ils sont au nombre de deux, le bail emphytéotique[446] et le bail à construction[447]. Le premier est un « bail par lequel un propriétaire concède un immeuble pour une durée de 18 à 99 ans, moyennant une redevance annuelle modique appelée canon emphytéotique et sous l'obligation de planter ou d'améliorer l'immeuble loué, à un preneur nommé emphytéote qui acquiert le droit d'emphytéose[448] ». Le second, de même durée, oblige le preneur « à édifier sur le terrain loué des constructions, moyennant, en tout ou partie, la remise au bailleur des édifices et s'il est stipulé, un loyer révisable[449] ».

Le bail emphytéotique entretient des liens avec le bail ordinaire et avec l'usufruit[450]. L'emphytéote, titulaire d'un droit réel, bénéfice de prérogatives plus larges que celles conférées par un bail ordinaire. Sa jouissance est notamment très étendue[451]. S'il ne peut pas s'affranchir de ses obligations sans l'accord du bailleur, notamment le paiement d'une redevance, rien n'empêche qu'il ne jouisse pas effectivement du bien objet du bail. Ainsi, un exploitant peut librement laisser ses terres en jachères le temps qu'il souhaite. Le bail à construction paraît, quant à lui, bien loin du train de vie. Il connaît pourtant un renouveau, notamment en droit patrimonial de la famille où il est utilisé comme un outil de gestion de patrimoine[452]. Le preneur est tenu de construire et d'entretenir les constructions. Il n'est pas tenu d'en jouir. Néanmoins, tout comme en matière de bail emphytéotique, il

---

[446] *C. rural*, art. L.451-1 et s. ; Tixier (J.-L.), *Rép. Civ. Dalloz*, avril 2006, V° *Bail emphytéotique* ; Bergel (J.-L.), Bruschi (M.) et Cimamonti (C.), *op. cit.*, n° 291 ; Terré (F.) et Simler (Ph.), *Droit civil, Les biens*, 9e éd., Dalloz, Précis, 2014, n° 928 et s. ; Larroumet (Ch.), *Droit civil t. 2, Les biens, Droits réels principaux*, 5e éd., Économica, 2004, n° 780 et s.

[447] *C. de la construction et de l'habitation, art. L. 251-1 et s* ; Saint-Alary-Houin (C.), *Rép. Civ. Dalloz*, mars 2012, V° *Bail à construction* ; Bergel (J.-L.), Bruschi (M.) et Cimamonti (C.), *op. cit.*, n° 292 ; Terré (F.) et Simler (Ph.), *op. cit.*, n° 936 et s. ; Larroumet (Ch.), *op. cit.*, n° 783 et s.

[448] Association Henri Capitant, sous la dir. de Cornu (G.), *Vocabulaire juridique*, 11e éd., PUF, Quadrige, 2016, V° *Bail emphytéotique.*

[449] *Ibid.*, V° *Bail à construction.*

[450] Larroumet (Ch.), *op. cit.*, n° 782 bis ; Terré (F.) et Simler (Ph.), *op. cit.*, n° 928.

[451] *C. rural*, art. L.451-11.

[452] Saint-Alary-Houin (C.), *Rép. Civ. Dalloz*, mars 2012, V° *Bail à construction*, spéc. n° 5.

paraitrait absurde que le preneur, tenu à des obligations, ne jouisse pas effectivement de la chose objet de son bail.

157. ***Le droit réel spécial de jouissance*** - La loi n'est pas la seule à consacrer des droits réels. Dans un arrêt du 31 octobre 2012[453], la Cour de cassation a reconnu l'existence d'un droit réel spécial de jouissance au visa des articles 544 et 1134 du code civil. Cette décision confirme que la liste des droits réels établie par l'article 543 du même code n'est pas exhaustive. Il est désormais possible d'en créer de nouveaux conventionnellement même si le régime de ces droits n'est pas complètement abandonné à la volonté individuelle. La Cour de cassation, veille à ce qu'il respecte l'ordre public. À cet effet, elle a affirmé que le droit réel spécial de jouissance « s'il n'est pas limité dans le temps par la volonté des parties, ne peut être perpétuel et s'éteint dans les conditions prévues par les articles 619 et 625 du Code civil[454] ». Elle a également jugé très récemment que la durée de ce droit peut être corrélative à celle d'une fondation qui en est titulaire[455].

Ce droit réel de jouissance spéciale a pour objet, comme son nom l'indique, d'accorder la jouissance d'une chose à une personne. Son étendue, tant dans l'espace que dans le temps, ainsi que les prérogatives accordées au jouisseur, sont laissées à la libre appréciation des parties. Elles devront donc être indiquées avec précision dans le contrat.

158. Dans leur ensemble, les droits réels, qu'ils aient une origine légale ou jurisprudentielle, confèrent une faculté de jouissance à leur titulaire qui

---

[453] Cass. civ. 3e, 31 octobre 2012 *(Maison de la poésie)*, n° 11-16304, *Bull. civ.* 2012, III, n° 159, *JurisData* n° 2012-024285: *D.* 2013, p. 53, note L. d'Avout et B. Mallet-Bricout ; *RD imm.* 2013, p. 80, obs. J.-L. Bergel ; *JCP G* 2012, 2352, note F.-X. Testu ; *RD imm.* 2013, 80, note J.-L. Bergel ; *RLDC* 2013/101, p. 7, note J. Dubarry et M. Julienne ; *LPA* 16 janv. 2013, p. 10, note F.-X. Agostini ; *Defrénois* 2013, p. 12, note L. Tranchant ; *RTD civ.* 2013, p. 141, note W. Dross.

[454] Cass. civ. 3e, 28 janvier 2015, n° 14-10.013, *JurisData* n° 2015-001087 : *RDC* 2015/02, p. 272, note R. Boffa ; *JCP* 2015, n° 9, p. 417, note T. Revet ; *D.* 2015, p. 599, note B. Mallet-Bricout ; *JCP N* 2015, n° 8-9, p. 30, note M. Julienne et J. Dubarry ; *Dr. et Patrimoine* mai 2016, n° 258, p. 42, note V. Strieff et C. Pommier.

[455] Cass. civ. 3e, 8 septembre 2016 *(Maison de la poésie 2)*, n° 14-26.953 : « Mais attendu qu'ayant relevé que les parties avaient entendu instituer, par l'acte de vente des 7 avril et 30 juin 1932, un droit réel distinct du droit d'usage et d'habitation régi par le code civil, la cour d'appel, qui a constaté que ce droit avait été concédé pour la durée de la Fondation, et non à perpétuité, en a exactement déduit, répondant aux conclusions dont elle était saisie, que ce droit, qui n'était pas régi par les dispositions des articles 619 et 625 du code civil, n'était pas expiré et qu'aucune disposition légale ne prévoyait qu'il soit limité à une durée de trente ans » ; *JCP N*, 14 octobre 2016, 1294, p. 27, note J. Dubarry et V. Streiff.

est libre de les mettre en œuvre. Cela n'est pas propre aux seuls droits réels. Les droits personnels permettent également d'exercer de manière facultative une prérogative de jouissance.

2 - Une faculté garantie par la titularité d'un droit personnel

159. ***Jouissance d'une chose et jouissance d'un service*** **-** En matière de train de vie, la jouissance ne porte pas uniquement sur des choses. Elle porte également sur des services. Les droits personnels permettent de jouir des uns comme des autres. Pour les choses, la titularité d'un droit subjectif garantit la jouissance, même si celle-ci n'est pas effective (a). Ce même raisonnement n'est pas transposable pour les services (b). En effet, pour certains d'entre eux, une jouissance effective sera également exigée.

a) La titularité d'un droit personnel permettant la jouissance d'une chose

160. ***Louage et prêt d'une chose*** **-** Deux contrats permettent de conférer un droit de jouissance sur une chose. Dans le contrat de bail, « l'une des parties s'oblige à faire jouir l'autre, d'une chose pendant un certain temps, et moyennant un certain prix que celle-ci s'oblige à payer[456] ». Seul le bailleur a une obligation relative à la jouissance. Le preneur quant à lui, bénéficie d'un droit de jouissance durable. Il n'est pas obligé de jouir de la chose louée. Dès lors qu'il respecte ses obligations, notamment le paiement du loyer, il pourra exercer sa faculté de jouissance à sa guise. Cette faculté est d'autant plus renforcée que le contrat de bail lui confère également des droits personnels parmi lesquels celui d'exiger une jouissance paisible[457]. Cette obligation à la charge du bailleur lui impose à la fois de ne rien faire qui puisse troubler la jouissance du preneur[458], et de garantir cette jouissance contre les agissements des tiers[459]. Dans tous les cas, que le bailleur jouisse effectivement ou non de la chose louée, celle-ci figurera dans son train de

[456] *C. civ.*, art. 1709.

[457] *C. civ.*, art. 1719, 3°.

[458] Collart Dutilleul (F.) et Delbecque (Ph.), *Contrats civils et commerciaux*, 10e éd., Dalloz, Précis, 2015, n° 501.

[459] *Ibid.*, n° 506.

vie. Cela est d'autant plus vrai que la jouissance en vertu d'un bail nécessite une dépense récurrente, le paiement d'un loyer.

Le prêt à usage est une autre catégorie de contrat qui permet à une personne de jouir d'une chose en vertu d'un droit personnel[460]. Là encore, l'obligation relative à la jouissance pèse sur le prêteur. L'emprunteur, lui, dispose d'un droit de jouissance. Il n'est pas dans l'obligation de le mettre en œuvre. À la différence du bailleur, l'emprunteur ne doit en principe assumer aucune obligation pécuniaire au profit du prêteur[461]. Toutefois, ce paramètre n'est pas déterminant puisque le caractère gratuit ou onéreux de la jouissance est indifférent. Dès lors qu'un rapport de jouissance existe, il participe au train de vie.

Ces deux contrats, qui confèrent un droit de jouissance à l'auteur du train de vie, confirment que la jouissance d'une chose n'a pas à être effective pour que cette chose intègre le train de vie. Il convient désormais de déterminer ce qu'il en est pour la jouissance de services.

b) La titularité d'un droit personnel permettant la jouissance d'un service

161. ***Diversité des services -*** Au sein des listes d'éléments du train de vie, de nombreux services peuvent être recensés. Les abonnements à des clubs de sport[462], les voyages[463], « les services culturels, éducatifs, de communication ou de loisirs [464]», les personnels et services domestiques[465] en sont quelques exemples. La jurisprudence identifie également de

[460] *C. civ.*, art. 1875 : « Le prêt à usage est un contrat par lequel l'une des parties livre une chose à l'autre pour s'en servir, à la charge par le preneur de la rendre après s'en être servi ».

[461] *C. civ.*, art. 1876. Cette règle était beaucoup plus marquée dans le commodat, ancêtre du prêt à usage.

[462] *CGI*, art. 1649 quater-0 B ter, élément n° 5 et art. 168, élément n° 12 ; *CSS*, art. R.861-15-1, R.524-15-1 et R.553-3-1, élément n° 9 ; *CASF*, art. R.262-74, élément n° 9.

[463] *CGI*, art. 1649 quater-0 B ter, élément n° 6 ; *CSS*, art. R.861-15-1, R.524-15-1 et R.553-3-1, élément n° 8 ; *CASF*, art. R.262-74, élément n° 8.

[464] *CSS*, art. R.861-15-1, R.524-15-1 et R.553-3-1, élément n° 8 ; *CASF*, art. R.262-74, élément n° 8.

[465] *CGI*, art 169, élément n° 1 ; *CSS*, art. R.861-15-1, R.524-15-1 et R.553-3-1, élément n° 4 ; *CASF*, art. R.262-74, élément n° 4.

nombreux services tels que, les repas dans des restaurants[466], ou encore des sorties dans des discothèques[467].

La jouissance de ces différents services présente différents visages. Il peut s'agir de jouir d'une chose (telle qu'une installation sportive), d'une prestation (celle effectuée par un personnel domestique) ou d'une combinaison des deux (un repas consommé dans un restaurant). Concernant la jouissance d'un service portant sur une chose, il est tout à fait possible de renvoyer à ce qui a été dit précédemment à propos de la jouissance d'une chose. En revanche, la jouissance d'une prestation réalisée par une personne, mérite des développements spécifiques car son caractère facultatif ne s'impose pas comme une évidence.

162. ***Jouissance effective d'une prestation instantanée et unique* -** Le caractère facultatif de la jouissance semble assez mal approprié à la jouissance d'une prestation réalisée par une personne. Pour qu'une telle modalité de jouissance soit admise il faudrait considérer que la jouissance porte sur le droit d'obtenir une prestation. Or il a été montré qu'en matière de train de vie, la jouissance porte directement sur le service réalisé et non sur le droit d'obtenir la réalisation d'une prestation.

Le droit n'est qu'un moyen d'accéder à la jouissance d'une prestation. Soit celle-ci est effectivement réalisée, et l'auteur du train de vie en jouit, soit elle ne l'est pas, et il n'en résulte aucune jouissance. La jouissance d'une prestation semble ne se concevoir que de manière effective. Cette conclusion n'est pourtant valable que pour les prestations uniques et instantanées.

163. ***Jouissance facultative d'une prestation durable* -** La faculté de jouissance d'un service se conçoit tout à fait en présence d'un titre permettant de jouir d'une prestation de service sur une longue période. Tel est le cas d'un abonnement. Son titulaire a la faculté d'en faire usage ou non. Ainsi, le titulaire d'un abonnement à un club de sport peut faire usage ou non des installations mises à sa disposition, peut ou non assister aux cours qui lui sont proposés. Il en est de même d'une personne qui dispose d'un abonnement de train, d'avion ou de taxi. L'usage facultatif d'un service peut donc se concevoir. Elle est néanmoins limitée aux prérogatives permettant une jouissance durable.

---

[466] CA Bastia, 6 mars 2013, n° 11/00211 : « Que le train de vie de Nicole Y... (voyages et séjours à Paris, pension du cheval de sa petite fille, deux abonnements internet, restaurant) démontre qu'elle n'est pas en situation financière difficile ».

[467] Cass. crim., 5 décembre 2001, n° 00-87.546.

164. ***Bilan*** - La titularité d'un droit réel ou d'un droit personnel offre à l'auteur du train de vie une faculté de jouissance d'une chose ou d'un service. Il n'est dès lors pas concevable de limiter le train de vie à l'activité économique effective. Les éléments du train de vie sur lesquels pèse une faculté de jouissance doivent être intégrés dans le train de vie. Une jouissance effective sera en revanche indispensable lorsque l'auteur du train de vie n'est pas titulaire d'une prérogative juridique portant sur l'un des éléments de son train de vie.

Paragraphe 2 - Une jouissance effective en l'absence d'une prérogative juridique de jouissance

165. ***Les hypothèses de jouissance en l'absence de prérogative juridique*** - La jouissance en l'absence d'une prérogative se limite à la jouissance des biens d'autrui. Cette situation se rencontre le plus fréquemment dans les couples au sein desquels l'un seul des deux membres dispose de prérogatives sur une chose. Du fait de la communauté de vie, l'autre peut jouir de cette chose sur laquelle il ne dispose d'aucun droit. Lorsque la prérogative est un droit de propriété, il est éventuellement possible de reconnaître un droit de jouissance en vertu d'un contrat de prêt tacite entre les membres du couple. En revanche, lorsque la prérogative n'est qu'un droit personnel sur une chose, aucune prérogative tacite ne peut être identifiée. Le preneur à bail d'un immeuble par exemple, est dans l'impossibilité de concéder un prêt à usage sur ce bien, au profit d'un tiers. Une simple permission de jouir ne confère en rien un titre juridique. Les liens personnels entretenus par les époux n'y changent rien. Pour autant, il est indéniable que les membres jouissent tous les deux du bien.

La jouissance sans prérogative peut également être envisagée dans des situations plus complexes. Tel est par exemple le cas d'un héritier qui jouirait privativement d'un bien de la succession sans en avoir été autorisé. Il en serait de même pour un simple possesseur en dehors des hypothèses où la possession serait susceptible de faire naître des droits.

166. ***Distinction entre l'absence de jouissance matérielle et l'absence de jouissance effective*** - Le fait de ne pas jouir ne doit pas être confondu avec le fait de ne pas jouir matériellement d'une chose. Dans le second cas, il est possible de compenser l'absence de jouissance matérielle de la chose, qui a pu être confiée à un tiers, par sa jouissance juridique. Tel est le cas par exemple dans le contrat de location. Le propriétaire permet au preneur à bail de jouir matériellement du bien loué. Il est même garant de la non-éviction de son locataire. Il jouit cependant de son bien de manière juridique, en percevant les loyers.

167. ***Exclusion de la jouissance facultative des biens d'autrui* -** En l'absence de toute prérogative de jouissance, la jouissance ne devrait être qu'effective. Son existence même semble y être conditionnée. Avant de confirmer cette impression, il convient d'écarter toute jouissance facultative sur les biens d'autrui en l'absence même de prérogative de jouissance. Il a été montré que la jouissance pouvait être facultative en présence d'une prérogative de jouissance. Cela conduit à se demander si les éléments du train de vie sur lesquels un seul des membres d'un couple dispose d'une prérogative de jouissance peuvent être rattachés au train de vie de l'autre en l'absence de leur jouissance effective. Un exemple concret permet de mieux appréhender cette question. Ainsi, peut-on rattacher au train de vie d'une épouse, les différentes résidences secondaires, appartenant en propre au mari, au sein desquelles les époux ne vont jamais ? Il a été montré plus avant que le rapport de propriété permettait d'inclure dans le train de vie de son propriétaire un bien qui n'était pas soumis à une jouissance effective[468]. La relation de couple, en cas de bonne entente, devrait permettre à l'épouse non propriétaire de jouir, quand elle le souhaite des résidences secondaires. Ainsi, elle aussi, alors même qu'elle n'est titulaire d'aucune prérogative de jouissance, aurait la faculté de jouir de ces biens. La prise en compte d'une simple faculté de jouissance semble aller très loin. Sa prise en considération a été justifiée par l'absence de distorsion entre le patrimoine et le train de vie.

Or, dans l'hypothèse qui vient d'être présentée, les résidences secondaires ne figurent pas dans le patrimoine de l'épouse. Dès lors, aucune distorsion n'existe entre son train de vie, limité aux éléments dont elle jouit effectivement, et son patrimoine.

Il en résulte donc qu'en l'absence de prérogative de jouissance, la jouissance doit être effective pour caractériser le train de vie.

❖

168. ***Conclusion du chapitre II* -** La substance du train de vie ne se réduit pas aux seuls éléments du train de vie. Ces derniers ont besoin d'être rattachés à l'auteur du train de vie. La jouissance, rapport juridique

---

[468] *Supra*, n° 153.

transversal, empreint de matérialité et de souplesse, s'est imposée comme le rapport caractéristique du train de vie.

La jouissance peut être définie comme l'utilisation matérielle ou juridique, partielle ou totale, d'une chose procurant un profit personnel[469]. Elle est un rapport assez spécifique. Il peut s'agir en effet d'un pouvoir de droit ou de fait[470].

La jouissance est un rapport autonome et indépendamment de toute autre prérogative. Pourtant, leur association a des incidences indirectes en matière de train de vie. Lorsque l'auteur du train de vie est titulaire d'une prérogative lui conférant un droit de jouissance, cette dernière n'aura pas besoin d'être effective pour participer au train de vie. En revanche, un élément du train de vie ne pourra recevoir cette qualification si l'auteur du train de vie, n'étant titulaire d'aucune prérogative juridique, n'exerce pas une jouissance effective à son égard. La prise en compte d'une simple faculté de jouissance, associée à une prérogative juridique, a pour effet de ne pas lier le train de vie à l'activité économique effective de son auteur. Un tel lien aurait pour conséquence de créer une distorsion entre le patrimoine et le train de vie.

---

[469] *Supra*, n° 113 et s.

[470] *Supra*, n° 123 et s.

CONCLUSION DU TITRE I

169. La notion de train de vie, malgré son utilisation fréquente dans la sphère juridique, n'avait jamais été définie. La présente étude a permis de mettre en évidence deux composantes : un élément matériel d'une part, et un élément personnel d'autre part. Le premier accueille en son sein tous les biens et services, quelle que soit leur valeur. La qualification d'éléments du train de vie n'est qu'une qualification de superposition, attribuée *a posteriori* et à la seule fin de caractériser le train de vie d'une personne.

Le rapport de jouissance, seconde composante du train de vie, qui n'attire pas l'attention de prime abord, se révèle pourtant être aussi indispensable que la première. L'une comme l'autre sont interdépendantes. La jouissance sans support n'a pas d'existence et les éléments du train de vie, s'ils ne sont rattachés à personne, ne peuvent recevoir cette qualification.

Défini comme la jouissance d'une certaine quantité de biens et de services, le train de vie s'analyse alors comme un niveau de vie.

Toutefois, cette première approche ne permet pas d'appréhender pleinement la notion de train de vie. Celle-ci présente une autre dimension. Elle est également une habitude de vie. Cette seconde approche, faisant de l'habitude le critère juridique de la notion, lui confère sa légitimité juridique.

Titre II - Une habitude de vie

170. ***L'exigence d'un critère juridique*** - Le train de vie est incontestablement une notion juridique à laquelle sont attachés des effets juridiques. À ce stade de l'étude elle a pourtant été définie comme la jouissance d'une certaine quantité de biens et de services. Or une telle définition renvoie davantage à une situation de pur fait qu'à une situation de droit. La jouissance est un rapport factuel, qui peut certes se superposer à une situation juridique, mais qui en elle-même ne produit aucun effet de droit. Pour accéder à la vie juridique et devenir un véritable concept juridique le train de vie doit donc se doter d'un critère supplémentaire.

L'exigence d'un critère juridique ne remet pas en cause tout ce qui a été démontré jusqu'à présent. La substance du train de vie ne sera pas modifiée par cet ajout. Elle sera simplement complétée. Le train de vie demeurera une situation reposant sur des faits de jouissance d'une certaine quantité de biens et de services.

171. ***Du fait au droit*** - Parfois « la règle de droit accueille sur la scène juridique de simples situations de fait pour les consacrer en droit[471] ». Ce passage du fait au droit peut être voulu ou subi. Il peut en effet résulter d'un choix de politique législative ou s'imposer comme une nécessité[472]. Le droit, fondé sur des réalités sociales ne peut pas ignorer certaines situations de fait. Tel est le cas notamment de celles qui se sont installées dans la durée. Le droit n'a alors d'autre choix que de les consacrer. La possession d'état d'enfant[473] ou la possession immobilière[474] en sont des exemples assez significatifs.

172. ***L'identification du critère*** - Le train de vie n'est pas une situation économique passagère. Bien au contraire, il caractérise un comportement à la fois durable et répété. Une dépense isolée ou un comportement économique éphémère ne sauraient raisonnablement être qualifiés de train de vie. La notion d'habitude, qui est inhérente au train de vie et qui se présente

---

471 Bergel (J.-L.), *Théorie générale du droit*, 5e éd., Dalloz, Méthode du droit, 2012, n° 269.

472 Malaurie (Ph.) et Aynès (L.), *Les biens*, 6e éd., LGDJ, coll. Droit civil, 2015, n° 481 : « Le droit s'incline devant le fait lorsque celui-ci est significatif » (à propos de la possession).

473 *C. civ.*, art. 311-1 et s. et notamment l'art. 311-2 qui dispose que « la possession d'état doit être continue ».

474 *C. civ.*, art. 2255 et s. et notamment l'art. 2261 qui dispose que « pour pouvoir prescrire, il faut une possession continue ».

comme un lien de « raccordement du fait au droit[475] », pourrait être le critère recherché.

L'habitude, est une notion qui est présente dans de nombreuses branches du droit. Elle se caractérise par un double phénomène de durée et de répétition. Ces deux composantes, prises dans leur individualité, ont chacune une vertu juridicisante. De la même manière que le droit est attiré par des situations installées dans le temps, il l'est également par celles qui se répètent. Dès lors, la répétition, tout comme la durée, permettent de passer du fait au droit.

Ce critère, appliqué au train de vie, impliquerait que la jouissance soit nécessairement habituelle pour produire des effets juridiques. L'habitude, inhérente au train de vie, en deviendrait alors le critère juridique. À ce double titre le train de vie révèle son second visage, il se manifeste comme une habitude de vie.

173. ***Plan*** **-** Après avoir identifié les éléments constitutifs de l'habitude au sein du train de vie (Chapitre I), il conviendra d'étudier son rôle (Chapitre II).

Chapitre I - Les éléments constitutifs de l'habitude dans le train de vie

Chapitre II - Le rôle de l'habitude dans le train de vie

[475] Endréo (G.), « L'habitude », *D.* 1981, chron., p. 313, spéc. p. 314.

Chapitre I - Les éléments constitutifs de l'habitude dans le train de vie

174. ***Définition de l'habitude*** - L'habitude n'est pas une notion qui est ignorée du droit. Elle est présente dans plusieurs de ses branches. En droit commercial[476], elle est un des critères de la notion de commerçant[477]. En droit pénal[478] elle peut être un élément constitutif d'une infraction[479]. En droit social, elle est inhérente à la notion d'usage d'entreprise[480]. En droit de la famille, on la retrouve dans les pratiques familiales [481]. En droit international, elle permet de privilégier la résidence habituelle au domicile[482].

Malgré cette forte présence dans l'ensemble des branches du droit, l'habitude est assez peu définie. Il suffit d'ouvrir un lexique des termes juridiques pour s'en rendre compte. Seul l'adjectif « habituel » est défini dans le *Vocabulaire juridique*[483]. Il s'agit de ce « qui correspond à une

---

[476] Pollaud-Dulian (F.), « L'habitude en droit des affaires », *Droit et vie des affaires, Études à la mémoire d'Alain Sayag*, Litec, 1997, p. 349 et s.

[477] *C .com.*, art. L. 121-1 : « Sont commerçants ceux qui exercent des actes de commerce et en font leur profession habituelle ».

[478] Claverie-Rousset (Ch.), *L'habitude en droit pénal*, préf. V. Malabat, LGDJ, coll. Bib. sc. criminelles, T. 57, 2014.

[479] Le terme « réitération » serait sans doute plus adapté que celui d' « habitude ». Sur la distinction entre habitude et réitération, voir *infra* n° 175. La jurisprudence exige simplement qu'un acte soit réalisé à au moins deux reprises pour mettre en œuvre une infraction d'habitude. La durée est étrangère à l'habitude en droit pénal.

[480] *C. travail*, art. L.1221-1 ; Association Henri Capitant, sous la dir. de Cornu (G.), 11e éd., PUF, Quadrige, 2016, V° *Usages de l'entreprise* : « Pratique courante de l'employeur à l'égard de son personnel s'incorporant au contrat lors de l'embauchage Les usages dotés de généralité, de fixité et de constance se transforment en coutume impérative s'imposant aux parties au contrat de travail ». Voir aussi, *ibid.,* V° *Usages de la profession* : « Habitudes, pratiques suivies de longue date entre employeurs et salariés d'une même localité ou d'une même branche professionnelle » et *ibid.*, V° *Usages locaux* : « Habitudes, pratiques suivies de longue date, notamment entre employeurs et salariés d'une même localité ou d'une même région ».

[481] *C. civ.,* art. 376-1 ; *CPC*, art. 1117.

[482] Voir par exemple, Convention de La Haye du 14 mars 1978, art. 3. Ce même phénomène se retrouve en procédure civile. Le tribunal compétent est en principe celui du siège social d'une personne morale (*CPC*, art. 43). Il peut être dérogé à cette règle si le siège social n'est pas le centre décisionnel habituel.

[483] Cette absence est justifiée par le fait que ce n'est pas tant l'habitude en elle-même qui est intéressante mais le comportement support de l'habitude, qui est qualifié d'habituel.

habitude, à une pratique courante, à une activité répétitive[484] ». Cette définition n'est pas différente de celle donnée par les dictionnaires de la langue française[485]. Les vertus juridiques de l'habitude ne lui confèrent pas une signification spécifique à la matière juridique. Le juriste qui cherche à identifier avec précision les éléments constitutifs des notions qu'il utilise sera rassuré en affirmant que l'habitude « se caractérise par deux éléments : la durée et la répétition[486] ».

L'habitude peut être individuelle ou collective. Lorsqu'elle est collective, elle se rapproche de la coutume sans néanmoins y être assimilée. Le Doyen Carbonnier disait de la coutume qu'elle « est du droit qui s'est constitué par l'habitude[487] ». Alors même qu'elles sont toutes les deux caractérisées par la durée et la répétition, elles sont bien distinctes. La coutume « est une règle collective qu'un milieu social impose à ses membres (alors que) l'habitude désigne une attitude individuelle et unilatérale dépourvue de caractère obligatoire[488] ».

175. ***Une notion unitaire*** - La notion d'habitude est présente dans de nombreuses branches du droit où elle a fait l'objet de différentes études[489]. Quelques unes d'entre elles ont fait ressortir des spécificités propres à certaines branches du droit pouvant conduire à douter de l'unité de cette notion.

Le Professeur Pollaud-Dulian, qui s'est livré à une analyse de l'habitude en droit des affaires, estime que « pour que l'on puisse parler d'habitude, il faut un comportement durable et une répétition d'actes, mais aussi une volonté[490] ». Selon lui, cette notion se caractérise donc par la réunion d'un élément matériel et d'un élément intentionnel. Ailleurs, notamment en droit pénal, l'habitude est caractérisée par un phénomène de réitération[491]. Ainsi,

---

484 Association Henri Capitant, *op. cit.*, V° *Habitude.*

485 *Le Grand Robert*, V° *Habituel* : « Qui tient de l'habitude par sa régularité, sa constance ».

486 Virassamy (G.), « Regard sur le phénomène de la réitération en droit privé français », *D.* 1989, chron. p. 279, spéc. n° 2 ; Dans le même sens, voir Malaurie (Ph.) et Morvan (P.), *Introduction au droit*, 5e éd., LGDJ, coll. Droit civil, 2014, n° 321.

487 Carbonnier (J.), *Droit civil, Vol. 1, Introduction, Les personnes, la famille, l'enfant, le couple*, PUF, Quadrige, 2004, p. 16.

488 Malaurie (Ph.) et Morvan (P.), *op. cit., loc. cit.*

489 Endréo (G.), *op. cit., loc. cit.* ; Perreau (E.-H.), « Du rôle de l'habitude dans la formation du droit privé », *RTD civ.* 1911, p. 229 ; Pollaud-Dulian (F.), *op. cit.*, p. 349.

490 Pollaud-Dulian (F.), *op. cit.*, spéc. p. 350.

491 Claverie-Rousset (Ch.), *th. préc.*, n° 8.

en cette matière, ni un phénomène de durée ni un élément intentionnel ne sont exigés.

Ces approches très spécifiques ne doivent pas conduire à remettre en cause l'unité de la notion d'habitude. En droit des affaires l'ajout d'un élément intentionnel ne fait pas disparaître la durée et la répétition. En matière pénale, l'emploi du terme habitude est sans doute une erreur de vocable, qui a déjà pu être dénoncée[492].

176. ***Les manifestations d'une jouissance habituelle*** **-** L'habitude ne se manifeste jamais en elle-même. Elle a systématiquement besoin d'un support. L'habitude permet de qualifier une situation. En matière de train de vie, elle qualifie un comportement économique, identifié comme rapport de jouissance. C'est donc à travers la jouissance que se manifeste l'habitude.

La jouissance est elle aussi une notion qui n'est pas autonome. En effet, il n'existe aucune jouissance abstraite. Celle-ci porte toujours sur quelque chose. C'est donc à travers le support de la jouissance que se manifeste l'habitude dans le train de vie.

177. ***Plan*** **-** La durée (Section I) et la répétition (Section II), composantes de la notion d'habitude seront analysées successivement.

Section I - La durée

178. L'étude de la notion de durée (Paragraphe 1), précèdera celle de ses manifestations dans le train de vie (Paragraphe 2).

Paragraphe 1 - La notion de durée

179. ***Chronologie et chronométrie*** **-** « La notion de temps peut être abordée par rapport à la chronométrie ou par rapport à la chronologie. Dans sa chronométrie, il représente une "durée"; dans la chronologie, il correspond

[492] Endréo (G.), *op. cit.*, spéc. p. 317 et 318.

à une succession de points repérables par référence à leur antériorité et leur postériorité respectives, si bien qu'il permet de saisir "les instants"[493] ».

180. ***Définition de la durée*** - Le temps chronométrique peut recevoir plusieurs définitions, empreintes notamment de philosophie[494]. Pour cette étude, une définition neutre sera privilégiée. Ainsi, la durée peut être définie comme un « espace de temps qui s'écoule par rapport à un phénomène, entre deux limites observées (début et fin)[495] ».

Identifier une durée suppose au préalable d'avoir identifié un point de départ et un point d'arrivée. Quand une situation s'est achevée, ces deux extrémités temporelles sont assez aisément identifiables. Il n'en est pas de même pour une situation qui est toujours en cours. Sa durée peut tout de même être caractérisée. Le point d'arrivée sera dans ce cas, non pas le jour de fin de cette situation, mais le jour de l'observation de la situation. Ainsi, une situation déjà empreinte de durée, pourra continuer à s'installer dans le temps. Il s'agira dans ce cas d'une question de degré et non de nature.

181. ***Mesure qualitative ou quantitative de la durée*** - La durée peut être mesurée de deux manières. La première est d'ordre quantitatif[496]. Elle nécessite un chiffre et une unité de mesure qui peuvent être la seconde, la minute, l'heure, le jour, la semaine, le mois ou l'année. La seconde est d'ordre qualitatif[497]. L'unité de mesure n'est alors ni chiffrée, ni prédéterminée. La durée est mesurée par rapport à un standard[498], à un contexte ou à une situation extérieure. Par exemple, lorsqu'un contrat de travail est à durée déterminée, cette durée est mesurée par rapport à la cause de l'absence du salarié remplacé[499].

---

[493] Bergel (J.-L.), *Théorie générale du droit*, 5e éd., Dalloz, coll. Méthodes du droit, 2012, n° 115. Dans le même sens, voir Cresp (M.), *Le temps juridique en droit privé, Essai d'une théorie générale*, préf. Jean Hauser, PUAM, 2013, n° 4 : « Il existe donc deux types de temps juridiques : le temps chronologique qui correspond à l'organisation du temps juridique et le temps juridique chronométrique qui correspond à la durée du temps juridique ».

[494] Voir Cresp (M.), *th. préc.*, n° 43 et s.

[495] *Le Petit Robert de la langue française*, V° « *Durée* ».

[496] Voir Cresp (M.), *th. préc.*, n° 172 et s.

[497] *Ibid.*, n° 176 et s.

[498] Normale, raisonnable, prévisible, utile, brève, suffisante, fautive, abusive, excessive.

[499] *C. travail*, art. L.1242-7 alinéa 1er : « Le contrat de travail à durée déterminée comporte un terme fixé avec précision dès sa conclusion », mais dans son alinéa 2 « Toutefois, le contrat peut ne pas comporter de terme précis lorsqu'il est conclu dans l'un des cas suivants : 1° Remplacement d'un salarié absent ; 2° Remplacement d'un salarié dont le contrat de travail est suspendu ; 3° Dans l'attente de l'entrée en service effective d'un salarié recruté par contrat à

La notion de durée ayant été cernée, il convient désormais d'envisager ses manifestations dans le train de vie.

Paragraphe 2 - Les manifestations de la durée dans le train de vie

182. Les manifestations de la durée sont de deux ordres. Il s'agit d'une part d'unités de mesure et d'autre part d'éléments permettant de délimiter l'étendue de la période mesurée. L'une comme l'autre sont clairement mentionnées dans des textes ayant trait au train de vie. Ces marqueurs de durée ne peuvent cependant pas être exploités car ils ne se rapportent pas à la substance du train de vie. Ils fixent une durée maximale au cours de laquelle les éléments du train de vie peuvent être pris en considération dans certaines procédures de contrôle (A). Afin de caractériser l'habitude au sein du train de vie, il est nécessaire d'identifier des éléments qui impliquent l'exigence d'une durée minimale (B).

A - La durée contenue dans les textes, une durée maximale

183. ***Le référencement de certaines durées*** - Certains textes contiennent des informations sur la manière dont il convient d'apprécier le train de vie d'un point de vue temporel. Ainsi, en matière fiscale sont pris en compte les éléments du train de vie « dont ont disposé, pendant l'année de l'imposition, les membres du foyer fiscal [500] ». En matière sociale, les éléments pris en considérations sont ceux « dont le foyer a disposé au cours de la période correspondant à la déclaration de ses ressources[501] ». Cette durée, déterminée à l'avance, reste néanmoins variable dans la mesure où chaque prestation sociale répond à des conditions spécifiques. Par exemple, pour une demande de revenu de solidarité actif, les ressources prises en compte « sont égales à la moyenne mensuelle des ressources perçues au

---

durée indéterminée ; 4° Emplois à caractère saisonnier ou pour lesquels, dans certains secteurs d'activité définis par décret ou par voie de convention ou d'accord collectif étendu, il est d'usage constant de ne pas recourir au contrat de travail à durée indéterminée en raison de la nature de l'activité exercée et du caractère par nature temporaire de ces emplois ; 5° Remplacement de l'une des personnes mentionnées aux 4° et 5° de l'article L.1242-2. Le contrat de travail à durée déterminée est alors conclu pour une durée minimale. Il a pour terme la fin de l'absence de la personne remplacée ou la réalisation de l'objet pour lequel il a été conclu ».

[500] *CGI*, art. 168 et 1649 quater-0 B ter.

[501] *CASF*, art. L.262-41 ; *CSS*, art. L.861-1-2 et L.553-5.

cours des trois mois précédant la demande[502] ». Pour d'autres, notamment les prestations familiales, il s'agit de « celles qui ont été effectivement perçues au cours de la période des douze mois civils précédant la demande[503] ».

184. ***Des durées extérieures à la notion de train de vie*** **-** Dans toutes les hypothèses qui viennent d'être présentées, les durées ne participent en rien à la substance du train de vie. Il ne s'agit pas d'exiger qu'une personne ait joui d'un bien pendant une certaine période. Il s'agit de montrer qu'une personne a joui d'un bien au cours d'une période. Ces durées sont des conditions de mise en œuvre d'un régime d'imposition spécifique ou des conditions d'attribution d'une prestation sociale. Elles constituent une période de référence prédéterminée au cours de laquelle peuvent être référencés les éléments du train de vie. Il s'agit donc d'une durée maximale et non pas d'une durée minimale. Ces manifestations expresses de durée ne présentent pas d'utilité pour cerner la substance du train de vie.

B - La durée dans les faits, une durée minimale

185. ***Le quantum des durées minimales*** **-** De nombreuses situations de fait produisent des effets de droit une fois expiré l'écoulement d'une certaine durée qui peut être prédéterminée par la loi. Ainsi, en droit des biens, la possession immobilière ne permet d'acquérir la propriété qu'après l'écoulement d'un délai de trente ans ou de dix ans si l'acquisition à *non domino* a été faite de bonne foi et par un juste titre[504]. Dans d'autres domaines, une durée peut être exigée sans pour autant être préfixée. Tel est le cas en matière de possession d'état où le terme « continue » implique une certaine durée[505]. Pour un auteur, ce terme renvoie à « des événements réguliers et habituels[506] ».

Le train de vie appartient à la seconde catégorie. Il implique une durée minimale mais celle-ci n'est jamais définie quantitativement en termes de jours, de semaines, de mois ou d'années. Cela n'est pas critiquable, bien au contraire. Il s'agit d'une notion variable qui ne peut pas être prédéterminée quantitativement. Une telle prévision ne paraît indispensable qu'en matière de prescription et notamment de prescription extinctive. Pour autant, la

---

[502] *CASF*, art. R.262-7.

[503] *CSS*, art. R.861-8.

[504] *C. civ.*, art. 2272.

[505] *C. civ.*, art. 311-2.

[506] Granet-Lambrechts (F.), *Rép. Civ. Dalloz*, mai 2004, V° *Possession d'état*, spéc. n° 23.

caractérisation de l'habitude n'est pas totalement libre. Celle-ci dépend d'éléments objectifs[507].

186. ***Une appréciation factuelle*** **-** La durée, qu'elle soit préfixée ou non, est toujours caractérisée de la même manière. Elle réside dans une appréciation à la fois rétrospective et factuelle. En matière de train de vie, il convient donc de relever des faits relatifs à la jouissance qui se sont déroulés au cours d'une période déterminée.

La durée ne s'apprécie pas nécessairement au niveau d'un seul fait. Une pluralité de faits sert le plus souvent à la caractériser. Ces différents faits servent alors à délimiter la période de temps au cours de laquelle la durée est caractérisée. Le repère le plus récent ne se situe pas nécessairement dans le présent. La durée ne se confondant pas avec la perpétuité, une situation peut durer pendant un certain temps, avant d'évoluer. Il faut simplement veiller à caractériser l'habitude au jour où elle doit produire ses effets. La dernière de ses manifestations constitue alors le terme de la période au cours de laquelle doit être caractérisée la durée.

La durée est une composante nécessaire, mais pas suffisante à elle seule, pour constituer une habitude. Elle doit être accompagnée d'une seconde composante qui réside dans un phénomène de répétition.

Section II - La répétition

187. L'étude de la notion même de répétition (Paragraphe 1), précèdera celle de ses manifestations dans le train de vie (Paragraphe 2).

Paragraphe 1 - La notion de répétition

188. ***Le terme « train »*** **-** La simple répétition d'un fait ou d'un comportement, fut-elle prise en compte par le droit, n'est pas nécessairement une habitude. Cette notion se caractérisant en effet par la réunion de deux éléments, la répétition et la durée. La répétition est donc indispensable à la caractérisation du train de vie.

---

507 Cresp (M.), *th. préc.*, n° 170 et s.

Le terme « train » suggère en lui-même la répétition. Il se définit comme une « suite, un ensemble de choses, d'animaux ou de personnes[508] ».

189. ***Habitude, répétition et réitération*** **-** Notions voisines, la réitération[509] et l'habitude produisent toutes les deux des effets juridiques comparables[510]. Elles sont néanmoins des notions distinctes[511]. Un auteur s'est intéressé au « phénomène de réitération en droit privé français »[512]. Son étude permet d'éclaircir les distinctions entre ces deux notions. L'habitude, pour être caractérisée nécessite la réunion de deux éléments : la durée et la répétition[513]. Ainsi, le phénomène de répétition n'est pas suffisant à lui seul pour faire naître une habitude. « L'habitude suppose nécessairement un certain temps, généralement d'une durée appréciable, pour que s'installe le phénomène répétitif et l'enchaînement qu'il entraîne[514] ». Ainsi, parce qu'elle se compose de deux éléments, l'habitude se distingue de la réitération et leur distinction semble aisée. En revanche, il est plus délicat de distinguer la répétition, composante de l'habitude, de la réitération.

Les définitions de ces deux termes sont très proches[515]. On pourrait être tenté de dire que réitération et répétition sont des synonymes. Par conséquent, la réitération serait une des deux composantes de l'habitude. Cependant, dans la matière étudiée cette conclusion est peut-être un peu hâtive. La répétition, composante de l'habitude, et la réitération présentent « une différence qui se situe sur le plan quantitatif[516] ». Ainsi en droit, la réitération peut « se contenter pour exister de deux ou trois faits, actes ou manifestations de comportement[517] ». En matière d'habitude, parce qu'elle

---

[508] *Le Petit Robert de la langue française*, V° « *Train* ».

[509] Virassamy (G.), « Regard sur le phénomène de la réitération en droit privé français », *D.* 1989, chron. p. 279 ; Praud (J.-L.), *La réitération en droit privé*, th. Nantes, 2014.

[510] Virassamy (G.), *op. cit.*, spéc. n° 18 et s. : La réitération à elle seule est déjà un « instrument de qualification, de requalification d'un acte d'un comportement ou d'une activité ».

[511] *Ibid.*, spéc. n° 3 : La réitération « a ainsi accédé à une vie juridique autonome, détachée de l'habitude qui lui servait jusqu'alors de moyen d'expression dans le monde juridique ».

[512] *Ibid.*

[513] *Ibid.*, spéc. n° 2.

[514] *Ibid.*

[515] *Le Petit Robert de la langue française*, V° *Réitération* : « Action de réitérer, le fait d'être réitéré. Redoublement, répétition » ; V° *Réitérer* : « Faire de nouveau, faire plusieurs fois (une action). Recommencer, refaire, renouveler, répéter » ; V° *Répétition* : « Fait de recommencer (une action, un processus). Recommencement, réitération ».

[516] Virassamy (G.), *op. cit.*, spéc. n° 3.

[517] *Ibid.*

n'est pas dissociable de la durée, la répétition ne se limite pas à deux ou trois occurrences. Alors même que le sens de ces deux termes est très proche, la répétition doit donc être retenue car elle induit un phénomène répétitif plus marquée que la simple réitération.

La notion de répétition ayant été définie, il convient désormais d'envisager ses manifestations dans le train de vie.

Paragraphe 2 - Les manifestations de la répétition dans le train de vie

190. La répétition ne se manifeste pas de la même manière lorsqu'elle porte sur des éléments du train de vie présentant un caractère pérenne (A) ou consomptibles au premier usage (B).

A - La répétition portant sur des éléments pérennes du train de vie

191. ***Une pérennité relative*** **-** Dans une société de consommation où l'obsolescence des biens est programmée[518], il est de moins en moins fréquent d'acheter un bien qui sera conservé pendant de nombreuses années. Les immeubles échappent tout de même à ce constat. Toutefois, la pérennité dont il est présentement traité ne doit pas être appréciée trop strictement. Dès lors qu'une chose peut être utilisée à plusieurs reprises, elle peut être qualifiée de chose pérenne. Ainsi, les biens de consommation, qui constituent une catégorie intermédiaire entre les choses consomptibles au premier usage et les choses non consomptibles, entrent dans cette catégorie des choses pérennes.

192. ***La réalisation d'actes de jouissance*** **-** La pérennité d'un élément du train de vie permet à son auteur de réaliser plusieurs actes de jouissance à son égard. Il importe peu que ces actes soient d'une même nature dans la mesure où il existe une unité qui est déjà caractérisée au niveau du support. Il en résulte que les manifestations de la répétition peuvent être diverses.

[518] La loi n° 2015-992 du 17 août 2015 a créé le délit d'obsolescence programmée (*C. conso.*, art. L.441-2 et L.454-6).

Pour un immeuble, par exemple, celles-ci peuvent être caractérisées par tous les faits relatifs à l'habitation ainsi que par ceux relatifs à la location. Ainsi, le fait de résider chaque soir à un endroit ou de percevoir mensuellement des loyers sont des manifestations de la répétition à l'égard d'un même bien.

193. ***L'existence du bien* -** Les actes de jouissance ne constituent pas la seule manifestation de la répétition. Tout élément du train du train de vie ayant pour caractéristique d'être une chose corporelle non consomptible en est une autre. Alors même qu'aucun acte de jouissance ne serait identifié, la simple existence d'une chose, à laquelle est associée une personne permet de caractériser la répétition. Le caractère pérenne du bien fait présumer la réalisation d'actes de jouissance à son égard. Ainsi, le fait d'associer un véhicule automobile à une personne, peu importe qu'elle en soit propriétaire, locataire ou qu'elle l'utilise à titre gratuit, permet de présumer un usage régulier. Le caractère pérenne d'un bien est donc aussi une manifestation de la répétition.

Les actes de jouissance, tout comme les choses objet de la jouissance, sont des manifestations de la répétition en présence de choses non consomptibles. En leur absence seuls les actes de jouissance rempliront ce rôle.

B - La répétition portant sur des éléments consomptibles du train de vie

194. ***Définition* -** Une chose consomptible est celle « dont on ne peut faire usage sans la détruire ou l'aliéner[519] ». Cette qualification s'applique en principe aux choses corporelles. Pourtant, la monnaie qui n'est pas nécessairement matérialisée est classiquement considérée comme une chose consomptible. Inversement, lorsqu'elle est matérialisée dans un billet ou dans une pièce, son utilisation n'entraine pas la disparition de la chose qui constitue son support. Ce n'est donc pas tant dans la chose elle-même que dans l'opération que réside la consomptibilité[520].

---

[519] Association Henri Capitant, sous la dir. de Cornu (G.), *Vocabulaire juridique*, 11e éd., PUF, Quadrige, 2016, V° *Chose consomptible* ;Humbert (H.), *Essai sur la fongibilité et la consomptibilité des meubles*, thèse Paris, 1940 ; Bonfils (P.), « La consomptibilité », *RRJ*, 2003, p. 181.

[520] Libchaber (R.), *Rép. Civ. Dalloz*, 2009, V° *Biens*, n° 37.

Cette dissociation entre la chose et la consomptibilité permet d'étendre la consomptibilité aux prestations de services. Ainsi, lorsque qu'une personne prend un moyen de transport pour se rendre à un endroit, consomme de la nourriture dans un restaurant, elle bénéficie d'une prestation qui est totalement consommée en même temps qu'elle est réalisée. Il en résulte qu'il n'est possible d'user ou plus exactement de jouir d'une prestation de service qu'une seule fois. Toute répétition devrait donc être écartée à leur égard.

195. ***La jouissance successive de plusieurs choses de même nature*** - Consomptibilité et répétition ne sont pourtant pas totalement antinomiques. Les modalités de la répétition ne peuvent toutefois pas être les mêmes que sur les choses pérennes. La répétition ne pourra être caractérisée qu'à l'égard d'une pluralité d'éléments du train de vie. Un parallèle peut être fait avec le régime du quasi-usufruit[521]. L'usufruitier peut faire usage de la chose objet de son droit mais doit la restituer à terme. Or l'usage entraînant la disparition de la chose, il est impossible pour l'usufruitier d'en assurer la restitution au nu-propriétaire. Il n'est pas pour autant libéré de son obligation. Il doit restituer une chose équivalente. L'équivalence s'apprécie tant au regard de la quantité que de la qualité. Ce raisonnement peut être transposé au train de vie. Ainsi, la prise en considération d'une chose équivalente permet de caractériser la répétition, ce qui est confirmé par la jurisprudence. En effet, quand les juges veulent caractériser un élément du train de vie consomptible au premier usage, ils prennent le soin de relever une pluralité d'éléments de même nature[522].

196. ***Les indices pérennes de la jouissance : des dépenses*** - Caractériser le train de vie d'une personne consiste concrètement à prouver qu'elle jouit habituellement d'un ensemble de biens et de services. En d'autres termes, il s'agit principalement de recenser un certain nombre d'éléments du train de vie. Lorsque ces éléments sont consomptibles il est très difficile de les appréhender. Leur preuve, qui doit reposer sur des éléments matériels et objectifs, s'en retrouve affectée. L'absence ou la disparition du support de la jouissance sont palliés par d'autres manifestations. Bien souvent cette jouissance n'est pas réalisée à titre gratuit. Dès lors, elle est corroborée par des dépenses qui se manifestent par des

[521] *C. civ.*, art. 587.

[522] CA Douai, 14 avril 2011, n° 10/02055 : « Mais attendu qu'il a été ci-dessus relevé qu'il effectue régulièrement des voyages fort lointains aux États-Unis ou en Guinée dont il ne justifie pas précisément des raisons ».

écritures bancaires. Il suffit alors d'étudier les relevés bancaires d'une personne pour avoir des informations sur son train de vie.

❖

197. ***Conclusion du chapitre 1er*** **-** L'habitude se compose de deux éléments, la durée et la répétition. Au sein du train de vie, ces deux composantes se manifestent d'une manière assez similaire. Toutes deux s'apprécient rétrospectivement. Elles s'illustrent par des faits traduisant un rapport de jouissance sur des éléments du train de vie.

Aucune durée minimale n'est exigée par les textes. Il suffit simplement de relever des faits de même nature, à des intervalles de temps différents, pour la caractériser.

La répétition quant à elle est plus délicate à caractériser car ses manifestations ne sont pas homogènes. Elles dépendent de la nature de l'élément du train de vie constituant le support de la jouissance. Lorsque la jouissance porte sur des éléments pérennes, elle se manifeste à la fois par une pluralité d'actes de nature différente ainsi que par l'élément du train de vie lui-même. Lorsqu'elle porte sur un bien consomptible au premier usage, elle se manifeste uniquement par des faits de jouissance tout en laissant davantage de traces au niveau de la dépense qu'elle a impliquée.

La caractérisation de l'habitude, qui imposait à la fois de définir cette notion et d'en relever les manifestations n'était qu'une étape préalable. Au terme de ce premier chapitre, il est acquis que l'habitude est intrinsèque au train de vie. Il convient d'étudier à présent son rôle, qui permettra d'affirmer qu'elle est un critère indispensable à la juridicité de la notion.

Chapitre II - Le rôle de l'habitude dans le train de vie[523]

198. ***Le caractère juridique de l'habitude*** - Dans un article intitulé *L'habitude*[524] un auteur s'est interrogé sur le caractère juridique de cette notion. Ses premières remarques, semblent exclure cette notion de la sphère juridique. Ainsi peut-on lire, « l'habitude est avant tout un phénomène psychologique qui, certes, n'est pas sans influence sur les rapports sociaux, mais qui a priori est dépourvu de caractère juridique[525] ». Quelques lignes plus loin il ajoute : « que le droit s'intéresse aux habitudes, la constatation n'est qu'assez banale : le droit ne peut organiser une société sans tenir compte des habitudes des individus qui la composent. Mais que le droit aille jusqu'à conférer la sanction étatique aux habitudes, l'affirmation semble a priori téméraire[526] ». Ces doutes seront assez rapidement dissipés. Cette étude démontre en effet et sans la moindre ambigüité, que l'habitude est une notion juridique à laquelle sont attachés des effets juridiques.

199. ***Les effets juridiques de l'habitude*** - Les effets juridiques de l'habitude sont le plus souvent mis en lumière à propos de l'habitude collective[527]. Les maximes traditionnelles[528] et plus encore la coutume[529] en

---

[523] Il faut distinguer le rôle de l'habitude dans la notion de train de vie et les effets juridiques attachés au caractère habituel du train de vie. L'habitude, en tant que composante du train de vie, permet à la notion de train de vie de passer du fait au droit. Elle est son critère de juridicité. Ce point sera développé dans les développements qui suivront. En revanche, les effets juridiques attachés au caractère habituel du train de vie, ne seront étudiés que dans le dernier chapitre de cette thèse.

[524] Endréo (G.), « L'habitude », *D.* 1981, chron., p. 313.

[525] *Ibid.*, n° 1.

[526] *Ibid.*, n° 2.

[527] Claverie-Rousset (Ch.), *L'habitude en droit pénal*, préf. Valérie Malabat, LGDJ, coll. Bib. sc. criminelles, T. 57, 2014, n° 6 ; Perreau (E.-H.), « Du rôle de l'habitude dans la formation du droit privé », *RTD civ.* 1911, p. 229. Dans cette étude 5 pages sur 90 sont consacrées à l'étude des habitudes individuelles. Les autres traitent des habitudes collectives.

[528] Perreau (E.-H.), « Du rôle de l'habitude dans la formation du droit privé », *RTD civ.* 1911, p. 229, spéc. p. 237 et s.

[529] Pour une étude de la coutume en général : Acquarone (D.), *La coutume, Réflexions sur les aspects classiques et les manifestations contemporaines d'une source du droit*, Th. Nice, 1987 ; Deumier (P.), *Le droit spontané*, Économica, 2002 ; Gény (F.), *Méthode d'interprétation et sources en droit privé positif*, LGDJ, 2e éd., 1919 ; Haggenmacher (P.), Coutume, *Arch. phil. droit.* 1990, p. 27 ; Lebrun (A.), *La coutume, ses sources, son autorité en droit privé*, Th. Caen, 1932 ; Oppetit (B.), « Sur la coutume en droit privé », *Droits* 1986, p. 39 ; Ripert (G.),

sont des exemples reconnus. Cette dernière composée d'un élément matériel, une pratique constante et d'un élément psychologique, la croyance ou le sentiment d'une force obligatoire, est en lien direct avec l'habitude. Selon le Doyen Carbonnier, elle « se laisse analyser comme une multiplication des habitudes, et sa force juridique comme une projection de ce que le langage courant appelle significativement la force de l'habitude[530] ».

Les habitudes individuelles peuvent également produire des effets juridiques quand bien même elles ont été qualifiées d' « infra juridiques[531] », car appartenant à la sphère privée. Ainsi « comme expression de la volonté, les habitudes individuelles servent à la formation et à l'interprétation des contrat, et plus généralement de tous les actes juridiques[532] ». Elles permettent de connaître la volonté des contractants en interrogeant « le passé pour connaître le présent[533] ».

En droit des affaires, l'habitude est également très présente. Elle est au cœur de la notion de relation d'affaire ou de commerçant[534]. Elle « peut être source d'obligations pour celui qui la pratique pu de droits pour celui qui en bénéficie[535] ».

L'habitude se retrouve également en droit pénal où elle permet de qualifier certaines infractions[536]. L'infraction d'habitude est celle qui « suppose la répétition de faits identiques dont chacun pris isolément n'est pas punissable[537] ». La tolérance habituelle de personne se livrant à la

---

Les forces créatrices du droit, LGDJ, rééd. 1994 ; Troper (M.), « Du fondement de la coutume à la coutume du fondement », *Droits* 1986, p. 11.

530 « La genèse de l'obligatoire dans l'apparition de la coutume » in *Flexible droit, Pour une sociologie du droit sans rigueur*, 10e éd., LGDJ, 2010, p. 118 et s., spéc. p. 125.

531 Carbonnier (J.), *Sociologie juridique*, PUF, 2e éd., 2004, p. 152.

532 Perreau (E.-H.), *op. cit.*, spéc. p. 311 et s.

533 Coviaux (J.-C.), *L'habitude individuelle dans le droit des obligations*, Thèse Paris II, 1973, p 8.

534 Pollaud-Dulian (F.), « L'habitude en droit des affaires », *Droit et vie des affaires, Études à la mémoire d'Alain Sayag*, Litec, 1997, p. 349.

535 *Ibid.*, spéc. p. 361.

536 Claverie-Rousset (Ch.), *th. préc.*, n° 13 et s.

537 Conte (Ph.) et Maistre du Chambon (P.), 7e éd. *Droit pénal général*, Dalloz, Sirey, 2007, n° 209. Pour une définition semblable, voir Normand (A.), *Traité élémentaire de droit criminel*, Cotillon, 1896, n° 161.

prostitution[538], l'exercice illégal de la médecine[539] ou le défaut habituel de titre de transport[540] en sont des exemples.

L'habitude individuelle est à la fois un élément intrinsèque de certaines notions et un élément de référence pour qualifier des faits.

200. ***Le double rôle de l'habitude en matière de train de vie*** **-** L'habitude individuelle engendre des effets de droit en matière de train de vie. Deux effets lui associés. Le premier ne présente aucune spécificité propre à la matière à la différence du second.

Dans un premier temps, l'habitude est un élément indispensable à la qualification de train de vie. Un comportement économique qui serait dépourvu de caractère habituel, n'aurait pas accès à la vie juridique. Il resterait une situation de fait et ne produirait aucun effet juridique, il n'interpellerait pas même le Droit[541]. Le train de vie, en tant qu'image du patrimoine d'une personne, exige une certaine stabilité pour lui faire produire des effets juridiques. Un acte isolé ou un comportement éphémère ne sont pas de nature à traduire fidèlement la situation patrimoniale d'une personne. Il en résulte que l'habitude est le critère juridique de la notion de train de vie.

Dans un second temps, l'habitude permet de garantir le caractère équilibré du train de vie. La jouissance de biens implique de réaliser des dépenses. Celles-ci doivent être financées par des ressources. Si le train de vie est habituel, c'est à dire qu'un certain nombre d'actes de jouissances sont répétés et installés dans la durée, cela permet de présumer que les dépenses de train de vie sont proportionnées aux ressources de l'auteur du train de vie. Elle permet donc d'assurer l'équilibre économique de cette notion.

Par le double mouvement qu'elle implique, l'écoulement du temps et la répétition, l'habitude permet de transformer une situation de fait en un concept juridique (Section I) duquel elle garantit dans le même temps son équilibre économique (Section II).

---

[538] *C. pénal*, art. 225-10 al. 1 2°.

[539] *C. santé publique*, art. L.4161-1 1°.

[540] *C. transports*, art. L.2242-6.

[541] Sur la prise considération par le droit des situations factuelles installées dans la durée, voir Perreau (E.-H.), *op. cit.*, p. 229.

Section I - L'habitude, critère juridique de la notion de train de vie

201. ***Exigence d'un critère*** - Le train de vie, défini comme la jouissance d'une certaine quantité de biens et de services, souffre d'un déficit de juridicité. Il ne s'agit que d'une situation factuelle. Elle se double certes d'une signification économique, elle traduit en effet un niveau de vie, mais elle n'a pas, en l'état, une dimension juridique. Tout comportement économique ne peut pas être appréhendé par le droit. Un critère doit être dégagé pour distinguer le train de vie des autres comportements économiques dépourvus de toute portée juridique.

La recherche d'un critère n'affectera pas la substance du train de vie car un critère n'est en rien un élément constitutif supplémentaire. Au contraire, il caractérise cette substance, il la spécifie. La jouissance d'une certaine quantité de biens et de services sera simplement dotée d'une caractéristique supplémentaire. L'habitude présente au sein du train de vie, remplira ce rôle. Tout en caractérisant la jouissance elle n'affecte pas la substance du train de vie.

202. L'habitude tire sa fonction créatrice de droit de ses deux composantes. La répétition (A), tout comme la durée (B), permettent chacune d'entre elles de transformer une situation de fait en une situation de droit. Réunies, cet effet ne peut qu'être renforcé.

Paragraphe 1 - La répétition, source de droit

203. ***Le pouvoir créateur de la réitération*** - Un auteur s'est intéressé au phénomène de réitération en droit[542] et notamment au fait de savoir si « la réitération ou la répétition d'un acte, d'un fait ou d'un comportement est (-elle) prise en compte par le droit privé français pour lui faire produire des effets de droit[543] ». La réitération et la répétition sont synonymes[544]. Les effets juridiques du premier phénomène sont tout à fait transposables au second. Selon cet auteur, il ne fait nul doute que la réitération produit des

542 Virassamy (G.), « Regard sur le phénomène de la réitération en droit privé français », *D.* 1989, chron. XLIV, p. 279.

543 *Ibid.*

544 Pour une légère nuance, voir *supra* n° 189.

effets juridiques qui lui sont propres[545]. Elle « apparaît comme un facteur original de modification des situations juridiques qui puise la source de son pouvoir créateur dans l'attente ou la crainte légitime que provoque la répétition d'un fait, d'un acte ou d'un comportement[546] ». Au sein même de ce pouvoir créateur, il opère une distinction entre la « réitération-condition » et la « réitération-qualification ».

204. ***La « réitération-condition »*** - Dans cette première acception, la réitération conditionne la légitimité de l'exercice d'un droit[547]. Elle est une condition préalable à sa mise en œuvre. L'auteur prend pour exemple la faculté de résiliation du bail rural ou son non renouvellement qui est subordonnée à l'existence de « deux défauts de paiement du fermage ou de la part de produits revenant au bailleur et ayant persisté à l'expiration d'un délai de trois mois après mise en demeure postérieure à l'échéance[548] ».

La réitération peut également « donner purement et simplement naissance à un droit ou à une obligation[549] » dans la mesure où elle « crée nécessairement une situation d'attente légitime[550] ». L'exemple pris est celui d'un banquier qui laisse son client dépasser à plusieurs reprises son plafond de découvert autorisé[551]. Cette réitération, ne fait pas naître un droit au dépassement permanent du plafond de découvert au profit du client. En revanche, la jurisprudence y a vu une obligation d'information à la charge du banquier ne souhaitant plus autoriser de tels dépassements. L'interdiction brutale de dépassement a donc été sanctionnée.

205. ***La « réitération-qualification »*** - Dans sa seconde acception, la réitération apparaît comme un « instrument de qualification, voire de requalification d'un acte, d'un comportement ou d'une activité[552] ». Sans

---

[545] Au début de son étude, l'auteur distingue les notions d'habitude et de réitération. Au terme de cette distinction, il met en avant les effets juridiques de la réitération. S'il est vrai que la réitération produit à elle-seule des effets juridiques, il n'en demeure pas moins que ces effets sont de même nature que ceux engendrés par l'habitude. Voir Virassamy (G.), *op. cit.*, p. 280 : « La réitération est désormais fréquemment considérée par elle-même, sans aucune référence à la notion d'habitude pour produire des effets de droit qui lui sont propres ».

[546] *Ibid.*

[547] *Ibid.*, p. 281.

[548] *C. rural et de la pêche maritime*, art. L.411-31, 1° pour la résiliation et L.411-53 pour le non renouvellement.

[549] Virassamy (G.), *op. cit., loc. cit.*

[550] *Ibid.*, p. 282.

[551] *Ibid.*

[552] *Ibid.*, p. 283.

elle, un acte, un comportement ou une activité ne pourrait pas accéder à la vie juridique. Il resterait une situation de pur fait qui ne produirait aucun effet juridique. Par exemple, en droit du travail, « un manquement considéré isolément peut être insignifiant ou tolérable et n'entraîner aucune conséquence. Dès l'instant cependant où il est répété, ce simple manquement peut recevoir la qualification de faute et constituer une cause réelle et sérieuse de licenciement[553] ». En droit pénal, la réitération remplit également ce rôle pour l'infraction d'habitude qui « suppose la répétition de faits identiques dont chacun pris isolément n'est pas punissable[554] ». Ce genre d'infraction requiert « plusieurs faits, intrinsèquement licites, mais dont la répétition forme une infraction[555] ».

206. ***Analyse*** **-** Parmi ces deux rôles créateurs qui sont attribués à la réitération, le second mérite toute notre attention car il est directement en lien avec le travail de définition auquel nous nous livrons. Si la réitération est un instrument de qualification, cela signifie qu'elle est avant tout une des composantes de la notion juridique dont il est envisagé de faire application. La qualification n'est qu'un processus d'habillage juridique des faits. Elle « implique de traduire les faits en termes juridiques, de leur donner une étiquette qui les identifie, les rapproche ou les distingue des notions, des catégories, des règles existantes dans le système juridique[556] ». Si des faits sont qualifiés d'une certaine manière c'est qu'ils réunissent toutes les composantes et caractéristiques d'une notion juridique qui a été préalablement définie. Il en résulte que si la réitération est un critère de qualification elle est aussi un critère de la notion. La réitération est donc source de droit en ce qu'elle permet à une situation de fait d'accéder à la vie juridique et de produire des effets juridiques. Cette même situation, dont la substance serait identique, mais qui serait dépourvue de réitération resterait au contraire en marge du droit. Aucun effet juridique ne lui serait accordé.

La durée agit d'une manière similaire. Elle est également source de droit.

---

[553] *Ibid.*, n° 20.

[554] Conte (Ph.) et Maistre du Chambon (P.), *Droit pénal général*, 4e éd., Armand Colin, 1999, n° 209.

[555] Claverie-Rousset (Ch.), *L'habitude en droit pénal*, préf. Valérie Malabat, LGDJ, coll. Bib. sc. criminelles, T. 57, 2014, n° 13.

[556] Bergel (J.-L.), *Théorie générale du droit*, 5e éd., Dalloz, Coll. Méthodes du droit, 2012, n° 265.

Paragraphe 2 - La durée, source de droit

207. ***Le temps et le Droit*** **-** Le Professeur Philippe Malaurie concluait son rapport de synthèse d'un colloque intitulé *Le temps et le droit* par les propos suivants : « Décidément, ils sont inséparables[557] ».

Ces deux notions ont des liens étroits, elles entretiennent des relations d'interdépendance[558], d'influences réciproques[559] et de soumission[560]. Il ne s'agit pas d'étudier dans les prochains développements l'ensemble de ces relations. En matière de train de vie, il convient de s'attarder sur le sort que réserve le droit à une situation factuelle ancrée dans la durée. Il s'agit donc de se concentrer sur la manière dont le temps, déjà écoulé, est appréhendé par le droit. Seule l'influence du temps, et plus spécifiquement encore, de la durée, sur le droit sera donc étudiée.

208. ***La durée et le Droit*** **-** Le temps est appréhendé de différentes manières par le droit. C'est tantôt l'instant, tantôt la durée qui est pris en considération. La durée est l'une des manifestations du temps à laquelle le droit accorde des effets[561]. Il a même pu être écrit que « nombreuses sont les notions que le droit a spécialement édifiées pour régir les effets juridiques qui peuvent être attachées à l'écoulement du temps[562] ». La durée est citée au tout premier rang d'entre elles. Ses effets sont de deux ordres, ils peuvent être extinctifs ou créateurs. Pour les premiers, la prescription extinctive apparait être l'exemple le plus significatif[563]. Pour les seconds, il est possible de citer la possession d'état d'enfant ou la possession immobilière qui, en

---

[557] Malaurie (Ph.), Rapport de synthèse in *Le temps et le droit*, sous la dir. de P. FLEURY-LE GROS Litec, coll. Colloques et débats, 2010, p107 et s., spéc. p. 112.

[558] Voir Bergel (J.-L.), *op. cit.*, n° 94 et s. pour une étude portant sur « Le droit et le temps » ; Le Doyen Carbonnier a employé l'image d'un « jeu de raquettes » entre le temps et le droit : « Les temps du droit, Un an et un siècle » in *Flexible droit*, 10e éd., Litec, 2001, p. 2010 ; Hébraud (P.), « Observations sur la notion du temps dans le droit civil », *Études offertes à Pierre Kayser*, T.2, PUAM, 1979, p. 1 à 58.

[559] Fleury-Le Gros (P.), sous la dir., Préface in *Le temps et le droit*, Litec, coll. Colloques et débats, 2010.

[560] Gridel (J.-P.), *Introduction au droit et au droit français*, 2e éd., Dalloz, 1994, p. 763 et s. ; et dans le même temps d'autonomie, voir Cresp (M.), *Le temps juridique en droit privé, Essai d'une théorie générale*, préf. Jean Hauser, PUAM, 2013, n° 21 et s.

[561] L'autre étant l'instant. Voir Hébraud (P.), *op. cit.*, spéc. n° 8 et s.

[562] Fleury-Le Gros (P.), *op. cit. loc. cit.*

[563] Voir Coulon (J.-M.) et Frison-Roche (M.-A.), sous la dir., *Le temps dans la procédure*, Dalloz, coll. Thèmes et commentaires, 1996.

raison de leur caractère continu[564], permettent par l'écoulement d'un temps, déterminé ou non[565], de transformer une situation de pur fait en une situation de droit. Seuls les effets créateurs retiendront notre attention dans la mesure où nous cherchons à déterminer en quoi la durée permet à une situation, à un fait ou à un comportement de produire des effets de droit.

209. ***Un effet créateur lié à l'impossible ignorance des faits passés et installés dans la durée*** **-** « Le Droit s'inscrivant dans la vie concrète et réelle, s'il veut atteindre au mieux sa finalité, qui est de permettre aux hommes de vivre ensemble dans une même société, il doit parfois choisir de prendre un minimum en compte certaines réalités objectives naturelles, ou tout du moins celles qui semblent difficilement contournables[566] ». Dès lors, il ne peut ignorer les faits et notamment ceux qui se sont installés dans le temps. De la même manière que les faits sont irréversibles, le temps l'est tout autant[567]. Un auteur a fait le rapprochement entre les deux pour parvenir à montrer que le temps est assimilable à un fait[568]. Dans la mesure où le droit est soumis aux faits, on peut conclure que le droit est également soumis au temps[569]. Cela a pour conséquence d'entraîner la prise en compte des situations de faits installées dans la durée et de leur accorder des effets juridiques. Ne pas les ignorer n'est qu'une étape, leur permettre de produire des effets de droit en est une autre. L'écoulement du temps permet d'atteindre cet objectif en ce qu'il permet d'associer des effets de droit à une situation qui initialement n'était qu'une situation de pur fait. Affirmer que « les faits appartiennent par définition au passé[570] » ne fait pas obstacle à ce qu'ils produisent des effets juridiques dans le présent et pour l'avenir. C'est le propre des situations de faits, nées comme leur nom l'indique dans les faits, elles appartiennent par principe au passé mais elles produisent des

---

[564] *C. civ.*, art. 311-1 al. 2 pour la possession d'état d'enfant et art. 2261 pour la possession immobilière.

[565] 30 ans ou 10 ans pour le possesseur de bonne foi qui justifie d'un juste titre sur l'immeuble (*C. civ.*, art. 2272). Absence de délai légal minimum pour que la possession d'état permette l'établissement d'un lien de filiation.

[566] Cresp (M.), *th. préc.*, n° 77.

[567] *Ibid.*, n° 40 et s.

[568] *Ibid.*, n° 22 et s. Cet auteur opère une distinction entre le temps extra-juridique et le temps juridique. Seul le premier est assimilé aux faits. Le second, est une donnée construite par le Droit (voir n° 60 et s.).

[569] Le Professeur Gridel consacre ce même rapport de soumission du droit au temps. Cf. *Introduction au droit et au droit français*, 2ᵉ éd., Dalloz, 1994, p. 763 et s., spéc. p. 764.

[570] Ghestin (J.), Goubeaux (G.) avec le concours de Fabre-Magnan (M.), *Traité de droit civil, Introduction générale*, 4ᵉ éd., LGDJ, 1994, n° 52.

effets juridiques dans le présent et pour l'avenir. Le rôle créateur du temps est particulièrement significatif à leur égard[571].

210. ***La transformation des situations de pur fait en situations juridiques*** **-** Avant toute chose, il est important de revenir sur les définitions de situations de fait, de situations factuelles et de situations juridiques. Il est courant d'opposer les situations de fait aux situations juridiques. Cette opposition résulte sans doute d'un abus de langage car les situations de fait sont des situations juridiques c'est-à-dire des situations auxquelles sont attachées des effets de droit. Elles ont le « caractère particulier de ressembler à des situations de droit bien précises, tout en s'en distinguant[572] ». Si proches soient-elles d'une situation de droit, elles souffrent néanmoins d'une irrégularité qui ne permet pas de leur conférer la qualification juridique adéquate. En effet, « elles ne sont pas des situations de droit, parce qu'elles ne respectent pas certaines conditions légales[573] ». Pourtant, « elles ne sont pas non plus des situations de pur fait, puisque le droit leur fait tout de même produire des effets de droit[574] ». Leurs effets sont ceux normalement produits par la situation de droit « dont elles sont la copie conforme[575] ». Au final, dans la mesure où elles produisent des effets de droit, les situations de fait sont donc des situations juridiques. Seules les situations factuelles, ou situation de pur fait devraient être opposées aux situations de droit. Celles-ci ne retiendront pas notre attention dans la mesure où elles sont en marge du droit. En revanche, les situations de fait, auxquelles sont attachées des effets juridiques seront étudiées.

Il existe une autre catégorie de situations juridiques qui est également appelée situation de fait[576], « ce sont des situations auxquelles la loi attribue des conséquences juridiques et dont résulte l'acquisition de certains droits

---

[571] Bergel (J.-L.), *Théorie générale du droit*, 5e éd., Dalloz, coll. Méthodes du droit, 2012, n° 121 : « Techniquement, le temps est facteur de création, de conservation ou de destruction. Il consolide des situations de fait lorsque sa stabilité confère au concubinage une certaine force juridique, lorsqu'il transforme la simple possession des biens immobiliers en propriété, lorsqu'il donne valeur juridique à la coutume… Il crée alors le droit ».

[572] Leveneur (L.), *Situations de fait et droit privé*, préf. Michèle Gobert, LGDJ, coll. Bib. droit privé, T. 212, 1990, n° 3.

[573] *Ibid.*

[574] *Ibid.*

[575] *Ibid.*

[576] Cette qualification est rejetée par le Professeur Leveneur dans la mesure où elles produisent des effets qui leur sont propres. Voir *ibid.*, n° 4.

par des particuliers[577] ». Elles se distinguent de celles préalablement étudiées en ce qu'elles produisent des effets juridiques qui leur sont propres. La possession est l'exemple le plus significatif. C'est une notion qui repose sur une situation de fait. En réalité, comme toute notion, elle repose sur des faits. La différence est liée au caractère complexe des faits. La possession ne se caractérise pas par un seul fait mais par un ensemble de faits, appelé situation. Il serait plus exact de parler de situation factuelle[578]. En tant que situation juridique, la possession produit des effets de droit. Elle permet d'acquérir la propriété de manière instantanée pour les meubles[579] ou après l'écoulement d'un certain délai de prescription pour les immeubles[580]. De même, la possession d'état produit des effets en matière de filiation en ce qu'elle permet notamment d'établir un lien de filiation[581].

Dans les ces deux hypothèses, le droit n'est pas resté insensible aux faits. Il a pris acte des faits pour leur faire produire des effets juridiques, empruntés à de véritables situations juridiques, ou spécifiques. Dans la première catégorie, la trop grande ressemblance de la situation de fait à la situation de droit, invisible pour les tiers et par là même source d'insécurité, à laquelle s'ajoute un ancrage dans la durée, justifie sa promotion juridique. Un auteur insiste sur l'aspect temporel des situations de faits lorsqu'il affirme qu' « au risque de sacrifier quelque peu l'idéal moral, on ne peut méconnaître la cristallisation qu'opère le temps, l'irréversibilité du fait accompli dans certains cas, et la sécurité juridique qui doit s'attacher à la croyance légitime des tiers[582] ».

Dans la seconde c'est encore la pérennité de la situation de fait qui justifie cette même promotion. En effet, le droit ne peut pas ignorer une situation qui s'est installée, développée et enracinée au fil du temps. Certains

---

577 Bergel (J.-L.), Bruschi (M.) et Cimamonti (S.), *Traité de droit civil, Les biens*, 2e éd., LGDJ, 2010, n° 129.

578 En ce sens voir Zénati-Castaing (F.) et Revet (Th.), *Les biens*, 3e éd., PUF, coll. Droit fondamental, 2008, n° 442 : « Ainsi, même dissociée de toute référence à une prérogative juridique, la possession n'en est pas moins juridiquement protégée et, en dépit de son caractère factuel, produit des effets de droit ».

579 *C. civ.*, art. 2279.

580 *C. civ.*, art. 2255 et s. et notamment pour la prescription acquisitive les articles 2260 et s.

581 *C. civ.*, art. 311-2.

582 Bergel (J.-L.), *Théorie générale du droit*, 5e éd., Dalloz, coll. Méthodes du droit, 2012, n° 269.

auteurs ont pu parler d'« irréversibilité du fait accompli[583] », « surtout lorsqu'il est cristallisé dans le temps[584] ».

La durée, tout comme l'était la répétition, apparaît comme une composante fondamentale de la notion de train de vie[585]. Elle n'ajoute rien à sa substance matérielle. En revanche, elle caractérise cette substance et lui permet d'accéder à la vie juridique. Elle se présente ainsi comme un critère juridique.

L'habitude, qui traduit un double phénomène de répétition et de durée, remplit cette même fonction. Inhérente au train de vie, elle lui permet d'accéder à la vie juridique. Là n'est pas son seul rôle. Elle se présente également comme le garant du caractère équilibré du train de vie.

Section II - L'habitude, garant du caractère équilibré du train de vie

211. Le train de vie est la jouissance habituelle de biens et de services. Dans la majorité des situations cette jouissance ne peut être réalisée qu'à titre onéreux. Dès lors, elle est précédée, ou est accompagnée, d'une dépense. L'expression « dépenses de train de vie », qui désigne couramment des dépenses récurrentes, vise en réalité toutes les dépenses qui permettent de jouir habituellement de biens et de services. Ces dépenses, qui sont du passif, nécessitent un actif préalable, c'est-à-dire des ressources. De plus, le caractère habituel des dépenses de train de vie implique que les ressources soient à la fois destinées à être dépensées et récurrentes. En effet, le maintien d'un certain niveau de dépenses est subordonné au maintien d'un niveau de revenus corrélatif. Partant de ce constat, un second rôle peut être attribué à l'habitude en matière de train de vie. Celle-ci garantit un équilibre entre des ressources et les dépenses de train de vie. Cette corrélation entre les deux explique l'attrait de train de vie dans la lutte contre la fraude fiscale et celle aux prestations sociales. À partir des éléments du train de vie, supposant des dépenses, l'administration peut reconstituer les revenus du contribuable ou du demandeur de prestations en associant à chacun des éléments du train de vie une valeur forfaitaire.

---

[583] Ghestin (J.), Goubeaux (G.) avec le concours de Fabre-Magnan (M.), *op. cit.*, n° 828.

[584] Bergel (J.-L.), Bruschi (M.) et Cimamonti (S.), *op. cit.*, n° 56.

[585] *Supra*, n° 203.

212. Le caractère équilibré du train de vie ne doit en aucun cas faire présumer son caractère sincère. Le train de vie alors même qu'il serait habituel et donc équilibré peut être disproportionné ou excessif. Tel est le cas lorsqu'il est financé par la vente de capitaux ou par l'emprunt. Dès lors, le maintien d'un même niveau de dépenses entraînera un appauvrissement structurel de l'auteur du train de vie et finira par causer sa ruine. L'habitude, qui aura été caractérisée pendant un certain temps, sera alors amenée à cesser.

Si l'habitude implique un équilibre entre les ressources et les dépenses de train de vie (Paragraphe 1), elle ne garantit en rien la sincérité du train de vie (Paragraphe 2). Ces deux points seront développés tour à tour.

Paragraphe 1 - Une garantie de l'équilibre entre les ressources et les dépenses de train de vie

213. ***La caractérisation du train de vie par les ressources ou les dépenses*** - Pour caractériser le train de vie d'une personne, deux méthodes peuvent être retenues. La première consiste à mettre en évidence l'ensemble des biens qu'elle possède, la seconde consiste à mettre en évidence ses dépenses[586]. Ces deux méthodes ne sont pas exclusives l'une de l'autre, elles sont complémentaires. Elles permettent de rendre compte que le train de vie peut être présenté sous deux aspects, l'un ressource et l'autre dépense.

214. ***La prévalence de l'un des deux aspects*** - La mise en avant de l'un ou l'autre de ces aspects dans la caractérisation du train de vie découle de la finalité de la règle de droit appliquée. Lorsqu'il s'agit de reconstituer le revenu d'un contribuable ou d'un demandeur de prestations sociales, c'est l'aspect ressource du train de vie qui sera mis en avant. Lorsqu'il s'agit de mettre en avant un train de vie disproportionné par rapport à des ressources licites, et par la même de présumer l'existence de ressources illicites, ce sont les dépenses de train de vie qui sont mises en avant.

---

[586] Le train de vie a pu être défini comme « l'ensemble des dépenses de consommation susceptibles de se renouveler » : Casimir (J.-P.), *Les signes extérieurs de revenus : le contrôle et la reconstitution du revenu global par l'Administration fiscale*, préf. Maurice Cozian, LGDJ, 1979, n° 358.

Ces modalités de caractérisation d'un train de vie ne remettent pas en cause sa définition, élaborée dans les précédents développements. Que l'on vise l'objet de la jouissance ou la dépense permettant de jouir d'un bien, dans ces deux cas la jouissance est bien présente.

215. ***Habitude et équilibre entre les ressources et les dépenses*** **-** Ces deux aspects du train de vie n'ont pas pour seule vocation d'être des modalités de caractérisation d'un train de vie. Ils sont aussi garants de l'efficacité juridique de cette notion. Le train de vie fonctionne comme une universalité au sein de laquelle l'actif répond du passif, les ressources répondent des dépenses. Pour jouir habituellement de la même quantité de biens, il est nécessaire d'acquérir de manière répétée ces biens, notamment lorsqu'ils sont consomptibles. Dès lors la jouissance de manière habituelle de la même quantité de biens par une personne traduit un équilibre entre ses ressources et ses dépenses de train de vie.

Avant d'envisager l'équilibre entre les ressources et les dépenses (B), il convient de d'identifier ces deux aspects économiques du train de vie (A).

A - Les aspects « ressources » et « dépenses » du train de vie

216. Après avoir montré que la distinction entre les aspects « ressources » et « dépenses » du train de vie est ténue (1), une analyse spécifique de chacun de ces deux aspects sera réalisée (2).

1 - La distinction ténue entre les ressources et les dépenses

217. ***Une distinction perméable mais essentielle*** **-** La distinction entre dépenses et ressources n'est pas sans rappeler celle entre actif et passif. Elle est pourtant beaucoup moins tranchée et plus délicate à manier tout en étant cependant incontournable.

L'actif patrimonial est défini comme l' « ensemble des biens et droits évaluables en argent qui constituent les éléments positifs du patrimoine d'une personne et forment le gage des créanciers, par opposition au passif[587] ». Le passif est l' « ensemble des dettes qui grèvent un patrimoine

[587] Association Henri Capitant, sous la dir. de Cornu (G.), *Vocabulaire juridique*, 11e éd., PUF, Quadrige, 2016, V° *Capital.*

(ou une masse de biens), par opposition aux éléments d'actifs de celui-ci[588] ». Il existe une véritable opposition entre ces deux notions qui ne se retrouve pas dans la distinction entre dépenses et ressources. Un élément d'actif ou de passif appartiendra de manière intangible à l'une de ses deux catégories. La distinction entre les ressources et les dépenses est beaucoup moins figée et donc moins étanche que celle entre actif et passif. Les deux aspects du train de vie sont étroitement liés dans la mesure où une ressource peut être à la fois le préalable ou le résultat d'une dépense. Dès lors, ils sont des états transitoires. Prenons pour exemple une personne disposant d'une somme de 100.000 € qui constitue un élément de son train de vie que l'on peut rattacher à l'aspect « ressources » du train de vie. Si elle dépense cette somme pour acquérir une maison, son niveau de ressources sera inchangé. Par le mécanisme de la subrogation, les fonds seront remplacés dans le patrimoine par la maison. La dépense d'acquisition n'impactera pas le patrimoine en valeur. Seule sa composition sera modifiée. Il en sera de même pour le train de vie. La maison valant 100.000 €, intègrera le train de vie, en lieu et place de la somme dépensée. La maison sera elle aussi rattachée à l'aspect ressources du train de vie. Seuls le support et les modalités de la jouissance seront modifiés. Au final, la dépense n'est qu'une étape intermédiaire. Ici, la distinction entre dépense et ressource n'est pas particulièrement intéressante dans la mesure où les ressources, à elles seules, permettent d'appréhender le train de vie.

Pour d'autres biens, notamment ceux consomptibles au premier usage, ou encore les services, la dépense présente davantage d'intérêt. Pour cette catégorie de biens, les ressources restent un préalable à la dépense. Cependant, à la différence du cas précédent, la dépense affecte le patrimoine tant dans sa valeur que dans son contenu. Elle entraîne un appauvrissement. L'acquisition d'un service ou d'une chose consomptible au premier usage ne fait entrer aucun élément dans le patrimoine de manière pérenne. Au niveau du train de vie cette dépense permet pourtant de jouir de ce service ou de cette chose. Cette jouissance n'est appréciée qu'à travers l'aspect « dépenses » du train de vie. Elle ne peut pas l'être sous l'aspect « ressources » dans la mesure où son support ne laisse aucune trace patrimoniale.

Envisager le train de vie sous son aspect « dépenses » permet de prendre en compte tout ce qui est éphémère ou qui ne constitue pas une richesse pour le titulaire du train de vie. L'aspect « dépenses » apparaît donc comme un complément de l'aspect « ressources ». Là où les ressources ont disparu sans laisser de traces, les dépenses permettent aussi de caractériser le train de vie.

---

588 *Ibid.*, V° *Passif.*

En conséquence, le train de vie s'apprécie tant en termes de ressources qu'en termes de dépenses. Une analyse précise de chacun de ces aspects mérite d'être réalisée.

2 - La définition des ressources et des dépenses

218. L'aspect « ressources » du train de vie sera étudié (a) préalablement à l'aspect « dépenses » (b).

a) L'aspect « ressources »

219. ***La dualité des ressources -*** Le terme « ressources » désigne les « moyens pécuniaires et matériels d'existence[589] ». Dans une acception juridique, ce terme ne reçoit pas une définition spécifique. Cependant, les définitions des dictionnaires juridiques incluent des précisions qui présentent un intérêt certain pour la présente recherche[590] et permettent de distinguer deux grandes catégories de ressources : le capital et les revenus[591]. Il a été montré que le train de vie se composait d'éléments appartenant indistinctement à l'une ou l'autre de ces catégories[592].

Le Code civil envisage la distinction entre capital et revenus en présentant les seconds comme un accessoire des premiers[593]. Ce n'est pourtant pas ce critère qui retiendra notre attention. En matière de train de vie, un critère temporel est plus adapté. Les biens de capitalisation peuvent

---

[589] *Le Petit Robert de la langue française*, V° *Ressource*. Sont cités en exemples l'argent, les économies, les finances, les fonds, la fortune, les revenus et les richesses.

[590] Association Henri Capitant, sous la dir de Cornu (G.), *Vocabulaire juridique*, 11e éd., PUF, Quadrige, 2016, V° *Ressources* : « Ensemble des moyens d'existence (disponibles ou en puissance) d'une personne, englobant non seulement tous ses revenus (revenus du travail ou revenus du capital) mais, au moins à titre potentiel, ses capitaux ».

[591] Cette distinction est assez perméable. Les deux notions ne s'opposent pas radicalement. Il est possible de capitaliser des revenus en les épargnant. Réciproquement, il est possible de transformer un capital en revenus. La vente d'un bien moyennant une rente viagère en est un exemple. L'assurance-vie est un des outils qui permet cette transformation d'un état à l'autre.

[592] *Supra,* n° 45 et s.

[593] *C. civ.*, art. 546. Cette distinction n'est pas uniquement utilisée en matière d'accessoire. Elle l'est également lorsqu'un bien fait l'objet d'un usufruit. Ainsi, les fruits ou revenus appartiennent à celui qui a la jouissance de la chose, c'est-à-dire à l'usufruitier, alors que le capital reste au nu-propriétaire.

être identifiés par leur caractère permanent, leur vocation à être conservés. Selon un auteur, « ils sont placés sous le signe de la stabilité et de la pérennité dans l'appropriation[594] ». Au contraire, les revenus qui peuvent être définis comme des ressources « périodiques ou potentiellement renouvelables[595] » ont vocation à être dépensés et à se renouveler[596]. Les revenus ont pour but de financer les dépenses de consommation courante d'une personne ou d'un ménage. Cette idée se retrouve au sein du mariage où les revenus des époux doivent être prioritairement affectés à la contribution aux charges du mariage[597]. Ainsi, les revenus ont vocation à être dépensés dans un bref délai. Cela n'exclut pas qu'ils puissent être capitalisés par l'acquisition d'un bien productif ou par l'épargne et produire à leur tour des revenus.

Les revenus occupent un rôle central au sein du train de vie. Ils sont la clé de voûte de la notion en ce qu'ils permettent de financer les dépenses de train de vie mais constituent aussi une part des ressources prises en compte dans le train de vie. Le capital est moins essentiel en matière de train de vie alors même que ce sont les biens constituant les ressources structurelles qui sont bien souvent mis en avant dans la description du train de vie d'une personne.

Le critère de distinction retenu, à savoir la pérennité du capital et la vocation des revenus à être dépensés, est pris en compte en droit positif. On peut par exemple observer que la loi se montre plus exigeante pour l'aliénation d'un capital que pour celle de fruits[598].

220. ***Alimentation statique ou dynamique du train de vie*** - Ces deux catégories de ressources ne participent pas de la même manière à la constitution du train de vie. Les éléments du capital sont directement le support de la jouissance. Les revenus ont un rôle plus indirect dans le train

---

594 Cornu (G.), *Droit civil, Les biens*, 13e éd., Montchrestien, 2007, n° 16, p. 43.

595 Robinne (S.), *Contribution à l'étude de la notion de revenus en droit privé*, préf. Rémi Cabrillac, PU Perpignan, coll. Études, 2003, n° 386.

596 Cornu opérait une distinction entre les biens de capitalisation et les biens de consommation qui rejoint la distinction entre capital et revenu. Selon lui, les biens de capitalisation constituent la base permanente de la fortune privée. Ils sont placés sous le signe de la stabilité et de la pérennité dans l'appropriation. Au contraire, les biens de consommation sont plutôt vus dans une perspective de jouissance immédiate, de remplacement et d'amortissement à moyenne ou longue échéance. Ce ne sont plus des biens de conservation et de transmission successorale, mais de circulation et de jouissance personnelle. Cf. *op. cit.*, n° 16, p. 43.

597 *C. civ.*, art. 214 et 223.

598 Terré (F.) et Simler (Ph.), *Droit civil, Les biens*, 9e éd., Dalloz, Précis, 2014, n° 15.

de vie. Ils sont un moyen de jouir d'un bien en ce qu'ils permettent d'acquérir des biens qui seront objet de jouissance.

Les capitaux, à la différence des revenus, n'ont pas vocation à alimenter les dépenses de train de vie. Cela ne signifie pas pour autant que les capitaux sont exclus du train de vie. Alors que les premiers l'alimentent de manière dynamique, les seconds l'alimentent de manière statique. Les capitaux n'ont pas besoin d'être mis en mouvement pour participer au train de vie. Leur caractère pérenne permet au titulaire d'en jouir constamment. En cela, il est aisé d'associer un élément du capital au train de vie d'une personne. Les revenus quant à eux, sous réserve de leur capitalisation[599], ne participent pas directement à la constitution du train de vie du fait de leur caractère éphémère, de leur état transitoire. Ils ont donc besoin d'être mis en mouvement, d'être dépensés. Ce sera donc l'objet de la dépense ou le bien résultant de la dépense qui intégrera le train de vie en tant que support de la jouissance.

221. Le train de vie permet d'exploiter la distinction entre capital et revenus. Alors même que les ressources alimentant le train de vie appartiennent indistinctement aux deux catégories, cette distinction n'est pas totalement transparente. En effet, seuls les revenus qui, à la différence du capital ont vocation à être dissipés, servent à alimenter les dépenses de train de vie. Cela se vérifiera une nouvelle fois lorsqu'il s'agira d'apprécier le caractère équilibré du train de vie[600].

b) L'aspect « dépenses »

222. ***La nature des dépenses*** **-** Les dépenses constituent le second aspect du train de vie. Elles contribuent, au même titre que les ressources, à

[599] La capitalisation des revenus n'est pas un phénomène anodin. Lorsqu'elle est intervenue, on ne peut plus parler de revenus. Le terme « épargne » est sans doute plus approprié. Ce changement de qualification est particulièrement perceptible en droit des régimes matrimoniaux où les pouvoirs des époux sont bien différenciés lorsqu'ils portent sur les revenus ou sur les revenus épargnés. Ainsi, l'article 221 du code civil permet aux époux de disposer librement, y compris à titre gratuit, des revenus issus de leur travail. Une telle prérogative n'est pas reconnue pour les autres biens communs qui sont soumis à la gestion concurrente pour les actes à titre onéreux (art. 1421) ou la cogestion pour les actes à titre gratuit (art. 1422). Dès lors que les revenus sont épargnés, ils deviennent soumis aux mêmes règles de pouvoirs que les autres biens communs.

[600] *Infra*, n° 230 et s.

sa constitution. La matière pénale, dans laquelle l'aspect dépense à une importance particulière fournie quelques indications relatives à la nature des dépenses de train de vie. Ainsi, il a pu être écrit à propos du proxénétisme, dont la caractérisation peut reposer sur le train de vie, qu'« après avoir passé au crible la justification des ressources, il ne restera plus au juge ou au policier qu'à évaluer les dépenses du souteneur. Il existe suffisamment d'éléments matériels : frais d'hôtel, de restaurant, de voyage, séjours dans les cabarets et boîtes de nuit, garde-robe, frais d'achat, d'entretien et d'utilisation de voiture, pour établir un bilan qui ne manquera pas d'avoir son éloquence[601] ». Cette liste contient des dépenses qui ne relèvent en rien de la consommation courante de tout un chacun. C'est sans doute le domaine dans laquelle elle se trouve, la matière pénale, qui impose d'accorder une plus grande attention aux dépenses d'agrément voire même aux dépenses somptuaires. Cependant, elle permet de faire la distinction entre dépenses primaires que sont le logement, l'alimentation, la santé, qui ne sont pas visées ici et les dépenses secondaires ou d'agrément. Le train de vie s'accommode de l'ensemble de ces dépenses. Les trains de vie modestes seront essentiellement composés de dépenses primaires alors que les trains de vie plus fastes contiendront des dépenses secondaires, notamment de loisirs ou d'acquisition de biens de consommation.

223. ***Les dépenses primaires*** - Les dépenses primaires ne sont pas les premières qui viennent à l'esprit lorsque l'on envisage le train de vie. Elles sont pourtant tout à fait aptes à intégrer cette notion. Certes, leur nécessité et leur banalité peuvent conduire à les rendre peu visibles et peu attractives pour décrire le train de vie d'une personne mais elles n'en sont pas moins des dépenses de train de vie qui caractérisent, en raison notamment de leur récurrence, les habitudes économiques d'une personne. Ainsi les charges courantes les plus ordinaires constituent des dépenses de train de vie. Tel est notamment le cas des dépenses alimentaires, de logement, de soins ou d'entretien des enfants. La notion de charges du mariage, qui selon certains auteurs « vise l'ensemble des dépenses entraînées par le train de vie du ménage[602] », confirme cette approche. Certes son contenu s'étend aux dépenses d'agrément, mais il inclut, sans la moindre hésitation, les dépenses

---

[601] Sacotte (M.), « L'ordonnance n° 60-1245 du 25 novembre 1960 et la lutte contre le proxénétisme », *JCP* 1960, I, 1591, spéc. n° 6.

[602] Flour (J.) et Champenois (G.), *Les régimes matrimoniaux*, 2e éd., Armand Colin, 2001, n° 62 ; Malaurie (Ph.) et Aynès (L.), *Droit civil, Les régimes matrimoniaux*, 7e éd., LGDJ, coll. Droit civil, 2015, n° 92.

alimentaires et plus largement les dépenses strictement nécessaires à la vie de la famille[603].

224. ***Les dépenses secondaires*** - Les dépenses secondaires ou d'agrément se remarquent plus aisément. Elles sont plus visibles car moins ordinaires, moins courantes ou moins fréquentes. Il est en effet plus facile de mettre en exergue les différents voyages réalisés par une personne que de voir qu'elle reste toujours à son domicile. La première situation est ostensible en ce qu'elle se manifeste par des actes positifs et qui sortent de l'ordinaire. C'est à ce titre le train de vie attire en son sein les dépenses d'agrément.

Il pourrait cependant être objecté que ces dépenses accessoires n'ont pas vocation à se répéter, à la différence des dépenses primaires. Or seules celles qui bénéficient d'une certaine récurrence peuvent intégrer le train de vie. En effet, une dépense d'agrément totalement isolée restera en marge du train de vie en ce qu'elle ne reflète pas les habitudes économiques d'une personne.

225. ***Dépenses d'épargne et d'investissement*** - Une dernière catégorie de dépenses peut être délicate à appréhender. Il s'agit des dépenses d'épargne ou d'investissement. Elles sont en quelque sorte le reflet passif des revenus[604]. Ces dépenses ne sont pas prises compte en tant que telles pour caractériser le train de vie. Elles ne sont qu'un état transitoire. C'est leur résultat qui importe, à savoir la capitalisation de revenus. Ces dépenses ne sont pas en réalité de véritables dépenses car elles permettent de s'enrichir en constituant du capital[605].

Les notions de « ressources » et de « dépenses » ne qualifient pas des réalités figées intangibles. Leur complémentarité permet néanmoins d'appréhender le train de vie dans son intégralité. Cette complémentarité se traduit aussi à un autre niveau : dépenses et ressources se doivent d'être corrélées pour que le comportement économique à la base du train de vie soit habituel.

---

[603] F Terré (F.) et Simler (Ph.), *Droit civil, Les régimes matrimoniaux*, 7e éd, Dalloz, Précis, 2015, n° 53, Flour (J.) et Champenois (G.), *op. cit.*, n° 62 ; Malaurie (Ph.) et Aynès (L.), *op. cit., loc. cit.*

[604] *Supra,* n° 220.

[605] Tout du moins, de ne pas s'appauvrir.

B - L'équilibre entre ressources et dépenses, condition de l'habitude

226. ***Le financement des dépenses de train de vie -*** Il est courant de caractériser le train de vie d'une personne en mettant en avant certains de ses biens et de ses dépenses, notamment celles somptuaires. Un tel constat manque pourtant de relief. Il permet sans doute d'identifier le train de vie de cette personne en prenant en compte ses ressources et ses dépenses, mais de manière incomplète. Ces deux aspects, plus que de s'additionner, doivent être corrélés pour dévoiler toute la signification de la notion de train de vie qui est plus complexe qu'elle n'y paraît. Elle n'est pas qu'une vitrine économique dans laquelle seraient exposés les biens et les dépenses d'une personne. Elle a une véritable signification juridique, elle exprime la jouissance que retire une personne, à titre habituel, d'une certaine quantité de biens et de services. L'accent doit être mis sur le caractère habituel de la jouissance car le train de vie n'est pas une situation patrimoniale éphémère ou instantanée. C'est une situation qui s'inscrit dans la durée pour devenir un véritable état patrimonial sur lequel reposent des effets juridiques. À ce titre, une corrélation doit exister entre les dépenses et les ressources au son sein.

La jouissance des éléments du train de vie peut être exercée à différents titres[606]. Lorsqu'une personne est propriétaire d'un bien, elle peut en jouir sans occasionner une dépense. Cependant, tous les éléments du train de vie ne sont pas détenus en propriété et leur jouissance n'est pas toujours gratuite. Il est parfois nécessaire de réaliser des dépenses pour en jouir. Les dépenses de train de vie n'ont d'ailleurs pour autre but que de financer la jouissance régulière de biens et de services. Elles permettent ainsi à celui qui les réalise de profiter à titre habituel desdits biens et services. Ces dépenses nécessitent de mobiliser des ressources. Face active du train de vie, les ressources doivent donc répondre des dépenses de train de vie qui en sont la face passive.

227. ***Des dépenses limitées aux ressources -*** Le train de vie est une situation patrimoniale structurelle. Pour se prolonger dans le temps, un équilibre doit exister entre les ressources et les dépenses de train de vie, sans lequel il est impossible de caractériser une habitude. S'il existe une corrélation entre les dépenses et les ressources, les premières, qui ont vocation à être renouvelées dans la durée, pourront être financées. Dans cette hypothèse, l'habitude pourra être caractérisée. Au contraire, si cette

[606] *Infra*, n° 123 et s.

corrélation n'existe pas du fait d'un volume trop important de dépenses de train de vie comparées aux ressources, ces mêmes dépenses ne pourront pas être renouvelées dans la durée. Les dépenses ne pouvant plus être financées, il en résultera une modification du comportement économique. Dans une telle situation, dépourvue de stabilité, aucune habitude ne pourra pas être caractérisée.

L'équilibre entre les ressources et les dépenses de train de vie est donc une condition de l'habitude. Il en résulte que tout train de vie est caractérisé par un équilibre entre son aspect ressources et son aspect dépenses. L'habitude garante de cet équilibre ne peut cependant pas en garantir la sincérité et par voie de conséquence, celle du train de vie.

Paragraphe 2 - Une absence de garantie de la sincérité du train de vie

228. L'équilibre entre les ressources et les dépenses est inhérent au train de vie, du fait de son caractère habituel. Cependant, le train de vie peut être fictif car financé par des ressources qui n'ont pas vocation à se régénérer, alors que les dépenses de train de vie ont, par définition, vocation à être renouvelées.

Du fait de ce constat, une distinction doit être opérée entre le train de vie réel, et le train de vie fictif. Le premier implique un équilibre spécifique entre les revenus et les dépenses de train de vie, alors que le second traduit un équilibre global entre les ressources de toute nature et les dépenses. Les ressources, envisagées largement, n'ont pas vocation à se renouveler à la différence des revenus. Le train de vie ne peut être financé de manière illimitée par des ressources qui ne se renouvellent pas et plus encore, qui s'épuisent au fur et à mesure de leur utilisation.

229. La corrélation entre les dépenses et les ressources au sein du train de vie conditionne le caractère habituel de ce comportement économique. Toutes les ressources ne doivent néanmoins pas être mobilisées pour financer les dépenses de train de vie. Seules les ressources dynamiques, les revenus, doivent répondre des dépenses pour que le train de vie soit réel (A). Un train de vie financé par des ressources non récurrentes ne peut être qu'un train de vie fictif (B).

A - Le train de vie réel : un équilibre entre les revenus et les dépenses de train de vie

230. ***Un équilibre cantonné aux revenus*** - Au sein des ressources, une distinction a été faite entre les ressources statiques et les ressources dynamiques[607]. Ces deux catégories alimentent le train de vie de manières distinctes. Pour les premières, le titulaire exerce directement son pouvoir de jouissance à leur encontre. Les secondes ne sont quant à elles qu'un moyen de jouir de biens. Ce sont ces dernières qui sont mobilisées pour financer les dépenses de train de vie.

Les dépenses de train de vie, parce qu'elles sont inhérentes à un comportement économique habituel, ont vocation à être renouvelées. Il est donc nécessaire que des ressources, elles aussi récurrentes, alimentent ces dépenses. Les revenus sont des richesses extraites périodiquement d'un bien sans en altérer la substance. Ils sont donc pleinement aptes à financer les dépenses de train de vie. Les biens constituant un capital qui ont été analysés comme des ressources statiques n'ont pas les mêmes propriétés. Ils ne sont pas mobilisables comme le sont les revenus. Ils n'ont pas vocation à se régénérer. Dès lors qu'ils ont fait l'objet d'un acte de disposition, ils ne peuvent plus être comptabilisés parmi les ressources.

Il découle des différentes caractéristiques de ces notions que les dépenses de train de vie doivent être équilibrées par rapport aux seules ressources dynamiques, c'est-à-dire aux revenus. Si le financement du train de vie nécessite la vente d'un élément du capital d'une personne, plusieurs conséquences en découleront. D'une part, cette ressource sera extraite du train de vie de la personne considérée qui ne pourra plus en jouir. Il s'agit d'une première atteinte au train de vie. D'autre part, s'il a été nécessaire de disposer de cet élément c'est que les revenus étaient insuffisants pour assumer les dépenses de train de vie. Dès lors, en l'absence d'une augmentation des revenus ou d'une diminution des dépenses, il sera nécessaire de disposer à nouveau des ressources statiques pour continuer financer le même niveau de train de vie. Le renouvellement de cette opération entraînera à terme la disposition, et par la même, la disparition, de l'ensemble des ressources statiques. Pour éviter cette situation, les dépenses de train de vie ne doivent donc pas excéder les revenus.

---

[607] *Supra*, n° 219.

L'équilibre entre les revenus et les dépenses de train de vie permet de ne pas engendrer un appauvrissement structurel de l'auteur du train de vie et garantit la sincérité du train de vie. Un auteur a pu définir les dépenses de train de vie au regard de cet équilibre. Selon lui, « la dépense, en particulier de train de vie, est celle qui permet de vivre selon ses moyens, qui est effectuée sans appauvrissement, donc grâce à l'apport d'un revenu[608] ».

À la différence du train de vie réel, qui n'entraîne aucun appauvrissement structurel, car les dépenses sont corrélées avec les revenus, il existe une autre catégorie de train de vie qui se caractérise par un équilibre entre les dépenses et l'ensemble des ressources.

B - Le train de vie fictif : un équilibre entre des ressources non renouvelables et les dépenses de train de vie

231. ***Un comportement économique habituel -*** À côté du train de vie réel, il existe une autre catégorie de train de vie, celui que nous qualifierons de fictif. Il s'agit d'un comportement économique qui remplit tous les critères du train de vie, notamment l'habitude mais dont le financement est assuré par des ressources qui n'ont pas vocation à se régénérer.

Il ne faut pas confondre le train de vie fictif, avec des situations dans lesquelles l'habitude aurait été interrompue. Dans le train de vie fictif l'habitude est bien présente au jour où il est caractérisé. Le comportement économique qui se trouve à sa base s'est installé dans le passé, perdure dans le présent et a vocation à se poursuivre dans l'avenir. Seule une personne ayant une connaissance précise de la situation patrimoniale de l'auteur du train de vie sait que le comportement économique observé ne pourra pas se perpétuer à l'infini.

232. ***Le financement par la vente de capitaux -*** Un train de vie fictif, parce qu'il est habituel implique un équilibre entre les ressources et les dépenses. Cependant, cet équilibre est artificiel dans la mesure où le maintien d'un même niveau de dépenses entraînera à terme la ruine l'auteur du train de vie.

Pendant un certain temps, le temps de l'habitude, il est tout à fait possible qu'une personne mène un train de vie disproportionné par rapport à ses seuls revenus. Ainsi, pour maintenir des dépenses de train de vie à un niveau

---

[608] Casimir (J.-P.), *Les signes extérieurs de revenus : le contrôle et la reconstitution du revenu global par l'administration fiscal*, préf. Maurice Cozian, LGDJ, 1979, spéc. n° 107 et 441.

supérieur à celui de ses revenus l'auteur du train de vie devra mobiliser ses capitaux. Il sera donc contraint de vendre certains de ses biens pour financer son train de vie. Cela signifie que pour continuer à jouir de certains biens, il devra se séparer d'autres biens et par voie de conséquence, il ne pourra plus jouir de ces derniers. Financer certaines dépenses de train de vie par la vente de biens portera en réalité atteinte au train de vie dans la mesure où l'assiette de biens, support de la jouissance, sera de plus en plus réduite.

233. ***Le financement par l'emprunt*** - Le train de vie fictif peut également être financé par le recours à l'emprunt et notamment des prêts à la consommation. Ici, l'assiette de la jouissance ne serait pas affectée mais un tel train de vie ne peut pas perdurer à l'infini. Les emprunts devront être remboursés ce qui mobilisera des ressources qui ne seront plus affectées au financement du train de vie.

234. ***Les conséquences du train de vie fictif*** - Mener un train de vie excessif par rapport à ses revenus, quel que soit son mode de financement, entrainera la faillite de son auteur qui risquerait de ne pas pouvoir bénéficier des procédures liées à la faillite personnelle ou professionnelle. En matière de surendettement des particuliers la bonne foi du débiteur est exigée[609]. Dès lors, une personne qui malgré ses difficultés financières conserve un train de vie disproportionné par rapport à ses ressources ne pourra pas bénéficier d'une telle procédure. La notion de train de vie a d'ailleurs été expressément utilisée par la jurisprudence pour caractériser la mauvaise foi[610]. Ainsi, il a été jugé que la « volonté de bénéficier d'un train de vie totalement disproportionné par rapport à la réalité de sa capacité de remboursement,

---

[609] *C. conso*, art. L.711-1 : « La situation de surendettement des personnes physiques est caractérisée par l'impossibilité manifeste pour le débiteur de bonne foi de faire face à l'ensemble de ses dettes non professionnelles exigibles et à échoir. L'impossibilité manifeste pour une personne physique de bonne foi de faire face à l'engagement qu'elle a donné de cautionner ou d'acquitter solidairement la dette d'un entrepreneur individuel ou d'une société caractérise également une situation de surendettement. Le seul fait d'être propriétaire de sa résidence principale ne peut être tenu comme empêchant que la situation de surendettement soit caractérisée ».

[610] Cass. civ. 2e, 11 février 2010, n° 08-22061 : « le montant total de l'encours, qui s'élève sur une dizaine d'années à la somme de 481.969,57 €, a nécessairement amélioré le train de vie du couple ou a, pour le moins, permis des dépenses que ses ressources n'autorisaient pas et dont Monsieur X... n'a pu dès lors manquer de s'apercevoir (...) La mauvaise foi de Monsieur et Madame X... ainsi caractérisée interdit à ces derniers de bénéficier de la procédure de surendettement instituée par les articles L.330-1 et suivant du Code de la consommation ». Cette notion dépend de l'appréciation souveraine des juges du fond : Cass. civ. 2e, 28 février 2006, n° 04-04126.

caractérise la mauvaise foi qui le rend inéligible au dispositif de traitement des situations de surendettement[611] ».

En matière de procédure collective la bonne foi n'est pas ignorée non plus. L'extension des procédures collectives aux personnes physiques a permis de faire pénétrer cette notion dans ce pan du droit[612]. Le train de vie n'a pas encore été utilisé par la jurisprudence pour caractériser l'absence de bonne foi du débiteur. Elle a néanmoins été utilisée dans un domaine voisin, la faillite personnelle[613] qui a pour but « d'éliminer le débiteur malhonnête du circuit des affaires et de sanctionner son comportement[614] » ou la banqueroute[615]. Cependant la jurisprudence n'a pas encore suffisamment exploité cette notion. Elle s'en est saisie pour montrer que le dirigeant avait fait financer son train de vie par l'entreprise en difficulté[616]. La poursuite d'un train de vie excessif pourrait en outre servir à caractériser directement d'autres actes de faillite, telle que la poursuite abusive d'une exploitation déficitaire qui ne pouvait conduire qu'à la cessation des paiements[617]. Ainsi, faire supporter un train de vie déséquilibré à son entreprise, pourrait entraîner le prononcé de la faillite personnelle de son dirigeant.

❖

---

611 Cass. civ. 2e, 22 février 2012, n° 11.13633.

612 *C. com.*, art. L.670-1 : « Les dispositions du présent titre sont applicables aux personnes physiques, domiciliées dans les départements de la Moselle, du Bas-Rhin et du Haut-Rhin, et à leur succession, qui ne sont ni des agriculteurs, ni des personnes exerçant une activité commerciale, artisanale ou toute autre activité professionnelle indépendante, y compris une profession libérale soumise à un statut législatif ou réglementaire, lorsqu'elles sont de bonne foi et en état d'insolvabilité notoire ».

613 Cass. crim, 8 nov. 2006, n° 05-85-271, *Bull. crim. 2004* n° 52 p. 204 ; Cass. crim. 31 janvier 2007, n° 06-85070, *Bull. crim. 2007* n° 26 p. 98.

614 Saint-Alary-Houin (C.), *Droit des entreprises en difficulté*, 7e éd., Montchrestien, 2011, n° 1296. *C. com.*, art. L.653-2 : « La faillite personnelle emporte interdiction de diriger, gérer, administrer ou contrôler, directement ou indirectement, toute entreprise commerciale ou artisanale, toute exploitation agricole ou toute entreprise ayant toute autre activité indépendante et toute personne morale ».

615 CA Colmar, 16 juin 2004 : « au lieu de réduire ses prélèvements personnels sur l'entreprise comme la banque l'avait exigé à juste titre, Mlle X... Y... X... Z... a persévéré dans un train de vie disproportionné par rapport aux possibilités de l'entreprise, cette réalité expliquant seule le creusement irrésistible du solde débiteur du compte courant et le fait qu'elle n'ait été mise en liquidation judiciaire que deux ans plus tard démontre qu'en juillet, août 1997, sa situation n'était pas irrémédiablement compromise ».

616 Cass. crim. 3 juin 2004, n° 03-84697.

617 *C. com.*, art. L.653-3, I, 1°.

235. ***Conclusion du chapitre II*** **-** A un double titre, l'habitude est donc un critère juridique. Ses deux composantes, la répétition et la durée, prises individuellement, produisent des effets juridiques. Elles permettent à une situation de pur fait de pénétrer dans la sphère juridique. Lorsqu'elles sont réunies, elles constituent l'habitude.

Cette notion, à l'image de ses composantes, a également des vertus juridicisantes. Elle permet à une situation habituelle de produire des effets juridiques là où la même situation, dépourvue de caractère habituel, demeurait à la marge du droit. L'habitude se présente ainsi comme le critère juridique de la notion de train de vie, lui permettant d'accéder à la vie juridique.

Cette notion remplit un second rôle. Elle garantit l'équilibre entre les ressources et les dépenses de train de vie. En effet, le caractère habituel d'une situation économique, et par voie de conséquence du train de vie, ne peut résulter que d'une corrélation entre les revenus et les dépenses. Néanmoins cet équilibre, bien réel, ne peut en rien assurer la sincérité du train de vie. Si les ressources mobilisées ne sont pas des revenus, le train de vie, alors même qu'il caractériserait une situation économique habituelle, devrait être qualifié de fictif.

Ce double rôle fait de l'habitude une pièce maîtresse de la notion de train de vie et permet de confirmer que le train de vie se présente aussi comme une habitude de vie.

CONCLUSION DU TITRE II

236. De prime abord, l'habitude pouvait être considérée comme une notion non juridique, qui aurait été empruntée au lexique courant. Au terme de cette étude, elle se révèle à la fois être une notion juridique et le critère d'identification de la notion train de vie. La jouissance d'une certaine quantité de biens et de services resterait un comportement factuel, tout au plus économique, mais sans aucune portée juridique, si elle était dépourvue de caractère habituel. En cela, le train de vie peut être qualifié d'habitude de vie.

237. Afin de parvenir à cette conclusion, il a été avant tout nécessaire de définir l'habitude. Cette notion se compose de deux éléments cumulatifs que sont la durée et la répétition. L'habitude n'ayant pas d'existence propre, elle doit nécessairement caractériser un autre phénomène. En matière de train de vie, elle s'applique à la jouissance. C'est donc avec travers la jouissance qu'ont pu être identifiées les manifestations de l'habitude qui ont permis de révéler que l'habitude est inhérente au train de vie.

238. L'habitude remplit un double rôle qui la rend indispensable à l'utilisation juridique de la notion de train de vie. d'une part, elle est le critère juridique permettant au train de vie d'accéder à la vie juridique. D'autre part, sa présence traduit un équilibre entre les ressources et les dépenses de train de vie lequel ne fait en rien présumer de la sincérité du train de vie. Seul un équilibre entre les revenus et les dépenses de train de vie est à même de caractériser un train de vie sincère.

Conclusion de la première partie

239. Qu'est-ce que le train de vie ? À cette question peut être apportée une réponse duale. Il s'agit à fois d'un niveau de vie et d'une habitude de vie. Ces deux images permettent d'apprécier pleinement toute la signification juridique de cette notion. La première renvoie à la substance du train de vie qui est composée de deux éléments, l'un matériel, un ensemble de biens et de services, l'autre personnel, la jouissance de ces mêmes biens et services.

Ces deux éléments sont interdépendants. Les éléments du train de vie, n'épuisent pas à eux seuls la substance du train de vie. Celle-ci ne saurait se concevoir comme une collection de des biens et des services dont l'attrait s'explique par leur matérialité, permettant de caractériser concrètement le train de vie d'une personne. Après analyse il apparaît que les éléments du train de vie sont des biens et des services dont la valeur est indépendante. Ils ne sont définis comme tels *a posteriori* et à la condition d'être le support de la jouissance mise en œuvre par l'auteur du train de vie.

La jouissance, qui ne peut s'exercer sans support, n'est pas l'élément le plus visible. Elle n'en est pas moins le second élément constitutif de la substance du train de vie ainsi que le rapport caractéristique du train de vie.

240. Définir une notion juridique ne consiste pas seulement à identifier ses éléments constitutifs. Cette opération exige aussi d'en définir les caractéristiques. En matière de train de vie cette étape s'est révélée décisive. La substance du train de vie souffre d'un déficit de juridicité dans la mesure où elle réside dans une situation matérielle ayant tout au plus une portée économique. Un critère juridique, l'habitude, a donc été dégagé. Ses deux composantes, que sont la durée et la répétition, permettent chacune de transformer des situations de faits en situations juridiques. Leur réunion permet *a fortiori* à un comportement économique de devenir une situation juridique.

Le rôle de l'habitude en matière de train de vie s'étend au-delà de la seule juridicisation de la notion. Elle implique aussi un équilibre entre les ressources et les dépenses de train de vie. En effet, lorsque l'habitude porte sur la jouissance d'une même quantité de biens et services, le plus souvent réalisée à titre onéreux, elle exige des revenus corrélatifs. Elle s'avère néanmoins impuissante à garantir la proportionnalité du train de vie aux seuls revenus, sans laquelle le train de vie ne peut être véritablement sincère.

PARTIE II - LES EFFETS JURIDIQUES ATTACHÉS AU TRAIN DE VIE

241. ***La fonction initiale du train de vie*** - Le train de vie est entré dans la sphère juridique à la fin des années 1930[618]. Il se présentait alors comme un instrument de lutte contre la fraude fiscale. En effet, il était utilisé pour mettre en cause la sincérité des déclarations fiscales des contribuables. Ainsi, dès lors qu'une personne déclarait des revenus qui s'avéraient être disproportionnés par rapport à son train de vie, elle s'exposait à ce que l'assiette de son imposition soit réévaluée de manière forfaitaire par l'administration fiscale ainsi qu'à des sanctions fiscales.

Cette mission dévolue initialement au train de vie est toujours d'actualité. Elle a même été étendue à de nombreuses branches du droit. D'ailleurs, la plupart des occurrences de l'expression « train de vie » recensées dans les textes de loi sont relatives à la lutte contre la fraude fiscale ou la fraude aux prestations sociales.

Le droit pénal a également importé cette notion et lui confère un rôle tout à fait similaire. Lorsqu'une personne n'est pas en mesure de justifier le décalage qui existe entre ses ressources et son train de vie, elle peut être incriminée. Ce décalage fait présumer qu'elle a retiré des ressources de sa participation à une infraction. Dans l'ensemble de ces hypothèses, le train de vie dessert son auteur. Une autorité de contrôle lui oppose son train de vie en vue de lutter contre la fraude, entendue dans un sens large.

242. ***Les effets indirects du train de vie*** - Lorsqu'il est utilisé à des fins de contrôle, le train de vie est très fréquemment associé à un autre terme, à savoir la disproportion[619] ou l'excès[620]. Cette association entre ces deux éléments permet au train de vie de produire des effets juridiques de manière indirecte.

Dans un premier temps, le train de vie permet de caractériser un excès ou une disproportion. Dans un second temps, cet excès ou cette disproportion

---

[618] *Supra*, n° 8.

[619] *CGI*, art. 168 et 1649 quater-0 ter ; *CSS*, art. L553-5 et L.861-2-1 ; *CASF*, art. L.262-41.

[620] *C. civ.*, art. 220 et 515-4.

entrainent des conséquences juridiques spécifiques. Ainsi, dans l'article 220 du code civil, le train de vie sert à apprécier le caractère excessif d'une dépense ménagère qui a pour conséquence d'exclure la solidarité entre les époux[621]. Dans l'article 168 du code général des impôts, le train de vie permet d'apprécier le caractère disproportionné de la déclaration de revenus d'un contribuable, lequel permet à l'administration fiscale de mettre en œuvre une procédure de taxation d'office[622].

Si le train de vie était utilisé de manière isolée il ne pourrait produire aucun effet juridique. Par exemple, la caractérisation du train de vie d'un contribuable ne serait pas susceptible d'entrainer, à elle seule, la revalorisation de l'assiette imposable ainsi que le prononcé de sanctions fiscales.

Ainsi, afin de produire des effets juridiques, le train de vie est utilisé comme un point de référence permettant d'apprécier, de manière relative, une disproportion ou un excès auxquels sont attachées des conséquences juridiques spécifiques.

243. Cette fonction de contrôle ainsi que ce mode opératoire se retrouvent dans d'autres textes, notamment du droit patrimonial de la famille, qui n'utilisent pas spécifiquement l'expression « train de vie ». Tel est par exemple le cas de l'article L.132-13 du code des assurances. Afin de protéger les héritiers réservataires, ce texte exclut du régime dérogatoire de l'assurance-vie les primes manifestement exagérées eu égard aux facultés du souscripteur. Ces sommes sont alors soumises aux obligations successorales du rapport et de la réduction. Ici, le train de vie est utilisé comme un point de référence pour apprécier le caractère exagéré des primes versées.

Plus largement encore, le train de vie, en tant que point de référence, est utilisé en droit patrimonial de la famille pour apprécier l'impact patrimonial d'un acte, duquel pourra découler une qualification juridique ou un régime spécifique. Ainsi, si un acte est proportionné au train de vie et qu'il n'a, par conséquent, qu'un impact mineur sur le patrimoine de son auteur, il pourra bénéficier d'une qualification ou d'un régime juridique allégé. C'est ainsi que le présent d'usage, par principe modique, échappe au régime juridique civil et fiscal des libéralités. Au contraire, si un acte est disproportionné par

[621] « La solidarité n'a pas lieu, néanmoins, pour les dépenses manifestement excessives eu égard au train de vie du ménage ».

[622] « En cas de disproportion marquée entre le train de vie d'un contribuable et ses revenus, la base d'imposition à l'impôt sur le revenu est portée à une somme forfaitaire déterminée en appliquant à certains éléments de ce train de vie le barème ci-après, lorsque cette somme est supérieure ou égale à 45.405 € ».

rapport au train de vie, son impact patrimonial est plus important. Cet acte, présentant un risque d'atteinte aux intérêts de son auteur ou de tiers, doit être strictement encadré tant dans ses conditions de réalisation que dans ses effets.

244. ***Les effets directs du train de vie*** - L'étude des effets juridiques attachés au train de vie ne peut pas se limiter à la fonction de contrôle qui lui a été initialement dévolue. Aujourd'hui, le train de vie n'est plus seulement un instrument technique. Il tend à devenir un état patrimonial qui reçoit une protection. La promotion du conjoint survivant par la réforme du 3 décembre 2001 en est un exemple significatif. Désormais, le conjoint survivant dispose de droits *ab intestat* qui lui permettent de maintenir le train de vie dont il bénéficiait du temps du mariage. Tel est également le cas du jeune majeur qui peut revendiquer une pension alimentaire à l'encontre de ses parents lui permettant de maintenir, pendant toute la durée de ses études, le train de vie auquel il a toujours été habitué. Tel est encore l'objectif de l'assurance chômage qui, en offrant des revenus de substitution aux personnes privées involontairement de leur emploi, leur permet de maintenir leur train de vie.

Ce phénomène de protection du train de vie, assuré tant par la famille que par la société, n'est pas total. Certaines catégories de personnes ne bénéficient toujours pas aujourd'hui d'une protection de leur train de vie. Tel est le cas des partenaires d'un PACS et des concubins, qui ne bénéficient d'aucune protection patrimoniale statutaire lors de la dissolution de leur union.

Aujourd'hui, peut-on admettre une protection parcellaire du train de vie ? Le train de vie n'est-il pas, en lui-même, de nature à engendrer une protection ? Ainsi, lorsqu'une personne est habituée à un train de vie, peut-on admettre que celui-soit soit interrompu par quelque événement qu'il soit ? Le train de vie n'implique-t-il pas un effet d'inertie ? Ces interrogations permettent d'envisager une seconde catégorie d'effets juridiques attachés au train de vie. Il pourrait constituer un point de référence pour faire naître des droits au profit de son bénéficiaire. Ainsi, le train de vie, allégué par son auteur serait susceptible de produire des effets juridiques directs.

245. ***Plan*** - Ces différents éléments permettent d'envisager deux catégories d'effets juridiques attachés au train de vie. Utilisé comme un moyen, le train de vie se révèle être un étalon de proportionnalité (Titre I) permettant à la fois de lutter contre la fraude et de qualifier des actes des actes juridiques. Envisagé comme une fin, le train de vie est quant à lui susceptible d'engendrer une protection de nature patrimoniale (Titre II).

TITRE I – LE TRAIN DE VIE, ÉTALON DE PROPORTIONNALITÉ

TITRE II – LE TRAIN DE VIE, SOURCE DE PROTECTION

TITRE I - LE TRAIN DE VIE, ÉTALON DE PROPORTIONNALITÉ

246. ***Un instrument de lutte contre la fraude*** **-** L'expression « train de vie » a été utilisée pour la première fois en droit dans un décret-loi du 21 avril 1939[623]. Le Gouvernement avait été habilité par une loi du 19 mars 1939 à prendre des mesures spéciales en vue de réformer les contributions directes et de lutter contre la fraude fiscale[624]. L'article 1er de ce décret-loi prévoyait qu' « en aucun cas, le revenu imposable ne pourra être inférieur à une somme forfaitaire déterminée en appliquant à certains éléments du train de vie des contribuables, le barème ci-après ». Au fil des décennies le train de vie a conservé son rôle d'instrument de lutte contre la fraude. Aujourd'hui, de nombreux textes ayant pour objectif la lutte contre la fraude [625], dépassant les frontières de la matière fiscale, contiennent l'expression « train de vie ». Si l'esprit des textes est demeuré inchangé, la rédaction a, quant à elle, connu une évolution. Le train de vie n'est plus mis en œuvre de manière autonome. Il est désormais systématiquement associé à une autre notion, la disproportion. Le mécanisme de contrôle est aujourd'hui le suivant : lorsque l'administration[626] doute de la sincérité de la déclaration de revenus d'un contribuable ou de la déclaration de ressources d'un demandeur de prestations sociales, elle doit prouver l'existence d'une disproportion entre le train de vie et la somme déclarée qui sera établie par la confrontation de la donnée déclarée au train de vie du contribuable ou du

---

[623] Décret-loi du 21 avril 1939 relatif à la taxation forfaitaire d'après les signes extérieurs de certains revenu, *JORF* 22 avril 1939, p. 5210 ; Les dispositions fiscales des décrets-lois du 21 avril 1939, *D. Recueil Hebdomadaire*, 1939, n° 23, note fiscales, VI, p. 21. Voir *supra*, n° 8.

[624] Un rapport de Monsieur Paul Reynaud, Ministre des finances à cette époque, accompagnait ce décret. Il explicite les motivations du gouvernement et les raisons pour lesquelles le train de vie des contribuables devait être pris en considération dans le calcul de l'impôt ; *JORF* 22 avril 1939, p. 5210.

[625] En droit fiscal : *CGI*, art. 168 et 1649 quater-0 B ter issu de la loi n° 2009-1674 du 30 décembre 2009 de finances rectificative pour 2009, art. 19 XI. En droit social : *CSS*, art. L.553-5 et L.861-2-1 issus de la loi n° 2006-1640 du 21 décembre 2006 de financement de la sécurité sociale pour 2007 ; *CASF*, art. R.262-41 issu de la loi n° 2008-1249 du 1er décembre 2008 généralisant le revenu de solidarité active et réformant les politiques d'insertion, art. 3 ; *CSS*, art. R.524-15-1, R.553-3-1 et R.861-15-1 issu du décret n° 2008-88 du 28 janvier 2008 relatif aux modalités d'évaluation des biens et des éléments de train de vie pour le bénéfice de certaines prestations sociales sous condition de ressources, art. 2, 4 et 5 ; *CASF*, art. R.262-74 issu du décret n° 2009-404 du 15 avril 2009 relatif au revenu de solidarité active, art. 2.

[626] Ce terme est entendu dans un sens large. Il regroupe tous les organismes et autorités publics tel que l'administration fiscale, les caisses d'allocation familiales, les juges, etc.

demandeur de prestation sociale. S'il apparaît un décalage entre ces deux données, celui-ci permettra de caractériser la disproportion recherchée et par voie de conséquence, de prouver la fraude fiscale ou sociale.

247. ***Un instrument de qualification*** **-** À côté de cette mission historique, le train de vie influe également sur la qualification d'un acte et, par voie de conséquence, sur son régime juridique, ou uniquement sur ce dernier. L'article 220 du code civil relatif à la solidarité des dépenses ménagères au sein du mariage en est un exemple parfait. Il dispose dans son alinéa 1er que « chacun des époux a pouvoir pour passer seul les contrats qui ont pour objet l'entretien du ménage ou l'éducation des enfants : toute dette ainsi contracté par l'un oblige l'autre solidairement ». Ce principe est écarté dans l'aliéna 2 qui dispose que « la solidarité n'a pas lieu, néanmoins, pour les dépenses manifestement excessives eu égard au train de vie du ménage ». Ainsi, ce texte fait référence au train de vie afin de déterminer si une dépense réalisée par un époux peut bénéficier ou non de la solidarité ménagère.

En théorie, le train de vie devrait opérer en tant que critère de qualification[627]. Cependant, la pratique révèle qu'il est le plus souvent utilisé comme un critère de requalification. L'analyse de la jurisprudence permet en effet de montrer que le train de vie est utilisé pour remettre en cause la qualification retenue par l'auteur d'un acte, laquelle lui a permis de bénéficier d'un régime juridique de faveur. Le train de vie officie donc là encore en qualité d'instrument de contrôle.

248. ***L'exigence d'une disproportion*** **-** Qu'il soit utilisé afin de lutter contre la fraude ou comme critère de qualification d'un acte juridique, le train de vie constitue toujours une donnée de référence à laquelle est confrontée une autre donnée. Il se révèle donc être un étalon permettant d'apprécier un rapport de proportionnalité. Ainsi, lorsqu'il s'agit de lutter contre la fraude, le montant déclaré par le contribuable est comparé au train de vie de ce dernier[628]. De la même manière, lorsqu'il s'agit de déterminer si une dépense réalisée par un époux bénéficie de la solidarité ménagère, son

---

[627] Un auteur met en avant ce rôle. Selon lui la dette ménagère ne serait plus définie par son objet, mais par son montant. La proportionnalité au train de vie deviendrait alors le critère *« positif et exclusif »* de qualification de la dette ménagère, alors qu'aujourd'hui il n'est qu'un critère d'exclusion. Voir Dauriac (I.), *Droit des régimes matrimoniaux et du PACS*, 4e éd., LGDJ, coll. Manuels, 2015, n° 84.

[628] *CGI*, art. 168.

montant est confronté au train de vie du ménage[629]. Dans les deux cas, cette mise en relation avec le train de vie, a pour objectif de mettre en évidence un rapport de disproportion.

Le rapport de disproportion qui vient d'être mis en évidence est apprécié de différentes manières selon que le train de vie opère en matière de lutte contre la fraude ou en matière de qualification d'un acte juridique. Dans la première hypothèse, la disproportion est appréciée horizontalement. Le train de vie est comparé, sur un même plan à une autre donnée. Il s'agirait en réalité d'identifier une inégalité plus qu'une disproportion. Dans la mesure où une simple inégalité n'est pas suffisante pour sanctionner la fraude, il est nécessaire de parler de disproportion. Dans la seconde hypothèse, le train de vie se présente comme un contexte patrimonial de référence. La comparaison est alors effectuée sur un plan vertical et permet de mesurer l'impact d'un acte sur la situation patrimoniale de son auteur.

249. ***Distinction entre train de vie et patrimoine*** **-** Le train de vie est un instrument de contrôle qui présente une spécificité par rapport à certaines notions voisines : il présente une dimension extérieure. Dès lors, il peut être caractérisé par des tiers et notamment l'administration fiscale ou par le créancier des époux ou des partenaires d'un PACS. C'est pour cette raison qu'il est à même de révéler une fraude.

Lorsque cette dimension externe est recherchée, la distinction entre le train de vie et le patrimoine est évidente[630]. Cependant, tel n'est pas toujours le cas. Il en est ainsi dans les rapports patrimoniaux familiaux dans la mesure où celui qui se prévaut du train de vie est à même de connaître la situation patrimoniale réelle de l'auteur d'un acte juridique. Ainsi, celui qui se prévaut du caractère manifestement exagéré des primes versées sur un contrat d'assurance vie ne se fonde pas sur une image patrimoniale perçue mais sur les facultés réelles du souscripteur. Dans cette situation, il devient plus difficile de distinguer le train de vie et le patrimoine. Néanmoins, la référence au train de vie doit être privilégiée dans la mesure où elle permet d'apprécier une disproportion par rapport aux habitudes économique de vie, ce que ne permet pas la notion de patrimoine.

250. Si la disproportion eu égard au train de vie est d'abord une condition de la sanction d'une fraude (Chapitre I), elle peut également être un critère de qualification d'un acte juridique (Chapitre II).

---

[629] *C. civ.*, art. 220.

[630] *Infra*, n° 142.

Chapitre I - La proportionnalité au train de vie au service de la sanction d'une fraude

251. ***Le domaine de la lutte contre la fraude*** - En droit fiscal et en droit social la lutte contre la fraude apparait comme une préoccupation majeure des gouvernements, notamment ces dernières années. Cela explique que de nombreux textes, relativement récents, aient eu explicitement recours à la notion de train de vie. La référence à cette notion a néanmoins vocation à dépasser les frontières de ces deux matières. La méthode consistant à comparer une donnée préalablement déclarée au train de vie afin de mettre en cause sa sincérité a vocation à s'appliquer dans toutes les branches du droit. La jurisprudence n'hésite pas à y recourir. Ainsi, la référence au train de vie permet-elle par exemple de mettre en cause la sincérité des déclarations de ressources des époux qui tenteraient de se soustraire au versement d'une prestation compensatoire ou d'en minorer son montant. D'une manière générale, la prise en considération du train de vie peut conduire, dans toutes les hypothèses où une personne est tenue de déclarer des ressources, à remettre en cause la sincérité d'une telle déclaration.

252. ***Le double attrait du train de vie*** - Le train de vie présente deux attraits majeurs qui lui permettent de lutter efficacement contre la fraude. D'une part, il dispose d'une certaine extériorité, d'un caractère apparent. Il peut être vu par n'importe quel observateur et notamment par une autorité de contrôle, telle que l'administration fiscale. Celle-ci peut alors s'en saisir pour mettre en cause la sincérité de la déclaration dont elle a été destinataire D'autre part, le train de vie est une notion qui est susceptible d'être évaluée. Il s'agit là d'une caractéristique essentielle qui permet de substituer à la valeur contenue dans la déclaration mensongère, une valeur plus proche de la réalité. Celle-ci est prise en compte pour recalculer les obligations ou les droits du déclarant et éventuellement pour lui attribuer des sanctions pécuniaires.

En résumé, l'autorité de contrôle se fonde dans un premier temps sur des apparences afin de caractériser le train de vie d'un déclarant. Dans un second temps, il lui incombe d'évaluer ce train de vie. La valeur obtenue lui sert de référence dans son opération de contrôle.

253. Ainsi, le train de vie sera d'abord présenté comme une réalité de référence (Section I) avant d'être envisagé comme une valeur de référence (Section II).

Section I - Le train de vie, réalité de référence dans l'appréciation d'une fraude

254. ***Avantages et inconvénients du caractère apparent du train de vie*** - La notion de train de vie dispose d'un avantage majeur que n'ont pas nombreuses autres notions patrimoniales ; elle est apparente. Sa caractérisation repose sur une appréciation factuelle. Il suffit de relever un certain nombre de faits pour la caractériser. Si une personne est tentée de dissimuler ses revenus ou certains éléments de son patrimoine elle risque d'être trahie par son activité économique, en d'autres termes, par son train de vie. En effet, le train de vie n'a pas besoin d'être déclaré par son auteur. La simple observation des habitudes économiques d'une personne permet de le caractériser.

Le caractère apparent du train de vie est un véritable atout dans la lutte contre la fraude. Cependant, il parait risqué de lutter contre la fraude en se basant sur de simples apparences lesquelles ne sont pas toujours conformes à la réalité.

255. ***Un terme polysémique*** - Ce risque fait directement écho au caractère polysémique du terme « apparence ». Dans le langage courant, il a deux sens[631]. Dans le premier sens, c'est son caractère ostensible qui est mis en avant. L'apparence peut ainsi être définie comme un « aspect (de ce qui apparaît) ; ce que l'on voit (d'une personne ou d'une chose) ». Dans un second sens, l'accent est mis sur le caractère trompeur. Elle est alors définie comme « l'aspect superficiel, extérieur d'une chose, considéré comme distinct de se réalité ». Pour appréhender plus facilement ces deux sens, une distinction peut être faite entre les termes « apparent » et *« apparence »*. Le terme apparent[632] renverrait à la première définition alors que l'apparence serait réservée aux hypothèses dans lesquelles il y a une tromperie.

Le même constat peut être fait en droit, matière dans laquelle l'apparence a largement été étudiée[633]. Tant les lexiques juridiques[634] que la doctrine

---

[631] *Le Grand Robert de la langue française*, V° *Apparence.*

[632] *Le Grand Robert de la langue française*, V° *Apparent : « Qui apparaît, se montre clairement aux yeux (visible, ostensible) ».*

[633] Ghestin (J.), Goubeaux (G.) et Fabre-Magnan (M), *Traité de droit civil, Introduction générale*, 4e éd., LGDJ, 1994, n° 838 et s. ; Bergel (J.-L.), *Théorie générale du droit*, 5e éd., Dalloz, Méthodes du droit, 2012, n° 269 ; Boudot (M.), *Rép. Civ. Dalloz*, 2009, V° *Apparence ;* Calay Auloy (J.), *Essai sur la notion d'apparence en droit commercial*, LGDJ, coll. Bib. droit privé, T. 17, 1961 ; Durand (F.), *L'apparence en droit fiscal*, préf. Th. Schmitt,

admettent la polysémie de ce terme qui a pu être défini de la manière suivante : « appliqué à une situation de fait, il indique le caractère ostensible, aisément perceptible de la réalité. Accolé au mot droit, il désigne une situation juridique imaginaire, démentie par l'analyse approfondie de l'hypothèse[635] ».

256. Le droit positif ne se limite pas à reconnaître l'apparence sous ses deux aspects. Il lui fait produire des effets distincts selon qu'elle est conforme à la réalité ou qu'elle est trompeuse. Cette dualité du régime juridique de l'apparence sera un guide dans notre recherche, tout particulièrement pour traiter les risques d'une absence de conformité entre le train de vie apparent d'une personne et la réalité de sa situation économique. Cet aspect trompeur de l'apparence, source de difficultés juridiques, reçoit les faveurs de la doctrine, laquelle a tendance à délaisser l'apparence non trompeuse[636]. Ainsi, a été créée la théorie de l'apparence qui a pour but de protéger celui qui a été trompé par les apparences. En revanche, elle n'est d'aucun secours pour celui qui a fait naitre des apparences trompeuses. Ce raisonnement sera conservé en matière de train de vie : celui qui a mené un train de vie non conforme à ses capacités financières se devra d'en assumer les conséquences.

257. Après avoir montré que le train de vie, donnée économique apparente, tient lieu de réalité pour l'autorité de contrôle (Paragraphe 1),

---

LGDJ, coll. Bib. droit privé, T. 507, 2009 ; Conte (Ph.), *L'apparence en matière pénale*, th. dactylographiée, 1984 ; Danis-Fatôme (A.), *Apparence et contrat*, préf. Geneviève Viney, LGDJ, coll. Bib. droit privé, T. 414, 2004 ; Jobard-Bachelier (M.-N.), *L'apparence en droit international privé*, LGDJ, coll. Bib. droit privé, T. 178, 1983 ; Rabagny (A.), *Théorie générale de l'apparence en droit privé*, ANRT Lille, 2004 ; Voir aussi Deboissy (F.), *La simulation en droit fiscal*, préf. M. Cozian, LGDJ, coll. Bib. droit privé, T. 276, 1997 ; Leveneur (L.), *Situations de fait et droit privé*, préf. M. Gobert, LGDJ, coll. Bib. droit privé, T. 212, 1990 ; Vouin (R.), *La bonne foi, notion et rôle actuels en droit privé français*, LGDJ, 1939.

[634] Association Henri Capitant sous la dir. de Cornu (G.), *Vocabulaire juridique*, 11e éd., PUF, Quadrige, 2016, V° *Apparence.* Dans un premier sens : « Ce qui apparaît aux yeux ; l'aspect d'une personne ou d'une chose, sa forme visible ». Dans un second sens : « Ce qui, dans une situation juridique, peut être connu, sans recherches approfondies (et qui ne correspond pas nécessairement avec la réalité) » ou « Aspect (simulé, fictif) d'une situation juridique ».

[635] Ghestin (J.), Goubeaux (G.) et Fabre-Magnan (M), *op. cit.*, n° 839.

[636] Quelques études exploitent l'apparence dans ses deux sens, voir Rabagny (A.), *th. préc.*; Rabagny (A.), *L'image juridique du monde, Apparence et réalité,* PUF, coll. Droit, éthique et société, 2003 ; Ghestin (J.), Goubeaux (G.) et Fabre-Magnan (M), *op. cit.*, n° 838 et s.

l'ensemble des risques liés à l'éventuel caractère trompeur de cette apparence seront écartés (Paragraphe 2).

Paragraphe 1 - Une apparence tenant lieu de réalité

258. Le train de vie tire sa force de son caractère apparent. Il constitue une donnée économique apparente caractérisable par n'importe quel tiers (A). Dans la lutte contre la fraude, cette donnée économique tenant lieu de réalité est substituée aux déclarations de ressources réalisées par un contribuable ou un demandeur de prestations sociales (B).

A - Une donnée économique apparente

259. ***Le train de vie, une réalité matérielle apparente*** - Le train de vie est une apparence, entendue au sens de visible. Sa caractérisation repose sur l'observation d'éléments factuels, tangibles et visibles par tous. Le train de vie, tel qu'il est caractérisé par les tiers, n'est que la compilation d'un certain nombre d'éléments matériels. Il est donc une réalité matérielle et apparente. Le seul moyen de remettre en cause cette réalité est de dénier l'existence même des faits qui ont servi de support à sa caractérisation.

260. ***Une manifestation de la réalité***[637] - Le droit positif accorde de l'importance à des apparences, entendues au sens de réalités visibles. Ainsi, lorsque le code civil emploie les expressions « vices apparents[638] » ou « servitudes apparentes[639] », c'est bien l'aspect extérieur et ostensible de ces deux notions qui est visé. Cet adjectif renvoie à une réalité matérielle et évidente. Un auteur a pleinement illustré le double rôle de cette apparence en affirmant qu'elle « n'est généralement que la manifestation concrète de droit dont elle constitue l'expression matérielle et dont elle sert à prouver l'existence[640] ». Deux illustrations permettent d'illustrer ce propos.

---

[637] Pour une analyse approfondie de l'apparence non trompeuse, voir Rabagny (A.), *th. préc.*, spéc. Partie I.

[638] *C. civ.*, art. 1642 : « Le vendeur n'est pas tenu des vices apparents et dont l'acheteur a pu se convaincre par lui-même ».

[639] *C. civ.*, art. 689 et s.

[640] Bergel (J.-L.), *Méthodologie juridique*, 2e éd., PUF, coll. Thémis droit privé, 2016, n° 259, p. 428.

261. ***La manifestation extérieure d'un état*** - Les apparences peuvent être « source de droit[641] » lorsqu'elles sont les manifestations extérieures d'un état[642]. Ainsi, en matière de transsexualisme, l'apparence physique peut avoir une influence sur l'état civil. Dès lors qu'une personne a subi une intervention chirurgicale, elle peut demander la modification de son sexe sur son registre d'état civil[643]. Il existera dès lors une coïncidence entre l'apparence et la réalité juridique sous-jacente[644]. L'apparence physique aura entrainé une modification du droit.

L'apparence, en tant que manifestation extérieure d'un état, peut également permettre de reconnaître un droit. Tel est le cas en matière de possession d'état. Un lien de filiation peut être établi[645] « par la réunion suffisante de faits qui révèlent le lien de filiation et de parenté entre une personne et la famille à laquelle elle est dite appartenir[646] ». Ces faits, pour révéler un état, doivent bénéficier d'une certaine extériorité[647]. Ils sont donc des apparences, lesquelles seront prises en compte par le droit, sans qu'il n'existe la moindre distorsion entre elles et la réalité. Bien au contraire, ces apparences sont la réalité.

262. ***La manifestation extérieure d'un droit réel*** - L'apparence peut également produire des effets juridiques en droit des biens. La possession en est un exemple très significatif[648]. Elle produit tous ses effets juridiques

---

[641] Boudot (M.), *Rép. Civ. Dalloz*, 2009, V° *Apparence*, n° 14. Selon cet auteur cette expression permet de mettre en exergue l'ambivalence et l'ambigüité de la notion d'apparence car elle convient autant à l'apparence trompeuse qu'à l'apparence non trompeuse.

[642] *Ibid.*, n° 58.

[643] Cass. Ass. Plénière, 11 décembre 1992, n° 91-12.373, *Bull. A.P.*, n° 13 : *Les grands arrêts de la jurisprudence civile T.1*, 12e éd, Dalloz, n° 25 et 26, 2007 ; *RTD civ.* 1993, p. 325, obs. J. Hauser ; *JCP G* 1993, II, 21991, concl. M. Jéol, note G. Mémeteau. Voir aussi CEDH, 25 mars 1992 ; *D.* 1993, p. 101, note J.-P. Marguenaud ; *JCP G* 1992, II, 21955, note T. Garé ; *RTD civ.* 1992, p. 540, obs. J. Hauser.

[644] En revanche, il existera toujours une distorsion avec la réalité biologique. Ce n'est cependant pas à ce niveau que nous apprécions la conformité entre l'apparence et la réalité sous-jacente.

[645] *C. civ.*, art. 310-3.

[646] *C. civ.*, art. 311-1.

[647] *C. civ.*, art. 311-2 : « La possession d'état doit être continue, paisible, publique et non équivoque ».

[648] *C. civ.*, art. 2255 : « La possession est la détention ou la jouissance d'une chose ou d'un droit que nous tenons ou que nous exerçons par nous-même, ou par un autre qui la tient ou qui l'exerce en notre nom ».

lorsqu'elle est caractérisée par des faits publics[649]. Ainsi, des apparences peuvent permettre au possesseur d'acquérir la propriété ou *a minima*, d'être protégé dans sa jouissance[650]. Là encore, les apparences sont considérées comme une réalité juridique. Si un décalage existait initialement entre les apparences et la réalité juridique, c'est à dire que le possesseur n'était pas propriétaire, les apparences, à savoir le fait de ses comporter comme un propriétaire, vont permettre de fonder une nouvelle réalité juridique, en établissant un rapport de propriété, et par là même rendre la réalité conforme aux apparences.

263. ***La production des effets normaux de l'apparence non trompeuse*** **-** Le train de vie étant une manifestation de la réalité, il peut déterminer des effets juridiques comme toutes les apparences non trompeuses[651]. En revanche, il ne saurait produire, par lui-même des effets juridiques.

C'est ainsi que le train de vie peut permettre d'établir et de prouver une situation génératrice de droit. Tel est le cas lorsque le train de vie est allégué par son auteur[652]. En revanche, lorsqu'il est allégué par autrui, et tout particulièrement par une autorité de contrôle, il permet d'établir et de prouver une situation économique dans le but de faire naître des obligations à la charge de son auteur.

264. Le train de vie constitue une donnée apparente qui peut être saisie par les tiers, et notamment par les autorités de contrôle. Cette donnée tiendra lieu de réalité pour cette dernière. Elle sera alors substituée aux données initialement déclarées par le contribuable ou le demandeur de prestations sociales.

B - Une donnée économique substituée

265. Le train de vie repose sur des apparences qui tiennent lieu de réalité pour l'autorité de contrôle. Sa caractérisation et son évaluation permettent, non seulement de mettre en cause la sincérité des déclarations du contribuable ou du demandeur de prestations sociales, mais aussi de

---

649 C. civ., art. 2261 : « Pour pouvoir prescrire, il faut une possession continue et non interrompue, paisible, publique, non équivoque, et à titre de propriétaire ».

650 *C. civ.*, art. 2278 relatif à la protection possessoire.

651 *Supra*, n° 260 et s.

652 *Infra*, n° 455 et s.

reconstituer son revenu. Ce revenu présumé sera substitué à celui qui avait été déclaré. Les mécanismes mis en œuvre par le droit fiscal et repris par le droit social, illustrent parfaitement ce phénomène.

266. ***Illustration*** - Afin de déterminer l'assiette de l'impôt sur le revenu d'un contribuable ou de déterminer le montant des prestations sociales auxquelles aurait droit une personne, l'administration a besoin de connaître ses revenus ou ses ressources. Cette information lui est directement transmise par les personnes concernées qui ont l'obligation de réaliser une déclaration de revenus ou de ressources. Si cette déclaration n'est pas réalisée de bonne foi, l'administration peut alors mettre en œuvre des procédures[653], essentiellement basées sur le train de vie, pour reconstituer le revenu ou les ressources qui lui ont été dissimulées. Pour cela, elle s'appuie sur une liste prédéterminée d'éléments du train de vie. Cette liste est accompagnée d'un barème d'évaluation de chacun des éléments quelle contient. La mission de l'autorité de contrôle consiste alors à additionner la valeur de chacun des éléments du train de vie de la personne mise en cause. Le résultat obtenu permet de présumer les revenus perçus par le contribuable ou le demandeur de prestations sociales. Il ne s'agit certes pas du revenu réellement perçu, mais il s'agit tout du moins d'un revenu qui s'en approche assez sensiblement. Ce revenu présumé sera substitué au revenu déclaré. Il servira de base dans le calcul de l'impôt et des droits à prestations sociales.

267. ***Une présomption de revenus conforme à la réalité*** - Le revenu calculé à partir du train de vie sera assez proche de celui réellement perçu. L'absence de décalage entre les deux s'explique par la structure même du train de vie. En effet, nous avons montré que le train de vie fonctionnait un peu comme une universalité au sein de laquelle les dépenses de train de vie devaient être financées par des ressources, principalement des revenus[654]. En d'autres termes, nous avions montré que pour jouir de manière habituelle d'un certain nombre de biens, en d'autres termes mener un train de vie, il est nécessaire de disposer de revenus. Dès lors, sous réserve que la jouissance des éléments du train de vie référencés dans les listes soit réalisée à titre gratuit, il est relativement pertinent d'associer une présomption de revenus à chacun des éléments du train de vie.

---

[653] Pour la matière fiscale : évaluation forfaitaire minimale du revenu imposable d'après certains éléments du train de vie (*CGI*, art. 168) ; taxation forfaitaire en fonction des éléments du train de vie (*CGI*, art. 1649 quater-0 B ter). Pour la matière sociale : *CSS*, art. L.553-5 et L.861-2-1.

[654] *Supra*, n° 211 et s.

268. Le train de vie est donc une donnée économique apparente, ostensible qui est en principe conforme à la réalité sous-jacente. Cependant, les apparences ne sont pas toujours un reflet de la réalité, y compris en matière de train de vie. Il faut alors envisager les conséquences d'une apparence trompeuse, c'est-à-dire les conséquences d'une distorsion entre le train de vie d'une personne et sa véritable situation économique.

Paragraphe 2 - Une apparence tenant lieu de réalité en dépit du risque de tromperie

269. L'apparence trompeuse est largement appréhendée par le droit. Son régime juridique protecteur des tiers sera présenté (A) avant d'être transposé au train de vie apparent (B).

A - Le traitement juridique de l'apparence trompeuse

270. Il existe deux façons de réagir face aux apparences trompeuses qui ont pour point commun de protéger la personne trompée. La première consiste à les sanctionner (a) et la seconde à passer outre leur caractère trompeur. Dans le second cas, la non-conformité à la réalité sous-jacente est ignorée. L'apparence trompeuse produit alors des effets que la réalité ne peut pas elle-même produire (b).

1 - L'apparence trompeuse sanctionnée

271. ***Une apparence reposant sur un mensonge*** - Il est des cas où l'auteur d'un acte, pour bénéficier d'un avantage indu ou échapper à une contrainte juridique, déforme la réalité. À cet effet, il créé une situation apparente qui trouve sa source dans un mensonge de sa part. La donation déguisée en est un exemple, elle prend les apparences d'un acte à titre onéreux, mais est en réalité une libéralité. Un tel acte peut être constitué par une vente sans paiement du prix ou avec sa rétrocession ultérieure à l'acheteur.

272. ***Le domaine de l'apparence trompeuse sanctionnée*** - Cette apparence trompeuse se rencontre à la fois dans des rapports bipartites ou tripartites. Pour les premiers, une personne cherchera par un mensonge à emporter l'adhésion d'une autre. Le dol, défini comme « un comportement malhonnête, le plus souvent d'un contractant envers l'autre, sous forme de manœuvres, mensonges, feintes, collusions, etc...destinés à surprendre le consentement de l'autre partie »[655], correspond tout à fait à cette situation. Tel pourrait par exemple être le cas d'une personne qui, pour vendre son véhicule automobile à un meilleur prix, en diminue le kilométrage. L'acheteur, qui se fierait au kilométrage apparent serait trompé.

Dans des situations tripartites, la tromperie résulte de l'entente de deux personnes en vue de la réalisation d'un acte qui portera atteinte aux droits d'un tiers. La simulation[656] et la fraude sont deux mécanismes qui permettent d'atteindre ce but. Par le premier, les parties à un contrat dissimulent le véritable contenu de leur accord en établissant un acte ostensible, démenti par un acte secret ou une contre lettre, relatant exactement la convention. Par le second, le débiteur pourra créer une apparence d'insolvabilité.

273. ***Les sanctions de l'apparence trompeuse*** **-** L'apparence trompeuse, lorsqu'elle résulte d'un mensonge, est sanctionnée sur le fondement du droit commun. La nullité ou l'inopposabilité sont les sanctions les plus adaptées dans la mesure où elles permettent de priver d'effet l'acte apparent[657]. La requalification de l'acte pour lui appliquer un régime juridique civil et fiscal plus contraignant est également une technique appliquée, notamment en cas de simulation.

Si la victime ne souhaite ou ne peut pas anéantir l'acte trompeur elle pourra toutefois demander réparation de son préjudice sur le fondement de la responsabilité civile délictuelle dans la mesure où faute de l'auteur de l'acte trompeur en justifie la sanction. L'apparence trompeuse qui ne résulte pas d'une faute pourra quant à elle être validée.

---

[655] Association Henri Capitant sous la dir. de Cornu (G.), *Vocabulaire juridique*, 11e éd., PUF, Quadrige, 2016, V° *Dol.*

[656] *Ibid.*, V° *Simulation* : « Fait consistant à créer un acte juridique apparent (dit ostensible) qui ne correspond pas à la réalité des choses, soit pour faire croire à l'existence d'une opération imaginaire, soit pour masquer la nature ou le contenu réel de l'opération (ex : dissimulation du prix, déguisement d'une donation en vente), soit pour tenir secrète la personnalité d'une ou de plusieurs des parties à l'opération (interposition de personnes) ». Voir Ophèle (C.), *Rép. civ. Dalloz*, juin 2012, V° *Simulation* ; Dagot (M.), *La simulation en droit privé*, préf. Pierre Hébraud, LGDJ, coll. Bib. droit privé, T. 73, 1967 ; Deboissy (F.), *La simulation en droit fiscal*, préf. Maurice Cozian, LGDJ, coll. Bib. droit privé, T. 276, 1997.

[657] Pour une présentation des différentes sanctions du dol, de la fraude paulienne et de la simulation voir respectivement Terré (F.), Simler (Ph.) et Lequette (Y.), *Droit civil Les obligations*, 11e éd, Dalloz, Précis, 2013, n° 240, n° 1157 et n° 551 et s.

2 - L'apparence trompeuse validée

274. ***Exposé de la théorie de l'apparence* -** Il est des cas où la situation apparente est en décalage avec la situation réelle. Alors que ces deux situations ne devraient faire qu'une, elles se sont dédoublées. Se fondant sur son observation erronée, une personne a agi mais les conséquences de son acte ne devraient pas être celles qu'elle pensait être. Tel est le cas par exemple d'une personne ayant contracté avec un mandataire apparent agissant au nom d'un mandant, alors même qu'il n'avait reçu aucun mandat de la part de ce dernier. Normalement l'acte ne devrait produire aucun effet. Pourtant, il peut être valablement opposable au mandant. Afin de protéger les tiers et d'assurer la sécurité juridique[658], l'apparence trompeuse qualifié de « notion proprement juridique de l'apparence[659] », a donné naissance à une théorie prétorienne : la théorie de l'apparence. En vertu de cette théorie autonome[660], la seule apparence suffit à produire des effets juridiques à l'égard des tiers qui, par suite d'une erreur légitime, ont ignoré la réalité.

275. ***Les éléments constitutifs* -** « La théorie de l'apparence n'est pas une planche de salut à l'usage des négligents et des étourdis mais une protection réservée aux victimes d'une croyance légitime[661] ». Sa mise en œuvre nécessite la réunion d'un élément matériel et d'un élément intellectuel qui sont interdépendants. Ainsi, l'apparence « est formée par la combinaison étroite de deux éléments : une situation de fait ostensible suffisamment caractérisée pour donner naissance à une croyance légitime à quelque chose (droit, situation de droit, qualité, etc.) d'inexistant, parce que la valeur indicative des faits ostensibles se trouve en défaut[662] ». L'élément central de cette théorie est donc l'erreur. Un auteur a mis en avant cette primauté, affirmant que « pour se prévaloir de l'apparence, il faut d'abord avoir commis une erreur, il faut avoir cru que la situation apparente était une situation véritable[663] ». Celle-ci ne résulte pas de l'observation mais de la

---

[658] Lorsque la doctrine traite de l'apparence elle invoque souvent l'idée de sécurité et notamment de sécurité dynamique surtout en droit des affaires. Cf. Calais Auloy (J.), *Essai sur la notion d'apparence en droit commercial*, LGDJ, coll. Bib. droit privé, T. 17, 1961, n° 20.

[659] Voirin (P.), note sous CA Bordeaux, 10 décembre 1928, *D.P.* 1929, 2, p. 81.

[660] Distincte de la responsabilité civile. Cf. Ghestin (J.), Goubeaux (G.) et Fabre-Magnan (M.), *Traité de droit civil, Introduction générale*, 4e éd., LGDJ, 1994, n° 848 et s. ; Vouin (R.), *La bonne foi, notion et rôle actuels en droit privé français*, LGDJ, 1939, n° 230 et s.

[661] Voirin (P.), *op. cit.*, p. 82.

[662] *Ibid.*, p. 81.

[663] Calais Auloy (J.), *th. préc.*, n° 20.

représentation juridique qui en a résulté. « Ce qui est imaginaire ce n'est pas la matière qui créée l'illusion, mais la représentation que cette matière très réelle provoque dans l'esprit des spectateurs[664] ».

276. ***Les caractéristiques de l'erreur*** - L'erreur permettant de revendiquer l'application de la théorie de l'apparence était traditionnellement qualifiée d'erreur commune. L'erreur légitime[665] peut également être admise[666]. Le terme croyance légitime est également utilisé. L'erreur commune[667] n'est pas l'erreur que tout le monde aurait nécessairement commise, mais celle qu'aurait commis le plus grand nombre. C'est une « erreur invincible, à laquelle nul ne peut normalement échapper[668] ». La substance de l'erreur légitime n'est pas différente de l'erreur commune, c'est la manière de l'apprécier qui a évolué. L'erreur légitime est appréciée plus individuellement, plus concrètement. Elle l'est également avec moins de sévérité. Son auteur « aurait pu, au prix de certaines recherches, découvrir la vérité[669] ».

277. ***L'objet de l'erreur*** - L'objet de l'erreur peut être un élément de fait ou un droit. Le tiers contractant peut avoir cru que son cocontractant était titulaire d'un droit alors qu'il ne l'était pas. Dans cette configuration tripartite, la théorie de l'apparence permet de valider l'acte alors que l'une des parties ne disposait pas d'un droit ou d'un pouvoir normalement indispensable à sa validité.

L'erreur peut aussi avoir pour objet une situation de fait. Placé dans un rapport bipartite, son auteur a cru que la situation observée était une situation de droit alors que celle-ci n'était qu'une pure situation de fait, ou plus précisément, une situation factuelle ne produisant aucun effet juridique. Tel est par exemple le cas de celui qui a cru contracter avec des époux alors que ces derniers sont des concubins. Il ne pourrait normalement pas bénéficier de la solidarité ménagère[670] attachée à la qualité époux[671] mais du fait de

---

[664] Voirin (P.), *op. cit., loc. cit.*

[665] Ghestin (J.), Goubeaux (G.) et Fabre-Magnan (M.), *op. cit.*, n° 851. Le terme croyance légitime est également utilisé par certains auteurs qui sont amenés à distinguer l'erreur de la croyance qui en a résulté. Cf. Boudot (M.), *Rép. Civ. Dalloz*, 2009, V° *Apparence*, n° 133 et s.

[666] Tel est le cas par exemple en droit commercial. Cf. Calais Auloy (J.), *th. préc.*, n° 28 et s.

[667] Mazeaud (H.), « La maxime "*error communis facit jus*" », *RTD civ.* 1924, p. 929.

[668] Ghestin (J.), Goubeaux (G.) et Fabre-Magnan (M.), *op. cit.*, n° 851.

[669] *Ibid.*, n° 852.

[670] *C. civ.*, art. 220.

l'apparence trompeuse, il pourra néanmoins étendre son droit de gage sur le patrimoine du concubin qui n'a pas contracté[672].

278. Le droit réagit de différentes manières face à l'apparence trompeuse. Qu'il la valide ou qu'il la sanctionne, il cherche toujours à protéger la victime de la tromperie, sauf si elle est elle-même l'auteur de la tromperie, ce qui est le plus fréquent en matière de train de vie.

B - Le traitement juridique du train de vie apparent

279. L'autorité de contrôle trompée par le caractère apparent du train de vie d'une personne ne subit aucun préjudice. Elle peut donc se fonder sur les apparences dans le cadre de sa mission. Cela a des répercussions pour l'auteur du train de vie, lequel doit alors supporter des obligations dont le montant est déterminé en considération des apparences et non de la réalité (1). Afin de se libérer de telles obligations, il n'a d'autre choix que d'apporter la preuve de la réalité de sa situation patrimoniale et par là même, du caractère fictif de son train de vie (2).

1 - La prise en considération l'apparence trompeuse de train de vie

280. ***L'option offerte au tiers trompé*** - L'analyse du traitement juridique de l'apparence trompeuse a permis de montrer que le tiers trompé par une apparence dispose d'une option. Si l'apparence lui est profitable, il

---

[671] Cass. civ. 1re, 11 janvier 1984, n° 82-16.198 : *Gaz. Pal.* 1985, I, 133, note J. M. ; *Defrénois* 1984, p. 933, obs. G. Champenois ; *RTD civ.* 1985, p. 171, obs. J. Mestre ; Cass. civ. 1re, 2 mai 2001, n° 98-22-836, *Bull. civ. I*, n° 111 ; *D.* 2002, Somm. 612, obs. J.-J. Lemouland ; *Defrénois* 2001, p. 1003, obs. J. Massip ; *Dr. famille* 2001, n° 79, note Perrouin ; *RTD civ.* 2001, p. 565, obs. J. Hauser.

[672] Pour une distinction entre les situations de fait qui relèvent de la théorie de l'apparence et les situations factuelles, qui en sont étrangères, voir Leveneur (L.), *Situations de fait et droit privé*, Préf. Michèle Gobert, LGDJ, coll. Bib. droit privé, T. 212, 1990, n° 3. Selon lui, les situations de fait ont le « caractère particulier de ressembler à des situations de droit bien précises, tout en s'en distinguant ». Si proches soient-elles d'une situation de droit, elles souffrent néanmoins d'une irrégularité qui ne leur permet pas d'accéder à la qualification juridique espérée. En effet, « elles ne sont pas des situations de droit, parce qu'elles ne respectent pas certaines conditions légales ». Pourtant, « elles ne sont pas non plus des situations de pur fait, puisque le droit leur fait tout de même produire des effets de droit ». Ces effets sont ceux normalement produits par la situation de droit « dont elles sont la copie conforme ».

est en droit de demander à ce qu'elle produise des effets juridiques. Si elle lui est défavorable, il peut en demander la sanction. Pour se prévaloir de cette option, il ne doit avoir été légitimement trompé.

281. ***Une absence de protection du tiers illégitimement trompé*** **-** La théorie de l'apparence produit ses effets à condition que deux éléments soient caractérisés[673]. Le premier est d'ordre matériel, il faut une situation matérielle ostensible. Dans la mesure où sa caractérisation repose sur une appréciation factuelle, cette condition sera dans tous les cas remplie. Le second, d'ordre intellectuel fera davantage débat. Afin de bénéficier de la protection de la théorie de l'apparence, il convient de prouver que la croyance était légitime c'est-à-dire que l'erreur d'appréciation qui a été commise aurait été commise par un individu normalement diligent, placé dans les mêmes conditions. Dès lors que le tiers est dans l'impossibilité d'apporter une telle preuve, son erreur ne peut pas être considérée comme légitime. Il existe des hypothèses pour lesquelles cette erreur ne sera jamais légitime.

En prenant appui sur le droit du crédit, il est possible de mettre en évidence des situations dans lesquelles l'ignorance peut jamais être légitime. Lorsqu'un banquier accorde un prêt à la consommation, il doit s'assurer des capacités financières réelles de l'emprunteur. Le code de la consommation, très explicite, dispose que « avant de conclure le contrat de crédit, le prêteur vérifie la solvabilité de l'emprunteur à partir d'un nombre suffisant d'informations, y compris des informations fournies par ce dernier à la demande du prêteur[674] ». Le banquier doit également attirer « l'attention de l'emprunteur sur les caractéristiques essentielles du ou des crédits proposés et sur les conséquences que ces crédits peuvent avoir sur sa situation financière, y compris en cas de défaut de paiement[675] ». Ces dispositions s'insèrent dans un dispositif global qui fait désormais peser sur le prêteur une triple obligation d'information, d'explication et de mise en garde du débiteur qui ne peut être satisfaite par la seule foi en les apparences nées du train de vie.

Dans un domaine voisin, le code de la consommation protège la caution contre le risque d'un engagement manifestement disproportionné par rapport

---

[673] *Supra*, n° 275 et s.

[674] *C. consommation*, art. L.312-16 (ancien art. L.311-9 issu de la loi n° 2013-672 du 26 juillet 2013 de séparation et de régulation des activités bancaires).

[675] *C. consommation*, art. L.312-14 (ancien art. L.311-8).

à ses moyens[676]. Si une telle disproportion est caractérisée, les effets de cette garantie seront paralysés dans la relation entre le créancier et le débiteur dans la mesure où la sûreté sera inopposable. Cette protection de la caution ne semble pas pouvoir être contournée par l'invocation d'une apparence de solvabilité. Il incombe donc au créancier de s'assurer de la réalité de la solvabilité de la caution. Il en résulte qu'un cautionnement accordé sur la seule foi du train de vie de la caution ne pourrait être qualifié d'erreur légitime. Aucune option ne saurait être ouverte au banquier. Plus encore, il ne pourrait même pas se prévaloir de l'apparence trompeuse.

282. ***L'apparence de solvabilité de l'auteur du train de vie défavorable au tiers trompé*** **-** En matière de train de vie, l'apparence peut être défavorable en ce qu'elle a fait naître une croyance erronée de solvabilité. Cette apparence peut être le fait de l'auteur du train de vie ou d'un tiers. Cette seconde hypothèse se rencontre par exemple en droit des entreprises en difficulté et plus particulièrement, en matière de soutien abusif du débiteur par la fourniture de crédit[677]. Il s'agit d'une situation dans laquelle un établissement bancaire accorde un crédit à un débiteur en sachant que la situation financière de ce dernier est définitivement obérée. Le train de vie du débiteur peut ainsi être maintenu et susciter une apparence de solvabilité auprès d'autres partenaires qui ne se seraient pas engagés s'ils avaient eu connaissance de la situation financière réelle du débiteur.

La personne trompée par cette apparence de solvabilité, qu'elle soit cocontractante ou tiers ne demandera pas à bénéficier des effets de l'apparence. Bien au contraire, elle cherchera à la faire sanctionner en obtenant la nullité de son engagement[678] ou en engageant la responsabilité de l'auteur de l'apparence.

---

[676] *C. consommation*, art. L.314-18 pour les contrats de cautionnement garantissant un crédit à la consommation et un crédit immobilier (ancien art. L.313-10) et art. L.332-1 (ancien art. L.341-4) concernant tous les contrats de cautionnement conclu par une personne physique au profit d'un créancier professionnel, quelle que soit la nature du crédit, ; Cabrillac (M.), Moully (Ch.), Cabrillac (S.) et Pétel (Ph.), *Droit des sûretés*, 10e éd., Lexis-Nexis, coll. Manuels, 2015, n° 336 et s.

[677] *C. comm.*, art. L.650-1. Jacquemont (A.), *Droit des entreprises en difficulté*, 8e éd., Litec 2013, n° 119.

[678] Une demande de nullité du mariage a pu être formulée par un époux qui s'était engagé en considération de la fortune apparente de l'autre. Le TGI du Mans, dans un arrêt du 18 mars 196, n'avait pas fait droit à sa demande. Il avait jugé que : « Attendu que si le dol ne constitue pas une cause de nullité de mariage, la jurisprudence récente étend la notion d'erreur sur la personne ; que toutefois l'erreur sur la fortune, l'intelligence, le caractère, la race, la religion, la virginité ou la grossesse de la femme, la santé de l'époux, ne paraît pas devoir être retenue comme cause de nullité ». Une telle demande aurait pu être accueillie sur le

283. ***La neutralité de l'apparence de train de vie en matière de fraude*** - Lorsqu'il s'agit de lutter contre la fraude, la situation est bien différente de celle qui vient d'être exposé. L'autorité de contrôle ne souscrit aucun engagement en considération du train de vie. La fictivité du train de vie ne lui produit aucun préjudice. Elle ne cherchera donc pas à mettre en cause l'apparence. Bien au contraire, elle lui accordera du crédit. Cela aura pour conséquence d'alourdir les obligations de celui qui a mené un train de vie disproportionné par rapport à ses ressources réelles. Ainsi, si un contribuable finance son train de vie à partir de crédits sans percevoir de revenus et que l'assiette de son impôt sur le revenu est déterminée au regard des éléments de son train de vie, cet impôt sera largement surévalué. Afin de rétablir la véritable base d'imposition ce contribuable devra prouver à l'administration que les ressources permettant de financer son train de vie ne sont pas le fruit de son travail.

Il en résulte que l'auteur d'un train de vie excessif devra supporter la charge de la preuve. S'il échoue, il devra supporter le poids des obligations calculées sur le fondement du train de vie qu'il a choisi de mener mais qui n'est pas le reflet de sa situation patrimoniale réelle.

2 - La preuve de la réalité mise à la charge de l'auteur du train de vie

284. ***Le recours à une présomption en matière pénale*** - Celui qui a mené un train de vie disproportionné par rapport à ses ressources, induisant les tiers en erreur, devra en assumer les conséquences, notamment probatoires. Cette situation est particulièrement significative en matière pénale[679] où est incriminé « le fait de ne pas pouvoir justifier de ressources correspondant à son train de vie ou de ne pas pouvoir justifier de l'origine d'un bien détenu, tout en étant en relations habituelles avec une ou plusieurs personnes qui soit se livrent à la commission de crimes ou de délits punis d'au moins cinq ans d'emprisonnement [680] ». Ainsi ce n'est pas la disproportion entre les ressources et le train de vie qui est sanctionnée mais l'absence de justification de l'origine des ressources permettant de financer

---

fondement l'article 180 du Code civil. Dans la mesure où des obligations patrimoniales naissent du mariage, une erreur sur la situation patrimoniale de son conjoint serait de nature à entraîner la nullité du mariage, à condition toutefois que la situation de fortune eu été une qualité essentielle pour l'époux trompé. Voir *Jcl. Civil code*, *V° Mariage,* Fasc 10, art. 143 à 147, n° 71 et s.

[679] *Supra*, n° 10.

[680] *Code pénal*, 321-6. Voir aussi *code pénal* art. 225-6, 3°, 225-12-5 et 421-2-3.

le train de vie ; celle-ci faisant présumer l'origine illicite desdits revenus et par voie de conséquence, la participation à une infraction pénale.

Pour les délits de non justification des ressources, la charge de la preuve est en partie imputée à l'agent pénal grâce au mécanisme juridique de la présomption[681]. La tâche du Parquet est largement simplifiée. Il lui incombe de prouver les « relations habituelles » entretenues entra la personne poursuivie et des personnes se livrant « à la commission de crimes ou de délits punis d'au moins cinq ans d'emprisonnement[682] ». Pour échapper à une condamnation, l'agent pénal devra donc apporter la preuve de l'origine licite des revenus lui ayant permis de financer son train de vie ou remettre en cause les éléments ayant été pris en considération pour établir son train de vie. Cette seconde preuve sera difficile à rapporter car en matière pénale, le train de vie est caractérisé à partir d'éléments ostentatoires, ne laissant pas de place au doute[683].

Sans nécessairement recourir au mécanisme de la présomption, l'auteur d'un train de vie disproportionné, doit apporter la preuve de l'origine de ses ressources, à défaut de pouvoir remettre en cause la caractérisation de son train de vie.

285. ***La preuve de l'absence de revenus supportée par le contribuable*** - Le contribuable qui a mené un train de vie disproportionné par rapport à ses revenus, risque d'être imposé à partir de l'évaluation forfaitaire de certains éléments de son train de vie. Afin de remettre en cause cette modalité d'évaluation de son impôt, il devra apporter la preuve que selon laquelle son train de vie, tel qu'il a été caractérisé par l'administration fiscale, n'a pas été financé par les ressources provenant de son travail. L'apport de cette preuve est expressément prévu par le code générale des impôts[684]. Tel n'a pas toujours été le cas. À l'origine, il existait une présomption irréfragable de revenu mise à la charge du contribuable[685]. Ce

---

[681] Voir Merle (Ph.), *Les présomptions légales en droit pénal*, LGDJ, 1970.

[682] *Ibid.*, spéc. n° 76 (pour un même raisonnement à propos du proxénétisme).

[683] *Supra*, n° 81.

[684] *CGI*, art. 168, 3° et 1649 quater-0 B ter, 4°.

[685] Voir Amselek (P.), « Rapport introductif », in *La taxation d'office à l'impôt sur le revenu* (Actes des journées d'études organisées par la Société française de droit fiscal à Strasbourg les 3 et 4 mai 1979), LGDJ, 1980, p. 19 et s., spéc. p. 31 ; Casimir (J.-P.), « Signes extérieurs de revenus et garanties accordées aux contribuables dans le cadre des taxations d'office » in *La taxation d'office à l'impôt sur le revenu*, *op. cit.*, p. 43 et s., spéc. p. 52 ; Wachsmann (P.), « L'article 168 et l'article 180 du code général des impôts », *Rev. Science financière* 1976, p.

n'est qu'avec la décision *Boisselier* du Conseil constitutionnel que la nature hybride de l'article 168 du code général des impôts a été abandonnée[686]. Cette décision a explicitement précisé que ce dispositif vise à lutter contre la fraude fiscale en offrant au contribuable la possibilité d'établir l'adéquation entre son revenu et son train de vie réel. Il ne doit constituer qu'un instrument de lutte contre la fraude fiscale et non un régime subsidiaire d'imposition des revenus[687].

Par ailleurs, à l'image de la personne poursuivie pénalement, il sera très difficile pour le contribuable de remettre en cause la caractérisation de son train de vie par l'administration fiscale.

286. ***L'absence de remise en cause du train de vie apparent*** **-** En conséquence, c'est bien souvent la nature ou l'origine des ressources ayant permis le financement d'un train de vie disproportionné qui seront au cœur du débat. Le train de vie, caractérisé par l'autorité de contrôle ne sera pas quant à lui remis en cause. Il est en effet très difficile pour son auteur de contester les faits constatés par l'autorité de contrôle, qui peuvent être qualifiés d'apparences. Il en résulte que les apparences véhiculées par le train de vie, demeurent des apparences fiables et conformes à la réalité, même en présence d'un train de vie disproportionné par rapport aux revenus.

❖

287. ***Conclusion de la section I*** **-** Le train de vie tire sa force et marque sa singularité par rapport à d'autres notions économiques, de son caractère apparent. Il est le reflet de la situation patrimoniale d'une personne. Cette caractéristique l'a conduit à être accaparé par les législations répressives notamment afin de lutter contre la fraude. À cet effet, il est considéré comme une réalité économique qui est substituée aux déclarations de ressources préalablement formulées par l'auteur du train de vie.

645, spéc. p 659. Dans le même sens à propos de l'ancien article 180 du CGI qui ne permettait pas au contribuable d'apporter la preuve selon laquelle ses dépenses avaient été financées par le recours à l'emprunt, voir J Casimir (J.-P.), *th. préc.*, n° 496.

[686] Décision n° 2010-88 QPC du 21 janvier 2011, spéc. considérant n° 8 ; Fouquet (O.), « Article 168 du CGI ; la preuve contraire, enfin ! Aperçu rapide », *Revue de droit fiscal,* 2011, n° 4, p. 3-4.

[687] Maitrot (J.-C.), *J-Cl Procédures fiscales*, Fasc. 365 : TAXATION FORFAITAIRE DU REVENU D'APRÈS LE TRAIN DE VIE (CGI, ART. 168 ; LPF, ART. L. 63) . – Généralités . – Champ d'application, spéc. n° 27.

Comme toute apparence, le train de vie est susceptible d'être une apparence trompeuse. Cette probabilité est toutefois relativement faible. Quand bien même cette éventualité se produirait, elle ne serait pas problématique dès lors que le train de vie non conforme à la réalité peut tout de même être opposé à son auteur, qui devra en assumer les conséquences, souvent défavorables.

Fort de son caractère apparent, le train de vie est utilisé comme une valeur de référence pour sanctionner une fraude.

Section II - Le train de vie, valeur de référence dans la sanction d'une fraude

288. ***Un outil d'évaluation fiable ?* -** Le train de vie joue un double rôle dans la lutte contre la fraude. Il permet de la révéler et de mesurer son ampleur. Afin de réaliser cette seconde mission, le train de vie doit être valorisé. À cette norme de référence, est confronté le montant déclaré par le contribuable ou le demandeur de prestations sociales. L'existence d'un écart entre les deux données permet de mettre en cause la sincérité de la déclaration de ressources. Le train de vie sert ainsi de norme de référence pour évaluer le montant de l'impôt dû ou calculer les droits à prestations sociales.

Cette mission peut paraître assez peu appropriée au train de vie. En effet, cette notion est empreinte d'indétermination. Il est impossible de la délimiter avec précision car tous les biens et services dont jouit une personne sont susceptibles de constituer des éléments du train de vie. Il peut dès lors sembler délicat et attentatoire à la sécurité juridique de faire reposer la sanction d'une fraude sur une norme aussi indéterminée.

289. Tout risque d'insécurité du fait de la référence au train de vie doit pourtant être écarté. Une telle référence en vue de sanctionner une fraude s'accompagne systématiquement de nombreuses garanties de sécurité juridique.

D'une part, le train de vie, malgré son caractère indéterminé, constitue un modèle de comparaison tout à fait fiable. Sa relativité ne doit pas être un obstacle à son usage. Elle est au contraire, un atout permettant de dégager pour chaque cas d'espèce une norme de référence appropriée. De plus, les textes identifient les éléments du train de vie qui seront pris en compte pour opérer le contrôle et leur attribuent une valeur forfaitaire. En présence de tels éléments, la valorisation du train de vie n'a donc rien d'arbitraire.

D'autre part, la méthode utilisée pour évaluer la fraude conduit à écarter définitivement tout risque d'insécurité juridique. La fraude n'est caractérisée qu'en présence d'une disproportion manifeste entre le train de vie et la donnée déclarée.

290. La démonstration du rejet de l'insécurité juridique tenant au caractère indéterminé du train de vie (Paragraphe 1) précèdera celle tenant à la méthode de contrôle mise en œuvre pour sanctionner la fraude (Paragraphe 2).

Paragraphe 1 - L'absence d'insécurité juridique tenant au caractère indéterminé du train de vie

291. Le train de vie est incontestablement une notion indéterminée car son périmètre varie pour chaque individu. Néanmoins, elle n'est pas une notion indéterminable. Il a été vu que, si sa définition est inévitablement souple, elle n'en est pas moins identifiable dans l'ensemble de ses éléments constitutifs.

Le caractère indéterminé du train de vie n'est en rien incompatible avec son rôle dans la sanction de la fraude. Le train de vie n'est pas la première notion indéterminée qui est utilisée en droit. Loin d'être un handicap, l'indétermination est un véritable atout qui permet de réaliser un contrôle de la fraude à la fois précis et individualisé.

Par ailleurs, les textes organisant un contrôle de la fraude en ayant recours au train de vie fournissent tous les outils nécessaires pour évaluer le train de vie. Pour cela, les éléments qui peuvent être pris en compte pour le caractériser train de vie sont exhaustivement sélectionnés et listés. Ils sont ensuite valorisés de manière forfaitaire.

L'insécurité juridique liée au caractère indéterminé du train de vie sera doublement écartée. D'une part, le caractère indéterminé d'une notion ne saurait à lui seul entrainer un risque d'insécurité (A). D'autre part, tout est mis en œuvre pour que le train de vie puisse être déterminé et évalué (B).

A - L'absence d'insécurité liée au caractère indéterminé d'une notion

292. Les notions indéterminées sont sujettes à critiques de deux ordres. D'une part, elles ne bénéficient pas d'une définition précise (1). D'autre part, leur usage confère au juge des pouvoirs exorbitants (2). Cette seconde catégorie de critiques n'est qu'une conséquence de la première dans la mesure où en l'absence de définition le juge gagne en autonomie. Ces deux catégories de critiques seront tout de même envisagées successivement.

1 - Les critiques relatives à l'absence de définition

293. ***Indétermination et indéterminabilité*** **-** Il est reproché aux notions indéterminées un certain flou dans leur définition. Ainsi, un auteur a même estimé qu'elles sont des « notions générales au contenu indéterminé qui, pratiquement, ne peuvent donner lieu à des définitions[688] ». En réalité, « ces concepts ne sont pas indéfinissables, mais la définition dont ils sont l'objet comporte certains éléments variables laissés à l'appréciation du juge[689] ».

L'indétermination qui caractérise les présentes notions n'est pas un empêchement diriment à leur usage. Leur utilisation en droit pénal, où l'exigence de sécurité est impérieuse, en atteste[690]. Le principe de légalité des délits et des peines qui impose une définition des infractions, ne fait pas obstacle à l'utilisation des notions indéterminées.

Comme l'ont fait remarqué certains auteurs « indéterminé ne veut pas dire indéterminable [691] ». Si l'indétermination d'une notion n'est pas problématique, il n'en est pas de même de son indéterminabilité, qui ouvre notamment la voie à un pouvoir discrétionnaire du juge[692].

---

[688] Ghestin (J.), « L'ordre public, notion à contenu variable en droit privé français », in *Les notions à contenu variable*, Perelman (Ch.) et Van Elst (R.),sous la dir., Bruxelles, Bruylant, 1984, p. 77.

[689] Bergel (J.-L.), *Théorie générale du droit*, 5e éd., Dalloz, coll. Méthodes du droit, 2012, n° 174, p. 234.

[690] Verhaegen (J.), « Notions floues en droit pénal », in *Les notions à contenu variable, op. cit.*, p. 9 ; Legros (R.), « Notions à contenu variable en droit pénal », in *Les notions à contenu variable, op. cit.*, p. 21.

[691] Bergel (J.-L.), *op. cit.*, n° 174.

[692] Rials (S.), « Standard, notion critique du droit », in *Les notions à contenu variable, op. cit.*, spéc. p. 46.

294. ***Le cas du train de vie*** **-** Le train de vie est certes une notion indéterminée, mais elle n'est pas indéterminable. Pour cette notion, l'indétermination, ou plus exactement, la variabilité, ne porte pas sur ses éléments constitutifs, mais sur les éléments constituant son support matériel. S'il est impossible d'établir une liste exhaustive de tous les éléments du train de vie, il a été montré que tous les biens et les services étaient susceptibles d'intégrer cette catégorie. Il en résulte que l'assiette du train de vie est déterminable.

En outre, certains textes permettent de diminuer la variabilité du train de vie en restreignant l'assiette du train de vie à certains biens et services. Ainsi, seuls ceux exhaustivement énumérés peuvent être pris en considération pour caractériser le train de vie d'une personne, dans une situation donnée.

Par ailleurs, le train de vie n'est pas un standard. Sa notion n'est donc pas amenée à varier au fil du temps, au gré de l'évolution de la société. Seul son contenu matériel varie en fonction d'un individu à l'autre.

Les critiques liées à l'absence de définition des notions indéterminées ont été relativisées en matière de train de vie. Qu'en est-il de celles relatives aux pouvoirs exorbitants du juge ?

2 - Les critiques relatives aux pouvoirs exorbitants du juge

295. ***Un pouvoir normatif et discrétionnaire*** **-** Le caractère indéterminé de certaines notions a pour conséquence de renforcer les pouvoirs du juge. Un auteur estime que « le législateur introduit souvent, délibérément, de telles notions dans le but de laisser au juge une plus grande liberté d'appréciation [693] ». Cette liberté est inhérente à l'usage des notions indéterminées. En effet, les notions-cadres catégories de notions indéterminées sont définies comme des lacunes *intra legem*, qui s'accompagnent d'une délégation d'un pouvoir normatif par le législateur au profit du juge. Dès lors, le juge exerce une « activité de création normative[694] ». Cet auteur ajoute que « la technique législative moderne, grâce à ces notions indéterminées, procède à de véritables "délégations normatives" aux autorités de décision et dose le niveau d'indétermination de

[693] Bergel (J.-L.), *op. cit., loc. cit.*

[694] Castets (C.), *Notions à contenu variable et droit d'auteur*, L'Harmattan, 2004, n° 218.

ces notions floues en fonction du pouvoir que l'on entend effectivement déléguer[695] ».

Pour d'autres auteurs, les pouvoirs conférés au juge par le recours aux notions indéterminées sont exorbitants. Selon eux, le juge bénéficie d'un « pouvoir discrétionnaire qui lui permet d'arbitrer des conflits de façon intuitive et empirique[696] ».

296. ***Relativisation et limitations des critiques*** **-** Certaines de ces critiques méritent d'être relativisées. D'autres doivent être circonscrites aux seuls standards juridiques, catégorie spécifique de notions indéterminées à laquelle n'appartient pas le train de vie[697].

Le Professeur Rials a montré que le standard, catégorie spécifique de notions indéterminées, ne saurait ouvrir un pouvoir discrétionnaire au juge[698]. Selon lui, ce dernier bénéficie d'une délégation de pouvoir de la part du législateur, d'un pouvoir normatif, qui ne se confond pas avec le pouvoir discrétionnaire. Il agit en vertu d'une norme générale qui, à la différence de la mise en œuvre d'un pouvoir discrétionnaire, n'est pas subjective et n'a pas vocation à s'appliquer qu'à la situation tranchée[699].

Outre la relativisation de certaines critiques, d'autres doivent être circonscrites aux seuls standards juridiques. Ces derniers, qui impliquent une idée de normalité, nécessitent une appréciation morale du juge[700] que ne requièrent pas toutes les notions indéterminées. Le train de vie ne traduit aucune normalité. Dès lors, lorsque le juge le caractérise, il ne réalise pas un travail d'interprétation mais uniquement un travail de qualification. Il en est autrement lorsqu'il doit apprécier l'existence d'une disproportion par rapport au train de vie. En définitive, ce n'est pas tant l'usage du train de vie que celui de la disproportion qui implique une interprétation du juge.

---

695 Bergel (J.-L.), *op. cit.*, *loc. cit.*

696 Malaurie (Ph.) et Morvan (P.), *Introduction au droit*, 5e éd., LGDJ, coll. Droit civil, 2014, n° 286. Pour une présentation détaillée de l'association entre standard juridique et pouvoir discrétionnaire, voir Rials (S.), *th. préc.*, n° 153 et s. Voir aussi Orianne (P.), « Les standards et les pouvoirs du juge », Les standards dans les divers systèmes juridiques, *RRJ* 1988-4, p. 1037.

697 *Supra*, n° 19.

698 S. RIALS, *th. préc.*, n° 155 et s.

699 *Ibid.*, n° 156, p. 224.

700 Néron (S.), « Le standard, un instrument juridique complexe », *JCP G* n° 38, 19 septembre 2011, doctr. 1003, spéc. n° 10.

297. Les critiques adressées aux notions indéterminées n'affectent que modérément le train de vie dont la variabilité ne concerne que la substance, limitant également les pouvoirs du juge. Par ailleurs, dans de nombreuses situations la loi offre des guides au juge pour lui permettre d'évaluer avec précision le train de vie.

B - Les possibilités d'évaluation du train de vie

298. La notion de train de vie est largement utilisée dans des normes dont la finalité est de nature répressive. Le doute et l'imprécision ne peuvent cohabiter avec cette finalité. Le législateur a donc élaboré certains procédés visant à les exclure. Il a ainsi édicté, pour certaines matières, des critères permettant d'évaluer avec précision le train de vie. Dans d'autres matières, de tels critères d'évaluation du train de vie sont totalement absents. Le chiffrage précis du train de vie n'est pas même requis. Afin de caractériser une disproportion entre deux données, la jurisprudence est contrainte de relever un certain nombre d'éléments du train de vie ayant un caractère ostentatoire. Qu'elle soit évaluée de manière chiffrée (1) ou non (2), la valeur du train de vie peut toujours être déterminée.

1 - L'évaluation chiffrée du train de vie

299. Afin que le train de vie puisse remplir son rôle de norme de référence le législateur a intégré, dans certains textes de lois, des critères permettant de l'évaluer avec précision. Des listes d'éléments du train de vie (a) ont été dressées et la valeur de chacun d'entre eux a été déterminée de manière forfaitaire (b).

a) Le référencement des éléments du train de vie

300. ***Un train de vie prédéterminé -*** Le train de vie d'une personne se caractérise nécessairement *a posteriori*, en observant des faits qui se sont déroulés antérieurement. Il n'est jamais possible de le déterminer *a priori*. En revanche, il est possible de sélectionner les éléments du train de vie qui seront pris en compte. Cela permet en quelque sorte de prédéterminer le train de vie. Pour parvenir à cette fin, les textes recensent les différents éléments du train de vie qui peuvent être pris en compte pour caractériser le train de vie en question. Cette méthode se rencontre notamment en droit fiscal[701] et en droit social[702] où les textes contenant une référence au train de vie sont accompagnés de listes d'éléments du train de vie.

301. ***Avantages et inconvénients*** **-** Cette méthode, qui consiste à limiter aux seuls éléments indiqués dans ces listes, ceux qui peuvent être utilisés pour caractériser le train de vie, présente des avantages et des inconvénients[703].

Elle présente l'inconvénient de ne pas refléter la réalité dans la mesure où seuls les « éléments que le législateur a jugé caractéristiques du train de vie » peuvent être utilisés[704]. Loin de véhiculer une conception neutre du train de vie qui serait détachée de toute référence à la richesse et au somptuaire, « ces indices se veulent représentatifs d'un train de vie où le superflu l'emporte souvent sur l'essentiel[705] ». Le train de vie qui est caractérisé n'est donc qu'un reflet partiel et tronqué de la situation patrimoniale de la personne mise en cause.

Au rang des avantages, il convient de mentionner la prévisibilité de cette méthode[706]. Les éléments utilisés sont tous connus à l'avance. Toute personne sait si la jouissance de l'un d'eux est ou non susceptible de participer à la caractérisation de son train de vie. Cette prévisibilité permet d'assurer la sécurité juridique. Prédéterminée dans son contenu, la notion de train de vie ne peut souffrir d'aucune critique relative à son indétermination. Il en est de même pour la valorisation de chacun des éléments référencés.

---

[701] *CGI*, art. 168 et 1649 quater-0 B ter.

[702] *CASF*, art. R.262-74 et R.262-79 ; *CSS*, art. R.553-3-1, R.861-15-1.

[703] « L'énumération de l'article 168 a un caractère limitatif : un élément qui n'y figure pas ne peut pas être pris en compte » : Wachsmann (P.), « L'article 168 et l'article 180 du code général des impôts », *Rev. Science financière* 1976, p. 645, spéc. p 657.

[704] Casimir (J.-P.), *Les signes extérieurs de revenus : le contrôle et la reconstitution du revenu global par l'Administration fiscale*, préf. M. Cozian, LGDJ, 1979, n° 168 ; Dans le même sens voir Wachsmann (P.), *op. cit.*, *loc. cit.*

[705] Casimir (J.-P.), *th. préc.*, n°170.

[706] Qui peut être utilisée à mauvais escient par les contribuables ou les demandeurs de prestations sociales.

b) La valorisation des éléments du train de vie référencés

302. ***La valeur des différents éléments du train de vie déterminée par un barème*** **-** Afin de caractériser une disproportion, le train de vie est comparé à une donnée chiffrée qui a été déclarée par un contribuable ou un demandeur de prestation sociale. Pour réaliser cette opération, le train de vie doit lui-aussi être chiffré. À cette fin, le législateur a prédéterminé la valeur forfaitaire de chacun des éléments du train de vie[707]. Comme l'explique un auteur, le système retenu « consiste à faire correspondre à chacun des éléments énumérés une somme immédiatement déterminée par un barème[708] ». Ce barème est révisé régulièrement.

Cette méthode peut être critiquée en raison de la valorisation forfaitaire des éléments du train de vie et non de leur valorisation réelle.

303. ***L'ancienne majoration de la somme obtenue en application du barème*** **-** Jusqu'en 2011, il existait des dispositions permettant de majorer de 50 % la somme forfaitaire déterminée en application du barème précédemment évoqué[709]. Tel était le cas lorsque le contribuable avait disposé de plus de six éléments du train de vie figurant dans ledit barème. Il en était de même lorsque la somme forfaitairement déterminée était supérieure ou égale à deux fois un certain seuil.

Ces règles spécifiques de calcul permettaient d'accroitre la valeur du train de vie de manière importante. Elles ont été censurées par le Conseil constitutionnel à la suite d'une question prioritaire de constitutionnalité[710].

---

[707] *CGI*, art. 168 et 1649 quater-0 B ter ; *CASF*, art. R.262-74 et R.262-79 ; *CSS*, art. R.553-3-1, R.861-15-1 ; Pour une analyse de la méthode de détermination de cette valeur, voir Casimir (J.-P.), *th. préc.*, n°182 et s. Pour une approche plus générale de la question, voir Jemmar (S.), *L'évaluation des biens et services en droit fiscal*, préf. Daniel Gutmann, L'Harmattan, coll. Logiques juridiques, 2010.

[708] Wachsmann (P.), *op. cit.*, spéc. p 658. Cette remarque a été formulée à propos de l'article 168 du *CGI*. Elle s'applique désormais à tous les textes référencés ci-dessus.

[709] *CGI*, art. 168, 2° : « La somme forfaitaire déterminée en application du barème est majorée de 50 % lorsqu'elle est supérieure ou égale à deux fois la limite mentionnée au 1 et lorsque le contribuable a disposé de plus de six éléments du train de vie figurant au barème », abrogé par la Décision n° 2010-88 QPC du 21 janvier 2011. Des dispositions semblables existent toujours au 2° de l'article 1649 quater-0 B ter du *CGI*. Elles seront très certainement abrogées si elles font l'objet d'une question prioritaire de constitutionnalité.

[710] Décision n° 2010-88 QPC du 21 janvier 2011 ; Pelletier (M.), « L'article 168 du CGI : le dinosaure vacille mais ne tombe pas », *Droit fiscal* n° 7, 17 février 2011, comm. 219 ; Fouquet (O.), « Article 168 du CGI : la preuve contraire, enfin ! », *Droit fiscal* n° 4, 27 janvier 2011, act. 30.

Le Conseil d'État refusait déjà l'application de la majoration de 50 % estimant qu'elle ne correspondait à aucune réalité[711].

304. ***Valorisation du train de vie et reconstitution du revenu*** - Dans les matières fiscale et sociale, la référence au train de vie a pour but de reconstituer le revenu du contribuable ou du demandeur de prestations sociales. La somme obtenue en application du barème est censée représenter le revenu réellement perçu au cours de la période de référence. Elle sert ensuite à déterminer l'assiette de l'impôt sur le revenu ou celle de calcul des droits à prestations sociales. Au final, l'administration ne cherche absolument pas à évaluer le train de vie. Elle souhaite uniquement reconstituer le revenu de la personne mise en cause. Dès lors, on peut se demander si l'application du barème sert réellement à évaluer le train de vie. Ne sert-il pas qu'à évaluer le revenu ?

La finalité des textes ne doit pas occulter les mécanismes qu'ils mettent en œuvre. Les barèmes permettent d'évaluer le train de vie qui fait présumer un certain niveau de revenus. Dans ces textes, la valeur du train de vie et celle du revenu sont assimilées. Il est donc tout à fait exact d'affirmer que ces barèmes permettent à la fois d'évaluer le train de vie et le revenu du contribuable ou du demandeur de prestations sociales.

305. Les textes exploitant la notion de train de vie ne contiennent pas systématiquement des critères permettant de réaliser une évaluation chiffrée. La caractérisation et l'évaluation du train de vie sont alors abandonnées à l'autorité de contrôle. Afin de réduire les risques liés au caractère indéterminé du train de vie, celle-ci doit relever un certain nombre d'éléments du train de vie afin de donner un ordre de grandeur au train de vie plutôt qu'une évaluation précise.

2 - L'évaluation non chiffrée du train de vie

306. ***Présentation du mécanisme de contrôle en matière pénale*** - La matière pénale est principalement concernée par l'évaluation non chiffrée du train de vie. En cette matière, le train de vie est aussi utilisé dans un processus de comparaison, comme une donnée de référence. Dès 1960, une ordonnance a étendu l'incrimination de proxénétisme à toute personne vivant en relation avec une autre personne se livrant à la prostitution, dès

[711] CE, 15 oct. 1975, n° 93725 : *Rec. CE*, p. 508 ; *Dr. fisc.* 1976, n° 7, comm. 243, concl. D. Fabre ; *RJF* 12/75, n° 574.

lors qu'elle n'était pas en mesure de justifier de l'origine des ressources lui permettant de financer son train de vie[712]. Cette infraction reposait sur une présomption ; la personne vivant en relation avec une prostituée et ayant un train de vie disproportionné par rapport à ses ressources légales était présumée tirer profit de l'activité de prostitution. Elle était donc qualifiée de proxénète. Cette méthode d'incrimination s'est développée en droit pénal. De nombreuses infractions ont été étendues sur ce modèle[713]. Plusieurs d'entre elles ont été absorbées en 2006 par l'infraction autonome de « non justifications des ressources[714] ».

307. ***Une valorisation approximative reposant sur le recensement d'éléments ostentatoires*** **-** En droit pénal, le train de vie est utilisé de la même manière qu'en droit fiscal ou en droit social. C'est une donnée qui est caractérisée par l'autorité de contrôle, ici le juge pénal. Elle est ensuite comparée aux ressources légales du suspect. Là encore, elle constitue une donnée de référence. Si les ressources légales d'un suspect ne correspondent pas à son train de vie, sa participation à l'infraction pourra être retenue. Dans cette matière il n'existe aucune méthode légale d'évaluation du train de vie. Les juges sont alors dans l'obligation d'énumérer différents éléments du train de vie. Bien souvent les éléments pris en compte sont ceux d'une grande valeur, ostentatoires et associés au luxe. S'ils ne permettent pas de valoriser le train de vie avec précision, ils permettent de dégager un ordre de grandeur, une valeur approximative qui est, le plus souvent, très élevée. Cette valeur approximative est alors mise en relation avec les revenus licites de la personne poursuivie, qui sont quant à eux bien souvent modestes. Dans de telles conditions, l'inégalité entre le train de vie et les ressources légales est alors assez aisée à caractériser, et cela même en l'absence d'un chiffrage précis des deux données comparées.

---

[712] Ordonnance n° 60-1245 du 25 novembre 1960 relative à la lutte contre le proxénétisme. *C. pénal*, art. 225-6, 3°.

[713] Recel : loi n° 83-466 du 10 juin 1983, *C. pénal* ancien (jusqu'au 1er mars 1994), art. 461-1 devenu l'art. 321-6 du *C. pénal* actuel (abrogé par la loi du 23 janvier 2006) ; Trafic de stupéfiants : loi n° 96-392 du 13 mai 1996, *C. pénal*, art. 222-39-1 al. 1er (abrogé par la loi du 23 janvier 2006) ; Association de malfaiteurs : loi n° 2001-420 du 15 mai 2001, *C. pénal*, art. 450-2-1 (abrogé par la loi du 23 janvier 2006) ; Exploitation de la mendicité : loi n° 2003-239 du 18 mars 2003, *C. pénal*, art. 222-12-5 al. 2 : Traite des êtres humains : loi n° 2003-239 du 18 mars 2003, *C. pénal*, art. 225-4-8 (abrogé par la loi du 23 janvier 2006) ; Actes de terrorisme : loi n° 2003-239 du 18 mars 2003, *C. pénal*, art. 421-2-3.

[714] *C. pénal*, art. 321-6.

308. Qu'il soit chiffré ou non, le train de vie peut toujours être évalué. Le caractère indéterminé de cette notion, ne faisant pas obstacle à cette évaluation, ne peut donc être source d'insécurité juridique. Afin d'écarter de manière définitive tout risque d'insécurité juridique lié à l'utilisation du train de vie dans la lutte contre la fraude, il convient désormais de s'intéresser à la méthode de contrôle qui est utilisée.

Paragraphe 2 - L'absence d'insécurité juridique tenant à la méthode de contrôle utilisée

309. Afin de mettre en cause la sincérité de la déclaration de ressources, l'autorité de contrôle doit caractériser une disproportion entre le train de vie et le montant déclaré par le contribuable ou le demandeur de prestations sociales (A). Cette disproportion sera de nature à entraîner la sanction d'une fraude à la condition d'atteindre un certain seuil de gravité qui se traduit par l'exigence d'un caractère manifeste (B).

A - L'exigence d'une disproportion

310. Le train de vie ne produit aucun effet juridique par lui-même. Il n'est qu'une norme de référence qui sert à apprécier une disproportion. Seule la caractérisation de cette disproportion constatée entre le train de vie et les revenus déclarés est apte à entrainer des effets de droit. L'exigence d'une disproportion et non d'une simple inégalité entre ces deux données est déjà le gage d'une certaine sécurité. L'exigence d'une inégalité, tout à fait apte à mettre en cause la sincérité de la déclaration de revenus, serait beaucoup trop stricte. Elle conduirait à sanctionner l'auteur de la déclaration dès lors qu'il existerait une différence, même la plus minime, avec le train de vie. L'évaluation du train de vie n'est pas assez précise pour retenir une telle exigence. La notion de disproportion est beaucoup plus souple. Elle intègre une idée de déséquilibre entre deux données sans pour autant en fixer le seuil. Ainsi, elle admet que deux données ne soient pas égales sans pour autant être disproportionnées. Toute la difficulté réside alors dans la détermination du seuil de proportionnalité. Dans les matières étudiées, ce seuil est placé particulièrement haut, puisque les textes exigent systématiquement une disproportion manifeste.

B - L'exigence d'une disproportion manifeste

311. ***Une exigence présente dans toutes les branches du droit*** - Le train de vie sert à évaluer des disproportions. Son caractère indéterminé ne lui permet cependant pas de mesurer toutes les disproportions. Seules celles ayant une certaine importance peuvent être caractérisées grâce à lui. Dans toutes les branches du droit, cette exigence se retrouve. Elle est bien souvent imposée par les textes. Ainsi, en droit civil, la solidarité ménagère est exclue lorsque les dépenses en cause sont « manifestement excessives eu égard au train de vie du ménage[715] ». En droit fiscal[716] ou en droit social[717], la disproportion doit être « marquée » pour être retenue. À la différence des autres matières, les textes de droit pénal[718] n'exigent pas que la disproportion soit manifeste. Cela s'explique par leur rédaction. Alors même que le train de vie sert à mettre en évidence une disproportion par rapport aux revenus licites de l'agent pénal, c'est l'absence de justification de certaines de ses ressources qui est reprochée[719]. En outre, les juges pénaux caractérisent une disproportion marquée en prenant en compte essentiellement des éléments du train de vie ostensibles et d'une grande valeur.

312. ***Définition du terme « manifeste »*** - La combinaison de plusieurs notions relatives[720] pourrait présenter un risque d'insécurité juridique. Il n'en est rien. Les termes « manifeste » et « marquée » permettent d'écarter ce risque. Le premier peut être défini comme ce « dont l'existence ou la nature est évidente[721] » ou encore comme ce qui est « en soi très apparent, patent,

---

[715] *C. civ.*, art. 220 ; Dans le même sens : *C. civ.*, art. 515-4. Ce texte réservé aux partenaires d'un PACS n'utilise pas expressément l'expression « train de vie » mais celle-ci y est sous-jacente. Il en est également de même en matière d'assurance vie à propos des primes manifestement exagérées par rapport aux facultés du souscripteur (*C. assu.*, art. L.132-13). La notion de « facultés » renvoie à celle de train de vie.

[716] *CGI*, art. 168 et 1649 quater-0 B ter.

[717] *CSS*, art. L.553-5 et L.861-2-1 ; *CASF*, art. L.262-41.

[718] *C. pénal*, art. 321-6, 421-2-3, 225-12-5, 225-6 et 225-12-8.

[719] Pour un exemple, l'art 321-6 est rédigé ainsi : « Le fait de ne pas pouvoir justifier de ressources correspondant à son train de vie ou de ne pas pouvoir justifier de l'origine d'un bien détenu, tout en étant en relations habituelles avec une ou plusieurs personnes qui soit se livrent à la commission de crimes ou de délits punis d'au moins cinq ans d'emprisonnement et procurant à celles-ci un profit direct ou indirect, soit sont les victimes d'une de ces infractions, est puni d'une peine de trois ans d'emprisonnement et de 75 000 euros d'amende ».

[720] « Train de vie », « disproportion » et maintenant « manifeste ».

[721] *Le Grand Robert de la langue française*, V° *Manifeste*.

qui se révèle à lui-même et de façon très visible[722] ». Le second terme désigne une chose « qui se reconnaît facilement[723] ». Ces deux termes, qui ont un sens très proche, impliquent que la disproportion doit être évidente, flagrante. Elle ne peut laisser de place au doute.

313. ***La mesure de la disproportion manifeste*** **-** Le *quantum* de la disproportion manifeste n'est pas toujours laissé à la libre appréciation du juge. Certains textes peuvent en fixer un seuil minimal chiffré. Ainsi, en matière fiscale, « la disproportion marquée entre le train de vie d'un contribuable et ses revenus est établie lorsque la somme forfaitaire qui résulte de l'application du barème (…) excède d'au moins un tiers, pour l'année de l'imposition, le montant du revenu net global déclaré y compris les revenus exonérés ou taxés selon un taux proportionnel ou libérés de l'impôt par l'application d'un prélèvement[724] » ou qu'elle est « au moins égale au double du montant du revenu net global déclaré, y compris les revenus exonérés ou taxé selon un taux proportionnel ou libérés de l'impôt par l'application d'une prélèvement[725] ».

Cette exigence d'un excès d'au moins un tiers ou du double, permet d'apprécier concrètement ce qu'il faut entendre par disproportion manifeste. Elle confirme en outre, compte tenu de l'importance de la marge d'erreur accordée au contribuable, qu'aucune place n'est laissée au doute, et par là même à l'insécurité juridique.

❖

314. ***Conclusion de la section II*** **-** L'exigence d'une disproportion d'une certaine gravité contribue à rejeter davantage encore les craintes d'insécurité juridique fondée sur le caractère indéterminé de la notion de train de vie. Cette notion ne fait, pas plus que toute autre notion indéterminée, courir un risque d'insécurité. Elle dispose des mêmes garanties que les autres auxquelles viennent s'ajouter d'autres garanties qui lui sont spécifiques. Il en résulte que le caractère indéterminé de la notion de

---

[722] Association Henri Capitant sous la dir. de Cornu (G.), *Vocabulaire juridique*, 11e éd., PUF, Quadrige, 2016, V° *Manifeste* (2).

[723] *Le Grand Robert de la langue française*, V° *Marqué(e)*.

[724] *CGI*, art. 168, 2 bis et. Voir *J. Cl. fiscal* Fasc. 365, n° 69 et s.

[725] *CGI*, art. 1649 quater-0 B ter, 3°. Voir *J. Cl. fiscal* Facs. 366-10, n° 5.

train de vie ne perturbe nullement son rôle de norme de référence permettant d'évaluer une disproportion.

❖

315. ***Conclusion du chapitre Ier*** - Dès son entrée dans la sphère juridique, la notion de train de vie a été mise au service de la lutte contre la fraude, spécialement de la fraude fiscale. Cette mission s'est par la suite diffusée dans d'autres branches du droit, notamment en droit social et en droit pénal. Quel que soit le domaine dans lequel le train de vie est utilisé, la méthode est toujours identique. Ainsi, afin de mettre en cause la sincérité de la déclaration de revenus d'un contribuable, de la déclaration de ressources d'un demandeur de prestations sociales ou la licéité des revenus d'une personne suspectée d'avoir participé à une infraction pénale, l'autorité de contrôle va opérer une comparaison entre la donnée qui lui a été déclarée par la personne mise en cause et son train de vie. S'il existe une disproportion entre les deux, celle-ci sera le révélateur d'une fraude ou de la participation à une infraction.

316. Cette opération de contrôle peut être scindée en plusieurs étapes. D'abord, l'autorité de contrôle doit disposer d'une donnée de référence pour réaliser son contrôle. Elle va créer cette donnée, à laquelle sera confrontée la donnée qui lui a été fournie. À cette fin, elle va observer le comportement économique de la personne mise en cause. Ce comportement sera principalement révélé par le train de vie du fait de son caractère apparent.

Le train de vie constitue donc la norme de référence recherchée. Il sera considéré par l'autorité de contrôle comme la réalité et sera substitué à la donnée économique qui avait été transmise initialement par la personne mise en cause.

317. La caractérisation du train de vie par l'autorité de contrôle constitue une première étape. Afin de permettre la sanction d'une fraude, le train de vie doit ensuite être évalué. À cet égard, l'autorité de contrôle peut bénéficier d'un barème d'évaluation de chacun des éléments du train de vie, préalablement fixé par décret. L'addition de la valeur de chacun des éléments recensés permet de reconstituer approximativement les revenus du contribuable ou du demandeur de prestation sociale. En matière pénale, le juge ne dispose pas d'un tel guide. Il lui est alors impossible d'évaluer précisément les revenus de l'agent pénal. Dès lors, il s'attache à relever un maximum d'éléments du train de vie ayant une valeur importante. Cela permet de caractériser un train de vie fastueux, luxueux, et de faire présumer des revenus importants.

318. *In fine*, l'autorité de contrôle confronte la donnée initialement déclarée au train de vie, qu'elle aura préalablement évalué. Dès lors qu'il existe une disproportion manifeste entre les deux, elle peut mettre en œuvre ses pouvoirs de sanction.

319. La lutte contre la fraude aura permis au train de vie de s'installer dans la sphère juridique. Aujourd'hui ses fonctions ont été étendues mais son mode opératoire, est toujours identique. C'est ainsi que la disproportion eu égard au train de vie est également devenue un critère de qualification de certains actes juridiques.

Chapitre II - La proportionnalité au train de vie au service de qualification d'un acte juridique

320. ***Un critère de qualification*** - « Il arrive, en effet, que l'on hésite à propos d'un acte entre deux interprétations également possible mais dont chacune entraînera l'application de règles particulières : tel don est-il une libéralité ou un simple cadeau d'usage. (…) Il est évident que la réponse ne peut directement être donnée si l'on ne se réfère pas à la position sociale et à l'état de fortune, en un mot au train de vie[726] ». Ces propos, introduisent la seconde partie du seul article jamais consacré au train de vie, dans laquelle il est démontré que le train de vie est un critère de qualification. Cette fonction attribuée au train de vie au début des années 1970, n'est pas remise en cause aujourd'hui. Le train de vie peut s'analyser comme un contexte patrimonial de référence auquel est confronté un acte. Selon que cet acte est proportionné ou disproportionné par rapport au train de vie de son auteur, il en résulte des conséquences sur sa qualification ou sur son régime juridique.

321. ***Train de vie et notions voisines*** - L'expression « train de vie » est assez peu utilisée dans les textes qui n'ont pas pour but de lutter contre la fraude. Seules deux occurrences peuvent être recensées en droit patrimonial de la famille[727]. Dès lors, la portée de ce critère pourrait paraître très limitée. Cependant, certains textes de droit patrimonial de la famille, utilisent des notions voisines pour déterminer la qualification ou le régime juridique d'un acte. La fortune[728] et les facultés[729] peuvent être citées comme exemples.

Afin d'imposer le train de vie comme critère de qualification, il conviendra donc de s'intéresser aux interactions existant entre le train de vie et les notions qui lui sont proches sémantiquement et qui permettent, elles aussi, de mettre en évidence une disproportion.

322. ***Un critère utilisé à des fins de requalification*** - La proportionnalité au train de vie, en tant que critère de qualification, devrait être prise en compte dès la réalisation d'un acte. Ainsi, l'auteur d'un présent

[726] Ségur (L.), « Le rôle du train de vie dans l'application du droit civil », *JCP G* 1963, I, 1973.

[727] *C. civ.*, art. 220 et 515-4 relatifs à la solidarité ménagère dans le mariage et dans le PACS.

[728] *C. civ.*, art. 852 al. 2. La référence à la fortune permet de qualifier le présent d'usage.

[729] *C. assu.*, art. L.132-13 al. 2. La référence aux facultés permet de déterminer le caractère exagéré des primes d'assurance-vie versées par le souscripteur.

d'usage devrait déterminer *in limine* si la donation qu'il réalise est proportionnée à sa fortune. Si tel n'est pas le cas, il devrait alors se soumettre à l'ensemble des règles applicables aux donations. De même, le souscripteur d'une assurance-vie, qui entend bénéficier du régime juridique de l'assurance-vie, devrait s'assurer que les primes versées ne sont pas manifestement exagérées eu égard à ses facultés[730].

Dans les faits, cela ne se produit pas ainsi. La qualification de l'acte est entièrement laissée à la discrétion de son auteur. Le critère de la proportionnalité au train de vie n'est donc pas vérifié lors de cette étape. Il est le plus souvent invoqué ultérieurement, lorsque l'acte en cause produit ses effets. En effet, toute personne affectée par cet acte, peut tenter de remettre en cause sa qualification en apportant la preuve de son caractère disproportionné par rapport au train de vie. Ainsi, l'un des héritiers de l'auteur d'une donation, qualifiée de présent d'usage, peut contester le caractère modique de la ladite donation afin qu'elle soit soumise au rapport et à la réduction. De même, les héritiers du souscripteur d'une assurance-vie peuvent démontrer que les primes versées étaient manifestement exagérées afin qu'elles réintègrent la succession.

323. ***Justification du titre*** **-** En définitive, le critère de proportionnalité au train de vie, ou à une notion voisine, est essentiellement, mais pas exclusivement, utilisé pour requalifier des actes juridiques. Cette fonction principale ne saurait lui ôter sa fonction originelle : la qualification d'un acte. Les prochains développements proposeront d'ailleurs de renforcer cette fonction, en faisant de la proportionnalité au train de vie un critère général de qualification des libéralités et des actes de gestions. En outre, l'opération de requalification n'est rien d'autre qu'une seconde opération de qualification. Tous ces éléments conduisent donc à considérer la proportionnalité au train de comme un critère de qualification et non comme un critère de requalification.

324. Le critère de la proportionnalité au train de vie, permettant d'apprécier de manière *in concreto* de l'impact patrimonial d'un acte, est exploité de manière assez limitée en droit positif (Section I). Ses attraits conduiront à envisager sa généralisation (Section II).

---

[730] *C. assu.*, art. L.132-13 al. 2.

Section I - La disproportion d'un acte par rapport au train de vie : critère circonstancié de requalification *de lege lata*

325. En droit, certains actes respectant un rapport de proportionnalité apprécié par rapport au train de vie, bénéficient d'une qualification ou d'un régime juridique spécifique, favorable à leur auteur ou à leur bénéficiaire. Recherchant délibérément cet avantage, qui peut être de nature civile ou fiscale, l'auteur d'un acte s'affranchit parfois de la condition de proportionnalité pourtant exigée. Dans une telle hypothèse, il s'octroie un avantage indu lors de la réalisation de l'acte dont il risque néanmoins d'être privé par le recours ultérieur de toute personne intéressée. Celle-ci devra alors apporter la preuve du défaut de proportionnalité de l'acte en cause par rapport au train de vie de son auteur.

Ces deux étapes seront envisagées successivement. Ainsi, les avantages conditionnés à la proportionnalité au train de vie seront identifiés dans un premier temps (Paragraphe 1) avant d'étudier, dans un second temps, leur neutralisation pour défaut de proportionnalité au train de vie (Paragraphe 2).

Paragraphe 1 - Les avantages juridiques conditionnés à l'existence d'un rapport de proportionnalité déterminé par rapport au train de vie

326. En principe, toute qualification juridique entraine l'application du régime juridique qui lui est associé. Cependant, lorsqu'un acte respecte une condition de proportionnalité, appréciée par rapport au train de vie, le droit peut lui accorder un régime juridique dérogatoire. Cela se manifeste de la manière la plus évidente dans le domaine des libéralités. Ainsi, la proportion au train de vie permet d'exclure l'ensemble des obligations attachées à la qualification de libéralités (A). Ce phénomène peut également se manifester d'autres manières. En effet, la proportionnalité au train de vie peut aussi conditionner la validité ou les effets juridiques d'un acte (B).

A - L'exclusion des obligations attachées à la qualification de libéralité

327. Lorsqu'un acte est qualifié de libéralité, il est soumis à un régime juridique relativement contraignant tant sur le plan civil que fiscal. Certains actes, parviennent à échapper à ce régime juridique, et parfois même à la qualification de libéralité, du fait de leur modicité appréciée de manière relative, et donc de leur proportionnalité au train de vie de leur auteur. De tels actes sont dès lors particulièrement recherchés. Néanmoins, en droit positif, seuls certains actes sont concernés.

Afin d'apprécier l'intérêt d'échapper à la qualification ou au régime juridique des libéralités, l'ensemble des obligations qui leur sont attachées seront présentées (1). Seront ensuite envisagés les différents actes, qui au regard de leur proportionnalité au train de vie, bénéficient d'une qualification ou d'un régime juridique dérogatoire (2).

1 - Les obligations attachées à la qualification de libéralité

328. Les obligations attachées à la qualification de libéralité auxquelles l'auteur de l'acte, ou son bénéficiaire, cherche à échapper sont de deux ordres : les unes sont de nature civile (a), les autres sont de nature fiscale (b).

a) Les obligations civiles

329. Afin de respecter scrupuleusement les vocations légales, l'égalité entre les héritiers, et la réserve héréditaire, le bénéficiaire d'une libéralité peut être tenu, au décès de son auteur, à une double obligation. La première impose à l'héritier de rapporter à la succession de l'auteur de la libéralité le bien préalablement reçu (α). La seconde consiste à opérer une réduction des libéralités excédant la quotité disponible (β).

α - Le rapport successoral

330. ***Définition***[731] - « Le rapport des libéralités est une institution en vertu de laquelle un héritier doit rendre compte à la succession des libéralités qu'il a reçues du de cujus : il doit les rapporter à la masse successorale, qui ainsi, reconstituée, se partagera entre tous les héritiers à proportion de la vocation héréditaire de chacun[732] ». Son objectif est d'assurer l'égalité entre les cohéritiers. Cet objectif n'est en rien une obligation. En effet, les règles régissant cette matière sont essentiellement supplétives et peuvent être aménagées par l'auteur de la libéralité qui peut décider d'avantager un des héritiers par rapport aux autres en réalisant une libéralité hors part successorale[733] ou stipuler une clause de rapport spécifique.

En outre, il existe un certain nombre d'actes qui échappent au rapport successoral. On peut se demander si le but de ce mécanisme n'a pas évolué. Destiné initialement à « rétablir l'égalité des parts successorales entre des cohéritiers[734] », ne sert-il pas aujourd'hui davantage à limiter les inégalités entre cohéritiers. Il est en effet illusoire de croire que tous les cohéritiers, de même ordre et de même degré, reçoivent une part successorale strictement égale à celle des autres. L'égalité absolue n'existe que dans les textes. En effet, certains transferts de patrimoines non soumis au rapport successoral en raison de leur modicité[735] ou de la volonté du *de cujus*[736], engendrent dans toutes les successions, une inégalité plus ou moins importante, entre les cohéritiers.

331. ***Les personnes concernées*** - L'obligation au rapport concerne les héritiers *ab intestat* quel que soit leur rang[737], ayant été gratifiés par le *de*

---

[731] *C. civ.*, art. 843 et s. Voir Vareille (B.), *Volonté, rapport et réduction*, préf. P. Spitéri, Publications de la Faculté de droit et de sciences économiques de Limoges, PUF, 1988 ; Grimaldi (M.), *Droit civil, Successions*, 6e éd., Litec, 2001, n° 662 et s. ; Terré (F.), Lequette (Y.) et Gaudemet (S.), *Droit civil, Les successions, les libéralités*, 4e éd., Dalloz, Précis, 2014, n° 1048 et s. ; Guevel (D.), *Rép. Civil Dalloz*, septembre 2007, *V° Rapport des dons et legs.*

[732] Grimaldi (M.), *op. cit.*, n° 662.

[733] Guevel (D.), *op. cit.*, n° 1 et n° 77 et s. Terré (F.), Lequette (Y.) et Gaudemet (S.), *op. cit.*, n° 1064 et s. et n° 1081 et s. ; Grimaldi (M.), *op. cit.*, n° 675 et s.

[734] Vareille (B.), *th. préc.*, n° 25.

[735] Appréciée de manière relative.

[736] *C. civ.*, art. 919.

[737] *C. civ.*, art. 843. Voir Terré (F.), Lequette (Y.) et Gaudemet (S.), *op. cit.*, n° 1051.

cujus[738]. La qualité d'héritier s'apprécie au jour de la donation[739]. Ainsi, seul l'héritier présomptif au moment où il a été gratifié est tenu au rapport[740].

Cet héritier doit venir à la succession. Il doit donc l'avoir acceptée purement et simplement ou à concurrence de l'actif net. L'héritier renonçant, notamment pour bénéficier d'une libéralité supérieure à sa quote-part légale[741], n'est pas tenu au rapport sauf clause contraire[742].

L'objectif du rapport, qui est de préserver l'égalité successorale entre les cohéritiers du donateur, n'a pas que des effets sur la détermination du débiteur du rapport. Ainsi, les créanciers du rapport sont les cohéritiers venant effectivement à la succession[743]. Les légataires et les créanciers de la succession sont, quant à eux, exclus de cette catégorie[744].

332. ***Les libéralités concernées*** - Le rapport concerne à la fois les donations entre vifs et les legs[745], quelle que soit leur forme[746]. Il existe néanmoins une distinction entre ces deux catégories de libéralités. Les premières sont présumées être faites en avancement de part successorales, elles sont donc en principe rapportables[747]. L'idée sous-jacente est que l'héritier présomptif, bénéficiaire d'une donation, n'a pas vocation à recevoir plus que ses cohéritiers. Il a seulement vocation à recevoir de manière

---

[738] Ou lorsque la personne qu'il représente a été gratifiée par le *de cujus*. *C. civ.*, art. 848.

[739] *C. civ.*, art. 846. Avant la loi du 23 juin 2006 cette considération était indifférente. La qualité d'héritier s'appréciait au jour du décès.

[740] L'article 846 du code civil permet au donateur d'inscrire une clause contraire afin d'obliger l'héritier au rapport, alors même qu'il n'était pas héritier présomptif au jour de la donation.

[741] F Terré (F.), Lequette (Y.) et Gaudemet (S.), *op. cit.*, n° 1051 *in fine* et 1069.

[742] *C. civ.*, art. 845.

[743] Le rapport ne peut être exigé ni pour un héritier renonçant, ni pour un héritier indigne. En revanche, il peut être exigé pour leur représentant.

[744] *C. civ.*, art. 857.

[745] Depuis la réforme du 23 juin 2006, le rapport peut également porter sur une part successorale. Cela résulte de l'élargissement de la représentation successorale aux renonçants et aux indignes. Ces derniers peuvent avoir des enfants postérieurement à l'ouverture de la succession de laquelle ils ont été écartés. Afin de conserver une égalité successorale entre cohéritiers, « les enfants du renonçant (ou de l'indigne) conçus avant l'ouverture de la succession dont le renonçant (ou l'indigne) a été exclu, rapportent à la succession de ce dernier les biens dont ils ont hérité en son lieu et place, s'ils viennent en concours avec d'autres enfants conçus après l'ouverture de la succession » (*C. civ.*, art. 754-2 et 755-2). Voir Terré (F.), Lequette (Y.) et Gaudemet (S.), *op. cit.*, n° 1053.

[746] Don manuel, donation déguisée, donation indirecte, donation ostensible, etc. Voir Grimaldi (M.), *op. cit.*, n° 670.

[747] *C. civ.*, art. 843 al. 1er.

anticipée par rapport à ces derniers. Les secondes sont présumées être faites hors part successorale, elles ne sont donc en principe pas rapportables[748]. Elle s'imputent sur la quotité disponible, l'excédent est soumis à réduction[749].

333. ***Exécution du rapport***[750] - Le rapport s'exerce à l'ouverture de la succession du donateur[751]. Il s'exécute principalement en valeur[752], mais peut tout de même être exécuté en nature[753]. Dans ce second cas, le bien qui avait été donné est restitué à la masse successorale. La donation peut alors apparaître sans intérêt. Elle conserve tout de même un intérêt fiscal dans la mesure où l'abattement aura pu être reconstitué entre le moment où la donation a été consentie et l'ouverture de la succession[754].

L'indemnité de rapport correspond à « la valeur du bien donné, à l'époque du partage, d'après son état à l'époque de la donation[755] ». S'il s'agit d'une somme d'argent, celle-ci est soumise au principe du nominalisme monétaire. Si le bien a été aliéné avant le partage, la valeur prise en compte est celle au jour de son aliénation, dans son état au jour de la donation[756]. Si le bien a été subrogé, c'est la valeur du nouveau bien qui est prise en considération[757].

334. Une seconde obligation de nature civile est attachée à la qualification de libéralité. Il s'agit de la réduction des libéralités excédant la quotité disponible.

---

[748] *C. civ.*, art. 843 al. 2. Jusqu'à une loi du 24 mars 1898 les legs étaient également présumés rapportables. Pour un exposé des critiques adressées à cette législation mais aussi du souhait de son retour pour les legs particuliers, voir Grimaldi (M.), *op. cit.*, n° 673.

[749] *C. civ.*, art. 919-2. Voir *infra*, n° 335 et s.

[750] Sur l'ensemble de la question, voir Grimaldi (M.), *op. cit.*, n° 681 et s. ; Terré (F.), Lequette (Y.) et Gaudemet (S.), *op. cit.*, n° 1070 et s. ; Guevel (D.), *op. cit.*, n° 53 et s.

[751] *C. civ.*, art. 850

[752] *C. civ.*, art. 858

[753] *C. civ.*, art. 859

[754] En ligne directe cet abattement est de 100.000 € (*CGI*, art 779-I). La durée actuelle du rapport fiscal est de 15 ans (*CGI*, art 784 al. 2).

[755] *C. civ.*, art. 860 al. 1er

[756] *C. civ.*, art. 860 al. 2.

[757] *Ibid.*

β - La réduction

335. ***Présentation***[758] - La réduction est une institution qui a pour objectif de protéger la réserve héréditaire, globale et individuelle. À cet effet, elle impose au bénéficiaire d'une libéralité de restituer à la succession de son auteur, le bien ou la valeur du bien objet de cette libéralité, lorsque celui-ci a dépassé la quotité disponible. Elle conduit donc à réduire la libéralité qui a empiété sur la réserve héréditaire. En d'autres termes, la réduction conduit à « neutraliser les libéralités excessives dans la mesure de l'excès[759] ».

La libéralité excessive n'est pas nulle. Elle reste valable et produit ses effets tant qu'une demande en réduction de l'excès n'a pas été formulée[760].

En ce domaine, la liberté est beaucoup plus réduite qu'en matière de rapport successoral. Elle n'est cependant pas absente. Outre les possibilités d'influer sur le secteur d'imputation des libéralités[761], le disposant peut demander à un héritier présomptif de renoncer de manière anticipée à l'exercice d'une action en réduction[762].

336. ***Appréciation de l'excès*** - Une libéralité peut être réduite si elle dépasse la quotité disponible et, par voie de conséquence, si elle porte atteinte à la réserve héréditaire. La masse de calcul permettant d'apprécier l'excès est composée de tous les biens existants au décès du donataire[763] auxquels sont réunis fictivement tous les biens qui ont fait l'objet d'une donation entre vifs[764]. Ces derniers sont évalués d'après leur état à l'époque de la donation et leur valeur au jour de la succession. S'ils ont été aliénés, la valeur prise en compte est celle au jour de leur aliénation. S'ils ont été subrogés, c'est la valeur du nouveau bien au jour de la succession qui est prise en compte.

La réserve héréditaire et la quotité disponible sont déterminées à partir de cette masse en appliquant la fraction déterminée par l'article 913 du code

[758] Sur ce thème, voir Grimaldi (M.), *op. cit.*, n° 776 et s. ; Deville (S.) et Nicod (M.), *Rép. Civil Dalloz*, juin 2012, *V° Réserve héréditaire – Réduction des libéralités ;* Terré (F.), Lequette (Y.) et Gaudemet (S.), *op. cit.*, n° 1166 et s.

[759] Grimaldi (M.), *op. cit.*, n° 776

[760] *C. civ.*, art. 921. Sur ce point, voir M Grimaldi (M.), *op. cit.*, n° 822 et s. ; Deville (S.) et Nicod (M.), *op. cit.*, n° 92 et s.

[761] *Infra*, n° 337.

[762] *C. civ.*, art. 929 et s.

[763] *C. civ.*, art. 922 al. 1er.

[764] *C. civ.*, art. 922 al. 2.

civil[765], en présence d'enfants ou de descendants, et par l'article 914-1 en présence d'un conjoint survivant[766] cumulativement à l'absence d'enfants et de descendants.

Les libéralités excessives seront soumises à réduction. En présence de plusieurs libéralités, la réduction s'opèrera en priorité sur les legs puis sur les donations, des plus récentes aux plus anciennes[767].

337. ***L'imputation des libéralités*** - Les règles d'imputation des libéralités sont déterminantes dans le calcul de la réduction[768] et relativement techniques[769]. Elles dépendent à la fois de la qualité du bénéficiaire et du caractère préciputaire de la libéralité. Il est possible de présenter quelques règles directrices en la matière.

Les libéralités faites à un étranger à la succession, celles faites à un héritier non réservataire et celles faites hors part successorale à un héritier réservataire s'imputent sur la quotité disponible[770]. Dès lors que celle-ci aura été outrepassée, la libéralité sera réductible.

Les donations faites en avancement de part à un héritier réservataire s'imputent à titre principal sur sa part de réserve et à titre subsidiaire sur la quotité disponible[771]. Seules sont donc réductibles les libéralités qui ont outrepassé sa part de réserve et la quotité disponible.

338. ***L'exercice de la réduction*** - La réduction est exercée par principe en valeur[772]. Par dérogation, elle peut l'être en nature[773]. Lorsqu'elle est

765 En présence d'un seul enfant ou descendant : quotité disponible = ½ et réserve = ½ ; En présence de deux enfants ou descendants: quotité disponible = ⅓ et réserve globale = ⅔ ; A partir de enfants ou descendants: quotité disponible = ¼ et réserve globale = ¾.

766 Quotité disponible = ¾ ; Réserve du conjoint = ¼.

767 *C. civ.*, art. 923 et 926 et s.

768 *C. civ.*, art. 918 et s.

769 Voir Deville (S.) et Nicod (M.), *Rép. Civil Dalloz*, juin 2012, *V° Réserve héréditaire – Réduction des libéralités,* n° 53 et s ; Terré (F.), Lequette (Y.) et Gaudemet (S.), *op. cit.*, n° 1181 et s.

770 *C. civ.*, art. 919-2.

771 Sauf volonté contraire du disposant.

772 *C. civ.*, art. 924.

773 *C. civ.*, art. 924-1.

exercée en valeur, elle prend la forme d'une indemnité de réduction[774]. Cette indemnité est versée au moment du partage[775].

339. La réduction et le rapport sont deux obligations qui découlent directement de la qualification de libéralité. Le disposant, notamment depuis la réforme du 23 juin 2006[776], peut aménager ces obligations de nature civile. En revanche, il n'a aucune influence sur les obligations fiscales attachées à la notion de libéralité.

b) Les obligations fiscales

340. ***Généralités*** - Les libéralités sont soumises à des droits de mutation à titre gratuit qui peuvent atteindre 60 % de la valeur du bien transmis. Le montant de ces droits est calculé en quatre étapes. Il convient d'abord de déterminer l'assiette de l'impôt, puis d'appliquer certains abattements. Ensuite cette somme taxable est soumise au barème progressif des droits de mutation à titre gratuit. Enfin, le montant obtenu peut être minoré par des réductions de droits.

341. ***Évaluation de la masse taxable*** - L'assiette des droits de donation est déterminée par la valeur du bien transmis de laquelle peuvent être exceptionnellement déduites certaines charges[777]. Des abattements, se reconstituent tous les quinze ans, peuvent être opérés en raison des liens unissant le disposant et le bénéficiaire, de la situation personnelle du bénéficiaire[778], de la nature et de l'objet de la libéralité.

Pour toutes les libéralités, les descendants[779], les frères et sœurs[780] et les neveux et nièces[781] bénéficient d'un abattement. Les époux et les partenaires

---

[774] *C. civ.*, art. 924-2 qui détermine les modalités de calcul de cette indemnité.

[775] *C. civ.*, art. 924-3.

[776] Pour le rapport, il peut choisir de réaliser une libéralité en avancement de part successorale ou hors part successorale. Pour la réduction, il peut demander à l'un des héritiers de renoncer de manière anticipée à l'action en réduction. Pour une analyse de la volonté du disposant sur le rapport et la réduction, voir Vareille (B.), *Volonté, rapport et réduction*, préf. P. Spitéri, Publications de la Faculté de droit et de sciences économiques de Limoges, PUF, 1988, spéc. Partie I.

[777] Douet (F.), *Précis de droit fiscal de la famille*, 15e éd., Lexis Nexis, 2016, n° 2530 et s.

[778] *CGI*, art. 779-II, al. 1er relative au handicap, 154.325 €.

[779] *CGI*, art. 779-I : 100.000 €.

bénéficient quant à eux d'une exonération de droits de mutation limitée aux legs. À défaut de tels liens, il est appliqué un abattement de 1 594 euros[782].

Pour les donations entre vifs, les époux[783], les partenaires d'un pacte civil de solidarité[784], les enfants, les petits-enfants et les arrières petits-enfants bénéficient d'abattements spécifiques[785].

Les donations de sommes d'argent consenties à un enfant, un petit-enfant, un arrière petit-enfant, ou à défaut à un neveu ou une nièce bénéficient d'un régime fiscal de faveur. Elles sont exonérées de droit de mutation à concurrence de 31 865 euros[786].

342. ***Calcul des droits*** **-** La part taxable après abattement est soumise à un barème d'imposition progressif commun à toutes les libéralités et plus généralement encore, à toutes les mutations à titre gratuit[787]. Là encore, les liens unissant le disposant au bénéficiaire ont une influence. Ainsi, en ligne directe le taux maximal d'imposition est de 45 % pour la part taxable dépassant 1 805 677 euros alors qu'il atteint 60 % en ligne collatérale ou entre non parents à partir de 24 430 euros.

In fine, diverses réductions de droits sont susceptibles de venir diminuer le montant de l'impôt[788].

343. Ces différentes obligations, exclusivement attachées aux libéralités, sont relativement lourdes tant sur le plan civil que sur le plan fiscal. Le seul moyen d'y échapper consiste à renoncer à la réalisation d'une libéralité. Celle-ci peut être supplée par d'autres actes bénéficiant d'un régime juridique plus favorable sans pour autant rompre avec la physionomie de la libéralité. Certains disposants n'hésitent pas à en user oubliant parfois qu'ils doivent respecter une condition essentielle : la proportionnalité de l'acte réalisé par rapport à leur train de vie.

---

780 *CGI*, art. 779-IV : 15.932 €.

781 *CGI*, art. 779-V : 7.967 €.

782 *CGI*, art. 788-IV.

783 *CGI*, art. 790-E, al. 1er : 80.724 €.

784 *CGI*, art. 790-F, al. 1er : 80.724 €.

785 Pour les petits-enfants, *CGI*, art. 790-B : 31.865 €. Pour les arrières petits-enfants, *CGI*, art. 790-C : 5.310 €.

786 *CGI*, art. 790-G.

787 *CGI*, art. 777.

788 Douet (F.), *op. cit.*, n° 2577 et s.

2 - Les actes concernés

344. ***Relativité de la notion de libéralité*** - Une libéralité est « l'acte par lequel une personne dispose à titre gratuit de tout ou partie de ses biens ou de ses droits au profit d'une autre personne[789] ». Elle nécessite la réunion de deux éléments, d'une part d'un élément matériel, le transfert de valeur d'un patrimoine à un autre qui se traduit par l'appauvrissement du disposant et l'enrichissement du bénéficiaire, d'autre part d'un élément moral caractérisé par l'intention libérale du disposant.

La libéralité peut présenter différents visages. Elle peut être réalisée entre vifs, à cause de mort, de manière directe ou indirecte ou encore de manière déguisée. Au-delà même de cette diversité, la notion de libéralité présente un fort degré de relativité qui rend l'opération de qualification délicate. Le Professeur Grimaldi met en lumière cette relativité en affirmant qu'un même acte peut « apparaître à titre gratuit ou à titre onéreux selon que l'on s'attache aux intentions du disposant ou à son aspect économique, et même, si l'on s'en tient à ce dernier aspect, selon que l'on considère l'enrichissement de l'ayant cause ou l'appauvrissement de son auteur[790] ». Il en conclut que la qualification d'un acte varie selon la règle qu'il convient d'appliquer.

345. Un certain nombre de dispositions législatives permettent d'identifier la nature d'un acte. Ainsi, certains actes, alors même qu'ils seraient susceptibles d'être qualifiés de libéralités, doivent revêtir une qualification qui leur est propre de laquelle découle un régime juridique spécifique (a). D'autres actes, sans échapper à la qualification de libéralité, se voient néanmoins attribuer un régime juridique dérogatoire (b).

a) Les actes n'appartenant pas à la catégorie des libéralités

346. Parmi les actes échappant à la qualification de libéralité, l'assurance-vie figure au premier plan (α). Elle n'est cependant pas la seule. Les frais d'éducation, d'apprentissage et les frais ordinaires d'équipement des enfants, résultant de l'obligation d'entretien des parents à l'égard de leur

---

[789] *C. civ.*, art. 893.

[790] Grimaldi (M.), *Droit civil, Successions*, 6e éd., Litec, 2001, n° 671.

enfant échappent également à cette qualification (β). Ces deux points seront étudiés successivement.

α - L'assurance-vie

347. ***Définition et justification*** - L'assurance-vie est un contrat par lequel une personne (l'assureur) s'oblige envers une autre (le souscripteur) pendant une durée déterminée (la durée du contrat), moyennant une prestation unique ou périodique (la prime), à verser au souscripteur lui-même ou à un tiers désigné ou déterminable (le bénéficiaire) un capital ou une rente, sous certaines éventualités dépendant de la ou de la mort d'une personne désignée (l'assuré)[791].

L'assurance vie repose sur le mécanisme de la stipulation pour autrui. Dès lors, le bénéficiaire acquiert un droit contre l'assureur et non contre le souscripteur. En outre, ce mécanisme exclut tout transfert direct de valeur du patrimoine du souscripteur vers celui du bénéficiaire. Les primes versées par le souscripteur transitent par le patrimoine de l'assureur qui en devient le propriétaire. Le capital versé par l'assureur au bénéficiaire ne provient donc pas du patrimoine souscripteur, mais de celui de l'assureur. La stipulation pour autrui paralyse donc l'élément matériel de la libéralité et par là même sa qualification.

348. ***Le risque de requalification en libéralité*** - La qualification de libéralité devrait également être écartée au niveau de l'élément moral. En effet, l'assurance vie est en principe un acte de prévoyance. Elle a pour but de fournir un moyen de subsistance au bénéficiaire, postérieurement au décès du souscripteur. Cependant, par ses avantages civils et fiscaux, elle est également utilisée pour réaliser des libéralités tout en échappant aux obligations liées à cette qualification. Dans cette hypothèse, elle est susceptible d'être requalifiée en libéralité notamment lorsque l'intention qui animait le souscripteur était de nature libérale. Les circonstances de la désignation du bénéficiaire permettent d'apporter la preuve d'une telle intention[792]. Il en est de même des circonstances de l'acceptation de la clause

---

[791] Pour un détournement du mécanisme d'assurance en droit patrimonial de la famille, voir Grimaldi (M.), « Réflexions sur l'assurance-vie et le droit patrimonial de la famille », *Defrénois* 1994, art. 35841 ; Lécuyer (H.), « Assurances-vie, libéralités et droit des successions : retour sur une question controversée », *Dr. famille* 1999, chron. n° 18 ; Leroy (M.), *Assurance-vie et gestion du patrimoine*, Lextenso, Les intégrales, 2011.

[792] Cass. Ch. Mixte, 21 décembre 2007, n° 06-12.769, *Bull. civ.*, n° 13 : *BICC* 1er mai 2008, p. 6, rapport Falconet et avis Sarcelet ; *D.* 2008, AJ p. 218, obs. Bruguière-Fontenille ; *Ibid.*

bénéficiaire du vivant du stipulant. En effet, depuis 2007, cette acceptation ne peut intervenir qu'à condition d'être consentie par le stipulant[793]. Dès lors que ce dernier consent à l'acceptation de la clause bénéficiaire, dans un délai très proche de celui de la conclusion du contrat d'assurance vie, son intention libérale peut être établie.

349. ***Avantages civils et fiscaux*** **-** L'exclusion de la qualification de libéralité a des conséquences civiles et fiscales. Sur le plan civil, « le capital ou la rente payable au décès du contractant à un bénéficiaire déterminé ne sont soumis ni aux règles du rapport à succession, ni à celles de la réduction pour atteinte à la réserve des héritiers du contractant[794] ». Ainsi, l'héritier bénéficiaire d'une assurance vie échappe à ses principales obligations civiles.

Sur le plan fiscal, l'assurance-vie bénéficie également d'un régime avantageux[795]. Une distinction majeure s'applique entre les primes versées avant le soixante-dixième anniversaire de l'assuré et celles versées après cette date. Les secondes sont soumises aux droits de mutation à titre gratuit pour la part qui excède 30 500 euros[796]. Les secondes ne sont pas taxées directement. L'assiette taxable réside alors dans les sommes perçues par chacun des bénéficiaires, après un abattement de 152 500 euros. Un prélèvement de 20 % est opéré pour la fraction nette taxable de chaque bénéficiaire inférieure ou égale à 700 000 euros. Un prélèvement de 31,25 % est opéré au-delà de cette somme[797].

350. ***Limites : les primes manifestement exagérées*** **-** Sans aller jusqu'à la requalification du contrat d'assurance en libéralité, il est possible de limiter les avantages liés à cette opération. Tel est notamment le cas lorsque les primes versées par le souscripteur étaient manifestement exagérées eu

2008, p. 1314, note. F. Douet ; *Ibid.* 2009, Pan. p. 253, obs. H. Groutel ; *JCP* 2008, II, 10029, note L. Mayaux ; *Ibid.* 2009, I, 109, n° 10, obs. R. Le Guidec ; *JCP E* 2008, p. 1265, note S. Hovasse ; *AJ fam.* 2008, 79, obs. F. Bicheron ; *Dr. fam.* 2008, n° 30, note B. Beignier ; *Ibid.* chron. 11 par V. Nicolas ; *RJPF* 2008-3/29, note Ph. Delmas-Saint-Hilaire ; *RTD civ.* 2008, p. 137, obs. M. Grimaldi.

[793] *C. assu.*, art. L.132-9 issu de la loi n° 2007-1775 du 17 décembre 2007 permettant la recherche des bénéficiaires des contrats d'assurance sur la vie non réclamés et garantissant les droits des assurés.

[794] *C. assu.*, art. L.132-13 al. 1er. Delmas Saint-Hilaire (Ph.), « Le contrat d'assurance-vie nouveau est arrivé », *RJPF* 2008-3/12.

[795] Douet (F.), *Précis de droit fiscal de la famille*, 15e éd., Lexis-Nexis, 2016, n° 2768 et s.

[796] *CGI*, art. 757-B. F Douet (F.), *op. cit.*, n° 2773 et s.

[797] *CGI*, art. 990-I-I. Douet (F.), *op. cit.*, n° 2793 et s.

égard à ses facultés[798]. Les conséquences qui en résultent sont une nouvelle fois d'ordre civil et fiscal. Sur le plan civil, l'héritier est tenu au rapport et à la réduction du montant excessif de la prime[799]. Sur le plan fiscal, l'administration exige le paiement des droits de mutation à titre gratuit sur la totalité de la prime excessive et non sur sa seule part excessive[800].

β - Les frais de l'article 852 du code civil

351. ***Identification des différents frais*** - L'article 852 du code civil établit une liste de certains frais qui sont exclus du rapport, sauf volonté contraire du disposant. Sont ainsi visés : « les frais de nourriture, d'entretien, d'éducation, d'apprentissage, les frais ordinaires d'équipement, ceux de noces ». Eu égard aux règles relatives au rapport successoral, ces différents frais concernent ceux réalisés par les parents au profit de leurs enfants. L'exclusion de la qualification de libéralité paraît dès lors évidente. En effet, les parents étant soumis à une obligation d'entretien et d'éducation de leur enfant[801], y compris si celui-ci est majeur, les frais de nourriture, d'entretien, d'éducation et d'apprentissage relèvent incontestablement de cette obligation. Il ne semble pas en être autrement pour les frais ordinaires d'équipement qui sont, quant à eux, destinés aux seuls enfants majeurs. Aujourd'hui il ne s'agit plus des « dépenses d'acquisition du matériel nécessaire à l'entrée dans la carrière militaire[802] ». Cette expression doit être envisagée plus largement. Elle vise notamment l'équipement du logement du jeune majeur.

Les frais de noces, quant à eux, doivent être exclus de cette obligation d'entretien et d'éducation[803]. Ces dépenses, engendrées par une occasion particulière, le mariage, tendent à se rapprocher de la notion de présent d'usage[804]. Inclus dans l'article 852 du Code civil, aux côtés des frais d'entretien, il est également possible de se demander s'il ne s'agit pas de

---

[798] *C. assu.*, art. L.132-13 al. 2. Sur l'appréciation du caractère manifestement exagéré voir *infra*, n° 393 et s.

[799] Cass. civ. 1re, 25 sept. 2013, nos 11-28.695 et 12-20.647.

[800] F. DOUET, *op. cit.*, n° 2754 ; Douet (F.), « Assurance-vie et droit de mutation à titre gratuit », *AJ famille* 2007, p. 421.

[801] *Infra*, n° 478 et s.

[802] Grimaldi (M.), *Droit civil, Successions*, 6èe éd., Litec, 2001, n° 671, p. 662.

[803] *C. civ.*, art. 204.

[804] *Infra*, n° 356 et s.

frais d'établissement[805] qui dérogent à la règle du rapport posée par l'article 851 du code civil. La distinction entre dépenses d'entretien et dépenses d'établissement, dont les contours sont perméables, trouve sa source dans les articles 203 et 204 du code civil, combinés avec les articles 851 et 852 du même code[806]. La première catégorie de dépenses se superpose avec l'obligation d'entretien et d'éducation alors que la seconde englobe des dépenses plus importantes qui ont pour but d'assurer l'installation professionnelle ou familiale des enfants. Cette distinction reposait initialement sur un critère lié à la nature de la dépense. Aujourd'hui elle repose davantage sur un critère fondé sur la valeur. Selon le Professeur Hauser « serait entretien ce qui reste modique et établissement ce qui dépasse le quotidien[807] ». Entre les deux catégories de dépenses il n'existe plus une différence de nature mais une simple différence de degré.

352. ***Exclusion de la qualification de libéralité*** - La qualification de libéralité peut être écartée tant au niveau de l'élément intentionnel que le l'élément matériel. D'une part, « l'élément intentionnel est incertain : ces dépenses sont généralement l'expression d'un devoir familial ou social, plus que d'une authentique intention libérale[808] ». D'autre part, le paiement de ces frais ne caractérise pas un réel enrichissement de l'enfant donataire. Là encore le Professeur Grimaldi estime que « dire qu'il y a eu paiement de ses dettes serait artificiel ; ce qui lui a été offert c'est la vie (frais de nourriture et d'entretien) et le savoir (frais d'éducation) ; toute évaluation serait scabreuse[809] ». Il n'y aurait pas davantage un appauvrissement du donateur car ces frais engendrent des « dépenses généralement modiques et prélevées sur les revenus[810] ».

353. ***L'absence de critère quantitatif explicite*** - Les textes ne semblent pas restreindre ces frais aux dépenses modiques. Ils ne visent d'ailleurs aucun critère fondé sur la valeur. Cependant, il est permis de penser que ce critère a toujours existé, de manière implicite, et qu'il découlait de la nature

[805] Sur ce thème, voir Hauser (J.), « L'établissement et l'entretien des enfants majeurs : une famille à titre onéreux ? », *Defrénois* 1999, p. 1217 ; Delecraz (Y.) et Chetaille (M.), « Le financement par les parents des études supérieures de leurs enfants », *JCP N* n° 18, mai 2011, 1154.

[806] Hauser (J.), *op. cit.*, spéc. n° 5.

[807] *Ibid.*, spéc. n° 7.

[808] Grimaldi (M.), *Droit civil, Successions*, 6e éd., Litec, 2001, n° 671, p. 662.

[809] *Ibid.*, n° 671, p. 662.

[810] *Ibid.*, n° 671, p. 663.

des dépenses en cause. Aujourd'hui, le montant de ces mêmes dépenses a augmenté de manière considérable. Tel est notamment le cas des dépenses relatives aux études supérieures, qui peuvent atteindre plusieurs dizaines de milliers d'euros par an. L'absence d'un critère explicite fondé sur la valeur suscite de nouvelles interrogations. Est-il permis de penser que la nature de ces dépenses, quel que soit leur montant, permet d'échapper à la qualification de libéralité ? La jurisprudence semble aller en ce sens. Elle a admis récemment que la contribution paternelle à l'entretien et l'éducation d'une jeune fille de vingt ans, poursuivant des études à l'étranger, pouvait être fixée à 2 000 euros mensuels[811]. Ici, le père n'avait exprimé aucun choix et les sommes versées avaient pour but de financer des études onéreuses. Mais, qu'en est-il lorsque les parents versent volontairement des sommes importantes à leurs enfants ou leur fournissent un avantage en nature qui ne serait pas nécessairement justifié par l'absence de ressources, ou les besoins particuliers, de ces derniers ? [812] Tel est notamment le cas des parents qui mettent un logement à disposition de leur enfant, de manière gratuite[813].

354. ***L'apparition d'un critère de proportionnalité*** - Le coût particulièrement onéreux de certaines dépenses d'entretien, au premier rang desquelles figurent les études, ne conduit-il pas à les extraire de la catégorie des dépenses d'entretien pour les faire entrer dans celles des dépenses d'établissement[814] ? L'enjeu est important dans la mesure où les dépenses d'établissement, à la différence des dépenses d'entretien, sont assimilées à des donations et sont, par là même, expressément soumises au rapport successoral[815].

---

[811] CA Versailles, 4 décembre 2014, n° 14/04469, *JurisData* n° 2014-030458.

[812] Delecraz (Y.), « L'aide des parents envers les enfants - Le financement des études supérieures et la mise à disposition d'un logement », *JCP N* , n° 17, avril 2013, Étude dossier, 1114, p. 103, spéc. n° 7 et s.

[813] Sur ce thème, voir Grimaldi (M.), « Retour sur les donations de fruits et revenus (à propos de la mise à disposition d'un logement) », *Mél. Gérard Champenois*, Defrénois, 2012, p. 431. Pour une jurisprudence récente, Cass. civ. 1re, 19 mars 2014, n° 13-14.139, *Bull. civ. I*, n° 51 : *Dr. famille* 2014, comm. 77, obs. M. Nicod ; *RJPF* juin 2014, p. 29, note F. Sauvage ; *JCP* 2015, 101, p. 165, obs. R. Le Guidec ; Cass. civ. 1re, 25 juin 2014, n° 13-16.409 : *Dr. famille* 2014, comm. 131, obs. B. Beignier ; *JCP* 2015, *ibid.*

[814] Delecraz (Y.) et Chetaille (M.), « Le financement par les parents des études supérieures de leurs enfants », *JCP N* n° 18, mai 2011, 1154, spéc. n° 28 et s. ; Hauser (J.), « L'établissement et l'entretien des enfants majeurs : une famille à titre onéreux ? », *Defrénois* 1999, p. 1217, spéc. n° 14 et s. ; Delecraz (Y.), « L'aide des parents envers les enfants - Le financement des études supérieures et la mise à disposition d'un logement », *op. cit.*, spéc. n° 9.

[815] *C. civ.*, art. 851.

Le Professeur Hauser s'est intéressé à cette question[816]. Partant du constat que le critère de la nature des dépenses n'est plus fiable, il propose de reconnaître un critère fondé sur la valeur, celui de « l'importance du transfert ». L'adhésion à cette analyse est entière. Néanmoins, il convient de préciser les modalités d'appréciation de l'importance du transfert. Celle-ci ne doit pas être appréciée abstraitement. Cela n'aurait aucun sens. Une dépense modique pour une personne peut avoir un impact patrimonial considérable pour une autre. Pour reprendre l'exemple cité plus avant, la mise à charge d'une pension mensuelle d'un montant de 2 000 euros n'est concevable qu'en présence de ressources élevées. Il en résulte que l'importance doit être appréciée au regard du train de vie. Cela nécessiterait la caractérisation d'un rapport de proportionnalité entre les frais assumés par les parents et leurs ressources.

Une telle démarche n'est pas totalement nouvelle. Elle est notamment pratiquée pour le présent d'usage qui, à la différence des actes qui viennent d'être étudiés, constitue une véritable donation.

b) Les libéralités bénéficiant d'un régime juridique dérogatoire

355. Certains actes réunissent l'ensemble des critères de qualification d'une libéralité. Ils entrainent un transfert de valeur d'un patrimoine à un autre et sont animés par une intention libérale. Ils parviennent néanmoins à se démarquer des libéralités ordinaires grâce à des critères qui leurs sont spécifiques. Sans pour autant être extraits de la catégorie des libéralités, ils s'affranchissent de son régime. Ainsi, sont dispensés de rapport les dons et présents d'usage (α). Les fruits et revenus bénéficiaient également de cet avantage (β). Alors même que cette solution a été abandonnée, il est intéressant de revenir sur les raisons qui la justifiaient. Une dernière catégorie de libéralités sera également étudiée. Il s'agit des libéralités rémunératoires qui, elles aussi, bénéficient d'un régime juridique distinct des libéralités ordinaires (γ).

[816] Hauser (J.), *op. cit.*, spéc. n° 10 et s.

α - Le présent d'usage

356. ***Définition*** **-** La notion de présent d'usage regroupe les « dons ou cadeaux offerts, conformément aux usages, à l'occasion de certaines fêtes ou cérémonies (jour de l'an, anniversaire, baptême, noces, etc.) et soumis, quand ces dons ne sont pas excessifs eu égard aux coutumes et à la situation sociale du donateur, à un régime particulier[817] ». Le présent d'usage est donc une donation qui remplit deux critères. Elle doit revêtir le caractère d'un usage, consistant, en certaines occasions, à faire des cadeaux. Elle doit ensuite être modique. Outre ces deux conditions, le présent d'usage n'est pas réglementé. Ainsi, son objet n'est pas restreint à une catégorie de bien spécifique[818]. Il s'agira souvent d'une chose corporelle, un bien de consommation, ou de la monnaie. La jurisprudence a même admis qu'il pouvait porter sur une rente viagère[819]. La forme du présent d'usage est également libre. Il peut s'agir d'un don manuel ou même d'une donation indirecte. La jurisprudence a ainsi pu admettre que le paiement du prix d'acquisition d'un véhicule par le mari au bénéfice de son épouse peut revêtir le caractère d'un présent d'usage[820].

357. ***Distinction avec le don manuel*** **-** Le présent d'usage prend parfois la forme d'un don manuel. Cette superposition occasionnelle ne doit pas conduire à assimiler les deux notions. Le don manuel est une donation ordinaire qui a pour seule spécificité de déroger au formalisme des donations[821]. Outre cette spécificité, il relève du régime civil[822] et fiscal[823] des donations.

---

[817] Association Henri Capitant sous la dir. de Cornu (G.), *Vocabulaire juridique*, 11e éd., PUF, Quadrige, 2016, V° *Présents d'usage*. Voir AERTS (J.), *Les dons et legs modiques, les présents d'usage*, thèse Nancy, 1938 ; Carbonnier (J.), « La notion de présent d'usage », *Rép. gén. not.* 1953, p. 75.

[818] Najjar (I.), *Rép. civ. Dalloz*, janvier 2008, V° *Donation*, spéc. n° 88.

[819] Cass. Req. 14 déc. 1903 : *DP* 1904. 1. 174 ; Cass. civ. 1re, 10 décembre 1969, *Bull. civ. I*, n° 387 : *RTD civ.* 1970, p. 559, obs. R. Savatier ; *JCP 1970*, II, 16351, note M. D.

[820] Cass. civ. 1re, 15 mai 2008, n° 07-13.947 : *Gaz. Pal.* 23/25 novembre 2008, n° 330, p. 24, obs. J. Le Meur (véhicule offert pour le trentième anniversaire de l'épouse dont la valeur était largement proportionnée aux revenus du mari).

[821] Coulomer (A.) et Casson (Ph.), *Rép. civ. Dalloz*, juin 2012, V° *Don manuel*.

[822] Grimaldi (M.), *Droit civil, Successions*, 6e éd., Litec, 2001, n° 670

[823] Douet (F.), *Précis de droit fiscal de la famille*, 15e éd., Lexis Nexis, 2016, n° 2654.

358. ***Relativité du critère de modicité*** - La qualification de présent d'usage serait conditionnée au respect d'un double critère : l'usage et la modicité[824]. Le second critère mérite d'être relativisé[825]. Il est en effet impossible de fixer un seuil chiffré au-delà duquel un acte serait exclu de la catégorie des présents d'usage. La valeur du présent n'est pas en elle-même un critère de qualification. Une donation d'un montant élevée peut être qualifiée de présent d'usage[826]. La célèbre affaire Sacha Guitry en est un exemple[827]. Cet artiste avait offert à sa quatrième épouse, à l'occasion de leur anniversaire de mariage, un bracelet de diamants. En dépit de la très grande valeur de ce bijou, l'acte a été qualifié de présent d'usage. Le critère de la valeur n'a de sens qu'à condition d'être mis en perspective avec le train de vie du donateur[828] ou comme le prévoit le code civil depuis la réforme du 23 juin 2006, avec la « fortune du disposant[829] ». Dès lors qu'il existe un rapport de proportionnalité[830] entre les deux, le critère portant sur la valeur est satisfait[831]. La jurisprudence détermine ce qui relève du présent d'usage ou de la donation ordinaire, réalisant parfois une distinction au sein d'un même acte[832]. Ce rapport de proportionnalité doit s'apprécier à l'époque où l'acte a été réalisé[833].

---

824 Najjar (I.), *op. cit.*, spéc. n° 84.

825 Dupeyroux (J.-J.), *Contribution à la théorie générale de l'acte à titre gratuit*, LGDJ, 1955, spéc. n° 415.

826 Pour une remise de chèque d'un montant de 100.000 F par mère à chacun de ses deux enfants pour Noël voir CA Paris, 11 avril 2002, n° 2001/03791, *AJ Famille* 2002, p. 228. Pour la remise à une épouse d'un chèque d'environ 60 000 F voir CA Bordeaux, 9 avr. 1987, *JurisData*, n° 040 861.

827 Cass. civ. 1re, 30 décembre 1952 : *D.* 1953, 161 ; *JCP* 1953, II, 7475, note J. Mihura ; *Gaz. Pal.* 1953, I, 148 ; *Rép. Gén. Not.* 1953, 75.

828 En ce sens, R. Tendler, *D.* 1996, p. 262, note sous Cass. civ. 1re, 10 mai 1996, n° 93-15.187, *Bull. civ. I*, n° 197 : « Mais ce qui importe avant tout, c'est que le cadeau soit en rapport avec la fortune et le train de vie du donateur. Ce qui importe c'est la normalité globale du présent dans le contexte vécu ».

829 *C. civ.*, art. 852, al. 2.

830 Ce rapport ne saurait être chiffré.

831 Najjar (I.), *op. cit.*, spéc. n° 88.

832 CA Montpellier, 5 oct. 1955, *Gaz. Pal.* 1955, 2, 360 : ventilation entre les bijoux offerts par un mari à son épouse avant la dissolution de leur union ; ceux dont la valeur était inférieure à 156.000 F étaient considérés comme cadeaux d'usage irrépétibles, mais non une bague de plus d'un million, qualifiée de donation ; TGI Paris, 2e section, 2e ch., 6 juillet 2000, n° 99/20097 et 99/20096 : *RJF* 2/2001, n° 257 (pour des chèques effectués par un grand père à ses petits-enfants d'un montant de 15.244 €. La somme de 4.573 € a été qualifiée de présent d'usage et celle de 10.671 € de donation).

833 *C. civ.*, art. 852, al. 2. Antérieurement à la réforme du 23 juin 2006 : Cass. civ. 1re, 10 mai 1996, n° 93-15.187, *Bull. civ. I*, n° 197 : *D.* 1996, p. 262, note R. Tendler ; *Defrénois* 1996, p.

359. *Spécificités du régime civil et fiscal* - Les présents d'usage sont de véritables donations mais ils échappent leur régime juridique[834]. Sur le plan civil, le régime des donations est écarté tant au niveau des règles de forme que de celles de fond. D'un point de vue formel, la validité du présent d'usage n'est conditionnée au respect d'aucun formalisme. Sur le fond, le présent d'usage n'est soumis ni au rapport ni à la réduction. La qualification de présent d'usage permet également d'écarter les règles relatives à la révocation des donations[835]. Avant la loi du 26 mai 2004[836], le présent d'usage permettait également de faire obstacle à la révocation *ad nutum* des libéralités entre époux[837]. Aujourd'hui toutes les libéralités entre époux ayant pris effet au cours du mariage sont irrévocables[838]. Cette qualification a donc perdu un peu de son utilité pour les époux.

Sur le plan fiscal le présent d'usage n'est en principe soumis à aucune taxation[839]. Néanmoins, s'il prend la forme d'un don manuel, il peut, dans certains cas, être taxé[840].

β - Les fruits et revenus

360. *Évolution* - La donation de fruits et revenus a bénéficié pendant longtemps d'un régime juridique avantageux pour son bénéficiaire[841]. Elle

---

1279, note Bernard de Saint Affrique ; *RTD civ.* 1996, p. 662, obs. J. Patarin ; *JCP* 1996, I, 3968, n° 7, obs. R. Le Guidec. Voir Najjar (I.), *op. cit.*, spéc. n° 92.

[834] Najjar (I.), *Rép. civ. Dalloz*, janvier 2008, V° *Donation*, spéc. n° 84 ; Teilliais (G.), « Présent d'usage et succession », *JCP N* 1997, 4151, p. 1265, spéc. n° 9. La qualification de libéralité *sui generis* a pu leur être attribuée. Voir Bernard de Saint Affrique, *Defrénois* 1996, p. 1279, spéc. n° 4. *Contra,* Ch. JUBAULT, *Droit civil, Les successions, les libéralités*, 2e éd., Montchrestien, 2010, n° 701 : *« Les présents d'usage ne sont pas des libéralités. Leur cause, malgré le souhait de faire plaisir, est infra libérale. La cause réside dans l'usage ».*

[835] Teilliais (G.), *op. cit.*, spéc. n° 11.

[836] Loi n° 2004-439 relative au divorce, *JORF* n°122 du 27 mai 2004, p. 9319.

[837] Pour un exemple portant sur une bague de fiançailles, Cass. civ. 1re, 19 décembre 1979, n° 78-13346, *Bull. civ. I*, n° 331 : *D.* 1981, p. 449, note C.-I. Foulon-Piganol.

[838] *C. civ.*, art. 1096.

[839] Douet (F.), *Précis de droit fiscal de la famille*, 15e éd., Lexis-Nexis, 2016, n° 2654 ; Douet (F.), Le traitement fiscal des présents d'usage, note sous CA Paris 11 avril 2002, *Dr. famille 2002*, comm. 123.

[840] *CGI,* art. 784. Douet (F.), *Précis de droit fiscal de la famille, op. cit.*, n° 2639 et s.

[841] Sur ce thème, voir Esmein (P.), « Les donations de fruits et revenus », *Defrénois* 1934, art. 23958 et 23983 ; Vareille (B.), *Volonté, rapport et réduction*, thèse, PUF, 1988, n° 190 et s. ; Chamoulaud-Trapiers (A.), *Les fruits et revenus en droit patrimonial de la famille*, PULIM, 1999 ; Desbois (H.), « Des donations de fruits et revenus », *JCP* 1929, I, 939 ; Grimaldi (M.),

n'était en effet pas soumise au rapport[842]. La jurisprudence était revenue sur cette dérogation dès la fin des années 1990[843]. La loi du 23 juin 2006 a confirmé cette évolution[844].

361. ***Justification du régime dérogatoire ancien*** **-** Sous l'empire de la jurisprudence antérieure, la qualification même de libéralité était en cause. En effet, un tel acte n'aurait entraîné ni un appauvrissement du disposant, ni un enrichissement du bénéficiaire. Le premier aurait dépensé ses revenus s'il les avait conservés. Le second aurait quant à lui dépensé les sommes au fur et à mesure qu'il les aurait reçues[845].

Cette justification reposait sur une distinction beaucoup trop stricte entre revenus et capital. Elle conduisait en outre à « considérer que les fruits et revenus se trouvent en quelque sorte en dehors du patrimoine[846] ». La faible importance des revenus au début du XXe siècle pouvait expliquer une telle position. Aujourd'hui, la distinction entre revenus et capital est très perméable. Les premiers peuvent être capitalisés et ils représentent une part très importante du patrimoine[847]. Les donations de fruits et revenus sont donc désormais traitées comme des donations ordinaires.

362. ***Fondement actuel d'un régime dérogatoire*** **-** La donation de fruits et revenus ne bénéficie plus en principe d'un régime dérogatoire sauf si elle se superpose à une autre qualification. Tel est le cas lorsqu'elle

Droit civil, Successions, 6e éd., Litec, 2001, n° 671, p. 663 ; Terré (F.), Lequette (Y.) et Gaudemet (S.), *Droit civil, Les successions, les libéralités*, 4e éd., Dalloz, Précis, 2014, n° 264.

842 Cass. civ. 21 novembre 1917 : *DP* 1921, I, 21 ; *S.* 1917, I, 105, note C. Lyon-Caen.

843 Cass. civ. 1re, 14 janvier 1997, n° 94-16813, *Bull. civ. I*, n° 22, p. 13 : *D.* 1997, p. 607, note V. Barabé-Bouchard ; *JCP* 1998, I, 133, n° 8, obs. R. Le Guidec ; *JCP N.* 1998, p. 360, note B. Barthe ; *Defrénois* 1997, art. 36680, p. 1136, note Ph. Malaurie ; *RTD civ.* 1997, p. 480, obs. J. Patarin.

844 *C. civ.*, art. 851 al. 2 (sous réserve de volonté contraire du disposant). Les fruits et revenus produits par un bien donné entre le jour de la donation et le jour de l'ouverture de la succession ne sont quant à eux ni rapportables, ni réductibles (*C. civ.*, art. 856 et 928). Voir Terré (F.), Lequette (Y.) et Gaudemet (S.), *op. cit.*, n° 1176 ; Grimaldi (M.), *op. cit.*, n° 712.

845 Grimaldi (M.), *op. cit.*, n° 671, p. 663 ; Terré (F.), Lequette (Y.) et Gaudemet (S.), *op. cit.*, n° 264. Pour une critique de cette argumentation et une analyse de la jurisprudence, voir Vareille (B.), *th. préc.*, n° 191 et s.

846 Terré (F.), Lequette (Y.) et Gaudemet (S.), *op. cit. loc. cit.*

847 Catala (P.), « La transformation du patrimoine dans le droit civil moderne », *RTD civ.* 1966, p. 185.

constitue dans le même temps un présent d'usage ou qu'elle permet de pourvoir aux frais d'éducation et d'entretien d'un enfant.

La modicité inhérente aux fruits et revenus justifiait antérieurement la dispense de rapport d'une donation de fruits et revenus. Ce critère, qui justifie le régime juridique dérogatoire de nombreux actes s'apparentant à des libéralités, pourrait continuer à opérer. Une telle argumentation a pu être retenue en jurisprudence[848]. Cependant, elle risque de se heurter à l'article 851 du code civil, lequel ne semble opérer aucune distinction entre les donations en fonction de leur montant sauf à reconnaître un principe général de dispense de rapport pour toutes les libéralités d'une valeur modique[849].

363. Il convient désormais d'aborder la dernière catégorie de libéralités bénéficiant d'un régime dérogatoire au regard de la modicité appréciée *in concreto*, c'est-à-dire, par référence au train de vie.

γ - Les libéralités rémunératoires

364. ***Identification*** - L'expression « libéralité rémunératoire » contient un oxymore[850]. La libéralité est par essence à titre gratuit alors qu'une rémunération est la contrepartie d'un service ou d'un travail. C'est au niveau de la cause que la libéralité rémunératoire se distingue des autres libéralités. « L'intention libérale coexiste avec, ou est sous-tendue par une volonté de compenser un avantage déjà reçu ou de réparer un préjudice[851] ».

Cette catégorie de libéralités bénéficie d'un régime juridique qui lui est spécifique. Considérée comme un acte à titre onéreux, la libéralité

[848] Cass. civ. 1re, 10 décembre 1969, *Bull. civ. I*, n° 387 : « Mais attendu que l'arrêt attaqué a pu considérer que les rentes litigieuses ne sont pas sujettes à rapport après avoir constaté leur modicité au regard des revenus considérables des époux B. » : *RTD civ.* 1970, p. 559, obs. R. Savatier ; *JCP 1970*, II, 16351, note M. D. ; CA Paris 19 novembre 1974 : « Toute donation, même portant sur des gains et salaires ou prélevée sur des revenus, est réductible pour atteinte à la réserve lorsqu'elle ne constitue pas une libéralité modique ou un présent d'usage » : *D.* 1975, p. 614, Concl. Cabannes.

[849] *Infra*, n° 413 et s.

[850] *C. civ.*, art. 909 et 960 ; Timbal (P.-C.), *Les donations rémunératoires en droit romain et en droit français*, thèse Toulouse, 1924 ; Goldie -Génicon (C.), « Les libéralités rémunératoires », *Mél. Gérard Champenois*, Defrénois, 2012, p. 347 ; Terré (F.), Lequette (Y.) et Gaudemet (S.), *op. cit.*, n° 261.

[851] Jubault (Ch.), *Droit civil, Les successions, les libéralités*, 2e éd., Montchrestien, 2010, n° 702.

rémunératoire n'est pas soumise au régime juridique des libéralités[852]. Tel est notamment le cas en matière de capacité de disposer et de recevoir à titre gratuit[853].

365. ***La détermination de la valeur de la libéralité rémunératoire*** - La libéralité rémunératoire a pour but de récompenser un service rendu. Son montant doit-il être déterminé en considération du service rendu ou peut-il l'être au regard de la fortune du disposant ? Cette interrogation rejoint une autre difficulté, celle du caractère évaluable du service rendu[854]. En principe, seuls les services évaluables en argent sont susceptibles d'être compensés par des libéralités rémunératoires. Pour les autres, la qualification de libéralité pure et simple est encourue.

Évaluable en argent, le service est ensuite valorisé. Cette valeur sert de référence pour apprécier le montant de la libéralité[855]. L'excédent ne fait pas perdre le caractère rémunératoire. Comme en matière de présent d'usage, une ventilation est effectuée entre ce qui est dû au titre du service rendu et ce qui est excédentaire[856].

Cette méthode, si elle n'est pas critiquable en son principe, risque de poser une difficulté majeure dans son application. Comment évaluer un service ? En chiffrant le temps passé sur la base du salaire minimum ou en indemnisant les frais kilométriques ? De manière plus générale, il est possible de se demander si un service peut être évalué abstraitement de manière précise. Une réponse négative semble évidente. La marge d'incertitude entourant cette évaluation laisse place à une certaine relativité qui pourrait permettre une rémunération légèrement supérieure à la valeur du service. La modicité de l'appauvrissement du bénéficiaire serait absorbée par le caractère rémunératoire de la libéralité. En poussant ce raisonnement, il est possible d'envisager une référence aux ressources du disposant dans l'évaluation du service. Certains textes confirment cette approche en établissant une corrélation entre les libéralités rémunératoires et « les facultés du disposant[857] ». Une évaluation mixte de la rémunération parait être la plus judicieuse. Elle peut tout à fait être fonction des ressources du

[852] Sous réserve de quelques exceptions : *C. civ.*, art. 960 et 1083.

[853] *C. civ.*, art. 909.

[854] Terré (F.), Lequette (Y.) et Gaudemet (S.), *op. cit.*, n° 261

[855] *Ibid.*

[856] Cass. civ. 1re, 8 juillet 2010, n° 09-67135, *Bull. civ. I*, n° 169 : *D.* 2010, p. 1870 ; *JCP* 2010, p. 967, note A. Sériaux, *RDC* 2011, p. 99, obs. I. Dauriac ; *Defrénois* 2011, p. 706, obs. B. Vareille.

[857] *C. civ.*, art. 909-1°.

disposant, mais elle ne doit pas être totalement déconnectée de la valeur intrinsèque du service rendu.

366. ***Bilan*** - Malgré leur singularité et leur spécificité, tous ces actes présentent un point commun. Ils sont tous soumis à un critère fondé sur la valeur. Toutes ces qualifications exigent le respect d'une condition de proportionnalité. Celle-ci résulte d'une exigence de modicité appréciée de manière relative, par référence au train de vie.

Le rapport de proportionnalité eu égard au train de vie ne limite pas ses effets aux seules libéralités. Il est également une condition, qui lorsqu'elle est satisfaite, permet à certains actes, qui ne sont pas des libéralités, de produire des effets juridiques spécifiques.

B - Le renforcement ou la validation des effets d'un acte

367. La proportionnalité par rapport au train de vie permet à certains actes de produire des effets juridiques particuliers qui présentent un véritable avantage pour leur bénéficiaire. En effet, elle est de nature à conditionner le bénéfice de la solidarité (1), ou plus surprenant encore, la validité même d'un acte (2).

1 - Le bénéfice de la solidarité

368. ***Présentation de la solidarité ménagère*** - Les époux, quel que soit leur régime matrimonial, sont tenus solidairement au paiement des dettes contractées par l'un d'eux et qui ont pour objet l'entretien du ménage ou l'éducation des enfants[858]. Les partenaires d'un pacte civil de solidarité sont également tenus solidairement mais pour les dettes contractées par l'un d'eux pour les besoins de la vie courante[859].

Malgré une référence au contrat, il est admis que toute dette, quelle que soit son origine peut être qualifiée de dette ménagère[860]. L'objet de la dette est donc le critère déterminant de cette qualification. Le texte relatif au mariage vise les dépenses ayant pour objet « l'entretien du ménage et

---

[858] *C. civ.*, art. 220 appartenant au régime primaire impératif.

[859] *C. civ.*, art. 515-4 al. 2.

[860] Colomer (A.), *Droit civil, Les régimes matrimoniaux*, 12e éd., Litec, 2004, n° 97 ; Flour (J.) et Champenois (G.), *Les régimes matrimoniaux,* 2e éd., Armand Colin, 2001, n° 73 ; Terré (F.) et Simler (Ph.), *Droit civil, Les régimes matrimoniaux*, 7e éd., Dalloz, Précis, 2015, n° 83.

l'éducation des enfants » alors que celui relatif au PACS vise « les besoins de la vie courante[861] ». Malgré des vocables différents, il semble que les deux textes recoupent les mêmes dépenses[862] : logement[863], nourriture, habillement, frais de maladie, de scolarité, de transport, produit d'entretien de l'habitation, chauffage... L'absence de référence à l'éducation des enfants dans le PACS avait été justifiée par une volonté de laisser la procréation en dehors du PACS et de la réserver au seul mariage mais l'expression « besoins de la vie courante » permet raisonnablement d'inclure les dépenses d'éducation des enfants.

369. ***Les bénéficiaires de la solidarité*** - La solidarité intervient au niveau de l'obligation à la dette, c'est-à-dire dans les relations entre les époux ou les partenaires d'une part et les créancier d'autre part qui voit son droit de gage élargi. Il peut poursuivre le paiement de sa créance sur le patrimoine de chacun des membres du couple alors même qu'un seul d'entre eux a contracté la dette. Sans elle, seul le patrimoine de l'auteur de la dette répondrait de ce passif. Il en résulte que la solidarité ménagère profite avant

---

861 Dans sa rédaction initiale ce texte visait en plus *« les dépenses relatives au logement commun ».*

862 Alleaume (C.), « Solidarité contre solidarité - Étude comparative des avantages respectifs du mariage et du PACS au regard du droit du crédit », *D.* 2000, Chron. 450 ; Souleau-Travers (A.), « Solidarité légale entre époux et entre partenaires d'un Pacs [aspects comparatifs] », *Defrénois* 2002. 569 ; Dauriac (I.), « Les couples à l'épreuve de la solidarité ménagère », *Gaz. Pal.* n° 346, 10 décembre 2008, p. 18. Pour le mariage : Colomer (A.), *Droit civil, Les régimes matrimoniaux*, 12e éd., Litec, 2004, n° 93 ; Flour (J.) et Champenois (G.), *Les régimes matrimoniaux*, 2e éd., Armand Colin, 2001, n° 72. Pour le PACS : Dauriac (I.), *Droit des régimes matrimoniaux et du PACS*, 4e éd., LGDJ, coll. Manuels, 2015, n° 177 ; Granet-Lambrechts (F.) et Hilt (P.), *J.-Cl. civil*, art. 515-1 à 515-7, Fasc. unique : *Pacte civil de solidarité*, spéc. n° 117 et s. ; Lamarche (M.), *Rép. civ. Dalloz*, septembre 2012, V° *Pacte civil de solidarité*, spéc. n° 125 et s. ; Martin (D.-R)., « De la solidarité dans le Pacs », in *Regards civilistes sur la loi du 15 novembre 1999 relative au concubinage et au pacte civil de solidarité*, colloque du LERADP, 2002, LGDJ, p. 117 ; Pierre (S.), « La solidarité passive des partenaires d'un Pacs », *Dr. fam.* 2000, Chron. 16. Pour le concubinage : Rivier (M.-C.), « La solidarité entre concubins », in *Des concubinages, droit interne, droit international, droit comparé, Études offertes à Rubellin-Devichi*, 2002, Litec, p. 97.

863 L'acquisition d'un logement ne semble pas entrer dans la catégorie des dépenses ménagères car il s'agit d'une dépense d'investissement et non une dépense d'entretien. Cass. civ. 1re, 11 janvier 1984, n° 82-15461, *Bull. civ. I*, n° 13 : *Gaz. Pal.* 1984, Pan. p. 206, obs. M. Grimaldi ; *Defrénois* 1984, art. 33354, p 933, obs. G. Champenois ; *D.* 1984, IR, p. 276, obs. D. Martin.

Une nouvelle fois, la notion d'entretien est au cœur du débat. Une dépense d'acquisition est-elle une dépense d'entretien ? La constitution d'un capital ne nous paraît pas être un critère déterminant. Dès lors que la dépense porte sur le logement, elle est susceptible d'entrer dans le champ des dépenses ménagères. Son exclusion, au regard de son montant ne devrait résulter que d'une disproportion par rapport au train de vie.

tout au créancier. Il serait néanmoins réductible d'affirmer que le créancier en est le seul bénéficiaire. Le couple en bénéficie également. En effet, la solidarité renforce la solvabilité du débiteur et par là même, la confiance des créanciers. Le crédit des couples s'en trouve renforcé.

La solidarité n'est sans doute pas un avantage directement recherché par l'auteur d'une dette ménagère. Cela laisserait présumer qu'il envisagerait, dès l'origine de se soustraire à son paiement. En revanche, en ce qu'elle est imposée par la loi et qu'elle profite au couple, elle peut être envisagée comme un avantage implicitement recherché par l'auteur d'une dette ménagère.

370. ***Exclusion de la solidarité dans le mariage*** - Dans le mariage comme dans le PACS la solidarité n'est pas systématique. Elle peut être exclue. Les causes d'exclusion sont assez similaires dans les deux formes de couples mais la persistance de certaines distinctions exige de les étudier de manière séparée.

Dans le mariage, l'exclusion de la solidarité peut avoir pour fondement le montant de la dépense ménagère ou la nature de l'acte ayant fait entrer la dette dans le patrimoine des époux. Concernant le critère fondé sur la valeur, l'article 220 alinéa 2 du code civil dispose que « la solidarité n'a pas lieu, néanmoins, pour les dépenses manifestement excessives eu égard au train de vie du ménage ». Ce critère d'exclusion n'est pas absolu. Il peut être contrebalancé par un qualitatif, celui de l'utilité de la dette ou de la bonne ou mauvaise foi du tiers contractant[864]. Ainsi, alors même qu'une dépense est excessive eu égard au train de vie du ménage, elle peut être soumise à la solidarité dès lors qu'elle est utile. Tel est par exemple le cas de dépenses médicales. Le second critère vise à protéger le ménage contre le recours au crédit, qui peut porter atteinte gravement et de manière insidieuse au patrimoine des époux. La solidarité est donc exclue dès lors que la dette a pour origine un achat à tempérament ou un emprunt. Pour les emprunts, il existe tout de même une exception, à cette exclusion de principe. Ainsi, les emprunts qui « portent sur des sommes modestes nécessaires aux besoins de la vie courante » sont soumis à la solidarité. Cette exception repose sur deux critères cumulatifs, l'un quantitatif, l'autre qualitatif. L'appréciation du second critère ne pose pas de difficulté à la différence de celle du premier. En effet, aucune indication n'est donnée pour apprécier le caractère modeste des sommes empruntées. Doit-il l'être *in abstracto* ou *in concreto*, par

[864] Un auteur estime que *« la mesure de la dette devient le critère positif et exclusif de la dette ménagère »*. Cf. Dauriac (I.), *Droit des régimes matrimoniaux et du PACS*, 4e éd., LGDJ, coll. Manuels, 2015, n° 84.

rapport à un seuil chiffré ou par rapport au train de vie du ménage ? La doctrine la plus avisée ne tranche pas cette question[865]. Au regard de certaines décisions il est permis de penser que le caractère modeste doit être déterminé de manière relative[866]. Les dernières évolutions législatives en la matière confirment cette orientation. La loi du 17 mars 2014[867] a apporté une précision sur l'appréciation du caractère modeste du montant de l'emprunt. En cas de pluralité d'emprunts, il s'apprécie de manière globale. Alors même que chacun des emprunts contractés serait modeste, ils échapperaient à la solidarité si leur montant cumulé est « manifestement excessif eu égard au train de vie du ménage[868] ».

371. ***Exclusion de la solidarité dans le PACS*** **-** La solidarité est exclue dans le PACS sur des critères assez similaires à ceux du mariage. Il existe

---

[865] Colomer (A.), *op. cit.*, n° 103 ; Flour (J.) et Champenois (G.), *op. cit.*, n° 74 ; Terré (F.) et Simler (Ph.), *op. cit.*, n° 85.

[866] Cass. civ. 1re, 3 janvier 2006, n° 03-14.542, *Bull. civ. I*, n° 5, p. 4 : « Mais attendu d'abord, qu'ayant relevé que le prêt de 80 000 francs avait été affecté à l'achat d'un véhicule automobile et que celui de 95 000 francs avait été utilisé pour l'acquisition d'une cuisine intégrée, la cour d'appel a souverainement estimé que ces emprunts portaient sur des sommes modestes eu égard aux revenus du couple et nécessaires aux besoins de la vie courante du ménage ; qu'ensuite, en énonçant que le prêt de 25 000 francs et l'ouverture de crédit utilisable par fractions avaient manifestement servi aux besoins de la vie courante, la cour d'appel n'a pas statué par un motif hypothétique ; que le moyen, qui invoque en sa seconde branche un manque de base légale au regard de l'article 220, alinéa 2, du Code civil non applicable aux emprunts souscrits par un époux sans le consentement de son conjoint régis par l'alinéa 3 du même texte, ne peut être accueilli en aucune de ses branches » : *JCP* 2006, I, 141, n° 2, obs. G. Wiederkehr ; *Dr. fam.* 2006, n° 47, note V. Larribau-Terneyre ; Cass. civ. 1re, 24 octobre 2012, n° 11-24.181 : « la somme empruntée était modeste eu égard aux ressources mensuelles du couple » ; Cass. civ. 1re, 25 juin 2009, n° 08-12.101 : « Mais attendu que la cour d'appel qui a relevé que la somme empruntée était modeste eu égard aux ressources mensuelles du couple, qu'elle avait été versée sur le compte courant de ce dernier et avait permis d'assurer les besoins de trésorerie du couple, de sorte que l'emprunt portait sur des sommes modestes nécessaires aux besoins de la vie courante du ménage, a légalement justifié sa décision ».

Certaines décisions de cours d'appel appréciant *in concreto* le caractère modeste ont pu être censurées par la Cour de cassation pour un défaut de motivation notamment quant au caractère nécessaire de l'emprunt : Cass. civ. 1re, 27 novembre 2001, n° 99-20546, *Bull. civ. I*, n° 294, p. 186 : *D.* 2002, p. 2910, note Baudin-Maurin ; *JCP* 2002, II, concl. Petit ; *Defrénois* 2002, p. 1017, obs. G. Champenois ; *Dr. fam.* 2002, n° 17, note H. Lécuyer ; *RJPF* 2002-3/25, note F. Vauvillé ; *RTD civ.* 2002, p. 558, obs. B. Vareille.

[867] Loi n° 2014-344 relative à la consommation, art. 50, *JORF* n° 0065 du 18 mars 2014, p. 5400. *RLDC* n° 115, mai 2014, 5439, p. 58 ; B. BEIGNIER, « La nouvelle protection des époux et des partenaires envers la solidarité en cas d'emprunts », *Dr. famille*, décembre 2014, Focus, n° 56 ; J. LASSERRE CAPDEVILLE et E. NAUDIN, « La modification de l'article 220 du Code civil par la loi du 14 mars 2014 », *D.* n° 28, 31 juillet 2014, p. 1606.

[868] *C. civ.*, art. 220 *in fine* dans sa rédaction issue de la loi du 17 mars 2014.

néanmoins des différences entre ces deux unions. Ainsi, dans le PACS, « la solidarité n'a pas lieu pour les dépenses manifestement excessives ». Ici, aucune indication n'est donnée pour apprécier l'excès. Le texte relatif au mariage est plus précis puisqu'il précise que l'excès s'apprécie par rapport au « train de vie du ménage ». Un raisonnement par analogie peut légitimement être retenu pour limiter la solidarité dans le PACS aux dépenses manifestement excessives, par rapport au train de vie du ménage. Un auteur prévoit explicitement que « l'appréciation de l'excès se fera suivant les mêmes critères et méthodes retenus en vertu de l'article 220 al. 2[869] ».

Le second critère d'exclusion, tenant à la nature de l'acte ayant fait entrer la dette dans le patrimoine, ne présente aucune spécificité par rapport au mariage. Sur ce point les articles 515-4 et 220 du code civil sont rédigés de manière identique.

372. ***La référence à une solvabilité apparente*** **-** La solidarité ménagère est le seul domaine où l'expression « train de vie » est expressément visée par le code civil. L'utilisation de ce vocable se justifie pleinement. À la différence d'autres notions patrimoniales permettant d'apprécier un rapport de proportionnalité, le train de vie dispose d'une dimension extérieure[870]. Il est une image patrimoniale. Dans la solidarité ménagère, il exprime la solvabilité des époux ou des partenaires, telle qu'elle peut être perçue par le créancier. En d'autres termes, il exprime la solvabilité apparente des époux ou des partenaires.

Cette spécificité du train de vie était largement perceptible dans les articles 220 et 515-4 du code civil, dans leur version antérieure à la loi du 17 mars 2014. Dans ces textes, la référence au train de vie servait uniquement à exclure la solidarité pour les dépenses manifestement excessives. Dès lors, le créancier pouvait se prévaloir du train de vie du couple, tel qu'il l'avait perçu, pour contrer les tentatives de l'un des époux ou de l'un des partenaires visant à se soustraire à la solidarité.

Désormais, le train de vie permet également d'apprécier le caractère modeste d'une pluralité d'emprunts. Ainsi, la solidarité est exclue si leur montant cumulé est « manifestement excessif eu égard au train de vie du ménage ». Cette nouvelle référence au train de vie s'impose avec moins d'évidence que celle initiale. L'aspect extérieur du train de vie, qui fait sa spécificité par rapport à d'autre notion, n'est pas recherché. Ici, la

---

[869] I. DAURIAC, *Droit des régimes matrimoniaux et du PACS*, 4e éd., LGDJ, coll. Manuels, 2015, n° 179.

[870] Voir *infra*, n° 379 et s. et spé. n° 381.

comparaison entre la pluralité de crédits et le train de vie implique une connaissance effective de la situation patrimoniale du couple. La seule appréhension du train de vie n'est pas suffisante pour le créancier dispensateur de crédit. Il doit également avoir connaissance des crédits déjà contractés par le couple. Il ne peut donc se fonder exclusivement sur le train de vie du couple pour revendiquer le bénéfice de la solidarité. Il doit montrer que le train de vie n'est pas altéré par le remboursement des différents emprunts. Cependant, en tant que dispensateur de crédit, le créancier a nécessairement connaissance de la situation patrimoniale réelle du couple[871]. D'ailleurs, il commettrait une faute en prêtant de l'argent à partir de l'apparence de solvabilité du couple, c'est-à-dire en considération de son seul train de vie.

En définitive, la nouvelle référence au train de vie semble moins pertinente que la première. Soit le créancier ne connait pas la situation patrimoniale couple et il peut se prévaloir de son train de vie, soit il la connait, ou tout du moins, il doit la connaître, et il ne peut se prévaloir du train de vie. Pour autant, la référence au train de vie pour apprécier la disproportion n'est pas totalement erronée. Le train de vie ne doit pas se limiter à sa dimension extérieure. Il est avant tout une valeur de référence, au même titre que certaines notions voisines telles que les facultés ou la fortune, qui englobe à la fois les revenus et le capital[872]. Il permet ainsi d'apprécier une disproportion tant par rapport aux revenus et qu'au capital du couple. En l'espèce, le créancier pourra bénéficier de la solidarité si l'ensemble des mensualités remboursées par le couple ne sont pas disproportionnées par rapport aux revenus du couple et à son capital. Ainsi, quand bien même le couple rembourserait des mensualités représentant 50 % de ses revenus, dès lors qu'il peut maintenir son train de vie, notamment parce qu'il est propriétaire de son logement, ou qu'il est logé à titre gratuit, la disproportion ne serait pas retenue. La référence au train de vie présente une utilité en ce qu'elle permet de bénéficier d'une norme de référence plus large que les seuls revenus.

373. La proportionnalité d'un acte par rapport au train de vie est donc de nature à influer sur l'étendue des effets d'un acte. Plus surprenant, elle peut également conditionner sa validité.

---

[871] *Supra*, n° 282 relatif à l'apparence de solvabilité du débiteur.

[872] *Infra*, n° 387 et s.

2 - La validation dérogatoire d'un acte

374. La validité d'un acte est conditionnée à la capacité d'agir de son auteur. Le droit des incapacités offre néanmoins une pluralité de situations dérogatoires. Ainsi, alors même qu'un acte serait réalisé par majeur placé sous un régime de protection, ou par un mineur, il échappe, du fait de sa proportionnalité au train de vie, à la nullité. La validité de l'acte réalisé par un incapable est un avantage qui profite tout à la fois à son auteur et à son cocontractant.

375. ***Les actes accomplis par un majeur protégé* -** Malgré la mise en place d'un régime de protection, le majeur vulnérable dispose toujours de la capacité d'agir seul. Cette sphère d'autonomie est variable en fonction de la nature du régime mis en place[873]. Néanmoins, Les actes qu'il peut accomplir seul sont susceptibles d'être sanctionnés. Ainsi, ils sont toujours rescindables pour simple lésion ou réductibles en cas d'excès[874]. Cette sanction, plus légère que la nullité pour insanité d'esprit, exige la caractérisation d'une lésion ou d'un excès. À cette fin, le juge est invité à prendre « notamment en considération l'utilité ou l'inutilité de l'opération, l'importance ou la consistance du patrimoine de la personne protégée et la bonne ou mauvaise foi de ceux avec qui elle a contracté[875] ». La prise en compte de l'importance ou de la consistance du patrimoine permet d'apprécier de manière *in concreto* le caractère lésionnaire de l'acte réalisé par le majeur. Pour un même acte, la lésion sera caractérisée si le majeur dispose d'un faible patrimoine alors qu'elle ne sera pas retenue s'il dispose d'un patrimoine important.

Il en résulte donc que la situation patrimoniale d'un majeur protégé peut influer sur la validité d'un acte qu'il a réalisé seul. En effet, si celui-ci n'a qu'un faible impact sur son patrimoine, ce qui signifie qu'il s'inscrit dans son train de vie, il ne sera probablement pas rescindé ou réduit.

376. ***Les actes de la vie courante accomplis par un mineur* -** A l'image des majeurs protégés, les mineurs peuvent aussi accomplir seuls les actes

---

[873] *C. civ.*, art. 435 (sauvegarde de justice), art. 467 (curatelle), art. 473 (tutelle), art. 488 (mandat de protection future).

[874] *C. civ.*, art. 435 al. 2, 465-1° (qui opère un renvoi à l'article 435) et 488 al. 1er.

[875] *C. civ.*, art. 435 al. 2 et 488 al. 1er.

que la loi ou l'usage autorise[876], également désignés sous l'expression « actes de la vie courante[877] ». Cette catégorie d'acte n'est pas définie. La doctrine a donc tenté de dégager des critères pour cerner cette notion qui sont essentiellement fondés sur la nature de l'acte. Cependant, des critères fondés sur la valeur semblent plus pertinents.

Concernant la nature, il convient d'abord de rejeter la distinction des actes de gestion – conservation, administration, disposition – pour délimiter la notion d'acte usuel. En effet, ces actes peuvent être tant de conservation, que d'administration ou de disposition[878].

C'est donc vers la notion d' « usage » qu'il faut se tourner pour identifier la spécificité de cette catégorie d'actes juridiques. Or l'usage ne peut être délimité avec précision. Il est qualifié comme tel au cas par cas, « par référence à une pratique collective[879] ». La jurisprudence a néanmoins précisé cette catégorie en excluant les actes qui entrainent des risques particuliers pour le mineur[880]. L'acte usuel serait alors « celui qui n'emporte pas de conséquences irréversibles pour la vie du mineur[881] ». Le critère dégagé par la jurisprudence est large de sens. Il peut viser tant des risques matériels que des risques économiques, ce qui conduit à envisager des critères distinctifs fondés sur la valeur.

« L'état de fortune » du mineur a pu être envisagé comme critère de définition de la notion avant d'être écarté par certains auteurs qui estiment que « c'est par sa nature qu'un acte est ou n'est pas usuel et non pas par son importance économique appréciée in concreto[882] ». D'autres auteurs l'admettent pourtant. Ils reconnaissent que « le milieu social et économique dans lequel vit le mineur auteur de l'acte pourrait également être pris en

---

[876] *C. civ.*, art. 388-1-1 issu de l'ordonnance n° 2015-1288 du 15 octobre 2015 (art. 389-3 ancien). Cette formule est la même que celle employée pour les majeurs sous tutelle (art. 473).

[877] Voir Montanier (J.-C.), « Les actes de la vie courante en matière d'incapacité », *JCP G* 1982, I, 3076 ; Conte (Ph.) et Montanier (J.-C.), « Les actes patrimoniaux du mineur non émancipé », *D.* 1986, p. 401 ; Gouttenoire (A.), « La capacité usuelle du mineur », *Mél. Jean Hauser*, Lexis-Nexis-Dalloz, 2012, p. 163 et s. ; Bonfils (Ph.) et Gouttenoire (A.), *Droit des mineurs*, 2e éd., Dalloz, Précis, 2014, n° 1050 et s.

[878] Conte (Ph.) et Montanier (J.-C.), *op. cit.*, spéc. n° 16 et s. ; Bonfils (Ph.) et Gouttenoire (A.), *op. cit.*, n° 1053.

[879] Conte (Ph.) et Montanier (J.-C.), *op. cit.*, spéc. n° 13.

[880] Cass. civ. 1re, 9 mai 1972, n° 70-10.361, *Bull. civ. I*, n° 122, p. 110 : *Gaz Pal.* 1972, II, 871.

[881] Gouttenoire (A.), *op. cit.*, spéc. p. 173.

[882] Conte (Ph.) et Montanier (J.-C.), *op. cit.*, spéc. n° 15.

compte pour déterminer si l'acte est ou non autorisé par l'usage[883] ». Certes la nature est le critère principal, mais la valeur est un critère secondaire. Un acte, par nature usuel peut, par son importance, être exclu de cette catégorie. L'article 1305 du code civil, qui admet la rescision pour simple lésion des actes conclus par un mineur, permet d'asseoir juridiquement ce raisonnement. Ce texte présente une utilité pour les seuls actes pouvant être accomplis par le mineur seul[884]. Les actes usuels sont donc principalement visés. Ces actes, alors même que leur validité n'est pas remise en cause, peuvent tout de même être attaqués lorsqu'ils sont lésionnaires. La lésion ne s'apprécie pas objectivement. Elle implique la prise en considération du patrimoine de la personne lésée. Cela est expressément exigé pour apprécier la lésion des actes accomplis par un majeur protégé[885]. Il doit en être de même pour apprécier celle des mineurs. Inversement, un acte qui ne saurait être usuel au regard de sa nature pourrait, par la faiblesse de ses conséquences économiques, être qualifié comme tel.

377. L'acte qui déroge aux obligations civiles et fiscales inhérentes aux libéralités, celui qui bénéficie de la solidarité ménagère ou encore celui qui déroge aux règles de capacité doit nécessairement être proportionné au train de vie de son auteur ou du ménage de ce dernier. Cette proportionnalité est une condition qui devrait être remplie dès la réalisation de l'acte. Or, elle n'est quasiment jamais vérifiée à cet instant ce qui n'exclut pas de s'en préoccuper ultérieurement. Ainsi, un défaut de proportionnalité pourra être mis en évidence lorsque l'acte sera amené à produire ses effets. Cela aura pour conséquence d'entrainer une requalification de l'acte ou de le faire échapper à un régime juridique avantageux auquel son auteur souhaitait le soumettre. En un mot, la constatation du défaut de proportionnalité d'un acte par rapport au train de vie de son auteur neutralisera l'avantage initialement recherché.

---

[883] Gouttenoire (A.), *op. cit. loc. cit.*

[884] Conte (Ph.) et Montanier (J.-C.), *op. cit.*, spéc. n° 25 et s.

[885] *C. civ.*, art. 435 al. 2, 465-1° (qui opère un renvoi à l'article 435) et 488 al. 1er.

Paragraphe 2 - La neutralisation de l'avantage initialement recherché pour défaut de proportionnalité par rapport au train de vie

378. En matière de qualification d'un acte, le train de vie s'analyse comme un contexte patrimonial auquel est confronté un acte. S'il existe une proportion entre les deux, l'acte en cause pourra bénéficier d'une qualification ou d'un régime juridique constitutif d'un avantage par rapport au droit commun. En revanche, s'il existe une disproportion entre les deux, l'acte en cause sera requalifié et l'avantage initialement recherché sera neutralisé. C'est dans cette seconde hypothèse que le train de vie se manifeste le plus fréquemment.

Toute la difficulté de cette opération de requalification consiste à déterminer ce qui constitue un défaut de proportionnalité par rapport au train de vie. Les textes exigent une disproportion et envisagent ses conséquences mais ils ne donnent aucune méthode permettant de définir avec précision cette disproportion. Ils fournissent tout au plus quelques informations permettant de construire une méthode d'identification de la disproportion. D'une part, ils contiennent des informations permettant de déterminer la donnée de référence à laquelle doit être comparé l'acte en cause. D'autre part, ils fournissent des indications pour mesurer la disproportion. Sur ce point, il est vain de rechercher des seuils chiffrés ou des pourcentages. Néanmoins, afin de diminuer les risques d'insécurité liés à l'appréciation relative de la disproportion, les textes exigent parfois qu'elle soit d'une certaine gravité.

Prenant appui sur ces indices, les prochains développements auront d'abord pour but d'identifier la norme de référence permettant d'apprécier la disproportion (A). Ils auront ensuite pour objectif de fournir des outils permettant de mesurer la disproportion (B).

A - La norme de référence

379. La disproportion s'apprécie nécessairement entre deux données. Ici, la première réside dans l'acte qui a été accompli et qui a permis à son auteur de bénéficier d'un régime de faveur. La seconde donnée est déterminée par un contexte patrimonial dans lequel l'acte en cause a été réalisé. Quelques textes fournissent des informations sur ce contexte patrimonial en le désignant expressément (1). Il peut s'agir du train de vie du ménage[886], de la fortune du disposant[887], des facultés du souscripteur[888]. D'autres textes ne font référence à aucune donnée précise. Celle-ci n'en est pas moins implicite (2).

1 - Une norme désignée expressément

380. ***Un esprit commun malgré des vocables distincts*** **-** La norme de référence permettant d'apprécier la disproportion peut être désignée sous différents vocables. Qu'il s'agisse du train de vie (a) ou de l'un ses dérivés (b), l'esprit est toujours le même. La norme de référence renvoie aux habitudes économiques de l'auteur de l'acte et invite principalement à regarder du côté de ses revenus, sans pour autant ignorer le reste de son patrimoine.

a) La référence expresse au « train de vie »

381. ***La dimension externe du train de vie*** **-** La référence au train de vie en vue de contrôler la proportionnalité d'un acte et d'influer sur sa qualification ou ses effets juridiques, n'est pas très fréquente. Seuls deux textes peuvent être recensés. Il s'agit des articles 220 et 515-4 du code civil relatifs à la solidarité des dettes ménagères dans le mariage et dans le PACS[889]. Cette situation contraste avec celle rencontrée antérieurement dans laquelle le train de vie était particulièrement plébiscité pour caractériser une disproportion révélatrice d'une fraude fiscale ou aux prestations sociales[890]. Ce décalage s'explique par le fait que le train de vie comporte une dimension extérieure dont d'autres notions, telles que la fortune ou les facultés, sont dépourvues. En effet, il peut être caractérisé par toute personne à partir d'observations factuelles, de simples apparences [891]. Sa caractérisation permet alors de remettre en cause la sincérité des déclarations faites par un contribuable ou un demandeur de prestations sociales. L'administration, qui ignore le montant des revenus d'un contribuable ou

[886] *C. civ.*, art. 220 relatif à la solidarité ménagère dans le mariage.

[887] *C. civ.*, art. 852 al. 2 relatif au présent d'usage.

[888] *C. assu.*, art. L.132-13 relatif à l'assurance-vie.

[889] *Supra*, n° 368 et s.

[890] *Supra*, n° 246 et s.

[891] *Supra*, n° 254 et s.

d'un demandeur de prestations sociales peut, grâce au train de vie, évaluer de manière forfaitaire ces revenus. La référence au train de vie est donc indispensable en ce domaine.

Dans les domaines où il s'agit de réaliser un contrôle de proportionnalité d'un acte par rapport à un contexte patrimonial, la démarche est totalement différente. L'acte en cause n'est ni suspect, ni occulte[892]. Le train de vie n'a pas à opérer comme un révélateur. Sa dimension extérieure n'est donc pas recherchée. Il est simplement utilisé comme un point de référence. D'autres notions, telles que les facultés ou la fortune, peuvent remplir cette fonction.

Il convient néanmoins d'observer que la dimension extérieure du train de vie n'est pas totalement effacée. En effet, lorsque le train de vie est utilisé en matière de solidarité ménagère il sert de norme de référence à la fois pour les époux et les partenaires dans leurs relations entre eux, mais aussi pour les tiers contractants dans leurs relations avec le couple[893]. L'un des membres du couple peut reprocher à l'autre le défaut de proportionnalité d'une dette par rapport au train de vie du ménage. Le tiers contractant, qui subit une réduction de son droit de gage peut alors se saisir du train de vie, de l'image patrimoniale véhiculée par les époux ou les partenaires, pour démontrer que sa créance n'est pas disproportionnée par rapport au train de vie qu'il a perçu. Malgré la disproportion de l'acte en cause aux ressources réelles du couple, l'absence de disproportion par rapport au train de vie mené par le couple, permettra de maintenir le bénéfice de la solidarité[894]. Si dans les rapports internes au couple l'aspect extérieur du train de vie n'a pas d'utilité, il n'en est pas de même lorsque le train de vie est invoqué par le tiers.

382. ***La proportionnalité à l'épreuve du critère de l'habitude*** **-** Il a été démontré que l'un des éléments constitutifs de la notion de train de vie réside dans une condition d'habitude[895]. Dès lors, l'appréciation de la proportionnalité par rapport au train de vie peut être réalisé au regard de cette condition. Pour déterminer le caractère habituel d'une dépense, il convient de rechercher si des dépenses d'une même nature et d'un même montant sont régulièrement réalisées. Autrement dit, il s'agit de voir si la

[892] Cela n'exclut pas qu'il ait pu être dissimulé dans un premier temps.

[893] Voir Bakouche (D.), *L'excès en droit civil*, préf. Michèle Gobert, LGDJ, Coll. Bib. droit privé, T. 432, 2005, spéc. n° 34 et s. et 80 et s.

[894] Sur les conséquences d'un train de vie excessif par rapport aux ressources, voir *supra*, n° 279 et s.

[895] *Supra*, n° 170 et s.

dépense en cause peut être répétée sans entrainer un appauvrissement structurel[896].

Ces questions renvoient à des développements relatifs à la notion même de train de vie. Il a été montré que le train de vie emprunte le fonctionnement d'une universalité, où le passif – les dépenses de train de vie – doit être corrélé à l'actif, dont le périmètre a été restreint aux revenus[897].

Il ne faut pas en conclure qu'apprécier la proportionnalité d'une dépense au train de vie doit conduire à vérifier que cette dépense peut être supportée par les seuls revenus. Il est indéniable que les dépenses de train de vie sont très majoritairement financées par ces derniers. Pour autant, il serait très réducteur de n'envisager le train de vie qu'à travers les revenus. Il est préférable de mettre en avant le caractère habituel de cette notion. La référence au train de vie appelle donc à replacer la dépense dans son contexte, c'est à dire par rapport aux autres dépenses, celles réalisées habituellement. Cela permet d'avoir un plus grand recul, une vue d'ensemble, qui serait impossible à obtenir en mettant en relation une dépense prise isolément avec les revenus.

En résumé, une dépense peut être qualifiée de dépense de train de vie parce qu'elle peut être réalisée de manière habituelle. En revanche, le fait qu'elle puisse être financée par les revenus n'est pas un critère de qualification, car trop restrictif.

Le train de vie n'est pas la seule norme de référence. D'autres notions, voisines du train de vie, sont également utilisées en tant que donnée de référence pour réaliser un contrôle de proportionnalité.

b) La référence à des notions voisines du train de vie

383. Différentes notions sont également utilisées comme une norme de référence pour apprécier la proportionnalité d'un acte. Les plus fréquemment utilisées sont les ressources, les facultés et la fortune. Dans un premier temps, chacune d'entre elles sera définie individuellement (α) ; une analyse d'ensemble sera réalisée dans un second temps permettant de montrer qu'au-delà de leur fonction commune, toutes ces notions ont périmètre commun. Elles ne se restreignent pas aux seuls revenus, elles englobent également le capital (β).

---

[896] *Supra*, n° 208 et s.

[897] *Supra*, n° 281 et s.

α - *Définition des différentes notions*

384. ***Les facultés*** - Le terme « facultés » peut être recensé dans plusieurs textes [898]. Les facultés peuvent être définies comme des « possibilités financières (existantes ou potentielles) d'une personne ou d'une masse de biens (communauté, succession), mesure de certains droits ou obligations (contribution aux charges du mariage) [899] ».

La jurisprudence n'a jamais défini avec précision les contours de cette notion. Il est néanmoins possible d'identifier, tant dans la jurisprudence de la Cour de cassation que dans celle des cours d'appel, un certain nombre d'éléments permettant d'esquisser les contours de cette notion[900]. Ainsi, il peut être fait référence, aux revenus[901], aux biens soumis à l'impôt de solidarité sur la fortune[902], à l'actif successoral qui inclut tout le patrimoine du *de cujus*[903]. Les facultés englobent également des avoirs futurs, des sommes qui n'étaient pas encore entrées dans le patrimoine du souscripteur au jour du versement d'une prime d'assurance-vie[904].

En matière de charges du mariage, qui doivent être supportées par les époux proportionnellement à leurs facultés respectives[905], l'accent est mis avant tout sur les revenus. Autrement dit, la jurisprudence tend à assimiler

---

[898] *C. civ.*, art. 214, 515-4, 515-7 *in fine* et 1448 (contribution aux charges du ménage pour les époux ou les partenaires d'un PACS), 909-1° (libéralités rémunératoires), 1033-1 (rémunération de l'exécuteur testamentaire) *C. assu.*, art. L. 132-13 (prime d'assurance-vie) ; *Code pénal*, art. 132-45.

[899] Association Henri Capitant sous la dir. de Cornu (G.), *Vocabulaire juridique*, 11e éd., PUF, Quadrige, 2016, V° *Facultés*.

[900] Par exemple, commentaire de 5 arrêts des cours d'appel de Pau et Besançon par Beignier (B.), *Dr. famille* 2002, comm. n° 130. Pour une autre analyse de la jurisprudence, voir Bigot (J.), note sous Cass. civ. 1re, 1er juillet 1997, n° 95-15674, *RGDA* 1997, p. 820 et Bigot (J.), Baillot (Ph.), Kullmann (J.) et Mayaux (L.), *Traité de droit des assurances, Les assurances de personnes, Tome 4*, LGDJ, 2007, n° 369 et s.

[901] Cass. civ. 1re, 18 mars 1997, n° 94-21396.

[902] Cass. civ. 1re, 17 juin 2009, n° 08-13.620, *Bull. civ. I*, n° 136.

[903] Cass. civ. 1re, 1er juillet 1997, n° 95-15674, *Bull. civ. I*, n° 217 : *D.* 1998, p. 543, note S. Choisez ; *RGDA* 1997, p. 820, note J. Bigot ; *JCP G* 1998, I, 133, p. 811, note R. Le Guidec.

[904] Cass. civ 2e, 4 juillet 2007, n° 06-14.248, *Bull. civ. II*, n° 242 : *Dr. famille* 2007, comm. n° 176, note V. Nicolas.

[905] Voir notamment Larribau-Terneyre (V.), *J-Cl. Civil code* art. 212 à 215, Fasc. 10 : Mariage – Organisation de la communauté conjugale et familiale – Principes directeurs du couple conjugal : réciprocité des devoirs entre époux (C. civ., art. 212) – Principes structurant la communauté familiale : direction conjointe de la famille et contribution conjointe aux charges du mariage (C. civ., art. 213 et 214), spéc. n° 190 ; Lamarche (M.) et Lemouland (J.-J.), *Rép. civ. Dalloz*, avril 2014, V° *Mariage (4° effets)*, spéc. n° 124.

les facultés des époux à leurs revenus, tout en ayant une conception large de cette notion. Ainsi, tous les revenus du travail ou du capital, saisissables ou non, actuels ou potentiels sont pris en considération pour caractériser les facultés des époux[906]. Néanmoins, la notion de facultés n'est pas limitée aux seuls revenus. Des éléments de capital peuvent y être également inclus. La mise à disposition d'un immeuble en est un exemple[907].

385. *La fortune* - Le terme fortune est particulièrement présent en matière fiscale, ce qui s'explique par l'existence d'un impôt de solidarité sur la fortune. Il est également présent dans d'autres matières, où il retiendra davantage notre attention [908]. La fortune peut être définie comme l' « ensemble des moyens d'existence d'une personne, de ses ressources (ce dernier terme est aujourd'hui préféré) [909] ».

En matière d'obligation alimentaire il est fait référence à la fortune du débiteur pour déterminer le montant de la pension allouée au créancier[910]. Là encore, les revenus, quelle que soit leur origine, sont d'abord pris en considération[911]. Sont également pris en compte les revenus potentiels, ceux

---

906 Cass. civ. 1re, 5 février1991, *Bull. civ. I*, n° 42, p. 27 ; *Defrénois* 1991, p. 667, obs. J. Massip ; *JCP G* 1991, IV, 125 ; *RTD civ.* 1991, p. 709, obs. J. Hauser et D. Huet-Weiller. Certains auteurs visent uniquement les *« revenus disponibles, après acquittement de impôt »*, Voir Flour (J.) et Champenois (G.), *Les régimes matrimoniaux*, 2e éd., Armand Colin, 2001, n° 63, note de bas de page n° 3.

Concernant la potentialité, voir Cass. civ. 1re, 27 octobre 1992, n° 91-12.793, *Bull. civ. I*, n° 266 : *JCP G* 1993, IV, 27 ; *RTD civ.* 1993, p. 329, obs. J. Hauser ; *D.* 1993, p. 422, note C. Philippe ; *RTD civ.* 1993, p. 181, obs. F. Lucet et B. Vareille. Dans cette affaire, la Cour de cassation a reproché à une cour d'appel de ne pas avoir recherché si la gestion d'un bien appartenant en propre à l'un des époux n'eût pas permis de lui procurer des revenus. Certains auteurs voient dans cette jurisprudence une prise en compte du capital. Voir Malaurie (Ph.) et Aynès (L.), *Droit civil, Les régimes matrimoniaux*, 5e éd., LGDJ, coll. Droit civil, 2015, n° 92.

907 Cass. civ. 1re, 6 mars 1990, n° 88-17.555, *Bull. civ. I*, n° 61 ; Cass. civ. 1re, 31 mars 1992, n° 90-18.760, *Bull. civ. I*, n° 97 : *JCP N* 1992, p. 383, obs. M. Stork ; *RTD civ.* 1993, p. 635, obs. F. Lucet et B. Vareille.

908 *C. civ.*, art. 208 (évaluation du montant d'une pension alimentaire), art. 192 (amende proportionnée à la fortune en cas de non-respect de certaines règles relatives au mariage), art. 385 (jouissance légale), 852 (présent d'usage) ; *Code de l'habitation et de la construction*, art. R.431-61.

909 Association Henri Capitant sous la dir. de Cornu (G.), *Vocabulaire juridique*, 11e éd., PUF, Quadrige, 2016, V° *Fortune*.

910 *C. civ.*, art. 208.

911 Leveneur (L.), *J.-Cl. Civil code* art. 205 à 211, Fasc. 10 : Aliments - Obligation alimentaire – Conditions d'existence, spéc. n° 63 et s.

qu'une gestion utile du capital serait susceptible de procurer[912]. La question s'est également posée de savoir si les biens improductifs devaient être pris en considération à raison du prix qui pourrait résulter de leur vente. La jurisprudence s'est refusée pour le moment d'admettre cette possibilité[913]. Certains auteurs estiment qu' « il n'est cependant pas exclu que dans d'autres circonstances, la question posée reçoive une réponse différente, parce que le refus d'aliéner serait jugé illégitime[914] ».

Tout comme la notion de facultés, celle de fortune inclut les revenus et les éléments du capital. Il n'en est pas autrement pour la notion de ressources.

386. ***Les ressources*** **-** Les ressources peuvent être définies comme l' « ensemble des moyens d'existence (disponibles ou en puissance) d'une personne englobant non seulement tous ses revenus (revenus du travail ou revenus du capital) mais, au moins à titre potentiel ses capitaux[915] ».

Cette définition est suffisante pour cerner l'étendue de la notion de ressources, qui présente un périmètre commun avec les facultés et la fortune mais également avec le train de vie.

β - Délimitation d'un périmètre commun à toutes ces notions

387. ***Revenus et capital*** **-** Toutes ces définitions sont sans équivoques. Les ressources, la fortune et les facultés incluent à la fois les revenus et le capital. La tentation était pourtant grande de vouloir restreindre leur périmètre aux seuls revenus. Or, prendre en compte les revenus pour apprécier le caractère modique d'un acte n'est pas une méthode pleinement satisfaisante. La vocation des revenus à être dépensés ne doit pas occulter leur valeur[916]. Pour dénoncer l'ancien régime dérogatoire des donations de fruits et de revenus, le Professeur Grimaldi relevait que « le fait que les seuls revenus du disposant aient suffi à leur exécution est un indice de leur modicité - notion relative qui s'apprécie eu regard des ressources de

[912] Cass. civ. 2e, 21 janvier 1976, *Bull. civ. II*, n° 17.

[913] CA Paris, 8e ch. B, 7 janv. 1983, *JurisData* n° 1983-024706 ; CA Bordeaux, 10 janv. 1991 : *JCP* 1992, IV, 1045.

[914] Leveneur (L.), *op. cit.*, spéc. n° 64.

[915] Association Henri Capitant sous la dir. de Cornu (G.), *op. cit.*, V° *Ressource.*

[916] Hauser (J.), « L'établissement et l'entretien des enfants majeurs : une famille à titre onéreux ? », *Defrénois* 1999, p. 1217, spéc. n° 8.

l'intéressé. Mais ce n'est là qu'un indice, de sorte qu'une libéralité peut, quoique prélevée sur les revenus n'être point modique et donner lieu à rapport, tout comme une libéralité peut, quoique prélevée sur le capital, rester modique et n'être point rapportable[917] ».

388. ***Fortune et habitude*** - Les Professeurs Malaurie et Brenner ont écrit, à propos du présent d'usage, que la « modicité s'apprécie (…) en tenant compte de la fortune et des habitudes du disposant[918] ». Par cette double référence, à la fortune d'un côté et aux habitudes de l'autres, ils illustrent les deux grandes catégories de normes de références permettant d'apprécier la proportionnalité d'un acte. La première inclut le train de vie qui a pour spécificité de se rattacher aux habitudes économiques de l'auteur de l'acte en cause et qui dépasse le clivage capital / revenus. La seconde regroupe plusieurs notions dont le périmètre ne se limite pas aux seuls revenus, s'étendant jusqu'au capital.

389. ***Bilan*** - En définitive, l'établissement d'une disproportion se fait par rapport à une norme de référence, le train de vie ou une notion voisine. Toutes ont un périmètre commun qui englobe avant tout les revenus sans pour autant exclure le reste du patrimoine. L'appréciation de la proportionnalité est donc toujours réalisée de la même manière quel que soit le vocable employé pour désigner de la norme de référence.

Il n'en est pas autrement lorsque les textes ne mentionnent pas explicitement une telle norme.

2 - Une norme implicite

390. ***Détermination de la norme par référence à des textes ayant une rédaction similaire*** - La référence au train de vie ou à une notion voisine n'est pas toujours explicite. Elle n'en est pas moins réelle[919]. Une disproportion ne peut s'apprécier au regard d'une seule donnée. L'acte en cause doit être nécessairement mis en perspective par rapport à un contexte patrimonial. L'absence de désignation de la donnée de référence n'est pas

[917] Grimaldi (M.), *Droit civil, Successions*, 6e éd., Litec, 2001, n° 671, p. 664.

[918] Malaurie (Ph.) et Brenner (C.), *Droit civil, Les successions, les libéralités*, 6e éd., LGDJ, coll. Droit civil, 2014, n° 386.

[919] *C. civ.*, art. 220 et 515-4 pour la détermination du caractère modeste d'un emprunt (*supra*, n° 370) ; *C. civ.*, art. 852 pour la détermination du caractère modeste des frais d'entretien (*supra*, n° 353).

une difficulté majeure. Dans certains cas, cette donnée peut être déduite de manière assez évidente. Cette déduction peut résulter d'une rédaction quasi similaire de deux textes. Ainsi, l'article 515-4 du code civil, relatif à la solidarité des dettes ménagères au sein du PACS est un décalque de l'article 220 du même code relatif lui aussi à la solidarité des dettes ménagères mais au sein du mariage. Ces deux textes excluent la solidarité d'une dette ménagère dès lors que son montant est manifestement excessif. Le texte relatif au mariage fournit des indications pour apprécier l'excès[920]. Il se mesure « eu égard au train de vie du ménage ». Le texte relatif au PACS se contente d'affirmer que « la solidarité n'a pas lieu pour les dépenses manifestement excessives », sans indiquer comment s'apprécie l'excès. Par analogie, l'excès doit être apprécié par rapport au train de vie. La loi du 17 mars 2014 qui a modifié ces deux textes aurait pu apporter cette précision. Elle a introduit la référence au train de vie dans l'article 515-4 du code civil mais uniquement pour apprécier le caractère excessif des emprunts, qui bénéficient d'un régime particulier en matière de solidarité ménagère[921].

Lorsqu'il n'est pas possible de déterminer la norme de référence par référence à un autre texte, il incombe alors à la jurisprudence de déterminer cette norme.

391. ***Détermination de la norme de référence par la jurisprudence*** **-** La jurisprudence dont l'un des rôles est de suppléer la loi, peut être amenée à déterminer elle-même la norme de référence. Il arrive que ses initiatives soient reprises ultérieurement par la loi. Ainsi, en matière de présent d'usage, la loi du 23 juin 2006 a inséré un second alinéa à l'article 852 du code civil. Ce texte dispose que « le caractère du présent d'usage s'apprécie à la date ou il est consenti et compte tenu de la fortune du disposant ». Ces

---

[920] Pour une analyse de ce terme, voir *infra*, n° 396 et s.

[921] *C. civ.*, art. 515-4 al. 2 dans sa rédaction actuelle : « Les partenaires sont tenus solidairement à l'égard des tiers des dettes contractées par l'un d'eux pour les besoins de la vie courante. Toutefois, cette solidarité n'a pas lieu pour les dépenses manifestement excessives. Elle n'a pas lieu non plus, s'ils n'ont été conclus du consentement des deux partenaires, pour les achats à tempérament ni pour les emprunts à moins que ces derniers ne portent sur des sommes modestes nécessaires aux besoins de la vie courante et que le montant cumulé de ces sommes, en cas de pluralité d'emprunts, ne soit pas manifestement excessif eu égard au train de vie du ménage ».

deux critères avaient été consacrés antérieurement pas la jurisprudence[922] en l'absence de fondement textuel[923].

L'étude de la jurisprudence de la Cour de cassation et des cours d'appel permet de recenser de nombreux vocables. Ainsi, sont visés les ressources[924], les revenus[925], la fortune[926], etc. Cette diversité n'est pas problématique. Il a été vu précédemment que toutes ces notions avaient un sens proche et un périmètre identique, incluant à la fois les revenus et le capital. Dès lors que les juges s'inscrivent dans ce périmètre, quel que soit le vocable employé, aucune divergence jurisprudentielle n'est à craindre.

392. Au terme de ces développements, la norme de référence permettant d'apprécier le caractère disproportionné d'un acte a pu être identifiée. Cette norme n'est pas unique mais quel que soit son vocable, qu'elle ou non soit déterminée par un texte, elle a toujours le même périmètre patrimonial. Elle inclut tant les revenus que le capital. Ainsi, cette norme est plurale dans sa dénomination mais unitaire dans sa délimitation.

Après avoir identifié la norme de référence servant à l'appréciation de la disproportion, il convient désormais de s'intéresser à la disproportion en elle-même.

B - La mesure de la disproportion par rapport au train de vie

393. ***Une entreprise difficile*** - La disproportion peut être définie comme « un défaut de proportionnalité, une trop grande différence entre deux ou plusieurs chose[927] ». Il s'agit d'une notion générique qui permet

---

[922] Pour le critère de la date voir Cass. civ. 1re, 10 mai 1996, n° 93-15.187, *Bull. civ. I*, n° 197: *D.* 1996, p. 262, note R. Tendler ; *Defrénois* 1996, p. 1279, note Bernard de Saint Affrique ; *RTD civ.* 1995, p. 662, obs. J. Patarin ; *JCP* 1996, I, 3968, n° 7, obs. R. Le Guidec. Pour le critère de la valeur voir Req. 14 août 1833, *S.* 1833, I, 769.

[923] L'ancien article 852 du code civil était composé d'un seul alinéa qui disposait que « Les frais de nourriture, d'entretien, d'éducation, d'apprentissage, les frais ordinaires d'équipement, ceux de noces et présents d'usage, ne doivent pas être rapportés ».

[924] Cass. civ. 1re, 25 juin 2009, n° 08-12.101 et Cass. civ. 1re, 24 octobre 2012, n° 11-24.181 (solidarité ménagère - emprunt portant sur des sommes modestes).

[925] Cass. civ. 1re, 15 octobre 1963, *Bull. civ. I* n° 433 (présent d'usage) ; Cass. civ. 1re, 3 janvier 2006, n° 03-14.542, *Bull. civ. I*, n° 5, p. 4 (solidarité ménagère - emprunt portant sur des sommes modestes).

[926] CA Paris, 25 octobre 1988, *JurisData* n° 026 516 (présent d'usage).

[927] *Le Petit Robert de la langue française*, V° *Disproportion.*

d'englober plusieurs sous notions telles que l'excès[928] ou l'exagération[929]. La disproportion n'est pas toujours nommée. Elle peut être induite par la présence d'un critère de modicité[930].

La mesure d'une disproportion est une entreprise délicate du fait de la relativité de cette notion. Le rapport de proportion se distingue du rapport d'égalité dont l'appréciation est à la fois objective et intangible. L'égalité peut être définie comme *le* « caractère de ce qui est égal[931] » c'est-à-dire « qui est de même quantité, de même dimension, nature, qualité ou valeur[932] ».

Une proportion est « un rapport quantitatif entre deux ou plusieurs choses[933] ». La proportion n'implique pas une égalité. Au contraire, elle postule l'existence d'une différence de valeur entre les deux choses comparées. Toute la difficulté consiste à déterminer un seuil qui rend cette différence trop grande pour être acceptable. Il est vain de vouloir chercher ce seuil dans les textes ou dans la jurisprudence. Il convient de le déterminer d'une autre manière.

394. ***La disproportion caractérisée par un double excès*** - Dans toutes les hypothèses soumises à notre étude, la disproportion se traduit par un excès d'une double nature.

D'une part, un acte disproportionné se caractérise par le fait qu'il procure un avantage excessif à son auteur ou à son bénéficiaire[934]. Corrélativement, il porte atteinte à une valeur protégée par le droit. Il a été vu que certains actes dérogeaient au droit commun du fait de leur faible valeur. Par exemple, le présent d'usage échappe au rapport successoral et à la fiscalité des donations. Cette dérogation, constitutive d'un avantage à la fois civil et fiscal n'est accordée qu'en considération du caractère modique du présent. Si cette exigence n'était pas respectée, deux grands principes du droit

---

[928] *C. civ.*, art. 220 et 515-4 relatifs à la solidarité ménagère. Sur cette notion, voir notamment Bakouche (D.), *L'excès en droit privé*, préf. Michèle Gobert, LGDJ, coll. Bib. droit privé, T. 432, 2005.

[929] *C. assu.*, art. L.132-13 relatif aux primes en matière d'assurance-vie.

[930] *C. civ.*, art. 220 (emprunts ménagers portant sur des sommes modestes) ; art. 852 (présent d'usage).

[931] *Le Petit Robert de la langue française*, V° *Égalité.*

[932] *Ibid.*, V° *Égal.*

[933] *Ibid.*, V° *Proportion (sens n° 3).*

[934] Sur les risques d'une remise en cause générale de cet avantage excessif en matière d'assurance-vie, voir Delmas Saint-Hilaire (Ph.), « L'assurance-vie en droit patrimonial de la famille, droit commun ou droit spécial ? », *JCP N* n° 18, 2 mai 2014, 1173, spéc. n° 34 et s.

successoral, à savoir l'égalité successorale et le respect de la réserve héréditaire, seraient réduits à néant. Sur le plan fiscal, l'exonération des droits de mutation sortirait du champ des exceptions pour devenir une règle de principe[935]. Le présent d'usage, proportionné au train de vie, bénéficie d'un régime de faveur car il n'apporte pas un avantage excessif à son bénéficiaire, par rapport aux autres héritiers. Il en serait autrement d'une donation, qui ne respecterait pas l'exigence de modicité, et qui serait donc disproportionnée par rapport au train de vie de son auteur.

D'autre part, un acte se révèle être disproportionné dès lors qu'il excède ce qui est normal ou habituel. Si la disproportion est déterminée par rapport aux facultés, aux ressources ou à la fortune elle s'avèrera indéterminable sans la fixation préalable d'un seuil. En revanche, la référence au train de vie permet de contourner cette absence de seuil. En effet, lorsqu'un acte porte atteinte aux habitudes économiques d'une personne, lorsqu'il la contraint à diminuer son train de vie, une disproportion peut être caractérisée.

395. Ces deux excès sont corrélés. Le premier n'est que la conséquence du second. De ce fait, seul le dernier retiendra notre attention. Si celui-ci est endigué, l'autre le sera également. La disproportion sera donc mesurée au regard d'un critère quantitatif, l'excès (1). Certains critères d'ordre qualitatif pourront relativiser le résultat obtenu (2).

1 - La prise en compte d'un critère quantitatif

396. ***La caractérisation d'un excès préférée à la mesure chiffrée de la disproportion*** - Les textes ne déterminent jamais un seuil au-delà duquel la disproportion serait consommée. La jurisprudence caractérise parfois de manière chiffrée certaines disproportions[936]. Elle ne permet pas pour autant de déterminer des seuils objectifs et intangibles de disproportion. La doctrine ne s'est pas davantage prononcée sur ce point. Certains auteurs ont pu écrire à propos des primes d'assurance vie que « la "zone rouge" est atteinte avec le seuil de 50 %[937] » de la valeur du patrimoine. Ils s'empressent tout de même

[935] On retrouve ici la théorie de l'abus de droit en matière fiscale.

[936] Primes d'assurance-vie représentant ⅓ de l'actif du souscripteur sont manifestement exagérées : Cass. civ. 1re, 1er juillet 1997, n° 95-15674, *Bull. civ. I*, n° 217 : *D.* 1998, p. 543, note S. Choisez ; *RGDA* 1997, p. 820, note J. Bigot ; *JCP G* 1998, I, 133, p. 811. Dans cette même décision, la Cour de cassation a en revanche estimé que la quotité disponible n'est pas un seuil de disproportion.

[937] Bigot (J.), Baillot (Ph.), Kullmann (J.) et Mayaux (L.), *Traité de droit des assurances, Les assurances de personnes, Tome 4*, LGDJ, 2007, n° 370.

d'affirmer qu' « il ne s'agit pas d'une limite infranchissable ». D'autres sont beaucoup plus critiques sur la prise en considération de seuils chiffrés. Ainsi, le Professeur Douet a montré qu'un seuil relativement faible en apparence pouvait s'avérer en réalité relativement permissif[938]. Pour cela il a d'abord calculé le ratio de proportionnalité retenu par la Cour d'appel de Paris pour valider un présent d'usage[939]. Celui-ci s'élevait à 2,44 % du patrimoine du disposant. Partant de cette base, il a établi qu'une personne titulaire d'un patrimoine de 1 500 000 euros pourrait transmettre 274 000 euros à chacun ses deux enfants, sur une période de 15 ans, en franchise de droits de mutation, et ce, sans tenir compte des autres occasions de faire des cadeaux et de l'abattement de 100 000 euros accordé tous les 15 ans en matière de droits de mutation à titre gratuit sur la part nette de chacun des enfants vivants ou représentés.

Plutôt que de figer la matière avec des seuils chiffrés ou des taux de proportionnalité, la caractérisation d'un excès paraît être une méthode plus souhaitable. L'excès, qui s'apprécie objectivement, bénéficie de toutes les garanties nécessaires pour assurer la sécurité juridique (a). Cette sécurité est d'autant plus préservée que, dans bien des cas, seul l'excès manifeste est sanctionné (b).

a) L'exigence d'un excès

397. ***Une notion objective*** - « Comme la plupart des notions génériques, la notion d'excès paraît, à première vue incertaine, subjective et arbitraire[940] ». « Si le terme d'excès renvoie surement à une idée de démesure, à ce qui est exagéré, exorbitant, en dehors de la norme, la notion, au-delà de cette approche, reste éminemment flouc, au point même qu'elle pourrait sembler, à première vue, insaisissable et échapper à toute systématisation[941] ». C'est par ces propos que le Professeur Bakouche débute l'analyse de la notion d'excès, dans sa thèse de doctorat. Au terme de ses recherches il est tout de même parvenu à démontrer que l'excès s'apprécie de manière objective, indépendamment de toute référence à la faute, à l'abus

[938] Douet (F.), *Précis de droit fiscal de la famille*, 15e éd., Lexis-Nexis, 2016, spéc. n° 2654.

[939] Dans cette affaire, la Cour de Paris avait qualifié de présent d'usage deux chèques de 15 244 € remis par une mère à chacun de ses enfants pour Noël. Le patrimoine de cette dernière s'élevait à 1 250 000 €. Le montant retenu au titre du présent d'usage représentait 2,44 %.du patrimoine du disposant.

[940] Bakouche (D.), *th. préc.*, spéc. n° 13.

[941] *Ibid.*, spéc. n° 14.

ou à la bonne ou mauvaise foi[942]. Il est apprécié de manière factuelle par les juges du fond, sous le contrôle de la Cour de cassation, qui opèrent « une comparaison de la situation litigieuse et d'un modèle qui aura valeur norme, la distance les séparant révélant l'excès[943] ». Nos recherches s'insèrent pleinement dans ce schéma. De précédents développements ont justement consisté à déterminer la norme de référence[944]. En revanche, aucun seuil de l'excès n'a pour le moment été identifié.

398. ***L'absence de seuil précis de l'excès*** **-** La poursuite de la lecture des travaux du Professeur Bakouche conduit à douter de l'existence d'un tel seuil. Selon lui, en tant que « voie de modération et d'adaptation de la norme aux situations individuelles, l'excès est par hypothèse, rétif à toute espèce de systématisation qui voudrait que l'on puisse fixer à l'avance et une fois pour toute les données chiffrées assurant sa mesure[945] ». Malgré l'identification de critères destinés à guider le juge dans l'appréciation de la situation qui lui est soumise, il ne parvient donc pas à déterminer un seuil précis de l'excès. Dans ces conditions, seul un excès d'une certaine gravité, en d'autres termes, un excès manifeste, peut être identifié par un critère économique. L'exigence d'un certain degré d'excès n'est pas problématique, au contraire elle est un gage de sécurité. Toutefois, en prenant appui sur le train de vie, il est possible de caractériser plus précisément l'excès, sans nécessairement exiger qu'il soit manifeste.

399. ***Un second niveau de référence*** **-** L'excès pourrait être caractérisé dès lors qu'un acte ne relève pas d'une pratique économique habituelle. À ce titre, le train de vie, qui contient en son cœur la notion d'habitude, peut se révéler être un indicateur intéressant pour apprécier l'excès[946]. Celui-ci est d'ailleurs utilisé par différents textes[947].

Le train de vie offre un niveau d'appréciation complémentaire des autres notions, situé au niveau des habitudes économiques, de la manière de vivre d'une personne ou d'un foyer. Il serait en quelque sorte un seuil de référence quotidien. Dès lors, il conviendrait de comparer l'acte en cause à ceux habituellement accomplis par une personne. Ainsi selon qu'elle dépense

---

942 *Ibid.*, spéc. n° 18 et s.

943 *Ibid.*, spéc. n° 52.

944 *Supra*, n° 379.

945 Bakouche (D.), *op. cit.*, spéc. n° 68.

946 *Supra*, n° 381 et s.

947 *C. civ.*, art. 220 et 515-4.

habituellement tous ses revenus ou qu'elle en épargne une partie, le caractère excessif de l'acte sera plus ou moins difficile à établir.

En définitive, lorsqu'un acte ne s'insère pas dans le schéma économique habituel d'une personne, il est susceptible d'être qualifié d'excessif. L'excès pourrait donc être apprécié dans la durée, en considération du mode de vie, et pas seulement à un instant T, en considération de la fortune de l'auteur de l'acte en cause. Cette idée n'est pas totalement nouvelle. Certains auteurs ont suggéré de faire référence au train de vie. Ainsi, Monsieur Tendler, pour apprécier le caractère modique du présent d'usage a écrit que « ce qui importe avant tout, c'est que le cadeau soit en rapport avec la fortune et le train de vie du donateur. Ce qui importe c'est la normalité globale du présent dans le contexte vécu[948] ».

400. ***Les risques liés à l'appréciation de l'excès par rapport au train de vie -*** Apprécier l'excès par rapport au train de vie n'est pas sans risque. Lorsqu'un acte, pris dans son individualité, s'insère pleinement dans le train de vie, il ne saurait être qualifié d'excessif. En revanche, lorsque ce même acte est répété pendant une certaine durée, le résultat final peut être excessif. Ainsi, une pluralité d'actes, chacun d'une faible importance, peut représenter un montant très important.

L'exemple de parents qui ont des revenus importants et qui donnent régulièrement une certaine somme à l'un de leurs enfants pour compléter ses faibles revenus, alors même que leur obligation d'éducation et d'entretien est éteinte en raison son autonomie financière, est significatif. Chaque versement ne peut pas être requalifié de libéralité. Néanmoins, si la situation perdure, toutes les sommes données représenteront une somme importante. Cette opération portera atteinte *in fine* à l'égalité successorale entre les enfants.

Un autre exemple peut être pris en matière d'assurance-vie. Lorsque le souscripteur verse régulièrement une prime, celle-ci n'est pas jugée excessive par rapport à ses facultés. Si l'opération s'étale dans la durée, les sommes capitalisées seront néanmoins d'un montant important. La même somme qui aurait été versée en une seule fois, serait sans doute jugée excessive.

En définitive, lorsqu'il est apprécié par rapport au seul train de vie, le seuil de l'excès peut être relativement élevé, au risque de porter plus gravement atteinte à la valeur protégée par la règle sanctionnant l'excès.

---

948 Note sous Cass. civ. 1re, 10 mai 1996, n° 93-15.187, *Bull. civ. I*, n° 197 : *D.* 1996, p. 262.

401. ***Vers un double seuil de l'excès*** **-** Afin d'obtenir un seuil le plus faible possible de l'excès et de sauvegarder autant que possible la valeur protégée, l'excès devrait être apprécié à deux niveaux. D'une part au niveau du train de vie ; il conviendrait que chaque acte soit conforme aux habitudes économiques de son auteur. L'acte serait ainsi replacé dans son contexte, au jour de sa réalisation. Pour les dépenses ménagères ce seul niveau d'appréciation serait suffisant puisque elles ont vocation à s'imputer sur les revenus des époux. Il s'agit en effet de dépenses courantes et non pas de dépenses importantes qui nécessiteraient par exemple de mobiliser de économies.

En revanche pour d'autres actes, l'excès devrait également être apprécié à un second niveau. Leur valeur globale devrait être comparée à la fortune de leur auteur, au jour du décès. Le plus faible des deux seuils devrait être pris en compte pour apprécier l'excès.

Cette méthode serait en partie en rupture avec la jurisprudence actuelle. En matière d'assurance-vie par exemple, le caractère exagéré des primes versées est apprécié par rapport aux facultés du souscripteur, au jour du versement des primes. La jurisprudence apprécie donc le montant des primes par rapport au seul train de vie. En revanche, aucune appréciation n'est réalisée par rapport aux facultés du souscripteur, au jour de son décès. Cette situation est dénoncée par la doctrine[949].

402. L'instauration d'un double seuil de l'excès permet d'admettre plus largement l'excès et de limiter le domaine des régimes dérogatoires. La mesure de chaque excès n'en sera pas facilitée. Au final, l'exigence d'une certaine gravité de l'excès, à savoir un caractère manifeste, paraît être la solution la plus raisonnable pour appréhender l'excès.

b) L'exigence d'un excès manifeste

403. ***Une double évidence*** **-** L'exigence d'un excès, en principe déjà évident en lui-même, n'est parfois pas suffisante. Certains textes exigent que l'excès soit manifeste[950]. Le terme manifeste est un synonyme du terme

---

[949] Delmas Saint-Hilaire (Ph.), « Les maux en assurance-vie », *JCP N* n° 17, 27 avril 2012, 1200, spéc. n° 10 et s. ; Delmas Saint-Hilaire (Ph.), « L'assurance-vie en droit patrimonial de la famille, droit commun ou droit spécial ? », *JCP N* n° 18, 2 mai 2014, 1173, spéc. n° 36.

[950] *C. civ.*, art. 220, 515-4 ; *C. assu.*, art. L.132-13.

ostensible. L'excès manifeste serait donc l'excès « apparent, patent, qui se révèle de lui-même et de façon très visible[951] ».

Le caractère manifeste implique qu'il n'existe aucun doute quant à l'existence même de l'excès. La disproportion doit être d'une importance telle qu'une analyse rapide de la situation permet de la déceler.

Lorsqu'il a tenté de mesurer l'excès à partir d'un critère économique, le Professeur Bakouche n'est pas parvenu à établir un seuil précis de l'excès. Aussi, admet-il que « l'excès, pour être pris en compte doit être manifeste, évident[952] ». Cela signifie que l'excès en lui-même n'est peut-être pas une évidence. Exiger que l'excès soit manifeste, contribue inévitablement à élever le seuil de l'excès et à diminuer corrélativement la protection de la valeur protégée. Cette marge de sécurité est une juste contrepartie de l'utilisation de notions souples lesquelles permettent, par leur caractère relatif, d'individualiser les effets d'une règle de droit.

404. Jusqu'à présent l'excès a été apprécié de manière quantitative. Il convient tout de même d'observer que des critères qualitatifs peuvent influer sur son identification venant tantôt confirmer l'excès, tantôt le paralyser.

2 - L'interférence d'un critère qualitatif

405. ***L'utilité ou l'inutilité de l'acte*** - L'excès se mesure à titre principal par un critère quantitatif. Un second critère, d'ordre qualitatif, peut venir confirmer ou remettre en cause le résultat obtenu. Il s'agit du critère de l'utilité de l'acte. Un tel critère se retrouve dans certains textes. Ainsi le caractère excessif d'une dette ménagère s'apprécie « eu égard au train de vie du ménage, à l'utilité ou à l'inutilité de la dette[953] ». De la même manière, le caractère excessif d'un acte conclu par un majeur sous sauvegarde de justice s'apprécie au regard de « l'utilité ou l'inutilité de l'opération, l'importance ou la consistance du patrimoine de la personne protégée[954] ». En droit des assurances le critère de l'utilité a pu être identifié par la jurisprudence en l'absence de tout fondement textuel[955]. Ainsi, le caractère exagéré des primes

---

[951] Association Henri Capitant sous la dir. de Cornu (G.), *Vocabulaire juridique*, 11e éd., PUF, Quadrige, 2016, V° *Manifeste (2° sens)*.

[952] Bakouche (D.), *th. préc.*, spéc. n° 89.

[953] *C. civ.*, art. 220 et 515-4.

[954] *C. civ.*, art. 435 al. 2.

d'assurance-vie doit être apprécié au jour du versement des primes et au regard de l'âge, des situations patrimoniale et familiale du souscripteur et de l'utilité du contrat pour lui[956].

406. ***Le caractère subsidiaire du critère*** **-** Le critère de l'utilité ne permet pas à lui seul de caractériser l'excès. Il n'est qu'un critère subsidiaire[957]. Les formules consacrées par les textes ou la jurisprudence associent toujours l'utilité à un critère économique. L'utilité n'est pas suffisante à elle seule pour caractériser l'excès. Elle n'est cependant pas dépourvue de tout intérêt.

L'utilité œuvre dans deux directions. D'une part, elle permet de « conforter la démesure économique de l'opération litigieuse[958] ». Ainsi, une dépense qui est disproportionnée par rapport au train de vie du ménage est d'autant plus excessive qu'elle lui est inutile. Dans un tel schéma, l'utilité peut contribuer à abaisser le seuil de l'excès. D'autre part, l'utilité peut produire un effet opposé en paralysant l'excès, apprécié quantitativement. Ainsi, une dépense médicale qui est excessive par rapport au train de vie du ménage devrait être exclue du champ de la solidarité ménagère. Cependant, tel n'est pas le cas du fait de son caractère utile voire même indispensable. Dans une telle hypothèse pour que l'excès soit retenu son seuil quantitatif doit être relevé de manière à tenir en échec le critère qualitatif.

407. ***Le rôle renforcé du critère de l'utilité dans l'assurance-vie*** **-** Depuis le 30 novembre 2004, la Cour de cassation a fixé la manière avec laquelle il convient d'apprécier le caractère exagéré des primes[959]. Selon elle, « un tel caractère s'apprécie au moment du versement, au regard de l'âge ainsi que des situations patrimoniale et familiale du souscripteur ». Dorénavant, elle exige quasi systématiquement que soit également pris en

---

[955] Cass. civ. 1re, 1er juillet 1997, n° 95-15674, *Bull. civ. I,* n° 217 : *D.* 1998, p. 543, note S. Choisez ; *RGDA* 1997, p. 820, note J. Bigot ; *JCP G* 1998, I, 133, p. 811. Pour une critique récente de ce critère, voir : Aulagnier (L.), « Assurance-vie : l'exclusion des réservataires, ou la protection inopérante des primes exagérées », *Dr. et patrimoine* n° 242, décembre 2014, p. 20.

[956] Cass. ch. mixte, 23 novembre 2004, nos 01-13.592, 02-11.352, 03-13.673 et 02-17.507, *Bull. civ. ch. mixte,* n° 4 : Delmas Saint-Hilaire (Ph.), *Dr. et patrimoine* mai 2006, n° 148, p. 111 et s. ; *Resp. civ. et assurance* 2005, étude 3, note Ph. Pierre et F. Leduc ; *JCP N* 2005, n° 1-2, 1003, note Ph. Grojean.

[957] Bakouche (D.), *th. préc.*, spéc. n° 94 et s.

[958] *Ibid.*, spéc. n° 95.

[959] Cass. ch. mixte, 23 novembre 2004, nos 01-13.592, 02-11.352, 03-13.673 et 02-17.507, *Bull. civ. ch. mixte,* n° 4 : *op. cit.*

compte le critère de l'utilité[960] ce qui amène un auteur à affirmer que « l'utilité est devenue le critère essentiel de la démonstration de l'excès dans le versement des primes [961] », qu'elle est « la condition majeure de l'exagération[962] ».

Selon lui, ce critère n'aurait pas la même importance selon que l'assurance-vie est souscrite à son propre profit, révélant la volonté de réaliser un placement, ou au profit d'un tiers, révélant alors une volonté de transmettre. Il distingue l'assurance-vie mode de détention d'actifs de l'assurance-vie mode de transmission. Dans la première catégorie, « l'utilité du contrat pour le souscripteur est un critère essentiel qui permet de garantir que l'opération n'a pas été conclue par le souscripteur dans le but de transmettre au bénéficiaire désigné ». Dans la seconde catégorie, « l'attribution excessive ne peut être examinée qu'à l'aune d'un critère à dimension successorale », celui de l'atteinte à la réserve des descendants du souscripteur[963]. La recherche d'un critère de l'utilité, appliqué au contrat pour autrui, révèlerait l'intention libérale du souscripteur[964].

Pour construire son argumentation, il prend notamment appui sur deux arrêts rendu par la Cour de cassation au cours de l'année 2014. Dans la première affaire, la cour d'appel avait reconnu le caractère exagéré des primes versées par une mère de trois enfants entre ses quatre 85ème et 89ème anniversaires, dont le montant représentait 24,83 % de son patrimoine. Cette solution a été cassée par la Cour de cassation en raison de l'absence de prise en compte de l'utilité du contrat pour la souscriptrice. Or cette utilité résidait dans la volonté de réaliser un placement[965]. Dans la deuxième affaire, la

---

960 Pierre (Ph.), « Entre utilité et conventionnalité, tandem des primes d'assurance-vie exagérées », *JCP N* 2014, n° 47, 1338, p. 33 et s., spéc. n° 4.

961 Delmas Saint-Hilaire (Ph.), « 2014 : L'assurance-vie encore plus réglementée ! » (Chronique annuelle de jurisprudence sur l'assurance vie), *Droit et patrimoine* juin 2015, n° 248, p. 80 et s.

962 Delmas Saint-Hilaire (Ph.), « Janvier 2015 - janvier 2016 : l'assurance-vie, un droit bien spécial ! » (Chronique annuelle de jurisprudence sur l'assurance vie), *Droit et patrimoine* mai 2016, n° 258, p. 94.

963 Dans le même sens, voir Pierre (Ph.), *op. cit.*, p. 33 et s., spéc. n° 4. Selon cet auteur, le critère de l'utilité s'est imposé en jurisprudence pour « marquer la césure entre les opérations de pure transmission patrimoniale, justifiant l'application rigoureuse de l'article L.132-13 du Code des assurances, et les contrats qui intègrent une finalité de prévoyance personnelle, les rendant indemne au régime des libéralités faute de pouvoir y discerner l'animus et le corpus propres à légitimer une telle qualification ».

964 Aulagnier (J.), « Assurance-vie : l'exclusion des réservataires, ou la protection inopérante des primes exagérées », *Droit et Patrimoine* décembre 2014, n° 242, p. 21 et s., spéc. p. 24.

965 Cass. civ. 1re, 19 mars 2014, n° 13-12.076, *JurisData* n° 2014-52019. Voir Pierre (Ph.), *op. cit.*, n° 47, 1338 ; Hovasse (S.), « Les contours actuels de la notion de primes excessives »,

souscriptrice avait versé entre 1987 et 2005 des primes pour un montant total de 184 211,01 euros. Sur cette durée de vingt ans, les primes programmées étaient de l'ordre de 640 euros et 762 euros par an. Cela représentait entre 53 et 63 euros par mois. La Cour de cassation a approuvé la cour d'appel d'avoir rejeté de caractère exagéré des primes, apprécié par rapport au revenu mensuel de 1 000 euros de la souscriptrice. Selon cet auteur, la volonté de réaliser un placement à long terme et non une libéralité à très court terme au profit des bénéficiaires désignés constituait le critère de l'utilité et aurait été déterminant dans cette qualification.

Sans remettre en cause l'analyse développée si dessus, il faut veiller à ne pas hypertrophier le rôle de l'utilité. Ce critère est inopérant à lui seul. Sa prise en compte est certes indispensable dans l'appréciation de l'excès mais ce critère reste secondaire. Il vient toujours à l'appui d'une appréciation économique de l'excès. Le Professeur Delmas Saint-Hilaire reconnaît lui-même l'inefficacité de ce critère dans certains cas. Il estime, à propos des contrats d'assurance-vie en tant que support de la détention d'actifs, que « le défaut d'utilité (...) paraît étranger à l'appréciation de l'exagération des primes versées ». De plus, dans la première affaire évoquée précédemment, il n'est pas évident que la prise en compte de l'utilité eût changé la qualification retenue par la cour d'appel. La Cour de cassation opère uniquement un contrôle de la qualification, sans intervenir sur l'appréciation des faits. Cette décision impose uniquement de prendre systématiquement en compte le critère de l'utilité, lequel n'ira pas nécessairement à l'encontre de l'appréciation économique de l'excès[966]. Dans la seconde affaire, la prise en compte de l'utilité n'est pas la seule explication de la qualification retenue. D'ailleurs, l'arrêt ne fait pas référence à ce terme. La proportionnalité des primes mensuelles par rapport aux revenus aurait permis de motiver la même qualification. Au surplus, la Cour de cassation a affirmé que l'inutilité ne pouvait à elle seule permettre de retenir le caractère exagéré des primes[967].

Actes pratiques et stratégie patrimoniale, avril-mai-juin 2014, p. 73 et s. ; Leroy (M.), *Banque et droit* 2014, n° 155, p. 57.

[966] La même analyse est réalisée par Pierre (Ph.), « Entre utilité et conventionnalité, tandem des primes d'assurance-vie exagérées », *JCP N* 2014, n° 47, 1338, p. 33 et s., spéc. n° 5. Cette interprétation semble confirmée par un arrêt rendu par la 2e chambre civile de la Cour de cassation le 16 avril 2015 (n° 14-16.676) : « Qu'en l'état de ces constatations et énonciations dont il résulte qu'elle a recherché l'utilité de chacune des opérations pour la souscriptrice et abstraction faite du motif surabondant critiqué par la première branche du moyen, la cour d'appel a souverainement décidé qu'à la date des versements sur les contrats d'assurance sur la vie, les primes ne présentaient pas un caractère manifestement exagéré ».

[967] Cass. civ. 1re, 4 mars 2013, nos 13-23.001 et 14-13.755 : Delmas Saint-Hilaire (Ph.), « Janvier 2015 - janvier 2016 : l'assurance-vie, un droit bien spécial ! », *op. cit.*, n° 258.

L'utilité, critère subsidiaire dans l'appréciation de l'excès, a sans doute un rôle accru en matière d'assurance-vie ; il est un critère complémentaire de l'appréciation patrimonial de l'excès.

408. ***Bilan*** - Au terme de cette section, il est apparu que la proportionnalité au train de vie permet à certains actes de bénéficier d'un régime de faveur. Cette condition, qui devrait être remplie dès l'origine, retient le plus souvent l'attention lorsque l'acte en cause a déjà produit ses effets. C'est alors que la personne affectée par les effets dérogatoires de l'acte, cherche à le remettre en cause en dénonçant son caractère disproportionné au train de vie.

Cette disproportion est difficilement déterminable. Elle nécessite de comparer l'acte à une norme de référence laquelle peut-être le train de vie ou une notion voisine ayant le même périmètre, les revenus et le capital. Pour entrainer une sanction de l'acte il est nécessaire que la disproportion caractérisée soit constitutive d'un excès dont l'appréciation peut être faite par rapport à la fortune ou par rapport au train de vie de l'auteur de l'acte.

Aujourd'hui le critère de proportionnalité au train de vie, qui permet d'avoir une application relative des certaines règles de droit, reste réservé à nombre limité d'actes. Ce critère de qualification serait pourtant tout à fait adapté à d'autres situations juridiques ce qui amène à envisager sa généralisation.

Section II - La généralisation du critère de proportionnalité au train de vie *de lege ferenda*

409. ***Une présomption de risque attachée à la nature d'un acte*** - Certains actes, au premier rang desquels se hissent les libéralités, sont soumis à régime juridique qui a été élaboré en considération des risques qu'ils sont susceptibles d'entraîner pour leur auteur. L'appauvrissement sans contrepartie du donateur, l'exhérédation des enfants ou l'avantage d'un hériter par rapport à un autre figurent parmi ces risques. Ils justifient les exigences de fond et de forme des donations, ainsi que les obligations de rapport et de réduction. Des risques, en partie de même nature, peuvent également justifier qu'un régime juridique protecteur régisse non plus un acte d'une nature particulière, mais une pluralité d'actes appartenant à une catégorie plus large. Les actes de gestion en sont un bon exemple. Plus ils font courir un risque important, plus leurs conditions de mise en œuvre sont restrictives. En matière d'indivision par exemple, un acte de conservation peut être réalisé par l'un seul des indivisaires[968], un acte d'administration peut être accompli par la majorité des deux tiers[969] et un acte de disposition ne peut quant à lui être accompli qu'à l'unanimité des indivisaires[970]. Les majeurs protégés voient également leur sphère d'action diminuer en fonction de la nature de l'acte de gestion à accomplir. Ainsi, un majeur sous curatelle peut accomplir seul les actes d'administration alors qu'il doit être assisté par son curateur pour accomplir les actes de disposition[971].

La nature d'un acte peut faire présumer un risque. Cependant, il n'existe pas systématiquement une corrélation entre la nature d'un acte et les risques qui lui sont généralement attachés. En effet, il peut arriver qu'un acte, réputé dangereux, n'ait en réalité aucun impact sur le patrimoine de son auteur en raison de sa modicité. Dès lors, le régime juridique protecteur associé peut s'avérer excessif voir inadapté.

410. ***La prise en compte d'un critère fondé sur la valeur* -** La mise à l'écart de certaines règles protectrices pour les actes ayant des conséquences patrimoniales minimes paraît souhaitable. Cependant elle exige de connaître à l'avance, au moment même de la réalisation d'un acte suspicieux, ses conséquences concrètes. Or tant que l'acte n'a pas été réalisé, il paraît impossible d'anticiper ses effets concrets. Il semble donc impossible de déterminer à l'avance s'il aura ou non un faible impact patrimonial. Deux voies sont néanmoins envisageables pour anticiper cet impact.

La première consiste à exiger que l'acte soit d'une faible valeur, qu'il soit inférieur à un certain seuil. Afin d'être certain que cet acte ait pour tout un chacun un faible impact patrimonial, ce seuil devrait être très faible, proche de zéro. Une telle proposition n'est pas satisfaisante. Elle permet certes d'écarter tout risque mais elle n'est au final que d'une très faible utilité. Son défaut majeur est qu'elle ne prend pas en compte de manière *in concreto* l'impact patrimonial de l'acte. Or une donation de 10 n'a pas le même impact sur un patrimoine de 100, qu'une donation de 100 sur un patrimoine de 10 000. La première donation est en valeur inférieure à la seconde. En revanche, elle représente 10 % du patrimoine alors que la seconde n'en représente que 1 %.

---

968 *C. civ.*, art. 815-2.

969 *C. civ.*, art. 815-3.

970 *C. civ.*, art. 815-3 dernier alinéa.

971 *C. civ.*, art. 467 et sur renvoi, art. 504 et 505.

Une seconde voie permettant d'anticiper et de maîtriser les conséquences concrètes d'un acte doit donc être recherchée. Celle-ci peut être trouvée à travers une appréciation relative de la valeur. La proportionnalité au train de vie permet d'atteindre les objectifs recherchés. Un acte qui s'insère dans le train de vie d'une personne n'a qu'un faible impact patrimonial. La proportionnalité au train de vie ne signifie pas que l'acte en cause soit une dépense de train de vie, une dépense habituelle. Elle signifie que cet acte ne doit pas avoir une importance telle qu'il affecte négativement le train de vie de son auteur. En effet, un acte qui ne conduit pas à modifier ses habitudes économiques, qui s'insère dans les dépenses du quotidien, n'est pas porteur d'un risque, notamment d'appauvrissement.

411. La modicité d'un acte, appréciée de manière relative, est déjà une réalité en droit positif. Ainsi, le présent d'usage doit être proportionné à la fortune du donateur [972] et les primes d'assurance-vie doivent être proportionnées aux facultés du souscripteur[973]. La proportionnalité au train de vie n'aurait donc rien de novateur, tout du moins en apparence. En réalité, ce critère pourrait révolutionner certaines qualifications juridiques. La prise en compte d'un critère fondé sur la valeur pour qualifier un acte ou pour lui offrir un régime juridique dérogatoire serait une véritable nouveauté.

412. La généralisation de la référence au train de vie pourrait s'imposer dans deux domaines. Le premier et à la fois le plus évident est celui des libéralités (Paragraphe 1). Le second, est celui des actes de gestion (Paragraphe 2). En ce domaine aussi, les conséquences d'un acte ont une influence sur les pouvoirs de gestion de leur auteur. Plus l'acte a des conséquences importantes, plus les pouvoirs de gestion sont restreints.

Paragraphe 1 - La généralisation de la référence au train de vie en matière de libéralités

413. Le régime juridique des libéralités est particulièrement contraignant du fait des risques liés à de tels actes. En ce domaine, il existe néanmoins des règles dérogatoires, justifiées en partie par la modicité de l'acte[974], appréciée de manière relative. Le présent d'usage en est l'exemple

[972] *C. civ.*, art. 852 al. 2. Voir *supra*, n° 356 et s.

[973] *C. assu.*, art. L.132-13. Voir *supra*, n° 347 et s.

[974] *Supra*, n° 344 et s.

le plus pertinent. Il s'agit d'une libéralité qui, du fait de sa conformité à un usage et de sa proportionnalité à la fortune du donateur, échappe au régime juridique civil et fiscal des libéralités. La prise en compte de l'effet concret d'un acte, à travers l'exigence de proportionnalité au train de vie, s'insèrerait dans la même dynamique. Cependant, plus qu'une nouvelle dérogation, nous proposons ici de généraliser la référence au train de vie pour toutes les libéralités. Cela entrainera nécessairement des bouleversements qu'il convient d'anticiper.

414. D'une part, la généralisation de la référence au train de vie en matière de libéralités ne risque-t-elle pas d'affecter la notion même de libéralité ? Restreindre le régime juridique des libéralités aux seuls actes à titre gratuit qui sont disproportionnés au train de vie peut faire craindre un rétrécissement de la notion de libéralité. Cette généralisation du critère de proportionnalité au train de vie n'a pas pour objectif de modifier les qualifications existantes mais elle produira cet effet. Elle n'affectera pas uniquement le régime juridique des actes proportionnés au train de vie. Devenant un critère de qualification général et non plus seulement un critère de qualification dérogatoire, elle influera sur la notion même de libéralité. Aujourd'hui, « la modicité chasse la libéralité[975] », ou tout du moins son régime. Demain, la proportionnalité au train de vie évincera sans doute la qualification de libéralité.

415. D'autre part, la généralisation de la référence en matière de train de vie ne risque-t-elle pas d'affecter la situation des héritiers ? Cette interrogation découle du fait que le régime juridique des libéralités n'a pas pour seul objectif de protéger le donateur. Il vise également, et sans doute principalement, à protéger la vocation et l'égalité successorales des héritiers. Or, la généralisation de la référence au train de vie du donateur en matière de libéralité va conduire à affranchir un certain nombre d'actes à titre gratuit du régime juridique des libéralités, sur lesquels les héritiers n'auront aucune emprise. Par voie de conséquence, leur protection sera affaiblie.

416. La prise en considération de ces deux risques offre une structure à notre étude. Ainsi l'influence de la généralisation du critère proportionnalité au train de vie sur la notion de libéralité sera appréciée dans un premier temps (A). Dans un second temps, seront envisagés les effets de cette généralisation sur les conséquences successorales (B).

---

[975] Grimaldi (M.), *Droit civil, Successions*, 6e éd., Litec, 2001, n° 725.

A - L'opportunité de la consécration d'un critère de qualification fondé sur la valeur

417. Le critère de la proportionnalité au train de vie, tout comme celui de la modicité, achoppe avec la qualification de libéralité. Il est très compliqué de déterminer si un acte proportionné au train de vie est ou non une libéralité, tant au niveau de son élément matériel, que de son élément intentionnel. La prise en compte d'un critère fondé sur la valeur, qui exclurait la qualification de libéralité, permet de contourner cette difficulté. Pour lui garantir la plus grande efficacité, il convient de le prendre en compte dès le début du processus de qualification et non, comme aujourd'hui, de s'intéresser à lui dans un second temps. La consécration d'une telle méthode modifierait les catégories juridiques existantes et les modalités de qualification. Aujourd'hui on qualifie un acte en fonction de sa nature puis on lui applique un régime dérogatoire au regard d'un critère de valeur. Demain, un acte pourra être qualifié au regard de sa seule valeur et être exclu de la catégorie des libéralités.

Afin d'imposer la généralisation du critère de proportionnalité au train de vie, nous reviendrons sur les difficultés de qualification d'un acte proportionné au train de vie au regard des critères actuels de qualifications de la libéralité (1) avant de nous intéresser au moment le plus adéquat pour prendre en compte ce nouveau critère (2).

1 - La qualification d'un acte proportionné au train de vie à l'épreuve des éléments constitutifs d'une libéralité

418. Pour échapper au régime juridique de la libéralité, deux voies sont possibles. Il faut soit échapper à la qualification de libéralité, soit remplir des critères spécifiques qui permettent de bénéficier d'un régime plus favorable. Tel est notamment le cas du présent d'usage qui est incontestablement une libéralité mais qui échappe au régime des libéralités[976]. Lorsqu'un acte n'est susceptible d'entrer dans aucune qualification dérogatoire, seule la première voie reste envisageable. Or, il est difficile de déterminer si un acte proportionné au train de vie est, ou non, une libéralité. Cette catégorie d'acte s'insère dans une zone grise au sein de laquelle il est très difficile de caractériser une libéralité tant au niveau de son élément matériel (a) que de son élément intentionnel (b).

[976] *Supra*, n° 356 et s.

a) La proportionnalité au train de vie à l'épreuve de l'élément matériel de la libéralité

419. ***L'élément matériel de la libéralité*** **-** L'élément matériel d'une libéralité réside dans un transfert de valeur du patrimoine du disposant vers le patrimoine du gratifié[977]. Ainsi, pour qu'un acte soit qualifié de libéralité il doit entraîner un appauvrissement du disposant et un enrichissement corrélatif du gratifié. L'appréciation de ce critère n'est pas toujours évidente. D'une part, le bénéfice retiré par le gratifié peut avoir une contrepartie[978]. De ce fait, il ne lui apporte pas nécessairement un enrichissement. D'autre part, l'appauvrissement du disposant peut être discuté lorsqu'il est modique.

420. ***Appréciation de l'appauvrissement*** **-** Deux conceptions de l'appauvrissement peuvent être envisagées. La première, qui est la plus stricte, implique de considérer que toute diminution du patrimoine sans contrepartie constitue un appauvrissement. En cela toute libéralité, même la plus modique, constitue un appauvrissement. La seconde, plus souple, exige qu'un certain seuil soit atteint pour que l'appauvrissement puisse être véritablement caractérisé. Les appauvrissements les plus modiques sont donc exclus.

La première conception paraît trop stricte et sa mise en œuvre totalement irréaliste. Elle conduirait notamment à soumettre au rapport et à la réduction toutes les donations, même les plus infimes, portant sur quelques euros seulement, réalisées par le *de cujus* durant toute sa vie. La seconde, qui ne porte que sur les libéralités ayant atteint une certaine valeur, et par là même, ayant entraîné un appauvrissement certain, est plus facile à mettre en œuvre. Par ailleurs, elle permet pleinement d'assurer la protection des héritiers ainsi que leur égalité successorale. En effet, des dons modiques paraissent peu enclins à porter une atteinte sévère au patrimoine de leur auteur ou à avantager réellement un héritier.

Cette seconde conception séduisante d'un côté, complique l'appréciation de l'appauvrissement. À partir de quel seuil celui-ci est-il caractérisé ? Retenir un seuil chiffré et unique n'aurait pas davantage de sens que de considérer qu'il y a appauvrissement dès le premier euro. Pour certains 100 euros constituent une somme importante alors que pour d'autres cette même somme, voire une beaucoup plus importante, reste dérisoire.

---

[977] Terré (F.), Lequette (Y.) et Gaudemet (S.), *Droit civil, Les successions, les libéralités*, 4e éd., Dalloz, Précis, 2014, n° 251.

[978] *Ibid.*, n° 254 et s.

L'appauvrissement ne peut donc se caractériser que de manière relative, en établissant un rapport de proportionnalité entre l'acte en cause et le train de vie de son auteur.

421. ***En droit positif*** - En l'absence de recommandations explicites dans la loi, la première conception devrait être retenue. Cependant, de nombreuses exceptions légales ont recours à la seconde conception. L'assurance-vie et le présent d'usage en sont deux exemples significatifs. L'un échappe à la qualification de libéralité, l'autre s'affranchit uniquement de son régime juridique[979]. En outre, la jurisprudence semble retenir le critère de modicité en l'absence de tout fondement textuel. Tel était notamment le cas des dons de fruits et revenus. Leur modicité, et non leur origine, leur permettait d'échapper au rapport et à la réduction[980].

422. ***L'influence sur la notion de libéralité*** - En définitive, en présence d'un acte à titre gratuit proportionné au train de vie, il est impossible de dire s'il s'agit ou non d'une libéralité soumise au régime juridique des libéralités. La pluralité de qualifications et de régimes juridiques découle principalement du fait que l'appauvrissement qui en résulte est relativement modique. Il n'existe dès lors aucune homogénéité en la matière. La notion même de libéralité s'en trouve affaiblie dans la mesure où elle dépend de la notion d'appauvrissement qui elle-même est sujette à différentes interprétations. La généralisation de la référence au train de vie permettrait une plus grande homogénéité. Seuls les actes qui ne seraient pas proportionnés au train de vie constitueraient un véritable appauvrissement et pourraient être constitutifs d'une libéralité. La prise en compte de la valeur devrait donc intervenir antérieurement à la qualification de la nature de l'acte. Le processus inverse, tel qu'il est réalisé aujourd'hui, complique le processus de qualification[981]. Des difficultés semblables se retrouvent au niveau de l'élément moral de la libéralité.

---

[979] *Supra*, n° 344 et s.

[980] Cass. civ. 1re, 10 décembre 1969 : « Mais attendu que l'arrêt attaqué a pu considérer que les rentes litigieuses ne sont pas sujettes à rapport après avoir constaté leur modicité au regard des revenus considérables des époux » : *JCP* 1970, II, note M. D. ; CA Paris, 19 novembre 1964 : *D.* 1975, p. 614, concl. Cabannes ; *JCP* 1976, II, 18412, note G. Synvet ; *Defrénois* 1975, art. 31032, obs. J.-F. Vouin ; *RTD civ.* 1976, p. 381, obs. R. Savatier

[981] *Infra*, n° 426.

b) La proportionnalité au train de vie à l'épreuve de l'élément moral de la libéralité

423. ***Présentation de l'intention libérale*** **-** Le second élément constitutif de la libéralité, complémentaire du premier, est d'ordre moral. L'auteur d'un tel acte doit avoir été animé par une intention libérale. La définition de cet élément subjectif suscite quelques difficultés[982]. Selon une première conception, qualifiée d'abstraite, l'intention libérale consiste dans « la conscience et la volonté de ne pas recevoir une contrepartie et donc de s'appauvrir au bénéfice d'autrui, quels que soient les motifs particuliers ayant pu inspirer la libéralité[983] ». Selon une seconde conception, qualifiée d'affective, le disposant doit avoir eu conscience de son appauvrissement et avoir « agi dans une pensée altruiste, exempte de tout motif égoïste[984] ». La jurisprudence n'écarte aucune de ces conceptions.

L'intention libérale joue parfois un rôle décisif dans le processus de qualification. L'élément matériel, pourtant le plus tangible et duquel devrait se déduire l'élément moral, se révèle parfois difficilement exploitable. L'élément moral devient alors le critère essentiel de la qualification[985]. Depuis quatre arrêts rendus par la Cour de cassation le 18 janvier 2012[986], la mise à disposition d'un logement par les parents au profit leurs enfants, ayant les moyens de subvenir à leurs besoins, en est un exemple particulièrement significatif[987].

424. ***Des difficultés probatoires renforcées par la proportionnalité de l'acte au train de vie*** **-** La preuve d'une telle intention est assez délicate à apporter. Pour la caractériser, il est nécessaire de se rattacher à des éléments concrets. Bien souvent l'élément matériel révèle également une intention

---

982 Terré (F.), Lequette (Y.) et Gaudemet (S.), *op. cit.*, n° 258.

983 *Ibid.*

984 *Ibid.*

985 *Ibid.*, n° 256.

986 Cass. civ. 1re, n° 09-72.542, *Bull. civ. I*, n° 8 ; n° 10-27.325, *Bull. civ. I*, n° 9 ; n° 11-12.863, *Bull. civ. I* ; n° 8; n° 10-25.685, *Bull. civ. I*, n° 7 : *JCP G*, 23 avril 2012, 513, p. 835, note F. Sauvage ; *JCP N* n° 16, 20 Avril 2012, 1188, p. 27, obs. Y. Delecraz ; *RTD civ.* 2012, p. 353 obs. M. Grimaldi ; *Dr. Famille*, mars 2012, comm. n° 50 , note . B. Beignier ; *RTD civ.* 2012, p. 307, obs. J. Hauser.

987 Voir notamment, Grimaldi (M.), « Retour sur les donations de fruits et revenus (à propos de la mise à disposition d'un logement) », in *Mél G. Champenois*, Defrénois, 2012, p. 431 et s. Cet exemple est d'autant plus intéressant que les frais, en apparence d'entretien des parents peuvent parfois être qualifiés de libéralité. Sur ce point, voir *supra*, n° 351 et s.

libérale[988]. Mais lorsque celui-ci est peu explicite, notamment du fait de sa modicité, l'intention libérale peut s'avérer très délicate à caractériser.

À cette première difficulté, inhérente à l'absence de matérialité de l'intention libérale, s'en ajoute une seconde en présence d'un acte proportionné au train de vie. Il n'est pas évident que la réalisation d'un tel acte s'accompagne d'un état d'esprit spécifique. En effet, un acte qui s'inscrit dans le quotidien produit les mêmes effets sur le plan matériel que sur le plan moral : il est sans influence. Son auteur n'a pas conscience de réaliser un véritable appauvrissement. Cela est encore plus net au sein de la cellule familiale. Comme a pu le souligner le professeur Grimaldi à propos de la mise à disposition d'un logement au profit d'un enfant, il s'agit d'un avantage « qui s'inscrit parmi les avantages divers et variés que des parents octroient à leurs enfants au fil des circonstances de la vie (garde des petits-enfants, voyages offerts, prêts de résidence secondaires, invitations, etc…) et qu'ils leurs consentent, non pas dans un esprit de sacrifice, ni même par altruisme, mais par esprit de famille[989] ».

Le choix d'une conception abstraite, moins exigeante qu'une conception affective, ne permet pas de caractériser plus largement l'intention libérale. Celle-ci nécessite avant tout la conscience d'un appauvrissement, qui fait précisément défaut.

425. Les deux éléments constitutifs de la libéralité, que sont l'appauvrissement et l'intention libérale, s'accommodent assez mal de la proportionnalité d'un acte au train de vie. Le recours à une approche très stricte pourrait certes permettre de retenir l'existence d'un appauvrissement mais serait inefficace pour caractériser une intention libérale. En cette absence, c'est la qualification même de libéralité qui est remise en cause.

En présence d'un acte proportionné au train de vie, la conscience de l'appauvrissement semble en effet très délicate à établir. Aussi, afin de simplifier les opérations de qualification d'une libéralité, il pourrait apparaître intéressant d'adopter une nouvelle méthode qui consisterait à s'intéresser *in limine* à un critère relatif à la valeur.

---

988 L'intention libérale devra néanmoins être caractérisée de manière spécifique. La jurisprudence refuse qu'elle soit déduite de l'appauvrissement : Cass. civ. 1re, 14 février 1989, *Bull. civ. I*, n° 79 ; Cass. civ. 1re, 24 septembre 2002, n° 00-21.035 : *Dr. famille* 2003, n° 16, note B. Beignier.

989 Grimaldi (M.), « Retour sur les donations de fruits et revenus (à propos de la mise à disposition d'un logement) », *op. cit.*, spéc. p. 436.

2 - L'opportunité d'une appréciation *in limine* du critère de proportionnalité au train de vie

426. ***La proportionnalité au train de vie : un critère de qualification -*** Aujourd'hui, les actes proportionnés au train de vie ne constituent pas une catégorie juridique. La proportionnalité au train de vie a néanmoins une existence juridique. Elle constitue un critère de qualification. Ainsi, pour qu'une libéralité puisse être qualifiée de présent d'usage, elle doit être proportionnée au patrimoine de son auteur et avoir été consentie à l'occasion d'un évènement spécifique. La proportionnalité au train de vie n'influe pas systématiquement sur la qualification. Elle peut uniquement influer sur le régime juridique. En matière d'assurance-vie par exemple, les primes manifestement disproportionnées aux facultés du souscripteur ne seront pas nécessairement requalifiées en libéralités. En revanche, elles seront rapportables.

Dans une thèse consacrée au train de vie, il pourrait être tentant de vouloir confier un grand rôle au critère de la proportionnalité au train de vie. Cela pourrait passer par la création d'une catégorie juridique des actes proportionnés au train de vie. Ainsi, tous les actes ayant pour point commun d'être proportionnés au train de vie de leur auteur entreraient dans cette catégorie. La consécration d'une telle qualification ne peut se justifier que par l'exigence d'un régime juridique spécifique. Or le seul effet juridique attaché à cette qualification serait l'exclusion du régime juridique des libéralités. Dès lors, il convient de se demander s'il est plus approprié de continuer à envisager la proportionnalité au train de vie comme un simple critère complémentaire ou comme un critère unique de qualification.

427. ***Un critère nécessaire -*** Si une hiérarchie devait être établie entre différents critères de qualification, ceux relatifs à la nature seraient sans doute pris en considération dans un premier temps. Ceux relatifs à la valeur interviendraient dans un second temps. Cependant, le critère de la valeur peut complètement paralyser celui de la nature. Ainsi, une libéralité modique, peu importe qu'elle soit une libéralité, échappe au régime des libéralités. Ce critère est donc aussi déterminant que les autres. Son appréciation *in limine* pourrait même apparaître opportune. Pour qu'un acte puisse échapper à la qualification ou au régime des libéralités, il doit nécessairement remplir un critère de proportionnalité au train de vie. Le critère de la proportionnalité au train de vie pourrait donc être envisagé comme un filtre.

Dès lors qu'un acte serait disproportionné au train de vie, il échapperait *de facto* à toutes les qualifications voisines de celle de libéralité. En effet, en cas de disproportion, il ne pourrait pas être qualifié de présent d'usage, de frais d'entretien ou encore être soumis au régime de l'assurance vie.

En revanche, en présence d'un rapport de proportionnalité, la qualification de libéralité serait susceptible d'être écartée. En l'état du droit positif, on pourrait penser que cette proportionnalité ne produit pas d'effet à elle-seule. Pour échapper à la qualification ou au régime juridique des libéralités, un acte doit remplir d'autres conditions. Le présent d'usage par exemple, doit en plus avoir été fait à l'occasion d'un événement particulier. Les frais d'entretien et d'éducation doivent quant à eux, comme leur nom l'indique, être en lien avec l'entretien ou l'éducation d'un enfant.

428. ***Un critère suffisant*** **-** Apprécié *in limine*, le critère de proportionnalité au train de vie permettrait donc d'aiguiller entre la qualification de libéralité et une autre qualification. À un niveau supérieur, il est intéressant de se demander s'il peut permettre d'écarter à lui seul la qualification de libéralité.

Il a été montré que lorsqu'un acte est proportionné au train de vie de son auteur, les éléments constitutifs de la notion de libéralité étaient très difficilement caractérisables. Dès lors, ce critère serait suffisant à lui seul pour écarter la qualification de libéralité.

Au final la proportionnalité au train de vie, qu'elle soit accompagnée ou non d'un autre critère, permet d'écarter la qualification de libéralité. Elle devient donc un critère autonome de qualification, qui a pour conséquence d'écarter le régime juridique des libéralités. La prise en compte *in limine* de ce critère permet de reconnaître une catégorie spécifique des actes proportionnés au train de vie qui échappent au régime juridique des libéralités.

Au terme de cette démonstration, il apparaît que tous les actes remplissant le critère de proportionnalité au train de vie doivent échapper au régime juridique des libéralités. Cela n'est pas sans conséquences pour les héritiers.

B - Les incidences successorales de la généralisation de la référence au train de vie

429. Les actes à titre gratuit proportionnés au train de vie, pris dans leur individualité ne constituent pas un appauvrissement. À ce titre, ils méritent d'être affranchis du régime juridique des libéralités. Lorsque de tels actes sont amenés à se répéter, les conséquences peuvent apparaître bien différentes. Pris dans leur globalité, tous ces actes peuvent représenter une part importante du patrimoine de leur auteur. Dérogeant au régime des libéralités, notamment aux règles du rapport et de la réduction, ces actes peuvent bouleverser le droit des successions. Leur régime dérogatoire entraîne une diminution de la protection des héritiers (1). Celle-ci pourrait être compensée par un contrôle complémentaire de la proportionnalité, des actes en causes, à l'actif successoral (2).

1 - La diminution relative de la protection des héritiers

430. ***Une méthode centrée sur le disposant*** - La prise en compte du critère de la proportionnalité au train de vie, mesurant l'impact patrimonial d'un acte sur le patrimoine de son auteur, est une méthode qui est exclusivement centrée sur le disposant. Elle ne prend pas en compte les conséquences qui en résultent pour le bénéficiaire. Alors même qu'un acte n'entrainerait que des conséquences patrimoniales minimes pour son auteur, il peut procurer un réel enrichissement pour son bénéficiaire. Tel est notamment le cas lorsqu'il existe un déséquilibre entre la situation patrimoniale du disposant et celle du bénéficiaire. Cela s'explique par le fait que l'appauvrissement, tout comme l'enrichissement, s'apprécient de manière relative, par rapport à un contexte patrimonial.

431. ***Les risques successoraux*** - L'acte proportionné au train de vie échappe au régime juridique des libéralités. Il n'est donc soumis ni au rapport, ni à la réduction, qui ont pour but d'assurer aux héritiers une égalité successorale et aux héritiers réservataires un minimum successoral[990]. L'exclusion du régime juridique des libéralités risque de porter atteinte à ces deux objectifs. Si le bénéficiaire d'un acte proportionné au train de vie est un héritier, il bénéficiera d'un avantage par rapport à ses cohéritiers car cet acte ne sera pas rapportable lors de la succession du disposant. En outre, aucun

[990] *Supra*, n° 330 et s.

bénéficiaire d'un acte proportionné au train de vie ne sera soumis à une obligation de réduction, quand bien même cet acte aurait pu porter atteinte à la réserve héréditaire.

Ces perturbations successorales devraient en principe avoir peu de conséquences. En ce qui concerne l'avantage retiré par un héritier, quand bien même serait-il important au regard de sa situation patrimoniale, il ne devrait pas causer un déséquilibre successoral trop important entre les héritiers. En effet, si l'un des héritiers est avantagé de 100 sur enveloppe successorale de 100 000, le déséquilibre successoral sera presque imperceptible. Il n'y aura certes pas une égalité absolue entre cohéritiers. Mais celle-ci est-elle réellement possible et souhaitée ? N'est-ce pas cela le véritable rôle du rapport successoral ? Un même raisonnement, empreint de relativité, peut être tenu en en cas d'atteinte, dans les mêmes conditions, à la réserve.

De telles conclusions ne sont pas alarmantes sur le plan successoral mais elles reposent sur une prise en compte isolée des effets de chacun des actes proportionnés au train de vie. Or, lorsque les actes proportionnés au train de vie ne sont plus envisagés dans leur individualité mais dans leur globalité, les conséquences successorales sont bien différentes. Un acte peut certes avoir un très faible impact sur le patrimoine de son auteur au moment où il est réalisé mais s'il est amené à être réitéré, il peut causer un appauvrissement important. Une pluralité de libéralités, chacune proportionnées au train de vie, peut pourtant représenter une somme importante lorsqu'elle est comparée à l'actif successoral. Ce risque pourrait être endigué par la réalisation d'un contrôle complémentaire de proportionnalité, réalisé au jour du décès, par rapport à l'actif successoral.

2 - Le rejet d'un contrôle complémentaire de proportionnalité de l'acte à l'actif successoral

432. ***L'insuffisance d'un contrôle au fil des actes*** - Le critère de proportionnalité au train de vie permet de s'assurer que chaque acte, pris dans son individualité, n'a qu'un impact patrimonial mineur, il ne permet pas de contrôler les actes dans leur ensemble. Or cet ensemble peut avoir un impact patrimonial majeur. Cette situation est déjà dénoncée en matière d'assurance-vie, où les primes versées par le souscripteur ne doivent pas être manifestement exagérées par rapport à ses facultés, sous peine d'exclusion du régime juridique préférentiel de l'assurance-vie. Le caractère exagéré des primes versées est apprécié par rapport aux facultés du souscripteur, au jour du versement des primes. En revanche, aucune appréciation n'est réalisée par rapport aux facultés du souscripteur, au jour de son décès. La jurisprudence apprécie donc le montant des primes par rapport au seul train de vie. Cette situation, qui entraine une diminution de la protection des héritiers, est largement dénoncée par la doctrine[991]. Le seul moyen d'y remédier serait de réaliser un contrôle complémentaire de proportionnalité par rapport à l'actif successoral.

433. ***Fondement technique du rejet*** **-** Plusieurs raisons invitent à rejeter ce contrôle. La première est d'ordre technique. Il n'est pas contestable qu'un ensemble d'actes proportionnés au train de vie puissent représenter une somme très importante, notamment par rapport à l'actif successoral. Cependant, le rapport et de la réduction n'ont vocation à s'appliquer qu'aux actes pris dans leur individualité. Ils n'ont aucune emprise sur un ensemble d'actes, quand bien même ces derniers seraient d'une même nature. Dès lors il n'existe aucun fondement technique permettant de mettre en place un contrôle de proportionnalité d'un ensemble d'actes par rapport à l'actif successoral.

434. ***L'atteinte à la sécurité juridique*** **-** Par ailleurs, admettre un tel contrôle risquerait de porter atteinte à la sécurité juridique. Il serait en effet contradictoire de laisser croire à une personne que les actes qu'elle réalise ne sont pas soumis au régime des libéralités du fait de leur proportionnalité au train de vie tout en appliquant la règle inverse au jour de son décès. L'insécurité juridique résulterait d'un risque de variation du régime juridique d'un même acte au cours du temps. Ce risque ne pourrait être maîtrisé du fait de l'impossibilité de déterminer, avant le décès, la valeur de l'actif successoral.

435. ***Fondement pratique du rejet*** **-** A titre plus accessoire, il existe un argument pratique justifiant ce rejet. Les actes passés inaperçus durant la vie du disposant n'auront pas à être mentionnés au jour du décès. Le règlement successoral s'en trouvera largement simplifié et la quiétude familiale pourra être plus facilement préservée.

436. La prise en considération d'un critère fondé sur la valeur, celui de la proportionnalité au train de vie, permet de distinguer les actes qui sont de

---

[991] Delmas Saint-Hilaire (Ph.), « Les maux en assurance-vie », *JCP N* n° 17, 27 avril 2012, 1200, spéc. n° 10 et s. ; Delmas Saint-Hilaire (Ph.), « L'assurance-vie en droit patrimonial de la famille, droit commun ou droit spécial ? », *JCP N* n° 18, 2 mai 2014, 1173, spéc. n° 36.

véritables libéralités de ceux qui n'en sont pas. Plutôt que de qualifier un acte de libéralité dans un premier temps, puis lui faire déroger au régime juridique des libéralités dans un second temps, il est plus logique d'exclure dès l'origine la qualification de libéralité. La prise en considération d'un tel critère favorise le dynamisme économique en sécurisant les transferts de valeurs proportionnés au train de vie, tout en préservant la protection des héritiers.

Ce critère, dont la pertinence vient d'être démontrée, n'a pas uniquement vocation à opérer en matière de libéralité. Il peut également être utilisé en matière d'actes de gestion.

Paragraphe 2 - La généralisation de la référence au train de vie en matière d'actes de gestion

437. Après avoir délimité le domaine d'intervention du train de vie en matière d'actes de gestion (A) il conviendra d'analyser les effets de la prise en compte de ce critère (B).

A - Le domaine d'intervention du train de vie en matière d'actes de gestion

438. ***Présentation de la classification des actes de conservation, d'administration et de disposition*** - Le train de vie se trouve au confluent du droit des biens et du droit patrimonial de la famille, tout comme la classification des actes conservatoire, d'administration et de disposition. Il n'est donc pas étonnant que ces deux éléments soient amenés à se rencontrer et à interagir.

La classification des actes de conservation, d'administration et de disposition permet d' « ordonner les actes juridiques suivant une échelle de gravité croissante[992] ». Elle influe sur la capacité d'exercice des majeurs protégés et les pouvoirs de gestion des biens d'autrui ou des biens collectifs. Elle s'impose comme l'une des plus importantes classifications des actes juridiques[993].

---

[992] Brenner (C.), *Rép. civ. Dalloz*, janvier 2013, V° *Acte juridique*, spéc. n° 238.

[993] *Ibid.*

439. En dépit des effets juridiques importants qui sont attachés à un acte, il est relativement difficile de le classer dans l'une de ces catégories. Cela s'explique d'une part, par la difficulté de définir avec précision chacune de ces trois catégories d'actes et d'autre part, par la difficulté de déterminer à l'avance la gravité d'un acte. La nature d'un acte peut influer sur l'étendue de ses effets, mais elle n'est pas le seul paramètre déterminant. Il est d'ailleurs observable que des actes de même nature peuvent appartenir, au gré des espèces, à l'une ou aux autres de ces trois catégories. Dès lors, il est nécessaire de recourir à un second critère. La valeur, qui influe nécessairement sur la gravité des effets d'un acte, s'impose comme second critère. C'est à travers ce second critère que le train de vie interfère dans la classification des actes de gestion.

440. Se démarquant des actes d'administration et de disposition, l'acte de conservation se définit moins par son impact patrimonial que par sa finalité. À ce titre, il est assez indifférent du critère de proportionnalité au train de vie (A). Un tel critère, permettant d'anticiper l'impact patrimonial d'un acte, peut en revanche s'imposer en tant que critère de distinction entre les actes d'administration et de disposition (B).

1 - L'exclusion de l'acte conservatoire

441. ***Définition*** - L'acte conservatoire est habituellement identifié comme l'acte qui a pour objet de soustraire le patrimoine ou un de ses éléments à un péril imminent, moyennant une faible dépense par rapport à la gravité de ce péril[994]. Par définition, il serait donc urgent, nécessaire, exceptionnel, peu grave et provisoire. Le décret du 22 décembre 2008, relatif aux actes de gestion du patrimoine des personnes placées en curatelle et en tutelle, a retenu une définition assez proche. Il dispose que les actes conservatoires « permettent de sauvegarder le patrimoine ou de soustraire un bien à un péril imminent ou à une dépréciation inévitable sans compromettre aucune prérogative du propriétaire[995] ».

Le Professeur Brenner a montré que cette approche était contestable à de nombreux égards[996]. Il fait la démonstration que l'acte conservatoire n'est

[994] *Ibid.*, spéc. n° 242 et s ; Voir aussi Brenner (C.), *L'acte conservatoire*, préf. Pierre Catala, LGDJ, coll. Bib. droit privé, T. 323, 1999.

[995] Décret n° 2008-1484, relatif aux actes de gestion du patrimoine des personnes placées en curatelle et en tutelle, et pris en application des articles 452, 496 et 502 du code civil : *JORF* n° 0304 du 31 décembre 2008, p. 20631. Cette définition est donnée par l'article 3.

[996] Brenner (C.), *Rép. civ. Dalloz*, *op. cit.*, spéc. n° 244.

pas forcément urgent, qu'il n'est pas non plus provisoire et que la faible gravité qu'on lui prête est très ambigüe. Sur ce dernier point, en s'appuyant sur l'exemple de la saisie conservatoire, il relève que la conservation peut engendrer une atteinte sérieuse au droit d'autrui. Selon lui, l'acte conservatoire est essentiellement préventif. Il a pour objet d'éviter une perte. « Il est aussi essentiellement nécessaire et juste en ce qu'il est le moyen, sinon forcément unique, du moins approprié à la réalisation d'une fin – la conservation des biens en état – considéré en elle-même comme objectivement nécessaire ». Il en déduit que l'acte conservatoire est « fondamentalement un acte finalisé et un acte conditionné : il est l'acte qui a pour objet de protéger les biens contre les menaces de perte ou de disparition en les maintenant dans leur état[997] ».

442. ***L'indifférence de la proportionnalité au train de vie*** **-** Défini en considération de sa finalité, l'acte conservatoire ne saurait être identifié au regard d'un critère fondé sur la valeur. La proportionnalité au train de vie, qui mesure de manière concrète l'impact patrimonial d'un acte, n'a donc aucune emprise sur lui. Bien au contraire, l'acte conservatoire a pour but de sauvegarder des richesses patrimoniales.

L'acte conservatoire pourra engendrer des dépenses mais celles-ci seront toujours nécessaires à la préservation d'un bien dont la valeur est toujours supérieure. Seul un rapport coût/avantage pourra laisser place à la prise en compte de la valeur dans la qualification d'un acte conservatoire.

Répondant à une logique totalement différente, les actes d'administration et de disposition, font quant à eux, pleinement place à un critère fondé sur la valeur, celui de la proportionnalité au train de vie.

2 - La qualification d'acte d'administration ou de disposition dépendante d'un rapport de proportionnalité au train de vie

443. ***Définition de l'acte d'administration*** **-** Au sein de la hiérarchie des actes de gestion, l'acte d'administration se trouve en deuxième position. Il est celui dont la définition est la plus délicate à cerner. Il est même permis de se demander si cette catégorie d'acte n'est pas une catégorie résiduelle, par exclusion des actes de dispositions.

---

[997] *Ibid.*, spéc. n° 245.

Selon le Professeur Brenner, « l'acte d'administration est essentiellement une notion floue renvoyant à un standard juridique[998] ». Le décret du 22 décembre 2008 a arrêté une définition de l'acte d'administration qui consacre cette approche. Selon ce texte sont qualifiés comme tel « les actes d'exploitation ou de mise en valeur du patrimoine de la personne protégée dénués de risque anormal [999] ». La normalité de la gestion, critère éminemment souple, est au cœur de la notion[1000].

444. ***Définition de l'acte de disposition*** **-** L'acte de disposition n'est pas moins difficile à définir. Il peut être appréhendé de deux manières différentes. D'une part, il peut être appréhendé par un critère juridique, celui de la disposition. Serait qualifié comme tel tout acte qui a pour but direct et immédiat de conduire à la disparition, avec ou sans contrepartie, du bien ou du droit sur lequel il porte[1001]. Une telle conception n'a jamais été consacrée, ni par les textes ni par la jurisprudence. D'autre part, l'acte de disposition peut être apprécié au regard d'un critère économique[1002], en prenant en considération l'ensemble de ses répercussions patrimoniales directes ou indirectes[1003]. Cette seconde approche a été retenue par le décret du 22 décembre 2008 aux termes duquel « constituent des actes de disposition les actes qui engagent le patrimoine de la personne protégée, pour le présent ou l'avenir, par une modification importante de son contenu, une dépréciation significative de sa valeur en capital ou une altération durable des prérogatives de son titulaire[1004] ».

445. ***La valeur : critère principal de distinction*** **-** Le décret du 22 mars 2008 a réparti un certain nombre d'actes juridiques entre la catégorie des actes d'administration et celle des actes disposition. Cette classification, réalisée de manière abstraite, semble reposer exclusivement sur la nature des actes. Elle ne prend absolument pas en compte la valeur de chaque acte ni même son impact patrimonial concret. Cela semble être en contradiction

---

[998] *Ibid.*, spéc. n° 292.

[999] Décret n° 2008-1484, relatif aux actes de gestion du patrimoine des personnes placées en curatelle et en tutelle, et pris en application des articles 452, 496 et 502 du code civil, art. 1er.

[1000] Brenner (C.), *Rép. civ. Dalloz*, *op. cit.*, spéc. n° 300.

[1001] *Ibid.*, spéc. n° 336.

[1002] Voir Verdot (R.), « De l'influence du facteur économique sur la qualification des actes "d'administration" et de "disposition " », *RTD civ.* 1968, p. 449.

[1003] Brenner (C.), *Rép. civ. Dalloz*, *op. cit.*, spéc. n° 340.

[1004] Décret n° 2008-1484, relatif aux actes de gestion du patrimoine des personnes placées en curatelle et en tutelle, et pris en application des articles 452, 496 et 502 du code civil, art. 2.

avec les définitions des actes d'administration et de disposition qui sont retenues dans le même texte[1005], lesquelles prennent en compte la valeur de l'acte appréciée de manière relative, c'est-à-dire au regard de son impact patrimonial.

Il ne peut être reproché de prendre en compte la nature d'un acte comme critère de qualification, mais celle-ci ne doit pas être le seul critère de qualification. La valeur doit également être prise en considération. Elle paraît même être le critère principal[1006]. D'ailleurs, « le risque anormal », « la modification importante » et « la dépréciation significative de la valeur du patrimoine », ne peuvent être appréciés que de manière concrète, eu égard à la situation patrimoniale d'un individu particulier.

446. ***La proportionnalité au train de vie, critère de distinction des actes d'administration et de disposition*** **-** La proportionnalité au train de vie parait une fois de plus être un critère tout à fait adéquat. Le Professeur Brenner a montré que l'excès par rapport aux revenus, pouvait être un critère de qualification d'un acte d'administration[1007]. Un tel critère est relativement proche de celui que nous proposons.

Les actes qui relèvent du train de vie, qui lui sont proportionnés, sont des actes habituels ou, tout du moins, qui peuvent être exercés à titre habituel. Ce sont donc des actes qui sont à la fois normaux[1008] et dénués de risque grave. Ils ne sont susceptibles d'entraîner ni une modification importante du contenu du patrimoine, ni une dépréciation significative de sa valeur en capital. Ces actes pourraient donc être qualifiés d'actes d'administration. Les actes disproportionnés au train de vie quant à eux, seraient qualifiés d'actes de disposition. Le Professeur Brenner va dans le même sens. Selon lui doivent être qualifiés d'acte d'administration, « les dépenses de gestion habituelles ou prévisibles qui peuvent être acquittées à l'aide des revenus[1009] ».

[1005] On pourrait tout au plus identifier une présomption de gravité, appréciée de manière économique, attaché aux actes de disposition.

[1006] En ce sens, voir Brenner (C.), *Rép. civ. Dalloz*, *op. cit.*, spéc. n° 336 : « On s'accorde à y voir un acte de la plus haute gravité, mais il est d'autant plus malaisé d'en donner une définition précise qu'un critère économique a tendance à supplanter le critère juridique de la disposition ».

[1007] Brenner (C.), *Rép. civ. Dalloz*, *op. cit.*, spéc. n° 348.

[1008] *Ibid.*, spéc. n° 291 : « l'acte d'administration consiste en une activité de moyenne gravité dont la normalité caractéristique explique le régime juridique ».

[1009] *Ibid.*, spéc. n° 305.

447. Le rôle du train de vie dans la qualification des actes de gestion ayant été circonscrit aux seuls actes d'administration et de disposition, il convient désormais d'envisager les incidences de ce critère.

B - Les incidences de la référence au train de vie dans la qualification des actes de gestion

448. ***Incidence en général*** - La prise en considération du critère de proportionnalité dans la qualification des actes de disposition ou d'administration a pour conséquence principale de disqualifier certains actes de disposition en acte d'administration. Plus concrètement, un indivisaire détenant au moins deux tiers des droits indivis verrait ses prérogatives élargies. Il pourrait par exemple disposer de certains éléments de l'indivision. Tel pourrait être le cas de la vente de meubles d'une faible valeur, reçus par succession.

A priori, il en résulterait un affaiblissement de la protection des coïndivisaires. En revanche, celle des tiers serait renforcée. Par ailleurs, cet affaiblissement de la protection, tout à fait relatif, doit être mis en balance avec le dynamisme économique qu'il engendrerait. Plutôt que d'assurer une protection excessive en interdisant à une personne de réaliser seule certains actes, au risque de parvenir à des situations de blocage, il vaut sans doute mieux l'autoriser à agir, dès lors que les risques d'atteinte aux droits d'autrui sont minimes. Les règles régissant les prérogatives des indivisaires ont évolué en ce sens avec la loi du 23 juin 2006. Désormais, les indivisaires détenant au moins deux tiers des droits indivis peuvent réaliser les actes d'administration et certains actes de disposition [1010] . Antérieurement, l'unanimité était requise pour tous les actes, à l'exception des actes de conservation. La comparaison peut également être faite avec les prérogatives des époux communs en biens et des partenaires indivis. Par principe, chacun des époux est autorisé à disposer seul, à titre onéreux, des biens communs[1011]. Par exception, lorsque des actes de disposition portent sur des biens ayant une valeur importante – immeubles, fonds de commerces, exploitations –, la cogestion est requise[1012]. La faiblesse de l'atteinte au patrimoine commun justifie également que l'un des époux puisse réaliser seul un présent d'usage portant sur un bien commun, alors qu'en principe les

---

[1010] *C. civ.*, art. 815-3.

[1011] *C. civ.*, art. 1421.

[1012] *C. civ.*, art. 1424.

donations de biens communs sont soumises à cogestion[1013]. Les indivisaires ayant opté pour le régime de l'indivision des acquêts, disposent des mêmes pouvoirs sur les biens indivis que les époux sur les biens communs[1014]. Cette règle laisse penser que les époux et les indivisaires agissent dans l'intérêt commun. Pourquoi n'en serait-il pas autrement en matière d'indivision ?

449. ***Incidence de la classification en droit des personnes vulnérables*** - La prise en considération du critère de proportionnalité au train de vie en matière d'acte de gestion peut-il se concevoir en droit des personnes vulnérables ? L'exigence de protection des intérêts des personnes vulnérables n'impose-t-elle pas une protection maximale, laquelle impliquerait une suppression totale des risques d'appauvrissement ?

En droit positif, la distinction entre les différents actes de gestion reçoit quelques petites adaptations par rapport aux autres branches du droit. En cette matière, la protection passe notamment par une détermination aprioristique de la nature des actes. Outre le décret du 22 décembre 2008, différents textes limitent les pouvoirs du tuteur. Ainsi, ce dernier ne peut ni transiger[1015], ni consentir à un partage amiable[1016], sans l'aval du juge ou du conseil de famille. La spécificité des intérêts à protéger justifie aussi la modification du régime juridique d'un acte. Par exemple, « les baux consentis par le tuteur ne confèrent au preneur, à l'encontre de la personne protégée devenue capable, aucun droit de renouvellement et aucun droit à se maintenir dans les lieux[1017] ».

La prise en compte du critère de la proportionnalité au train de vie devrait s'accompagner de la suppression de ces textes particulièrement protecteurs. Par ailleurs, elle entrainerait une augmentation de la capacité des majeurs sous curatelle[1018] et un renforcement des pouvoirs du tuteur. En effet, un

---

[1013] *C. civ.*, art. 1422. Voir Grimaldi (M.), sous la dir., *Droit patrimonial de la famille*, 5e éd., Dalloz action, 2015-2016, n° 138-41.

[1014] *C. civ*, art. 515-5-1 opérant un renvoi à l'art. 1873-6 al. reconnaissant au gérant de l'indivision « les pouvoirs attribués aux époux ».

[1015] *C. civ.*, art. 506.

[1016] *C. civ.*, art. 507.

[1017] *C. civ.*, art. 504 al. 2.

[1018] Ces derniers peuvent réaliser seuls les actes d'administration. Ils doivent en revanche être assistés par le curateur pour accomplir les actes de dispositions (*C. civ.*, art. 467). Le majeur sous tutelle ne sont pas concernés dans la mesure où ils ne peuvent accomplir ni les actes d'administration, ni les actes de disposition. La prise en compte de ce critère affectera la situation du tuteur qui verra ses pouvoirs élargis dans la mesure où il n'a pas besoin de l'autorisation du juge des tutelles ou du conseil de famille pour accomplir les actes d'administration au profit du majeur sous tutelle (*C. civ.*, art. 504 et 505).

certain nombre d'actes, qualifiés aujourd'hui d'actes de disposition au regard de leur nature, pourraient être qualifiés d'actes d'administration, au regard de leur valeur. Ils pourraient être réalisés par le curatélaire sans assistance et par le tuteur, sans l'aval du juge ou du conseil de famille. Cet élargissement de la sphère d'autonomie engendrerait un affaiblissement de la protection assurée par la classification tripartite des actes de gestion.

Cette diminution de la protection n'est pas à craindre. Comme en matière de libéralités, la mise en place d'un régime de protection ne se justifie que lorsqu'il existe un risque[1019]. Or, les actes proportionnés au train de vie sont des actes qui ne font naître aucun risque. Leur impact sur le patrimoine de leur auteur est faible. Dans la mesure où un acte n'altère pas significativement le patrimoine, il ne mérite pas la protection accordée aux actes de disposition. Pour les majeurs vulnérables, le risque d'appauvrissement, qui justifie la mise en œuvre d'un régime de protection, est existant. Néanmoins, son importance est si minime qu'il doit être relativisé. De plus, la remise en cause d'un acte ayant impacté de manière significative le patrimoine du majeur protégé, pour défaut de pouvoir, pourrait intervenir *a posteriori*. Le droit positif permet de rescinder pour simple lésion ou réduire, en cas d'excès, les actes accomplis par le majeur vulnérable seul[1020].

Par ailleurs, la prise en considération de ce critère ne constitue en rien une révolution. Elle ne serait qu'une généralisation de certaines règles existantes. En effet, le décret du 22 décembre 2008 a admis, pour certains actes, une qualification en fonction de l'importance des conséquences sur le contenu ou la valeur du patrimoine de la personne protégée[1021]. Ainsi des actes, *a priori* d'administration, peuvent être élevés au rang des actes de disposition s'ils impactent de manière importante le patrimoine de la personne protégée[1022]. Réciproquement, des actes *a priori* de disposition peuvent être disqualifiés en actes d'administration si leur impact économique est faible[1023]. La référence aux « circonstances d'espèce[1024] » dans l'annexe 2 du décret va dans le même sens. À ce propos, un auteur estime que la qualification des actes dépend des « répercussions sur le

---

[1019] *Supra*, n° 432.

[1020] *C. civ.*, art. 435 al. 2, 465-1° (qui opère un renvoi à l'article 435) et 488 al. 1er. Voir *supra*, n° 375.

[1021] Voir *supra*, n° 376 et s. pour les actes réalisés par le mineur.

[1022] *Ibid.*, art. 1 al. 3.

[1023] *Ibid.*, art. 2 al. 3.

[1024] Décret n° 2008-1484 du 22 décembre 2008, Annexe 2 : Liste des actes regardés comme des actes d'administration ou de disposition sauf circonstances d'espèce.

contenu en nature du patrimoine (tel bien) ou sur la valeur pécuniaire de celui-ci (pourcentage au regard du chiffrage global) [1025] ». Cette formulation évoque largement le critère de la proportionnalité eu égard au train de vie.

La référence au train de vie se présente donc comme une courroie d'ajustement permettant à un même acte de circuler entre deux catégories juridiques de rattachement, les actes d'administration et les actes de disposition.

❖

450. ***Conclusion de la section II*** **-** La prise en considération du train de vie en matière d'acte de gestion n'a rien de révolutionnaire. Elle prend directement appui sur des textes et des pratiques jurisprudentielles existants.

Ce critère à la fois fiable et facile d'utilisation permet de distinguer les actes d'administration et de disposition sans diminuer la protection assurée par le régime juridique de chacun de ces actes, notamment des actes de disposition. Sous réserve de la mise en cause du décret du 22 mars 2008 qui opère un classement fondé sur la nature des actes et non sur leur valeur, la prise en considération de ce critère pourrait être immédiate. Elle n'influence que la qualification au cas par cas de certains actes, elle ne nécessiterait aucune adaptation supplémentaire du droit positif.

❖

451. ***Conclusion du chapitre II*** **-** Le train de vie opère une nouvelle fois comme un critère de contrôle. Il s'avère être un critère de qualification d'un acte juridique qui est utilisé dans les faits comme un critère de requalification destiné à neutraliser un avantage que s'est octroyé indûment l'auteur d'un acte.

Le train de vie se présente comme un contexte patrimonial de référence permettant d'apprécier la normalité d'un acte ou au contraire d'en révéler son caractère excessif. Ainsi, un acte sera qualifié de normal ou d'excessif selon qu'il sera ou non conforme au train de vie de son auteur. Sachant que la norme de référence, à savoir le train de vie, est propre à chaque individu, cette opération de qualification est empreinte d'une grande relativité. Loin d'être un inconvénient, cette relativité présente un véritable intérêt. Elle

---

[1025] Noguero (D.), « La typologie des actes patrimoniaux », in *Le patrimoine de la personne protégée* (sous la dir. de J.-M. Plazy et G. Raoul-Cormeil), Lexis Nexis, 2015, p. 45 et s., spé. p. 51.

permet en effet de qualifier, ou de requalifier un acte, en fonction de ses effets réels sur le patrimoine de son auteur.

Lorsqu'un acte, quel que soit son montant, est conforme au train de vie de son auteur, il n'a qu'un impact patrimonial mineur pour ce dernier. Il est donc légitime qu'il bénéficie d'un régime de faveur, ou tout du moins, qu'il échappe à un régime de protection qui ne se justifie que pour les actes ayant un impact patrimonial majeur. Au contraire, lorsqu'un acte s'avère être disproportionné par rapport au train de vie de son auteur, portant atteinte par là même à certaines valeurs protégées par le code civil, il n'a pas lieu de déroger aux règles protectrices édifiées par ce même code.

Utilisé comme un critère de qualification, le train de vie permet de trouver un point d'équilibre entre autonomie et protection. Il peut dès lors être regretté qu'il ne soit utilisé en droit positif que dans des cas limités alors que son domaine peut être élargi. Le train de vie pourrait s'imposer comme un critère général de qualification tant en matière de libéralités que d'actes de gestion.

CONCLUSION DU TITRE I

452. Le train de vie a été envisagé comme une norme de référence permettant à la fois de révéler et de sanctionner ce qui est anormal et disproportionné. Il s'avère être un outil juridique efficace pour lutter contre la fraude et pour requalifier des actes juridiques. Dans les deux cas, le train de vie remplit une mission de contrôle et produit ses effets contre son auteur.

453. Le train de vie tire d'abord sa force de son caractère apparent. Dès lors, il s'est imposé comme une donnée apparente de référence permettant de lutter contre la fraude. Ce rôle historique du train de vie en matière fiscale n'a jamais été abandonné. Il a été copié par d'autres matières, notamment le droit social dans les années 2000. Il a également inspiré le droit pénal qui a consacré le délit de non justification des ressources par rapport au train de vie, permettant de présumer la participation à une activité illicite. En tant qu'apparence, le train de vie a vocation à s'appliquer dans toutes les branches du droit.

Malgré son caractère indéterminé, le train de vie est un outil à la fois fiable et efficace, permettant de remettre en cause les déclarations mensongères d'un individu qui souhaiterait bénéficier de certains avantages ou échapper à certaines obligations. La finalité répressive des textes dans lesquels il est fait référence au train de vie exige qu'il n'existe aucune insécurité juridique. Dès lors, les différents éléments du train de vie que pourraient identifiés l'autorité de contrôle sont parfois exhaustivement listés et préalablement valorisés. Lorsque tel n'est pas le cas, ce sont les méthodes de contrôle qui permettent d'écarter l'insécurité juridique. Ainsi, il est exigé que la donnée en cause présente un caractère manifestement disproportionné par rapport au train de vie, pour que la fraude soit établie.

454. Le train de vie se présente également comme un contexte patrimonial de référence. Il permet alors de remettre en cause la qualification d'un acte juridique donnée par son auteur en vue de bénéficier indûment d'un régime juridique avantageux. Pour qu'une telle requalification soit réalisée, il est nécessaire de montrer que l'acte est disproportionné par rapport au train de vie de son auteur. *De lega lata*, ce rôle du train de vie est circonscrit à certains actes spécifiques. *De lege ferenda*, il est tout à fait envisageable de recourir plus largement au train de vie qui pourrait ainsi s'imposer comme un critère général de qualification des libéralités et des actes de gestion. Ces domaines sont caractérisés par des règles juridiques protectrices dont l'application ne se justifie pas systématiquement. En effet, les libéralités et les actes de gestion s'insérant dans train de vie de leur auteur, ne présentent aucun risque patrimonial du fait de leur faible impact patrimonial. La référence au train de vie offrirait alors un plus grand libéralisme patrimonial sans affaiblir la protection de certains intérêts actuellement assurée par le code civil.

TITRE II - LE TRAIN DE VIE, SOURCE DE PROTECTION

455. Jusqu'à présent, le train de vie s'est révélé être un instrument de contrôle produisant des effets à l'encontre de son auteur mais aujourd'hui cette fonction historique du train de vie est largement concurrencée. Le train de vie se développe dans la sphère juridique sous une toute autre apparence. Il n'est plus envisagé uniquement comme un moyen, il tend à devenir une fin. Il se présente désormais comme l'objet d'une revendication, mise en œuvre par son bénéficiaire.

La revendication d'un certain niveau de train de vie, ou du maintien du train de vie, est particulièrement symptomatique de certaines séparations de couples. Pendant toute la durée de l'union, le train de vie était principalement financé par les ressources du plus fortuné des deux. Au sortir de l'union, l'autre n'est plus en mesure de maintenir le train de vie auquel il était habitué. Ce dernier cherche alors à obtenir des ressources pour le maintenir.

456. La revendication d'un certain train de vie est une réalité sociale. Il nous incombe d'étudier la réaction du droit face à ce phénomène. On peut d'ores et déjà faire remarquer que le Droit n'est pas resté en marge de ce mouvement et qu'il offre une protection du train de vie. Le principal acteur de cette protection est incontestablement le droit patrimonial de la famille. La prestation compensatoire et les droits successoraux du conjoint survivant depuis la loi du 3 décembre 2001 en sont des exemples significatifs. D'autres branches du droit, au premier rang desquelles figure le droit social[1026], participent également à cette protection. Les prestations sociales ou l'indemnisation du chômage sont des exemples tout aussi significatifs.

Ces quelques éléments permettent déjà d'affirmer qu'il existe différents mécanismes permettant de protéger le train de vie. Cependant, seule une analyse complète du droit positif permettra de déterminer l'étendue de cette protection. Aussi importante soit-elle, il semble d'ores et déjà exclu qu'il

---

[1026] Le droit social regroupe à la fois le droit du travail et le droit de la protection sociale qui inclut le droit de la sécurité sociale et le droit de l'aide et de l'action sociales. La protection sociale sera majoritairement au cœur des prochains développements. Pour une définition complète de la protection sociale, voir *infra*, n° 501.

existe un droit général au train de vie dont l'objet principal serait d'assurer le maintien d'un train de vie antérieur.

Un tel droit paraît largement utopique et surtout largement excessif en ce qu'il ferait supporter une charge excessive à son débiteur. Ce n'est pas parce que ce droit n'a pas sa place dans notre droit qu'il faut en déduire que la protection mise en œuvre par le droit positif est satisfaisante. Bien au contraire, celle-ci est lacunaire à de nombreux égards. Il n'est qu'à observer l'absence de règles régissant la fin d'un concubinage ou d'un PACS pour s'en convaincre. Quelle que soit la durée de l'union chacun des membres du couple est libre d'y mettre un terme, sans aucun délai et sans le moindre accompagnement patrimonial de l'autre. Pourtant, lorsque l'on a habitué l'autre à un certain niveau de vie pendant plusieurs années, peut-on admettre, aujourd'hui encore, une telle liberté ? N'existe-t-il pas une certaine forme de responsabilité patrimoniale qui impliquerait d'assurer une diminution progressive du train de vie de la personne chez laquelle on a fait naître des habitudes économiques ? Nous croyons qu'une réponse positive doit être apportée à l'ensemble de ces interrogations. En conséquences, nous prônerons la consécration d'un droit à la déshabitude économique[1027].

457. Nous montrerons, dans un premier temps, que le droit positif offre une protection juridique du train de vie (Chapitre I). Nous proposerons, dans un second temps, d'étendre cette protection en consacrant la reconnaissance d'un droit à la déshabitude économique (Chapitre II).

CHAPITRE I - LA PROTECTION JURIDIQUE DU TRAIN DE VIE

CHAPITRE II – POUR LA RECONNAISSANCE D'UN DROIT A LA DÉSHABITUDE ÉCONOMIQUE

[1027] Le terme déshabitude fait directement écho avec l'habitude, élément constitutif de la notion juridique de train de vie. Par ailleurs, il exprime pleinement d'idée d'une rémanence économique, d'une diminution du train de vie, d'une désaccoutumance. Son utilisation a été également permise par le fait que le terme « déshabituer » a été consacré dans la langue française. Cf. *Le Petit Robert de la langue française*, V° *Déshabituer »*.

Chapitre I - La protection juridique du train de vie

458. ***La protection du train de vie permise par la reconnaissance d'un droit de créance*** **-** Le train de vie a été défini comme la jouissance, à titre habituel d'une certaine quantité de biens et de services. Il n'est pas exclu que la jouissance puisse être exercée à titre gratuit, cependant, elle est le plus souvent exercée à titre onéreux. Dès lors, le train de vie d'une personne est principalement déterminé par ses capacités financières et notamment par ses revenus[1028].

Ce lien quasi-indissoluble entre le train de vie et les revenus, constitue le point de départ de la protection juridique du train. Ainsi, afin que tout un chacun puisse mener un train de vie, il est nécessaire qu'il dispose de revenus. La protection du train de vie consiste donc à reconnaître un droit de créance, à toute personne ne pouvant pas financer seule son train de vie.

459. ***Les deux axes de la protection du train de vie*** **-** La protection du train de vie, mise en œuvre par le droit positif, s'articule autour de deux axes. D'une part, le droit permet à tout un chacun de mener un train de vie. D'autre part, il assure un certain nombre de garanties permettant de compenser la perte de train de vie résultant de la survenance d'un événement fortuit, tels que le divorce, la maladie, le décès ou le licenciement. Dans ces deux hypothèses la protection du train de vie repose sur le même mécanisme : une personne, qui n'est pas en mesure de financer seule son train de vie, peut s'adresser à un tiers pour obtenir des moyens financiers. En regardant de plus près, on s'aperçoit qu'il existe une différence assez sensible entre ces deux modes de protection du train de vie. Cette différence réside dans la cause de l'impossibilité de financer le train de vie. La perte de train de vie est liée à un événement précis. L'impossibilité de financer le train de vie n'est quant à elle liée à aucun événement particulier.

Le droit prend en considération cette distinction et assure un traitement spécifique à chacune de ces situations. En cas de perte de train de vie, il reconnait un droit temporaire à la compensation de la perte de train de vie. Le débiteur de ce droit est assez facilement identifiable. Il s'agit de souvent de l'auteur de l'événement ayant influé sur le train de vie. En revanche, lorsque l'impossibilité de financer le train de vie n'est imputable à aucun

---

[1028] Cela ne signifie pas que toutes les choses dont il peut jouir à titre gratuit sont exclues de son train de vie, bien au contraire. Voir *supra*, n° 69, 160 et 226.

événement particulier, le droit offre alors une réponse plus pérenne mais moins intense. Il permet d'obtenir des moyens financiers plus limités mais dépourvus de limitation dans le temps.

460. Ces deux axes de la protection du train de vie seront abordés successivement. L'étude du droit à un train de vie (Section I) précèdera celle du droit à la compensation de la perte de train de vie (Section II).

Section I - Le droit au train de vie

461. ***L'étendue du droit au train de vie*** - Le train de vie, souvent caractérisé par des éléments ostentatoires, est souvent associé, à tort, à une idée de richesse. Le train de vie caractérise certes un niveau de vie mais celui-ci n'a pas forcément à être élevé. Dès lors qu'une personne a une activité économique habituelle, elle a également un train de vie. En effet, pour disposer d'un train de vie, il est nécessaire de disposer de ressources, quelle que soit leur importance. Des ressources peu élevées permettent sans conteste de financer un train de vie. Cette dissociation entre le train de vie et la richesse ne doit pas être poussée à l'excès, sous peine de conduire à envisager le train de vie comme un minimum vital. Le train de vie peut recouvrir un panel très large de réalités économiques. Il peut aussi bien caractériser un niveau de vie très faible, qu'un niveau de vie moyen ou même qu'un niveau de vie extrêmement élevé.

Cette diversité économique, caractéristique de la notion de train de vie va se retrouver dans l'étendue du droit au train de vie. Certains bénéficiaires pourront revendiquer un train de vie d'un certain niveau alors que d'autres devront se limiter à un train de vie minimal, strictement alimentaire. La détermination de l'étendue du droit au train de vie dépendra principalement de la personne à laquelle est opposé le droit au train de vie.

462. Affirmer qu'il existe un droit au train de vie en droit positif n'aurait aucune portée si ce droit n'était pas opposable à un ou plusieurs débiteurs préalablement identifiés. Il est possible d'identifier deux catégories de débiteur de ce droit. La première, est la famille. La seconde, qui n'avait initialement qu'un rôle subsidiaire, est la collectivité – l'État –[1029]. Selon que

---

[1029] Sur le principe de subsidiarité de la solidarité collective par rapport à la solidarité familiale, voir *infra* n° 500.

le bénéficiaire s'adresse à l'un ou l'autre de ces débiteurs, il pourra obtenir des ressources plus ou moins importantes. Ainsi, s'il s'adresse à sa famille, ses besoins seront appréciés largement, en considération du niveau social du créancier ainsi que celui du débiteur. Le bénéficiaire du train de vie pourra alors obtenir des ressources lui permettant de financer un train de vie qui ne se limite pas à un minimum vital (A). En revanche, lorsqu'il s'adresse à la collectivité, il peut obtenir des ressources lui permettant de satisfaire ses besoins les plus élémentaires et, par voie de conséquence, bénéficie d'un train de vie minimal (B).

Paragraphe 1- Le droit à un certain train de vie opposable à la famille

463. ***Délimitation de la notion de famille*** **-** *In limine*, il est essentiel de délimiter le périmètre de la famille. Cette notion est entendue largement. Elle regroupe toutes les relations de sang et d'union de droit ou de fait. Au sein de cette seconde catégorie sont donc incluses toutes les relations de couple, à savoir le mariage, le PACS et le concubinage.

464. L'obligation alimentaire constitue le cœur du droit au train de vie dans la sphère familiale. Une telle obligation « existe entre deux personnes unies par un lien d'ordre familial et autorise la première, appelée créancier d'aliments, à exiger de la seconde, le débiteur d'aliment, le transfert d'une valeur économique[1030] ». Elle permet d'obtenir une créance d'aliments laquelle est utile, voire indispensable, à l'activité économique du créancier. Elle participe donc à son train de vie.

L'obligation alimentaire a pu être définie comme « une obligation par laquelle une personne peut obtenir d'une autre, la satisfaction de ses besoins les plus essentiels[1031] ». Pourtant, une analyse des différentes obligations alimentaires met en cause cette définition. L'obligation alimentaire vise certes à satisfaire les besoins du débiteur, mais pas uniquement ses besoins élémentaires. Certaines d'entre elles vont bien au-delà conduisant un auteur à distinguer les obligations alimentaires « qui confèrent au créancier un droit

[1030] Gallus (N.), *Les aliments*, Larcier, 2006, n° 1.

[1031] Gaboriau (B.), *L'obligation alimentaire*, sous la dir. de J. Hauser, th. Bordeaux, 2003, n° 13.

dont l'objet est étendu au maintien d'un train de vie » de « celles qui se limitent à garantir les besoins élémentaires d'une vie décente[1032] ».

465. Une distinction fondée sur la nature de la relation existant entre le créancier et le débiteur d'aliments, qui influe sur l'étendue de la créance allouée, lui sera préférée. Lorsque cette relation est fondée sur un lien de sang, l'obligation alimentaire est déterminée par les besoins du créancier, appréciés plus ou moins largement. Elle est ensuite octroyée dans la limite des ressources du débiteur. Le droit au train de vie, fondé principalement sur l'obligation alimentaire, est soumis à cette limite ; il est déterminé par les besoins du créancier (A).

Dans les relations de couple, l'obligation alimentaire ne repose pas sur le besoin. Elle repose davantage sur les revenus du ménage. La contribution aux charges du ménage, imposée à chacun des membres du couple, conduit à unifier le train de vie au sein du ménage et à déterminer le niveau de vie par rapport aux revenus du plus fortuné. Dès lors, au sein des relations de couple, le droit au train de vie sera déterminé en considérations des ressources du membre le plus fortuné du couple (B).

A - Le droit au train de vie du créancier alimentaire déterminé en considération de ses besoins

466. ***Définition de l'obligation alimentaire*** - « L'obligation alimentaire peut être définie comme l'obligation imposée par la loi, à celui qui en a les moyens, de subvenir aux besoins d'une autre personne avec laquelle il est uni par un lien de parenté ou d'alliance[1033] ». La notion de besoin est la pierre angulaire de l'obligation alimentaire. Or cette notion est relative et variable. En effet, selon que le besoin est apprécié *in abtracto* ou *in concreto*, le périmètre de cette notion peut varier considérablement[1034].

Apprécié *in abstracto*, le besoin serait réduit à ce qui est indispensable pour vivre. Cela n'empêche pas de prendre en compte le contexte économique et social dans lequel nous vivons[1035]. Les besoins d'aujourd'hui sont certainement plus importants que ceux d'il y a cent ans. Pour certains

---

[1032] Gallus (N.), *op. cit.*, n° 7 et s.

[1033] Murat (P.), sous la dir., *Droit de la famille*, Dalloz action, 7e éd., 2016/2017, n° 31.05.

[1034] Dejean de La Batie (N.), *Appréciation in abstracto et appréciation in concreto en droit civil français*, préf. Henri Mazeaud, LGDJ, coll. Bib. droit privé, T. 57 , 1965, p. 245.

[1035] Kornprobst (M.), *Rép. civ. Dalloz*, janvier 2005, V° *Aliments*, n° 1 : « *l'objet de la dette alimentaire (...) progresse en même temps que le niveau de vie générale de notre époque* ».

auteurs retenant une telle approche du besoin, « le critère des obligations alimentaires est l'état d'indigence du créancier ou plus exactement, la destination alimentaire de l'obligation[1036] ». Dans cette hypothèse, plus qu'un besoin, il faudrait caractériser un état de besoin, c'est-à-dire l'impossibilité de pourvoir seul à sa propre subsistance en tout ou partie[1037], pour prétendre à une obligation alimentaire. Tel est bien le cas pour la majorité des créanciers d'aliments.

L'un d'entre eux, l'enfant, bénéficie d'un régime plus avantageux. Ses besoins sont appréciés *in concreto*, avec beaucoup plus de souplesse en prenant en considération le milieu économique et social dans lequel il évolue.

467. Après nous être intéressés au cas général du créancier d'aliment (1), nous envisagerons le cas particulier de l'enfant (2).

1 - Le cas général du créancier d'aliment

468. L'étude de la situation du créancier d'aliment conduira à identifier les relations strictement alimentaires dans un premier temps (a) puis à déterminer les modalités d'appréciation des besoins alimentaires dans un second temps (b).

a) Le domaine des relations strictement alimentaires

469. ***Le domaine des obligations alimentaires*** - Les obligations alimentaires existent entre ascendants et descendants, entre certains alliés et entre époux[1038]. Il n'existe en revanche aucune obligation entre frères et sœurs, pas plus qu'entre beaux-parents et beaux-enfants dans les familles recomposées[1039].

[1036] Pélissier (J.), *Les obligations alimentaires, unité ou diversité*, LGDJ, 1961, p. 5. Sur na notion de besoin, voir Sayag (A.), *Essai sur le besoin créateur de droit*, préf. Jean Carbonnier, LGDJ, coll. Bib. droit privé, T. 94, 1969.

[1037] Kornprobst (M.), *op. cit.*, n° 172.

[1038] Pour une présentation générale des différentes obligations alimentaires, voir Kornprobst (M.), *ibid.*

[1039] Berthet (P.), *Les obligations alimentaires et les transformations de la famille*, préf. Jacqueline Rubellin-Devichi, L'Harmattan, coll. Logiques juridiques, 2000, n° 385.

À se fier au plan du code civil, l'obligation alimentaire des parents à l'égard des enfants découle du mariage[1040]. Pourtant, tous les enfants, bénéficient de cette obligation. Elle découle du lien de filiation[1041]. La loi du 4 mars 2002 a renforcé cette interprétation en disposant que chacun des parents « contribue à l'entretien et à l'éducation des enfants à proportion de ses ressources, de celles de l'autre parent, ainsi que des besoins de l'enfant[1042] ». Réciproquement, les enfants doivent des aliments à leurs père et mère, ainsi qu'aux autres ascendants, qui sont dans le besoin[1043].

La deuxième catégorie d'obligation alimentaire concerne les gendres et belles-filles à l'égard de leurs beaux-parents tant que dure le mariage et jusqu'au décès du conjoint produisant l'affinité et des enfants issue de cette union[1044].

La troisième catégorie d'obligation alimentaire concerne les époux[1045] et les partenaires[1046]. Elle se manifeste pendant l'union et spécifiquement pour le mariage, après l'union par la prestation compensatoire.

470. ***Les extensions modernes de l'obligation alimentaire*** **-** Initialement, la liste des créanciers d'aliments était calquée sur celle des héritiers réservataires. La réforme du droit successoral du 21 décembre 2001, complétée par la loi du 23 juin 2006, a bouleversé les ordres successoraux imposant de modifier quelques règles relatives aux obligations alimentaires pour éviter que certains créanciers ne se retrouvent démunis. Le conjoint survivant a été promu au détriment de la famille par le sang, notamment des ascendants. Désormais, seuls les père et mère sont en concurrence avec lui[1047]. Les autres ascendants ont perdu toute vocation successorale en présence du conjoint[1048]. De plus, tous les ascendants ont perdu leur qualité

1040 LIVRE 1er : Les personnes, Titre V : Du mariage, Chapitre V : Des obligations qui naissent du mariage, au sein duquel se trouve l'article 203.

1041 En l'absence d'un lien de filiation, une obligation alimentaire pourra toute de même être mise à la charge de l'homme qui entretenait des relations avec la mère à l'époque de la conception de l'enfant. Pour cela la mère devra exercer une action à fin de subsides. *C. civ.*, art. 342 et s.

1042 *C. civ.*, art. 371-2.

1043 *C. civ.*, art. 205.

1044 *C. civ.*, art. 206.

1045 *C. civ.*, art. 212 et 214.

1046 *C. civ.*, art. 515-4.

1047 *C. civ.*, art. 757-1.

1048 *C. civ.*, art. 757-2.

d'héritier réservataire[1049]. Pour compenser cette perte, les ascendants autres que les père et mère bénéficient d'une créance d'aliment contre la succession. Le Professeur Jean Hauser a pu qualifier ce mécanisme de « repentir alimentaire[1050] ». Une créance similaire a été envisagée pour le conjoint survivant. Il bénéficie d'un droit à pension contre la succession s'il se trouve dans le besoin, qu'il ait bénéficié ou non d'une quote-part de la succession[1051].

Ces obligations alimentaires ne permettent pas de revendiquer plus qu'un « minimum vital[1052] ». Pour reprendre une nouvelle fois les propos du Professeur Jean Hauser, « on pourrait évidemment soutenir que l'obligation alimentaire est une technique indifférenciée sans fondement identifié et qui sert de "SAMU" juridique ou de lot de consolation pour ceux qui sont exclus de la bienveillance du législateur qui les a sacrifiés à d'autres intérêts[1053] ».

471. ***Le dépassement des obligations alimentaires* -** Parmi toutes ces obligations alimentaires certaines sont doublées, confondues ou absorbées par une autre obligation dont l'objet est plus large que la satisfaction des besoins strictement alimentaires. Ainsi, l'obligation alimentaire des parents à l'égard des enfants se double d'une obligation d'entretien et d'éducation qui s'étend au-delà des seuls aliments[1054]. De même, au sein du mariage, le devoir de secours et la contribution aux charges du mariage vont au-delà d'une relation purement alimentaire[1055]. Il n'en est pas autrement au sein du PACS à propos de l'aide matérielle réciproque[1056]. En définitive, toutes ces obligations alimentaires ne visent à fournir bien plus que des aliments. Elles imposent d'assurer un certain train de vie au créancier.

472. ***Une liste restreinte d'obligations strictement alimentaires* -** Ces constatations conduisent à exclure du champ des obligations strictement alimentaires les obligations entre parents et enfant ainsi que celles entre époux et partenaires.

[1049] *C. civ.*, art. 914 ancien.

[1050] Hauser (J.), « Diversité et actualité des aliments en droit moderne », *Mél. Jerry Sainte-Rose*, Bruylant, 2012, p. 623 et s., spéc. p. 627.

[1051] *C. civ.*, art. 767. Pour plus de détails sur ce point, voir *infra* n° 560.

[1052] Hauser (J.), *op. cit.*, spéc. p. 627.

[1053] *Ibid.*, spéc. p. 627 note de bas de page n° 24.

[1054] *Infra*, n° 477 et s.

[1055] *Supra*, n° 286 et s.

[1056] *Infra*, n° 493.

Seules celles entre ascendants de second ordre à l'égard des descendants[1057], celles entre descendants à l'égard des ascendants et celles entre alliés ont pour objectif de satisfaire des besoins alimentaires. L'expression « être dans le besoin [1058] » figure dans les différentes dispositions du Code civil consacrant ces obligations. Tel n'est pas le cas des autres obligations alimentaires qui recourent au terme « besoins[1059] » ou qui n'y font pas référence[1060].

b) L'appréciation de l'état de besoin

473. ***Les besoins pris en compte* -** Afin de caractériser un état de besoin, au cœur des obligations strictement alimentaires, il est nécessaire de cerner les besoins pris en considération et les modalités de leur appréciation.

Selon Jean Pélissier, dans les relations familiales tous les besoins personnels du créancier d'aliments donnent droit à l'aide familiale[1061]. Pour lui, « la créance alimentaire n'est pas à proprement parler une créance d'aliments (de nourriture), mais une créance à objet indéterminé variable suivant les nécessité de la vie[1062] ». Cependant, lorsqu'il énumère les besoins à prendre en compte pour caractériser un état de besoin, il envisage uniquement des besoins élémentaires : frais de vêtements, de chauffage, de logement, frais médicaux et de dernière maladie. Il conclut, « en un mot, tous les besoins vitaux de l'individu donnent droit au secours familial[1063] ».

S'il est bien délicat d'établir une liste exhaustive des besoins élémentaires[1064], il est tout de même possible d'en référencer les principaux.

[1057] L'obligation des grands parents à l'égard de leurs petits enfants n'est pas aussi intense que celle des parents à l'égard de leurs enfants. Voir Leveneur (L.), *J-Cl. Civil code*, Art. 203 et 204, Facs. unique : Aliments, mai 2013, spéc. n° 16 ; Berthet (P.), *th. préc.*, n° 64 et s. ; Pélissier (J.), *th. préc.*, p. 158.

[1058] *C. civ.*, art. 205, 758 et 767.

[1059] *C. civ.*, art. 203 et 271.

[1060] *C. civ.*, art. 212, 214, 515-4.

[1061] Pélissier (J.), *th. préc.*, p. 157.

[1062] *Ibid.*, p. 157.

[1063] *Ibid.*

[1064] En ce sens, voir Sayag (A.), *Essai sur le besoin créateur de droit*, préf. Jean Carbonnier, LGDJ, coll. Bib. droit privé, T. 94, 1969, p. 279 et s.

Ainsi, le logement, la nourriture, l'habillement, la santé[1065], les transports devront systématiquement être assumés. Le Professeur Jean Hauser estime qu'aujourd'hui « l'obligation alimentaire doit aller au-delà d'un strict minimum vital ou alors il faut jouer sur cette dernière notion en soutenant que le "vital" concerne désormais plus que la survie naturelle et comprend aussi la survie sociale[1066] ».

474. ***Appréciation in concreto de l'état de besoin*** **-** Même à circonscrire le périmètre des obligations alimentaires aux seuls besoins élémentaires, il est possible de couvrir des besoins qui ne sont pas des besoins primaires. Cela résulte de leur appréciation *in concreto* au sein des relations familiales[1067].

Le besoin renvoie à une idée de nécessaire. Portalis invitait à distinguer « deux sortes de nécessaires : l'absolu et le relatif. L'absolu est réglé par les besoins indispensables à la vie ; le relatif par l'état et les circonstances. Le nécessaire relatif n'est pas le même pour tous les hommes. L'absolu même ne l'est pas. La vieillesse a plus de besoins que l'enfance, le mariage que le célibat, la faiblesse que la force, la maladie que la santé[1068] ». En distinguant le nécessaire absolu et le nécessaire relatif, Portalis envisageait déjà deux méthodes d'appréciation du besoin, une appréciation *in abstracto* et une *in concreto*. Cette question a été envisagée par Dejean de La Batie dans sa thèse de doctorat[1069]. Selon lui, dès lors qu'il s'agit de protéger la situation d'un créancier, une appréciation *in concreto* s'impose. Il estime donc que le besoin, au cœur de l'obligation alimentaire, doit être apprécié *in concreto*[1070] « c'est-à-dire en tenant compte des conditions normales dont le créancier bénéficiait en considération, notamment, de son éducation et de sa formation professionnelle, de sa situation sociale, de son âge, de sa capacité de travail, de son état physique, du coût de la vie et des conditions du marché de

---

[1065] Cass. civ., 28 février 1938 : *DH* 1938. 241 : « Il faut entendre par aliment tout ce qui est nécessaire à la vie, notamment les soins médicaux » ; CA Lyon, 13 novembre 1952 : *D.* 1953. 755, note P. Gervésie.

[1066] Hauser (J.), « Diversité et actualité des aliments en droit moderne », *Mél. Jerry Sainte-Rose*, Bruylant, 2012, p. 623 et s., spéc. p. 630.

[1067] *Contra* en droit social. Pour une présentation des méthodes d'appréciation de l'état de besoin, voir Pélissier (J.), *th. préc.*, p. 156 et s.

[1068] Cité par Philippe (C.), *Le devoir de secours et d'assistance entre époux, Essai sur l'entraide conjugale*, préf. G. Wiederkehr, LGDJ, coll. Bib. droit privé, T. 170, 1981, p. 54.

[1069] *Appréciation in abstracto et appréciation in concreto en droit civil français*, préf. Henri Mazeaud, th. Paris 1963, LGDJ, coll. Bib. droit privé, T. 57 , 1965.

[1070] *Ibid.*, n° 304 et s.

l'emploi ou encore des charges de famille à assumer[1071] ». En d'autres termes, l'appartenance à tel ou tel milieu social[1072], les habitudes de vie et le niveau de vie du créancier d'aliments, c'est-à-dire son train de vie, sont pris en considération dans la détermination de ses besoins. S'« il est impossible de méconnaître le rôle du train de vie[1073] » du débiteur, il ne faut pas pour autant l'envisager comme un but à atteindre. L'objectif n'est pas d'assurer le maintien du train de vie. Sa prise en compte permet « seulement de satisfaire des besoins qui se font plus vite sentir quand on est habitué à un train de vie plus élevé[1074] ».

475. ***L'impossibilité de satisfaire les besoins élémentaires*** **-** L'état de besoin caractérise une situation dans laquelle une personne est dans l'impossibilité de satisfaire ses besoins élémentaires. Il ne suffit donc pas qu'elle ait des besoins. Il faut également qu'elle ne dispose pas de ressources suffisantes pour les satisfaire. L'état de besoin résulte au final d'une comparaison entre les ressources et les besoins du créancier d'aliments[1075].

Parmi les ressources du créancier une distinction est classiquement faite entre les revenus et le capital[1076]. En principe, seuls les revenus[1077] sont pris en compte[1078], le capital n'aurait quant à lui pas besoin d'être aliéné s'il est correctement géré[1079]. Cette distinction est, aujourd'hui encore, présentée par la doctrine[1080]. Pourtant, plusieurs éléments invitent à ne pas accorder trop d'importance à cette distinction. Il a été montré que la jurisprudence n'applique pas cette distinction sans conditions, parmi lesquelles figure la modicité du capital[1081]. En outre, la jurisprudence admet de prendre en

---

1071 Gallus (N.), *Les aliments*, Larcier, 2006, n°12.

1072 Dejean de La Batie (N.), *th. préc.*, n° 321.

1073 Sayag (A.), *th. préc.*, p. 287.

1074 Pélissier (J.), *th. préc.*, p. 162.

1075 *Ibid.*, p. 161.

1076 *Ibid.*, p. 162 ; Sayag (A.), *th. préc.*, p. 294 et s.

1077 Du créancier et de l'ensemble des membres de son foyer. Les prestations sociales sont également prises en compte.

1078 Cass. Req, 23 février 1898 : *DP* 1898, I, 303, rapp. Denis : *« Si le capital est insuffisamment productif, on ne peut obliger le demandeur à aliéner son capital pour se procurer les moyens de sa subsistance. ».*

1079 Cass. civ. 2e, 21 janvier 1976, n° 74-14.266 et n° 74-14.919, *Bull. civ. II*, n° 17.

1080 Berthet (P.), *th. préc.*, n° 215 ; Kornprobst (M.), *op. cit.*, n° 173. *Contra* : Carbonnier (J.), *Droit civil vol. 2, La famille, l'enfant, le couple,* 21e éd. Thémis droit privé, 2002, p. 51 ; Savatier (R.), note sous Cass. civ. 2e, 17 décembre 1965, *D.* 1966. 465.

1081 Pélissier (J.), *th. préc.*, p. 163.

compte les legs, y compris lorsque ceux-ci portent sur un bien improductif de revenus[1082]. Un rapprochement avec la Belgique, où les textes du code civil sont similaires à ceux du code civil français, peut être fait. Dans ce pays, celui qui possède des biens doit les aliéner avant de demander des aliments [1083]. Néanmoins, des tempéraments accompagnent ce principe. Ainsi, l'aliénation des biens ne doit pas intervenir dans des conditions particulièrement défavorables. En outre, ce principe reçoit exception lorsque le capital est modeste et que son aliénation entrainerait une aggravation définitive de la situation économique du créancier. La vente de l'immeuble qu'il occupe en est un exemple.

L'insuffisance de revenus ne doit pas être volontaire. Dès lors qu'elle peut être compensée par un revenu issu du travail, aucun droit aux aliments ne peut être reconnu[1084].

476. ***Bilan*** - Les ascendants, descendants et alliés bénéficient d'un droit aux aliments dès lors qu'ils sont dans un état de besoin. Ces aliments doivent leur permettent de satisfaire à leurs besoins élémentaires. De tels besoins, s'ils peuvent être circonscrits au regard de leur nature sont extrêmement variables quant à leur valeur du fait de leur appréciation *in concreto*.

Une nouvelle approche des aliments peut être proposée. Ceux-ci peuvent être envisagés comme un revenu permettant de financer le train de vie du créancier d'aliment, évalué au regard de ses besoins. Ainsi, le droit aux aliments permet au créancier alimentaire de revendiquer un revenu servant à financer un train de vie qui, du fait de l'appréciation subjective des besoins, ne se limite pas à la jouissance de biens et services nécessaires à la subsistance.

2 - Le cas particulier de l'enfant

477. Le code civil met à la charge des parents, qu'ils soient mariés ou non, « l'obligation de nourrir, d'entretenir et élever leurs enfants[1085] ». Cette

[1082] Cass. Civ 1re, 17 février1971, n° 69-13.442, *Bull. civ. I*, n° 54 : *JCP* 1971, IV, 77. Le legs portait sur la nue-propriété d'une maison. Ici, il ne s'agissait pas d'apprécier les ressources du créancier mais celles du débiteur. Nous pensons que si le débiteur a l'obligation d'aliéner son capital pour satisfaire aux besoins du créancier, cette obligation doit également être supportée par le créancier pour satisfaire ses propres besoins.

[1083] Gallus (N.), *Les aliments*, Larcier, 2006, n° 13.

[1084] Kornprobst (M.), *op. cit.*, n° 174 et s.

[1085] Art. 203. Cette obligation est aussi édictée à l'article 371-2 qui dispose que *«chaque parent contribue à l'entretien et à l'éducation des enfants à proportion de ses ressources, de*

obligation, désignée communément sous le terme d'obligation d'éducation et d'entretien, se distingue des autres obligations alimentaires. Elle dispose d'un objet et d'un champ d'application spécifiques[1086]. Elle couvre des besoins qui vont bien au-delà des seuls besoins élémentaires de l'enfant, y compris lorsqu'il est majeur. L'obligation pour les parents de satisfaire à l'ensemble des besoins de l'enfant confère à ce dernier un droit à un certain train de vie, qui se montre au grand jour, après la majorité (b).

a) L'obligation des parents de satisfaire à l'ensemble des besoins liés à l'éducation et à l'entretien de leurs enfants

478. ***L'absence d'un état de besoin*** **-** Dans la relation parents / enfant, aucun état de besoin n'est exigé. Les parents doivent satisfaire les besoins de l'enfant qui sont en relation avec le niveau de vie de la famille[1087]. Même si l'enfant n'a pas de besoins particuliers, le milieu social dans lequel il évolue, et plus encore celui dans lequel évoluent ses parents, doivent guider l'appréciation de ses besoins[1088]. Le milieu social fait en quelque sorte présumer des besoins.

---

celles de l'autre parent, ainsi que des besoins de l'enfant ». Sur ce thème, voir Kornprobst (M.), *op. cit.*, n° 21 et s. ; Leveneur (L.), *J-Cl. Civil code*, Art. 203 et 204, Facs. unique : Aliments, mai 2013 ; Berthet (P.), *th. préc.*, n° 34 et s.

1086 Hauser (J.), « L'obligation d'entretien du jeune majeur », in *L'enfant, la famille et l'argent*, LGDJ, 1991, p. 168.

1087 Ce terme n'était pas utilisé avant l'insertion dans le code civil de l'article 371-2 issu de la loi du 4 mars 2002. Antérieurement la Cour de cassation avait estimé que l'attribution d'une pension n'était pas soumise à la recherche des besoins de l'enfant. Deux interprétations peuvent être retenues. La première est relative à l'absence d'un état de besoin. La seconde est relative à l'absence de l'identification des besoins. Aussi, l'enfant a, par nature des besoins, mais qui n'ont pas à être expllicités (Cass. civ. 2e, 2 mars 1994, n° 92-19.313, *Bull. civ. II*, n° 77 : *RTD civ.* 1994, p. 847, obs. J. Hauser). *Contra*, imposant la prise en compte des besoins de l'enfant, Cass. civ. 1re, 6 février 2008, n° 07-14.275 : *Dr. Famille*, mars 2008, comm. n° 36, obs. P. Murat.

1088 Berthet (P.), *th. préc.*, n° 41 : « Dans tous les cas, les devoirs imposés par les dispositions de l'article 203 du code civil ne se limitent pas à un minimum. Ils sont "en relation avec le niveau de vie et le milieu familial". Ce principe est particulièrement évident au regard des règles particulières retenues pour la détermination du quantum de cette obligation. Contrairement aux obligations alimentaires stricto sensu, l'étendue de l'obligation d'entretien n'est pas limitée par l'état de besoin du créancier. Il y a là un argument majeur en faveur de la thèse selon laquelle l'obligation parentale d'entretien ne peut être assimilée à une véritable obligation alimentaire, mais rien qui permette d'exclure le caractère alimentaire d'une telle obligation ».

La Convention internationale des droits de l'enfant va dans le même sens[1089]. Elle consacre le droit de tout enfant à un niveau de vie suffisant pour permettre son développement physique, mental, spirituel, moral et social. C'est aux parents qu'incombent, au premier chef, la responsabilité d'assurer, dans les limites de leurs possibilités et de leurs moyens financiers, les conditions de vie nécessaires au développement de l'enfant.

Toute idée de minimum vital n'est pourtant pas écartée du code civil. Ainsi, certains textes permettent aux parents de fournir à leur enfant un toit et le couvert[1090]. Ces textes n'ont pas une portée générale. Ils ne s'appliquent qu'à titre subsidiaire, lorsque le créancier d'aliments n'est pas en mesure de payer une pension alimentaire.

479. ***L'objet de l'obligation*** **-** Les parents doivent satisfaire les besoins de l'enfant qui peuvent être scindés en deux catégories. Les besoins liés à son entretien et ceux liés à son éducation. Ils n'ont en revanche aucune obligation quant à l'établissement de leur enfant qui suppose un transfert de capitaux et non en revenus[1091].

Les besoins couverts par l'obligation d'entretien sont les besoins élémentaires. Il s'agit du logement, de la nourriture, de la santé et des transports. L'éducation est incontestablement un « besoin primaire[1092] ». À ce titre elle devrait être intégrée dans l'obligation d'entretien et même dans l'obligation alimentaire. Un auteur estime qu'une telle méthode empêcherait de la corréler niveau de vie du créancier[1093]. Cela est contestable dans la mesure où les besoins du créancier sont appréciés *in concreto*, et notamment en considération de son niveau de vie.

L'éducation reste à ce jour une obligation à la charge des seuls parents. Cela permet de distinguer l'obligation des parents à l'égard de leurs enfants des autres obligations alimentaires. Outre la prise en charge des besoins matériels liés à la scolarité, y compris ceux qui ne sont pas irréductibles[1094],

---

[1089] ONU, 20 novembre 1989, art. 27.

[1090] *C. civ.*, art. 210 et 211.

[1091] Leveneur (L.), *op. cit.*, spéc. n° 33 et s. Pour une critique de cette distinction classique au profit d'un critère fondé sur l'importance du transfert par rapport au revenus des parents, voir Hauser (J.), « L'établissement et l'entretien des enfants majeurs : une famille à titre onéreux ? », *Defrénois* 1999, n° 22, p. 1217.

[1092] Berthet (P.), *th. préc.*, n° 66.

[1093] *Ibid.*

[1094] Frais de scolarité dans une école privée et cours du soir en sont des exemples.

ou aux loisirs[1095], cette obligation doit permettre à l'enfant d'acquérir une autonomie professionnelle et financière.

480. ***La satisfaction des besoins de l'enfant*** **-** La satisfaction de ces besoins est le plus souvent réalisée au jour le jour, par une contribution en nature résultant de la vie commune. En cas de séparation des parents, la satisfaction des besoins de l'enfant devient plus problématique. Si, en théorie, l'enfant a le droit de maintenir son train de vie, condition nécessaire à la poursuite de la satisfaction de ses besoins, il est en pratique difficile de rendre ce droit effectif. Le train de vie de l'enfant sera en grande partie celui de son foyer. Or, en cas de séparation des parents, surtout lorsqu'ils ne sont pas mariés, il n'existe aucune obligation de maintenir le train de vie du parent le moins fortuné[1096]. Si la résidence habituelle de l'enfant est fixée chez ce dernier, l'enfant subira inévitablement une diminution de son train de vie.

Malgré une large prise en considération des besoins de l'enfant, il peut être illusoire de croire que la pension alimentaire peut permettre le maintien de son niveau de vie[1097]. D'une part, bien souvent le parent débiteur n'a pas les ressources suffisantes pour cela. Face à l'impécuniosité des parents le juge fixe le montant de la pension de telle sorte qu'elle ne remette pas en cause la capacité du parent débiteur à assurer son propre entretien[1098]. La logique civiliste doit donc s'incliner face aux réalités économiques. Un auteur fait remarquer qu'une convention portant sur la pension alimentaire d'un enfant ne pourrait être jugée illicite au seul motif que le montant alimentaire est trop élevé. Cependant, la jurisprudence a pu annuler l'obligation alimentaire pesant sur le père d'un enfant au motif que son montant est à ce point excessif qu'il déséquilibre totalement sa vie financière et le met dans l'impossibilité de construire une vie familiale normale[1099]. Le

[1095] Pour un seul enfant : cours de piano au conservatoire, club d'aviation, cours de tennis (CA Douai, 12 juillet 2012, n° 11/04503) ; « les quatre enfants ont toujours été habitués à un niveau de vie plus que confortable, induisant des activités extra-scolaires coûteuses (équitation, piano), des cours de soutien, et frais de scooter » (CA Douai, 31 mai 2012, n° 11/05993).

[1096] La prestation compensatoire est réservée au mariage. Le concubinage et le PACS n'ont aucun mécanisme qui permet de compenser la perte de train de vie. Voir *infra*, n° 552 et s.

[1097] Sayn (I.), sous la dir., « Synthèse des travaux », *Un barème pour les pensions alimentaires ?*, Mission droit et justice, La documentation française, 2002, p. 30.

[1098] Choquet (L.-H.) et Sayn (I.), sous la dir., *Obligation alimentaire et solidarités familiales : entre droit civil, protection sociale et réalités familiales*, LGDJ, Droit et société, Vol. 31, 2000, p. 25.

[1099] Gallus (N.), *Les aliments*, Larcier, 2006, n° 73.

maintien du train de vie n'est donc pas un objectif absolu. Il doit être atteint s'il n'obère pas excessivement la situation patrimoniale du débiteur. D'autre part, le niveau de vie de l'enfant étant aligné sur le niveau de vie de l'ensemble du foyer, pour maintenir le niveau de vie de l'enfant, il faut maintenir le niveau de vie du ménage du parent créancier. La pension alimentaire est donc davantage fonction des ressources des parents que des besoins de l'enfant.

481. La problématique de la séparation n'a pas toujours les mêmes conséquences sur le train de vie de l'enfant. Lorsque la « séparation » intervient entre l'enfant majeur et ses parents, celui-ci a plus de chance de conserver un train de vie permettant de satisfaire tous ses besoins jusqu'à ce qu'il acquiert son autonomie financière.

b) Un train de vie maintenu au-delà de la majorité

482. ***Prolongement de l'obligation d'entretien et d'éducation au-delà de la majorité*** - Le droit au train de vie de l'enfant est particulièrement patent lorsqu'il atteint l'âge de la majorité. À cet âge il devient autonome juridiquement mais il peut rester en « état de minorité financière[1100] ». Il peut alors opposer à ses parents leur obligation d'entretien et d'éducation qui doit lui permettre de continuer à satisfaire tous ses besoins et qui, par la même, va lui permettre de bénéficier d'un certain train de vie. Cela résulte de la persistance de l'obligation d'entretien et d'éducation au-delà de la majorité, consacrée par la Cour de cassation au début des années soixante[1101] et entérinée par la loi[1102].

[1100] Carbonier (J.), *Droit et passion du droit sous la Ve République*, Flammarion, 1966, p. 234.

[1101] Cass. civ. 2e, 7 mars 1962, *Bull. civ. II*, n° 272. Voir Hauser (J.), « L'obligation civile d'entretien des jeunes majeurs », in *L'enfant, la famille et l'argent*, LGDJ, 1991, p. 164 ; Hauser (J.), « Jeunes majeurs et vieux mineurs », *Liber amicorum M.-Th. Meulders-Klein*, Bruylant, 1995, p. 315. ; Leveneur (L.), *J-Cl. Civil code*, Art. 203 et 204, Facs. unique : Aliments, mai 2013, spéc. n° 19 et s. Voir aussi Fossier (Th.), « La solidarité familiale en faveur du jeune majeur », *LPA* 28 avril 1999, n° 84, p. 54 ; Hauser (J.), « Le logement, l'entretien et les aliments », in *Logement et famille : des droits en question*, Dalloz, coll. Thèmes et commentaires, 2005, p. 281 ; Hauser (J.), « L'établissement et l'entretien des enfants majeurs : une famille à titre onéreux ? », *Defrénois* 1999, n° 22, p. 1217.

[1102] *C. civ.*, art. 295 ancien (loi du 11 juillet 1975) et 371-2, al. 2 (loi du 4 mars 2002).

483. ***Les conditions du maintien*** **-** Plusieurs conditions sont nécessaires au maintien de cette obligation alors même que certaines décisions affirment simplement qu'une telle obligation ne cesse pas à l'âge de la majorité[1103]. La principale condition du maintien de cette obligation réside dans la poursuite, avec succès[1104], d'études par le majeur[1105]. La fin des études n'emporte pas de plein droit l'extinction de cette obligation. L'obtention d'un diplôme ne garantit plus l'obtention d'un emploi. Les jeunes majeurs sont donc susceptibles de rester financièrement dépendants de leurs parents jusqu'à ce qu'ils trouvent un emploi[1106]. Il revient au parent qui se prétend libéré de son obligation de prouver que son enfant est devenu autonome[1107]. La Cour de cassation a également mis à la charge du majeur envers son parent une obligation d'information relative à la poursuite des études[1108].

Les majeurs n'ont pas l'obligation de vivre au foyer de leurs parents. Ce départ de la maison doit être justifié par la distance entre le domicile parental et le lieu où sont menées les études et être en adéquation avec les ressources des parents.

484. ***Évolution dans la prise en compte de la situation sociale de l'enfant*** **-** À ces conditions s'ajoutent bien évidemment la prise en compte des revenus du jeune majeur. Au début du XIXe siècle la situation sociale des enfants était prise en considération. Un auteur montre que la

---

[1103] Cass. civ. 1re, 18 mai 1972 : *JCP G* 1972, II, 17234 ; *D.* 1972, p. 678 ; *RTD civ.* 1973, p. 115, obs. R. Nerson.

[1104] Certains échecs peuvent être justifiés. Voir Leveneur (L.), *op. cit.*, spéc. n° 23

[1105] Cass. civ. 2e, 18 mai 1967 : *D.* 1967. 633 ; *RTD civ.* 1968, p. 142, obs. R. Nerson : « si l'obligation des parents d'entretenir leurs enfants prend fin à leur majorité, les parents demeurent cependant tenus, après qu'ils l'aient atteinte, de leur donner (…) les moyens de poursuivre leurs études ». Sur ce thème voir Gebler (M.-J.), « L'obligation d'entretien des parents à l'égard de leurs enfants poursuivants leurs études », *D.* 1976, chron. p. 131 ; Delecraz (Y.) et Chétaille (M.), « Le financement des parents des études supérieures de leurs enfants », *JCP N* 2011, 1154 ; Pradel (J.), « L'obligation pour les parents d'entretenir un enfant au-delà de sa majorité pour lui permettre de poursuivre ses études », *JCP G* 1966, I, 2038 ; Chabault (C.), « Le financement des études par les parents », *Dr. famille*, juin 1999, chron. n° 12, p. 10.

[1106] Et même lorsqu'ils le perdent. Dans ce cas, il semble que l'obligation des parents se limite aux besoins alimentaires, ayant pour fondement les articles 205 et 207 du Code civil. Voir Berthet (P.), *th. préc.*, spéc. n° 48.

[1107] Briand (L.), « Autonomie de l'enfant majeur : la preuve devant le juge du fond », *AJ famille*, juillet-août 2010, p. 321 ; Sauvage (F.), « Preuves en droit de la famille : l'obligation parentale d'entretien du jeune majeur », *AJ famille*, janvier 2008, p. 15.

[1108] Cass. civ. 1re, 8 avril 2009, n° 08-13.161.

jurisprudence accordait des aliments aux jeunes gens de bonne famille qui ne pouvaient pas subvenir par eux-mêmes à leurs besoins dans la mesure où ils refusaient d'accomplir un travail jugé indigne de leur condition sociale[1109]. Cette situation n'a pas perduré. La seule aptitude au travail est devenue, dès le milieu du XIXe siècle, un motif de rejet des prétentions alimentaires. Aujourd'hui, la situation sociale des enfants, qu'ils soient majeurs ou mineurs continue d'être prise en compte. Elle ne l'est plus quant à l'aptitude à satisfaire leurs besoins mais dans l'appréciation même des besoins. Les habitudes de vie de l'enfant sont prises en considération dans le calcul de la pension alimentaire qui leur est versée.

485. ***L'appréciation et le financement des besoins de l'enfant*** - L'obligation d'entretien et d'éducation est calculée au regard des besoins de l'enfant et des ressources des parents[1110]. C'est donc une nouvelle fois la notion de besoin qui est au cœur des débats. Ils doivent être appréciés au regard du train de vie auquel l'enfant est habitué[1111]. Ainsi, la pension alimentaire attribuée à l'enfant doit être de nature à lui procurer une éducation en relation avec son niveau de vie et son milieu familial[1112].

Ces besoins ont une forte probabilité d'être financés. Le niveau de vie auquel l'enfant a toujours été habitué correspond à celui de ses parents. Si aucun événement n'affecte leur situation patrimoniale, ils pourront continuer à satisfaire aux besoins de leur enfant.

486. L'appréciation *in concreto* des besoins de l'enfant n'a d'intérêt que si ces besoins peuvent être satisfaits. Les ressources des parents sont une donnée fondamentale. Dans les relations de couple, l'importance des ressources est encore plus grande. L'unification du train de vie, à hauteur des revenus du plus fortuné, fait naître des besoins. La logique de l'obligation alimentaire s'en trouve totalement bouleversée. Au lieu de satisfaire des besoins, l'obligation alimentaire peut être source de besoins et faire naître un droit à un train de vie non plus déterminé par rapport à des besoins mais par rapport à des ressources.

1109 Dejean de La Batie (N.), *Appréciation in abstracto et appréciation in concreto en droit civil français*, préf. Henri Mazeaud, LGDJ, coll. Bib. droit privé, T. 57 , 1965, p. 247, n° 317.

1110 *C. civ.*, art. 208.

1111 CA Colmar, 13 avril 1951, *D.* 1951. 384 ; CA Paris, 23 janvier 1985, *D.* 1985, IR 69.

1112 CA Versailles, 12 janvier 1989, *Gaz. Pal.* 1989, 2, somm. 398.

B - Le droit au train de vie au sein du couple déterminé en considération des ressources

487. ***Exclusion du concubinage*** - Le droit positif connaît trois formes de couple[1113] : le mariage, le partenariat civil de solidarité et le concubinage. Seules les situations patrimoniales des époux et des partenaires sont régies par la loi. Il n'existe aucune obligation patrimoniale pour les concubins. Par voie de conséquence, ils ne bénéficient d'aucun droit inhérent à leur statut, leur permettant de prétendre à un train de vie. De plus, les règles régissant le mariage ou le PACS ne leur sont pas applicables. La jurisprudence n'a de cesse de le rappeler, notamment en matière de contribution aux charges du ménage[1114]. Dans une décision récente la Cour de cassation a semblé reconnaître l'existence d'une obligation de contribuer aux charges du mariage, qui inclurait le remboursement d'un emprunt immobilier souscrit par les deux concubins pour financer l'acquisition du logement de la famille. Elle a ainsi retenu « qu'après avoir constaté que l'emprunt immobilier avait été contracté par les deux concubins, que l'immeuble constituait le logement du couple et de leur enfant commun, qu'au cours de la vie commune, M. X...remboursait les échéances de cet emprunt, outre d'autres charges, mais que ses revenus déclarés étaient insuffisants pour faire face à l'ensemble de ces dépenses, tandis que Mme Y..., qui disposait d'un salaire, payait également des frais de nourriture et d'habillement, la cour d'appel en a souverainement déduit qu'il existait une volonté commune de partager les dépenses de la vie courante, justifiant que M. X...conservât la charge des échéances du crédit immobilier[1115] ».

[1113] Sur la notion juridique de couple, voir Brunetti-Pons (C.), sous la dir., *La notion juridique de couple*, Études juridiques, n° 4 , Économica, 1998 ; Hauser (J.), « L'émergence d'une notion de couple en droit civil », *RTD civ.* 1999, p. 27 ; 95e Congrès des Notaires de France, *Demain la famille*, mai 1999, spéc. p. 200 et s.

[1114] Cass. civ. 1re, 9 janvier 1979, n° 77-12.991, *Bull. civ I*, n° 11 ; Cass. civ. 1re, 19 mars 1991, n° 88-19.400, *Bull. civ. I*, n° 92, p. 60 ; *Defrénois* 1991, p. 942, obs. J. Massip ; Cass. civ. 1re, 17 octobre 2000, n° 98-19.527, *Bull. civ. I*, n° 44, p. 160 : *JCP G* 2001, II, 10568 et *JCP N* 2001, 1822, note Th. Garé ; *D.* 2001, p. 497, note R. Cabrillac ; *D.* 2002, somm. p. 611, obs. J.-J. Lemouland ; *Defrénois* 2001, p. 93, obs. J. Massip ; *Dr. famille* 2000, n° 139, obs. B. Beignier ; *AJ famille* 2007, p. 33, obs. F. Chénédé ; *RTD civ.* 2001, p. 111, obs. J. Hauser ; Cass. civ. 1re, 31 janvier 2006, n° 02-19.277 : *Dr. famille* 2006, n° 83, note V. Larribau-Terneyre ; Cass. civ. 1re, 28 novembre 2006, n° 04-15.480, *Bull. civ. I*, n° 517, p. 458 : *AJ famille* 2007, p. 33, obs. Chénédé ; *Dr. famille* 2007, n° 32, note V. Larribau-Terneyre ; *Defrénois* 2007, p. 297, obs. J. Massip ; *RTD civ.* 2007, p. 94, obs. J. Hauser.

[1115] Cass. civ. 1re, 13 janv. 2016, n° 14-29746, *JurisData* n° 2016-007024 : *JCP N* n° 16-17, 22 avril 2016, 1132, note B. Barthelet et Ch. Guilloteau-Palisse ; *Gaz. Pal.* n° 15, 19 avril 2016, p. 73, obs. E. Mulon ; *Gaz. Pal.* n° 10, 8 mars 2016 ; p. 66, obs. B. Bury.

Cette décision à la fois isolée, non publiée et dépourvue d'un fondement textuel, contraste avec une jurisprudence constante. Cela justifie que seules les obligations patrimoniales issues du mariage et du PACS soient étudiées.

488. Au sein du mariage et du PACS, les époux et les partenaires doivent contribuer aux charges de leur ménage à proportion de leurs facultés respectives. Par cette obligation, ils participent également au financement du train de vie de leur ménage, lequel sera déterminé par les revenus du plus fortuné d'entre eux (1). Cette harmonisation des trains de vie, la plus souvent volontaire et naturelle, car résultant de la vie commune, fera naître de nouveaux besoins pour l'époux le moins fortuné. Ces besoins, engendrés par des habitudes économiques, résultant d'une obligation de partager le même train de vie au sein d'un couple, devront être satisfaits jusqu'au terme de l'union (2).

1 - Le train de vie du ménage déterminé par les revenus du plus fortuné

489. ***Le devoir de secours entre époux*** - Le régime primaire impératif[1116] impose aux époux un devoir de secours[1117] et une contribution aux charges du mariage[1118].

Le devoir de secours ne se limite pas, comme l'affirmait les auteurs classiques[1119], à fournir des aliments à l'époux qui est dans le besoin[1120].

[1116] Sur la notion de régime primaire, voir, Lamarche (M.) et Lemouland (J.-J.), *Rép. Civ. Dalloz*, avril 2014, V° *Mariage*, n° 104 et s. ; Terré (F.) et Simler (Ph.) parlent de « statut fondamental des gens mariés » (*Droit civil, Les régimes matrimoniaux*, 7e éd., Dalloz, Précis, 2015, n° 48).

[1117] *C. civ.*, art. 212 : « Les époux se doivent mutuellement respect, fidélité, secours et assistance ». Le devoir d'assistance est traditionnellement définit comme un devoir moral, de nature extra patrimoniale. Il se démarque du devoir de secours qui est de nature pécuniaire. Cette distinction a été quelque peu remise en cause au profit d'une analyse unitaire des devoirs d'entraide entre époux. Cf. Philippe (C.), *Le devoir de secours et d'assistance entre époux, Essai sur l'entraide conjugale*, préf. Georges Wiederkehr, LGDJ, coll. Bib. droit privé, T. 170, 1981, p. 37 et s.; Hauser (J.) et Huet-Weiller (D.), *Traité de droit civil, Fondation et vie de de la famille*, 2e éd., LGDJ, 1993, n° 1028.

[1118] Pour une présentation générale, voir Larribau-Terneyre (V.), *J.Cl.* Civil Code, Art. 212 à 215 - Fasc. 10 : Mariage, n° 71 et s.

[1119] Marty (G.) et Reynaud (P.), *Droit civil*, 2e éd., t. I, vol. 2, n° 192, p 214 ; Planiol (M.) et Ripert (G.), *Traité théorique et pratique de droit civil, t. II La famille*, 2e éd., par A. Rouast, LGDJ, 1952, n° 349, p. 271.

[1120] Philippe (C.), *th. préc.*, p. 54 et s.

Quand bien même estimerait-on que le devoir de secours se limiterait à fournir des aliments, cette notion ne saurait se restreindre à « tout ce qui est indispensable à une vie décente[1121] ». Les aliments doivent permettre de compenser les besoins. Or ceux-ci sont par essence variables d'une personne à une autre. À ce propos, Portalis invitait à distinguer « deux sortes de nécessaires : l'absolu et le relatif. L'absolu est réglé par les besoins indispensables à la vie ; le relatif par l'état et les circonstances. Le nécessaire relatif n'est pas le même pour tous les hommes. L'absolu même ne l'est pas. La vieillesse a plus de besoins que l'enfance, le mariage que le célibat, la faiblesse que la force, la maladie que la santé[1122] ». *A minima*, le devoir de secours devrait donc prendre en compte les besoins, appréciés *in concreto*, des époux.

L'étendue du devoir de secours est particulièrement perceptible dans la jurisprudence relative à la pension alimentaire accordée à l'un des époux durant la procédure de divorce[1123]. Tant que le mariage n'est pas dissout, ce devoir persiste. En revanche, il ne subsiste plus après le mariage[1124]. La réforme du divorce de 2004 a supprimé le divorce pour rupture de la vie commune qui imposait le maintien du devoir de secours à la charge de l'époux qui avait pris l'initiative de ce divorce[1125].

En définitive, le devoir de secours a le même périmètre que la contribution aux charges du mariage qui s'entend de toutes les dépenses de train de vie. L'un expose un principe, l'autre ses modalités d'application[1126].

490. ***La contribution aux charges du mariage*** **-** Les époux doivent également contribuer aux charges du mariage[1127]. Les rédacteurs du code civil n'avaient prévu une obligation qu'à la charge du mari. Celui-ci devait fournir à sa femme « tout ce qui est nécessaire pour les besoins de la vie selon ses facultés et son état ». Dès 1907[1128] l'expression « charges du

---

[1121] Cass. civ., 28 février 1938, *DH* 1938, p. 241.

[1122] Cité par Philippe (C.), *th. préc.*, p. 54.

[1123] *Infra*, n° 496.

[1124] *C. civ.*, art 270 al. 1er : « Le divorce met fin au devoir de secours entre les époux ». C. civ., art. 281 ancien : « Quand le divorce est prononcé pour rupture de la vie commune, l'époux qui a pris l'initiative du divorce reste entièrement tenu au devoir de secours ».

[1125] Loi n° 2004-439 du 26 mai 2004 relative au divorce. Pour une analyse comparatiste, notamment en Europe, voir : Camproux-Duffrène (M.-P.), « Regard comparatiste sur le sort du devoir de secours après divorce », *AJ famille* 2003, p. 98.

[1126] En ce sens, Philippe (C.), *th. préc.*, p. 60.

[1127] *C. civ.*, art. 214 al. 1er : « Si les conventions matrimoniales ne règlent pas la contribution aux charges du mariage, ils y contribuent à proportion de leurs facultés respectives ».

[1128] Loi du 13 juillet 1907. L'expression a été reprise par la loi du 18 février 1938.

ménage » a été utilisée. Elle a été remplacée par celle de « charge du mariage » en 1942[1129]. La notion de charge du mariage s'étend au-delà des seuls aliments, quand bien même ce terme serait parfois employé[1130]. Elle comprend « toutes les dépenses qui permettent aux époux de vivre suivant leur rang social, même les dépenses qui, sans être nécessaires à l'existence, contribuent au bien-être des époux telles que celles de l'aménagement de l'habitation, les gages des domestiques, les frais de voyage et de villégiature[1131] ». Sont donc incluses dans les charges du mariage « toutes les dépenses relatives au train de vie[1132] ». Pour un auteur, « l'obligation contributive peut inclure des dépenses d'agrément et de loisir, son but implicite étant de pourvoir au train de vie du couple[1133] ». D'autres auteurs vont au-delà estimant qu'elles comprennent « les dépenses destinées à l'agrément des époux même si elles dépassent leur train de vie habituel[1134] ». Cela est sans doute un peu excessif.

En outre, les charges du mariage doivent permettre aux époux de bénéficier d'un certain train de vie. Depuis fort longtemps, la jurisprudence prenait en compte le rang social de l'épouse pour déterminer un niveau de charge minimal. Elle affirmait ainsi que « l'obligation imposée à la femme d'habiter avec son mari et de le suivre partout où il juge à propos de résider, est subordonnée à la condition que celui-ci (non seulement) lui fournira tout ce qui nécessaire aux besoins matériels de la vie, selon ses faculté et son état[1135] ». Ainsi, les époux doivent contribuer aux charges qui ne se limitent pas aux seuls besoins primaires. Ils doivent en outre, assurer un certain train de vie au ménage, en rapport avec leurs ressources.

491. ***Influence de la contribution aux charges du mariage sur le train de vie futur des époux*** - Aujourd'hui, la contribution aux charges du mariage ne produit plus uniquement ses effets sur le train de vie des époux

---

[1129] Loi du 22 septembre 1942.

[1130] Kornprobst (M.), *op. cit.*, n° 129 : « Entre époux les aliments ne se limitent pas à fournir le minimum pour vivre mais tendent à équilibrer leurs conditions de vie respectives ».

[1131] CA Paris, 17 février 1966, *D.* 1966. 456 ; Cass. civ. 1re, 23 juin 1970, *Bull. civ. I*, n° 220, *D.* 1971. 162 note C. Larroumet ; *RTD civ.* 1971, p. 822, obs. R. Nerson ; Cass. civ. 1re, 20 mai 1981, *Bull. civ. I*, n° 176, p. 143 ; *JCP* 1981, IV, 281.

[1132] Vareille (B.), sous la dir. de Michel Grimaldi, *Droit patrimonial de la famille*, 5e éd., Dalloz action, 2015-2016, n° 112.14 ; Bénabent (A.), *Droit de la famille*, 3e éd., LGDJ, Domat droit privé, 2014, n° 317.

[1133] Vareille (B.), note sous Cass. civ. 1re, 18 décembre 2013, n° 12-17.420 : *RTD civ.* 2014, p. 704.

[1134] Aubry et Rau cités par Philippe (C.), *th. préc.*, p. 55.

[1135] Cass. Ch. Req., 20 nov. 1860 ; *D.* 1861. 304.

pendant le mariage. La jurisprudence parvient indirectement à lui faire produire des effets sur le train de vie dont bénéficieront les époux après la dissolution de leur union. Cette extension des effets de la contribution au charge du mariage sur le train de vie résulte à la fois de l'inclusion des dépenses d'acquisition du logement de la famille[1136] dans les charges du mariage et de l'exclusion du recours en contribution entre époux résultant de l'insertion, dans le contrat de mariage[1137], d'une clause de présomption de contribution aux charges du mariage[1138]. Une telle clause fait présumer que chacun des époux a contribué aux charges de mariage à hauteur de ses facultés. La preuve de la sous-contribution est donc impossible, même en présence d'une présomption simple. Seule la preuve de la sur-contribution peut être apportée, sous réserve de l'existence d'une présomption irréfragable, laquelle rend impossible toute demande relative aux charges du mariage.

Ainsi, lorsque l'un des époux a remboursé seul le prêt immobilier, souscrit par les deux époux pour l'acquisition du logement de la famille, il

---

[1136] Cass. civ. 1re, 14 mars 2006, n° 05-15.980, *Bull. civ. I*, n° 160 ; *JCP* 2006, I, 193, obs. G. Wiederkehr ; *AJ fam.* 2006. 293, obs. P. Hilt ; Cass. civ. 1re, 12 juin 2013, n° 11-26748, *Bull. civ. I*, n° 126 : *D.* 2013, p. 442, obs. V. Brémond ; *AJ famille* 2013, p. 448, obs. B. de Boysson ; Cass. civ. 1re, 15 mai 2013, n° 11-26.933, *Bull. civ. I*, n° 94 : *D.* 2013, Pan. P. 2243, obs. V. Brémond ; *AJ famille* 2013, p. 383, obs. S. Blanc-Pélissier ; *RTD civ.* 2013, p. 582, obs. J. Hauser ; CA Paris, 14 avril 2010, n° 09/09279 : *D.* 2010, p. 2393, obs. V. Brémond. Pour une extension à l'acquisition de la résidence secondaire : Cass. civ. 1re, 20 mai 1981, n° 79-17.171 , *Bull. civ. I*, n° 176 : *D.* 1983. 289, note J. Deveze. Cass. civ. 1re, 18 décembre 2013, n° 12-17.420, *Bull. civ. I*, n° 249 : *D.* 2014, p. 527, note G. Viney ; *AJ famille* 2014, 129, obs. P. Hilt ; *JCP N* 2014, n° 1117, obs. F. Vauvillé ; *Dr. fam.* 2014, n° 61, obs. B. Beignier, *RTD civ.* 2014, p 704, obs. B. Vareille.

[1137] Une telle clause peut également être introduite dans un contrat de PACS et produire les mêmes effets. Sur ce point, voir Baby (W.), *Les effets patrimoniaux du pacte civil de solidarité, L'invention d'une nouvelle forme de conjugalité*, préf. Marc Nicod, Defrénois, coll. Doctorat et Notariat, T. 51, 2013, n° 129 et s.

[1138] La force de cette présomption est débattue. Il nous semble qu'elle puisse être soit simple, soit irréfragable, sans que l'on puisse privilégier, *a priori* l'une ou l'autre. La force de cette présomption ne peut être déterminée qu'après analyse de la clause de présomption de contribution aux charges du mariage de chaque contrat. Pour une présomption irréfragable : Cass. civ. 1re, 25 septembre 2013, n° 12-21.892, *Bull. civ. I*, n° 189 : *Dr. famille* 2014, comm. 38, note. B. Beignier ; *RJPF* 2013-12/5, note J. Vassaux ; *AJ famille* 2013, p. 647, obs. P. Hilt ; *RTD civ.* 2013, p. 821, obs. J. Hauser ; *RTD civ.* 2013, p. 703, obs. B. Vareille ; Cass. civ. 1re, 19 octobre 2004, n° 01-15.094 : *RJPF* 2005-2/40, p. 21, obs. F. Vauvillé ; Cass. civ. 1re, 1er octobre 1996, n° 94-19.625 : *JCP G* 1997, I, n° 4008, n° 18, note M. Storck. Pour une présomption simple : Cass. civ. 1re, 14 mars 2006, n° 05-15.980, *Bull. civ. I*, n° 160 : *AJ famille* 2006, p. 293, note P. Hilt ; *JCP* 2006, I, 193, obs. G. Wiederkehr ; Cass. civ. 1re, 3 mars 2010, n° 09-11.005, *Bull. civ. I*, n° 50 : *AJ famille* 2010, p. 188, note F. Chénedé ; *RTD civ.* 2010, p. 305, note J. Hauser et p. 363, note B. Vareille ; *Defrénois* 2010, p. 1136, note D. Autem ; Cass. civ. 1re, 3 novembre 2004, n° 02-13.102.

sera dans l'impossibilité de demander une créance à son conjoint. Ce dernier sera pourtant propriétaire indivis du bien, sans en avoir financé l'acquisition. La contribution aux charges du mariage, plus que d'offrir un train de vie aux époux, permet également de leur constituer un patrimoine. Outre que cela relativise fortement le choix du régime matrimonial réalisé par les époux, cela a également une incidence sur le train de vie des époux au terme de leur union.

492. ***L'articulation entre contribution aux charges du mariage et devoir de secours*** - La distinction entre ces deux obligations fait l'objet de débats doctrinaux[1139]. Les partisans de la distinction avancent deux arguments. Le premier tient à leur domaine. L'état de besoin de l'un des époux relèverait de l'article 212 du code civil alors que l'article 214 aurait un champ plus large s'étendant à toutes les dépenses relatives au train de vie[1140]. Ainsi, un auteur expose que « le devoir de secours est l'expression de l'obligation alimentaire entre époux, et a pour vocation de faire face à un état de besoin du créancier, tandis que l'obligation de contribuer aux charges du mariage est mécanisme de participation aux frais engendrés par la communauté de vie, qui se règle sur le train de vie du ménage, en faisant une totale abstraction de cet état de besoin[1141] ». Cette analyse serait confirmée par le fait que la maxime « aliments ne s'arréragent pas » n'est pas applicable à la contribution aux charges du mariage[1142]. Le second argument est fondé sur un critère chronologique. La contribution aux charges du mariage s'exécuterait pendant le mariage. Le devoir de secours serait réservé au temps de la rupture[1143]. Du temps du mariage le devoir de secours s'exécuterait en nature. Il se confondrait avec la contribution aux charges du

---

[1139] Vareille (B.), sous la dir. de Michel Grimaldi, *Droit patrimonial de la famille*, *op. cit.*, n° 112.14.

[1140] En ce sens Cabrillac (R.), *Droit des régimes matrimoniaux*, 8e éd., LGDJ, Domat droit privé, 2013, n° 37 ; Terré (F.) et Simler (Ph.), *Droit civil, Les régimes matrimoniaux*, 7e éd., Dalloz, Précis, 2015, n° 53 ; Terré et Fenouillet (D.), *Droit civil, La famille*, 8e éd., Dalloz, Précis, 2011, n° 164.

[1141] Berthet (P.), *Les obligations alimentaires et les transformations de la famille*, préf. Jacqueline Rubellin-Devichi, L'Harmattan, coll. Logiques juridiques, 2000, n° 75.

[1142] Cass. civ. 1re, 9 mai 1967, *Bull. civ. I*, n° 160 ; Cass. civ. 2e, 29 octobre 1980, n° 79-15301, *Bull. civ. II*, n° 226 ; *JCP* 1981, II, 19665, note Jambu-Merlin ; Cass. civ. 1re, 8 nov. 1989, n° 87-19768, *Defrénois* 1990, p. 296, obs. J. Massip.

[1143] Mary (G.) et Reynaud (P.), *Droit civil*, *Les personnes*, 2e éd., t. I, vol. 2, Sirey, 1967, n° 192, p 214 ; Boublès (R.), « Des aspects successifs du devoir d'entretien entre époux séparés », *JCP* 1958, I, 1434 ; Larribau- Terneyre (V.), *J.Cl.* Civil code, Art. 212 à 215 - Fasc. 10 : Mariage, n° 92 et s.

mariage. Pendant la période de séparation[1144], seul le devoir de secours persisterait. Il s'exécuterait sous la forme d'une compensation financière.

D'autres auteurs défendent une conception unifiée de ces obligations parlant d'un « devoir d'entraide conjugale[1145] ». La similitude de leur objet, leurs conditions [1146], leur régime procédural [1147] ou leurs modalités d'indexation[1148] justifient cette opinion.

Le débat se cristallise finalement autour du devoir de secours. Aujourd'hui il parait indiscutable que cette notion ne se limite pas aux aliments. Elle englobe, elle aussi, toutes les dépenses de train de vie. S'il demeure une différence entre les deux, celle-ci est d'ordre terminologique. Ainsi, « on parle plus volontiers de contribution aux charges du mariage quand les époux cohabitent ou ne sont séparés qu'en fait, et de devoir de secours lorsque leur séparation résulte d'une décision de justice[1149] ».

493. ***Les obligations des partenaires*** - Les partenaires ont également des obligations patrimoniales[1150]. Ils se doivent une « aide matérielle et une assistance réciproques[1151] ». Le rapprochement avec le mariage est évident mais des termes différents ont été en choisis en 1999 car, à cette époque, il n'était pas question d'assimiler les deux institutions. Comme en matière de mariage, le PACS utilise une formule qui recouvre un aspect patrimonial et un aspect personnel. Ainsi, l'obligation d'assistance est de nature

---

1144 Antérieurement à la réforme du divorce de 2004, après le divorce lorsque celui-ci était prononcé pour rupture de la vie commune.

1145 Hauser (J.) et Huet-Weiller (D.), *Traité de droit civil, Fondation et vide de la famille*, 2e éd., LGDJ, 1993, n° 1031 ; Philippe (C.), *th. préc.*, p. 53 et s. ; Malaurie (Ph.) et Aynès (L.), *Droit civil, Les régimes matrimoniaux*, 5e éd., LGDJ, coll. Droit civil, 2015, n° 91 ; Nefussy-Venta (N.), « Plaidoyer pour la reconnaissance d'un devoir unique d'entraide conjugale », *LPA*, 29 décembre 2009, p. 3 et s. ; Pour une conception large de l'entraide, perdurant après le divorce, voir Lefranc-Hamoniaux (C.), « L'entraide entre les époux à l'épreuve du temps », *Dr. famille*, juillet-août 2009, chron. 99, p. 4.

1146 La cohabitation n'est pas une condition de ces obligations. Cela a été affirmé par la jurisprudence à propos de la contribution aux charges du mariage (Cass. civ. 1re, 18 déc. 1978, n° 77-11.699, *Bull. civ. I*, n° 393, p. 306 ; Cass. civ. 1re, 6 janvier 1981, 79-14.105, *Bull. civ. I*, n° 6 p. 4).

1147 Lamarche (M.) et Lemouland (J.-J.), *Rép. civ. Dalloz*, avril 2014, V° *Mariage*, n° 115.

1148 Cass. civ. 1re, 31 mai 1988, n° 86-14.019, *Bull. civ. I*, n° 164, p. 114 : *Defrénois* 1989, p. 306, obs. J. Massip.

1149 Bénabent (A.), *Droit de la famille*, 3e éd., LGDJ, Domat droit privé, 2014, n° 316.

1150 Pour une étude d'ensemble, voir Baby (W.), *Les effets patrimoniaux du pacte civil de solidarité, L'invention d'une nouvelle forme de conjugalité*, Préf. Marc Nicod, Defrénois, Coll. Doctorat et Notariat, T. 51, 2013.

1151 *C. civ.*, art. 515-4.

personnelle alors que l'aide matérielle, qui retient notre attention, est de nature patrimoniale[1152].

Certains auteurs ont pu dire que l'expression « aide matérielle (...) réciproque » était « plus floue » que celle de contribution aux charges du mariage ce qui induit des interrogations sur son étendue[1153]. Ils admettent, qu'il ne s'agit pas d'une obligation strictement alimentaire[1154] et que la jurisprudence relative aux charges du mariage sera reprise[1155]. L'article 515-4 du code civil contient à la fois le principe et la clé de répartition de l'aide matérielle entre les partenaires alors que dans le mariage, le devoir de secours est énoncé à l'article 212 et ses modalités d'exécution le sont dans l'article 214.

« Cousine de la contribution aux charges du mariage[1156] », l'aide matérielle a le même objet, les mêmes modalités d'exécution et emporte les mêmes effets.

494. ***Nivellement par le haut des trains de vie*** **-** Il résulte de ces obligations que les époux et les partenaires doivent contribuer au train de vie de leur ménage. Par là même, ils s'engagent à partager le même train de vie. Ce partage ne peut être conçu que dans un seul sens. Le train de vie du couple ne doit pas être déterminé par le moins fortuné mais, bien au contraire, par le plus fortuné.

L'exigence d'une harmonisation des trains de vie des membres du couple est clairement affirmée par la doctrine, y compris en régime de séparation de biens[1157], et par voie de conséquence, dans le PACS. Pour le Professeur

---

[1152] Bénabent (A.), *Droit de la famille*, 3e éd., LGDJ, Domat droit privé, 2014, n° 650 et s.

[1153] Malaurie (Ph.) et Fulchiron (H.), *Droit de la famille*, 5e éd., LGDJ, coll. Droit civil, 2016, n° 392 ; I. DAURIAC, *Droit des régimes matrimoniaux et du PACS*, 4e éd., LGDJ, coll. Manuels, 2015, n° 181.

[1154] Dauriac (I.), *op. cit., loc. cit.*

[1155] Malaurie (Ph.) et Fulchiron (H.), *op. cit., loc. cit.*

[1156] Baby (W.), *th. préc.*, p. 33.

[1157] Tisserand-Martin (A.), « La contribution aux charges du mariage, mécanisme régulateur du régime matrimonial », *Mél. Gérard Champenois*, Defrénois, 2012, p. 803 et s., spéc. p. 806. Cela peut englober des dépenses d'investissement. Ainsi, l'époux le plus fortuné peut, au titre de sa contribution aux charges du mariage, rembourser l'emprunt contracté par l'autre pour l'acquisition d'un bien en indivision. Cass. civ. 1re, 8 octobre 2014, n° 13-24949 : *JCP G* 2014, chron. 1265, p. 2239 , obs. M. Storck ; Cass. civ. 1re, 15 mai 2013, n° 11-26.933, *Bull. civ. I*, n° 94 : *JCP G* 2013, doctrine 721, n° 19, obs. M. Storck ; *D.* 2013, Pan. P. 2243, obs. V. Brémond ; *AJ famille* 2013, p. 383 obs. S. Blanc-Pelissier ; *RTD civ.* 2013, p. 582, obs. J. Hauser ; Cass. civ. 1re, 12 juin 2013, n° 11-26.748, *Bull. civ.* 2013, I, n° 126 : *D.* 2014, p. 1907, obs. J. Revel ; *D.* 2013, p. 442, obs. V. Brémond ; *AJ famille* 2013, p. 448, obs. B. de Boysson ; *D.* 2014, p. 1342, obs. J.-J. Lemouland et D. Vigneau. ; Cass. civ. 1re, 1er avril

Nadine Gallus, « la communauté de vie et l'égalité entre époux implique un partage du même niveau de vie de manière telle que le devoir de secours vise à fournir à l'époux moins aisé les ressources nécessaires pour lui assurer la même condition sociale que son conjoint plus fortuné[1158] ». Elle ajoute qu'« au sein du couple il ne se conçoit pas que les époux aient des conditions de vie différentes : il importe au contraire de leur assurer un train de vie équivalent par le partage entre eux de leurs ressources[1159] ». Dans sa thèse de doctorat, Madame Catherine Philippe écrivait que « l'article 212 du code civil impose aux époux de choisir un mode de vie conforme à celui qu'est en mesure d'adopter le plus fortuné des conjoint ». Quelques lignes plus loin elle employait expressément la formule « harmonisation des trains de vie[1160] ».

495. Les époux, comme les partenaires, disposent donc du droit de bénéficier d'un certain train de vie, déterminé par les revenus du plus fortuné. Ce droit est acquis jusqu'à la dissolution de l'union.

2 - Le droit au maintien du train de vie jusqu'à la dissolution de l'union

496. ***La pension alimentaire versée pendant la procédure de divorce -*** L'étendue du devoir de secours est particulièrement perceptible au cours de la procédure de divorce. À partir du prononcé de l'ordonnance de non-conciliation, la contribution aux charges du mariage cesse[1161]. Le devoir de secours demeure jusqu'au divorce[1162]. Il constitue « l'ultime manifestation

---

2015, n° 14-14.349 : *D.* 2015, p. 864 ; *ibid.*, p. 1408, obs. J.-J. Lemouland et D. Vigneau ; *AJ famille* 2015, p. 297, obs. J. Casey ; *RTD civ.* 2015, p. 326, obs. J. Hauser ; *RLDC* juin 2015, p. 56, obs. M. Jaoul ; *RTD civ.* 2015, p. 687, obs. B. Vareille.

1158 *Les aliments*, Larcier, 2006, n° 137.

1159 *Ibid.*, n° 147.

1160 *Th. préc.*, p. 74.

1161 Flour (J.) et Champenois (G.), *Les régimes matrimoniaux*, 2e éd., Armand Colin, 2001, n° 66 ; Claux (P.-J.) et David (S.), sous la dir., *Droit et pratique du divorce*, 3e éd., Dalloz référence, 2015-2016, n° 232.25.

1162 Sur l'aspect successif des deux obligations, voir *infra* n° 492. Pour un rattachement exprès à l'article 212 : Mulon (E.), « Le devoir de secours pendant l'instance de divorce », *Gaz. Pal.* 21 et 22 novembre 2008, Doctrine, p. 14 ; Berthet (P.), *th. préc.*, n° 90 : « Dans tous les cas, le choix du devoir de secours comme fondement de la pension alimentaire provisoire au détriment de l'obligation de contribuer aux charges du mariage n'a plus guère d'incidence, depuis que la jurisprudence ne limite plus ce devoir aux seuls besoins vitaux du créancier. En effet, la Cour de cassation invite les juges du fond à tenir compte du niveau d'existence auquel le créancier peut prétendre eu égard aux facultés de son conjoint ».

d'un devoir plus général d'entraide entre les époux[1163] »[1164]. Cette obligation prend la forme d'une pension alimentaire[1165].

Cette pension ne se limite pas à un strict minimum vital. Elle a pour but de maintenir, dans la mesure du possible, le niveau de vie dont il pouvait bénéficier durant la vie conjugale. La jurisprudence l'a affirmé dès le début des années 1980[1166]. Sa jurisprudence est constante depuis cette date[1167]. Elle impose même le maintien du train de vie[1168]. Les cours d'appel reprennent cette exigence dans des formules stéréotypées[1169].

Une telle conception du devoir de secours durant la procédure de divorce découle directement de celle retenue du devoir d'entraide durant l'union. L'obligation de contribuer au train de vie du ménage est maintenue jusqu'à la dissolution de l'union. Elle fait naître un droit au maintien du train de vie pour l'époux le moins fortuné, dans la limite des ressources de l'époux le plus fortuné. La compensation de la perte de train de vie est donc totale durant cette période[1170].

[1163] Claux (P.-J.) et David (S.), sous la dir., *op. cit.*, n° 137.101 et s.

[1164] *Ibid.*

[1165] *C. civ.*, art. 255, 6. Voir Mulon (E.), *op. cit.*, p. 14.

[1166] Cass. civ. 2e, 7 mai 1980, n° 78-15.739, *Bull. civ. II*, n° 97 ; *Defrénois* 1981, 32599, n° 4, obs. J. Massip.

[1167] Cass. civ. 1re, 31 octobre 2007, n° 06-20.867 (niveau de vie) ; Cass. civ. 1re, 25 novembre 2003, n° 01-16307 (niveau social).

[1168] Cass. civ. 1re, 25 janvier 2005, n° 02-17.146 : « la pension alimentaire, au titre du devoir de secours, a pour objet de permettre au créancier de faire face à ses besoins mais également de lui assurer le même train de vie dans les limites de la capacité contributive du débiteur ».

[1169] CA Rennes, 16 septembre 2014, n° 13/03562, 13 mai 2014, n° 13/02178 et 13/01854 : « Le devoir de secours a pour finalité non seulement la satisfaction des besoins essentiels de l'époux qui en revendique l'exécution mais aussi le maintien autant qu'il est possible, du train de vie qui était le sien avant la séparation, en fonction des facultés de son conjoint » ; CA Bastia, 29 mai 2013, n° 11/00915 ; 20 mars 2013, n° 11/00739 : « Que cette pension qui est destinée à remédier à l'impécuniosité d'un époux comme à contribuer à maintenir le niveau de vie auquel l'époux peut prétendre en raison des facultés de son conjoint est fonction des besoins de celui qui la réclame et des ressources de celui qui doit la fournir » ; CA Douai, 22 septembre 2011, n° 11/02631 ; 30 juin 2011, n° 10/08540 ; 9 juin 2011, n° 10/07816 ; 10 février 2011, n° 10/05433 : « Attendu qu'il résulte de l'article 255-6 du code civil que l'obligation au titre du devoir de secours n'a pas seulement pour vocation d'assurer les besoins minimaux de l'existence mais aussi de permettre à l'époux, dans le cadre des obligations du mariage, de bénéficier du maintien d'un train de vie aussi proche que possible de celui existant du temps de la vie commune » ; CA Paris, 20 décembre 2001, n° 2000/10661, *AJ famille* 2002, p. 66 : *« Le devoir de secours tend à assurer non pas seulement le minimum vital mais une égalisation des niveaux* de vie respectifs pendant la procédure de divorce ».

[1170] Dans la limite des capacités contributives de l'époux débiteur.

497. ***Un droit au maintien du train de vie en cas de séparation de fait du PACS*** **-** Le PACS se distingue du mariage essentiellement au niveau de la rupture. La procédure y est réduite à un minimum. Il est seulement exigé que l'un des partenaires notifie à l'autre la résiliation unilatérale du contrat[1171] de partenariat. Cette résiliation produit immédiatement ses effets entre les partenaires[1172]. Il n'en demeure pas moins que jusqu'au terme de l'union, les partenaires bénéficient d'un droit au maintien de leur train de vie. La preuve d'une situation d'indigence n'aura pas à être apportée[1173].

Une action en contribution est tout à fait envisageable en matière de PACS[1174], alors même qu'aucune procédure spécifique n'est prévue. Cela marque une différence notable avec le mariage pour lequel la contribution forcée aux charges est expressément prévue par le Code civil[1175]. Malgré des modalités de rupture très souples, une période séparation de fait, qui ne fait pas cesser l'obligation de contribuer au train de vie du ménage, peut exister.

Par ailleurs, cette prétention ne pourra pas être rejetée sur le fondement de la maxime « aliments ne s'arréragent pas » car l'aide matérielle n'est pas une obligation de nature alimentaire[1176].

498. Dans la sphère familiale, les obligations alimentaires, qu'elles soient strictes ou étendues, permettent toutes mener un certain train de vie. Ce train de vie ne se limite pas, même pour les premières, à un minimum. Ainsi, au sein de la sphère familiale, le droit aux aliments et le droit au train de vie ne se distinguent pas. Il en est autrement lorsque le droit aux aliments est opposé à la collectivité. Dans ce cas, les aliments octroyés ne permettent de financer qu'un train de vie minimaliste.

[1171] *C. civ.*, art. 515-7 al. 3.

[1172] *C. civ.*, art. 515-7 al. 7 : « La dissolution du pacte civil de solidarité prend effet, dans les rapports entre partenaire, à la date de son enregistrement au greffe ».

[1173] *Contra* : CA Paris, 9 novembre 2006, n° 05/13848, *Juris-Data* n° 2006-314683 ; *Dr. famille* 2007 n° 2, Comm. 30, p. 25, note V. Larribau-Terneyre.

[1174] Pour un rejet fondé sur l'absence de compétence du JAF (avant la loi n° 2009-526 du 12 mai 2009), CA Douai, 27 février 2003, n°02/5614 ; Pour une admission de l'action mais un rejet de la demande : CA Rennes, 26 novembre 2013, n° 12/06771.

[1175] C. civ., art. 214 al. 2 : « si l'un des époux ne remplit pas son obligation, il peut y être contrait par l'autre dans les formes prévues par le Code de procédure civile ».

[1176] Labbée (X.), « L'aide matérielle a-t-elle un caractère alimentaire ? », *JCP G* 2008, I, 197.

Paragraphe 2 - Le droit à un train de vie minimal opposable à la collectivité

499. ***Droit au train de vie et obligation alimentaire*** - L'obligation alimentaire, point central du droit au train de vie, s'insère dans un double cadre[1177], un cadre familial d'une part et un cadre sociétal d'autre part. La prise en charge par l'État des besoins de celui qui est démuni, et plus spécifiquement par les collectivités territoriales, au premier rang desquelles figurent les départements, résulte principalement de l'aide sociale. La sécurité sociale n'est pas en reste. Elle aussi distribue des prestations qui entrent dans le cadre de l'obligation alimentaire.

En matière d'aide sociale, le demandeur d'une prestation sociale doit démontrer qu'il se trouve dans un état de besoin[1178]. Pour la protection sociale, la logique est différente. Les prestations de sécurité sociale visent à couvrir certains besoins mais leur attribution ne nécessite pas que le bénéficiaire soit dans un état de besoin. Il n'en résulte pas moins que les prestations de sécurité sociale participent à l'obligation alimentaire qui n'est pas limitée à la satisfaction des seuls besoins élémentaires[1179].

Cette distinction laisse entrevoir une problématique relative à l'étendue du droit au train de vie opposable à la société. Ce droit permet-il de mener un train de vie minimaliste ou autorise-t-il l'accès à des prestations susceptibles de financer un train de vie supérieur ?

500. ***Le rôle subsidiaire de la société par rapport à la famille*** - Il revient d'abord à la famille de subvenir aux besoins de ses membres. Ce n'est qu'à titre subsidiaire que la société a vocation à assumer cette charge[1180]. Pourtant, un individu sans ressources s'adressera dans de nombreux cas d'abord à la collectivité pour qu'elle lui fournisse les moyens nécessaires à son existence, avant de solliciter, le cas échéant, sa famille. Lorsque la famille aura failli à ses obligations alimentaires, alors qu'elle avait les moyens de l'exécuter, des actions en récupération pourront être diligentées par différentes entités publiques ayant versé des prestations sociales à l'encontre des débiteurs alimentaires[1181]. Ces actions permettent à

[1177] Gaboriau (B.), *L'obligation alimentaire*, sous la dir. de Jean Hauser, th. Bordeaux, 2003.

[1178] Gaboriau (B.), *th. préc.*, p. 204 et s.

[1179] *Supra*, n° 477 et s.

[1180] Maisonnasse (F.), *L'articulation entre la solidarité familiale et la solidarité collective*, préf. P. Murat, LGDJ, coll. Bib. droit. social, T. 67, 2016.

[1181] *Ibid.*, n° 224 et s.

la collectivité de récupérer des sommes que la famille aurait dû verser au créancier d'aliment. En définitive, ce n'est pas parce qu'une personne aura reçu des prestations sociales que son train de vie sera financé *in fine* par la collectivité. Si les recours en récupération s'avèrent fructueux, les prestations sociales n'auront été qu'une avance de trésorerie consentie par la collectivité aux débiteurs d'aliments. Ces derniers financeront donc le train de vie. Néanmoins, le transfert de la charge pécuniaire à la famille n'a pas d'effet sur l'influence que prestations sociales ont sur le train de vie du bénéficiaire. Qu'elles soient récupérées ou non, elles sont toujours accordées dans les mêmes conditions[1182]. La possibilité d'un recours en récupération ne permet pas au bénéficiaire de prestations sociales d'obtenir davantage de la part de la collectivité.

Certains auteurs constatent le recul du principe de subsidiarité de l'aide sociale sur la solidarité familiale[1183]. Ce recul résulte de l'appréciation restrictive des débiteurs d'aliments, de l'absence d'exigence d'une action préalable à l'encontre de ces débiteurs, ou encore de la non-récupération des aides après le décès. Ils en appellent à sa suppression au nom de la réduction des inégalités[1184]. D'autres au contraire, démontrent la vigueur de ce principe dans un contexte économique dégradé tout en dénonçant ses effets néfastes sur la solidarité familiale et ses incompatibilités avec le droit patrimonial de la famille. Ils suggèrent également d'abandonner ce principe et proposent d'envisager la solidarité collective comme un complément de la solidarité familiale[1185]. Quel que soit l'avenir du principe de solidarité, l'influence de la protection sociale sur le train de vie ne sera pas remise en cause.

501. ***Définition de la protection sociale* -** La protection sociale englobe l'aide et l'action sociales d'un côté et la sécurité sociale de l'autre. Ces deux ensembles répondent à des logiques différentes. Le premier repose sur un principe de solidarité tandis que le second est fondé sur une logique assurancielle. Il n'en demeure pas moins que tous deux confèrent des droits à leurs bénéficiaires.

L'aide sociale se définit comme « un ensemble d'aides légales auxquelles les personnes ont droit lorsqu'elles se trouvent dans le besoin et dont la

---

1182 En revanche Floriane Maisonnasse a montré que les recours en récupération exercés par l'administration vont parfois au-delà de l'obligation alimentaire familiale et conduisent même à déformer l'obligation alimentaire. Voir *th. préc.*, n° 224 et s. et n° 546.

1183 Berthet (P.), *th. préc.*, n° 693 et s ; Gaboriau (B.), *th. préc.*, n° 688 et s.

1184 Kessler (F.), « Le principe de subsidiarité dans le droit de l'aide sociale », in *Drôle(s) de droit(s), Mél. Elie Alfandari*, Dalloz, 2000, p. 303.

1185 Maisonnasse (F.), *th. préc.*, n° 552 et s.

délivrance revêt un caractère obligatoire pour les personnes publiques[1186] ». L'action sociale se définit quant à elle comme « un ensemble d'interventions, librement ou au moins discrétionnairement mises en œuvre par divers acteurs, qui soient viennent remédier aux carences des autres formes d'aide, notamment l'aide sociale, soit se proposent d'améliorer ou d'élargir les autres formes d'aide[1187] ». Elle n'a aucun caractère obligatoire. Elle « repose sur l'idée de libre initiative de ses promoteurs[1188] ». Seule l'aide sociale, en ce qu'elle est obligatoire pour la société, s'analyse donc comme un droit subjectif pour tout individu qui en remplit les conditions[1189]. Une telle qualification ne peut être appliquée à l'action sociale eu égard à son caractère facultatif[1190]. Il en résulte que l'action sociale doit être écartée du champ de la présente étude.

La sécurité sociale est définie par ses finalités à l'article L.111-1 du code de la sécurité sociale. Fondée sur le principe de solidarité nationale et la technique de l'assurance[1191], « elle garantit les travailleurs et leur famille contre les risques de toute nature susceptibles de réduire ou de supprimer leur capacité de gain. Elle couvre également les charges de maternité, de paternité et les charges de famille[1192] ». « Cette garantie s'exerce par l'affiliation des intéressés et le rattachement de leurs ayants droit à un (ou plusieurs) régime(s) obligatoire(s)[1193] ». « Elle assure le service des prestations d'assurances sociales, d'accidents du travail et maladies professionnelles, des allocations de vieillesse ainsi que le service des prestations familiales[1194] ».

502. ***Les prestations sociales*** **-** Le droit à la protection sociale permet d'obtenir de la société des prestations sociales. Ces prestations peuvent être considérées comme des revenus pour leur bénéficiaire. Que ces revenus

---

[1186] Borgetto (M.) et Lafore (R.), *Droit de l'aide et de l'action sociales*, 9e éd., Montchrestien, Domat droit public, 2015, n° 84.

[1187] *Ibid.*

[1188] *Ibid.*

[1189] Alfandari (E.) et Tourette (F.), *Action et aide sociales*, 5e éd., Dalloz, Précis, 2011, n° 47 et s. ; Gaboriau (B.), *th. préc.*, n° 337 et s.

[1190] Voir Alfandari (E.) et Tourette (F.), *op. cit.*, n° 66. Ces auteurs montrent qu'il existe une évolution qui tendrait à la reconnaissance d'un tel droit. Seul un principe de non-discrimination est de droit positif.

[1191] Al. 1er.

[1192] Al. 2.

[1193] Al. 4.

[1194] Al. 5.

soient exclusifs, c'est-à-dire les seuls perçus par le bénéficiaire, ou complémentaires, n'affecte en rien cette qualification. Ces revenus[1195], comme tous les autres revenus, ont vocation à financer le train de vie.

Ces revenus sont versés en considération d'un état de besoin ou de besoins spécifiques liés à une situation de handicap, de dépendance ou à des charges de famille. Ils ne permettent de financer qu'un train de vie minimaliste, de satisfaire des besoins préalablement identifiés. Ils ne permettent jamais, à eux seuls, de mener un train de vie fastueux.

503. Avant de déterminer avec davantage de précision l'étendue du droit au train de vie opposable à la société (B), il convient d'identifier les prestations sociales qui ont une influence sur le train de vie (A).

A - L'identification des prestations sociales ayant une influence sur le train de vie

504. Parmi l'ensemble des prestations sociales délivrées par l'aide sociale ou la Sécurité sociale, celles qui ont une influence sur le train de vie seront identifiées au regard d'un premier critère fondé sur la nature de la prestation versée (1), puis d'un second relatif à la récurrence du versement de la prestation. Ce second critère a été sélectionné car il est le critère principal de la notion de revenus[1196]. Le train de vie étant avant tout financé par les revenus, si une prestation réunit les caractères d'un revenu elle sera susceptible d'influer sur le train de vie (2).

1 - La distinction des prestations d'aide ou de sécurité sociales au regard de leur nature

505. ***L'absence d'exclusion a priori des prestations de sécurité sociale*** - Les prestations d'aide sociale et de sécurité sociale répondent en principe à des logiques distinctes. « Les prestations de sécurité sociale ont pour objet de pallier la perte de revenus et demeurent ainsi intimement liées à l'exercice d'une activité professionnelle, tandis que les prestations d'aide sociale s'inscrivent comme une réponse à une situation de besoin, et relèvent de la solidarité entre citoyens[1197] ». Cela devrait conduire à écarter les prestations

---

[1195] Sur la qualification de revenu des prestations sociales, voir *infra*, n° 514 et s.

[1196] *Infra*, n° 515.

[1197] Berthet (P.), *th. préc.*, n° 663.

de Sécurité sociale du champ de cette étude. Versées consécutivement à la survenance d'un événement fortuit – la maladie, le décès ou encore le chômage – affectant négativement le train de vie, elles ont pour objectif de compenser la perte de train de vie. À ce titre, elles devraient être traitées dans d'autres développements. Un renvoi général ne sera pas opéré car la distinction des prestations d'aide sociale et de sécurité sociale (a) est à relativiser rendant indifférente la nature des prestations (b).

a) La distinction classique entre les prestations d'aide sociale et les prestations de sécurité sociale[1198]

506. ***Les prestations d'aide sociale*** **-** L'aide sociale trouve ses racines dans l'Antiquité[1199]. Il a néanmoins fallu attendre la fin du XIXe siècle pour qu'elle soit consacrée comme un véritable principe et qu'elle soit institutionnalisée. Elle fait naître un droit aux aliments opposable à la société, au profit des individus qui se trouvent dans un état de besoin lié à une fragilité physique ou sociale[1200]. L'aide sociale répond à une logique d'assistance. Les prestations sont versées en l'absence de toute contrepartie. Elles sont financées par l'impôt.

507. ***Les prestations de sécurité sociale*** **-** La sécurité sociale est beaucoup plus récente. Elle a été mise en place par les ordonnances des 4 et 19 août 1945. Elle répond à une logique assurancielle. Les prestations sont versées en contrepartie de cotisations versées par un travailleur. Elles visent à indemniser les travailleurs et leur famille des risques sociaux tels que la maladie, la maternité, l'invalidité, le décès, les accidents du travail, ainsi que le chômage et la dépendance. Leur bénéficiaire n'a pas à établir la preuve qu'il se trouve dans un état de besoin. Seule la survenance du risque ouvre droit à la perception de prestations forfaitaires.

508. Cette distinction classique doit être relativisée aujourd'hui car de nombreux critères de distinction n'en sont plus.

1198 Sur ce point, voir Alfandari (E.) et Tourette (F.), *Action et aide sociales*, 5e éd., Dalloz, Précis, 2011, n° 80 et s. ; Borgetto (M.) et Lafore (R.), *Droit de l'aide et de l'action sociales*, 9e éd., Montchrestien, Domat droit public, 2015, n° 76 et s ; Berthet (P.), *th. préc.*, n° 650 et s.

1199 Pour une présentation de son évolution historique, voir Borgetto (M.) et Lafore (R.), *op. cit.*, n° 8 et s. ; Alfandari (E.) et Tourette (F.), *op. cit.*, n° 3 et s.

1200 Enfants, personnes âgées et personnes handicapées.

b) La relativisation de la distinction entre les prestations d'aide sociale et les prestations de sécurité sociale rendant inefficace le critère fondé sur la nature de la prestation

509. ***Les difficultés de qualification de certaines prestations* -** Les critères de distinction exposés ne permettent plus de distinguer de manière systématique les prestations d'aide sociale de celles de sécurité sociale. Parmi les prestations de sécurité sociale nombreuses sont celles qui découlent de la solidarité nationale. Les spécialistes en la matière éprouvent parfois des difficultés à classer certaines prestations dans l'une ou l'autre des catégories. Il en est ainsi par exemple pour l'allocation personnalisée à l'autonomie. « À certains égards elle semble relever incontestablement de la catégorie des prestations d'aide sociale : elle figure dans le CASF ; elle est très majoritairement à la charge des départements ; son versement n'est pas la contrepartie d'une cotisation préalable ; la décision d'attribution appartient au président du conseil général (...) ; enfin elle a été qualifiée comme telle par une décision du Conseil constitutionnel, lequel y a vu une « allocation d'aide sociale qui répond à une exigence de solidarité nationale ». Mais à d'autres égards elle semble renvoyer à une logique différente de celle de l'aide sociale : elle est universelle, car attribuée sans condition de ressources ; elle est financée par les ressources émanant des organismes de sécurité sociale (...) ; elle a vocation à être identique sur l'ensemble du territoire ; elle n'est pas subsidiaire par rapport à la mise en œuvre de droits sociaux ; elle ne donne pas lieu à récupération sur succession[1201] ».

510. ***Remise en cause de la distinction assistance / assurance* -** Cette relativisation de la distinction résulte d'un élargissement du champ de la sécurité sociale. Celle-ci n'est plus réservée aux seuls cotisants, c'est-à-dire aux travailleurs. Toute personne qui satisfait aux conditions imposées pour l'ouverture des droits, qui varient selon les prestations, peut en bénéficier. Ainsi la qualité d'ayant droit est ouverte au conjoint ou au concubin alors même qu'il n'exercerait aucune activité professionnelle. Dans le même temps, cette situation met à mal le critère fondé sur le caractère contributif des prestations de sécurité sociale[1202].

La distension avec l'exercice d'une activité professionnelle est également marquée à l'égard de nombreuses prestations familiales. Tel est par exemple

---

[1201] Borgetto (M.) et Lafore (R.), *op. cit.*, n° 313.

[1202] Gaboriau (B.), *th. préc.*, n° 335.

le cas de la couverture maladie universelle ou de l'allocation adulte handicapée[1203].

511. ***Limitation du caractère universel des prestations de sécurité sociale*** **-** Le caractère universel des prestations de sécurité sociale n'est pas un principe général en droit français. Au sein des prestations familiales, seules l'allocation d'éducation de l'enfant handicapé [1204] et l'allocation journalière de présence parentale[1205] ne sont pas soumises à des conditions de ressources. La loi de finance de la sécurité sociale pour 2015 a confirmé cette tendance en limitant le montant des allocations familiales à partir d'un certain seuil de ressources[1206].

512. ***Un but commun : la satisfaction de besoins*** **-** Un dernier critère mérite d'être relativisé. Seules les prestations d'aide sociale auraient pour objectif de pallier un état de besoin. Pour obtenir des prestations de sécurité sociale il n'est pas nécessaire d'apporter la preuve d'un tel état. Pourtant, force est de constater que l'aide et la protection sociales poursuivent un même but, la prise en charge de besoins. Lorsque le risque couvert par la sécurité sociale se réalise, l'assuré éprouve de nouveaux besoins[1207].

Cette distinction fondée sur le besoin doit d'autant plus être relativisée que certaines prestations d'aide sociale sont attribuées sans condition de ressources [1208] alors qu'un nombre important de prestations de sécurité sociale le sont sous condition de ressources[1209].

513. La distinction entre les prestations d'aide et d'action sociale tend à se relativiser. Dès lors aucune exclusion *a priori*, fondée sur la nature de la

---

[1203] *CSS.*, art. L.380-1. On pourrait toutefois objecter que l'époux, le partenaire ou le concubin, sans être assuré social, il participe à la vie de la famille, ce qui permet à l'autre d'exercer une activité professionnelle et donc de cotiser à la Sécurité sociale.

[1204] *CSS.*, art. L.541-1 et s.

[1205] *CSS.*, art. L.544-1 et s.

[1206] Loi n° 2014-1554 du 22 décembre 2014, *JORF* n° 0297 du 24 décembre 2017, p. 21748, spéc. art. 15.

[1207] Maladie, maternité, charges de famille, accident du travail, vieillesse, invalidité et décès (*CSS.*, art. L.111-1).

[1208] Allocation personnalisée à l'autonomie (*CASF*, art. L.232-2). Les ressources du demandeur sont prises en compte pour déterminer son montant (*CASF*, art. L.232-4).

[1209] Prestation d'accueil du jeune enfant (*CSS.*, art. L.531-1), allocations familiales (*CSS.*, art. L.521-1) ; complément familial (*CSS.*, art. L.522-1), allocation de rentrée scolaire (*CSS.*, art. L.543-1).

prestation ne peut être réalisée. Il n'en demeure pas moins que les prestations de sécurité sociale respectant les critères initiaux, visent à compenser la perte de train de vie. À ce titre elles ne seront pas étudiées. Seules celles offrant des revenus, peuvent entrer dans le champ du droit à un train de vie.

2 - Des prestations ayant les caractères d'un revenu

514. ***Le financement du train de vie par des revenus*** **-** La jouissance habituelle d'un ensemble de biens et de services, autrement dit, le train de vie, doit être financée par des ressources. Il été montré que les ressources récurrentes, c'est-à-dire les revenus, sont principalement aptes à garantir un niveau constant de dépenses pendant une certaine durée[1210]. Si les prestations sociales présentent les caractéristiques des revenus, elles auront vocation, au même titre que tous les revenus, à financer le train de vie. Il conviendra donc de s'intéresser à la notion de revenu avant de vérifier que les prestations sociales peuvent revêtir cette qualification.

515. ***Définition de la notion de revenu*** **-** La notion de revenu n'est pas unanimement définie[1211]. Selon le Vocabulaire juridique il s'agit des « ressources périodiques d'une personne issues de son travail (gains, salaires, traitement, rémunération) ou de son capital (fruits)[1212] ». Cette définition présente l'inconvénient de restreindre de délimiter la définition des revenus au regard de leur origine. Ainsi, les revenus sont rattachés au travail et au capital. Cette première définition semblerait exclure les prestations sociales de la catégorie des revenus dans la mesure où elles n'entretiennent aucun lien ni avec le travail ni avec le capital. L'origine n'est pas le seul élément faisant débat dans la définition des revenus. Il existe des divergences doctrinales portant sur la substance[1213] des revenus ou sur leur caractère récurrent[1214].

Dans le cadre de cette étude, la notion de revenu n'est pas entendue restrictivement. La définition retenue est celle qui a été proposée par le

---

[1210] *Supra*, n° 230 et s.

[1211] Voir Robinne (S.), *Contribution à l'étude de la notion de revenus en droit privé*, préf. Rémi Cabrillac, PU Perpignan, coll. Études, 2003.

[1212] Association Henri Capitant sous la dir. de Cornu (G.), *Vocabulaire juridique*, 11e éd., PUF, Quadrige, 2016, V° *Revenu*.

[1213] Robinne (S.), *th. préc.*, n° 357 et s.

[1214] *Ibid.*, n° 373 et s.

Professeur Robinne. Selon lui, « les revenus présentent tout d'abord, dans leur généralité, un aspect pécuniaire. Ils sont ensuite périodiques ou potentiellement renouvelables[1215] ». Dès lors, cette notion peut englober toutes les ressources récurrentes (a), qu'elles soient en nature ou en espèces (b). La délimitation des prestations sociales influençant le train de vie sera réalisée en considération de ces deux points.

a) L'exigence d'un caractère récurent

516. ***Affectation générale ou spéciale de la prestation*** **-** Au sein des prestations sociales une distinction peut être réalisée entre les prestations générales et les prestations spéciales. Les premières sont destinées à couvrir tous les besoins de la vie d'une personne en général[1216] ou d'une catégorie plus ciblée de personnes[1217]. Les secondes, quant à elles, ne tendent à satisfaire que des besoins particuliers[1218]. Tel peut être le cas des frais de rentrée scolaire des enfants ou des charges liées au handicap. Pour cette seconde catégorie de prestations, il conviendra de vérifier que la satisfaction d'un besoin spécifique est conciliable avec l'exigence de récurrence inhérente à la notion de revenu. Dans les deux exemples cités, le besoin particulier couvert par les prestations spéciales est tantôt ponctuel, tantôt permanent. Ainsi, la rentrée scolaire, qui nécessite des dépenses particulières, n'intervient qu'une fois par an alors que les dépenses relatives à la charge d'un enfant handicapé sont quotidiennes. La fréquence de versement de la prestation étant calquée sur la fréquence du besoin couvert le caractère récurrent de ces prestations est donc très variable. L'allocation de rentrée scolaire est versée un fois par an, à l'approche de la rentrée scolaire, alors que l'allocation d'éducation de l'enfant handicapé est versée mensuellement.

[1215] *Ibid.*, n° 386.

[1216] Le revenu de solidarité active (*CASF*, art. L.262-1 et s.) anciennement revenu minimum d'insertion (RMI).

[1217] Les enfants avec les allocations familiales (*CSS*, art. L.521-1 et s.), le complément familial (*CSS*, art. L.522-1 et s.), l'allocation de soutien familial (*CSS*, art. L.523-1 et s.) et l'allocation de parent isolé (*CSS*, art. L.524-8) les personnes âgées avec l'allocation solidarité aux personnes âgées.

[1218] En matière familiale, on peut citer la prestation d'accueil jeune enfant (*CSS*, art. L.531-1 et s.), l'allocation d'éducation à l'enfant handicapé (*CSS*, art. L.541-1 et s.), l'allocation de logement familiale et la prime de déménagement (*CSS*, art. L.542-1 et s.) ou encore l'allocation de rentrée scolaire (*CSS*, art. L.543-1 et s.).

517. ***Exclusion des prestations spéciales relatives à un besoin ponctuel ?*** **-** Il ne fait aucun doute que les prestations générales, du fait de leur versement mensuel, constituent un revenu. Il en est de même pour les prestations spéciales qui sont versées avec la même fréquence. Toutes les deux sont donc aptes à financer les dépenses de train de vie.

Concernant les prestations spécifiques et ponctuelles, l'influence sur le train de vie est moins évidente. Elles ont vocation à être versées régulièrement mais de manière très espacée dans le temps. Pour l'allocation de rentrée scolaire, il s'agit d'un versement annuel.

De prime abord, on pourrait penser que ces prestations n'affectent pas le train de vie. Leur vocation est de satisfaire un besoin spécifique et non habituel. Elles sont donc entièrement absorbées par la satisfaction de ce besoin. Alors même que les familles utiliseraient ces prestations à d'autres fins, elles seraient obligées d'affecter une autre partie de leurs ressources à ces besoins qu'il est impératif de satisfaire. Directement ou par effet de compensation, ces prestations sont destinées, quoiqu'il arrive, à satisfaire les besoins qu'elles ont vocation à couvrir. Elles ne seraient donc pas aptes à financer le train de vie.

518. ***Inclusion des prestations spéciales*** **-** Après analyse, il apparaît néanmoins qu'elles participent au train de vie alors même qu'elles sont destinées à satisfaire un besoin spécifique et qu'elles ne sont versées qu'annuellement. D'une part, ces prestations évitent d'affecter une partie des revenus habituels à la satisfaction d'un besoin ponctuel. Ainsi, les revenus qui servent habituellement au financement du train de vie ne sont pas affectés par des événements spécifiques, telle que la rentrée scolaire. Le train de vie ne s'en trouve pas diminué.

D'autre part, ces dépenses, réalisées à la fin de l'été en vue de la rentrée scolaire, permettent de jouir de biens tout au long de l'année. L'achat de cahiers, d'un cartable ou de vêtements n'a pas à être quotidien pour que l'enfant puisse jouir de ces biens tout au long de l'année. Alors même qu'un besoin spécifique devrait entrainer une diminution du train de vie, il contribue au contraire à son amélioration, lorsqu'il est financé par une prestation spéciale.

519. ***Bilan*** **-** En conséquence, toutes les prestations sociales, qu'elles soient générales ou spéciales, contribuent à financer le train de vie. Pour les premières, qui ont le caractère d'un revenu dans la mesure où elles sont versées de manière récurrente, il s'agit d'une évidence. Pour les secondes, dont la périodicité est plus discutable, le doute était permis. Cette périodicité relativement espacée doit tout de même être prise en compte car elle est calquée sur celle des besoins à satisfaire. En conséquence les prestations spéciales dont la périodicité doit être appréciée relativement au besoin qu'elles permettent de satisfaire, contribuent aussi à financer le train de vie.

b) L'indifférence d'une prestation en nature ou en espèces

520. ***Pluralité de nature des prestations sociales*** **-** Les prestations sociales peuvent être allouées en nature ou en espèces[1219]. Les premières comprennent principalement, les hospitalisations en établissement de santé, les placements en établissement d'hébergement, de rééducation fonctionnelle ou professionnelle, dans les logements sociaux voire dans des familles d'accueil, les soins à domicile, les services à la personne, les services ménagers ou encore la fourniture de biens en nature. Les secondes comprennent les allocations, les pensions et les bourses.

521. ***L'assimilation des prestations en valeur à des revenus ?*** **-** Les revenus sont le plus souvent rattachés au travail, on parle alors de salaire. Ils peuvent également être rattachés au capital, il s'agit alors de fruits. Dès lors, peut-on admettre que les prestations sociales versées en espèces qui ne sont rattachées ni au travail, ni au capital, puissent être assimilées à des revenus.

L'appréhension des revenus par leur origine, si commune soit-elle, n'en est pas moins critiquable[1220]. Il est parfois difficile de rattacher des revenus à l'une seule des deux catégories[1221]. Il serait surtout réducteur de considérer que tous les revenus proviennent nécessairement de l'une ou de l'autre de ces catégories[1222]. Le revenu minimum d'insertion (RMI) en était un exemple avant 2005[1223]. Le revenu de solidarité active (RSA), qui a été substitué au RMI, en est un autre. À la différence des indemnités journalières pour maladie, des indemnités chômage ou des retraites, ils ne peuvent être qualifiés de revenus de substitution car ils n'ont aucun lien avec une activité professionnelle. Cette qualification est permise parce que le lien de

---

[1219] Alfandari (E.) et Tourette (F.), *Action et aide sociales*, 5e éd., Dalloz, Précis, 2011, n° 37 et s.

[1220] Robinne (S.), *th. préc.*, n° 17 et s.

[1221] À propos des revenus mixtes, voir *ibid.*, n° 106 et s.

[1222] *Ibid.*, n° 144 et s.

[1223] Badel (M.), *Le droit social à l'épreuve du revenu minimum d'insertion*, PU Bordeaux, 1996.

rattachement traditionnel des revenus au travail ou au capital et par là même, à la production, s'est estompé[1224].

Aujourd'hui, la subsistance ou la satisfaction de certains besoins élémentaires justifie aussi la perception d'un revenu[1225]. Dès lors, il peut être intéressant d'envisager les prestations sociales périodiques comme un revenu.

522. ***L'assimilation des prestations en nature à des revenus*** **-** Concernant les prestations versées en nature, le point d'achoppement avec la notion de revenu, réside dans leur substance. Il semblerait assez largement admis que les revenus sont des sommes d'argent[1226]. Dès lors, les prestations en nature n'entreraient pas dans la catégorie des revenus. Là encore, est-ce un préjugé ou une caractéristique du revenu ?

Il a été montré que la notion de revenu est souvent appréciée trop restrictivement, en ce qu'elle est limitée aux seuls revenus du travail ou du capital[1227]. Au sein même de cette seconde catégorie, la qualification de revenu est parfois réservée aux seuls fruits civils. Or selon le Professeur Robinne, les revenus englobent tous les fruits et pas seulement les fruits civils[1228]. Dès lors, tous les fruits, y compris les fruits naturels, qu'ils soient des biens corporels ou des produits agricoles, sont des revenus. Il en résulte que les prestations sociales n'ont pas nécessairement besoin d'être versées en numéraire pour être considérées comme des revenus. Les prestations sociales en nature peuvent donc être qualifiées de revenus. Ces dernières sont d'ailleurs expressément visées par le Professeur Robinne comme étant des revenus[1229].

1224 Robinne (S.), *th. préc.*, n° 147.

1225 Art. 1er de la loi n°88-1088 du 1er décembre 1988 relative au revenu minimum d'insertion : « Toute personne qui, en raison de son âge, de son état physique ou mental, de la situation de l'économie et de l'emploi, se trouve dans l'incapacité de travailler, a le droit d'obtenir de la collectivité des moyens convenables d'existence. L'insertion sociale et professionnelle des personnes en difficulté constitue un impératif national. Dans ce but, il est institué un revenu minimum d'insertion mis en œuvre dans les conditions fixées par la présente loi. Ce revenu minimum d'insertion constitue l'un des éléments d'un dispositif global de lutte contre la pauvreté tendant à supprimer toute forme d'exclusion, notamment dans les domaines de l'éducation, de l'emploi, de la formation, de la santé et du logement ».

1226 En ce sens, voir Zénati (F.) et Revet (Th.), *Les biens*, 3e éd., PUF, coll. Droit fondamental, 2008, n° 70 ; Chamoulaud-Trappier (A.), *Les fruits et revenus en droit patrimonial de la famille*, PU Limoges, 1999, n° 17.

1227 Robinne (S.), *th. préc.*, n° 329 et s.

1228 Dans le même sens, voir Jaoul (M.), *La notion de fruits : étude de droit privé*, th. Montpellier 2014, spéc. n° 218.

1229 Robinne (S.), *th. préc.*, n° 341.

523. ***Bilan*** **-** Toutes les prestations sociales, qu'elles soient en nature ou en valeur, générales ou spéciales, peuvent être qualifiées de revenus. Dès lors, elles contribuent à financer le train de vie. Celles en nature permettent de jouir directement d'un bien. Celles en valeur permettent, quant à elles, de réaliser une dépense, qui elle-même, offre la possibilité de jouir d'un bien ou d'un service.

Après avoir montré que les prestations sociales influent sur le train de vie, il convient désormais de mesurer l'étendue de leur influence.

B - La mesure de l'influence des prestations sociales sur le train de vie

524. Toutes les prestations sociales sont assimilables à des revenus. Elles ont vocation à financer le train de vie. Il s'agit néanmoins de revenus présentant une certaine spécificité. Dès lors, il semble légitime de recherche leur véritable influence sur le train de vie. S'il ne fait plus de doute que les prestations sociales permettent d'accéder à un train de vie minimal, il est moins évident qu'elles permettent l'accès à un train de vie plus élevé. Pourtant, certaines prestations allouées sans conditions de ressources, ou celles allouées à des personnes ayant déjà des ressources leur permettant de faire face à l'ensemble de leurs besoins, peuvent faire douter de cette affirmation.

Certaines prestations ne sont affectées à un aucun besoin spécifique. Elles ont pour vocation principale d'assurer un revenu minimum à leur bénéficiaire. Par voie de conséquence, elles lui permettent de mener un train de vie minimal. D'autres prestations ont pour but de prendre en charge des dépenses engendrées par des besoins spécifiques. Alors même que leur attribution ne serait pas conditionnée par un niveau de revenus, ces prestations ne permettent pas pour autant de renforcer le train de vie de leur bénéficiaire. Elles peuvent être considérées comme un revenu complémentaire, mais celui-ci est immédiatement absorbé par les besoins spécifiques qu'il a vocation à satisfaire.

Toujours absorbées par des besoins, qu'ils soient élémentaires (1) ou spécifiques (2), les prestations sociales ne permettent de mener qu'un train de vie minimal.

1 - La satisfaction des besoins élémentaires

525. ***Les prestations sociales non affectées : un revenu minimum -*** Parmi l'ensemble des prestations sociales, certaines attirent immédiatement l'attention car elles présentent de manière évidente le caractère d'un revenu. À cet effet, elles sont tout à fait susceptibles d'influer sur le train de vie. Il s'agit des prestations sociales non affectées Celles-ci sont versées en numéraire mensuellement et ne sont pas affectées à la satisfaction d'un besoin spécifique. Elles peuvent donc être dépensées à la discrétion de leur bénéficiaire. Parmi ces prestations, il est possible d'isoler le revenu de solidarité active [1230]. L'allocation de solidarité aux personnes âgées et l'allocation aux adultes handicapés[1231] pourraient également intégrer cette catégorie mais elles présentent la spécificité d'être réservées à une catégorie spécifique de personnes et sont qualifiées de revenu minimal catégoriel.

526. ***Condition d'attribution et affectation de ce revenu minimum -*** L'ensemble des prestations sociales non affectées sont des prestations d'aide sociale. À la différence des prestations de sécurité sociale, les prestations d'aide sociale sont attribuées en considération d'un état de besoin. Pour pouvoir en bénéficier, le demandeur doit donc apporter la preuve de cet état[1232]. Concrètement, il doit justifier que ses ressources sont inférieures à un seuil prédéterminé, en deçà duquel il est présumé qu'une personne n'est pas en mesure de satisfaire de manière autonome à ses besoins élémentaires. De telles conditions d'attribution, impliquent que les prestations sociales perçues sont entièrement affectées à la satisfaction des besoins élémentaires. Alors même qu'elles présentent le caractère d'un revenu, qui n'est pas destiné à couvrir des besoins spécifiques, elles ne permettent de financer qu'un train de vie minimal.

Lorsque cette condition de ressource n'est pas exigée, il est possible de se demander si, au-delà de l'accès à un train de vie minimal, les prestations sociales permettent à ceux qui en bénéficient d'améliorer leur train de vie.

[1230] Tel serait également le cas du revenu de base universel, qui pourrait remplacer différents minimas sociaux. Voir le rapport de Christophe Sirugue, « Repenser les minima sociaux : vers une couverture socle commune », remis au Premier ministre le 18 avril 2016.

[1231] *CASF*, art. L.244-1.

[1232] Malgré une appréciation *in concreto* de l'état de besoin « il ne saurait être question, à la différence du droit civil de tenir compte du « rang social » du demandeur d'une aide ». Cf. Alfaldari (E.) et Tourette (F.), *Action et aide sociales*, 5e éd., Dalloz, Précis, 2011, n° 36.

2- La satisfaction des besoins spécifiques

527. ***Les prestations sociales affectées*** **-** Certaines prestations sociales ont pour objectif de satisfaire des besoins spécifiques, tels que la maladie, la dépendance, la jeunesse, le handicap ou le logement. Elles sont qualifiées de prestations affectées.

Ces prestations, qui appartiennent tant à l'aide sociale qu'à la sécurité sociale, sont versées en considération d'une situation spécifique mais pas toujours d'un état de besoin. Ainsi, certaines de ces prestations sont attribuées sans condition de ressources. Tel est le cas des allocations familiales[1233], de l'allocation personnalisée d'autonomie (APA) à domicile, ou encore des remboursements de frais médicaux par la sécurité sociale.

528. ***L'absence d'amélioration du train de vie*** **-** L'absence de condition de ressources, et par la même d'un état de besoin, pourrait laisser penser que de telles prestations s'analysent comme un superflu. Ce revenu complémentaire, qui n'est pas indispensable pour son bénéficiaire, lui permettrait d'améliorer son train de vie. En réalité, ces prestations n'améliorent en rien le train de vie. Elles sont entièrement destinées à satisfaire des besoins pour lesquels elles sont versées. Elles évitent tout au plus de diminuer le train de vie. La situation d'aisance économique qui pourrait être constatée chez certains bénéficiaires ne résulte pas de ces prestations. Elle est uniquement liée à leur situation patrimoniale personnelle.

529. ***Bilan*** **-** Il existe un droit tant à l'aide sociale qu'à la protection sociale. Ce droit permet d'obtenir des prestations sociales qui présentent les caractères d'un revenu. Ce revenu, est toujours absorbé par la satisfaction de besoins, qu'ils soient généraux ou spécifiques. À cet effet, les prestations sociales ne permettent de financer qu'un train de vie minimal. Cela contraste avec les obligations familiales qui permettent de financer un train de vie plus important.

La protection juridique du train de vie ne se limite pas au droit, opposable à la famille ou à la société, à mener un certain train de vie. Elle englobe aussi le droit à la compensation de la perte du train de vie résultant de la survenance d'un événement fortuit.

[1233] La loi n° 2014-1554 du 22 décembre 2014 de financement de la sécurité sociale n'a pas remis en cause l'universalité de l'allocation familiale. Cependant, depuis le 1er juillet 2015, les foyers atteignant un certain niveau de revenus voient le montant de leur allocation diminué. Voir le décret n° 2015-611 du 3 juin relatif barème des allocations familiales.

Section II - Le droit à la compensation de la perte du train de vie

530. ***Définition*** - La compensation de la perte de train de vie constitue le deuxième volet de la protection du train de vie. Le terme compensation peut être défini comme « un avantage qui compense un désavantage[1234] ». Pour parler de compensation, il est donc nécessaire qu'une situation initiale ait été impactée négativement par la survenance d'un événement. Le verbe compenser est quant à lui définit comme « équilibrer un effet par un autre[1235] ». La combinaison de ces deux définitions implique la réunion de plusieurs éléments pour caractériser une compensation. Il faut d'abord qu'il existe une situation initiale dans laquelle une personne bénéficiait d'un certain avantage. Il faut ensuite qu'un événement vienne affecter négativement cette situation initiale causant une diminution ou une perte de l'avantage initial. Il faut enfin qu'un avantage, pas toujours de même nature ou de même valeur, soit substitué à l'avantage initial. Ce troisième élément, constitue certes le cœur de la compensation, mais les deux précédents n'en sont pas moins indispensables.

La compensation de la perte de train de vie se distingue du fait de mener un train de vie en ce qu'elle intervient nécessairement après la survenance d'un événement ayant impacté le train de vie initial. De plus, la compensation s'apprécie nécessairement par rapport à un point de référence, le train de vie initial, ce qui n'était pas le cas du droit de tout un chacun à mener un train de vie.

531. ***Méthode*** - Afin de justifier l'existence d'un droit à la compensation de la perte de train de vie en droit positif, il nous revient de recenser les différents mécanismes juridiques permettant d'atteindre cet objectif. Il convient d'avoir à l'esprit que la compensation est susceptible de recevoir plusieurs degrés. Elle peut être totale ou partielle. Dans le premier cas, elle s'apparente à de la maintenance[1236] permettant une continuité, une conservation de train de vie à un niveau similaire à ce qu'il était antérieurement[1237]. Notre recherche qui porte sur la compensation, sans

---

[1234] *Le Petit Robert de la langue française*, V° *Compensation.*

[1235] *Ibid.*, V° *Compenser.*

[1236] *Supra*, n° 541.

[1237] Selon la définition du *Grand Robert de la langue française*, le terme maintenir implique une idée de continuité, de conservation de quelque chose dans un état similaire à ce qu'il était antérieurement.

limitation au regard de son intensité, ne sera donc pas restreinte aux seuls mécanismes offrant un maintien total du train de vie. Elle englobera également ceux qui permettent de compenser partiellement la perte de train de vie.

532. ***La double organisation de la compensation de la perte de train de vie*** **-** La perte de train de vie trouve assez fréquemment sa source dans un événement de nature familiale. La séparation d'un couple et le décès de l'un de ses membres en sont les deux principales causes. Il est donc assez logique que le droit patrimonial de la famille soit la principale branche du droit organisant la compensation de la perte de train de vie.

Cette perte peut également trouver sa source dans des risques sociaux ou professionnels. Ainsi, la maladie, la cessation d'une relation professionnelle ou commerciale ou encore la survenance d'un accident sont autant d'événements qui peuvent également impacter le train de vie de manière négative. Dès lors, il n'est pas surprenant que d'autres branches du droit, tel que le droit de la sécurité, le droit du travail ou encore le droit des obligations organisent également la compensation de la perte de train de vie.

En conséquence, cette compensation sera envisagée d'une part en droit patrimoniale de la famille (Paragraphe 1) et d'autre part hors du droit patrimonial de la famille, (Paragraphe 2).

Paragraphe 1 - La compensation de la perte de train de vie en droit patrimonial de la famille

533. La compensation de la perte de train de vie présente une certaine ambivalence dans le droit patrimonial de la famille. Son intensité est étendue (A) alors que son domaine est restreint (B).

A - Une protection étendue dans son intensité

534. Le droit patrimonial de la famille organise une compensation particulièrement intense de la perte de train de vie. *A minima* il assure le maintien le cadre de vie de celui qui traverse une période de crise (1). *A* *maxima*, il consacre un droit à la maintenance[1238], en permettant une compensation la plus totale possible de la perte de train de vie (2).

1 - Le maintien du cadre de vie

535. ***Définition*** - La notion de cadre de vie a été consacrée par le code de l'environnement[1239]. Elle n'a pas pénétré toutes les branches du droit, notamment le droit patrimonial de la famille. La protection du cadre de vie du conjoint survivant était pourtant un objectif de la réforme du droit successoral. L'expression « droit au logement » a finalement été préférée à celle de cadre de vie[1240] qui est néanmoins utilisée par la jurisprudence[1241] ou par la doctrine[1242].

Le cadre de vie peut être défini comme « l'entourage, le milieu physique ou humain dans lequel on vit[1243] ». Il est constitué par « l'ensemble des éléments qui entourent un individu ou une espèce[1244] ». Ces éléments sont de deux natures, l'une sociale, l'autre patrimoniale. Le cadre de vie est une notion qui intègre de manière indissociable ces deux aspects. Il prend en compte tant l'environnement matériel d'une personne que son environnement social, c'est-à-dire les liens qu'elle peut entretenir avec d'autres personnes ou même les rapports qu'elle a avec certaines choses.

[1238] Pour une définition de ce terme, voir *supra*, n° 12.

[1239] Art. L. 141-1, L. 142-2, L. 132-1, L. 581-2, R. 341-17, R. 611-1, R. 621-1 et R. 581-15.

[1240] Le projet de loi modifiant le code civil et relatif aux droits des héritiers, n° 2530, enregistré à la présidence de l'assemblée nationale le 23 décembre 1991 prévoyait que l'article 761 du code civil serait rédigé ainsi « ni la conversion en rente, ni le dégrèvement de l'usufruit ne pourront être prononcés, sauf accord du conjoint pour « la partie de l'usufruit qui porte sur son cadre de vie ». L'article 763 disposait que « la succession de l'époux prédécédé devra alors au conjoint ainsi privé de ses droits successoraux une contribution destinée à lui permettre d'assurer le maintien de son cadre de vie ».

[1241] CEDH, *Lopez Ostra c/ Espagne*, 9 décembre 1994 ; *RTD civ.* 1996. 507, obs. Marguénaud ; *RUDH* 1995. 112, chron. F. Sudre ; Cass. Civ. 1re, 26 janvier 2011, n° 10-10935.

[1242] À propos du conjoint survivant : Jubault (Ch.), *Droit civil, Les successions, les libéralités*, 2e éd., Montchrestien, 2010, n° 273 ; Le Guidec (R.) et Chabot (G.), *Rép. civ. Dalloz*, V° *Succession* (1° dévolution), janvier 2009, n° 352. À propos du majeur protégé : Marchadier (F.), *Rép. civ. Dalloz*, V° *Majeur protégé*, juillet 2014, n° 161 ; Maria (I.), sous la dir. de P. Murat, *Droit de la famille*, 7e éd., Dalloz action, 2016/2017, n° 334-81 ; Fossier (Th.), « La protection de la personne, un droit flexible », *Dr. famille* n° 5, mai 2007, étude 17.

[1243] *Le Petit Robert de la langue française*, V° *Cadre*.

[1244] Plazy (J.-M.), « Le maintien du cadre de vie du majeur protégé : approche juridique », in *Le logement du majeur vulnérable*, sous la dir. de Coutant-Lapalus (C.), Éditions universitaires de Dijon, 2012.

Ainsi, le cadre de vie prend en compte à la fois la valeur patrimoniale des choses mais également leur valeur sentimentale.

Pour les mineurs l'aspect social du cadre de vie est très présent. Ces derniers bénéficient du droit de maintenir des relations avec leurs deux parents divorcés[1245], ou avec leurs ascendants[1246]. La préservation du cadre de vie est également recherchée lorsque le mineur fait l'objet d'une mesure d'assistance éducative. Ainsi, le code civil impose qu'il soit maintenu autant que possible dans son cadre familial[1247]. Outre les relations que l'enfant doit garder avec ses parents, l'aspect social du cadre de vie de l'enfant se manifeste également dans les rapports qu'il entretient à l'égard de ses biens : sa maison, sa chambre, ses jouets, etc.

Les aspects personnels et patrimoniaux ne sont pas aisément détachables. Le cadre de vie des majeurs protégés en est une illustration. La réforme du 5 mars 2007 a accordé une large place aux habitudes de vie. Outre la stabilité bancaire[1248], le code civil dispose que « les souvenirs, les objets à caractère personnel, ceux indispensables aux personnes handicapés ou destinés aux soins des personnes malades sont gardés à la disposition de l'intéressé[1249] ». Il a été écrit à propos de cette disposition que les « photos, bijoux, petits meubles, bibelots qui constituent le petit monde et permettent d'humaniser nombre d'institutions impersonnelles dans lesquelles le majeur est désormais conduit à vivre[1250] ». L'aspect personnel, humain de cette disposition est clairement mis en avant. Cependant, les biens visés, qui n'appartiennent à aucune catégorie juridique connue[1251], peuvent également avoir une valeur patrimoniale importante. Or, cette protection permet de le rendre insaisissables.

Ces éléments, aussi importante soit leur valeur, traduisent-t-ils les habitudes économiques d'une personne ? Ce sont certes des éléments de son train de vie, mais sont-ils vraiment révélateurs de ses habitudes économiques ? Il est permis d'en douter.

1245 *C. civ.*, art. 373-2.

1246 *C. civ.*, art. 371-4.

1247 *C. civ.*, art. 375-2 : « Chaque fois qu'il est possible, le mineur doit être maintenu dans son milieu actuel ».

1248 *C. civ.*, art. 427.

1249 *C. civ.*, art. 426 al. 3.

1250 Plazy (J.-M.), *op. cit.*, *loc. cit.*

1251 Massip (J.), *Tutelle des mineurs et protection juridique des majeurs*, Defrénois, 2009, n° 258.

536. ***Limitation du cadre de vie au lieu de vie*** **-** S'il est certain que les aspects patrimoniaux et personnels du cadre de vie sont étroitement liés, seul l'aspect patrimonial contribue à l'analyse du train de vie. Cet aspect se manifeste notamment par la protection du lieu de vie. Ainsi, le conjoint survivant peut bénéficier d'un droit d'usage et d'habitation portant sur le logement qu'il occupait au jour du décès de son conjoint et sur les meubles meublants qui le garnissent[1252]. Le majeur protégé bénéficie également d'une protection de son lieu de vie[1253].

Le maintien du lieu de vie est le mécanisme privilégié par le droit pour assurer la protection du cadre de vie, envisagée sous son aspect patrimonial.

537. ***Les interactions entre le cadre de vie et le train de vie*** **-** Le train de vie en tant que reflet des habitudes économiques d'une personne est une notion qui entretient des liens avec celle de cadre de vie, notamment sur le plan patrimonial. Les habitudes économiques d'une personne sont interdépendantes de son environnement patrimonial. La jouissance habituelle d'un logement participe à la fois au train de vie et au carde de vie. On pourrait même aller jusqu'à affirmer que le cadre de vie s'insère dans le train de vie.

L'objectif de protection du cadre de vie poursuivi par le législateur pour le conjoint survivant et le majeur protégé, ne saurait être atteint sans un maintien corrélatif du train de vie. À cet effet, un auteur a fait remarquer que la loi du 5 mars 2007 relative aux majeurs protégés tend à concilier humanisme et réalisme[1254]. Si la protection du cadre de vie du majeur protégé a été réaffirmée et renforcée, elle est néanmoins conciliée avec des réalités économiques que sont les droits des tiers. Ainsi, le cadre de vie ne peut être maintenu que si les ressources du majeur le permettent. La protection du seul cadre de vie du majeur vulnérable est insuffisante. En tant qu'élément du train de vie, le cadre de vie, est soumis aux mêmes fluctuations que le train de vie. Si une diminution des ressources affecte le train de vie, elle affectera également le cadre de vie. Dès lors, on peut constater que chercher à maintenir le cadre de vie sans maintenir le train de vie risque d'être une entreprise délicate.

[1252] Et dans une moindre mesure pour le partenaire (*C. civ.*, art. 515-6). Ce droit est limité à un an et n'est pas d'ordre public.

[1253] *Infra*, n° 546 et s.

[1254] Plazy (J.-M.), « Le maintien du cadre de vie du majeur protégé : approche juridique », *op. cit.*; Plazy (J.-M.) et Gémignani (F.), « Le logement de la personne vulnérable », *JCP N* 2012, 1193, spéc. n° 38 et s.

538. ***Plan*** - Il sera montré que protection du cadre de vie peut résultat du maintien du lieu de vie (a) à condition que des mesures économiques assurent ce maintien (b).

a) La protection du cadre de vie par le maintien du lieu de vie

539. ***La stabilité du logement*** - « La stabilité du logement est un objectif de politique civile qui inspire maintes disposition de droit de la famille [1255] ». La protection du lieu de vie « devenue une priorité du législateur[1256] », « apparaît comme un socle commun à tous les régimes de protection[1257] ». Deux d'entre eux, celui des couples (α) et celui des majeurs protégés (β) sont particulièrement concernés par la protection du logement.

α - La protection du lieu de vie au sein des couples

540. ***Pluralité des objectifs*** - Tous les couples bénéficient de mesures de protection relatives au logement, et aux meubles meublants. Cette protection se situe « aux frontières de la distinction entre le droit patrimonial et le droit extrapatrimonial[1258] ». Pour certaines de ces mesures l'aspect patrimonial domine. Pour d'autres l'aspect personnel parait plus marqué. Ainsi, pour ces dernières, l'objectif poursuivi est la protection du lieu de vie effectif de la famille. Tel est le cas notamment de la cotitularité du bail pour les époux et les partenaires[1259], le transfert ou la continuation du bail[1260], l'interdiction de disposer du logement de la famille pour les époux, y compris par celui qui en est propriétaire à titre exclusif[1261]. L'attribution de

[1255] Rémy (Ph.), « Les droits du conjoint survivant dans le projet de réforme des successions », *Écrits en hommage à Gérard Cornu*, PUF, 1994, p. 377 et s., spéc. n° 84

[1256] Hauser (J.) et Huet-Weiller (D.), *Traité de droit civil, La famille, Fondation et vie de la famille*, 2e éd, LGDJ, 1993, n° 1146.

[1257] Plazy (J.-M.), « Le maintien du cadre de vie du majeur protégé : approche juridique », in *Le logement du majeur vulnérable, Éditions universitaires de Dijon*, sous la dir. de C. Coutant-Lapalus, 2012

[1258] *Ibid.*

[1259] *C. civ.*, art. 1751.

[1260] Art. 14 de la loi du 6 juillet 1989.

[1261] *C. civ.*, art. 215. Cette protection ne s'étend pas aux actes à cause de mort. Ainsi l'un des époux peut disposer par testament du logement. Il existe une hésitation lorsqu'un époux

la jouissance du logement en période de crise à l'un des membres du couple[1262] va également en ce sens.

En revanche, pour les premières, la protection du cadre de vie assurée par le maintien du lieu de vie, a pour objectif sous-jacent la protection du train de vie. Tel est notamment le cas de l'attribution du logement au titre de la prestation compensatoire[1263]. Le domaine dans lequel s'illustre le mieux le lien entre train de vie et cadre de vie reste néanmoins le droit des successions.

541. ***Un objectif de la réforme du droit des successions*** **-** La maintenance du conjoint survivant était un objectif majeur de la réforme du droit des successions. Les premiers projets avaient particulièrement insistés sur ce point[1264]. Selon le Professeur Sériaux, le projet de loi proposé par Catala et Carbonnier en 1991 avait pour idée centrale que « lorsque le conjoint survivant est privé de tout ou partie de ses droits successoraux soit par une exhérédation expresse, soit par le fait que le de cujus ne laisse pas assez de biens dans son patrimoine pour permettre au survivant d'exercer correctement ses droits, la succession est tenue de fournir au conjoint survivant une contribution destinée à lui permettre d'assurer le maintien de ses conditions d'existence, et notamment de son cadre de vie[1265] ». La « préservation du cadre de vie[1266] » est une réalité depuis la réforme du droit

---

dispose de la nue-propriété et qu'il conserve l'usufruit, sans réversion au profit de son conjoint. Voir TGI Paris, 16 décembre 1970 ; *Gaz. Pal.* 1971. 1. 115. *Contra* : Cass. civ. 1re, 16 juin 1992, *Bull. civ. I*, n° 185 ; *Defrénois* 1992. 1156, obs. G. Champenois ; *JCP N* 1993, II, 109, obs. G. Wiederkehr ; *RTD civ.* 1993. 636, obs. F. Lucet et B. Vareille. Cette limitation va dans le sens d'une protection du lieu de vie et non une protection du train de vie.

[1262] *C. civ.*, art. 255, 4° relatif aux mesures provisoires pendant la procédure de divorce ; *C. civ.*, art. 511-11, 4° relatif aux mesures de protection des victimes de violences.

[1263] *C. civ.*, art. 274. Sur les liens entre compensation de la perte du train de vie et la prestation compensatoire, voir *infra*, n° 553.

[1264] Projet de loi modifiant le Code civil et relatif aux droits des héritiers, n° 2530, enregistré à la présidence de l'assemblée nationale le 23 décembre 1991 ; Dagot (M.), « Réflexions sur le droit à maintenance prévu dans le projet de loi modifiant le Code civil et relatif aux successions », *JCP G* 1994, I, 3806 ; Sériaux (A.), « Le maintien du cadre de vie du conjoint survivant en droit successoral mauricien », *RRJ* 1995-1, p. 359 ; Ph. REMY, « Les droits du conjoint survivant dans le projet de réforme des successions », *Écrits en hommage à Gérard Cornu*, PUF, 1994, p. 377 ; Malaurie (Ph.) et Aynès (L.), *Droit civil, Les successions, les libéralités*, 2e éd., Cujas, 1993, n° 105.

[1265] Sériaux (A.), *Les successions, les libéralités*, 2e éd., PUF, Droit fondamental, 1993, n° 54.

[1266] Jubault (Ch.), *Droit civil, Les successions, les libéralités*, 2e éd., Montchrestien, 2010, n° 273.

des successions de 2001[1267]. Elle s'articule autour d'un droit temporaire et d'un droit viager au logement[1268].

542. ***Le droit temporaire au logement***[1269] - Le temps qu'il fasse son deuil le conjoint et le partenaire[1270] bénéficient d'un droit de jouissance du logement et du mobilier qui le garnit. Ce droit a pu être qualifié de « mesure d'humanité[1271] ». Il s'exerce pendant une durée d'un an et à titre gratuit[1272] et il est d'ordre public[1273]. Considéré comme un effet du mariage il est donc indépendant des droits successoraux du conjoint[1274].

Quelques conditions doivent être réunies pour bénéficier de ce droit. Le conjoint doit être successible, il ne doit donc pas être divorcé[1275]. Une procédure de divorce ou une séparation de corps est en revanche sans incidence[1276]. Le logement doit être occupé effectivement, à titre d'habitation principale, par le survivant avant au jour du décès de son conjoint. En cas de séparation de fait, le logement objet de la protection est celui qui était occupé par le survivant. Les modalités de la jouissance sont indifférentes. Il peut s'agir d'un bien détenu en propriété par le de cujus, en communauté ou en indivision par les époux, en indivision par le de cujus ou un tiers[1277], ou pris à bail, ou encore détenu par société civile[1278].

[1267] Loi n° 2001-1135 du 3 décembre 2001 relative aux droit du conjoint survivant et des enfants adultérins et modernisant diverses dispositions de droit successoral.

[1268] Vauvillé (F.), « Les droits au logement du conjoint survivant », *Defrénois*, n° 20/02, 37608, p. 1277 ; Sauvage (F.), « Le logement de la veuve », *Droit et patrimoine*, n° 111, janvier 2003, p. 32 ; Varcille (B.), « Les droits au logement du conjoint survivants », *Mél. M. Prieur*, Dalloz, 2007, p. 1721 ; Piedelièvre (S.), « Le droit au logement du conjoint survivant », *Mél. René Decottignies*, PU Grenoble, 2003, p. 269 ; Levillain (N.), *JCP N* 2002, 1649 (droit temporaire) et *JCP N* 2003, 1043 (droit temporaire).

[1269] *C. civ.*, art. 763.

[1270] *C. civ.*, art. 515-6. Cette disposition renvoie aux deux premiers alinéas de l'article 763. Pour les partenaires, ce droit n'est donc pas d'ordre public. Voir *infra*, n° 570 ; Coutant-Lapalus (Ch.), « PACS et logements : dix ans après », *Dr. famille* 2010, Études 9.

[1271] Vauvillé (F.), *op. cit.*, spéc. p. 1278.

[1272] *C. civ.*, art. 763, al. 1er. Si la jouissance nécessite le versement d'un loyer ou d'une indemnité d'occupation, ils seront remboursés par la succession pendant l'année, au fur et à mesure de leur acquittement (*C. civ.*, art. 763 al. 2).

[1273] *C. civ.*, art. 763 al. 4.

[1274] *C. civ.*, art. 763 al. 3.

[1275] *C. civ.*, art 732.

[1276] La renonciation des époux séparés de corps aux droit à leurs droits successoraux réciproques ne peut porter sur le droit temporaire au logement (*C. civ.*, art. 301 al. 2). Celui-ci est un effet du mariage, or le mariage demeure malgré la séparation de corps.

[1277] La loi du 23 juin 2007 a rajouté cette hypothèse.

543. ***Le droit viager au logement***[1279] - Le conjoint survivant bénéficie également d'un droit viager au logement qui diffère du droit temporaire dans sa finalité, sa nature, ses conditions d'attribution et ses modalités d'exercice[1280].

D'une part, les conditions *in rem* sont plus restrictives que pour le droit temporaire. Seul le « logement appartenant aux époux ou dépendant totalement de la succession[1281] » peut être l'objet du droit temporaire. Les indivisions avec un tiers ou la détention du bien en société sont donc exclues du champ de cette disposition.

D'autre part, ce droit n'est pas d'ordre public. Il peut être retiré au conjoint par l'expression d'une volonté en ce sens du défunt[1282]. Cette volonté, doit résulter d'une démarche expresse, respectant un certain formalisme. En effet, un acte authentique est exigé[1283]. Une manifestation de volonté est également exigée de la part du conjoint survivant qui souhaite se prévaloir de se droit. Celle-ci doit intervenir dans un délai d'un an à partir du décès[1284].

544. ***Mise en relief du caractère patrimonial du droit viager au logement*** - La nature et le régime de ce droit contribuent à mettre en avant son aspect patrimonial. Il s'agit d'un droit d'usage et d'habitation qui tend néanmoins à se rapprocher d'un usufruit[1285]. Le droit d'usage ne permet pas,

---

[1278] Sur ce point, voir Garçon (J.-P.), « Le droit au logement du conjoint survivant en cas de détention indirecte de la résidence principale », *JCP N* 2002, 1402, p. 1005.

[1279] *C. civ,* art. 764.

[1280] Droit plus restrictif : lorsque le bien était détenu en indivision entre le de cujus et un tiers, le conjoint survivant ne pourra pas bénéficier du droit viager. Une telle situation ne fait pas obstacle au droit temporaire au logement de l'article 763 du code civil.

[1281] *C. civ.*, art. 764 al. 1er.

[1282] *Ibid.*

[1283] Cass. civ. 1re, 15 décembre 2010, n° 09-68.076, *Bull. civ. I*, n° 269 ; *D.* 2011. 578, note Pérès ; *D.*, Pan. 1040, obs. J.-J. Lemouland et D. Vigneau ; *D.*, Pan. 2624, obs. M. Nicod ; *AJ famille* 2011. 114, obs. F. Bicheron ; *JCP* 2011, n° 265, note F. Sauvage ; *JCP N* 2011, n° 1189, note Ch. Lesbats ; *Dr. fam.* 2011, n° 22, obs. B. Beignier.

[1284] *C. civ.*, art. 765-1.

[1285] Il ne fait pas pour autant doublon avec l'usufruit universel du conjoint survivant. D'ailleurs, le conjoint survivant aura tout intérêt à réclamer ce droit dans l'année qui suit le décès. D'une part, il peut s'avérer utile si des enfants non communs se manifestent après le décès. En effet, le conjoint survivant devrait alors nécessairement opter pour le ¼ en pleine propriété (*C. civ.*, art. 757). D'autre part, l'empilement des droits successoraux ne saurait porter préjudice au conjoint survivant. Lors de leur évaluation seul le droit le plus absorbant est pris en compte. Ainsi, la valeur du droit viager au logement ne vient pas s'additionner à celle de l'usufruit sur le logement. Seule celle de l'usufruit est retenue.

en principe et à la différence de l'usufruit, de louer le bien[1286]. Il permet uniquement la jouissance directe, personnelle et immédiate du bien. Or, le conjoint peut louer le bien « lorsque sa situation fait que le logement grevé du droit d'habitation n'est plus adapté à ses besoins[1287] ». Cette disposition, s'étend au-delà de la protection du lieu de vie. Elle confère au conjoint les moyens financiers de subvenir à ses besoins.

L'aspect patrimonial est encore souligné dans la mesure où ces droits sont quantifiés et qu' « ils s'imputent sur la valeur des droits successoraux recueillis pas le conjoint[1288] ». La protection du cadre de vie ne s'incline pas face aux considérations purement successorales. Le conjoint bénéficie de ce droit, y compris si son *quantum* dépasse sa vocation successorale. « Il n'est pas n'est pas tenu de récompenser la succession à raison de l'excédent[1289] ». Une telle hypothèse peut se présenter en présence d'un enfant non issu des deux époux. L'époux survivant se voit alors attribuer un quart de la succession en pleine propriété[1290]. Si cette succession est principalement composée du logement grevé par le droit d'usage et d'habitation, la valeur des droits au logement d'un époux survivant jeune, peut aisément dépasser celle de ses droits successoraux.

545. Grâce aux droits au logement, le conjoint survivant bénéficie d'une protection de son cadre de vie. Le même objectif est poursuivi pour le majeur protégé.

β - La protection du lieu de vie du majeur protégé

546. ***Présentation*** **-** Sous l'empire de la loi du 3 janvier 1968[1291], le logement de la personne protégée et les meubles meublants dont il est garni devaient être conservés à sa disposition aussi longtemps que possible[1292].

1286 *C. civ.*, art. 631.

1287 *C. civ.*, art. 764 al. 5. Une fois encore, c'est la notion de « besoin » qui est le point central de cette disposition.

1288 *C. civ.*, art. 765 al. 1er.

1289 *C. civ.*, art. 765 al. 3.

1290 *C. civ.*, art. 757.

1291 *C. civ.*, art. 490-2 ancien : « Quel que soit le régime de protection applicable, le logement de la personne protégée et les meubles meublants dont il est garni doivent être conservés à sa disposition aussi longtemps que possible ».

1292 Plazy (J.-M.), « L'incapable majeur et son logement », in *Logement et famille : des droits en question*, Dalloz, coll. Thèmes et commentaires, 2005, p. 267.

Cette protection a été reprise et renforcée par la loi du 5 mars 2007. Elle concerne désormais la résidence principale, louée ou détenue en propriété, ainsi que la résidence secondaire[1293].

La protection est assurée par un contrôle du juge des tutelles, ou le conseil de famille. Celui-ci autorise les actes importants relatifs au logement[1294], à condition qu'ils soient nécessaires ou dans l'intérêt de la personne protégée[1295]. Le recours à un avis médical n'est nécessaire que lorsque le majeur quitte son logement pour une institution.

547. ***Limites*** - Le maintien du cadre de vie peut ne plus être en adéquation avec les ressources de la personne protégée. Le cadre de vie étant une composante du train de vie, la seule conservation d'un logement devenu trop onéreux pour le majeur protégé peut le conduire à mener un train de vie excessif par rapport à ses ressources. Dans une telle situation, la disposition du logement serait justifiée[1296]. En revanche, la mise à bail du logement, pendant une phase d'hospitalisation, permet par exemple de conserver le logement et par voie de conséquence, le cadre de vie du majeur lors de sa sortie, sans obérer ses finances[1297].

Cette protection du cadre de vie n'est pas absolue. Elle doit s'incliner lorsque des tiers auront des droits sur le logement du majeur protégé[1298]. Ainsi, si le majeur protégé ne paye pas ses loyers, la protection de l'article 1426 sera impuissante. Selon un auteur, « la conservation du cadre de vie n'est réellement assurée que lorsque le majeur protégé est propriétaire ou locataire du logement et qu'il dispose des fonds nécessaires pour conserver ce lieu de vie[1299] ». Comme pour le logement de la famille, la protection limite la disposition du bien mais elle ne le rend pas insaisissable[1300]. De

---

[1293] *C. civ.*, art. 426.

[1294] Aliénation du bien si le majeur protégé en est propriétaire, résiliation ou conclusion d'un bail.

[1295] *C. civ.*, art. 426 al. 3.

[1296] CA Bourges, 16 décembre 1986 ; *JCP N* 1988, p. 199, note Th. Fossier.

[1297] L'article 426 du code civil permet de passer des « conventions de jouissance précaire ».

[1298] En ce sens, Plazy (J.-M.), « Le maintien du cadre de vie du majeur protégé : approche juridique », in *Le logement du majeur vulnérable, Éditions universitaires de Dijon,* sous la dir. de C. Coutant-Lapalus, 2012.

[1299] *Ibid.*

[1300] Pour le logement du majeur protégé : CA Paris, 27 mai 1987 : les dispositions « qui imposent la conservation du logement de la personne protégée et des meubles le garnissant ne peuvent créer une insaisissabilité de fait de ce logement » ; *D.* 1988. 216, note A. Breton. Pour le logement de la famille : CA Paris, 20 novembre 1984 ; *JCP* 1986, II, 20584, note M. Dagot ; Cass. civ. 1re, 4 juillet 1978, n° 76-15.253, *Bull. civ. I*, n° 256 p. 202 ; *D.* 1979. 479,

même, cette protection s'incline si le logement est au cœur des relations patrimoniales familiales. Tel est le cas s'il est attribué à l'un des époux à la suite du divorce[1301] ou qu'il fait l'objet d'une attribution préférentielle[1302].

548. Le maintien du cadre de vie est un objectif poursuivi tant pour le conjoint survivant que pour le majeur protégé. Cet objectif, pourtant commun, n'a pas dans les deux situations, la même coloration. La protection du cadre de vie du conjoint est d'ordre patrimonial, alors que celle du majeur est d'ordre personnel. Cette dernière s'inclinera face à des réalités pécuniaires. Aussi, le maintien du cadre de vie ne pourra participer au maintien du train de vie, qu'à la condition d'être accompagné d'un volet financier.

b) L'exigence d'un volet financier dans la protection du cadre de vie

549. ***Une protection dépendante des revenus de la personne protégée -*** La protection du cadre de vie ne peut s'envisager indépendamment de la prise en considération des revenus de la personne à laquelle cette protection est destinée. Le logement est un point de repère pour les personnes fragiles. Il a une valeur sentimentale. Il a également une valeur économique, un coût. La jouissance d'un logement, qu'il s'agisse d'une villa, d'un hôtel particulier ou d'un HLM, fait incontestablement partie du train de vie. Elle ne doit donc s'exercer que dans la limite des revenus de la personne bénéficiant de la protection. Cette limitation est conforme à l'esprit du train de vie, qui doit conserver un équilibre entre les dépenses et les revenus[1303].

550. ***L'efficacité de la protection du cadre de vie du conjoint survivant -*** La protection du cadre de vie d'une personne étant dépendante de ses revenus, elle n'est efficace qu'à la condition d'être accompagnée de l'attribution de certaines ressources. Or pour les majeurs protégés, rien n'est spécifiquement prévu.

---

note Y. Chartier ; *JCP* 1980, II, 19368, note J.-C. Labbouz ; *RTD civ.* 1979, p. 585, obs. R. Nerson.

[1301] *C. civ.*, art. 285-1.

[1302] *C. civ.*, art. 831 et s.

[1303] *Supra*, n° 230.

Dans d'autres branches du droit où la protection du cadre de vie a également été recherchée, l'objectif a davantage de chance d'être atteint. Ainsi, l'époux survivant bénéficie de droits lui permettant de conserver son cadre de vie et de ressources issues de la succession. La loi du 3 décembre 2001[1304] a considérablement accru sa vocation successorale *ab intestat*[1305]. Il a toujours vocation à hériter, sous réserve que le *de cujus* ne l'ait pas privé de ses droits successoraux[1306]. Aussi bénéficie-t-il d'une partie de la succession ainsi que de droits spécifiques sur le logement[1307], permettant de protéger efficacement son cadre de vie.

551. En définitive, la protection du cadre de vie ne participe à celle du train de vie qu'à la condition d'être accompagnée d'un volet financier. En son absence elle ne peut rester qu'un vœu pieux. En revanche, le maintien des ressources ne permettrait pas toujours d'assurer la protection du cadre de vie, dotée à la fois d'une dimension personnelle et économique. Tel n'est pas le cas du train de vie, dont la diminution peut être compensée par une contrepartie économique.

2 - La compensation renforcée de la perte de train de vie

552. ***Exclusion du PACS et du concubinage*** **-** Au terme de leur union, seuls les époux ont des obligations. Les partenaires, tout comme les concubins n'en n'ont aucune. À propos du PACS, le Professeur Beignier a pu affirmer qu'il s'agit d'« un mariage sans le péril de la prestation compensatoire[1308] ». Lors de la séparation, les partenaires sont tenus de

[1304] Loi n° 2001-1135 relative aux droits du conjoint survivant et des enfants adultérins et modernisant diverses dispositions de droit successoral. Voir *infra*, n° 558.

[1305] Beignier (B.), *Dr. et patrimoine,* mai 2003, p. 83 ; *Dr. fam.* 2002, chron. 8 ; Coprat (I.), « L'amélioration de la protection *post mortem* des conjoints par la loi n° 2001-1135 du 3 décembre 2001 », *D.* 2002, chron. 2952 ;

[1306] Ce qui est impossible en l'absence de descendant. L'article 914-1 attribue la qualité d'héritier réservataire au conjoint survivant en raison du défaut de descendant. Voir Gilles (D.), « Nouveaux droits du conjoint survivant et volonté du disposant », *JCP N* 2003, 1359.

[1307] *C. civ.*, art. 763 et s. Voir Beignier (B.), *Dr. fam.* 2002, chron. 5 ; Herbaut (A.) et Moriou (C.), *Gaz. Pal.* 2003, Doctr. 1556 ; Piedelièvre (S.), « Droit au logement du conjoint survivant », *Mél. René Decottignies*, PU Grenoble, 2003, p. 269 ; Poivey-Leclercq (H.), *Rev. loyers* 2002. 197 ; Sauvage (F.), *Dr. et patrimoine*, janvier 2003, p. 32 ; Vauvillé (F.), *Defrénois* 2002, p. 1277 ; Vial-Pedroletti (B.), *Loyers et copr*. 2002, chron. 2 ; Vareille (B.), « Les droits au logement du conjoint survivant », *Mél. M. Prieur*, Dalloz, 2007, p. 1721.

[1308] « L'apparence de mariage », *Dr. famille* mai 2010, Repère n° 5.

liquider par eux même leurs intérêts patrimoniaux[1309]. En cas de difficultés, ils peuvent, tout comme les concubins, s'adresser au juge aux affaires familiales[1310]. La suppression des droits de mutations à titre gratuit et à cause de mort entre les partenaires, depuis la loi TEPA ne doit pas faire oublier l'absence de vocation successorale entre eux[1311]. Une maigre protection patrimoniale du partenaire survivant pourrait résulter de la liquidation de leur régime patrimonial, à condition que le régime de l'indivision, facultatif depuis 2006, ait été choisi[1312]. Les concubins n'ont, eux non plus, aucune vocation successorale[1313]. Toute transmission à titre gratuit entre eux est taxée à hauteur de 60 %[1314].

Seules les obligations patrimoniales nées du mariage seront donc traitées. Celles résultant du divorce (a) seront étudiées préalablement à celles résultant du décès (b).

a) La compensation de la disparité des conditions de vie des époux créée par la rupture du mariage

553. ***Présentation générale*** - Instituée par la loi n° 75-617 du 11 juillet 1975, la prestation compensatoire a succédé à l'ancienne pension alimentaire entre époux de l'article 301 du code civil. Sa création poursuivait un double

---

1309 *C. civ.*, art. 515-7 al. 10.

1310 Sur ce point, il est possible de constater une convergence procédurale entre toutes les formes de couples depuis la loi n° 2009-526 du 12 mai 2009 ; Massio (J.), « Les nouvelles attributions du juge aux affaires familiales en matière de régimes matrimoniaux et d'indivision », *JCP N* 2011, 1086.

1311 Loi n° 2007-1223 du 21 août 2007 en faveur du travail, de l'emploi et du pouvoir d'achat ; *CGI*, art. 796-0 bis.

1312 *C. civ.*, art. 515-5. Par ce régime, le partenaire survivant, qui n'a pas réellement financé les acquêts à hauteur de la moitié est tout de même propriétaire indivis à hauteur de cette quote-part. Cette répartition résulte d'une présomption légale irréfragable.

1313 La Cour d'appel de Toulouse, dans un arrêt du 15 décembre 2015 (n° 15/1063, *JurisData* n° 2015-028279, *Dr. famille* n° 4, Avril 2016, étude n° 6 par S. Ben Hadj Yahia) a même refusé de reconnaître la qualité de coïndivisaire de sommes déposées sur un compte joint, au concubin cotitulaire dudit compte. Elle a écarté la présomption d'indivision attachée au compte en relevant qu'il n'était pas contesté par le demandeur « que l'ensemble des fonds, qui ont alimenté ces deux comptes, proviennent des seuls revenus et ressources » du concubin décédé.

1314 *CGI*, art. 777.

objectif[1315] : détacher du divorce le règlement des conséquences pécuniaires des fautes[1316] d'une part, remplacer la pension alimentaire, qui avait pour objet d'assurer un minimum de ressources au conjoint créancier[1317], par une prestation qui tendait à compenser, autant que possible, la disparité de niveau de vie créée par la séparation, d'autre part.

Elle a été réformée en profondeur en 2000[1318] et a subi quelques retouches avec la réforme du divorce de 2004[1319]. Malgré ces différentes interventions législatives la prestation compensatoire demeure l'une des questions « les plus sensibles du droit du divorce, et plus généralement du droit de la famille[1320] ». Son objectif, sa nature[1321], les ressources et charges à prendre en compte pour déterminer son montant[1322], sont autant de sujets qui sont encore débattus. Le premier, en lien direct avec le train de vie, mérite une attention toute particulière.

[1315] Carbonnier (J.), *Droit civil Vol. 1, Introduction, Les personnes, La famille, l'enfant, le couple*, PUF, Coll. Quadrige, 2004 , n° 608.

[1316] Objectif renforcé en 2004 avec l'abrogation de l'article 280-1 ancien qui disposait que « l'époux aux torts exclusifs de qui le divorce est prononcé n'a droit à aucune prestation compensatoire ». Voir néanmoins l'article 270 al. 3 du code civil qui permet au juge de « refuser d'accorder une telle prestation si l'équité le commande ».

[1317] Pour une conception moins restrictive de cette pension, voir Philippe (C.), *Le devoir de secours et d'assistance entre époux, Essai sur l'entraide conjugale*, préf. Georges Wiederkehr, LGDJ, coll. Bib. droit privé, T. 170, 1981, p.145 et s.

[1318] Lécuyer (H.), « La loi n° 2000-596 du 30 juin 2000 relative à la prestation compensatoire en matière de divorce, Étude de droit civil », *Dr. famille 2000*, chron. 17.

[1319] David (S.), « Le nouveau visage de la prestation compensatoire », *AJ famille* 2004, p. 218 ; Puygauthier (J.-L.), « La prestation compensatoire après la réforme du divorce par la loi du 26 mai 2004 », *JCP N* 2005, 1001 ; Poivey-Leclercq (H.), « La nouvelle prestation compensatoire après la réforme du 26 mai 2004 », *Droit et Patrimoine*, n° 136, avril 2005, p. 83.

[1320] Fulchiron (H.) et Daubricourt (R.), « La prestation compensatoire, mythes ou réalités », *D.* 2010, p. 2170.

[1321] Sériaux (A.), « La nature de la prestation compensatoire ou les mystères de paris », *RTD civ.* 1997, p. 53 ; Fortis (E.), *Rép. civ. Dalloz*, septembre 2011, V° *Divorce (conséquences)*, n° 180 et s. ; Berthet (P.), *Les obligations alimentaires et les transformations de la famille*, préf. Jacqueline Rubellin-Devichi, L'Harmattan, coll. Logiques juridiques, 2000, n° 107 ; Cass. civ. 2e, 27 juin 1985, n° 84-14663, *Bull. civ.* 1985, II, n° 131, p. 86: *D.* 1986, p. 230, note C. Philippe.

[1322] Garé (Th.), « Prestation compensatoire : rappels sur les éléments à prendre en considération pour apprécier la disparité », *RJPF* décembre 2010, p. 17 ; Conseil constitutionnel, 2 juin 2014, n° 2014-398 QPC, *JORF* 4 juin 2014, p. 9308, texte n° 120 : *JCP G* 2014, doctr. 953, n° 9, obs. H. Bosse-Platière ; *JCP G* 2014, doctr. 880, n° 20, obs. B. Mathieu ; *Dr. famille* 2014, comm. 108, obs. J.-R. Binet ; *Procédures* 2014, comm. 210, obs. M. Douvgy-Oudot ; *AJ famille* 2014, p. 427, note S. Thouret. Pour une illustration récente voir Cass. civ. 1re, 22 octobre 2014, n° 13-24.802 : *JCP G* 2014, Actualités 1136, obs. J. Casey.

554. ***L'objectif de la prestation compensatoire*** - Selon les termes de l'article 270 du code civil, la prestation compensatoire est « destinée à compenser, autant qu'il est possible, la disparité que la rupture du mariage, crée dans les conditions de vie respectives ». Cet objectif reçoit différentes interprétations de la part de la doctrine. Certains auteurs envisagent la prestation compensation comme la continuation du devoir d'entraide entre époux[1323]. Elle aurait ainsi pour but de maintenir le train de vie de l'époux le moins fortuné après le divorce[1324].

D'autres auteurs prennent également pour référence le train de vie du couple durant l'union, celui que les époux s'étaient engagés à partager[1325]. Cependant, tout en montrant la portée de cet engagement, qui ne se limite pas au mariage, ils rejettent l'idée d'un maintien indéfini du niveau de vie estimant que la prestation compensatoire « a pour objet d'éviter, dans la mesure du possible, à l'un des époux le choc inhérent à la rupture du lien conjugal[1326] ». En cela elle assure une certaine « sécurité économique ». Cette analyse parait être la plus adéquate. La prestation compensatoire se présente en effet comme un amortisseur du divorce. Elle a pour but de compenser la perte du train de vie et non d'assurer son maintien. La marginalisation des rentes viagères[1327] au profit d'un versement systématique sous la forme capital, ou d'une rente d'une durée maximale de huit ans[1328], confirme le rôle transitionnel de la prestation compensatoire.

555. ***La cause de la disparité*** - La disparité n'est pas le seul élément conditionnant le versement d'une prestation compensatoire. Outre son existence, celle-ci doit être justifiée et trouver sa source dans le mariage[1329].

[1323] Philippe (C.), *th. préc.*, p.145 et s.

[1324] *Ibid.*, p. 168 : « Qu'il s'agisse de la prestation compensatoire ou de la pension alimentaire accordée sur le fondement de l'article 281 du code civil, les mêmes éléments doivent être pris en considération pour le calcul de ces deux modalités d'entraide conjugale. Le rapprochement des besoins de l'un et des ressources de l'autre détermine le train de vie adopté pendant le mariage et permet d'évaluer la disparité à compenser ».

Certaines législations étrangères ont cet objectif. Tel est notamment le cas de l'Allemagne, la Belgique et l'Italie. Voir Dutoit (B.), Arn (R.), Sfondylia (B.) et Taminelli Bischof (C.), *Le divorce en droit comparé, Vol. 1 : Europe*, Librairie Droz, Genève, 2000.

[1325] Claux (P.-J.) et David (S.), sous la dir., *Droit et pratique du divorce*, 3e éd., Dalloz référence, 2015-2016, n°213.71, p. 395.

[1326] *Ibid.*, n°213.81 et s.

[1327] *C. civ.*, art. 276.

[1328] *C. civ.*, art. 270 et 275.

[1329] Bosse Platière (H.), sous la dir de P. Murat, *Droit de la famille*, 7e éd., Dalloz action, 2016/2017, n° 134.81 ; Hauser (J.) et Delmas Saint-Hilaire (Ph.), *J.-Cl civ.* Art. 266 à 285-1, Fasc. 10 : Effets du divorce – Conséquences du divorce pour les époux. Effets d'ordre

Il est fréquemment mis en avant le renoncement d'un époux à sa carrière professionnelle, pour élever les enfants ou suivre l'autre dans ses mutations professionnelles, ou encore la collaboration de l'un à l'activité de l'autre sans rémunération. Cette condition n'est pas exigée par la loi[1330]. C'est pour cette raison qu'elle n'intervient pas au niveau de l'existence de la disparité, mais au niveau de sa compensation[1331]. Il en résulte que la prestation compensatoire n'a pas pour but de compenser la différence initiale de fortune des époux[1332]. Inversement, cette fortune personnelle ne doit pas masquer les disparités que la rupture du mariage a engendrées[1333]. La prestation compensatoire ne permet pas non plus de compenser tous les choix opérés par les époux durant l'union. Ainsi, elle ne saurait opérer un rééquilibrage de leur régime matrimonial[1334].

La cause de la disparité a une importance certaine mais il ne faut pas la restreindre à des hypothèses trop restrictives. Il n'est pas nécessaire que l'un des époux ait renoncé à sa carrière professionnelle au profit de l'autre pour ouvrir un droit à prestation compensatoire. L'harmonisation des trains de vie des époux pendant la vie commune[1335], alors qu'ils avaient des niveaux de revenus distincts, est de nature à faire naître une disparité lors de la rupture.

---

patrimonial. Prestation compensatoire. Dommages et intérêts, spéc. n° 19 ; Claux (P.-J.) et David (S.), sous la dir., *op. cit.*, n° 213.73 ; Casey (J.), « Prestation compensatoire et disparité : et si l'on revenait à la causalité ? », *Gaz. Pal.* 24 juin 2014, n° 175, p. 5 ; David (S.), « La fixation de la prestation compensatoire », *AJ famille* 2007, p. 108 ; David (S.), « Calcul de la prestation compensatoire : proposition d'un expert », *AJ famille* 2010, p. 350 ; Pour une application récente, Cass. civ. 1re, 24 septembre 2014, n° 13-20695 : *Dr. famille* 2014, comm. 154, obs. J.-R. Binet.

1330 La loi n° 2010-1330 a néanmoins modifié l'article 271 du code civil. Désormais les juges doivent prendre en considération la situation respective des époux en matière de pension de retraite « en ayant estimé, autant qu'il est possible, la diminution des droits à retraite qui aura pu être causée, pour l'époux créancier de la prestation compensatoire, par les circonstances visées au sixième alinéa ».

1331 Cass. civ. 1re, 18 mai 2011, n° 10-17.445, *Bull. civ. I*, n° 91 : *AJ famille* 2011, p. 373, obs. S. David ; *Dr. famille* 2011, comm. 108, note V. Larribau-Terneyre ; Claux (P.-J.) et David (S.), sous la dir., *op. cit.*, n° 213.73, p. 397.

1332 P Claux (P.-J.) et David (S.), sous la dir., *op. cit.*, n° 213.84.

1333 Cass. civ. 1re, 12 janvier 2011, n° 09-72.248 : *Dr. famille* 2011, comm. 34, obs. V. Larribau-Terneyre ; *RTD civ.* 2011, p. 332, obs. J. Hauser ; Cass. civ. 1re, 10 octobre 2012, n° 11-10.444, *Dr. famille* 2012, comm. 180, obs. V. Larribau-Terneyre ; CA Rennes, 2 septembre 2014, n° 13/03712, *Dr. famille* 2014, comm. 155, obs. J.-R. Binet.

1334 Cass. civ. 1re, 8 juillet 2015, n° 14-20.480, *Bull.* (à venir) : *RLDC* 2015, n° 130, actu. Personne et famille, n° 5979, obs. M. Desolneux ; Cass. civ. 1re, 26 janvier 2011, n° 10-30.262 : *RTD civ.* 2011, p. 332, obs. J. Hauser ; CA Paris, 26 mars 1991, *RTD civ.* 1992, p. 65, obs. J. Hauser et D. Huet-Weiller ; Claux (P.-J.) et David (S.), sous la dir., *op. cit.*, n° 213.83.

1335 *Supra*, n° 489 et s.

Celle-ci trouve bien sa cause dans le mariage. Plus encore, il s'agit d'une obligation imposée par le régime primaire. Cette disparité doit donc être compensée en vue d'assurer une transition patrimoniale.

556. ***L'étendue de la compensation*** - L'objectif de la prestation compensatoire, qui vient d'être présenté, sa nature, son caractère forfaitaire et ses modalités de fixation permettent de déterminer l'étendue de la compensation.

La prestation compensatoire a une double nature. Elle est à la fois alimentaire et indemnitaire [1336]. Elle se distingue tout de même des dommages et intérêts venant réparer un préjudice résultant de la dissolution[1337] ou d'une faute commise à l'occasion de la rupture[1338].

Elle est fixée « selon les besoins de l'époux à qui elle est versée et les ressources de l'autre en tenant compte de la situation au moment du divorce et de l'évolution de celle-ci dans un avenir prévisible[1339] ». Une liste non exhaustive d'éléments permettant de caractériser et d'évaluer la disparité à compenser est établie par le code civil[1340]. Les besoins du créancier sont appréciés subjectivement[1341].

Il résulte de ces différents éléments que la prestation compensatoire permet d'assurer au créancier, dans la mesure des ressources du débiteur, un « maximum vital[1342] ».

557. ***Bilan*** - L'époux qui a bénéficié pendant le mariage d'un train de vie supérieur à celui qu'il aurait pu financer avec ses seuls revenus ne sera pas totalement dépourvu au sortir du mariage. La perte de son train de vie, causée par la rupture du mariage, sera compensée par le versement d'une prestation compensatoire. Versée sous la forme d'un capital, elle lui permettra de faire face à ses besoins immédiats, induits par son train de vie

---

1336 Sériaux (A.), « La nature de la prestation compensatoire ou les mystères de Paris », *RTD civ.* 1997, p. 53 ; Fortis (E.), *Rép. civ. Dalloz*, septembre 2011, V° *Divorce (conséquences)*, n° 180 et s. ; Berthet (P.), *th. préc.*, n° 107 ; Cass. civ. 2e, 27 juin 1985 : *D.* 1986, p. 230, note C. Philippe.

1337 *C. civ.*, art. 266.

1338 *C. civ.*, art. 1382. Sur la question des dommages et intérêts, voir Fortis (E.), *op. cit.*, n° 142 et s.

1339 *C. civ.*, art. 271 al. 1er.

1340 *C. civ*, art. 271 al. 2.

1341 Martin Saint-Léon (D.), « L'évaluation de la prestation compensatoire ou la recherche de la pierre philosophale », *Gaz. Pal.* 31 octobre 2002, n° 304, p. 11.

1342 Sériaux (A.), *op. cit.*, n° 3.

antérieur, auxquels il devra se déshabituer au profit de besoins nouveaux, en adéquation avec ses propres ressources.

La perte de train de vie résultant d'un divorce est donc compensée par la prestation compensatoire. Les effets patrimoniaux de la dissolution du mariage sont davantage encore atténués lorsque celle-ci résulte du décès d'un des époux. Dans ce cas, le conjoint survivant bénéficie d'un véritable doit à la maintenance.

b) Le droit à la maintenance du conjoint survivant

558. ***Méthode et objectif*** - La protection patrimoniale du conjoint survivant prend racine à la fois dans le régime matrimonial, notamment s'il s'agit d'une communauté universelle, et dans le droit des successions[1343]. Les droits successoraux du conjoint survivant ont été très largement réévalués par la loi du 3 décembre 2001[1344]. L'objectif n'est pas de présenter dans ses moindres détails les avancées de cette loi. Nous renvoyons aux très nombreux écrits sur cette réforme[1345]. Dans le cadre de cette étude, il convient de mettre en évidence les éléments qui permettent d'affirmer que le conjoint survivant bénéficie aujourd'hui d'un véritable droit à la maintenance selon les propos de certains auteurs[1346] qui peut être assimilé à un droit au maintien du train de vie.

[1343] Le droit des libéralités permet de compléter cette protection. Il ne sera pas étudié ici car les dispositions légales permettent déjà d'assurer une compensation renforcée de la perte de train de vie.

[1344] Loi n° 2001-1135 relative aux droits du conjoint survivant et des enfants adultérins et modernisant diverses dispositions de droit successoral. Pour un historique de la situation successorale du conjoint survivant, voir Terré (F.), Lequette (Y.) et Gaudemet (S.), *Droit civil, Les successions, les libéralités*, 4e éd., Dalloz, Précis, 2014, n° 119 et s.

[1345] Beaubrun (M.), « La loi du 3 décembre 2001 portant réforme du droit des successions », *Defrénois* 2003, p. 73 ; Sauvage (F.), *JCP N* 2001, 1727 ; Bellivier (F.) et Rochefeld (J.), Chron. lég., *RTD civ.* 2002, p. 156 ; J. CASEY, *RJPF* 2002-1/11 et 2002-2/11 ; Forgeard (M.-C.), Crône (R.) et Belot (G.), La réforme des successions (loi du 3 décembre 2001), *Commentaires et formules* 2002, Grimaldi (M.), « Les nouveaux droits du conjoint survivant », *AJ famille* 2002, p. 48.

[1346] Dagot (M.), « Réflexions sur le droit à maintenance prévu dans le projet de loi modifiant le Code civil et relatif aux successions », *JCP G* 1994, I, 3806 ; Rémy (Ph.), « Les droits du conjoint survivant dans le projet de réforme des successions », *Écrits en hommage à Gérard Cornu*, PUF, 1994, p. 377 et s., spéc. n° 50 et s. ; Grimaldi (M.), « Droits du conjoint survivant : brève analyse d'une loi transactionnelle », *AJ famille* 2002, p. 48 ; Catala de Roton (M.-C.), *Les successions entre époux*, préf. François Terré, Économica, coll. Droit civil, série

Une réserve doit néanmoins être apportée. Les droits du conjoint survivant doivent être conciliés avec la volonté du *de cujus* qui pourrait souhaiter exhéréder son conjoint. Cela est tout à fait possible si ce dernier n'est pas réservataire [1347] et que le *de cujus* respecte un certain formalisme[1348]. Toutefois cette exhérédation n'est jamais totale dans la mesure où certains droits successoraux du conjoint survivant sont d'ordre public[1349]. La volonté du *de cujus* n'a donc aucune emprise à leur égard.

559. ***Les droits successoraux du conjoint survivant*** - Outre les droits au logement[1350], qui permettent de préserver le cadre de vie[1351], le conjoint survivant bénéficie de droits successoraux substantiels, quel que soit le rang des héritiers avec lesquels il est en concours[1352]. Lorsqu'il est en concours avec des descendants, il peut choisir, à condition que tous les enfants soient communs aux époux, entre l'usufruit universel ou le quart en propriété des biens existants[1353]. Lorsqu'il est en concours avec les père et mère, il recueille au moins la moitié des biens de la succession[1354]. Chacun des parents recueille quant à lui un quart des biens. Si l'un d'eux est prédécédé, sa part revient au conjoint. Depuis la réforme de 2001, il prime les ascendants autres que les père et mère et les collatéraux[1355].

Études et recherches, 1990, n° 379 et s. ; Hauser (J.) et Huet-Weiller (D.), *Traité de droit civil, La famille, Fondation et vie de la famille*, 2e éd, LGDJ, 1993, n° 1041.

Nombreux parmi ces auteurs n'envisagent la maintenance qu'à partir d'un seul droit du conjoint survivant (droit au logement, droit à pension) et non de l'ensemble de ses droits. Le terme maintenance avait également été utilisé à propos de la prestation compensatoire lors de la réforme du divorce de 1975. Voir Philippe (C.), *th. préc.*, p.155.

1347 *C. civ.*, art. 914-1 : réserve d'un quart en l'absence de descendant.

1348 Exigence d'un testament authentique pour priver le conjoint de son droit viager au logement (*C. civ.*, art. 764 al. 1er).

1349 Droit temporaire au logement (*C. civ.*, art. 763 *in fine*) ; Pension alimentaire (*C. civ.*, art. 767).

1350 Le droit viager d'usage et d'habitation ne s'ajoutent pas aux autres droits successoraux. Leur valeur s'impute sur celles des droits recueillis par le conjoint (*C. civ.*, art. 765). Les droits temporaires d'usage et d'habitation, sont réputés être des effets directs du mariage et non des droits successoraux, ils suivent donc la règle inverse (*C. civ.*, art. 763 al.).

1351 *Supra*, n° 542.

1352 *C. civ.*, art. 756 et s.

1353 *C. civ.*, art. 757.

1354 *C. civ.*, art. 757-1.

1355 *C. civ.*, art. 757-2. Les collatéraux privilégiés bénéficient tout de même d'un droit de retour légal, sous certaines conditions (*C. civ.*, art. 757-3).

Le conjoint survivant doit donc recueillir systématiquement une portion non négligeable des biens de la succession en usufruit ou en propriété. Bénéficiant déjà du maintien de son cadre de vie, il pourra aussi maintenir son train de vie, sous réserve de l'importance de l'actif successoral[1356].

Il peut tout de même être privé de ses droits par la volonté du *de cujus*. Dans cette hypothèse, il bénéficie *a minima* du droit temporaire au logement et d'un droit à pension, qui sont d'ordre public.

560. ***Le droit à pension de l'article 767 du code civil* -** Lorsque le conjoint survivant est dans le besoin, il dispose d'un droit à pension[1357]. Si la qualité d'époux permet, en règle générale, de revendiquer un certain train de vie[1358], cette disposition ne lui permet de prétendre qu'à des aliments, entendus strictement. Ce droit existait antérieurement à la réforme de 2001, à une époque où ses droits successoraux étaient très inférieurs à ceux d'aujourd'hui[1359].

« Le droit à pension permet d'offrir quelques ressources au conjoint survivant nécessiteux, pour le cas où il serait exhérédé, ou pour le cas où, de fait sa vocation successorale ne lui offrirait pas de ressources suffisantes[1360] ». Ce droit s'ajoute aux autres droits successoraux[1361]. Il peut également être demandé lorsque l'époux survivant a renoncé à la succession[1362]. Il est acquis, comme sous l'empire de la loi ancienne, que cette pension ne couvre que les besoins vitaux[1363]. La doctrine parle de

---

1356 S'il opte pour l'usufruit, il devra, en théorie, restituer au jour de son décès les biens qu'il a reçu dans la succession, y compris les liquidités. Le maintien de son train de vie ne devrait donc pas porter atteinte au capital successoral.

1357 *C. civ.*, art. 767 issu de la loi n° 2001-1135 du 3 décembre 2001: « La succession de l'époux prédécédé doit une pension au conjoint successible qui est dans le besoin. Le délai pour la réclamer est d'un an, à partir du décès ou du moment où les héritiers cessent d'acquitter les prestations qu'ils fournissaient auparavant ».

1358 *Supra*, n° 489 et s.

1359 *C. civ.*, art. 207-1 ancien. Pour un bref historique, voir Mazaud-Leveneur (S.), *J.-Cl, Civil code*, Art. 756 à 767, Fasc 30 : Successions, Des droits du conjoint successible, Du droit à pension, spéc. n° 1 ; Terré (F.), Lequette (Y.) et Gaudemet (S.), *Droit civil, Les successions, les libéralités*, 4e éd., Dalloz, Précis, 2014, n° 193.

1360 Jubault (Ch.), *Droit civil, Les successions, les libéralités*, 2e éd., Montchrestien, 2010, n° 354.

1361 Terré (F.), Lequette (Y.) et Gaudemet (S.), *op. cit.*, n° 193.

1362 *Ibid.*

1363 Pour une définition évolutive de la notion de besoin de l'époux survivant, voir Fehrenbach (K.), « Devoir de secours des époux et pension alimentaire après décès », *LPA*, 29 décembre 2000, n° 260, p. 4, spéc. n° 21 et s.

« minimum nécessaire pour vivre décemment[1364] » ou « d'impossibilité de pourvoir par ses propres ressources à sa subsistance[1365] ».

Il s'agit d'une créance contre la succession. Les aliments perçus par le conjoint survivant, au titre de ce droit à pension, ne pourront excéder le montant de la succession[1366]. Certains auteurs et la jurisprudence assimilent ce droit à pension à une prolongation du devoir de secours entre époux[1367]. Un projet de loi déposé à l'Assemblée nationale en 1991 avait déjà introduit cette rente [1368]. Un commentateur estimait qu'elle n'avait « plus un fondement strictement alimentaire. "Contribuer aux conditions d'existence" du conjoint est plus "qu'assurer sa subsistance" ou ses besoins élémentaires. La rente, ici, prolonge, non le devoir de secours (art. 212 C. civ.), mais l'obligation (plus large) de contribuer aux charges du mariage (art. 214 C. civ) [1369] ». Plusieurs arguments conduisent à rejeter cette assimilation. Le mariage étant dissout par la mort, le devoir de secours n'a plus lieu d'être, pas plus que la contribution aux charges du mariage. Par ailleurs, l'étendue de ces différentes obligations est distincte. Le devoir de secours et la contribution aux charges du mariage englobent toutes les dépenses de train de vie[1370] alors que le droit à pension de l'époux survivant est limité aux seuls aliments.

[1364] Catala de Roton (M.-C.) et Vernières (Ch.), sous la dir. de M. Grimaldi, *Droit patrimonial de la famille*, 5e éd., Dalloz action, 2015-2016, n° 234.11.

[1365] Mazaud-Leveneur (S.), *op. cit.*, spé. n° 11.

[1366] Catala de Roton (M.-C.) et Vernières (Ch.), sous la dir. de M. Grimaldi, , *op. cit.*, n° 234.22 et s. ; Terré (F.), Lequette (Y.) et Gaudemet (S.), *op. cit.*, n° 194.

[1367] Malaurie (Ph.) et Brenner (C.), *Les successions, les libéralités*, 6e éd., LGDJ, coll. Droit civil, 2014, n° 109 ; Voirin (P.) et Goubeaux (G.), *Droit civil T. 2, Régimes matrimoniaux, successions, libéralités*, 25e éd., LGDJ, 2008, n° 356 ; Terré (F.), Lequette (Y.) et Gaudemet (S.), *op. cit.*, n° 193 ; Fehrenbach (K.), « Devoir de secours des époux et pension alimentaire après décès », *LPA*, 29 décembre 2000, n° 260, p. 4.

Cass. civ. 1re, 17 novembre 1995, n° 92-21.559, *Bull. civ. I*, n° 30 : *D.* 1995, somm. 329, obs. M. Grimaldi ; *JCP G* 1995, II, 22407, note A. Bénabent ; *JCP N* 1995, p. 1087, note F. Monéger ; *JCP N* 1996, p. 176, note J.-F. Pillebout ; *Defrénois* 1995, p. 1022, obs. J. Massip ; *RTD civ.* 1995, p. 348, obs. J. Hauser ; *RTD civ.* 1995, p. 404, obs. J. Patarin ; *RTD civ.* 1996, p. 458, obs. B. Vareille.

[1368] Le projet de loi modifiant le code civil et relatif aux droits des héritiers, n° 2530, enregistré à la présidence de l'assemblée nationale le 23 décembre 1991, notamment son art. 766.

[1369] Rémy (Ph.), « Les droits du conjoint survivant dans le projet de réforme des successions », *Écrits en hommage à Gérard Cornu*, PUF, 1994, p. 377 et s., spéc. n° 89.

[1370] *Supra*, n° 489 et s.

561. ***Bilan*** - Le statut du mariage offre une garantie contre la perte de train de vie qui résulterait de sa dissolution. En effet, en cas de divorce, la prestation compensatoire permet de compenser la perte de train de vie. En cas de décès, le droit successoral permet d'en assurer le maintien, sous réserve que le *de cujus* n'ait pas privé le conjoint survivant de ses droit successoraux.

Au terme de ces développements il apparaît que la compensation de la perte de train de vie est particulièrement intense pour le conjoint divorcé ou survivant. Aujourd'hui le droit patrimonial de la famille ne saurait se réduire au seul mariage.

B - Une protection restreinte dans son domaine

562. La compensation de la perte de train de vie est une réalité dans de nombreuses branches du droit. Cependant, elle est une nécessité en droit patrimonial de la famille du fait de la juxtaposition des relations patrimoniales et personnelles. La fin d'une union, résultant d'une rupture ou d'un décès, a des conséquences personnelles lourdes auxquelles s'ajoutent des conséquences patrimoniales. Pour les premières, le droit est impuissant. Les secondes peuvent en revanche être atténuées. La protection offerte aux époux divorcés avec la prestation compensatoire et plus encore, celle offerte au conjoint survivant, en sont des exemples significatifs. Mais, force est de constater que cette protection est exclusivement réservée aux époux[1371]. Ni les règles statutaires du PACS, ni celles du concubinage ne prévoient la moindre protection. Dans ces unions, les rapports personnels et la dépendance patrimoniale sont pourtant équivalents à ceux du mariage. Face à cette absence totale de protection, la jurisprudence a recourt à des mécanismes juridiques qui ne sont pas inhérents au droit patrimonial de la famille. Les quasi-contrats et la société créée de fait en sont des exemples. Ces mécanismes permettent de limiter l'impact patrimonial de la dissolution du PACS et du concubinage de manière insuffisante, du fait notamment de leurs conditions de mise en œuvre relativement strictes. Il en résulte que la compensation de la perte de train de vie est absente, là où elle est pourtant une nécessité.

[1371] Voir Dauriac (I.), « La rupture des couples : questions patrimoniale », *Droit et patrimoine* n° 221, janvier 2013, Dossier : Couple et gestion de patrimoine, Attraits et contraintes du mariage, PACS et concubinage, p. 59.

563. Pour parvenir à cette conclusion, l'absence de protection statutaire dans le PACS et le concubinage sera mise en lumière (1). L'étude des palliatifs jurisprudentiels lui succèdera (2).

1 - L'absence de protection statutaire dans le PACS et le concubinage

564. Ni le statut légal du PACS (b) ni celui du concubinage (a) ne permettent d'assurer une protection contre la perte de train de vie au jour de la dissolution de l'union.

a) L'absence de protection statutaire dans le concubinage

565. ***Un statut légal minimal*** **-** Depuis 1999, le concubinage reçoit une définition légale. Il s'agit d'« une union de fait, caractérisée par une vie commune présentant un caractère de stabilité et de continuité, entre deux personnes, de sexe différent ou de même sexe, qui vivent en couple[1372] ». Les rapports entre concubins, d'ordre personnel ou patrimonial[1373], ne sont pas régis par le code civil. Ces derniers peuvent néanmoins les organiser conventionnellement[1374].

Ni les textes du mariage, ni ceux du PACS, ne leurs sont pas applicables[1375]. La jurisprudence a ainsi refusé de leur appliquer les dispositions relatives à la contribution aux charges du mariage[1376], celles

---

[1372] *C. civ.*, art. 515-8.

[1373] Voir Simler (Ph.), « Le "régime matrimonial" des concubins », in *Mél. J. Rubellin-Devichi : Des concubinages, droit interne, droit international, droit comparé*, Litec, 2002, p. 75.

[1374] Storck (M.), « Les contrats de concubinage », *LPA* 16 mai 1988, p. 75 ; Charlin (J.), « Le contrat de concubinage, Formule », *JCP N* 1991, I, 460 ; Choplin-Texier (M.) et Rolle (M.), « Les conventions de concubinage ou les conventions préparatoires à la vie commune des partenaires », *Droit et Patrimoine* 2012, n° 217, Dossier, le notaire, le PACS et le concubinage.

[1375] Aucune décision n'est intervenue à ce jour. La motivation des décisions rendues par rapport aux textes régissant le mariage est néanmoins transposable à ceux régissant le PACS.

[1376] Cass. civ. 1re, 9 janvier 1979, n° 77-12.991, *Bull. civ I*, n° 11 p. 8; Cass. civ. 1re, 19 mars 1991, n° 88-19.400, *Bull. civ. I*, n° 92, p. 60 ; *Defrénois* 1991, p. 942, obs. J. Massip ; Cass. civ. 1re, 17 octobre 2000, n° 98-19.527, *Bull. civ. I*, n° 44, p. 160 : *JCP G* 2001, II, 10568 et *JCP N* 2001, p. 1822, note Th. Garé ; *D.* 2001, p. 497, note R. Cabrillac ; *D.* 2002, somm. p. 611, obs. J.-J. Lemouland ; *Defrénois* 2001, p. 93, obs. J. Massip ; *Dr. famille* 2000, n° 139,

relatives à la solidarité ménagère[1377], celles relatives à la cotitularité du bail du logement[1378] ou encore celles relatives à l'attribution préférentielle[1379].

Le concubinage emporte tout de mêmes quelques conséquences en droit social[1380] ou en droit fiscal[1381]. Ainsi, un concubin peut bénéficier du statut d'ayant droit de l'autre et les prestations familiales sont évaluées en fonction de la composition du foyer quelle que soit la nature de l'union. Ils sont également tenus à une imposition commune pour l'impôt sur la solidarité et la fortune[1382].

En droit de la famille, le concubinage a également été promu. Ainsi, la protection des personnes vulnérables a accordé une place importante au concubin[1383].

566. ***Un vide juridique autour de la dissolution*** - La perte de train de vie occasionnée par la dissolution du concubinage n'est en rien compensée. Les concubins n'ont aucune vocation successorale l'un à l'égard de l'autre.

---

obs. B. Beignier ; *AJ famille* 2007, p. 33, obs. F. Chénédé ; *RTD civ.* 2001, p. 111, obs. J. Hauser ; Cass. civ. 1re, 31 janvier 2006, n° 02-19.277 : *Dr. famille* 2006, n° 83, note V. Larribau-Terneyre ; Cass. civ. 1re, 28 novembre 2006, n° 04-15.480, *Bull. civ. I*, n° 517, p. 458 : *AJ famille* 2007, p. 33, obs. F. Chénédé ; *Dr. famille* 2007, n° 32, note V. Larribau-Terneyre ; *Defrénois* 2007, p. 297, obs. J. Massip ; *RTD civ.* 2007, p. 94, obs. J. Hauser.

1377 Cass. civ. 1re, 11 janvier 1984, n° 82-15.461, *Bull. civ. I*, n° 13 : *Gaz. Pal.* 1985, I, p. 133, note J. M. ; *Defrénois* 1984, p. 933, obs. G. Champenois ; *RTD civ.* 1985, p. 171, obs. J. Mestre ; Cass. civ. 1re, 2 mai 2001, n° 98-22.836, *Bull. civ. I*, n° 111 : *D.* 2002, Somm. 612, obs. J.-J. Lemouland ; *Defrénois* 2001, p. 1003, obs. J. Massip ; *Dr. famille* 2001, n° 79, note L. Perrouin ; *RTD civ.* 2001, p. 565, obs J. Hauser ; *RTD civ.* 2002, p. 556, obs. B. Vareille ; *JCP G* 2002, II, 10009, note R. Cabrillac ; Cass. civ. 1re, 27 avril 2004, n° 02-16.291, *Bull. civ. I*, n° 113 : *D.* 2004, Somm. 2968, obs. D. Vigneau ; *JCP G* 2005, II, 10008, note Cavalier ; *Defrénois* 2004, p. 1232, obs. J. Massip ; *Dr. famille* 2004, n° 140, obs. V. Larribau-Terneyre ; *RTD civ.* 2004, p. 487, obs. J. Hauser.

1378 TI Pivas, 7 septembre 1993 : *RTD civ.* 1994, p. 81, obs. J. Hauser ; CA Paris, 20 mars 1996 : *Dr. famille* 1996, n° 1, note H. Lécuyer.

1379 Cass. civ. 1re, 9 décembre 2003, n° 02-12.884, *Bull. civ. I*, n° 253 : *JCP G* 2004, II, 10035, note A. Devers.

1380 Benoit (A.), « Protection sociale et concubinage », *JCP N* 1997, 4137, p. 1207 ; Bichet (D.), « Concubinage, vie maritale, vie commune », *Droit social* 1997, p. 288. 13 occurrences du terme « concubinage » peuvent être recensées dans le Code de la sécurité sociale (art. L.531-4, R.532-3, R.553-2, L.356-3, L.434-8, L.434-9, L.523-2, R.161-65, R.161-67, R.755-0-1, D.356-2, D.821-2 et D.821-5).

1381 Héraud (J.), « Ces couples déclarés unis par les liens...de l'impôt. Le concubinage en droit fiscal », *JCP N* 2008, 1326.

1382 *CGI*, art. 885 E, al. 2.

1383 Kessler (G.) et Zalewski (V.), « Le principe de primauté de la famille après la réforme des incapacités par la loi du 5 mars 2007 », *RLDC* 2007/414, p. 266.

Les libéralités qu'elles soient réalisées entre vifs ou à cause de mort sont très lourdement taxées sur le plan fiscal[1384]. Seul le versement d'un capital décès, peut leur offrir une maigre compensation.

En cas de rupture, ils n'ont à assumer aucune obligation d'ordre patrimonial. S'ils rencontrent des difficultés dans la liquidation de leurs intérêts patrimoniaux, ils peuvent saisir le juge aux affaires familiales[1385]. Leurs différends sont tranchés sur le fondement des règles du droit commun[1386].

567. ***Un décalage entre le droit et la société*** **-** Le concubinage souffre aujourd'hui encore d'une image négative héritée de l'Ancien Droit[1387]. La célèbre formule attribuée à Bonaparte, « les concubins se passent de la loi, la loi se désintéresse d'eux » n'est-elle pas surannée ? La société du début du XIXe siècle est bien différente de celle d'aujourd'hui. Le mariage n'est plus le modèle unique et sacré du couple. En 2012[1388], lorsque 3 mariages étaient célébrés, 2 PACS étaient conclus. L'âge moyen au premier mariage était de 28,5 ans pour les femmes et de 30,6 ans pour les hommes. En 2013, le taux de natalité hors mariage a atteint 57,1 %[1389]. Une étude récente réalisée par l'INSEE, intitulée « Famille et logement » est encore plus significative. Elle révèle que « jusqu'à 31 ans, moins d'une personne en couple sur deux est mariée et cohabite avec son conjoint. Les unions hors mariage se sont en effet largement développées depuis une quarantaine d'années. Début 2011, 8,5 millions d'adultes se déclarent en couple sans être mariés. Parmi eux 1,4 million, soit 4 % des personnes en couple, ont contractualisé leur union avec leur conjoint par un Pacte civil de solidarité (Pacs), autre forme de reconnaissance d'union créée en 1999. Par ailleurs, 7,2 millions d'adultes

---

1384 Sur ce thème, voir Douet (F.), « La protection du survivant du couple : aspects fiscaux », *AJ Famille* 2005, p. 312.

1385 *Code de l'organisation judiciaire*, art. 213-3-2°.

1386 *Infra*, n° 572 et s.

1387 Barrière (L.-A.), « Penser le(s) concubinage(s), La doctrine française et le concubinage depuis le code civil », in *Mél. J. Rubellin-Devichi : Des concubinages, droit interne, droit international, droit comparé*, Litec, 2002, p. 143 ; Esmein (P.), « Le problème de l'union libre », *RTD civ.* 1935, p. 747 ; Nast (A.), « Vers l'union libre ou le crépuscule du mariage », *DH* 1938, chron. 37.

1388 Ellamy (V.) et Beaumel (C.), Bilan démographique 2013, *INSEE Première*, n° 1482, janvier 2014.

1389 http://www.insee.fr/fr/themes/tableau.asp?reg_id=0&ref_id=NATnon02231.

n'ont pas officialisé leur union, notamment les plus jeunes : avant 25 ans, 84 % des adultes en couple sont en union libre[1390] ».

L'absence de statut patrimonial du concubinage apparait en contradiction avec la situation sociétale des couples et avec l'accroissement des prérogatives personnelles et sociales. Les relations patrimoniales entre concubins ne peuvent plus reposer sur les faits durant l'union et, plus grave encore, sur un simple devoir moral à son terme[1391]. Si un statut patrimonial commun à tous les couples[1392] devait voir le jour, il devrait nécessairement régir ce dernier point.

568. Le statut du concubinage n'assure aucune protection contre la perte de train de vie consécutive à la dissolution de cette union. Opter pour un PACS, dont le régime patrimonial est organisé par le code civil, n'est pas non plus de nature à faire bénéficier d'une telle protection.

b) L'absence de protection statutaire dans le PACS[1393]

569. ***L'absence totale de protection en cas de dissolution par rupture -*** Les relations patrimoniales des partenaires sont régies du temps de l'union[1394]. Ils doivent notamment contribuer aux charges du ménage et sont tenus solidairement à l'égard des tiers pour les dettes contractées pour les besoins de la vie courante[1395]. Au terme de l'union, toutes les relations

---

1390 Buisson (G.) et Lapinte (A.), « Le couple dans tous ses états Non-cohabitation, conjoints de même sexe, Pacs... » , *INSEE Première*, n° 1435, février 2013.

1391 Berthet (P.), *th. préc.*, n° 258 et s.

1392 Gernez (V.), « Pour un statut matrimonial unifie, libre égale et solidaire pour tous », *Droit et patrimoine*, n° 68, février 1999, p. 95 ; Labbée (X.), *Le droit commun du couple*, PU du Septentrion, 2010 ; Neirinck (C.), « Vers un droit commun de la rupture », *LPA* 20 décembre 2007, n° 254, p. 28 ; Brigant (J.-M.), « Vers bail un conjugal d'habitation ? », *Droit de la famille*, janvier 2011, Études n° 3.

1393 Pour une présentation générale de la question, voir Baby (W.), *Les effets patrimoniaux du pacte civil de solidarité, L'invention d'une nouvelle forme de conjugalité*, préf. Marc Nicod, Defrénois, coll. Doctorat et Notariat, T. 51, 2013, spécialement la seconde partie ; Granet-Lambrechts (F.) et Hilt (P.), *J.-Cl. Civil code*, art. 515-1 à 515-7-1, Fasc. unique : Le pacte civil de solidarité, spéc. n° 148 et s., Dauriac (I.), *Droit des régimes matrimoniaux et du PACS*, 4e éd., LGDJ, coll. Manuels, 2015, n° 184 et s.

1394 *C. civ.*, art. 515-4.

1395 *Supra*, n° 493.

patrimoniales cessent[1396]. La dissolution peut être unilatérale et très rapide puisque son formalisme est relativement sommaire[1397]. Une signification par lettre recommandée, suivie d'un enregistrement au greffe est suffisante. Les partenaires sont ensuite invités à liquider par eux-mêmes leurs intérêts patrimoniaux[1398]. En cas de difficultés, ils peuvent s'adresser au juge aux affaires familiales[1399].

Dans ce régime, il n'existe aucune règle destinée à compenser les disparités économiques créées entre les partenaires par la dissolution[1400]. Si les partenaires ont opté pour l'indivision des acquêts, la liquidation de cette indivision, qui peut être comparée à un avantage matrimonial, pourrait constituer un îlot de protection au sortir de la relation, spécialement pour celui qui a plus faibles ressources[1401].

L'allocation de dommages et intérêts, également prévue par le code civil, ne peut non plus être envisagée comme une mesure de compensation de la perte de train de vie[1402]. Elle vise à indemniser un préjudice subi, et ne peut donc être assimilée au prix de la rupture.

570. ***La protection du cadre de vie en cas de dissolution par décès -*** Lorsque le PACS est dissout par décès, le survivant bénéficie de quelques avantages patrimoniaux qui lui permettent de maintenir son cadre de vie. Il ne dispose cependant pas d'une vocation successorale à l'encontre de son partenaire décédé[1403]. Ainsi, il bénéficie d'un droit d'usage et d'habitation à titre gratuit d'un an sur le logement qu'il occupait au jour du décès[1404]. Si ce

---

1396 Dauriac (I.) et Gaudemet (S.), « La rupture ou le vrai visage du PACS », *Mél. P. Courbe*, Dalloz, 2012, p. 141. Sur l'insuffisance de l'article 515-7 à fonder un droit à pension, voir Martinez (M.), sous la dir. de J. Hauser et J.-L. Renchon, *Le statut juridique du couple marié et du couple non marié en droit belge et français, Vol. 1 : Les statuts légaux des couples*, Larcier 2012, n° 1270 et s. Voir aussi Barbier (N.), Martin (M.), Mussier (A.), Passalacqua (J.) et Vagost (E.), « PACS : à quand le *coming-out* de la prestation compensatoire ? », *AJ famille* 2011, p. 201.

1397 *C. civ.*, art. 515-7 al. 5.

1398 *C. civ.*, art. 515-7 al. 10.

1399 *Code de l'organisation judiciaire*, art. 213-3, 2°.

1400 Dauriac (I.), *Droit des régimes matrimoniaux et du PACS*, 4e éd., LGDJ, coll. Manuels, 2015, n° 726.

1401 Pour une présentation de la liquidation de ce régime, voir Dauriac (I.), *op. cit.*, n° 726 et s. Cet auteur emploi l'expression « un souffle communautaire ».

1402 *C. civ.*, art. 515-7 al. 10. Voir Dauriac (I.) et Gaudemet (S.), *op. cit.*, spéc. n° 8

1403 Sur ce point, voir Coiffard (D.), « Le partenaire survivant », *AJ Famille* 2007, p. 16 ; Jacatot (D.) et Convers (S.), « Le PACS et le droit des successions et des libéralités », *JCP N* 2009, 1269.

1404 *C. civ.*, art. 515-6 al. 2. Voir *supra*, n° 542.

bien est loué, il peut demeurer dans les lieux au terme de ce délai dans la mesure où le PACS entraine la cotitularité du bail portant sur le logement des partenaires[1405]. Si ce bien est la propriété indivise des partenaires, le survivant peut en demander l'attribution préférentielle[1406].

Ces deux dernières mesures, ne sont pas accompagnées d'un volet financier. La diminution des ressources du ménage, non compensée par une pension de réversion qui est réservée aux époux[1407], rendra difficile le paiement du loyer. L'attribution préférentielle suppose quant à elle que le partenaire survivant bénéficie des moyens financiers suffisants pour racheter la part du logement aux héritiers. L'exonération des droits de droits de mutation par décès entre partenaires[1408], si elle n'est pas accompagnée d'un testament est, elle-aussi, impuissante à assurer la compensation de la perte de train de vie du partenaire survivant.

571. Ces quelques mesures légales permettent de protéger le cadre de vie du partenaire. Elles sont en revanche insuffisantes pour assurer la compensation de la perte de train de vie. Il convient désormais de voir si les palliatifs élaborés par la jurisprudence permettent d'assurer une telle compensation.

2 - L'insuffisance des palliatifs jurisprudentiels

572. ***Une protection par défaut*** - L'absence de protection statutaire, peut être doublement compensée, par la volonté d'une part et par la

[1405] *C. civ.*, art. 1751 al. 1 et 3.

[1406] *C. civ.*, art. 515-6 renvoyant notamment à l'art. 831-2-1°.

[1407] *CSS*, art. L.353-1 et s. Par une lettre en date du 26 févier 2016, le Ministre des affaires sociales et de la santé a demandé aux organismes de pension *« de tenir compte des périodes de pacte civil de solidarité précédant l'union pour déterminer l'ouverture du droit à réversion du conjoint survivant d'un couple de même sexe dont le mariage a été contracté au plus tard le 31 décembre 2014 »* (*Dr. famille* n° 4, avril 2016, comm. 99, obs. A. Devers). L'élargissement du droit à pension au profit des partenaires a été débattu lors de l'adoption de la loi n° 2011-1906 du 21 décembre 2011 de financement de la sécurité sociale pour 2012 mais n'a pas été retenu. En outre, le conseil constitutionnel a jugé que la différence de traitement qui existe entre les époux et les partenaires est conforme à la Constitution (QPC n° 2011-155 du 29 juillet 2011 : *Dr. famille*, octobre 2011, n° 10, p. 23-24, obs. V. Larribau-Terneyre ; *Dr. famille* n° 7-8, juillet-août 2013, p. 28-29, obs. A. Devers). Voir aussi, I. DAURIAC, « Réversion d'usufruit et prévoyance conjugale », *Mél. G. Champenois*, Defrénois, 2012, p. 240, spéc. I.

[1408] *CGI*, art. 796-0 bis crée par la loi TEPA du 21 août 2007.

jurisprudence d'autre part s'appuyant sur les textes de droit commun[1409]. La première voie est la plus efficace. Elle débute par le choix d'une union et se poursuit par ses aménagements [1410]. Pour les concubins elle n'est pas exploitée et pour les partenaires elle s'arrête au contrat de PACS, dans bien des cas, extrait d'un modèle trouvé sur internet. Une convention de PACS bien réfléchie serait pourtant de nature à anticiper de nombreuses difficultés patrimoniales. Lorsque l'union arrivera à son terme et qu'aucun aménagement conventionnel n'aura été prévu, seul le droit commun, articulé par la jurisprudence, sera à même de compenser la perte de train de vie. Ces palliatifs sont pourtant bien insuffisants pour amortir ou compenser la perte de train de vie et, *a fortiori*, en permettre le maintien.

Les palliatifs visant à liquider les intérêts patrimoniaux (a) seront étudiés avant ceux visant à maintenir une relation patrimoniale après la rupture (b).

a) Les palliatifs permettant de liquider les intérêts patrimoniaux

573. La présentation de la jurisprudence sur la société créée de fait (α) précèdera celle fondée sur les quasi-contrats (β). La jurisprudence relative au concubinage étant beaucoup plus fournie que celle relative au PACS, de nombreuses solutions rendues en matière de concubinage seront donc étendues au PACS[1411].

α - La société créée de fait

574. ***Objectif et conditions*** - La société créée de fait est invoquée par les anciens concubins ou anciens partenaires en vue de partager un actif et des profits qui ont été réalisés durant l'union et qui profitent seulement à

[1409] Porthais (A.), « Le droit commun palliant l'imprévoyance des concubins dans leurs relations pécuniaires entre eux », *JCP G*, I, 1990, 3440 ; Voir aussi Arnaudin (C.), sous la dir. de J. Hauser et J.-L. Renchon, « Les modes de correction des déséquilibres patrimoniaux lors de la rupture du couple », in *Différenciation ou convergence des statuts juridiques du couple marié et du couple non marié ? Droit belge et français*, Bruylant et LGDJ, 2005, p. 465.

[1410] Libéralités, assurance vie, modalités d'acquisition du logement, etc. Sur ce thème, voir Baby (W.), *La protection du concubin survivant*, préf. Marc Nicod, Defrénois, 2009.

[1411] En ce sens, Dauriac (I.) et Gaudemet (S.), « La rupture ou le vrai visage du PACS », *Mél. P. Courbe*, Dalloz, 2012, p. 141, spéc. n° 17.

l'un des deux[1412]. Lors de la dissolution de l'union, l'objectif est de liquider la société qui existait dans les faits entre les membres du couple, mais qui n'avait pas été formellement reconnue et dont les associés n'avaient pas eu conscience de son existence.

La reconnaissance d'une société créée de fait nécessite la réunion des éléments habituels du contrat de société[1413]. Le demandeur doit donc apporter la preuve d'un apport de chaque associé, d'une activité commune en vue de partager des bénéfices et de contribuer aux pertes, et d'un *affectio societatis*[1414]. La jurisprudence récente continue de rappeler ces différentes conditions. De plus, elle est particulièrement exigeante quant à leur caractérisation de manière séparée ce qui explique que l'intention de concubins de s'associer fasse souvent défaut[1415]. Ainsi, l'acquisition d'un bien par des personnes vivant en commun n'est pas suffisante pour reconnaître l'existence d'une telle société[1416].

[1412] *C. civ.*, art. 1873. Sur cette notion, voir Vacrame (S.) , *La société créée de fait, essai de théorisation*, préf. Hervé Lécuyer, LGDJ, coll. Bib. droit privé, T. 405, 2003 ; Temple (H.), *Les sociétés de fait*, préf. Jean Calay-Auloy, LGDJ, coll. Bib. droit privé, T. 141, 1975 ; Dekeuwer-Defossez (F.), « Illusions et dangers du statut des sociétés créées de fait », *D.* 1982, chron. p. 83 ; Guyenot (J.), « Les nouveaux rapports résultant de l'article 1873 du code civil entre les sociétés en participation, les sociétés créées de fait et les sociétés de fait », *D.* 1979, chron. p. 155 ; Kessler (G.), « Société créée de fait : les leçons du droit comparé », *D.* 2005, chron. p. 86 ; Cozian (M.), Viandier (A.) et Deboissy (F.), *Droit des sociétés*, 29e éd., Lexis-Nexis, 2016, n° 1578 et s. et spéc. n° 1585 à 1587 pour les sociétés entre concubins.

Sur l'utilisation de la société de fait au sein des couples voir Pernel (Ch.), « Le patrimoine des concubins après la loi du 15 novembre 1999 : indivision ou société créée de fait », *Droit et patrimoine*, janvier 2011, n° 94, p. 44 ; Hérail (J.) L, « La fin du concubinage à travers les décisions du Juris-Data », *JCP N* n° 22, 3 juin 1994, 3002, spéc. n° 5 et s. ; Maubru (B.), « Les sociétés créées de fait entre époux », in *Mél. Jean. Derruppé : Les activités et les biens de l'entreprise*, GLN Joly éditions et Litec, 1991, p. 275.

[1413] Anciennement dénommée société universelle.

[1414] Cass. civ. 1re, 25 juillet 1949, n° 49-39.306, *Bull. civ. I*, n° 205, p. 152 : *JCP* 1950, II, 5798, note D. Bastian.

[1415] Cass. civ. 1re, 12 mai 2004, n° 01-03.909, *Bull. civ. I*, n° 131, p. 108 : *D.* 2004, AJ, p. 1672 ; *D.* 2004, Somm. p. 2928, obs. E. Lamazerolle ; *RTD civ.* 2004, p. 488, obs. J. Hauser ; Cass. com. 23 juin 2004, n° 01-10.106 et 01-14.275, *Bull. com.* IV, n° 134 p. 148 et n° 135 p. 149 : *D.* 2004, Somm. p. 2969, obs. D. Vigneau ; *RTD civ.* 2004, p. 488, obs. J. Hauser ; *D.* 2004, AJ, p. 1976 ; *AJ famille* 2004, p. 324, obs. F. Bicheron ; *JCP G* 2005, I, 116, n° 3, obs. Favier ; *Dr. famille* 2004, comm. 168, note V. Larribau-Terneyre ; *RJPF* 2004-10/22, obs. F. Vauvillé ; *JCP E* 2004, I, 1510, obs. J.-J. Caussain, F. Deboissy et G. Wicker ; *Dr. sociétés* 2004, comm. 143, obs. F.-X. Lucas et 163, obs. F.-G. Trébulle ; Cass. civ. 1re, 20 janvier 2010, n° 08-13.200, *Bull. civ. I*, n° 11 : *RJPF* 2010-4/18, obs. F. Vauvillé ; *Dr. famille* 2010, comm. 35, obs. V. Larribau-Terneyre ; Cass. com. 12 mai 2015, n° 14-13.229 : *RTD civ.* 2016, p. 87, obs. J. Hauser ; *D.* 2016, p. 1342, obs. J.-J. Lemouland et D. Vigneau.

[1416] Cass. com., 7 avril 1998, n° 96-13.400 ; Cass. civ. 1re, 20 janvier 2010, n° 08-13.200 : *Dr. famille* 2010, comm. 35, obs. V. Larribau-Terneyre.

575. La société créée de fait sert à rééquilibrer les patrimoines des anciens membres du couple. Elle permet à chacun d'eux de profiter d'une partie des richesses nées d'une activité commune. Ce rééquilibrage peut, dans une certaine mesure, diminuer les effets patrimoniaux de la rupture et atténuer la perte de train de vie qui en résulte. Il n'en reste pas moins que la société créée de fait ne parvient pas à compenser véritablement cette perte de train de vie. Le même constat peut être réalisé à l'encontre des quasi-contrats.

β - Les quasi-contrats

576. Lors de la rupture du concubinage la règle de principe est que chacun des concubins supporte les dépenses qu'il a exposées pendant l'union[1417]. Le recours aux quasi-contrats[1418] permet de tempérer ce principe en rétablissant une juste proportion dans la contribution au passif né pendant l'union.

Tous les quasi-contrats ont été admis par la jurisprudence[1419]. Parmi eux l'enrichissement sans cause[1420] retient les faveurs des plaideurs[1421], en dépit de son caractère subsidiaire. La jurisprudence exige que l'ensemble de ses conditions de mise en œuvre soient réunies : un enrichissement, un appauvrissement corrélatif et une absence de cause. La dernière condition est

---

[1417] Cass. civ. 1re, 19 mars 1991, n° 88-19.400, *Bull. civ. I*, n° 92, p. 60 : *Defrénois* 1991, p. 492, note J. Massip

[1418] Voir notamment Granet-Lambrechts (F.) et Hilt (P.), *J.-Cl. Civil code*, art. 515-8, Fasc. unique : Concubinage, spéc. n°70 et s. ; Hérail (J.), « La fin du concubinage à travers les décisions du JurisData », *JCP N* 1994, 3002, n° 11 et s.

[1419] Pour la gestion d'affaire, voir CA Paris, 14 octobre 1997 : *Dr. famille* 1998, comm. 19, obs. H. Lécuyer. Pour la répétition de l'indu, voir CA Paris, 15 janvier 1999 : *Dr. famille* 1999, comm. 111, obs. H. Lécuyer.

[1420] Désigné « enrichissement injustifié » depuis la réforme du droit des contrats de février 2016. *C. civ.*, art. 1300 et 1303-3 et s. La jurisprudence ayant été rendue sous l'empire de la loi ancienne, l'utilisation du vocable ancien sera conservée.

[1421] Cass. Req., 17 mai 1870 : *D.* 1871, 1, 52 ; Cass. com., 27 juin 1961, *Bull. civ. III*, n° 297, p. 255 ; Cass. civ. 1re, 19 mai 1969, *Bull. civ. I*, n° 187, p. 150 ; Cass. civ. 1re, 24 septembre 2008, n° 06-11.294, *Bull. civ. I*, n° 211 : *Dr. famille* 2008, comm. 152, note J.-L. Gracia ; *D.* 2009, p. 140, note J.-J. Lemouland ; *RLDC* 2009, 3427, p. 37, note C. Bernard-Xémard ; *RTD civ.* 2008, p. 660, obs. J. Hauser ; *Defrénois* 2008, art. 38874, obs. E. Savaux ; Cass. civ. 1re, 20 janvier 2010, n° 08-13.400, *Bull. civ. I*, n° 14 et n° 08-16.105, *Bull. civ. I*, n° 15 : *AJ famille* 2010, p. 132, obs. S. Milleville ; *Dr. famille*, comm. 35, obs. V. Larribau-Terneyre ; Cass. civ. 1re, 8 octobre 2014, n° 13-18.563 : *RTD civ.* 2015, p. 107, obs. J. Hauser.

particulièrement problématique au sein d'un couple. L'appauvrissement du concubin demandeur peut en effet trouver sa contrepartie dans les avantages qu'il a retirés du concubinage. Tel est par exemple le cas d'un concubin qui a financé des travaux dans le logement appartenant à la concubine, dans lequel vit le couple alors que le même temps le concubin ne verse pas de loyer à la concubine. L'appauvrissement peut aussi s'analyser comme une participation normale aux dépenses de la vie commune, qu'elle soit en valeur ou en nature.

577. Pas plus que la société créée de fait, les quasi-contrats ne permettent de compenser la perte de train de vie consécutive à la rupture. Essentiellement tournés vers le passé, ils permettent seulement de rééquilibrer les relations patrimoniales entre les concubins au sortir de l'union en évitant que l'un seul ne s'enrichisse au détriment de l'autre.

D'autres palliatifs, tournés vers l'avenir, permet-ils de compenser la perte de train de vie ?

b) Les palliatifs permettant de maintenir une relation patrimoniale après la rupture

578. Deux palliatifs peuvent permettre de maintenir une relation patrimoniale après la rupture, permettant de compenser la perte de train de vie. Il s'agit de l'obligation naturelle d'une part (α) et de la responsabilité délictuelle d'autre part (β).

α - L'obligation naturelle

579. ***Définition*** - L'obligation naturelle trouvait son fondement dans l'article 1235 alinéa 2 du code civil qui disposait que « la répétition n'est pas admise à l'égard des obligations naturelles qui ont été volontairement acquittées », lequel a été repris par l'article 1302 alinéa 2 issu de l'ordonnance du 10 févier 2016. Depuis cette réforme, elle est également envisagée à l'article 1100 du code civil issu, qui présente les sources des obligations, sans être désignée expressément. Ainsi, il dispose que « les obligations naissent d'actes juridiques, de faits juridiques ou de l'autorité seule de la loi. Elles peuvent naître de l'exécution volontaire ou de la promesse d'exécution d'un devoir de conscience envers autrui ».

L'obligation naturelle peut être définie, par opposition à l'obligation civile[1422], comme l' « obligation dont l'exécution (forcée) ne peut être exigée en justice mais dont l'exécution (volontaire) ne donne pas lieu à répétition, en tant qu'elle est l'accomplissement d'un devoir moral[1423] ».

L'obligation naturelle dans sa conception classique était conçue comme un dérivé de l'obligation civile[1424]. Il s'agit par exemple d'une obligation civile prescrite. Dans une conception plus moderne, elle émane d'un devoir de conscience, qui en l'absence de toute exécution appartient au domaine du non droit. Cette seconde conception a permis à l'obligation naturelle de prospérer dans les relations patrimoniales des couples.

580. ***L'obligation naturelle et les couples*** **-** L'obligation naturelle a été admise par la jurisprudence au sein des couples mariés[1425] ou en union libre, au profit de la concubine abandonnée, tant pour réparer le préjudice causé par le concubin auteur de la rupture [1426] que pour satisfaire un devoir

---

[1422] Julienne (M.), « Obligation naturelle et obligation civile », *D.* 2009, p. 1709.

[1423] Association Henri Capitant sous la dir. de Cornu (G.), *Vocabulaire juridique*, 11e éd., PUF, Quadrige, 2016, V° *Naturelle (obligation).* Pour une présentation générale, voir Bout (R.), *Rép. civ. Dalloz*, V° *Obligation naturelle*, janvier 2008.

[1424] Bout (R.), *op. cit.*, n° 16 et s.

[1425] Cass. civ. 2e, 9 mai 1988, n° 86-18561, *Bull. civ. II*, n° 111, p. 59 : *D.* 1989, p. 289, note J. Massip ; *Defrénois* 1989, p. 306, obs. J. Massip ; Cass. civ. 2e, 25 janvier 1984, n° 82-14595, *Bull. civ. II*, n° 13 : *D.* 1984, p. 442, note C. Philippe ; *JCP* 1986, II, 20540, note A. Batteur, *Gaz. Pal.* 1984, 2, pano. 248, obs. M. Grimaldi, *RTD civ.* 1985, p. 148, obs. J. Rubellin-Devichi.

[1426] Bout (R.), *op. cit.*, n° 44.

d'entraide entre anciens concubins[1427]. Elle ne l'a pas été pour le moment s'agissant des couples de partenaires mais rien ne semble l'en écarter[1428].

581. ***Conditions d'admission*** - L'exécution constatée d'un devoir de conscience n'est pas toujours suffisante pour admettre une obligation naturelle. Il faut en outre prouver l'exécution, non réalisée, mais promise. Ainsi, la Cour de cassation, constatant l'absence d'un écrit dans lequel le concubin aurait manifesté sa volonté d'aider financièrement son ancienne concubine sans limitation de durée, a pu refuser la transformation d'un devoir de conscience en une obligation naturelle[1429]. Cela, alors même que le concubin versait depuis plusieurs mois une indemnité à son ancienne compagne.

Par ailleurs, l'obligation naturelle n'est pas admise lorsque l'indemnité à la charge du concubin excède les obligations financières qui résulteraient d'un devoir de conscience[1430].

582. L'obligation naturelle permet de compenser la perte de train de vie consécutive à la rupture. Ce palliatif souffre néanmoins d'un inconvénient majeur : même en admettant qu'il existe un devoir général d'entraide entre

---

[1427] Cass. civ. 1re, 6 octobre 1959 (indemnité tendant à garantir l'avenir de la femme qu'il s'apprête à délaisser) : *D.* 1960, p. 515, note Ph. Malaurie ; *JCP* 1959, II, 11305, note P. Esmein ; Cass. civ. 1re, 3 juin 1998, n° 96-13.664 : « je te verserai tous les mois la somme de 7.500 francs correspondant au loyer + charges, ceci jusqu'au moment où, soit tu auras déménagé, soit Sonia aura fini ses études » : *Defrénois* 1998, art. 36895, note J. Massip ; *JCP G* 1999, I, 101, obs. H. Bosse-Platière ; *LPA*, 17 février 1999, n° 34, p. 10, obs. J. Massip ; Cass. civ. 1re, 17 novembre 1999, n° 97-17.541 (offre formulée dans une lettre d'occuper l'immeuble sa vie durant et de verser une pension) : *JCP G* 2001, II, 10458, note S. Chassagnard ; *D.* 2000, p. 419, obs. J.-J. Lemouland ; *Dr. famille* 2000, comm. 19, note H. Lécuyer ; Cass. civ. 1re, 20 février 2008, n° 07-15.978 (versement d'une somme de 400.000 F pour la construction d'un pavillon) : *D.* 2008, p. 1794, Pan., obs. J.-J. Lemouland et D. Vigneau ; *AJ famille* 2008, p. 208, obs. F. C ; *RDC* octobre 2008, p. 1303, S. Gaudemet. Voir aussi R. BOUT, *op. cit.*, n° 53.

[1428] En ce sens Coudrais (M.) C, « L'obligation naturelle : une idée moderne », *RTD civ.* 2001, p. 453, spéc. n° 15 et s. ; Granet-Lambrechts (F.) et Hilt (P.), *J.-Cl. Civil code*, art. 515-1 à 515-7-1, Fasc. unique : Le pacte civil de solidarité, spéc. n°159.

[1429] Cass. civ. 1re, 23 juin 2006, n° 04-19.099, *Bull. civ. I*, n° 264, p. 231 : *Dr. famille* 2006, comm. 42, note V. Larribau-Terneyre ; *RJPF* 2006-7-8/48, obs. S. Valory ; *AJ famille* 2006, p. 287, obs. F. Chénedé ; *Defrénois* 2007, p. 467, note R. Libchaber ; *RTD civ.* 2007, p. 119, obs. J. Mestre et B. Fages. Voir Bridge (Ch.), « L'engagement des concubins sur les conséquences de leur rupture à l'épreuve du droit des obligations (à propos des arrêts des 23 mai et 20 juin 2006) », *RLDC* n° 41, septembre 2007, p. 59.

[1430] Cass. civ. 1re, 29 juin 2011, n° 10-12.018 : *RDC* janvier 2012, p. 157, note Ch. Goldie-Genicon.

anciens membres d'un couple, l'obligation naturelle reste conditionnée par l'exécution du débiteur. Or, celle-ci est loin d'être systématique. Cette condition fait obstacle à ce que l'obligation naturelle soit un fondement général du droit à la compensation de la perte de train de vie[1431]. Les exigences probatoires affaiblissent encore cette protection.

β - La responsabilité délictuelle

583. ***L'indemnisation d'un préjudice causé par une faute commise à l'occasion de la rupture*** - La responsabilité délictuelle a été utilisée par la jurisprudence pour indemniser le préjudice subi par un concubin à l'occasion de la rupture[1432]. La rupture étant libre, celle-ci n'est jamais en elle-même constitutive d'une faute. Seules les circonstances entourant la rupture peuvent caractériser une faute[1433].

En matière de PACS, le recours à la responsabilité délictuelle est expressément prévu par le code civil[1434]. Ses règles de mise en œuvre sont identiques à celles du concubinage. La rupture, y compris si elle a été décidée unilatéralement, n'est pas en elle-même fautive[1435].

[1431] *Infra*, n° 636.

[1432] Voir notamment Gouttenoire (A.), « Responsabilité civile et rupture unilatérale du concubinage », in *Mél. Jacqueline Rubellin-Devichi : Des concubinages, droit interne, droit international, droit comparé*, Litec, 2002, p. 257 ; M. MULLER, « L'indemnisation du concubin abandonné sans ressources », *D.* 1986, chron. p. 328.

[1433] Cass. civ. 1re, 29 novembre 1977, n° 75-12.386, *Bull. civ. I*, n° 449 : « Les juges du fond relèvent que V, à qui il ne peut être reproché, certes de rompre une liaison aux conséquences grave pour son foyer légitime, avait invité Dame M à le suivre et à venir s'installer à Biarritz, après lui avoir interdit de travailler et s'être formellement engagé à subvenir à ses besoins, lui faisant ainsi subir un préjudice à la fois matériel (perte d'emploi, frais de déménagement) et moral » : *Gaz. Pal.* 1978, 2, p. 345, note J. Massip ; Cass. civ. 1re, 3 janvier 2006, n° 04-11.016 : « M. Y..., en dépit du jugement de divorce dont il s'est ensuite prévalu pour échapper à ses obligations, a continué à se comporter en mari tant à l'égard de son épouse que des tiers, d'autre part que son départ intervenu sans concertation, après quarante ans de vie commune, a été brutal » : *JCP* 2006, I, 199, n° 7, obs. H. Bosse-Platière ; *AJ famille* 2006, p. 111, obs. F. Chénedé ; Cass. civ. 1re, 25 juin 2008, n° 07-14.628 : « M. Y... l'avait quittée, la laissant dans un désarroi matériel et moral pour aller vivre avec sa propre fille qu'il devait épouser par la suite » : *D.* 2010, Pan. 728, obs. J.-J. Lemouland et D. Vigneau ; *Defrénois* 2008, 2420, n° 21, note J. Massip.

[1434] 515-7 al. 10. Cons. Constit. 9 novembre 1999, Décision n° 99-419 DC, spéc. Considérants n° 70 et 71. Voir *Dr. famille,* décembre 1999, hors-série, n° 13, p. 46-51, comm. G. Drago ; *LPA*, 1999, n° 239, 1er décembre, p. 6-25, comm. J.-E. Schoettl ; *JCP G,* 2000, I, 210, p. 399-407, N. Molfessis ; *D.* 2000, somm. commenté, p. 424-425, obs. S. Garneri.

[1435] TGI Lille, 7 septembre 2009 : *D.* 2010, p. 69, note A. Koumadadj et X. Labbée ; CA Montpellier, 4 janvier 2011 : *Dr. famille* 2011, n° 89, obs. V. Larribau-Terneyre.

584. ***Le détournement de la responsabilité délictuelle*** - La responsabilité délictuelle, admise avec beaucoup de souplesse [1436], notamment lorsque la relation s'est installée dans la durée, tend à être utilisée dans l'objectif de « suppléer les carences de l'organisation patrimoniale des partenaires et des concubins durant leur vie commune[1437] ».

Plus que de rééquilibrer les patrimoines des concubins ou des partenaires, elle peut être un moyen détourné de compenser la perte du train de vie en allouant, postérieurement à la dissolution, une indemnisation visant à réparer un préjudice et qui permettra finalement au concubin ou au partenaire abandonné, de rebondir économiquement après la rupture.

585. Au terme de ces développements, il apparaît que tous les palliatifs utilisés par la jurisprudence ne permettent pas de compenser la perte de train de vie résultant de la rupture du concubinage ou du PACS. Les lacunes des statuts légaux du concubinage et du PACS ont également été mises en lumière lorsque la dissolution de ces unions résulte du décès d'un de ses membres.

La protection patrimoniale d'une personne traversant une période de crise n'est pas toujours assurée dans des domaines où elle est pourtant légitime de l'espérer. Il en est ainsi en droit patrimonial de la famille. En revanche, elle une réalité dans d'autres branches du droit au sein desquelles elle est pourtant moins attendue.

Paragraphe 2 - La compensation de la perte de train de vie hors du droit patrimonial de la famille

586. Le droit patrimonial de la famille n'est pas la seule branche du droit à compenser la perte de train de vie résultant de la survenance d'un événement malheureux. D'autres, dans lesquelles il n'existe aucune relation personnelle entre les membres qu'elles régissent, offrent une protection de même nature. Celle-ci peut prendre plusieurs visages, il peut s'agir d'offrir un revenu de substitution ou de mettre en œuvre des procédures visant à

[1436] Gouttenoire (A.), *op. cit.*, p. 257 ; Malaurie (Ph.) et Fulchiron (H.) F, *Droit de la famille*, 5e éd., LGDJ, coll. Droit civil, 2016, n° 329.

[1437] Lamarche (M.), *Rép. civ. Dalloz*, V° *Pacte civil de solidarité*, 2012, spéc. n° 212.

éviter ou à sanctionner toute rupture brutale d'une relation entre deux acteurs économiques.

587. Les développements à venir ne réaliseront pas une présentation exhaustive des mécanismes de compensation de la perte de train de vie dans toutes les branches du droit. Ceux qui seront envisagés permettront néanmoins de montrer que la compensation de la perte de train de vie est une réalité dans d'autres domaines que le droit patrimonial de la famille.

Le droit de la protection social sera une nouvelle fois au cœur des prochains développements. En effet, la collectivité est un acteur majeur de la compensation de la perte de train de vie (A). À côté d'elle, des acteurs individuels assument également cette mission(B). Tel est le cas de l'employeur ou du partenaire commercial.

A - Une compensation assurée par la collectivité

588. ***Centrage sur les mécanismes de protection sociale répondant à une logique assurantielle*** **-** La société assure la compensation de la perte du train de vie grâce à la protection sociale. Au sein de la protection sociale on peut distinguer trois branches : la sécurité sociale, l'aide sociale et l'assurance chômage. L'aide sociale, basée sur une logique d'assistance, qui s'accommode assez mal avec la compensation de la perte de train de vie, ne retiendra pas notre attention. L'aide sociale permet certes de couvrir des besoins mais elle n'est pas liée à des événements qui entrainent une perte de revenus et par la même, une perte train de vie. Au contraire, la sécurité sociale et l'aide sociale, qui répondent à une logique assurantielle[1438], en indemnisant notamment les salariés de la perte de leurs revenus lors de la réalisation de certains risques, sont des acteurs majeurs de la compensation de la perte de train de vie.

589. L'étude de la compensation de la perte de train de vie assurée par la sécurité sociale (1) précédera celle opérée par l'assurance chômage (2).

[1438] Tout du moins en partie. L'une comme l'autre répondent également à une logique d'assistance.

1 - La compensation de la perte de train de vie assurée par la sécurité sociale

590. ***L'objet de la sécurité sociale*** **-** La sécurité sociale « garantit les travailleurs et leur famille contre les risques de toute nature susceptibles de réduire ou de supprimer leur capacité de gain. Elle couvre également les charges de maternité, de paternité et les charges de famille[1439] ».

L'objet premier de la sécurité sociale est donc double. Il s'agit, d'une part, de compenser la perte de revenus du salarié, donc la perte de son train de vie résultant de la réalisation d'un risque social et d'autre part, de compenser les charges de famille. Ce second volet ne vise qu'indirectement à compenser la perte de train de vie dans la mesure où les revenus ne diminuent pas nécessairement en cas de charges de famille. Ce sont davantage les charges qui augmentent. Néanmoins, si elles ne sont pas compensées par un revenu complémentaire, elles risquent d'entrainer une diminution du train de vie. De plus, lorsque le foyer dispose de faibles ressources, ces prestations, destinées à couvrir les besoins nouveaux, permettent de maintenir un train de vie minimal[1440]. Le premier volet, qui illustre au mieux l'idée d'une compensation de la perte de train de vie, sera au cœur de notre analyse.

591. ***Domaine de la compensation*** **-** Le domaine de la compensation de la perte de revenus s'étend aux différents risques couverts par la sécurité sociale. Ainsi, la perte peut résulter de la maladie, de la maternité, de l'invalidité, de la vieillesse, des accidents et des maladies professionnels.

On peut également observer que la sécurité sociale couvre également certaines diminutions du revenu résultant d'un choix du salarié. Tel est notamment le cas du congé parental.

592. ***Modalités de la compensation*** **-** Lorsque l'assuré social se trouve dans l'incapacité momentanée d'exercer son activité professionnelle, constatée par un médecin, sa caisse primaire d'assurance lui verse un substitut de salaire qui prend la forme d'indemnités journalières[1441].

1439 *CSS*, art. L.111-1.

1440 *Supra*, n° 524 et s.

1441 En cas de maladie : *CSS*, art. L.321-1, 4° et L.323-1. En cas de maternité ou d'accompagnement d'un enfant malade : *CSS*, art. L.331-3 et s. En cas de paternité : *CSS*, art. L.331-8 et s.

Lorsque l'assuré se trouve dans l'impossibilité définitive, totale ou partielle, de poursuivre une activité, ou lorsqu'il a atteint l'âge de la retraite, il reçoit alors une pension, qui se substitue à ses revenus antérieurs.

593. ***Le montant de la compensation*** - L'objectif du maintien des revenus explique que les prestations sociales, principalement en cas de cessation d'activité, sont proportionnelles au salaire d'activité antérieur[1442], dans la limite d'un certain plafond[1443]. Le revenu de substitution correspond à un pourcentage[1444] du revenu antérieur, sans jamais pouvoir dépasser un certain plafond. Il est complété par d'autres indemnités légales ou conventionnelles pour atteindre un revenu assez proche du revenu antérieur. Il n'y est néanmoins jamais égal. La compensation de la perte de revenus ne peut donc pas être totale. Cela résulte par exemple de l'observation d'un délai de carence entre l'acte médical prescrivant l'arrêt de travail et le début du versement des indemnités[1445].

Les pensions d'invalidité et de retraite sont elles aussi fonction du salaire antérieur. Elles sont néanmoins bien inférieures aux indemnités journalières[1446]. Dans ce cas, la compensation de la perte de train de vie n'est que très partielle.

594. ***La durée de la compensation*** - La compensation de la perte de train de vie est temporaire. Cette temporalité est la condition d'une compensation quasi totale. Cela se vérifie à propos des indemnités journalières. Elles sont versées pendant une durée limitée[1447] mais leur

[1442] Dupeyroux (J.-J.), Borgetto (M.) et Lafore (R.), *Droit de la sécurité sociale*, 18e éd., Dalloz, Précis, 2015, n° 256.

[1443] Arrêté du 17 décembre 2015 portant fixation du plafond de la sécurité sociale pour 2016.

[1444] Pour l'indemnité en cas de maladie : *CSS*, art. L.323-4 et R. 323-5 (50 % les 30 premiers jours, 66 % à compter du 31e jour). Pour l'indemnité journalière de repos de la mère : *CSS*, art. R.331-5 (1/90e du montant des 3 dernières payes soit un maintien total du salaire). Sur le montant de ces indemnités, voir : Dupeyroux (J.-J.), Borgetto (M.) et Lafore (R.), *Droit de la sécurité sociale*, 18e éd., Dalloz, Précis, 2015, n° 635 et s. (en cas de maladie) et 741 (en cas de maternité).

[1445] 4 jours en cas de maladie pour un salarié du secteur privé.

[1446] Entre 30 et 50 % pour les pensions d'invalidité. 50 % pour une pension de retraite à taux plein. Voir Dupeyroux (J.-J.), Borgetto (M.) et Lafore (R.), *Droit de la sécurité sociale*, *op. cit.*, n° 745 (invalidité) et 783 et s. (retraite).

[1447] En principe 6 mois après l'interruption de travail avec une possibilité de prolongement au-delà (*CSS*, art. R.313-3). Jusqu'à 3 ans pour les personnes affectées d'une maladie de longue durée, pathologie chronique et sévère, jusqu'à ce que l'assuré puisse éventuellement bénéficier de l'assurance invalidité. Pour un minimum de 8 semaines en cas de maternité avec

montant proche du salaire antérieur, permet de compenser efficacement la perte de revenus et, par là même, la perte de train de vie. Cette limitation temporelle permet également de toujours conserver un lien avec l'événement qui est la cause de la perte de train de vie.

En outre, l'absence de mécanisme juridique permettant d'assurer un maintien du train de vie de manière illimité corrobore cette analyse. En effet, ceux qui ne sont soumis à aucun critère de durée, n'assurent qu'une compensation partielle, voire minimale, de la perte de train de vie. Tel est le cas de la pension d'invalidité et de la pension de retraite. Elles ne procurent pas des revenus de remplacement d'un montant semblable aux revenus remplacés. Elles ne permettent pas de faire face à une difficulté pendant une période transitoire. Ces revenus de substitution, largement inférieurs aux revenus substitués, s'inscrivent dans la durée mais ils ne permettent pas, à leur bénéficiaire, de conserver leur train de vie. Ils se présentent davantage comme un revenu minimum permettant d'accéder à un train de vie minimal.

595. La sécurité sociale, en versant notamment des indemnités journalières aux assurés surmontant à un risque social, assure pendant une période temporaire, une compensation de la perte de train de vie. Elle n'est pas la seule. L'assurance chômage opère de la même manière en fournissant de manière temporaire un revenu de substitution aux demandeurs d'emploi ayant perdu involontairement leur emploi.

2 - La compensation de la perte de train de vie assurée par l'assurance chômage

596. ***Les différentes catégories d'indemnités chômage*** - Le régime d'indemnisation du chômage français est qualifié de dualiste car deux logiques et deux catégories de prestations permettent d'assurer l'indemnisation du chômeur. Les premières relèvent du régime de l'assurance chômage[1448], elles sont dénommées prestations d'assurance chômage. Les secondes relèvent du régime de solidarité[1449] et sont qualifiées de prestations de solidarité.

---

possibilité d'extension en fonction de la situation familiale et de l'état de santé de la mère (*CSS*, art. L.331-5 et s.).

[1448] *Code travail*, art. L.5422-1 et s.

[1449] *Ibid.*

La première catégorie est principalement composée de l'allocation de retour à l'emploi (ARE)[1450]. D'autres allocations, ayant pour objectif d'aider à la reprise d'un emploi[1451], la complètent. Ainsi, les salariés ayant fait l'objet d'un licenciement pour motif économique peuvent bénéficier d'un régime spécifique en acceptant un contrat de sécurisation professionnelle (CSP)[1452]. La seconde catégorie est composée de l'allocation de solidarité spécifique (ASA) et de l'allocation temporaire d'attente (ATA)[1453].

Parmi toutes ces allocations, l'allocation de retour à l'emploi sera principalement étudiée. Elle est à la fois, la prestation chômage la plus connue, la plus répandue et celle qui illustre sans doute le mieux la compensation de la perte de train de vie. Les allocations relevant du régime de la solidarité sont certes liées à l'emploi, mais pas nécessairement en lien direct et immédiat avec la perte d'emploi. Elles ne répondent donc pas assez à une logique indemnitaire qui permet de défendre l'idée d'une compensation de la perte de train de vie.

597. ***L'allocation d'aide au retour à l'emploi (ARE)*** **-** Jusqu'au début des années 2000, l'indemnisation du chômage avait pour but d'assurer un revenu de remplacement aux demandeurs d'emploi ayant été privé involontairement de leur emploi[1454]. Ces derniers percevaient alors l'allocation unique dégressive (AUD). La convention UNEDIC du 1er janvier 2001, dans laquelle le retour à l'emploi est devenu une priorité[1455], a fait disparaître cette allocation. Celle-ci a été remplacée par l'allocation de retour

---

[1450] Pour une présentation de cette allocation, voir Alfandari (E.) et Tourette (F.), *Action et aide sociales*, 5e éd., Dalloz, Précis, 2011, n° 425 ; Borgetto (M.) et Lafore (R.), *Droit de l'aide et de l'action sociales*, *op. cit.*, n° 444 et s.

[1451] On peut notamment citer l'aide différentielle de reclassement (ADR) et l'aide aux chômeurs repreneurs ou créateurs d'entreprise (ACCRE). Pour une présentation des différentes allocations chômage, voir UNEDIC, *Le précis de l'indemnisation du chômage*, Documentation juridique, 2015.

[1452] *Code travail*, art. L.1233-66.

[1453] *Code travail*, art. L.5423-1 à L.5423-6 et art. L.5423-8 à L.5423-14. Pour une présentation de ces allocations, voir Alfandari (E.) et Tourette (F.), *op. cit.*, n° 426 et 427 ; Borgetto (M.) et Lafore (R.), *Droit de l'aide et de l'action sociales*, *op. cit.*, n° 448 et s.

[1454] Pour une présentation historique du système, voir Borgetto (M.) et Lafore (R.), *Droit de l'aide et de l'action sociales*, *op. cit.*, n° 433 et s.

[1455] Les conventions qui lui ont suivi ont œuvré dans le même sens. La convention du 14 mai 2014, entrée en vigueur le 1er juillet 2014, qui régit l'indemnisation du chômage pour deux années, continue de poursuivre cet objectif. Elle permet notamment de cumuler des indemnités chômage avec une rémunération. Pour une présentation de cette convention, voir UNEDIC, *La convention d'assurance chômage*, Documentation juridique, juillet 2014, mise à jour mai 2015.

à l'emploi qui, tout en continuant de compenser les ressources perdues en fournissant au demandeur d'emploi un revenu de remplacement, doit également permettre un retour à l'emploi[1456].

Le versement de l'allocation de retour à l'emploi est soumis à plusieurs conditions[1457]. Le salarié privé d'emploi doit avoir perdu involontairement son emploi ou rompu conventionnellement son contrat de travail, être inscrit comme demandeur d'emploi et rechercher activement un emploi, avoir travaillé au moins 4 mois au cours des 28 derniers mois[1458], être apte à l'exercice d'un emploi, ne pas avoir atteint l'âge légal de départ à la retraite, et résider en France métropolitaine ou dans un département ou une collectivité d'Outre-mer.

598. ***Montant et durée de l'allocation de retour à l'emploi*** **-** Les droits au chômage indemnisé, déterminant le montant et la durée de l'allocation de retour à l'emploi, sont calculés en fonction de la durée de cotisation et du montant des rémunérations perçues pendant cette même période.

Concernant la durée, chaque jour travaillé ouvre droit à un jour d'indemnisation. La durée minimale d'indemnisation est de 122 jours et la durée maximale de 24 mois étendue à 36 mois pour les personnes âgées de plus de 50 ans.

Pour déterminer le montant de l'allocation, sont pris en considération les anciens salaires bruts, y compris les primes soumises aux contributions d'assurance chômage. En fonction du montant obtenu, l'indemnité représente un pourcentage du salaire brut[1459], ou un montant fixe[1460], ou encore un cumul des deux[1461]. Dans tous les cas cette indemnité est plafonnée à 75 % de l'ancien salaire.

599. ***Lien avec le train de vie*** **-** Les allocations chômage, et plus particulièrement l'allocation de retour à l'emploi permettent de compenser la

---

[1456] Alfandari (E.) et Tourette (F.), *op. cit.*, n° 425.

[1457] *Code travail*, art. L.5422-1 ; Règlement général annexé à la convention UNEDIC du 14 mai 2014, art. 2, 3 et 4.

[1458] 36 mois pour les personnes âgées de 50 ans et plus.

[1459] À compter du 1er juillet 2014, pour les salaires mensuels bruts inférieurs à 1.143€, elle représente 75 % de l'ancien salaire et pour les salaires mensuels bruts compris entre 2.068 € et 12.516 €, elle représente 57 % de l'ancien salaire brut journalier.

[1460] Pour les salaires mensuels bruts compris entre 1.143 € et 1.252 €, une allocation minimale de 28,58 € par jour est versée.

[1461] Pour les salaires mensuels bruts compris entre 1 252 € et 2 068 €, l'allocation représente 40,4 % de l'ancien salaire brut journalier auxquels s'ajoute une part fixe de 11,72 €.

perte de revenus consécutive à la perte involontaire d'emploi. La convention du 14 mai 2014, qui a allongé les délais de carence entre la cessation de l'activité professionnelle et le début de l'indemnisation en cas de versement d'indemnités de licenciement au-delà des prévisions légales, conforte cette idée[1462]. Ces nouveaux délais de carence permettent de n'indemniser que les pertes réelles et effectives de revenus. Dans la mesure où les indemnités de licenciement *supra* légales permettent de maintenir le train de vie pendant une certaine période, il est logique qu'elles diffèrent le début du versement de l'allocation de retour à l'emploi.

Par ailleurs, l'indemnisation accordée au demandeur d'emploi est fonction de la durée et du montant des cotisations, et par la même, de la durée de son ancienne activité professionnelle et du montant de son ancienne rémunération. Cette règle permet de compenser au mieux la perte de train de vie tout en sachant que plus la relation de travail aura été longue, plus le salaire aura été important, et plus les habitudes économiques du demandeur d'emploi seront ancrées chez lui.

En outre, la limitation dans le temps de l'indemnisation permet à la fois de conserver un niveau de revenus assez proche de celui antérieur à la perte d'emploi et conserver un lien avec la perte d'emploi, événement qui est la cause de la perte de train de vie. Cela permet de confirmer qu'il s'agit bien d'une compensation de la perte de train de vie et non son maintien illimité. D'ailleurs, aucun mécanisme de protection sociale ne permet un tel maintien. Les mécanismes d'assistance tels que les allocations chômage de solidarité ou le revenu de solidarité active, qui ne sont pas limitées dans le temps, ne permettent pas de maintenir un niveau de vie comparable à celui qui était mené par le chômeur antérieurement à la perte de son emploi. Ils permettent tout au plus de lui fournir un revenu minimum lui permettant d'accéder à un train de vie minimal[1463].

600. La collectivité, par l'intermédiaire de l'assurance chômage et de la sécurité sociale, compense assez largement la perte de train de vie résultant essentiellement de la perte des revenus du travail. Elle n'est pas la seule à assumer ce rôle. La compensation de la perte de train de vie est également

---

[1462] Règlement général annexé à la convention UNEDIC du 14 mai 2014, art. 21. La limite de ce délai est passée de 75 jours à 180 jours. Ce différé n'est plus applicable depuis le 1er mai 2016. Il a été jugé illégal par le Conseil d'État dans une décision du 5 octobre 2015 (*Association des amis des intermittents et précaires et autres*). Un tel dispositif est possible dans son principe, mais les modalités prévues par la convention pouvaient aboutir à priver certains salariés licenciés illégalement de toute indemnisation des préjudices autres que la perte de revenus liés au licenciement.

[1463] *Supra*, n° 499 et s. et plus spécifiquement n° 514.

assurée par des acteurs individuels qui n'appartiennent pas à la sphère familiale.

B - Une compensation assurée par des acteurs juridiques individuels

601. Le fait d'une personne peut avoir des conséquences négatives sur le train de vie d'une autre. En effet, il peut entraîner pour cette dernière une perte de son train de vie qui doit être compensée. Une telle compensation semble plus évidente lorsqu'il existait des relations établies entre les deux protagonistes (1). Pourtant, elle existe également en l'absence de toute relation antérieure à la réalisation du fait dommageable (2).

1 - La compensation de la perte de train de vie consécutivement à la rupture d'une relation préalablement établie

602. En droit, les relations établies, stables et installées dans le temps sont le plus souvent, mais pas systématiquement, organisées par un contrat[1464]. Si celui-ci est à durée indéterminée, ce qui est le plus souvent le cas pour des relations installées dans la durée, les contractants peuvent le rompre à tout moment mais pas de n'importe quelle manière. L'abus ou le caractère fautif de la rupture peuvent ainsi être sanctionnés. Il existe aussi, et notamment dans les contrats où l'une des parties est particulièrement dépendante économiquement de l'autre, des règles de fond et de forme qui encadrent la rupture.

Ces différents mécanismes juridiques encadrant la rupture d'une relation établie ont une influence sur le train de vie. Ils permettent de compenser la perte de train de vie consécutive à la rupture. Cela est particulièrement significatif dans deux domaines, les relations d'affaires (a) et les relations de travail (b).

[1464] Un parallèle peut être fait avec le droit patrimonial de la famille où les couples souhaitant organiser leurs relations peuvent contracter mariage, PACS ou vivre en concubinage.

a) La compensation de la perte de train de vie consécutivement à la rupture d'une relation d'affaires

603. ***Présentation de la rupture des relations commerciales établies*** **-** Au sein des relations d'affaires, les partenaires commerciaux se doivent d'agir avec loyauté. À cet effet, le code de commerce exige que le terme d'une relation établie soit annoncé par écrit et précédé d'un certain préavis. La violation de ces prescriptions, qui permet de qualifier la rupture de la relation commerciale de brutale, est sanctionnée sur le fondement de la responsabilité[1465]. La mise en œuvre de cette sanction nécessite la réunion de deux conditions. Il faut d'une part qu'une relation commerciale soit établie et d'autre part, que le caractère brutal de la rupture soit caractérisé.

604. ***Définition de la relation commerciale établie*** **-** La notion de relation commerciale établie est davantage une notion économique que juridique[1466]. Elle n'est pas précisément définie par les textes. La Cour de cassation l'a définie comme une relation ayant « un caractère suivi, stable et habituel et où la partie victime de l'interruption pouvait raisonnablement anticiper pour l'avenir une certaine continuité du flux d'affaire avec son partenaire commercial[1467] ». Il n'est pas exigé qu'un état de dépendance de la victime soit caractérisé pour que la relation commerciale soit qualifiée d'établie[1468].

La relation économique peut avoir été organisée par un contrat unique, une succession de contrats ponctuels, sans que les parties ne soient liées par

---

[1465] *C. comm.*, art. L. 442-6, I, 5° : « Engage la responsabilité de son auteur et l'oblige à réparer le préjudice causé le fait, par tout producteur, commerçant, industriel ou personne immatriculée au répertoire des métiers (…) de rompre brutalement, même partiellement, une relation commerciale établie, sans préavis écrit tenant compte de la durée de la relation commerciale et respectant la durée minimale de préavis déterminée, en référence aux usages du commerces, par des accords interprofessionnels ». Voir Ferrier (D.) et Ferrier (N.), *Droit de la distribution*, 7e éd., Lexis-Nexis, coll. Manuels, 2014, n° 393 et s. ; Frison-Roche (M.-A.) et Payet (M.-S.), *Droit de la concurrence*, 1re éd., Dalloz, Précis, 2006, n° 472 et s. ; Le Couviour (K.), « Regards critiques sur la rupture brutale des relations commerciales établies », *RTD com.* 2008, p. 1.

[1466] Caporale (F.) C, « La notion de relation commerciale établie », *Cahier de droits de l'entreprise*, n° 1, janvier 2014, Dossier : La rupture brutale des relations commerciales, p. 23.

[1467] *Rapport annuel de la Cour de cassation de l'année 2008*, La documentation française, p. 307.

[1468] Cass. com. 17 mars 2004, n° 02-17.575 : *Bull. rapide de droit des affaires*, avril 2005, inf. 23.

un contrat-cadre, ou s'être nouée de manière informelle[1469]. Elle peut avoir pour objet la fourniture d'un produit ou d'une prestation de services.

605. ***Définition de la rupture brutale*** - La notion de rupture brutale de la relation commerciale[1470] qui est au cœur du dispositif n'est pas, elle non plus, définie par les textes. Pour la définir, il convient de se pencher à la fois sur la notion de rupture et sur celle de brutalité.

La rupture n'est pas nécessairement la cessation totale des relations d'affaires. Celle-ci peut être partielle et revêtir différentes formes. Ainsi, la baisse des commandes [1471], le changement de tarif accordé à un distributeur[1472] ont été retenus pour caractériser une rupture de la relation commerciale établie.

La brutalité, « élément déclencheur de la responsabilité de l'auteur de la rupture[1473] », résulte de l'absence d'un préavis, suffisamment long et notifié par écrit, entre l'annonce de la rupture et son effectivité. Le délai du préavis devrait être déterminé « en référence aux usages du commerce, par des accords professionnels[1474] » mais ces accords sont assez rares. Seuls quatre ont pu être référencés par un auteur[1475]. En leur absence, ce qui est le plus fréquent, les juges, qui exercent leur appréciation souveraine, déterminent le caractère raisonnable du préavis en prenant en considération la durée de la relation commerciale et les stipulations contractuelles, sous réserve qu'elles existent. Plus la relation est ancrée dans le temps, plus le préavis doit être long. Deux exceptions permettent à l'auteur de la rupture de s'affranchir d'un tel préavis. Il s'agit de la force majeure et l'exception d'inexécution[1476].

606. ***La sanction de la rupture brutale de la relation commerciale établie*** - Lorsque les conditions de la rupture abusive de la relation

---

1469 *Concurrence et consommation*, Mémento pratique Francis Lefebvre, 2015/206, n° 85096.

1470 Saintourens (B.), « La notion de rupture brutale de la relation commerciale établie », *Cahier de droits de l'entreprise*, n° 1, janvier 2014, Dossier : La rupture brutale des relations commerciales, p. 29.

1471 CA Lyon, 3e ch., 15 mars 2002 : *Lettre de la distribution* 2002, n° 3, obs. V. Sélinsky ; CA Paris, pôle 5, ch. 4, 24 juin 2009 : *RJDA* 2010, n° 82.

1472 CA Paris, 12 septembre 2009, n° 99-15368 : *Lettre de la distribution*, novembre 2010, p. 2.

1473 Saintourens (B.), *op. cit.*, p. 30.

1474 *C. comm.*, art. L. 442-6, I, 5°.

1475 Saintourens (B.), *op. cit.*, p. 31.

1476 Frison-Roche (M.-A.) et Payet (M.-S.), *Droit de la concurrence*, 1re éd., Dalloz, Précis, 2006, n° 474

commerciale établie sont réunies, l'auteur de la rupture engage sa responsabilité délictuelle [1477]. Il est tenu de réparer en nature ou d'indemniser[1478] le préjudice qui en résulte pour la victime, son ancien partenaire économique. Seul le préjudice découlant de la brutalité de la rupture peut être indemnisé[1479]. Celui résultant de la rupture en elle-même ne sera en revanche pas pris en considération[1480]. Il peut s'agir par exemple d'investissements réalisés ou, plus généralement, des frais occasionnés en vue de poursuivre la collaboration. Les dommages-intérêts sont donc calculés en fonction du préavis qui aurait dû être respecté et des conséquences en termes de manque à gagner et de perte éprouvée[1481].

607. ***Mise en lien avec la compensation de la perte de train de vie -*** Comme dans les relations de couple, la responsabilité civile permet, dans les relations d'affaires, de compenser les préjudices qui résulteraient de la rupture brutale d'une relation installée dans la durée[1482]. Il n'est pas question de limiter la liberté de rompre ou d'imposer la poursuite de la collaboration. Il s'agit simplement de donner à son partenaire commercial les moyens lui permettant d'organiser l'après relation et de pallier la baisse de ses ressources. Celui-ci pourra notamment chercher à nouer des relations commerciales avec d'autres partenaires. Le respect d'un délai de préavis raisonnable permet donc d'éviter que le partenaire commercial ne se retrouve dans une situation économique délicate au sortir de la relation, de telle sorte qu'il ne puisse assurer son fonctionnement économique et, en quelque sorte, son train de vie. S'il ne parvient pas à trouver un autre partenaire économique et à maintenir ses ressources, cette période de transition lui permettra de commencer à adopter un nouveau train de vie.

En l'absence d'un préavis suffisant, une indemnité réparant la brutalité de rupture est versée. Elle ne permet pas à la victime de maintenir son activité

[1477] Cass. com., 16 décembre 2008, n° 04-13.178, *Société idéal France c/ Société Guiot*, *Bull. civ. IV*, n° 207 : *D.* 2007, p. 653, obs. E. Chevrier et p. 1688, obs. A. Bellot-Léna ; *JCP G* 2007, II, 10108, note. F. Marmoz ; *RDC* 2007, p. 731, obs. J.-S. Borghetti ; *JCP E* 2008, p. 1638, obs. D. Mainguy ; *RTD civ.* 2007, p. 343, obs. J. Mestre et B. Fages ; *RTD com.* 2008, p. 210, obs. P. Delebecque.

[1478] Lecène-Villemontex (M.), « Sanctions et parades », *Cahier de droits de l'entreprise*, n° 1, janvier 2014, Dossier : La rupture brutale des relations commerciales, p. 35.

[1479] Un parallèle peut être fait avec la rupture des fiançailles ou du concubinage. Voir *supra*, n° 583.

[1480] Ferrier (D.) et Ferrier (N.), *Droit de la distribution*, 7e éd., Lexis-Nexis, coll. Manuels, 2014, n° 402.

[1481] *Ibid.*

[1482] *Supra*, n° 583 et s.

économique et son niveau de ressources antérieur à la rupture. Elle lui offre néanmoins la possibilité de compenser les pertes éprouvées, qui ont nécessairement eu des conséquences économiques affectant son train de vie.

608. En conséquence, les mécanismes juridiques encadrant la rupture d'une relation d'affaire permettent, autant que faire se peut, d'éviter la perte de train de vie. Lorsque celle-ci n'aura pu être évitée, du fait de la brutalité de la rupture, elle pourra néanmoins être compensée. Un schéma identique se retrouve dans la rupture d'une relation de travail.

b) La compensation de la perte de train de vie consécutivement à la rupture d'un contrat de travail

609. ***Les différentes modalités de rupture du contrat de travail* -** La rupture du contrat de travail peut être à l'initiative de l'employeur, il s'agit du licenciement, du salarié, il s'agit alors de la démission ou être le fruit d'un accord entre les deux parties[1483]. Cette dernière hypothèse concerne la rupture conventionnelle du contrat de travail.

Parmi ces trois modalités de rupture, toutes sont susceptibles d'entraîner une perte de train de vie pour le salarié. En effet, ce dernier est généralement dépendant économiquement de la relation de travail, du fait de la perception d'un salaire. Néanmoins, toutes les trois ne retiendront pas notre attention. La démission qui résulte d'un choix du salarié ne sera pas abordée. En revanche, le licenciement et la rupture conventionnelle, laquelle peut être à l'initiative de l'une ou l'autre des parties au contrat de travail, seront envisagés. Pour elles, il existe un certain nombre de dispositions qui tendent à amortir la perte de revenus du salarié et qui s'inscrivent pleinement dans une logique de compensation de la perte de train de vie[1484].

[1483] Il existe d'autres modalités de rupture du contrat de travail qui sont plus marginales. Il s'agit de la résiliation judiciaire ou de la force majeure.

[1484] Le salarié démissionnaire peut éventuellement bénéficier, après une étude individuelle de sa situation par Pôle emploi, de certaines indemnités chômage, après une période de carence d'une durée minimale de 121 jours. Ce délai de 5 mois ne permet pas de compenser efficacement la perte de train de vie, résultant de la perte de revenus. Par ailleurs, certains cas de démission sont considérés comme légitimes et permettent d'être pris en charge par Pôle emploi.

610. ***Les délais dans la procédure de licenciement*** - Lorsque l'employeur envisage de licencier son salarié il doit respecter une procédure qui évite que le salarié soit exclu de l'entreprise du jour au lendemain[1485]. Elle débute par la convocation du salarié à un entretien préalable[1486]. Cet entretien ne peut avoir lieu moins de 5 jours ouvrables après la présentation de la lettre recommandée de convocation au salarié[1487]. À la suite de l'entretien, l'employeur a l'obligation de notifier le licenciement par lettre recommandée avec avis de réception. Un délai de deux jours ouvrables doit être respecté entre l'envoi de cette lettre et la date à laquelle le salarié a été convoqué à l'entretien préalable[1488]. Ce délai est porté à 7 jours ouvrables pour le licenciement économique individuel[1489] et à 15 jours pour le licenciement économique d'un cadre[1490]. Au terme de cette procédure, sous réserve de l'absence d'une faute grave, le licenciement ne sera effectif qu'après un délai de préavis déterminé légalement ou conventionnellement, en fonction de l'ancienneté du salarié[1491], pendant lequel le salarié continue de percevoir sa rémunération. Lorsque cette ancienneté a atteint deux ans, la loi fixe ce préavis à deux mois.

La violation de la procédure de licenciement peut engager la responsabilité de l'employeur qui pourra être tenu de verser une indemnité qui ne dépasse pas un mois de salaire.

Outre le respect de cette procédure, le salarié licencié pourra bénéficier d'une indemnité de licenciement qui permettra, elle aussi, d'amortir la diminution de ses revenus et par voie de conséquence, de son train de vie.

611. ***Les indemnités de licenciement*** - Alors même que le licenciement est justifié, le salarié doit percevoir plusieurs sommes au terme de son contrat[1492] notamment une indemnité légale ou conventionnelle de licenciement[1493], sous réserve de la gravité des fautes commises. Ainsi, sauf faute grave, le titulaire d'un contrat de travail à durée indéterminée

---

[1485] Le salarié peut néanmoins être écarté de son lieu de travail par une mise à pied conservatoire et une dispense d'effectuer son préavis de licenciement (*C. travail*, art. L.1234-5).

[1486] *C. travail*, art. L.1232-2.

[1487] *C. travail*, art. L.1232-2 al. 3.

[1488] *C. travail*, art. L.1232-6.

[1489] *C. travail*, art. L.1233-15 al. 2.

[1490] *C. travail*, art. L.1233-15 al. 3.

[1491] *C. travail*, art. L.1234-1.

[1492] Indemnité de congés payés, indemnité de préavis s'il est dispensé de l'exécuter.

[1493] *C. travail*, art. L.1234-9.

comptabilisant au moins une année d'ancienneté a droit à une indemnité d'ancienneté représentant un pourcentage variable de sa rémunération brute en fonction de son ancienneté[1494].

Cette indemnité n'est pas la contrepartie d'un travail fourni. Elle ne constitue donc pas un salaire[1495]. De plus, elle se cumule avec les allocations chômage. Cette nature particulière confirme que l'indemnité de licenciement se présente comme un amortisseur de la perte de revenus. Elle permet donc de compenser la perte de train de vie consécutivement à la rupture du contrat de travail.

612. ***La rupture conventionnelle du contrat de travail*** **-** Une telle indemnité est également due en cas de rupture conventionnelle du contrat de travail dont les règles sont organisées par le code du travail depuis la loi de modernisation du marché du travail du 25 juin 2008. Celle-ci peut être à l'initiative de l'employeur ou du salarié. Lorsqu'elle est à l'initiative de l'employeur, le salarié ne se trouve pas dépourvu de garanties. Ainsi, la signature de la convention ne peut intervenir qu'après un ou plusieurs entretiens au cours desquels le salarié et l'employeur ont pu se faire assister[1496]. La rupture doit ensuite résulter d'une convention signée par les parties au contrat de travail. Elle ne devient définitive qu'après l'écoulement d'un délai de rétractation de 15 jours[1497] et son homologation par le directeur départemental du travail[1498].

En outre, la rupture conventionnelle ouvre le droit pour le salarié à une indemnité spécifique dont le montant ne peut être inférieur à l'indemnité légale de licenciement[1499].

613. ***Lien avec la compensation de la perte de train de vie*** **-** Les législations relatives au licenciement et à la rupture permettent de compenser la perte de train de vie à différents égards. Les indemnités versées au salarié, qui s'ajoutent aux indemnités chômage, sont le principal élément de cette compensation. Les règles procédurales, parmi lesquelles le respect de

---

1494 *C. travail*, art. R.1234-2. L'indemnité ne peut être inférieure à $^1/_5$ᵉ de mois de salaire par année d'ancienneté auquel s'ajoute $^2/_{15}$ᵉ de mois de salaire par année d'ancienneté au-delà de dix ans d'ancienneté.

1495 Auzero (G.) et Dockès (E.), *Droit du travail*, 29ᵉ éd. Dalloz, Précis, 2015, n° 568.

1496 *C. travail*, art. L.1237-2.

1497 *C. travail*, art. L.1237-13.

1498 *C. travail*, art. L.1237-14 al. 3.

1499 *C. travail*, art. L.1237-13.

certains délais, sont un autre élément œuvrant dans le même sens. Durant la période allant de la convocation à l'entretien préalable jusqu'au terme du contrat de travail, le salarié continue d'être rémunéré. Il peut également rechercher un nouvel emploi qui lui permettrait de maintenir son niveau de revenus et par là même, son train de vie. En cas d'échec, il devra amorcer une diminution de son train de vie qui, au regard de ces mécanismes, ne sera pas brutale.

2 - La compensation de la perte de train de vie en l'absence d'une relation préalablement établie

614. ***Le principe de réparation intégrale du préjudice*** - La responsabilité délictuelle permet de compenser la perte de train de vie en l'absence de relation préalablement établie entre l'auteur d'une faute, ou d'un fait dommageable, et la victime.

Lorsqu'une faute est commise, ses conséquences dommageables peuvent affecter la situation patrimoniale de la victime, et avoir des répercussions sur son train de vie. Le droit de la responsabilité[1500], qui consacre le principe de réparation intégrale du préjudice[1501]. Ce principe donne droit à la victime à une réparation de l'intégralité de ses préjudices quelle qu'en soit la nature. Il permet d'envisager une compensation de la perte de train de vie.

La réparation du dommage consiste soit à rétablir une situation antérieure, soit à compenser le dommage. La mise en œuvre de ce principe nécessite une comparaison entre l'état antérieur et l'état actuel et futur de la victime, de son patrimoine ou d'un élément de son patrimoine. Pour ce qui nous concerne, il convient donc d'apprécier le train de vie de la victime antérieurement à la réalisation du dommage et de le comparer à celui qu'elle est en mesure de s'assurer par elle-même postérieurement au dommage. Les perspectives d'évolution du train de vie, qui étaient certaines antérieurement à la réalisation du dommage, doivent également être prises en considération. La différence entre ces deux données, permet d'évaluer la perte de train de vie qu'il convient de réparer.

[1500] Ce droit a été importé en droit patrimonial de la famille pour compenser la perte de train de vie du concubin abandonné. Voir *supra*, n° 583 et s.

[1501] Coutant-Lapalus (Ch.), *Le principe de la réparation intégrale en droit privé*, préf. F. Pollaud-Dulian, PUAM, 2002.

615. ***La perte de train de vie, un préjudice économique*** - Le principe de réparation intégrale souffre de quelques critiques[1502], dont certaines sont liées aux difficultés d'appréciation des préjudices extrapatrimoniaux[1503]. Il est en effet difficile de réparer intégralement un dommage alors même que celui-ci n'est pas précisément évaluable. Le train de vie repose sur une idée de jouissance. On peut donc se demander si la compensation de la perte de train de vie n'est pas sujette aux mêmes critiques. S'il s'agit d'un préjudice de jouissance[1504] dont la nature est mixte, à la fois patrimonial et extra patrimonial, la perte de train de vie serait délicate à évaluer et, par voie de conséquence, à réparer intégralement.

Alors même que la définition du train de vie est centrée sur la notion de jouissance, la perte de train de vie ne doit pas s'analyser comme un préjudice de jouissance. Il s'agit d'avantage d'un préjudice économique. En effet, le train de vie, et donc la jouissance de biens et de services, résulte de l'utilisation par l'auteur du train de vie, de ses ressources. Les ressources, qu'il s'agisse de revenus ou de biens constituant un capital, sont à la base du train de vie. La perte de train de vie n'est donc que la résultante de la perte de ressources, qui en tant que préjudice patrimonial, peut être intégralement indemnisée.

En outre, en matière de train de vie, la jouissance est appréciée pour sa valeur et non pour le plaisir qu'elle apporte. Cela confirme qu'elle doit être envisagée sous son seul aspect patrimonial.

616. ***L'exigence d'une appréciation in concreto du dommage*** - Afin que la victime puisse obtenir une réparation intégrale, son dommage doit être apprécié *in concreto*. Son train de vie devrait être utilisé comme un critère d'évaluation du dommage[1505]. Tel est le cas en droit positif. Il a en effet été montré que les particularités personnelles de la victime, au rang desquelles figure incontestablement sa situation patrimoniale, à condition qu'elles ne jouent aucun rôle causal, sont prises en considération pour évaluer le dommage[1506]. Cela est d'autant plus évident lorsque la victime est décédée en laissant des proches sans ressources. Dans cette hypothèse la

---

1502 *Ibid.*, n° 30 et s.

1503 *Ibid.*, n° 227 et s.

1504 Un tel préjudice résulte d'une privation ou d'un trouble de la jouissance d'un bien.

1505 Ségur (L.), « Le rôle du train de vie dans l'application du droit civil », *JCP G* 1963, I, 1973.

1506 Dejean de La Batie (N.), *Appréciation in abstracto et appréciation in concreto en droit civil français*, préf. H. Mazeaud, LGDJ, coll. Bib. droit privé, T. 57 , 1965, p. 247, n° 348 et s.

jurisprudence n'hésite « pas à se référer, (..), à la situation sociale ou au rang social des victimes[1507] » pour évaluer leur préjudice.

❖

617. ***Conclusion de la section II*** - La protection juridique du train de vie a révélé un second visage. Elle permet d'assurer une protection du train de vie lors de la survenance d'un événement malheureux, tel que le chômage, un accident, le décès, ou encore le divorce.

Cette protection prend principalement, mais non exclusivement la forme du versement d'une somme d'argent. Elle réside aussi dans l'existence de règles procédurales encadrant la rupture d'une relation installée dans la durée. Ces règles permettent d'assurer une période transitoire pendant laquelle celui qui subit la rupture aura la possibilité de rechercher un nouveau partenaire économique, un nouvel emploi, en d'autres termes, de retrouver des ressources dont il sera prochainement privé.

Concernant son domaine, la perte de train de vie est compensée tant en droit patrimonial de la famille que dans d'autres branches du droit. En droit patrimonial de la famille, il existe néanmoins une spécificité. Le droit au train de vie ne permet pas seulement de compenser la perte de train de vie. Il permet de le maintenir à un niveau équivalent à celui qui était mené antérieurement à la survenance de l'événement l'ayant impacté. En cette matière, le droit à la compensation de la perte de train de vie, aussi intense soit-il, souffre néanmoins de déficiences importantes liées notamment à un domaine restreint. Il est en effet essentiellement réservé aux couples mariés.

❖

618. ***Conclusion du chapitre Ier*** - Il existe en droit positif une véritable protection du train de vie qui se manifeste de deux manières. Il s'agit d'une part du droit d'avoir un train de vie. Ce droit est ouvert à toutes les personnes qui ne sont pas en mesure de financer elles-mêmes leur train de vie. Afin d'y remédier, le droit positif prévoit un certain nombre de mécanismes permettant d'obtenir des ressources nécessaires au financement des besoins primaires voire même secondaires. L'étendue du droit au train

---

[1507] *Ibid.*, p. 247, n° 350.

de vie dépend du débiteur à qui il est opposé. Lorsqu'il est opposé à la collectivité, il permet de satisfaire des besoins primaires. Lorsqu'il est opposé à la famille, il est beaucoup plus étendu et ne se réduit pas à un minimum vital. Il permet de couvrir des besoins primaires mais aussi des besoins secondaires, déterminés en considération de la situation sociale du créancier.

Le droit au train de vie se manifeste d'autre part à travers un droit à la compensation de la perte de train de vie, consécutive à un événement spécifique tel que la maladie, le décès ou la rupture d'une relation familiale ou professionnelle. Cette perte est compensée dans toutes les branches du droit et particulièrement en droit patrimonial de la famille. Cette branche du droit assure une compensation de la perte de train de vie, particulièrement efficace. Cependant, elle laisse en marge les partenaires d'un PACS et les concubins quelle que soit la cause de la dissolution de leur union.

Ce droit à la compensation de la perte du train de vie apparait comme une nécessité. Que jurisprudence a su appréhender en édifiant des palliatifs aux lacunes légales. Cela se fait au prix d'un « forçage du droit commun », consistant en des « contorsions juridiques » et de la « divination judiciaire » dénoncé par certains auteurs[1508]. D'autres, dans le même esprit, estiment que, « le concubinage est obligé de bricoler les solutions de droit qu'il lui faut [1509]». Plutôt que de persister dans cette dynamique, ne serait-il pas plus rigoureux de consacrer un véritable droit à la compensation de la perte de train de vie ?

[1508] Porthais (A.), « Le droit commun palliant l'imprévoyance des concubins dans leurs relations pécuniaires entre eux », *JCP G*, I, 1990, 3440, spéc. n° 13 et s.

[1509] Carbonnier (J.), *Droit civil vol. 2, La famille, l'enfant, le couple*, 21e éd., PUF, Thémis droit privé, 2002, p. 702.

Chapitre II - Pour la reconnaissance d'un droit à la déshabitude économique

619. ***Une protection du train de vie insuffisante*** - Le droit positif assure une protection du train de vie. Cette protection est d'une double nature. Il s'agit d'une part d'assurer un train de vie minimal et d'autre part de compenser la perte brutale de train de vie. Ce second volet de la protection permet de maintenir un train de vie assez comparable à celui qui était mené antérieurement à l'événement en cause, pendant une certaine période. Cette modalité de protection du train de vie, tout à fait louable, s'avère pourtant lacunaire, du fait notamment d'un champ d'application trop limité. Cela est particulièrement significatif en droit patrimonial la famille. Dans cette matière, seuls les époux bénéficient d'une compensation légale de la perte de leur train de vie au terme du mariage. Pour les partenaires d'un PACS ou les concubins, aucun dispositif n'existe, et cela quelle que soit la cause de la fin de l'union. La perte de train de vie peut alors être brutale et rendre insoutenable la position du concubin ou du partenaire survivant ou subissant la rupture. Cette situation contraste avec d'autres branches du droit, notamment le droit des affaires et le droit du travail qui imposent de compenser la perte de train de vie consécutive à la rupture d'une relation ancrée dans la durée, au sein de laquelle il existait un lien de dépendance économique.

620. ***Un besoin social de protection*** - La cessation d'une relation de couple a des conséquences à la fois personnelles et patrimoniales. Le droit est impuissant face aux premières. En revanche, il pourrait encadrer les secondes en compensant systématiquement la perte de train de vie qui en résulte. Tel n'est pas le cas aujourd'hui à l'exception du droit du mariage. Certains ne s'offusquent pas de cette situation jugeant que le droit positif est suffisamment protecteur. Les personnes souhaitant bénéficier d'une protection de leur train de vie au terme de leur union n'ont qu'à opter pour le mariage. Cependant, est-il encore concevable de raisonner ainsi ? Peut-on encore envisager le mariage comme la seule institution protectrice ? Une réponse négative s'impose à plusieurs égards. Le concubinage n'est plus une situation marginale comme elle pouvait l'être au début du XIXe siècle. Il est une véritable réalité sociale[1510]. En outre, les situations patrimoniales des

---

[1510] Sur 32 millions de personnes vivant en couple, 22,7 % vivent en union libre selon une récente enquête de l'INSEE : Le couple dans tous ses états, *Insee Première* N° 1435, février 2013 ou http://www.insee.fr/fr/themes/document.asp?ref_id=ip1435.

différents couples sont relativement similaires. C'est davantage la vie commune que l'organisation des relations patrimoniales entre les membres d'un couple qui influe sur les habitudes de vie et par là même, sur le train de vie. Une fois installées, les habitudes économiques méritent autant de protection dans le mariage que dans le PACS ou le concubinage.

Quelle que soit la nature de l'union, le train de vie produit toujours le même effet, il crée une sorte d'inertie. Tel un navire, il ne peut s'arrêter brutalement et nécessite une phase de décélération. En outre, l'habitude qui le caractérise, fait naître chez son bénéficiaire une expectative de stabilité économique voire même un véritable droit à une certaine rémanence.

Dès lors que la perte de train de vie produit les mêmes conséquences dans toutes les unions elle mérite d'être compensée de manière uniforme.

621. ***Un contexte juridique favorable à la généralisation d'une protection*** **-** Aujourd'hui, ce qui parait socialement juste n'est pas juridiquement obligatoire. Un contexte favorable pourrait conduire à l'émergence d'une protection généralisée de la perte de train de vie au sein de tous les couples. La jurisprudence d'abord, œuvre en ce sens, au risque de détourner certains mécanismes juridiques. La doctrine ensuite, voit émerger un devoir de subsistance au sein même du concubinage[1511]. Enfin, des dispositions contenues dans des législations étrangères peuvent compléter ces réflexions. Ainsi, dans certains pays, la dissolution du concubinage ou du partenariat entraine le paiement d'une pension alimentaire au profit du concubin qui est dans le besoin[1512]. Cette pension va jusqu'à permettre au partenaire d'être entretenu dans des conditions équivalentes au train de vie adopté pendant le partenariat. Cette législation n'est pas sans rappeler d'autres relatives au divorce qui ont pour objectif le maintien du niveau de vie[1513].

622. ***Vers un droit à la déshabitude économique*** **-** Face à un tel constat, quelle protection proposer ? Pour répondre à cette interrogation, il convient de rappeler les données du problème : une personne bénéficie, du

[1511] Zalewski (V.), *Familles, devoirs et gratuité*, L'Harmattan, coll. Logiques juridiques, 2004, p. 117 et s. ; Molière (A.), *Dissolution des couples et compensation patrimoniale*, th. Lyon, 2013 ; Brun (A.-S.), *Contribution à la découverte d'un droit commun patrimonial du couple*, th. Grenoble, 2003.

[1512] Devers (A.), *Le concubinage en droit international privé*, préf. Hugues Fulchiron, LGDJ, coll. Bib. droit privé, T. 416, 2004, spéc. n° 562.

[1513] Dutoit (B.), Arn (R.), Sfondylia (B.) et Taminelli (C.), *Le divorce en droit comparé Vol. 1*, Librairie Droz, 2000, spéc. l'Allemagne, la Belgique et l'Italie.

fait de ses relations avec une autre personne, d'un certain train de vie, de certaines conditions de vie auxquelles elle s'est habituée. Un événement, la rupture ou le décès vient affecter cette situation et par voie de conséquence, son train vie.

Il ne s'agit ni d'assurer un minimum vital ni d'envisager un maintien illimité du train de vie. Il s'agit simplement d'organiser une période de transition, pour que le plus faible économiquement puisse modifier ses habitudes de vie sans brutalité. En effet, les habitudes économiques d'une personne, qui se sont installées dans la durée, ne peuvent pas disparaître en un trait de temps, sans conséquences irrémédiables. L'habitude lorsqu'elle est installée ne fait naître un véritable droit qui dépasse la simple expectative de maintien de son état patrimonial. Il s'agirait alors d'envisager la reconnaissance d'un droit à la déshabitude économique[1514] qui ferait naître un droit de créance destiné à compenser la perte de train de vie.

Dans cette proposition, l'habitude aurait un rôle central. Certes, elle est source de droit[1515], mais il serait peut-être excessif de faire reposer la consécration un droit opposable à autrui sur son seul fondement. Pour qu'un droit soit opposable à autrui, il est nécessaire que l'habitude ait été engendrée par ce dernier.

623. ***Le recours à un « droit à »*** **-** La reconnaissance d'un droit à la rémanence économique ne serait-elle pas une entreprise perdue d'avance ? De l'avis de certains auteurs, le *droit à* ne serait « qu'un moyen rhétorique du législateur pour satisfaire une demande de droits subjectifs[1516] ». Les *droits à*, qui ne cessent de se multiplier, seraient des droits virtuels et créés en seule considération du créancier[1517]. Ils seraient alors dépourvus d'opposabilité et totalement ineffectifs. Une telle critique est sans doute excessive. Monsieur Pichard a montré que les *droits à* sont de véritables droits subjectifs[1518]. Ils sont incontestablement tournés vers le créancier mais ils peuvent également être opposés à un débiteur. Ils sont par nature indéterminés, mais peuvent donner lieu à une prestation réaliste. Par ailleurs,

---

1514 Un auteur a proposé de consacrer un droit à la soutenance. Voir Brun (A.-S.), *th. préc.*, 2003, n° 291 et s.

1515 *Supra*, n° 198 et s.

1516 Pichard (M.), *Le droit à, Étude de législation française*, préf. Michèle Gobert, Économica, coll. Recherches juridiques, 2006, n° 17.

1517 Aune (A.-C.), *Le phénomène de multiplication des droits subjectifs en droit des personnes et de la famille*, préf. Anne Leborgne, PUAM, 2007, n° 7 et s. ; Pichard (M.), *th. préc.*, n° 4 et s.

1518 Aune (A.-C.), *th. préc.*, n° 26 et s.

ces *droits à* peuvent être le point de départ de la consécration d'un véritable droit de créance. C'est sur cette voie que nous souhaitons nous placer. Pour cela il nous faudra déterminer avec précision le contenu de ce droit, son créancier et son débiteur, ainsi que la créance qu'il peut faire naître. En un mot, il convient de déterminer son régime (Section II). Préalablement, c'est son fondement juridique qui sera recherché (Section I).

Section I - Le fondement du droit à la déshabitude économique

624. ***L'exigence de la prise en considération d'autrui* -** Afin de rendre le droit à la déshabitude économique pleinement opposable, il convient de prendre en considération son débiteur. Si celui-ci est tenu de compenser la perte de train de vie d'une autre personne, c'est à la condition qu'il ait une influence à la fois sur le train de vie antérieur et sur l'événement affectant le train de vie.

625. Le droit positif contient différents mécanismes permettant de compenser la perte de train de vie[1519]. Ils permettent d'assurer une transition économique lors de la survenance d'un événement fortuit. À cet effet, ils participent pleinement au développement du droit à la déshabitude économique. Chacun de ces mécanismes repose lui-même sur un fondement qui pourrait éventuellement être transposé au droit à la déshabitude économique.

Cette voie a été explorée par la jurisprudence mais elle ne permet pas de fonder un droit général à la déshabitude économique. Elle permet simplement de fonder quelques solutions ponctuelles. Les fondements empruntés à d'autres mécanismes juridiques devront donc être écartés (Paragraphe 1). Il conviendra alors de rechercher en dehors du droit patrimonial de la famille, et même en dehors du droit civil, un fondement à ce droit. C'est au sein du droit du travail et du droit des affaires, où la compensation de la perte de train de vie est également une réalité, qu'il émergera. En effet, le droit à la déshabitude économique pourra trouver son fondement dans le lien de dépendance économique (Paragraphe 2).

[1519] *Supra*, n° 530 et s.

Paragraphe 1 - Les fondements rejetés

626. L'analyse du droit positif a permis de montrer qu'un certain nombre de mécanismes de droit patrimonial de la famille ou de droit commun permettent de compenser la perte de train de vie.

Le droit à la déshabitude économique étant assez proche de la compensation de la perte de train de vie, il est intéressant de voir si les fondements de ces différents mécanismes peuvent être transposés au droit à la déshabitude économique. Les fondements des mécanismes utilisés par la jurisprudence en matière de concubinage (A) ceux de l'obligation alimentaire (B) et le solidarisme contractuel, mis en avant par la doctrine (C) seront envisagés successivement.

A - Le rejet des fondements des mécanismes utilisés par la jurisprudence en matière de concubinage

627. La jurisprudence a eu recours à différents mécanismes juridiques de droit commun pour atténuer les effets patrimoniaux de la rupture du concubinage. La responsabilité délictuelle, les quasi-contrats, la société créée de fait ou encore l'obligation naturelle. Chacun de ces mécanismes répond à une raison d'être spécifique. Pour la responsabilité délictuelle, il s'agit de réparer un préjudice causé à autrui (1). Pour les quasi-contrats et la société créée de fait, il s'agit de compenser un enrichissement réalisé au détriment d'autrui (2). Pour l'obligation naturelle, il s'agit de rendre irrévocable l'accomplissement volontaire d'un devoir moral (3). Tous ces fondements qui permettent de compenser la perte de train de vie seront envisagés afin de déterminer s'ils sont aptes à fonder le droit à la déshabitude économique.

1 - La réparation d'un préjudice causé à autrui

628. ***Les fondements de la responsabilité civile délictuelle*** - De prime abord, la responsabilité civile semble répondre à un double objectif : réparer un préjudice causé à autrui et sanctionner l'auteur du dommage. Afin de confirmer ou d'infirmer ce présupposé, il convient de se pencher sur l'évolution du droit de la responsabilité et sur les conditions de la responsabilité, notamment la faute.

L'élément principal et indispensable de la responsabilité n'est pas faute. Il s'agit du dommage. Selon le Professeur Patrick Jourdain, « tout commence toujours par un dommage, sans lequel il n'y a pas de responsabilité possible[1520] ». La faute quant à elle, peut être une condition de la responsabilité, mais elle n'est pas une condition générale du droit à responsabilité. En droit romain déjà, elle n'était pas de l'essence de la responsabilité[1521]. Elle a pris une place croissante au fil de l'histoire, atteignant son apogée avec le code civil de 1804, avant de décliner au début du XXe siècle[1522].

L'évolution du rôle de la faute dans la responsabilité civile depuis le code civil[1523] a conduit à remettre en cause le fondement même de la responsabilité. En 1804 la responsabilité trouvait son fondement dans la cause du dommage et plus spécifiquement, dans la faute. L'objectivation de la responsabilité, a conduit à déplacer un peu ce fondement vers le risque ou la garantie. Dans la seconde moitié du XXe siècle, avec l'avènement des régimes de responsabilité sans faute et le développement des assurances obligatoires et des fonds d'indemnisation, le centre de gravité de la responsabilité s'est finalement déplacé sur la victime. Certains auteurs proposent aujourd'hui de fonder la responsabilité sur le droit à l'intégrité physique ou le droit à la sûreté[1524].

629. ***L'absence de transposition des fondements de la responsabilité au droit à la déshabitude économique*** **-** Parmi l'ensemble des fondements de la responsabilité évoqués, aucun ne semble être transposable au droit à la déshabitude économique.

Il ne s'agit en aucun cas de sanctionner une faute. La rupture d'une relation de couple ne saurait s'analyser en une faute. Seules ses circonstances peuvent être constitutives d'une faute.

Le droit à la déshabitude économique pourrait éventuellement s'envisager comme la contrepartie d'un risque assurable. S'il n'est pas exclu que ce risque soit un jour assuré par des professionnels[1525], il n'est pas concevable

---

[1520] Jourdain (P.), *Les principes de la responsabilité civile*, 8e éd., Dalloz, Coll. Connaissance du droit, 2011, p. 2.

[1521] Viney (G.), *Traité de droit civil, Introduction à la responsabilité*, 3e éd., LGDJ, 2008, n° 8.

[1522] Radé (Ch.), « Réflexions sur les fondements de la responsabilité civile, 1 – L'impasse », *D.* 1999, chron. p. 313 et « 2 – Les voies de réforme : la promotion du droit à la sûreté », *D.* 1999, chron., p. 323

[1523] Viney (G.), *op. cit.*, n° 48 et s.

[1524] Radé (Ch.), « Réflexions sur les fondements de la responsabilité civile, 2 – Les voies de réforme : la promotion du droit à la sûreté », *op. cit., loc. cit.*

[1525] Sur la question de l'assurance-divorce, voir Hauser (J.) et Groutel (H.), *D.* 1995, p. 11 (note sous Cass. civ. 2e, 24 novembre 1993, n° 92-13.640, *Bull. II*, n° 337, p. 188) ; Hauser

qu'il le soit par l'auteur de la rupture lui-même. Dès lors, on ne peut pas demander à un particulier d'assurer le risque qu'il va lui-même causer de manière volontaire.

Même dans ses fondements les plus victimo-centrés, la responsabilité ne saurait servir de fondement au droit à la déshabitude économique. En effet, le droit à la déshabitude n'a pas pour objectif de réparer un préjudice causé à autrui. La baisse du niveau de vie consécutive à la rupture ne peut s'analyser comme un préjudice. Il n'y a là aucune atteinte ni à la personne, ni au patrimoine. Le droit à la déshabitude poursuit une toute autre logique, il a pour vocation d'anticiper une diminution du niveau de vie et non de réparer les conséquences matérielles résultant d'une diminution des ressources.

630. Roubier avait écrit, à propos des droits de la personnalité, que « ces prétendus droits ne correspondent pas à la définition du droit subjectif : il s'agit en réalité de situations juridiques dans lesquelles se trouve mise en jeu la responsabilité civile de l'auteur d'un dommage[1526] ». Madame Anne-Claire Aune, estime que cette remarque est également valable pour tous les *droits à*[1527]. Sauf à retirer cette qualification au droit à la déshabitude économique, nous avons montré que certains *droits à* peuvent s'affranchir de la responsabilité civile, avec laquelle ils ne partagent pas des fondements communs. La réforme du divorce, qui a conduit à désolidariser les conséquences patrimoniales du divorce – au premier rang desquelles figure la prestation compensatoire – des causes du divorce, confirme bien que le droit à la déshabitude économique n'entretient pas de lien avec la responsabilité.

631. N'ayant pas identifié le fondement au droit à la déshabitude économique dans le droit de la responsabilité, il convient désormais d'en rechercher un dans le droit des quasi-contrats.

(J.), « Prolégomènes : s'assurer contre la séparation de son couple ? Une conventionnalisation préventive du divorce », *RTD civ.* 2011, p. 519.

[1526] Cité par Kayser (P.), « Les droits de la personnalité, aspects théoriques et pratiques », *RTD civ.* 1971, p. 448.

[1527] *Le phénomène de multiplication des droits subjectifs en droit des personnes et de la famille*, préf. A. Leborgne, PUAM, 2007, n° 25.

2 - La compensation d'un enrichissement injustifié

632. ***Notion et fondement du quasi-contrat*** - Le code civil définit les quasi-contrats comme des « des faits purement volontaires dont il résulte un engagement de celui qui en profite sans y avoir droit, et parfois un engagement de leur auteur envers autrui »[1528]. L'enrichissement sans cause[1529], la gestion d'affaire[1530] et de la répétition de l'indu[1531] sont traditionnellement classés dans cette catégorie[1532].

La définition légale met en avant différents critères qui ne permettent cependant pas de cerner la notion même de quasi-contrat[1533]. Cette entreprise a été réalisée par la doctrine[1534]. Le quasi-contrat est constitué « chaque fois qu'un service a été effectué ou qu'un bien a été transféré par une personne au bénéfice d'une autre et où l'absence de cause au mouvement de valeurs constaté subordonne l'indemnisation de l'une par l'autre[1535]. » En d'autres termes, le quasi-contrat résulte d'un déplacement de valeur d'une personne au profit d'une autre, dépourvu de cause, duquel résulte un appauvrissement de la première et un enrichissement corrélatif pour la seconde. Le quasi-contrat a pour but de compenser ce transfert de valeur injustifié, de rétablir l'équilibre patrimonial antérieur, en imposant un mouvement de valeur inverse[1536].

Cette approche de la notion de quasi-contrat permet de comprendre sans trop de réticence son fondement, l'équité[1537]. Il ne s'agit pas en effet d'ordonner sur ce fondement un transfert de valeur, mais seulement un

---

1528 Art. 1300

1529 Dénommé *« enrichissement injustifié »* depuis la réforme du droit des contrat de février 2016. *C. civ.*, art. 1303 à 1303-4 applicables depuis 1er octobre 2016. (*C. civ.*, art. 1371 ancien). La jurisprudence ayant été rendue sur le fondement des textes anciens, l'utilisation de l'ancien vocable sera conservée.

1530 *C. civ.*, art. 1301 à 1301-5.

1531 *C. civ.*, art. 1302 à 1302-3.

1532 La jurisprudence et la doctrine ont pu identifier d'autres quasi-contrats. Voir Le Tourneau (Ph.), *Rép. civ. Dalloz*, juin 2014, V° *Quasi-contrat*, n°49 et s.

1533 *Ibid.*, n° 8 et s.

1534 Douchy (M.), *La notion de quasi-contrat en droit positif français*, préf. Alain Sériaux, Économica, coll. Droit civil, 1997. Cette unité est plus discutée pour le régime juridique car chacun des quasi-contrats répond à des règles qui lui sont spécifiques.

1535 *Ibid.*, n° 77.

1536 *Ibid.*, n° 19 et s.

1537 Le Tourneau (Ph.), *op. cit.*, n° 22. Pour une présentation fondements rejetés, *ibid*, n° 17 et s.

rétablissement d'un déséquilibre, pour sanctionner un enrichissement au détriment d'autrui.

633. ***L'inadaptation du quasi-contrat à fonder le droit à la déshabitude économique*** - Le quasi-contrat, tel qu'il vient d'être appréhendé, n'est pas apte à fonder le droit à la déshabitude économique.

D'une part, la conception même du quasi-contrat n'est pas en adéquation avec la perte de train de vie. Il a été vu que le quasi-contrat trouve son unité autour d'un transfert injustifié de valeur. Le recours au quasi-contrat impose donc qu'il existe un appauvrissement et un enrichissement corrélatif. Or, en matière de perte de train de vie, il n'existe aucun transfert de valeur entre deux patrimoines. Il est envisageable de reconnaître un appauvrissement d'une personne, à partir de la rupture de son couple. Cet appauvrissement serait constitué par la perte de jouissance d'un certain nombre de biens et services. En revanche, aucun enrichissement corrélatif ne peut être identifié. Au contraire, du fait de la multiplication des charges, l'initiateur de la rupture risque de subir lui aussi une perte de jouissance. Il ne retire donc aucun enrichissement de cet événement.

D'autre part, le quasi-contrat est une institution qui est tournée vers le passée alors que le droit à la déshabitude économique est tourné vers le futur. L'utilisation des quasi-contrats en matière de concubinage est assez symptomatique de ce phénomène. Ils sont certes invoqués postérieurement à la rupture, afin d'obtenir une somme d'argent, mais ils n'ont pas d'autre objet que de liquider les intérêts patrimoniaux des concubins, du temps de leur union. Ils ne permettent pas de fonder des relations patrimoniales postérieurement à la rupture[1538].

634. ***L'inadaptation du fondement des quasi-contrats au droit à la déshabitude économique*** - Le droit à la déshabitude économique semble avoir peu de points communs avec les quasi-contrats. Cette différence de structure ne permet pas au fondement des quasi-contrats, l'équité, de prospérer dans le droit à la déshabitude économique.

L'équité se conçoit comme fondement des quasi-contrats en ce qu'elle permet de compenser un déséquilibre injustifié déjà existant et de rétablir une situation antérieure. Elle permet de fonder un retour de valeur, contrebalançant un mouvement préalable de valeur. Il serait en revanche excessif de lui demander de fonder un mouvement de valeur qui ne compenserait pas mouvement de valeur préalable. En matière de droit à la

[1538] *Supra*, n° 576.

déshabitude économique, aucun transfert de valeur injustifié n'est constatable. Il peut être regrettable qu'une personne subisse une diminution de son train de vie parce qu'une autre la quitte. En revanche cette situation n'a rien d'inéquitable.

Si l'équité devait tout de même être reconnue comme fondement du droit à la déshabitude économique, elle devrait être consacrée par la loi. En elle-même, elle ne peut fonder des décisions de justice. Or force est de constater qu'aucune disposition légale ne consacre le droit à la déshabitude économique. La jurisprudence, consciente de cette situation, n'a d'autres choix que de recourir à des institutions de droit commun, consacrées par la loi, pour assurer un minimum d'équité dans la rupture des couples.

635. Le quasi-contrat ainsi que son fondement, l'équité, ne sont pas parvenus à fonder le droit à la déshabitude économique. Voyons désormais si la morale, fondement de l'obligation naturelle, pourrait y parvenir.

3 - L'accomplissement volontaire d'un devoir moral

636. ***Définition et conditions de l'obligation naturelle*** - Jusqu'au 1er octobre 2016, date d'entrée en vigueur de la réforme du droit des contrats, l'obligation naturelle n'était pas définie par le code civil. L'article 1235 alinéa 2, n'en présentait que les effets. Ainsi, ce texte, repris à l'article 1202 alinéa 2, disposait que « la répétition n'est pas admise à l'égard des obligations naturelles qui ont été volontairement acquittées ». À partir de ces effets, l'obligation naturelle peut être définie comme l' « obligation dont l'exécution (forcée) ne peut être exigée en justice mais dont l'exécution (volontaire) ne donne pas lieu à répétition, en tant qu'elle est un devoir moral[1539] ». L'article 1100 du code civil issu de l'ordonnance du 10 févier 2016, qui présente les sources des obligations, envisage désormais l'obligation naturelle sans la désigner expressément. Ainsi, il dispose que « les obligations naissent d'actes juridiques, de faits juridiques ou de l'autorité seule de la loi. Elles peuvent naître de l'exécution volontaire ou de la promesse d'exécution d'un devoir de conscience envers autrui ». En conséquence, la réforme confirme les effets juridiques de l'obligation naturelle sans la définir davantage que par le passé.

L'obligation naturelle est d'abord l'expression d'un devoir moral. Elle devient une obligation civile à compter de son exécution ou de sa promesse

[1539] Association Henri Capitant sous la dir. de Cornu (G.), *Vocabulaire juridique*, 11e éd., PUF, Quadrige, 2016, V° *Naturelle (obligation)*.

d'exécution. Pour qu'elle puisse servir de fondement au droit à la déshabitude économique, elle doit respecter ces deux conditions.

637. ***L'assimilation probable de la déshabitude économique à un devoir moral*** - L'obligation naturelle est utilisée par la jurisprudence pour pallier l'absence d'obligation civile entre des personnes proches. Elle a été reconnue en l'absence d'un lien de filiation[1540] ou en l'absence d'un lien d'union. Ainsi, a elle pu être utilisée pour accorder des moyens de subsistance à la concubine délaissée[1541].

La reconnaissance d'un « devoir de conscience[1542] » entre concubins, au terme de leur relation, serait un premier pas pour fonder un droit à la déshabitude économique. Cela l'est d'autant plus que les sommes allouées dans les différentes espèces ne se limitent pas à assurer la subsistance du concubin abandonné. Dans une espèce, le concubin s'était engagé à verser 400 000 francs à sa concubine afin d'édifier un pavillon. La Cour de cassation valide cette obligation en relevant que « le montant de cette somme était parfaitement cohérent avec son affectation et proportionné tant aux facultés contributives du promettant qui reprenait sa liberté qu'au bouleversement matériel et moral que la rupture causait aux conditions d'existence de son ex-concubine[1543] ».

1540 Cass. civ. 1re, 30 juin 1976 : *D.* 1978, p. 489, note P. Guiho ; Cass. civ. 1re, 3 octobre 2006, n° 04-14388, *Bull. civ. I*, n° 428 p. 368 : *D.* 2007, Pan., p. 1465, obs. F. Granet-Lambrechts ; *Defrénois* 2007, p. 306, obs. J. Massip et p. 467, obs. R. Libchaber ; *AJ famille* 2006, p. 418, obs. F. Chénédé ; *Dr. famille* 2007, n° 3, note P. Murat ; *RJPF* 2007-1/36, obs. Th. Garé ; *RTD civ.* 2007, p. 98, obs. J. Hauser.

1541 Cass. civ. 1re, 6 octobre 1959 (indemnité tendant à garantir l'avenir de la femme qu'il s'apprête à délaisser) : *D.* 1960, p. 515, note Ph. Malaurie ; *JCP* 1959, II, 11305, note P. Esmein ; Cass. civ. 1re, 3 juin 1998, n° 96-13.664 : *« je te verserai tous les mois la somme de 7 500 francs correspondant au loyer + charges, ceci jusqu'au moment où, soit tu auras déménagé, soit Sonia aura fini ses études »* : *Defrénois* 1998, art. 36895, note J. Massip ; *JCP G* 1999, I, 101, obs. H. Bosse-Platière ; *LPA*, 17 février 1999, n° 34, p. 10, obs. J. Massip ; Cass. civ. 1re, 17 novembre 1999, n° 97-17.541 (offre formulée dans une lettre d'occuper l'immeuble sa vie durant et de verser une pension) : *JCP G* 2001, II, 10458, note S. Chassagnard ; *D.* 2000, p. 419, obs. J.-J. Lemouland ; *Dr. famille* 2000, comm. 19, note H. Lécuyer ; Cass. civ. 1re, 20 février 2008, n° 07-15.978 (versement d'une somme de 400.000 F pour la construction d'un pavillon) : *D.* 2008, p. 1794, Pan., obs. J.-J. Lemouland et D. Vigneau ; *AJ famille* 2008, p. 208, obs. F. Chénédé ; *RDC* octobre 2008, p. 1303, S. Gaudemet.

1542 Cass. civ. 1re, 17 novembre 1999, n° 97-17.541 : *ibid.*

1543 Cass. civ. 1re, 20 février 2008, n° 07-15.978 : *ibid.*

638. ***L'exigence d'une exécution volontaire impropre à fonder un droit contraignant à la déshabitude économique* -** L'obligation naturelle acquiert force contraignante à compter du jour où elle est transformée en obligation civile. Antérieurement, elle n'est qu'un devoir moral dépourvu d'effets juridiques. L'accomplissement de la prestation ou sa promesse d'exécution, tous deux purement volontaires, sont indispensables à la naissance d'un droit opposable. Pour dégager un droit à la déshabitude économique qui soit opposable, c'est-à-dire qui s'impose au débiteur, il est impossible de s'en remettre à la seule volonté de ce dernier.

639. Il faut en conclure que l'accomplissement d'un devoir moral, fondement de l'obligation naturelle, ne peut non plus être considéré comme le fondement du droit à la déshabitude économique. Cela résulte notamment de son manque de caractère coercitif. Seul un fondement indépendant de la volonté du débiteur, peut être efficace. Dans cette optique, les fondements de l'obligation alimentaire méritent d'être explorés.

B - Le rejet des fondements de l'obligation alimentaire

640. ***Les limites actuelles de l'obligation alimentaire* -** L'obligation alimentaire n'a pas uniquement pour fonction de compenser un état de besoin[1544]. Elle peut également permettre au jeune majeur, aux époux ou aux partenaires d'un PACS de revendiquer un train de vie déterminé respectivement au regard des ressources de parents[1545], du conjoint ou de l'autre partenaire[1546]. Sur ce point, elle n'est pas incompatible avec le droit à la déshabitude économique.

Lorsque la protection du train de vie a été étudiée en droit positif, une division a été opérée entre le droit à un train de vie et le droit à la compensation de la perte de train de vie. La première subdivision regroupe l'ensemble des mécanismes juridiques permettant à un individu d'opposer sa situation à un membre de sa famille ou à la collectivité afin d'obtenir des ressources lui permettant de mener un train de vie. La seconde subdivision regroupe l'ensemble des mécanismes permettant à un individu de compenser la perte de son train de vie à la suite d'un événement particulier, tel que le décès ou la rupture d'une relation de couple, de travail ou d'affaires.

[1544] *Supra*, n° 466 et s.

[1545] *Supra*, n° 478 et s.

[1546] *Supra*, n° 489 et s.

L'obligation alimentaire a été classée au sein de la première subdivision. Elle a principalement vocation à fournir des ressources à une personne dans le besoin[1547]. Cela est particulièrement vrai pour l'obligation alimentaire à l'égard des descendants, mineurs ou majeurs, et pour le devoir de secours entre époux. De plus, la créance d'aliments n'est ni liée à un évènement particulier ni limitée dans le temps à compter de la survenance d'un événement. Cela tend à l'éloigner de la seconde catégorie. Néanmoins, il pourrait paraître excessif de l'en exclure totalement. En effet, il est des cas où l'obligation alimentaire pourrait aussi permettre de compenser une perte de train de vie. L'obligation alimentaire à l'égard des ascendants pourrait remplir cette fonction. En effet, alors même qu'une personne serait autonome financièrement, la survenance d'un évènement pourrait entrainer une perte de ses revenus et la contraindre à demander une pension alimentaire à ses descendants. Cette pension permettrait non seulement de satisfaire ses besoins mais aussi de compenser la perte de son train de vie.

L'obligation alimentaire, puisse-t-elle permettre de compenser la perte de train de vie, ne peut cependant pas servir de fondement au droit à la déshabitude économique. Ses conditions, liées notamment à la nature du lien entre le créancier et le débiteur sont trop restrictives pour fonder un droit général. Les concubins, qui ne sont liés par aucun lien de famille entre eux, en seront notamment exclus. Cette limite ne peut être dépassée sans une modification de la législation.

Alors même que l'obligation alimentaire ne peut servir de fondement au droit à la déshabitude, il est tout de même intéressant de se pencher sur les fondements de l'obligation alimentaire, pour voir si ses derniers pourraient être repris pour fonder le droit à la déshabitude économique.

641. ***L'exclusion du besoin comme fondement de l'obligation alimentaire*** - La doctrine s'est interrogée sur les fondements de l'obligation alimentaire. Le besoin ou l'état de besoin ont été identifiés comme tel. Selon le Professeur Alfandari, c'est parce qu'une personne est dans le besoin qu'elle a droit aux aliments[1548]. Poursuivant cette thèse, le Professeur Sayag a démontré que le besoin pouvait être fondement de droits subjectifs[1549]. Selon lui, le besoin ne se limite pas à l'état de besoin. Il peut se concevoir largement, à condition d'être apprécié *in concreto*, au regard notamment de la situation sociale du créancier d'aliment. Cette approche du besoin permet

---

[1547] À l'exception du devoir de secours où la référence au besoin est exclue.

[1548] Alfandari (E.), *Le droit aux aliments en droit privé et en droit public*, th. Poitiers, 1958.

[1549] Sayag (A.), *Essai sur le besoin créateur de droit*, préf. J. Carbonnier, LGDJ, coll. Bib. droit privé, T. 94, 1969.

de conserver une unité de fondement entre toutes les obligations alimentaires, sans exclure le devoir de secours, qui ne nécessite pas la démonstration d'un état de besoin.

Ce fondement a été remis en cause, notamment par le Professeur Pélissier. Pour lui, le besoin ne suffit pas en lui-même à faire naître une obligation alimentaire. Il estime que « si l'état de besoin était véritablement le fondement du droit [aux aliments], l'indigent pourrait réclamer des aliments à toute personne fortunée[1550] ». Le Professeur Sayag avait lui-même eu des difficultés à rendre le besoin opposable à un débiteur d'aliments. Selon lui, l'ayant-besoin doit se prévaloir d'un lien de famille ou d'un acte juridique pour satisfaire ses besoins[1551]. Malgré cette exclusion du besoin comme fondement de l'obligation alimentaire, le Professeur Pélissier lui reconnaît tout de même un rôle. Il est une condition de mise en œuvre de l'obligation alimentaire.

642. ***La dualité des fondements de l'obligation alimentaire*** - Après avoir exclu le besoin comme fondement de l'obligation alimentaire, le Professeur Pélissier recense deux catégories d'obligations alimentaires, auxquelles il assigne un fondement spécifique. Les premières trouvent leur fondement dans le devoir l'entraide qui existe au sein d'une famille, d'une société, ou entre tous les membres d'une même population[1552]. Ces obligations dépendent de la qualité du créancier et plus particulièrement, de sa qualité de parent ou de citoyen. Les secondes résultent quant à elles de l'activité de l'homme. « Le créancier d'aliment n'a plus droit aux aliments en sa qualité de parents ou de citoyen, mais son droit naît du commerce juridique, de la conclusion d'un contrat, de la réalisation d'un délit[1553] ».

643. ***L'absence d'un lien de famille dans certaines formes de couples*** - Cette analyse reste pertinente aujourd'hui encore. En l'absence d'un acte ou d'un fait juridique de nature à faire naître une obligation alimentaire, le lien de famille est indispensable à la reconnaissance de toute obligation alimentaire. Cela se vérifie tout particulièrement à l'égard des partenaires d'un PACS et des concubins pour lesquels il n'existe aucune obligation alimentaire du fait de l'absence de lien de famille entre eux.

[1550] Pélissier (J.), *Les obligations alimentaires, unité ou diversité*, LGDJ, 1961, p. 5.

[1551] Sayag (A.), *th. préc.*, p. 124.

[1552] Pélissier (J.), *th. préc.*, p. 6 et 7.

[1553] *Ibid.*, p. 7.

Afin d'élargir le périmètre de l'obligation alimentaire, il serait donc nécessaire d'avoir une conception plus large de la famille, et de ne pas la restreindre aux liens du sang et d'alliance. À cet effet, on peut observer que le mariage, notamment depuis son ouverture aux couples homosexuels[1554], s'est éloigné de la conception de la famille qui avait été consacrée par le code civil. Aujourd'hui il est permis de se demander si la nature de l'union est un critère pertinent de la famille et par voie de conséquence, de l'entraide familiale. N'est-ce pas davantage l'union, quelle que soit sa nature qui caractérise la famille ? Sur cette question, un parallèle peut être fait avec l'évolution de l'obligation alimentaire entre parents et enfants[1555]. Des différences existaient entre les enfants légitimes, naturels ou adultérins. Aujourd'hui, seul le lien de filiation importe.

644. Les fondements de l'obligation alimentaire pourraient permettre de fonder le droit à la déshabitude économique. Cependant, en l'état actuel du droit, l'absence de lien de famille, reconnu comme tel entre les partenaires d'un PACS ou entre les concubins, rend ce fondement non opérationnel.

C - Le rejet du solidarisme contractuel

645. ***Un solidarisme lié à la nature du couple*** - Une doctrine récente s'est penchée sur la problématique des obligations patrimoniales pouvant exister entre les membres d'un couple postérieurement à la rupture. Le solidarisme contractuel a été présenté comme le fondement de telles obligations. Plus précisément, certains auteurs proposent de fonder un droit patrimonial, invocable lors d'une rupture, sur le solidarisme conjugal[1556] ou sur celui résultant de la communauté de vie[1557]. L'un d'entre eux précise son fondement en opérant une distinction entre les couples mariés et les couples non mariés. Pour les premiers la solidarité devrait permettre de compenser les disparités dans les conditions de vie respectives des époux alors que pour couples non mariés, seule une compensation de la précarité du concubin ou

[1554] Loi n° 2013-404 du 17 mai 2013 ouvrant le mariage aux couples de personnes de même sexe, *JORF* n° 0114 du 18 mai 2013, p. 8253.

[1555] Voir Tholozan (O.) T, « L'obligation alimentaire entre parents et enfants et mutation sociale depuis le code civil de 1804 », in *Mél. Michel Vidal : Histoire, théorie et pratique du droit*, PU Bordeaux, 2010, p. 1041.

[1556] Ruffieux (G.), *Les sanctions des obligations familiales*, préf. Pierre Murat, Dalloz, coll. Nouvelle bib. de thèses, vol. 138, 2014, n° 326.

[1557] Molière (A.), *Dissolution des couples et compensation patrimoniale*, th. Lyon, 2013.

du partenaire délaissé pourrait être envisagée[1558]. Un autre auteur semble aller dans le même sens. Il distingue la solidarité légale de la solidarité en tant que devoir moral. Il réserve un sort particulier au mariage, pour lequel il prévoit une compensation de la rupture temporaire dont l'objectif serait de permettre à l'époux de « se projeter vers l'avenir et gagner une nouvelle autonomie[1559] ». En revanche, pour les unions hors mariage il reprend les solutions déjà adoptées par la jurisprudence. Il admet qu'une compensation minimale peut intervenir au titre d'un quasi-contrat, d'une obligation naturelle ou de la responsabilité civile.

646. ***Rejet d'un solidarisme variable*** **-** Le solidarisme, tel qu'il est proposé, ne peut être retenu comme fondement du droit à la déshabitude. D'une part, les différentes propositions qui viennent d'être présentées restent trop liées à l'obligation alimentaire. Ainsi, seuls les couples mariés, déjà concernés par une obligation alimentaire, pourraient bénéficier d'une véritable compensation de la perte de leur train de vie. Celle-ci résulterait d'une obligation légale. En revanche, les couples non mariés, qui ne sont soumis qu'à des devoirs moraux, devraient se contenter d'une protection minimaliste.

Par ailleurs, les effets du solidarisme, tel qu'ils sont envisagés, sont attachés à la nature de l'union. Cela implique une variation de la protection en fonction de la nature de l'union. Ayant estimé que le train de vie produisait un phénomène d'inertie identique dans tous les couples, un solidarisme dont l'étendue serait dépendante de la nature du couple, ne peut être retenu comme fondement du droit à la déshabitude économique.

Enfin, le solidarisme contractuel ne peut tirer sa source que dans un contrat. Il est indéniable que le mariage et le PACS sont des contrats. En revanche, la nature contractuelle du concubinage est beaucoup plus discutable[1560]. Il s'agit davantage d'un fait juridique que d'un acte juridique[1561].

Tous ces éléments conduisent à envisager un fondement plus solide, plus unitaire, et totalement indépendant de la nature de l'union.

[1558] Ruffieux (G.), *th. préc.*, n° 331.

[1559] Molière (A.), *th. préc.*, n° 538.

[1560] Cette qualification nécessiterait de concevoir le concubinage comme un contrat tacite.

[1561] C. civ., art. 515-8 : « Le concubinage est une union de fait, caractérisée par une vie commune présentant un caractère de stabilité et de continuité, entre deux personnes, de sexe différent ou de même sexe, qui vivent en couple ».

Paragraphe 2 - Un droit fondé sur un lien de dépendance économique

647. Le droit à la déshabitude économique doit permettre à une personne d'obtenir une créance, à l'encontre d'une autre personne, dont l'objet est de compenser la perte de son train de vie résultant de la survenance d'un événement affectant ces deux personnes. Cette créance a pour objectif de lui assurer une période de transition au cours de laquelle elle pourra se déshabituer progressivement de son ancien train de vie, qu'elle n'est plus en mesure de financer par ses propres ressources. Le fondement du droit à la déshabitude économique doit donc permettre de justifier en quoi une personne est tenue de compenser la perte de train de vie d'une autre. En d'autres termes, il s'agit de rechercher une cause à un transfert de valeur entre ces deux personnes.

Cette cause trouve ses racines dans les relations économiques qu'entretenaient les deux protagonistes. En effet, dès lors qu'il existe un lien de dépendance économique entre deux personnes, la rupture de leurs relations place l'une d'entre elles dans une situation économique délicate. Pour ce qui nous concerne, c'est la rupture du lien de dépendance qui entraine la perte de train de vie.

L'existence d'un tel lien entre deux personnes justifie que la fin de leurs relations soit encadrée et que la partie la plus faible puisse obtenir du temps ou un accompagnement pécuniaire.

648. Après avoir identifié le lien de dépendance économique (A) il sera montré que sa rupture exige l'accompagnement patrimonial de la partie dépendante (B).

A - L'identification du lien de dépendance économique

649. La dépendance économique est une notion déjà reconnue et utilisée en droit [1562]. Parfois évoquée, elle n'a cependant jamais été

[1562] Ordonnance n° 2016-131 du 10 février 2016 portant réforme du droit des contrats, du régime général et de la preuve des obligations a consacré l'abus de dépendance économique comme vice du consentement. L'article 1143 nouveau du code civil dispose : « Il y a également violence lorsqu'une partie, abusant de l'état de dépendance dans lequel se trouve son cocontractant, obtient de lui un engagement qu'il n'aurait pas souscrit en l'absence d'une telle contrainte et en tire un avantage manifestement excessif ».

véritablement exploitée en droit patrimonial de la famille. Dans un premier temps l'analyse de la dépendance économique en droit positif permettra de mettre en relief les critères de cette notion (1). Dans un second temps, ces critères seront repris pour consacrer l'existence d'un lien dépendance économique en droit patrimonial de la famille (2).

1 - La dépendance économique dans le droit positif

650. ***L'étendue de la dépendance économique en droit positif*** **-** Après un siècle de règne sur le contrat, le principe d'autonomie de la volonté, qui présuppose une égalité entre les parties, s'est révélé être une utopie. La puissance des parties contractantes n'étant pas toujours équilibrée, du fait notamment d'un déséquilibre économique entre elles, le droit a mis en œuvre des mesures de protection à destination des plus faibles. Le phénomène s'est d'abord observé dans les relations de travail, puis dans les relations entre professionnels et consommateurs et enfin dans les relations entre professionnels. Depuis le début des années 2000, avec la reconnaissance jurisprudentielle du vice de violence économique, la dépendance économique irrigue également le droit commun du contrat[1563]. La doctrine s'est intéressée à la problématique de la dépendance économique tout particulièrement dans les relations de travail[1564] et d'affaires[1565]. Dans ces deux domaines, cette notion est aujourd'hui reconnue et définie. En revanche, elle émerge à peine dans le droit commun du contrat.

651. ***La dépendance en droit du travail*** **-** En droit du travail, il existe un déséquilibre structurel entre l'employeur et le salarié. Partant de ce constat, des auteurs se sont demandés si la dépendance économique pouvait

---

[1563] Cass. civ. 1re, 30 mai 2000, n° 98-15.242, *Bull. civ. I*, n° 169 : *D.* 2000, p. 879, note J.-P. Chazal, *D.* 2001, p. 1140, obs. *D.* Mazeaud, *RTD civ.* 2000, p. 827, obs. J. Mestre et B. Fages ; *RTD civ.* 2000, p. 863, obs. P.-Y. Gautier. Voir Ghestin (J.), Loiseau (G.) et Serinet (Y.-M.), *Traité de droit civil, La formation du contrat, t. 1 : Le contrat – Le consentement*, 4e éd., LGDJ, 2013, n° 1498 et s.

[1564] Cuche (P.), « Du rapport de dépendance, élément constitutif du contrat de travail », *Rev. crit. législ. et jursiprudence* 1913, p. 123 ; Cuche (P.), « La définition du salarié et le critérium de la dépendance économique », *D.* 1932, p. 101 ; Rivoal (O.), « La dépendance économique en droit du travail », *D.* 2006, p. 891.

[1565] Virassamy (G.), *Les contrats de dépendance, Essai sur les activités professionnelles exercées dans une dépendance économique*, préf. Jacques Ghestin, LGDJ, coll. Bib. droit privé, T. 190, 1986 ; De Bouard (F.), *La dépendance économique née d'un contrat*, préf. G. Viney, LGDJ, coll. Bib. de l'institut André Tunc, T. 13, 2007 ; Bahans (J.-M.), *Théorie générale de l'acte juridique en droit économique*, th. Bordeaux 1998, n° 63 et s.

être un critère du contrat de travail. Certains ont défendu cette position mais la jurisprudence l'a rejetée au profit du lien de subordination[1566]. Malgré ce rejet, le lien de dépendance économique n'a pas été totalement évincé du droit du travail. Il a ainsi justifié l'extension des règles encadrant le travail salarial aux travailleurs indépendants[1567]. Il conserve également une certaine actualité en jurisprudence. Ainsi, en 2002 la Cour de cassation, tout en reconnaissant que la dépendance économique est inhérente au statut salarial, a refusé d'admettre qu'elle avait vicié, à elle seule, le consentement d'une salariée ayant renoncé à ses droits d'auteur au profit de son employeur[1568].

En cette matière, la dépendance économique a pu être définie comme « la situation dans laquelle se trouve un salarié ou un candidat à un emploi salarié à l'égard d'un employeur dont la survie économique est subordonnée au maintien voire à la formation d'une relation contractuelle[1569] ».

652. ***La dépendance économique dans les relations d'affaires*** - La dépendance économique a davantage encore été étudiée en droit des affaires. Elle concerne principalement les relations entre professionnels. On la retrouve ainsi dans le droit de la distribution [1570] et le droit de la concurrence[1571], matières dans lesquelles s'épanouissent les contrats de dépendance économique définis par le Professeur Virassamy comme « les contrats régissant une activité professionnelle dans laquelle l'un des contractants, l'assujetti, se trouve tributaire pour son existence ou sa survie, de la relation régulière, privilégiée ou exclusive, qu'il a établie avec son cocontractant, le partenaire privilégié, ce qui a pour effet de le placer dans sa dépendance économique ou sous sa domination[1572] ». Cette notion a été

[1566] Rivoal (O.), *op. cit.*, spéc. n° 2.

[1567] Bahans (J.-M.), *th. préc.*, n° 68 et s.

[1568] Cass. Civ. 1re, 3 avril 2002, n° 00-12.932, *Bull. civ I*, n° 108 : *D.* 2002, p. 1861, note J.-P. Gridel et note J.-P. Chazal, *D.* 2002, somm. p. 2844, obs. D. Mazeaud ; *JCP G* 202, I, 184, n° 6, obs. G. Virassamy ; *JCP E*, 278, n° 3, obs. F. Chérigny ; *Contra concurrence et consommation* 2002, n° 121, obs. L. Leveneur ; *Defrénois* 2002, p. 1246, obs. E. Savaux ; *RTD civ.* 2002, p. 502, obs. J. Mestre et B. Fages.

[1569] Rivoal (O.), *op. cit.*, spéc. n° 11.

[1570] Ferrier (D.) et Ferrier (N.), *Droit de la distribution*, 7e éd., Lexis Nexis, coll. Manuel, 2014, n° 393 ; Malaurie-Vignal (M.), *Droit de la distribution*, 3e éd., Dalloz, Coll. Sirey Université, 2015, n° 233 et s.

[1571] Malaurie-Vignal (M.), *Droit de la concurrence interne et européen*, 6e éd., Dalloz, Coll. Sirey Université, 2014, n° 576 et s. ; Petit (N.), *Droit européen de la concurrence*, Montchrestien, coll. Domat droit privé, 2013, n° 816 ; Nourissat (C.) et De Clavière-Bonnamour (B.), *Droit de la concurrence, libertés de circulation, Droit de l'Union, droit interne*, 4e éd., Dalloz, coll. Hypercours, 2013, n° 351 et s.

[1572] Virassamy (G.), *th. préc.*, n° 2.

consacrée légalement par l'article 8-2° de l'ordonnance du 1er décembre 1986 qui prohibait l'exploitation abusive par une entreprise ou un groupe d'entreprises « de l'état de dépendance économique dans lequel se trouve, à son égard, une entreprise cliente ou fournisseur qui ne dispose pas de solution équivalente ». Elle figure actuellement à l'article L.420-2 du code de commerce. La jurisprudence en a défini ses critères. Ainsi, la dépendance économique « s'apprécie en déterminant si l'entreprise dont il est allégué qu'elle est dépendante se trouvait dans l'impossibilité de trouver d'autres débouchés ou fournisseurs dans des conditions techniques et économiques comparables[1573] ».

653. ***La dépendance économique en droit des contrats*** **-** L'expression « dépendance économique » n'existe pas dans le code civil. Elle n'a pas non plus été consacrée expressément par la jurisprudence qui a reconnu au début des années 2000, le vice du consentement de violence économique. En effet, la Cour de cassation avait jugé que « la contrainte économique se rattache à la violence et non à la lésion[1574] ». L'article 1143 du code civil, issu de l'ordonnance du 10 février 2016, assure une reconnaissance légale au vice de violence économique[1575]. Ce texte dispose qu' « il y a également violence lorsqu'une partie, abusant de l'état de dépendance dans lequel se trouve son cocontractant, obtient de lui un engagement qu'il n'aurait pas souscrit en l'absence d'une telle contrainte et en tire un avantage manifestement excessif ». Cette formulation est une consécration de la jurisprudence antérieure. La Cour de cassation estimait en effet que seule « l'exploitation abusive d'une situation de dépendance économique, faite pour tirer profit d'un mal menaçant directement les intérêts légitimes de la personne, peut vicier de violence son consentement[1576] ». L'abus d'une situation de dépendance économique est donc au cœur de ce vice. Pour qu'il soit retenu, le plaignant doit notamment apporter la preuve d'une situation de dépendance économique[1577]. Dans un arrêt du 18 février 2015, la première

---

[1573] Voir le *Rapport annuel de la Cour de cassation* de l'année 2009, Troisième partie : Les personnes vulnérables dans la jurisprudence de la Cour de cassation, Contribution de la chambre commerciale de la Cour de cassation, La notion de dépendance économique en droit de la concurrence.

[1574] Cass. Civ. 1re, 3 avril 2002, n° 00-12.932 : *op. cit.*

[1575] Ordonnance n° 2016-131 portant réforme du droit des contrats, du régime général et de la preuve des obligations, *JORF* n°0035 du 11 février 2016, texte n° 26.

[1576] Cass. Civ. 1re, 3 avril 2002, n° 00-12.932, *op. cit.*

[1577] Pour une présentation des conditions de la violence économique, voir Ghestin (J.), Loiseau (G.) et Serinet (Y.-M.), *Traité de droit civil, La formation du contrat, t. 1 : Le contrat – Le consentement*, 4e éd., LGDJ, 2013, n° 1504 et s.

chambre civile de la Cour de cassation a identifié les critères de cette notion. Ainsi, elle a estimé qu'« ayant relevé que la société FBA, dont le rang dans le classement des courtiers en France et le chiffre d'affaires, supérieur en 2006 à celui réalisé par son partenaire, témoignaient d'une position éminente sur le marché du courtage en assurance, n'avait entrepris aucune démarche avant la prise d'effet de la résiliation de la première convention, alors pourtant qu'elle n'était pas liée à la société Altima par une clause d'exclusivité, pour trouver un nouvel assureur auprès duquel placer les risques, comme elle allait le faire avec succès lors la résiliation de la seconde convention, la cour d'appel a, par ces seuls motifs, faisant ressortir l'absence d'état de dépendance économique du courtier grossiste[1578] ». Ainsi l'un des critères de la dépendance résiderait dans l'impossibilité pour la partie dépendante de trouver un contractant en remplacement du contractant actuel.

654. ***Éléments de convergence*** **-** La dépendance économique s'apprécie de manière spécifique dans chacune des branches du droit mais elle présente des éléments communs qui permettent de proposer une définition unitaire.

Ainsi, la dépendance économique se caractérise d'abord par l'existence d'une relation de nature économique entre deux personnes. Le terme économique doit être entendu largement. Il ne s'agit pas uniquement d'une relation d'affaires. Dès lors qu'il existe des échanges économiques entre deux personnes, une relation économique peut être caractérisée.

Ensuite, cette relation doit présenter un caractère indispensable pour la survie économique de l'assujetti. Un auteur en a proposé une définition qui met en lumière ce caractère. Selon lui, il s'agit de « la situation dans laquelle se trouve une personne par rapport à une autre dont l'existence ou la survie économique est subordonnée au maintien de la relation contractuelle[1579] ». On peut ajouter que la dépendance économique peut également se manifester dès l'établissement de la relation contractuelle. La survie économique est alors conditionnée à l'établissement d'une relation contractuelle.

Enfin, il ressort de cette étude que la dépendance économique existe entre deux personnes qui ne sont pas placées sur le même pied d'égalité économique et juridique. En effet, le concessionnaire, le franchisé ou le salarié, en plus d'être économiquement plus faibles que le concédant, le franchiseur ou l'employeur, se trouvent également sous leur emprise

---

[1578] Cass. civ. 1re, 18 février 2015, n° 13-28.278, à paraître au *Bulletin* : *D.* 2015, p. 432 ; *RTD civ.* 2015, p. 371, obs. H. Barbier ; *D.* 2016, p. 566, obs. M. Mekki.

[1579] Gridel (J.-P.), note sous Cass. civ. 1re, 3 avril 2002, n° 00-12.932 : *D.* 2002, p. 1861, spéc. p. 1863.

juridique ou leur subordination. Ce rapport de domination a été nuancé par Madame Suzanne Lequette qui a montré dans sa thèse de doctorat que la dépendance économique peut également résulter d'un rapport de coopération au sein duquel il n'existe pas de déséquilibre juridique entre les parties[1580], ce qui est le cas entre les membres d'un couple.

655. En conséquence, la dépendance économique peut se définir comme la situation dans laquelle se trouve une personne qui ne peut maintenir ses activités économiques sans le concours d'une autre personne avec laquelle elle entretient une relation privilégiée, de quelque nature qu'elle soit. Il convient désormais de confronter cette définition au droit patrimonial de la famille.

2 - La reconnaissance de la dépendance économique en droit patrimonial de la famille

656. La dépendance économique n'a jamais été étudiée en droit patrimonial de la famille. Elle a pourtant parfois été évoquée au sein des obligations alimentaires[1581], ou à l'occasion de l'étude de la rupture du concubinage[1582] mais sans avoir reçu une définition et sans que des effets spécifiques aient été identifiés. La définition qui vient d'être retenue est relativement large et ne se retreint pas à certaines branches du droit. Elle pourrait donc caractériser certaines situations du droit patrimonial de la famille. Afin de vérifier cette intuition, il convient de montrer qu'en droit patrimonial de la famille certaines personnes sont dans l'impossibilité de poursuivre leur activité économique, sans le concours d'une autre personne. Dans la mesure où l'activité économique visée est celle réalisée dans la sphère privée, elle se confond avec le train de vie. Dès lors, la dépendance économique caractérise l'impossibilité pour une personne de maintenir son train de vie, sans le concours d'une autre personne.

[1580] Lequette (S.), *Le contrat-coopération, Contribution à la théorie générale du contrat*, préf. Claude Brenner, Économica, coll. Recherches juridiques, T. 27, 2012, n° 347 et s.

[1581] Everaert (D.), *L'obligation alimentaire, Essai sur les relations de dépendance économique au sein de la famille*, th. Lille, 1992.

[1582] Gouttenoire (A.), « Responsabilité civile et rupture unilatérale du concubinage », in *Mél. Jacqueline Rubellin-Devichi, Des concubinages, Droit interne, droit international, droit comparé*, Litec, 2002, p. 257, spéc. p. 270.

En droit patrimoniale de la famille la dépendance économique est inévitable dans certaines situations car elle trouve sa source dans la loi (a). Elle peut aussi résulter de la volonté d'une personne (b).

a) La dépendance économique résultant d'une obligation légale

657. La dépendance économique peut résulter d'une obligation légale. Tel est principalement le cas au sein des couples de droit, du fait de l'obligation de contribuer aux charges du ménage (α), mais aussi au sein des familles, du fait des différentes obligations alimentaires (β).

α - La dépendance économique résultant de l'obligation de contribuer aux charges du mariage

658. ***La dépendance économique révolue de la femme mariée*** - En 1804, le code civil a consacré la communauté de meubles et d'acquêts comme régime légal mais l'épouse était évincée de la gestion des biens communs, soit l'essentiel des biens permettant une activité économique quotidienne [1583] . Quelques garanties, lui permettant de préserver son patrimoine en cas de mauvaise gestion de la part de son mari, lui étaient tout de même accordées. À cette époque un élément essentiel renforçait encore la dépendance économique de la femme mariée à l'égard de son mari. Frappée d'incapacité du fait même de son mariage, elle ne pouvait pas exercer d'activité professionnelle sans l'accord de son mari[1584]. Lorsqu'elle exerçait une telle activité, ce dernier avait le pouvoir de percevoir et de disposer de ses gains et salaires. Depuis 1965, chacun des époux bénéficie d'une liberté professionnelle[1585]. Plus généralement, depuis cette date, les époux sont placés sur un pied d'égalité. La dépendance économique de l'un à l'égard de l'autre ne peut donc plus résulter de l'inégalité entre les époux.

1583 Colomer (A.), *Droit civil, Régimes matrimoniaux*, 12e éd., Litec, 2004, n° 17.

1584 *Ibid.*, n° 152.

1585 *C. civ.*, art. 223. Sur l'évolution historique de l'activité professionnelle des époux, voir : Colomer (A.), *op. cit.*, n° 152 et s. Pour une présentation plus générale de l'évolution historique des régimes matrimoniaux depuis 1804 voir Flour (J.) et Champenois (G.), *Les régimes matrimoniaux*, 2e éd., Armand Colin, 2001, n° 13 et s. ; Colomer (A.), *op. cit.*, n° 11 et s.

659. ***La source actuelle de la dépendance économique entre époux -*** Aujourd'hui encore, la dépendance économique entre les époux trouve sa source dans le droit des régimes matrimoniaux, et plus spécifiquement, dans le régime primaire impératif. L'article 214 du code civil impose en effet aux époux de contribuer aux charges du mariage, à proportion de leurs facultés respectives si leur contrat de mariage n'en dispose pas autrement. Il a été précédemment montré que la jurisprudence en a déduit que les époux doivent partager le même train de vie, déterminé par le niveau de ressources du plus fortuné d'entre eux[1586]. Il en résulte donc que le moins fortuné bénéficie d'un train de vie, qui dépasse non seulement ses capacités financières et qui, en plus, est largement financé par les ressources de son conjoint.

Cet équilibre patrimonial imposé par le code civil doit se maintenir pendant toute la durée du mariage. Avec le temps, il finit par créer un lien de dépendance économique de l'époux le plus faible économiquement à l'égard de l'autre. Ce lien n'est pas nécessairement perceptible pendant l'union. Il est en revanche nécessairement, violemment et soudainement ressenti au terme de l'union par l'époux le plus faible économiquement. Ce dernier, se retrouvant dans l'impossibilité de poursuivre son train de vie, demandera alors un accompagnement financier à son conjoint.

660. ***Une source comparable de la dépendance économique au sein du PACS -*** Au sein du PACS les partenaires sont tenus à une aide matérielle réciproque assumée proportionnellement à leurs facultés respectives, s'ils n'en disposent pas autrement[1587]. Cette obligation est largement inspirée de la contribution aux charges de mariage. La doctrine reconnaît que leurs périmètres sont similaires[1588]. Là n'est pas le seul point commun entre ces deux obligations. L'aide matérielle a également pour conséquence d'assurer un nivellement par le haut du train de vie des partenaires[1589]. Le plus fortuné se doit donc de financer le train de vie du couple davantage que l'autre. Les conséquences sont exactement les mêmes qu'en matière de mariage. Au fil du temps, le moins fortuné s'habitue à un train de vie qui ne saurait correspondre à ses ressources. Au terme de l'union, il prend pleinement conscience du lien de dépendance économique qui caractérise sa relation avec son partenaire. À la différence du mariage, aucune mesure n'est prévue

---

[1586] *Supra*, n° 494.

[1587] *C. civ.*, art. 515-4.

[1588] *Supra*, n° 493.

[1589] *Supra*, n° 494.

pour pallier la rupture du lien de dépendance, quelle que soit la cause de la dissolution de l'union[1590].

661. Le mariage et le PACS imposent une obligation de contribuer aux charges du ménage. Dès lors, l'un des membres du couple est contraint de financer le train de vie de l'autre. Cela fait naître une relation de dépendance économique entre les deux qui se révèle lors de la dissolution de l'union.

Le mariage et le PACS ne sont pas les seuls à faire naître un lien de dépendance économique entre deux personnes. Celui-ci peut également résulter de l'existence d'une obligation alimentaire.

β - La dépendance économique résultant d'une obligation alimentaire

662. ***Le lien entre obligation alimentaire et dépendance économique -*** Dans sa thèse de doctorat, Madame Everaert souhaitait mettre en relation l'obligation alimentaire et la dépendance économique au sein de la famille[1591]. Cette association tout à fait intéressante n'a cependant pas été véritablement exploitée.

Pourtant, les obligations alimentaires caractérisent parfaitement une relation de dépendance économique du créancier d'aliments à l'égard de son débiteur. Le premier, qui n'est pas en mesure de satisfaire seul ses besoins, est contraint de se tourner vers le second pour obtenir une pension alimentaire. Son activité économique est donc suspendue au versement d'une telle pension.

663. Cet état de dépendance économique se distingue de celui qui a été mis en évidence au sein des couples. En effet, ici le débiteur d'aliments n'a pris aucune part dans l'activité économique antérieure du créancier. Le lien de dépendance entre eux ne s'est pas installé avec le temps et n'est pas le fruit d'une activité économique passée et commune. Il naît avec le début de la relation alimentaire et le versement des pensions. En amont, le créancier d'aliments pouvait se trouver dans un état de besoin mais il ne se trouvait pas dans un état de dépendance à l'égard du débiteur.

[1590] À l'exception de l'article 515-6 al. 3 du code civil, qui renvoie à l'article 763 du même code, accordant au survivant un droit temporaire au logement.

[1591] *L'obligation alimentaire, Essai sur les relations de dépendance économique au sein de la famille*, th. Lille, 1992.

664. L'état de dépendance économique existe bien dans les obligations alimentaires. Il est même concomitant à l'ouverture du droit aux aliments. Il n'en est cependant pas le fondement. Pour l'être, il aurait fallu qu'une relation économique préexiste à la relation alimentaire entre le débiteur et le créancier.

Ces développements permettent également de montrer que la dépendance économique peut certes être source de droit, et notamment du droit à la rémanence économique, mais à la condition qu'elle soit le résultat de relations économiques antérieures. Tel peut être le cas lorsque ces relations ont été développées en dehors de toute obligation légale.

b) La dépendance économique résultant d'une situation de fait choisie

665. ***Le concubinage, source potentielle de dépendance économique -*** Lorsque l'on recherche en droit patrimonial de la famille des situations de dépendance économique, le concubinage vient immédiatement à l'esprit. S'intéressant aux conséquences de la rupture du concubinage, des auteurs ont pu dénoncer la situation de dépendance économique de la concubine à l'égard du concubin[1592]. S'il est vrai que le concubinage est une source évidente de dépendance économique, il n'en est pas une source systématique.

Le concubinage est défini comme « une union de fait, caractérisée par une vie commune présentant un caractère de stabilité et de continuité, entre deux personnes, de sexe différent ou même sexe, qui vivent en couple[1593] ». Cette forme de couple se caractérise donc par deux éléments : une vie commune et une certaine durée. Ces deux éléments favorisent le nivellement des trains de vie des concubins, mais ils n'y suffisent pas. Pour que ce nivellement vers le haut s'opère, qui fera naître dans la durée un état de dépendance économique, il est nécessaire que le concubin le plus fortuné assume davantage de charges que l'autre. Cette répartition ne peut résulter que d'un choix des concubins. La loi n'impose aucune clé de répartition des charges du ménage au sein du concubinage et la jurisprudence rejette

[1592] Gouttenoire (A.), « Responsabilité civile et rupture unilatérale du concubinage », in *Mél. Jacqueline Rubellin-Devichi : Des concubinages, droit interne, droit international, droit comparé*, Litec, 2002, p. 257, spéc. p. 270 ; Muller (M.), « L'indemnisation du concubin abandonné sans ressources », *D.* 1986, chron. p. 328.

[1593] *C. civ.*, art. 515-8.

l'application des règles du mariage [1594]. Elle affirme que chacun des concubins supporte les charges qu'il a choisi d'exposer[1595].

666. ***L'extension possible de la dépendance économique au-delà des couples*** **-** La vie commune est un élément indispensable pour faire naître un état de dépendance économique en droit patrimonial de la famille car elle conditionne, en ce domaine, l'existence de relations économiques entre deux personnes. Elle n'est cependant pas suffisante pour le faire naître. Ce lien ne se crée pas seulement avec la mise en commun de moyens matériels. Il implique également un véritable partage des ressources de telle sorte que le train de vie du moins fortuné soit financé par le plus fortuné. L'amélioration de la qualité de vie résultant des économies réalisée par une vie commune ne saurait caractériser un tel financement du train de vie de l'autre. Dès lors, toutes les hypothèses de vie commune dans lesquelles la répartition des charges serait effectuée par tête, et non au prorata des ressources de chacun, ne saurait faire naître un lien de dépendance économique. Tel est notamment le cas de la collocation.

S'il est vrai qu'une telle imbrication patrimoniale se rencontre essentiellement dans une relation de couple, il n'est pas exclu qu'elle puisse se rencontrer dans d'autres relations. Tel pourrait par exemple être le cas de frères et sœurs vivant en commun. En l'absence d'obligation alimentaire entre eux, l'état de dépendance économique pourrait permettre de revendiquer un accompagnement économique au sortir de leur « union », par décès ou par séparation.

Certains projets d'union civile, à l'image du pacte d'intérêt commun (PIC) initié par le Professeur Jean Hauser en 1998, suggérait de reconnaître un droit de ceux qui vivent ensemble quelle que soit leurs motivations[1596].

[1594] Cass. civ. 1re, 9 janvier 1979, n° 77-12.991, *Bull. civ I*, n° 11.

[1595] Cass. civ. 1re, 19 mars 1991, n° 88-19.400, *Bull. civ. I*, n° 92, p. 60 ; *Defrénois* 1991, p. 942, obs. J. Massip ; Cass. civ. 1re, 17 octobre 2000, n° 98-19.527, *Bull. civ. I*, n° 44, p. 160 : *JCP G* 2001, II, 10568 et *JCP N* 2001, p. 1822, note Th. Garé ; *D.* 2001, p. 497, note R. Cabrillac ; *D.* 2002, somm. p. 611, obs. J.-J. Lemouland ; *Defrénois* 2001, p. 93, obs. J. Massip ; *Dr. famille* 2000, n° 139, obs. B. Beiginer ; *AJ famille* 2007, p. 33, obs. Chénédé ; *RTD civ.* 2001, p. 111, obs. J. Hauser ; Cass. civ. 1re, 31 janvier 2006, n° 02-19.277 : *Dr. famille* 2006, n° 83, note V. Larribau-Terneyre ; Cass. civ. 1re, 28 novembre 2006, n° 04-15.480, *Bull. civ. I*, n° 517, p. 458 : *AJ famille* 2007, p. 33, obs. F. Chénédé ; *Dr. famille* 2007, n° 32, note V. Larribau-Terneyre ; *Defrénois* 2007, p. 297, obs. J. Massip ; *RTD civ.* 2007, p. 94, obs. J. Hauser.

[1596] Rapport remis au Garde des sceaux en février 1998 mais qui n'a pas été publié. Le PIC était un contrat de droit privé, passé devant notaire, ouvert à toutes les formes de duos (couples, amis, fratries). Il portait exclusivement sur les biens. Ce pacte avait des conséquences sociales et fiscales. Voir aussi : Delmas Saint-Hilaire (Ph.), « Rapport de

Cette proposition n'a pas perdu de son intérêt. Le droit à la déshabitude pourrait être étendu non pas à tous ceux qui vivent ensemble mais à tous ceux qui créent de l'habitude.

667. ***Synthèse*** **-** La dépendance économique est une notion qui a toute sa place en droit patrimonial de la famille. Qu'elle résulte d'une obligation légale ou d'une situation de fait choisie, elle présente toujours les caractères suivants : elle résulte d'une activité économique commune entre deux personnes qui se traduit concrètement par une vie commune ; ces deux personnes ont une puissance économique inégale ; leur train de vie est déterminé par les ressources de la personne la plus fortunée d'entre elles ; celle-ci assume davantage de charges que l'autre.

Démontrer que la dépendance économique est présente au sein du droit patrimonial n'était qu'une première étape. Il convient désormais d'en tirer les conséquences au niveau de la protection de la partie dépendante.

B - L'exigence d'un accompagnement de la partie dépendante lors de la cessation de la relation de dépendance économique

668. ***Une dépendance unilatérale*** **-** La dépendance économique visée dans les présents développements n'est pas une dépendance réciproque ou bilatérale. Elle est unilatérale. L'un des membres du couple est économiquement dépendant de l'autre. La satisfaction de ses besoins, et plus largement le financement de son train de vie, est assuré, partiellement ou totalement, par l'autre. Si toutes les relations économiques entre les deux devaient s'arrêter au terme de l'union, le dépendant serait dans l'impossibilité de maintenir le train de vie auquel il a été habitué. Si la dépendance est absolue, il sera même dans l'impossibilité de satisfaire ses besoins les plus élémentaires. Tel est par exemple le cas lorsque l'un des membres du couple a renoncé à exercer une activité professionnelle et que le régime patrimonial du couple n'a pas permis de constituer une masse commune de biens.

La survie économique du dépendant étant menacée lors de la cessation de la relation, il est impératifs que des mesures d'accompagnement soient mises en œuvres afin de lui permettre de retrouver son indépendance économique.

---

synthèse du 106e congrès des notaires : Couples, patrimoines : les défis de la vie à deux », *Defrénois* 2010, n° 12, art. 39130, spé. p. 1323.

669. ***Des mesures ciblées sur la fin de la relation*** - La dépendance économique peut exister dès l'origine de la relation ou naître durant son cours. Dans la première hypothèse, les mesures de protection doivent permettre d'éviter que le contractant le plus faible accepte des conditions qui lui sont particulièrement défavorables. Elles ont pour finalité de le protéger et d'éviter que la partie forte abuse de sa supériorité. Ainsi, le droit du travail fixe des règles relatives à la durée du travail ou au salaire minimum. Dans la seconde, l'objectif est différent, la protection doit permettre au dépendant de retrouver son autonomie. Elle induit des mesures positives à la charge de celui qui est supérieur économiquement et qui a fait naître, volontairement ou non, la dépendance.

En droit patrimonial de la famille, il n'existe aucun déséquilibre originel. La dépendance économique nait durant l'union. Elle peut être imposée par la loi ou résulter d'une situation de fait. La protection doit donc être ciblée sur la fin de l'union et se traduire par des mesures d'accompagnement de la partie dépendante.

670. ***Le débiteur de l'obligation d'accompagnent*** - L'accompagnement économique implique de mettre à la charge de la personne en situation de supériorité économique, celle qui a fait naître la situation de dépendance, différentes obligations. En cas de rupture, le débiteur de ces obligations sera aisément identifiable. En revanche, qu'adviendra-t-il en cas de dissolution de l'union par décès ? La protection doit être uniforme quelle que soit la cause de la dissolution de la relation de dépendance économique. Les obligations doivent donc être supportées par la succession. Tel est le cas en matière de mariage où les droits du conjoint survivant lui permettent de maintenir son train de vie.

Cette obligation imposée à la succession ne saurait être perçue comme la résurgence de l'ancienne pension alimentaire due à l'époux ayant subi le divorce ou de l'ancienne prestation compensatoire exercée sous la forme d'une rente viagère. La compensation de la perte de train de vie étant nécessairement limitée dans la durée, la succession assumera une charge dont le montant sera déterminé rapidement après le décès.

❖

671. ***Conclusion de la section I*** - Pour différentes raisons le droit à la rémanence économique ne partage pas le même fondement que la responsabilité civile, l'obligation naturelle, les quasi-contrats, l'obligation alimentaire ou le solidarisme contractuel alors que ces mécanismes permettent de compenser la perte de train de vie dans certaines circonstances. Il ne repose pas non plus sur le solidarisme contractuel qui implique une variation de l'intensité de la protection au regard de la nature de l'union et qui exclut le concubinage lequel n'est pas de nature contractuelle.

Ce droit trouve son fondement dans la dépendance économique. Cette situation n'est pas étudiée en droit patrimonial de la famille alors qu'elle y est bien présente. Une relation de dépendance économique peut s'établir au sein de tous les couples, résultant d'une obligation légale ou d'une situation de fait. Lors de la rupture du couple ou de sa dissolution par décès, le dépendant sera dans l'impossibilité de pourvoir à ses besoins par lui-même. Il se tournera alors vers celui qui a engendré cette situation, volontairement ou non, pour bénéficier d'un accompagnement économique lui permettant de retrouver son autonomie.

Le fondement du droit à la déshabitude économique ayant été identifié, il convient désormais de s'intéresser à son régime juridique.

Section II - Le régime juridique du droit à la déshabitude économique

672. ***Le nécessaire recours au juge* -** Dès lors qu'une personne se trouve dans un état de dépendance économique au sortir d'une relation, notamment de couple, elle est fondée à faire valoir son droit à la déshabitude économique afin d'obtenir une créance à l'encontre de celui qui a fait naître cet état.

Comme tout *droit à*, le droit à la déshabitude économique est « une prérogative à réalisation judiciaire[1597] ». Sa mise en œuvre est donc confiée à un juge. Depuis la loi du 12 mai 2009[1598], le juge aux affaires familiales a compétence pour des questions relatives à la « liquidation et du partage des intérêts patrimoniaux des époux, des personnes liées par un pacte civil de solidarité et des concubins[1599] ». Il serait légitime de lui confier les demandes de créance visant à assurer le droit à la déshabitude économique.

[1597] Picgard (M.), *Le droit à, Étude de législation française*, préf. Michèle Gobert, Économica, coll. Recherches juridiques, 2006, n° 222.

[1598] Loi n° 2009-526 du 12 mai 2009 de simplification et de clarification du droit et d'allègement des procédures, spéc. art 14, *JORF* n° 0110 du 13 mai 2009, p. 7920.

[1599] *Code de l'organisation judiciaire*, art L.213-3-2°.

Le juge, sera indéniablement au cœur de ce dispositif mais son chemin doit être balisé. Il nous revient donc de déterminer les conditions d'ouverture de ce droit, de sélectionner des critères d'évaluation de la créance et de nous intéresser à ses modalités de règlement.

673. ***L'exigence d'un droit réaliste*** - L'effectivité du droit à la déshabitude économique nécessite la mise en œuvre d'une obligation positive. Celle-ci se traduit par la reconnaissance d'un droit de créance au profit de celui qui se trouve être dans un état de dépendance économique au sortir de sa relation. Ce droit est opposable à celui qui a fait naître cet état de dépendance. L'évaluation de cette créance doit être réalisée avec raison. Elle ne doit pas avoir pour conséquence de porter une atteinte trop conséquente à la situation patrimoniale du débiteur. Il faut dès lors se résoudre à admettre que tous les besoins du créancier ne pourront pas être satisfaits. Il serait illusoire de croire que le train de vie du plus vulnérable sera systématiquement maintenu. Le caractère temporaire de ce maintien ne permet pas d'aller à l'encontre de cette réalité. Il permet tout au plus d'alourdir la charge pesant sur le débiteur. Comme en matière d'obligation alimentaire, il ne s'agit pas d'un problème d'appréciation du besoin, mais d'un problème de satisfaction[1600]. Le droit à la déshabitude économique ne peut donc être envisagé comme un droit absolu. Opposable à un débiteur, il est nécessairement dépendant des ressources de ce dernier.

Alors même que le train de vie ne pourrait pas être maintenu, l'objectif que nous poursuivons pourrait tout de même être atteint. La déshabitude économique n'est pas incompatible avec la diminution du train de vie. Elle vise seulement à assurer une période de transition économique, le temps que le lien de dépendance qui unissait les parties s'estompe.

674. ***La prestation compensatoire comme source d'inspiration*** - La prestation compensatoire sera une source d'inspiration dans mise en œuvre du droit à la déshabitude économique alors même que son objectif diffère quelque peu de celui que nous poursuivons. Nous cherchons à assurer une période de transition, au sortir d'une relation, permettant au plus faible d'acquérir son indépendance économique. Si au terme de cette période il n'a pas acquis de nouvelles ressources lui permettant de financer son train de vie antérieur il devra envisager une diminution de son train de vie, laquelle aura été préparée. Selon l'article 270 du code civil, la prestation compensatoire tend, quant à elle, à « compenser, dans la mesure du possible, la disparité

[1600] Dejean de La Batie (N.), *Appréciation in abstracto et appréciation in concreto en droit civil français*, préf. Henri Mazeaud, LGDJ, coll. Bib. droit privé, T. 57 , 1965, p. 245, n° 313.

que la rupture du mariage crée dans les conditions respectives » des époux. La doctrine la plus avisée en la matière ajoute que « les conjoints sont amenés durant leur union, à jouir ensemble d'un même train de vie dans la mesure des apports en capitaux, en nature ou en industrie de chacun. Or cette véritable communion financière qui existe entre eux, pendant le mariage, masque souvent, en réalité une différence de statut social, inexorablement mise en lumière par le divorce. Lorsque l'un des époux s'appuyait sur le plan économique sur son conjoint, les conditions matérielles son existence se trouvent forcément altérées par la dissolution du lien conjugal[1601] ». Il revient alors à la prestation compensatoire d'essayer d'opérer un rééquilibrage entre la situation patrimoniale des deux époux. Le droit à la déshabitude économique est focalisé sur la situation de l'époux, du partenaire ou du concubin, le plus vulnérable. Il ne s'agit pas de comparer la situation respective de chacun des membres du couple au sortir de l'union. Il s'agit de comparer le train de vie du plus faible économiquement au sortir de l'union, avec celui qu'il menait durant l'union.

Malgré cette différence, la prestation compensatoire et le droit à la déshabitude tendent tous deux à compenser, de manière temporaire, la perte de train de vie au sortir du mariage. Dès lors, le régime juridique de la première inspirera logiquement celui du second.

675. La construction du régime juridique du droit à la déshabitude économique nécessite d'étudier dans un premier temps les conditions d'ouverture de ce droit (Paragraphe 1) avant d'envisager, dans un second temps, ses modalités de réalisation (Paragraphe 2).

Paragraphe 1 - Les conditions d'ouverture du droit à la déshabitude économique

676. Le droit à la déshabitude doit être ouvert dès lors qu'une personne démontre qu'elle subit une diminution de son train de vie (A) consécutivement à la cessation d'une relation de dépendance économique (B).

[1601] Claux (J.-P.) et David (S.), sous la dir., *Droit et pratique du divorce*, 3e éd., Dalloz référence, 2015-2016, n° 213.71, p. 395.

A - La perte de train de vie

677. ***La comparaison des trains de vie antérieur et postérieur à la cessation de l'union*** **-** En matière de prestation compensatoire, une disparité doit être établie entre les conditions respectives des époux au sortir du mariage. Il s'agit alors d'opérer une comparaison entre la situation patrimoniale des deux époux. En matière de droit à la déshabitude, seule la situation de l'époux, du partenaire ou du concubin le plus faible économiquement doit être prise en considération. Il s'agit alors de comparer son train de vie au sortir de l'union avec celui dont il bénéficiait pendant l'union. Le résultat de cette comparaison permet de caractériser la perte de train de vie.

Seul le principe de la perte de train de vie nous paraît être exigé au stade des conditions d'ouverture du droit à la déshabitude économique. La mesure de cette perte n'influe que sur la détermination du montant de la créance versée en vertu de ce droit[1602].

678. ***Le risque d'une perte réelle de train de vie dans le PACS et le concubinage*** **-** Le droit à la déshabitude économique a pour but d'assurer une sortie progressive d'un état de dépendance économique au sortir d'une relation de couple. Il assure au plus faible une période de transition, pendant laquelle il peut rechercher des nouvelles ressources, lui permettant de continuer à financer son train de vie antérieur ou de s'habituer à un train de vie plus modeste.

Afin que cet objectif soit pleinement rempli, il faut éviter qu'une perte de train de vie intervienne entre la cessation de la relation de dépendance économique et le versement de la créance visant à assurer la déshabitude économique. Or en l'état du droit positif, seule la cessation du mariage est soumise à une procédure, laquelle impose un maintien de la collaboration patrimoniale jusqu'au prononcé du divorce. Dans le PACS, dès lors que l'un des partenaires a notifié à l'autre sa décision de mettre un terme à leur union, il se trouve délivré de ses obligations patrimoniales. Dans le concubinage, il n'existe aucune obligation patrimoniale durant l'union et aucune règle ne régit la rupture. Dans les deux dernières formes d'union, il existe un véritable risque de *hiatus* entre la rupture et le versement de la créance visant à assurer la déshabitude économique. Dès lors, si ce droit devait être consacré, il devrait nécessairement s'accompagner de mesures provisoires régissant la rupture du PACS et du concubinage.

[1602] *Infra*, n° 698.

679. Le constat de la perte de train de vie, n'est pas une condition suffisante pour ouvrir le droit à la déshabitude économique. Il convient désormais de s'intéresser à la cause de cette perte.

B - La cause de la perte de train de vie : la cessation d'une relation de dépendance économique

680. Toute perte de train de vie, consécutive à la cessation d'une relation de dépendance économique, est de nature à ouvrir un droit à la déshabitude économique (1). Admettre cela exige de ne pas limiter l'ouverture de ce droit à la seule rupture. Il convient de l'envisager également en cas de dissolution de l'union résultant du décès de l'un de ses membres (2).

1 - Le caractère suffisant de la cessation d'une relation de dépendance économique

681. ***Une solution admise en matière de prestation compensatoire*** - La perte de train de vie doit être causée par la seule cessation d'une relation de dépendance économique. Il suffit donc qu'une relation s'arrête et qu'une perte de train de vie en résulte pour ouvrir un droit à la déshabitude. Dès lors, la simple concomitance entre la perte de train de vie et la fin de l'union est suffisante. Il n'est pas nécessaire de rechercher une cause plus profonde à cette perte de train de vie.

Cette position pourrait apparaître bien simpliste. Elle semble pourtant avoir été consacrée par la Cour de cassation en matière de prestation compensatoire. En cette matière il semblait acquis que la disparité entre les conditions de vie respectives des époux, résultant de la rupture du mariage, devait résulter d'un choix commun des époux [1603]. L'exemple le plus classique est le renoncement de l'épouse à sa carrière pour favoriser celle de son mari. Cependant, dans un arrêt du 18 mai 2011, la Cour de cassation a censuré une cour d'appel qui avait rejeté une demande de prestation compensatoire au motif que la disparité ne résultait pas d'un choix opéré en

---

[1603] *Supra*, n° 555. Claux (J.-P.) et David (S.), sous la dir., *op. cit.*, n° 213.73, p. 396 ; Casey (J.), « Prestation compensatoire et disparité : et si l'on revenait à la causalité ? », *Gaz. Pal.* 24 juin 2014, n° 175, p. 5 .

commun par les conjoints[1604]. Cette jurisprudence pourrait s'interpréter de la manière suivante : lorsque la disparité dans les conditions de vie respectives des époux résulte de la rupture du mariage, elle ouvre le droit à une prestation compensatoire.

682. ***La présomption d'un lien de dépendance économique*** - Par ailleurs, l'existence d'un lien de causalité entre la perte de train de vie et la cessation de l'union semble être la preuve qu'il existait un lien de dépendance économique entre les membres du couple et que le train de vie du couple était principalement alimenté par les ressources de l'un. Si chacun des membres du couple avait disposé d'une situation patrimoniale équivalente à celle de l'autre, le terme de l'union aurait été sans conséquence.

Nous avions montré que ce lien, inhérent à la vie en couple, est le fondement même du droit à la déshabitude économique[1605]. Sa preuve aurait pu être une contrainte au développement du droit à la déshabitude économique. Il n'en est rien dans la mesure où il doit légitimement être présumé.

683. Il vient d'être montré que la seule cessation d'une relation de dépendance économique est de nature à ouvrir un droit à la déshabitude. Intéressons-nous désormais à la cause de cette cessation.

2 - Les cause de la cessation de la relation

684. La cessation d'une relation de couple, emprunte de dépendance économique entre ses membres, peut être causée par la rupture (a) ou le décès (b). Ces deux événements sont de nature à ouvrir un droit à la déshabitude économique.

[1604] n° 10-17.445, *Bull. civ. I*, n° 150 : *AJ famille* juillet-août 2011, p. 372, note S. David ; *Dr. famille* juillet-août 2011, comm. 108, note V. Larribau-Terneyre ; *RTD civ.* 2011, p. 520, obs. J. Hauser.

[1605] *Supra*, n° 647 et s.

a) La rupture

685. ***La rupture subie*** **-** Lorsque l'on songe à attribuer une créance au membre du couple qui se trouverait dépendant de l'autre au terme de la relation, l'hypothèse de la rupture vient immédiatement à l'esprit. Il s'agit alors d'éviter que le conjoint, le partenaire ou le concubin abandonné se trouve dans le besoin. Cette vision du droit à la déshabitude économique serait à la fois trop réductrice et trop moralisatrice.

686. ***La rupture infligée*** **-** Cette vision objective implique que le droit à la déshabitude économique puisse être revendiqué tant par celui qui subit la rupture que par celui qui en est l'auteur. Il serait également souhaitable que le comportement de l'auteur de la rupture n'interfère pas dans l'ouverture de ce droit. Le critère de l'équité, pris en considération en matière de prestation compensatoire, ne devrait donc pas être repris[1606]. Si l'auteur de la rupture a commis une faute, celle-ci doit être traitée sur le fondement de la responsabilité civile délictuelle. Une compensation pourra être envisagée *in fine*.

La rupture n'est pas le seul événement pouvant conduire à la cessation d'une relation de dépendance économique. Le décès en est un autre.

b) Le décès

687. ***La modification des règles successorales*** **-** Au sein du mariage, la maintenance du conjoint est assurée par la prestation compensatoire en cas de divorce et par le droit des successions en cas de décès[1607]. Cette dualité permet d'assurer une protection du conjoint économiquement faible, quelle que soit la cause de la dissolution du mariage. Le droit à la déshabitude économique, pour qu'il soit pleinement efficace, doit lui aussi s'appliquer à la rupture et au décès[1608]. Pour la rupture, cela ne pose pas trop de difficultés.

[1606] *C. civ.*, art. 271 al. 3.

[1607] *Supra*, n° 552 et s.

[1608] La même préoccupation existait avant la réforme des droits successoraux du conjoint survivant. Voir Grimaldi (M.), *Droit civil, les successions*, 6e éd., Litec, 2001, n° 179 et s. ; Catala de Roton (M.-C.), *Les successions entre époux*, préf. François Terré, Économica, coll. Droit civil, série Études et recherches, 1990, n° 379 et s.

Il suffit de consacrer une législation comparable à celle relative à la prestation compensatoire, dont nous nous efforçons de définir les grandes lignes. La question du décès est en revanche plus délicate. Deux voies sont envisageables. La première consisterait à modifier les règles successorales. Il faudrait alors étendre le statut successoral du conjoint survivant au partenaire et au concubin[1609]. Cette voie ne nous semble pas opportune car elle irait au-delà de l'objectif poursuivi. Faire du partenaire et du concubin et héritier de premier ordre dépasse largement l'objectif d'assurer une période de transition au sortir de la relation de couple au terme de laquelle chacun des membres du couple retrouverait une autonomie financière.

688. ***L'attribution d'une créance*** **-** La seconde voie consiste à attribuer une créance destinée à compenser la perte de train de vie. Cette proposition semble plus réaliste et beaucoup moins lourde à consacrer. Une telle mesure avait été préconisée pour le conjoint survivant, antérieurement à la réforme successorale de 2001. Monsieur le Professeur Grimaldi envisageait de verser une pension au conjoint survivant ayant pour objectif de lui « accorder une maintenance dans la stricte mesure nécessaire au maintien de ses conditions de vie » sur le modèle de la prestation compensatoire[1610]. Il préconisait d'exclure cette pension de la catégorie des droits successoraux. Il comparait cette pension au droit de créance alimentaire de l'article 207-1 ancien du Code civil, repris par l'article 767 depuis la réforme[1611]. Madame Catala de Roton avait également proposé de consacrer une « prestation de maintenance[1612] », ayant pour modèle la prestation compensatoire.

689. ***La mise en œuvre de cette créance*** **-** L'article 767 du code civil, ouvrant un droit à pension au conjoint survivant dans le besoin à l'encontre de la succession, pourrait être une source d'inspiration de la mise en œuvre du droit à la déshabitude en cas de décès[1613]. Seul le principe d'un droit à pension serait repris. Il ne s'agit pas de limiter le droit du survivant à un minimum vital.

Le conjoint survivant doit effectuer sa demande de pension dans un délai d'un an « à partir du décès (…). Ce délai se prolonge, en cas d'indivision, jusqu'à l'achèvement du partage ». Ce délai d'un an, à compter du décès,

---

[1609] Pour une préconisation de cette solution, voir Brun (A.-S.), *Contribution à la découverte d'un droit commun patrimonial du couple*, th. Grenoble 2, 2003, n° 451 et s.

[1610] Grimaldi (M.), *op. cit.*, n° 180, p. 185.

[1611] *Ibid.*, n° 180, p. 186.

[1612] Catala de Roton (M.-C.), *th. préc.*, n° 379 et s.

[1613] *Supra*, n° 560.

peut paraître relativement court pour le conjoint survivant. Il serait largement suffisant en matière de droit à la déshabitude économique. Dans la mesure où il s'agit d'assurer une période de transition économique. Il n'y aurait aucun intérêt à l'ouvrir au-delà de ce bref délai. La prolongation du délai en cas d'indivision paraît également pertinente dans la mesure où l'issue du partage des biens détenus en indivision par les membres du couple a une influence sur les ressources du survivant.

Il ne nous semble pas que cette demande soit nécessairement réalisée auprès d'un juge. Les parties pourraient s'accorder sur le montant de la créance même si cette hypothèse paraît très marginale.

690. ***L'exigence du maintien temporaire du cadre de vie après le décès*** - Afin d'assurer efficacement une transition économique, il est nécessaire d'éviter tout *hiatus* entre le décès et le versement de la créance visant à compenser la perte de train de vie[1614]. Dans l'attente d'un accord entre le demandeur et la succession ou, le plus fréquemment, d'une décision du juge, il est indispensable d'assurer, si ce n'est le maintien du train de vie du survivant, au moins celui de son cadre de vie. Tel est déjà le cas en droit positif pour le conjoint et le partenaire survivants[1615]. Tous deux bénéficient d'un droit temporaire d'habitation sur le logement du couple et d'un droit d'usage du mobilier le garnissant. Ces droits s'exercent à titre gratuit. Une extension de ce droit au concubin survivant pourrait être envisagée. Cette mesure pourrait aller au-delà de l'objectif poursuivi si elle n'est pas conditionnée par une perte de train de vie.

691. Au terme de ces développements, les conditions d'ouverture du droit à la déshabitude économique ont été précisées. Il convient désormais de s'intéresser à sa mise en œuvre.

Paragraphe 2 - La réalisation du droit à la déshabitude économique

692. ***La fixation de la créance*** - Le bénéficiaire du droit à la déshabitude économique se verrait reconnaître un droit de créance qui serait opposable à son ancien époux, partenaire ou concubin. La mise en œuvre de

---

[1614] Pour la même exigence en cas de rupture, voir *supra*, n° 678.

[1615] *Supra*, n° 540.

ce droit de créance nécessite de déterminer ses modalités d'évaluation et de règlement.

693. ***L'auteur de la fixation de la créance*** - Préalablement, il convient d'identifier l'auteur de la fixation de cette créance. Doit-elle être fixée nécessairement par le juge aux affaires familiales ou peut-elle être abandonnée à la liberté des parties ?

Une telle créance rappelle très franchement la prestation compensatoire. Il pourrait dès lors être tentant de lui étendre le régime juridique de la prestation compensatoire. Le divorce n'étant plus nécessairement prononcé par le juge, les époux qui divorcent par consentement mutuel pourraient intégrer à leur convention de divorce une telle créance. Ainsi, en matière de mariage, la créance de transition économique devrait soit être ordonnée par le juge, soit être fixée par les époux et homologuée par le juge ou soit incluse dans la convention de divorce par consentement mutuel.

Une solution identique semble assez peu compatible avec les règles, ou plutôt l'absence de règles procédurales, encadrant la rupture du PACS et du concubinage. Pour ces deux formes d'union le recours au juge n'est pas indispensable. Il serait incohérent de les obliger à recourir au juge uniquement pour fixer la créance de transition économique. Le recours au juge peut être envisagé mais uniquement en cas d'absence d'accord amiable. Le caractère temporaire de cette mesure permet d'espérer que les anciens partenaires ou concubins parviennent à trouver un accord. Ces derniers pourraient également se tourner vers des professionnels du droit et notamment des notaires ou des avocats.

La créance de transition économique ne doit pas être restreinte au seul cas de séparation. Elle doit aussi s'appliquer en cas de dissolution du couple par le décès de l'un d'eux. Ici, la pension alimentaire versée au conjoint survivant peut être un point de repère pour répondre à la question initialement posée. L'article 767 du code civil, ne fait pas référence au juge. Celui-ci est saisi uniquement lorsque les héritiers et le conjoint survivant ne parviennent pas à trouver un accord sur le principe ou le montant de la pension alimentaire due au conjoint. Cette solution, favorisant un accord amiable, doit être étendue à la créance de transition économique.

694. ***Délai de fixation de la créance*** - Qu'elle soit fixée de manière amiable ou de manière judiciaire, la créance de transition économique doit être fixée à bref délai. Si elle était versée longtemps après la dissolution, elle perdrait tout son intérêt en ce qu'elle n'assurerait pas une transition au sortir de la relation de couple. En conséquence, cette prestation doit être proposée par celui qui prend l'initiative de la rupture. À défaut, elle pourra être demandée dans un bref délai. Une durée de deux mois semble adaptée car elle permet à celui qui est dans le besoin de prendre conscience de la diminution de son train de vie et de lui assurer un certain délai pour prendre du recul par rapport à la fin de son union. Une proposition, provisoire ou définitive, devra lui être retournée dans un même délai. Un accord définitif devra être trouvé dans un délai de six mois suivant la proposition initiale ou la demande. En cas de désaccord ou d'absence de proposition, le juge aux affaires familiales pourra être saisi en la forme des référés. Il devra lui aussi se prononcer à bref délai. Sa décision sera nécessairement assortie de l'exécution provisoire.

695. Comme il l'a été évoqué plus avant, la réalisation du droit à la déshabitude économique se traduira par le paiement d'une créance. Il convient d'évaluer cette créance (A) et d'en fixer les modalités de règlement (B).

A - L'évaluation de la créance destinée à compenser temporairement la perte train de vie

696. Deux éléments semblent essentiels dans l'évaluation de la créance destinée à compenser la perte de train de vie. Le premier est d'ordre temporel. Ce critère est important à deux égards. Il opère d'abord comme un moyen, en permettant de mesurer la déshabitude. En effet, plus la relation aura été longue, plus les habitudes seront incrustées, et plus la déshabitude sera longue. Ce critère opère ensuite comme une fin. La compensation de la perte de train de vie doit nécessairement être limitée dans le temps, être temporaire.

Le second est d'ordre économique. L'effectivité du droit à la déshabitude dépend de la situation patrimoniale du créancier et du débiteur. La compensation de la perte du train de vie subie par le créancier ne pourra pas toujours être réalisée intégralement. Elle sera parfois limitée par l'insuffisance des ressources du créancier.

Ces deux critères, dont la combinaison permet d'évaluer objectivement la perte de train de vie et d'en évaluer la compensation, seront étudiés successivement. L'étude du critère économique, primordial dans les faits, (1) précèdera celle du critère temporel (2).

1 - La prise en compte d'un critère tenant à la situation patrimoniale des parties

697. Deux données économiques permettent d'évaluer la créance destinée à compenser la perte de train de vie. Il s'agit d'une part de mesurer la perte de train de vie subie par le créancier et d'autre part de vérifier que le débiteur est en mesure de compenser une telle perte.

La dialectique entre les besoins et les ressources, bien connue en matière d'obligation alimentaire[1616] ou de prestation compensatoire[1617], sera reprise mais adaptée à l'objet de la créance.

a) Les besoins du créancier

698. ***L'évaluation des besoins*** - Les besoins du créancier doivent être appréciés de la manière la plus subjective qu'il soit. Ils sont déterminés par une comparaison entre le train de vie mené antérieurement à la désunion et celui mené postérieurement. Plus concrètement, il convient dans un premier temps d'établir la liste des biens et services dont le créancier a perdu la jouissance à la suite de la désunion. Il lui revient dans un second temps de valoriser cette perte de train de vie, c'est-à-dire de chiffrer la créance qui lui permettrait de jouir à nouveau des biens et services dont il a été privé consécutivement à la désunion.

699. ***L'évaluation de l'insuffisance de ressources*** - Les besoins du créancier résultent de son impossibilité à financer le train de vie qui était le sien du temps de l'union. Conformément à la conception retenue, le train de vie ne se confond pas avec les ressources de son auteur. L'élément principal du train de vie est la jouissance. Dès lors, l'évaluation du train de vie ne se limitera pas à la prise en compte des revenus du créancier. Son capital et plus largement encore, tous les biens dont il peut jouir à quelque titre que ce soit, doivent être pris en compte dans l'appréciation de son train de vie. C'est ainsi que le concubinage du créancier, postérieur à la désunion, a une influence dans l'appréciation de son train de vie. De la même manière que les ressources du concubin sont prises en considération dans le calcul de la pension alimentaire ou de la prestation compensatoire, les biens appartenant

[1616] *C. civ.*, art. 208.

[1617] *C. civ.*, art. 271.

au concubin et qui sont affectés à la vie commune doivent être pris en compte[1618]. Plus largement, la fourniture d'une aide en nature, par exemple l'hébergement à titre gratuit chez un tiers, ou d'une aide en valeur, quelle que soit son origine, doit également être prise en compte.

700. ***Le moment de l'appréciation des besoins*** **-** La créance de déshabitude économique doit être en lien avec la cessation de la relation. En effet, elle vise à compenser la perte de train de vie occasionnée par la désunion. Dès lors, l'appréciation des besoins du créancier doit être réalisée au jour de la désunion.

De plus, le caractère temporaire de cette créance n'implique pas une prise en considération de la situation patrimoniale à venir du créancier.

701. Le droit à la déshabitude économique a pour but de compenser les besoins de celui qui se trouvait dans une situation de dépendance économique durant la relation. Ce droit, centré sur son créancier, ne doit pas être consacré sans envisager la situation patrimoniale du débiteur à qui il est opposé. Cela amène à envisager la question des ressources du débiteur.

b) Les ressources du débiteur

702. ***Capacité contributive du débiteur et maintien de son propre train de vie*** **-** S'intéresser aux ressources du débiteur consiste à déterminer si ce dernier dispose d'une capacité financière suffisante pour satisfaire aux besoins du créancier. Le Professeur Cornu a parfaitement exprimé l'enjeu de leur prise en considération en matière d'obligation alimentaire. Selon lui « l'obligation alimentaire ne pèse que sur celui, qui compte tenu de ses besoins et de ses moyens, est capable non seulement d'assurer sa propre subsistance mais aussi d'assumer la charge supplémentaire des aliments[1619] ». Il serait en effet excessif de demander à une personne de satisfaire aux besoins d'une autre si cela avait pour conséquence de la faire sombrer, elle-même, dans un état de besoin. Transposer cette règle au train de vie conduirait à admettre que seule la personne capable de maintenir son

---

[1618] Claux (P.-J.) et David (S.), sous la dir., *Droit et pratique du divorce*, 3e éd., Dalloz référence, 2015-2016, n° 215-59.

[1619] Cornu (G.), *Droit civil, La famille*, 9e éd., Montchrestien, coll. Domat droit privé, 2006, n° 130.

train de vie antérieur à la dissolution de son couple, sans mobiliser l'ensemble de ses ressources, serait apte à compenser la perte de train de vie de son ancien époux, partenaire ou concubin.

Ce raisonnement nous paraît excessif en ce qu'il conduirait à écarter très fréquemment le versement d'une créance de déshabitude économique. En effet, dans la mesure où la désunion a pour conséquence de multiplier les dépenses, il en résulte bien souvent une baisse du train de vie pour chacun des anciens membres du couple, à l'exception des personnes très fortunées.

Loin d'être contradictoire avec l'objectif poursuivi, l'aggravation de la diminution du train de vie du plus fortuné pour compenser celle du moins fortuné est la voie à suivre. La déshabitude économique du plus faible est pleinement compatible avec une diminution temporaire du train de vie du plus fort. Plus encore, cela semble être dans bien des cas le seul moyen de permettre au plus faible économiquement de rebondir, de lui permettre d'acquérir son autonomie financière. S'il n'obtient rien du plus fort, il sombrera dans le dénuement le plus total. En revanche, une diminution temporaire du train de vie du plus fort n'impactera pas de manière structurelle sa situation patrimoniale. Ce dernier retrouvera son niveau de vie antérieur au terme de la période de transition économique.

La compensation de la perte de train de vie du dépendant économique ne doit cependant pas être telle qu'elle obèrerait complètement la situation financière du débiteur. L'atteinte à son train de vie doit donc être proportionnée à l'objectif poursuivi.

703. ***L'évaluation des ressources du débiteur*** **-** Afin de déterminer la capacité contributive du débiteur il convient d'opérer une distinction entre ses ressources et les éléments du train de vie dont il jouit par l'intermédiaire d'un tiers. Cette seconde catégorie d'éléments ne pourra pas profiter au créancier. Elle influe tout de même sur la capacité contributive du débiteur en participant à son train de vie, sans mobiliser ses ressources.

Concernant les ressources personnelles du débiteur, toutes doivent être prises en considération, qu'elles constituent des revenus ou des capitaux.

704. ***La preuve des ressources du débiteur*** **-** Il conviendra au créancier d'apporter la preuve des ressources du débiteur. À cet effet, le caractère apparent du train de vie facilitera cette preuve, notamment en cas de dissimulation par le débiteur de ses ressources.

2- La prise en compte d'un critère temporel

705. Le critère temporel consiste à prendre en compte la durée de la relation pour déterminer la durée de la compensation. Plus la relation aura été ancrée dans le temps, plus la déshabitude sera lente et la compensation de la perte de train de vie longue.

La durée de la relation (a) et la durée de la compensation (b) seront envisagées successivement.

a) La durée de la relation

706. ***Durée de la relation de couple et enracinement des habitudes -*** Le train de vie a été défini comme la jouissance d'une certaine quantité de biens et de services, à titre habituel. Autrement dit, le train de vie traduit les habitudes économiques d'une personne. Lorsqu'il existe une relation de dépendance économique entre les membres d'un couple, la dissolution de leur union affectera le train de vie de celui qui est le plus faible économiquement. Il en résulte que ses habitudes économiques seront modifiées. L'objectif de notre démarche est, rappelons-le, de garantir une période de transition au sortir de la relation de couple, durant laquelle celui qui se trouve dans une situation de dépendance économique pourra diminuer progressivement son train de vie. C'est ce que nous avons identifié comme le droit à la déshabitude économique.

La durée de la relation de couple, et plus exactement, la durée de la vie commune, a une influence sur les habitudes économiques du couple. Plus la vie commune aura été longue, plus les habitudes économiques seront enracinées chez chacun des membres du couple. Cela impactera au final sur la durée de la déshabitude et par voie de conséquence sur la compensation de la perte de train de vie.

707. ***Durée de l'union ou durée de la vie commune -*** Le critère de la durée du mariage est cité en première place dans la liste des critères auxquels doit se référer le juge pour fixer la prestation compensatoire[1620]. La jurisprudence opère une distinction entre la durée de la vie commune et la durée du mariage. Après avoir admis que la vie commune antérieure au mariage pouvait être prise en considération pour fixer la prestation

1620 *C. civ.*, art. 271.

compensatoire[1621], la Cour de cassation a jugé que « les juges du fonds n'ont pas à tenir compte de la vie commune antérieure au mariage[1622] ». En revanche, ils peuvent tenir compte de toute la durée du mariage, y compris celle durant laquelle les époux étaient séparés de fait[1623].

Notre étude s'inscrit nécessairement en opposition avec la jurisprudence de la Cour de cassation dans la mesure où le droit à la déshabitude économique s'applique dans toutes les formes d'unions. Dès lors, toute forme de vie commune devrait être prise en compte pour évaluer la perte de train de vie. Ce critère est moins pertinent au sortir de la relation dans la mesure où la cessation de la vie commune ne s'accompagne pas nécessairement d'une cessation des relations économiques entre les membres du couple. Tel pourrait être le cas lorsque la jouissance du logement de la famille est laissée à titre gratuit à l'un d'eux. Dans ce cas, la dépendance économique pourrait être maintenue en l'absence de vie commune.

En conclusion, la durée de la vie commune semble être l'indicateur le plus pertinent. Cependant, lorsque l'union n'a pas été dissoute malgré la cessation de la vie commune et que ses membres continuent d'entretenir des relations économiques, le critère de la durée de l'union peut également être pris en considération. S'il n'existe plus aucune relation économique entre les membres du couple postérieurement à la cessation de la vie commune, aucune relation de dépendance économique ne pourra être caractérisée lors de la dissolution de l'union.

708. ***L'exigence d'une durée minimale de la relation*** **-** S'intéresser à la durée de la relation conduit à envisager la fixation d'une durée minimale de la relation en deçà de laquelle il serait présumé qu'aucune habitude ne s'est suffisamment installée dans le temps pour faire naître une relation de

---

1621 Cass. civ. 1re, 14 mars 2006, n° 04-20.352, *Bull. civ. I*, n° 155 : *AJ famille* 2006, p. 377, obs. S. David ; *RTD civ.* 2006, p. 544, obs. J. Hauser ; *Defrénois* 2006, 1057, obs. J. Massip.

1622 Cass. civ. 1re, 16 avril 2008, n° 07-12.814, *Bull. civ. I*, n° 112 : *BICC* 15 septembre 2008, n° 1306, *AJ famille* 2008, 251, obs. S. David ; *D.* 2008, 1271, obs. V. Avéna-Robardet ; *Dr. famille* 2008, n° 83, note V. Larribau-Terneyre ; *RJPF* 2008-9/20, note E. Mulon ; *Defrénois* 2008, p. 1833, obs. J. Massip ; *RTD civ.* 2008, p. 464, obs. J. Hauser ; *RLDC* 2008/50, n° 3032, obs. G. Marraud des Grottes ; Cass. civ. 1re, 1er juillet 2009, n° 08-18.147 : *D.* 2010, p. 1243, obs. Serra et Williatte-Pelliterri ; *RTD civ.* 2009, p. 706, obs. J. Hauser ; *AJ famille* 2009, p. 491, obs. S. David (pour un concubinage de plus de 20 ans antérieur au mariage) ; Cass. civ. 1re, 19 mars 2014, n° 13-10.513 : *Gaz. Pal.* 2014, n° 175, p. 28, note E. Mulon.

1623 Cass. civ. 1re, 16 avril 2008, n° 07-12.814, *Bull. civ. I*, n° 111 : *BICC* 15 septembre 2008, n° 1306, *AJ famille* 2008, 295, obs. S. David ; *AJ famille* 2008, 249, obs. F. Chénédé ; *D.* 2008, 1271, obs. V. Avéna-Robardet ; *Dr. famille* 2008, n° 83, note V. Larribau-Terneyre ; *RJPF* 2008-9/20, note E. Mulon ; *Defrénois* 2008, p. 1833, obs. J. Massip ; *RTD civ.* 2008, p. 464, obs. J. Hauser ; *JCP* 2008, act. 308, obs. H. Bosse-Platière.

dépendance économique entre les membres du couple. Là encore, la prestation compensatoire pourrait être un point de repère. La loi ne fixe aucun minimum mais il a été observé que les juges font rarement droit aux demandes de prestation compensatoire lorsque le mariage a duré moins de cinq ans[1624]. Ce délai semble un peu excessif en matière de droit à la déshabitude. Une relation de dépendance économique peut s'installer sur une période plus courte. La déshabitude serait alors nécessaire, même si elle ne s'étendrait pas sur une longue période.

D'une manière plus générale, il est préférable de ne pas fixer une durée minimale pour ouvrir droit à la déshabitude économique. Cela permet de prendre en compte les spécificités de chaque situation.

La prise en considération de la durée de la relation n'a d'autre but que de déterminer la durée de la compensation.

b) La durée de la compensation

709. ***Le caractère temporaire de la compensation*** **-** « Tu deviens responsable pour toujours de ce que tu as apprivoisé » expliquait le Renard au Petit Prince[1625]. Cette citation sans doute très vraie sur le plan personnel et moral, n'est pas transposable au plan économique. Les expériences du passé allant en ce sens le confirment. En effet, lorsqu'une créance est conditionnée à la durée de la vie du créancier, le prédécès du débiteur a pour inconvénient majeur de transférer la charge de cette créance sur la succession. C'est en partie pour cette raison que l'ancienne pension alimentaire, due après le divorce à l'époux dans le besoin, toute sa vie durant[1626], a été réformée en 1975. La prestation compensatoire, largement versée sous forme de rente viagère dans les premières années de son existence, a également été réformée en 2000, puis en 2004 afin de renforcer à chaque fois le principe d'un versement en capital.

Par ailleurs, la rémanence économique du train de vie ne saurait produire ses effets de manière illimitée. Il ne s'agit pas de maintenir le niveau de vie de celui qui se trouve en état de dépendance économique. Il s'agit

---

1624 G. KESSLER, « Le refus de la prestation compensatoire : panorama de jurisprudence », *Dr. famille*, janvier 2015, n° 1, p. 8.

1625 De Saint-Exupéry (A.), *Le Petit Prince*, 1946, Chapitre XXI.

1626 Sous réserve de remariage.

uniquement de lui assurer une période de transition. L'évaluation de la compensation de la perte de train de vie ne peut donc être déterminée par la durée de vie du créancier.

710. ***Le rejet d'un coefficient mathématique*** - La durée de la compensation étant en lien étroit avec la durée de la relation, il pourrait être tentant d'établir une relation mathématique entre les deux. Ainsi, il suffirait d'appliquer un certain coefficient à la durée de la relation pour déterminer la durée de la compensation. Ce coefficient pourrait évoluer en fonction de la durée de la relation. Par exemple, entre deux et cinq ans de relation, la compensation serait d'un quart de cette durée ; entre cinq et dix ans de relation, la compensation serait d'un tiers de cette durée ; au-delà de dix ans, elle serait de la moitié de cette durée.

Cette technique, certes objective, ne permet pas de prendre en considération la réalité des situations. Pour certains couples, la dépendance pourra être très forte en dépit du caractère récent de la relation. Pour d'autres, la dépendance, certes existante, ne sera pas nécessairement importante malgré l'ancienneté de la relation. La période de transition de la première situation pourra être plus importante que celle de la seconde.

Par ailleurs, cette méthode uniforme ne permettrait pas de remplir pleinement l'objectif poursuivit. Il s'agit d'assurer une période transitoire et non de maintenir le train de vie de la personne dépendante, à la même hauteur que celui mené pendant le mariage, pendant toute la durée de la compensation. Une baisse progressive du soutien financier pourrait très bien être envisagée à partir d'un certain moment. Une telle adaptation ne peut être réalisée avec des critères mathématiques rigides sauf à appliquer une pluralité de coefficients. Par exemple, la compensation serait de 100 % la première année, puis 75 % la deuxième année et 50 % à partir de la troisième année. La multiplication des coefficients mathématiques et leur rigidité conduit à les écarter au profit d'une appréciation souveraine des juges du fonds.

711. ***Influence du critère sur les ressources prises en compte*** - Le critère temporaire n'est pas totalement indépendant du critère économique envisagé précédemment[1627]. Il influe sur le périmètre des ressources prises en considération. Seules les ressources actuelles des anciens membres du couple et celles qui seront perçues pendant la durée de la compensation sont à prendre en considération. Pour apprécier la situation patrimoniale des

---

[1627] *Supra*, n° 697 et s.

parties, il s'agit donc de se placer au jour de la fin de l'union. Il n'y pas lieu, à la différence de la prestation compensatoire, de prendre en compte les ressources des parties dans un avenir, plus ou moins éloigné[1628].

712. Une fois la durée de la compensation déterminée, il est possible de déterminer le montant de la créance de transition. Il s'agira alors de multiplier le montant mensuel ou annuel de la créance par la durée de la compensation. Il ne faut établir aucune relation de cause à effet entre la durée de la compensation et ses modalités de versements. Ce n'est pas parce que la compensation s'étale dans le temps, même de manière temporaire, qu'elle se traduit par le versement d'une rente. La durée de la compensation n'a d'influence que sur l'évaluation de la créance. Ses modalités de règlement n'en sont pas affectées.

Les critères d'évaluation de la créance ayant été déterminés, il ne reste plus qu'à envisager ses modalités de règlement.

B - Les modalités de règlement de la créance

713. Les règles applicables en matière de prestation compensatoire[1629] seront une nouvelle fois source d'inspiration. En ce domaine, la créance peut être payée en numéraire (1) ou en nature (2). Ces deux modalités de règlement seront reprises successivement. Il conviendra néanmoins de garder à l'esprit que le train de vie traduit un rapport de jouissance. Pour assurer le maintien du train de vie d'une personne, il n'est donc pas nécessaire de lui transférer la propriété d'un bien. Lui en assurer la jouissance, même à titre temporaire, est suffisant.

1 - Le règlement en numéraire

714. ***Capital ou rente temporaire*** - Le versement en numéraire peut prendre la forme d'un capital ou d'une rente temporaire. En matière de prestation compensatoire, depuis la loi du 26 mai 2004, le versement doit en principe être réalisé sous la forme d'un capital[1630]. La rente viagère ne peut

---

1628 *C. civ.*, art. 271.

1629 *C. civ.*, art. 274 et s.

1630 *C. civ.*, art. 274.

être retenue qu'à titre exceptionnel et par décision spécialement motivée « lorsque l'âge ou l'état de santé du créancier ne lui permet pas de subvenir à ses besoins[1631] ». L'avantage d'un règlement immédiat des conséquences patrimoniales du divorce n'est pas toujours conciliable avec la situation patrimoniale du débiteur, ce qui a conduit le législateur à admettre le fractionnement du capital en versements périodiques pour une durée maximale de huit années[1632].

En matière de droit à la déshabitude économique, l'exigence d'un règlement immédiat des conséquences patrimoniales ne semble pas un impératif. La créance de transition, même versée sous la forme d'une rente, sera nécessairement temporaire. Le choix entre capital et rente se fera au regard d'autres critères et notamment de la situation patrimoniale du débiteur.

715. ***Versement sous forme d'une rente*** - La rente pourrait paraître plus apte à maintenir le train de vie que le versement d'un capital. Elle permet en effet de compléter les revenus du débiteur et par voie de conséquence de compléter son train de vie en lui permettant de financer la jouissance de certains biens et services qu'il ne peut financer avec ses seuls revenus.

L'objectif poursuivi, rappelons-le une nouvelle fois, n'est pas tant de maintenir le train de vie du créancier que de lui assurer une période de transition pendant laquelle il peut, soit trouver de nouvelles sources de revenus lui permettant de maintenir son train de vie antérieur, soit s'habituer à un train de vie plus modeste. Afin d'atteindre cet objectif, le montant de la rente pourrait être décroissant. La solution de la rente présente en outre l'avantage d'être une charge qui s'étale dans le temps. Son paiement peut avoir une influence moins néfaste sur le train de vie du débiteur que le paiement d'un capital.

716. ***Versement sous forme d'un capital*** - Le versement d'une somme d'argent sous la forme d'un capital, à condition qu'il soit correctement géré, semble tout à fait apte à assurer la transition économique recherchée. Il présente même l'avantage de laisser au créancier une plus grande marge de manœuvre dans l'organisation de cette transition. Il peut mobiliser les sommes reçues quand il le souhaite sur une période qui n'est pas nécessairement comparable à la période de transition, ouvrant droit à la

---

[1631] *C. civ.*, art. 276.

[1632] *C. civ.*, art. 275.

compensation de la perte du train de vie, qui aurait été arrêtée. En possession d'un capital, le dépendant économique peut se comporter comme la cigale ou comme la fourmi. Il peut par exemple investir immédiatement dans l'acquisition de son logement. Il peut également choisir de diminuer brutalement son train de vie tout en conservant les sommes qui lui ont été versées pour un projet plus lointain. Il peut tout aussi bien utiliser progressivement ces sommes, à la manière d'une rente, pour maintenir son train de vie.

717. ***Admission des deux procédés*** **-** Le versement de la créance, sous la forme d'un capital ou d'une rente, permet d'assurer une période de transition économique. Chacune de ces modalités de règlement est de nature à influer sur le train de vie. Chacune présente également des avantages et des inconvénients qui, selon les espèces, conduiront à privilégier le capital ou la rente. À ce titre, les deux procédés méritent d'être retenus.

718. La transition économique peut être assurée par le paiement en numéraire d'une créance. Elle peut également l'être par un règlement en nature.

2 - Le règlement en nature

719. ***Transposition des règles applicables en matière de prestation compensatoire*** **-** La prestation compensatoire, lorsqu'elle prend la forme d'un capital, est principalement exécutée par le versement d'une somme d'argent. Elle peut également l'être par l'« attribution de biens en propriété ou d'un droit temporaire ou viager d'usage et d'habitation ou d'usufruit[1633] ». Il ressort d'une décision du Conseil constitutionnel que l'attribution d'un bien en propriété ne peut être ordonnée par le juge qu'à titre subsidiaire[1634].

Ces modalités d'exécution peuvent être transposées à la pension de transition. En cette matière, l'attribution de la jouissance d'un bien paraît

---

[1633] *C. civ.*, art. 274-2°. Voir Claux (P.-J.) et David (S.), sous la dir., *Droit et pratique du divorce*, 3e éd., Dalloz référence, 2015-2016, n° 215-301 et s.

[1634] 13 juillet 2011, QPC n° 2011-151 : *Dr. famille* 2011, n° 148, note V. Larribau-Terneyre ; *Dr. famille* 2011, n° 22, note E. Mulon ; *AJ famille* 2011, 426, obs. N. Régis ; *RTD civ.* 2011, p. 750, obs. Th. Revet ; *RTD civ.* 2011, p. 565, obs. J. Hauser ; *JCP N* 2011, 1297, note J. Massip ; *Gaz. Pal.* 2011, n° n225, p. 18, note E. Mulon ; *RLDC* 2011/86, n° 4391, obs. N. Pouliquen.

néanmoins particulièrement appropriée. Cette modalité n'ayant pas été affectée par la décision du Conseil constitutionnel, elle pourrait être ordonnée par un juge, y compris à titre principal.

720. ***Le caractère adéquat de l'attribution en jouissance* -** Le train de vie se mesure à l'étendue de la jouissance. Afin de le maintenir, il suffit d'attribuer certains biens en jouissance au créancier. Il n'est nullement besoin de lui attribuer la pleine propriété du bien. Par ailleurs, l'attribution de la jouissance d'un bien afin d'assurer une transition économique, mérite d'être plébiscitée en raison de son caractère temporaire. La jouissance, y compris si elle prend la forme d'un usufruit ou d'un, droit d'usage et d'habitation, peut être limitée dans le temps. La transition économique ne nécessite pas l'attribution viagère d'un droit.

Cette modalité d'exécution présente également l'avantage de pouvoir faire varier l'assiette de la jouissance et par là même d'assurer une diminution progressive du train de vie. Il est en effet tout à fait envisageable d'attribuer en jouissance, au sortir de la relation de couple, un nombre important de biens et de restreindre cette assiette au fil du temps. Par exemple, le créancier pourrait jouir dans un premier temps de la résidence principale et de la résidence secondaire. Dans un deuxième temps, il n'aurait plus accès qu'à la résidence secondaire. Dans un troisième temps, il pourrait avoir accès qu'à l'un des appartements composant le patrimoine locatif du débiteur.

721. ***Les biens composant le support de la jouissance* -** L'attribution en jouissance d'un bien présente un intérêt majeur lorsqu'elle porte sur le logement de la famille. Elle permet au créancier de maintenir son cadre de vie et par voie de conséquence d'influer sur son train de vie[1635]. L'intérêt de cette modalité d'exécution est renforcé en cas de décès. Elle permet en effet de compenser l'absence de droits successoraux du partenaire et du concubin sans trop perturber les règles de la dévolution légale.

La jouissance d'un bien peut également être envisagée sur tout autre bien immeuble. Ainsi, elle pourrait aussi porter sur la résidence secondaire du couple. Dans ce cas, il n'est pas nécessaire d'attribuer un usufruit ou un droit d'usage et d'habitation au créancier. La conclusion d'un contrat de prêt à usage à titre gratuit, pour des périodes déterminées, pourrait permettre de contribuer au maintien du train de vie. Laisser au créancier la possibilité de résider dans le chalet à la montagne deux semaines en hiver et dans la

---

[1635] Sur la relation entre train de vie et cadre de vie, voir *supra*, n° 535 et s.

maison au bord de la mer un mois durant l'été participe incontestablement au maintien de son train de vie, sans pour autant impacter trop fortement celui du débiteur.

La jouissance peut enfin porter sur des biens meubles, tels des meubles meublants ou un véhicule. Dès lors que ces biens sont consomptibles par l'usage, l'attribution de la jouissance perdra quelque peu de son intérêt car le débiteur récupèrera au terme de la période de transition déterminée un bien qui n'aura plus aucune valeur. À plus forte raison, l'attribution de la jouissance ne présente aucun intérêt si elle porte sur un bien consomptible au premier usage.

❖

722. ***Conclusion de la section II*** **-** Au terme de cette dernière section, nous sommes parvenus à esquisser le régime juridique du droit à la déshabitude juridique en délimitant ses conditions d'ouverture et ses modalités de réalisation. Sur le premier point, nous avons privilégié des conditions relativement objectives. Dès lors qu'une perte de train de vie consécutive à la cessation d'une relation de dépendance économique sera caractérisée, ce droit sera ouvert. Sur le second point, nous avons largement pris appui sur la prestation compensatoire en écartant les difficultés qu'elle suscite. Ainsi, il en ressort que nous retenons des critères d'évaluation de la créance relativement objectifs et peu nombreux. C'est ainsi que seules la durée de la relation et la situation patrimoniale des parties au jour de la dissolution de l'union ont été retenues. En revanche, aucune restriction n'a été réalisée quant aux modalités de règlement de la créance.

❖

723. ***Conclusion du chapitre II*** **-** Partant du constat que les concubins et les partenaires ne bénéficient d'aucune protection patrimoniale au sortir de leur union, nous avons cherché à faire évoluer cette situation. Les époux, qui bénéficient pourtant d'une protection tant en cas de divorce qu'en cas de décès, ont également été inclus à cette démarche.

À aucun moment un maintien total et illimité du train de vie n'a été envisagé. En revanche, il est apparu nécessaire de permettre à tous les membres d'un couple, quelle que soit la nature de l'union, de bénéficier d'une période de transition au sortir de sa relation. Cette période a pour objectif de leur permettre de perdre progressivement leurs habitudes économiques, en d'autres termes, de diminuer progressivement leur train de vie. À cet effet, nous avons opté pour la consécration du droit à déshabitude économique.

724. Ce droit se devait de trouver un fondement à la fois solide et général pour profiter à tous les couples. La dépendance économique, déjà consacrée dans les relations d'affaires, s'est imposée comme le fondement adéquat du droit à la déshabitude économique. D'une part, elle est inhérente au couple dès lors que ses membres n'ont pas des ressources équivalentes. D'autre part, elle permet de désigner le débiteur de ce droit. Il s'agit de celui qui a fait naitre des habitudes économiques chez l'autre et cela peu importe qu'il en ait été contraint par les règles statutaires régissant son couple. Ainsi, celui qui a habitué son époux, son partenaire ou son concubin à un certain train de vie, faisant naitre à son égard un état de dépendance économique, est tenu de lui assurer un accompagnement patrimonial au sortir de l'union.

725. Après avoir identifié le fondement du droit à la déshabitude économique, nous avons esquissé son régime juridique. Celui-ci se caractérise par son objectivité tant dans les conditions d'ouverture du droit que dans ses critères d'évaluation. Ainsi, dès lors qu'une personne se trouve dans un état de dépendance économique au sortir de la relation de couple, quelle qu'en soit la cause, elle est en droit de revendiquer une créance de transition. Celle-ci serait évaluée au regard d'un critère temporel, la durée de la relation, et d'un critère économique, la situation patrimoniale des parties.

CONCLUSION DU TITRE II

726. Saisi par les tiers, le train de vie s'était présenté comme un instrument de contrôle. Allégué par son bénéficiaire, il prend un tout autre visage et se présente comme l'objet d'une revendication, jusqu'à devenir l'objet d'un droit.

727. Dire qu'il existe un droit au train de vie est une formulation qui, sans être fausse, est cependant trop vague et imprécise. En revanche, nous avons montré que le train de vie reçoit une protection en droit positif. Celle-ci se manifeste de deux manières. D'une part, le droit permet à tout un chacun de bénéficier d'un train de vie. Pour parvenir à cette fin, la famille et la collectivité sont sollicitées. Elles doivent fournir des ressources à ceux qui ne sont pas en mesure de financer eux-mêmes leur propre train de vie. Lorsque ces ressources sont distribuées par la collectivité, sous formes de prestations sociales, elles ne permettent de financer que des besoins primaires. En revanche, lorsque ces ressources sont délivrées au sein de la cellule familiale, elles permettent de satisfaire des besoins secondaires, et par là même, de financer un train de vie d'un certain niveau.

D'autre part, le train de vie reçoit une protection lorsque son bénéficiaire se trouve dans une période de crise. Ainsi, lorsqu'un événement, tel que la maladie, le décès, la rupture d'une relation personnelle ou professionnelle, vient impacter négativement le train de vie d'une personne, le droit prévoit un certain nombre de mécanismes permettant de compenser la perte qui en résulte. Le droit patrimonial de la famille est la branche du droit la plus active en ce domaine. Cela résulte principalement du fait que le train de vie d'une personne est déterminé par les ressources de sa famille. Dès lors qu'un événement survient, et notamment la dissolution d'un couple, son train de vie s'en trouve immédiatement affecté. La protection du train de vie mise en œuvre par le droit patrimonial de la famille est particulièrement intense. Cela contraste avec son étendue. En effet, elle est réservée quasi exclusivement aux couples mariées.

D'autres branches du droit offrent également des mécanismes permettant de compenser la perte de train de vie. Le droit de la sécurité sociale et le droit du travail en sont les principaux acteurs. Ils ne sont pas les seuls, le droit de la responsabilité et même le droit des affaires permettent d'anticiper ou de compenser la perte soudaine de train de vie.

728. L'étude de la compensation de la perte de train de vie dans ces branches du droit a permis de mettre en relief les lacunes du droit patrimonial de la famille. C'est pourtant au sein de cette matière, et plus encore au sein des couples, que le train de vie est le plus impacté par la survenance d'un événement tel que la rupture ou le décès. En effet, dans la mesure où le train de vie des membres d'un couple, quelle que soit la nature de l'union, est déterminé par les revenus du plus fortuné d'entre eux, la dissolution de l'union a nécessairement des conséquences économiques pour l'autre. Ce dernier ne peut plus maintenir ses habitudes économiques et par la même son train de vie. Face à un tel constat, nous n'avons pas cherché à consacrer un droit au maintien du train de vie. Notre démarche a été beaucoup plus modeste. Elle s'est appuyée sur la notion même du train de vie, et plus exactement encore sur ses éléments constitutifs. Rappelons-le, cette notion traduit à la fois un niveau de vie et une habitude de vie. Dès lors, nous avons cherché à compenser la perte de train de vie, c'est-à-dire la perturbation des habitudes économiques de vie. C'est ainsi que nous prônons, au terme de notre recherche, la reconnaissance d'un droit à la déshabitude économique.

729. Ce droit aurait pour objectif d'assurer une période de transition au sortir de la relation de couple, pendant laquelle le plus faible économiquement serait amené à diminuer progressivement son train de vie. Au terme de cette période deux issues sont possibles. Dans la première, cette personne aura retrouvé d'autres ressources lui permettant de maintenir son train de vie antérieur. Dans la seconde, elle aura eu le temps pour reconsidérer ses habitudes économiques. Elle subira une perte de son train de vie, mais celle-ci ne sera pas brutale.

Le droit à la déshabitude économique a trouvé son fondement dans l'existence d'une relation de dépendance économique entre deux personnes, laquelle se manifeste essentiellement au sein d'une relation de couple. Ce *droit à* se réalisera essentiellement sous la forme d'un droit de créance dont le régime juridique est fortement inspiré de la prestation compensatoire. Néanmoins, son évaluation doit reposer sur des critères purement objectifs et en lien direct avec le but poursuivi. C'est ainsi que seules la durée de la relation et la situation patrimoniale des parties au sortir de la relation ont été retenues.

CONCLUSION DE LA DEUXIÈME PARTIE

730. Le train de vie ne produit en lui-même aucun effet juridique. En revanche, certaines conséquences juridiques lui sont associées. Plus exactement, certains effets juridiques peuvent être déterminés en considération du train de vie d'une personne qui peut selon les cas être désignée comme l'auteur ou le bénéficiaire du train de vie. Ces effets peuvent être organisés en deux catégories. Dans la première catégorie, le train de vie se présente comme un instrument de contrôle qui permet de déterminer des effets juridiques à l'encontre de son auteur. Dans la seconde, il se présente comme une fin. Il permet alors de déterminer des effets juridiques au profit de son bénéficiaire. Nous reviendrons successivement sur ces deux axes qui ont structuré notre démonstration.

731. Image patrimoniale, le train de vie est une notion patrimoniale qui se singularise par son extériorité. Pour cette raison elle a été exploitée par le droit fiscal, puis par le droit social et enfin par le droit pénal pour lutter contre la fraude. Le train de vie se présente alors comme une valeur de référence à laquelle est confrontée une donnée déclarée et dont la sincérité est mise en cause. Elle présente l'avantage d'être ostensible. Cette opération de comparaison a pour but l'identification d'une disproportion, à laquelle sont attachés des effets juridiques détrimentaires à l'auteur du train de vie.

732. En tant que norme de contrôle, le train de vie opère également en droit patrimonial de la famille. Sa force ne réside plus alors dans son caractère extérieur. En cette matière, il se présente comme un contexte patrimonial de référence auquel est confronté un acte. Il s'agit alors de déterminer s'il existe ou non un rapport de proportionnalité entre les deux. Si tel est le cas, l'acte en cause peut être qualifié de normal, d'habituel et bénéficie d'un régime juridique de faveur. En revanche, lorsque la confrontation révèle une disproportion, et le plus souvent une disproportion manifeste, on peut en déduire que cet acte présente un caractère anormal, exceptionnel et sans doute dangereux. Dès lors, il reçoit une qualification spécifique et est soumis à un régime juridique strict ayant pour objectif de protéger les intérêts des personnes pouvant être affectées par ses effets.

La référence au train de vie, en tant que critère de qualification, est une réalité en droit positif. Dans les faits, cette notion est davantage utilisée comme un critère de requalification, lequel permet de remettre en cause la qualification d'un acte qui a été retenue par son auteur en vue de bénéficier de certains avantages juridiques. Quel que soit le stade auquel il est utilisé, le train de vie n'est aujourd'hui qu'un critère de qualification peu usité. Il pourrait largement prospérer en matière de libéralité et d'actes de gestions. Ces deux catégories juridiques pourraient intégrer un critère de qualification fondé sur la valeur, appréciée de manière relative, par référence au train de vie.

733. Envisagé initialement comme un moyen, le train de vie a su également se révéler comme une fin. La personne à sa base n'a plus alors été considérée comme l'auteur du train de vie mais comme son bénéficiaire. Dans une telle configuration, le train de vie permet alors de déterminer des effets au profit de son bénéficiaire. Ces effets sont de deux ordres.

En droit positif, le train de vie permet d'assurer une protection patrimoniale à son bénéficiaire. Cette protection s'articule autour de deux axes. Ainsi, il d'abord a été montré qu'il existe un droit pour tout un chacun de bénéficier d'un train de vie. L'étendue de ce droit dépend de la personne à qui il est opposé. S'il s'agit de la collectivité, le train de vie est minimal. S'il s'agit de la famille, il peut atteindre un certain niveau. Il a ensuite été montré que le droit permet de compenser la perte de train de vie consécutive à la survenance d'un événement particulier. Ce second volet de la protection du train de vie est particulièrement présent en droit patrimonial de la famille tout en concernant également d'autres branches du droit.

En droit prospectif enfin, le train de vie s'est imposé comme l'objet d'un droit. Prenant pour point de repère le train de vie, regroupant l'ensemble des habitudes économiques d'une personne, nous avons émis le souhait de consacrer un droit à la déshabitude économique. Celui-ci trouverait son fondement dans une relation de dépendance économique. Il pourrait alors être invoqué au terme d'une relation de couple afin de permettre à son créancier d'obtenir une créance pour qu'il retrouve une pleine autonomie patrimoniale et qu'il rompe progressivement avec ses habitudes économiques.

CONCLUSION GÉNÉRALE

734. La présente recherche a permis de démontrer que le train de vie n'est pas un vague concept importé du langage courant. À son terme, il est permis d'affirmer que le train de vie est une véritable notion juridique qui peut être définie de manière précise et à laquelle sont attachés des effets juridique.

735. La première partie de cette thèse s'est attachée à définir juridiquement la notion de train de vie. Malgré un contenu matériel variable et propre à chaque individu, le train de vie peut être défini de manière invariable comme la jouissance à titre habituel d'une certaine quantité de bien et de services.

Cette définition contient trois éléments essentiels. D'abord, l'assiette du train de vie est composée d'un ensemble de biens et des services, quelle que soit leur valeur d'usage. Ensuite, le lien de droit unissant l'auteur du train de vie à ces biens et services est un lien de jouissance. Enfin une condition d'habitude doit être remplie pour assurer la juridicité de la notion.

La combinaison des deux premiers éléments permet de faire ressortir la dimension économique du train de vie. Ainsi, la jouissance d'une certaine quantité de biens et de services traduit le niveau de vie d'une personne. La condition d'habitude permet, quant à elle, de mettre en évidence la seconde dimension du train de vie, une habitude de vie.

736. La seconde partie de la thèse a été consacrée aux utilités juridiques de la notion de train de vie. Elle a mis en évidence la diversité des effets juridiques attachés à cette notion, tout en faisant apparaître une certaine unité dans la mise en œuvre de cette notion. Ainsi, celle-ci est toujours utilisée de la même manière, comme un point de référence.

Le train de vie est d'abord utilisé comme un référentiel pour caractériser une disproportion. Il est alors opposé à son auteur par un tiers en vue de produire des effets juridiques détrimentaires. Dans cette hypothèse, il se présente alors comme un outil d'évaluation, indispensable la mise en œuvre d'une autre notion. Il ne produit alors aucun effet juridique direct. En revanche, la disproportion qu'il permet de caractériser, engendre quant à elle, des conséquences juridiques. Révélatrice d'une fraude cette disproportion entraîne des sanctions pécuniaires. Révélatrice d'une erreur de qualification, elle peut conduire à la requalification d'un acte juridique.

737. Le train de vie n'a pas uniquement été envisagé comme un instrument de contrôle et n'est pas exclusivement au service d'une autre notion. Il est également un concept autonome, qui apparaît en filigrane dans de nombreuses branches du droit, qui bénéficie d'une protection assurée notamment par le droit de la famille et le droit social, et qui est susceptible de produire des effets juridiques directs.

La protection du train de vie n'est jamais affirmée en tant que telle par le droit mais elle est bien réelle. Elle est à la fois étendue dans son domaine et dans son intensité. Elle souffre néanmoins de quelques zones d'ombres, notamment en droit patrimonial de la famille, et plus spécifiquement encore, lors de la dissolution d'une relation de couple. Les habitudes économiques acquises pendant le temps de la relation, qui caractérisent de train de vie, peuvent, en l'état actuel du droit, cesser brutalement. Or le train de vie, ancré dans la durée, ne peut se concevoir sans prendre en compte l'inertie qui lui est attachée. Les habitudes économiques qui le caractérisent sont susceptibles de naître chez son bénéficiaire, davantage que de simples expectatives, de véritables droits. Cependant, le simple fait de mener un certain train de vie pendant une période donnée, n'est pas suffisant pour conférer un droit de créance. Une condition supplémentaire, permettant à la fois de fonder incontestablement ce droit et de désigner son débiteur, doit être remplie. Ainsi, le droit à la déshabitude économique, se traduisant par un droit un maintien temporaire du train de vie, n'est ouvert qu'en présence d'une situation de dépendance économique.

738. Cette étude est parvenue à démontrer qu'une notion ne produisant pas directement des effets juridiques peut avoir toute sa place en droit.

À son terme, il est également permis d'affirmer que le train de vie est une notion émergente et fédérative, alors même qu'elle ne peut être qualifiée de standard juridique au sens strict du terme.

En outre, il est fort probable que cette notion soit amenée à prospérer. D'une part, elle est susceptible d'engendrer des effets juridiques directs en conférant un droit de créance à certains bénéficiaires d'un train de vie. D'autre part, le recours plus systématique à cette notion, comme il l'a notamment été proposé dans le processus de qualification des libéralités ou des actes de gestion, participerait à l'émergence d'un principe général en droit patrimonial de la famille : la proportionnalité[1636].

1636 Torricelli-Chrifi (S.), sous la dir., « La proportionnalité en droit patrimonial de la famille », *Defrénois* n° 8, 30 avril 2016, Dossier, p. 382 et s.

BIBLIOGRAPHIE

I - OUVRAGES GENERAUX, TRAITES ET MANUELS

ALFANDARI (E.) et TOURETTE (F.), *Action et aide sociales*, 5e éd., Dalloz, Précis, 2011

ANTONMATTEI (P.-H.) et RAYNARD (J.), *Droit civil, Contrats spéciaux*, 7e éd., Lexis-Nexis, coll. Manuels, 2013

ATIAS (Ch.), *Les biens*, 12e éd., Lexis-Nexis, coll. Manuels, 2014

AUZERO (G.) et DOCKES (E.), *Droit du travail*, 29e éd. Dalloz, Précis, 2015

AYNES (L.) et MALAURIE (Ph.), *Droit civil, Les biens*, 6e éd., LGDJ, coll. Droit civil, 2015

AYNES (L.) et MALAURIE (Ph.), *Droit civil, Les régimes matrimoniaux*, 5e éd., LGDJ, coll. Droit civil, 2015

AYNES (L.), MALAURIE (Ph.) et GAUTIER (P.-Y.), *Les contrats spéciaux*, 7e éd., LGDJ, coll. Droit civil, Coll. Droit civil, 2014

AYNES (L.) et MALAURIE (Ph.), *Droit civil, Les successions, les libéralités*, 2e éd., Cujas, 1993

BAILLOT (Ph.), BIGOT (J.), KULLMANN (J.) et MAYAUX (L.), *Traité de droit des assurances, Les assurances de personnes, Tome 4*, LGDJ, 2007

BÉNABENT (A.), *Droit de la famille*, 3e éd., LGDJ, Domat droit privé, 2014

BÉNABENT (A.), *Les contrats spéciaux civils et commerciaux*, 10e éd., LGDJ, Domat droit Privé, 2011

BERGEL (J.-L.), *Méthodologie juridique*, 2e éd., PUF, coll. Thémis droit privé, 2016

BERGEL (J.-L.), *Théorie générale du droit*, 5e éd., Dalloz, Méthodes du droit, 2012

BERGEL (J.-L.), BRUSCHI (M.) et CIMAMONTI (S.), *Traité de droit civil, Les biens*, 2ème éd., LGDJ, 2010

BIGOT (J.), BAILLOT (Ph.), KULLMANN (J.) et MAYAUX (L.), *Traité de droit des assurances, Les assurances de personnes, Tome 4*, LGDJ, 2007

BONFILS (Ph.) et GOUTTENOIRE (A.), *Droit des mineurs*, 2e éd., Dalloz, Précis, 2014

BORGETTO (M.), DUPEYROUX (J.-J.) et LAFORE (R.), *Droit de la sécurité sociale*, 18e éd., Dalloz, Précis, 2015

BORGETTO (M.) et LAFORE (R.), *Droit de l'aide et de l'action sociales*, 9e éd., Montchrestien, Domat droit public, 2015

BRENNER (C.) et MALAURIE (Ph.), *Les successions, les libéralités*, 6e éd., LGDJ, coll. Droit civil, 2014

BRUSCHI (M.), BERGEL (J.-L.) et CIMAMONTI (S.), *Traité de droit civil, Les biens*, 2e éd., LGDJ, 2010

CABRILLAC (M.), MOULY (Ch.), CABRILLAC (S.) et PÉTEL (Ph.), Droit des sûretés, 10e éd., Lexis-Nexis, coll. Manuels, 2015

CABRILLAC (S.), CABRILLAC (M.), MOULY (Ch.), CABRILLAC (S.) et PÉTEL (Ph.), Droit des sûretés, 10e éd., Lexis-Nexis, coll. Manuels, 2015

CARBONNIER (J.), *Droit civil, Introduction, les personnes, la famille, l'enfant, le couple, Vol. 1*, PUF, coll. Quadrige, 2004

CARBONNIER (J.), *Droit civil Vol. II, Les biens, les obligations*, PUF, Quadrige, 2004

CARBONNIER (J.), *Flexible droit, Pour une sociologie du droit sans rigueur*, 10e éd., LGDJ, 2010

CARBONNIER (J.), *Sociologie juridique*, PUF, 2e éd., 2004

CASTALDO (A.) et LÉVY (J.-Ph.), *Histoire du droit civil*, 2e éd., Dalloz, Précis, 2010

CHADEFAUX (M), COZIAN (M.), et DEBOISSY (F.), *Précis de fiscalité des entreprises 2016/2017*, 40e éd., Lexis-Nexis, Précis fiscal, 2016

CHAMPENOIS (G.) et FLOUR (J.), *Les régimes matrimoniaux*, 2e éd., Armand Colin, 2001

CIMAMONTI (S.), BERGEL (J.-L.) et BRUSCHI (M.), *Traité de droit civil, Les biens*, 2e éd., LGDJ, 2010

CLAUX (P.-J.) et DAVID (S.), sous la dir., *Droit et pratique du divorce*, 3e éd., Dalloz référence, 2015-2016

COLLART DUTILLEUL (F.) et DELBECQUE (Ph.), *Contrats civils et commerciaux*, 10e éd., Dalloz, Précis, 2015

COLOMER (A.), *Droit civil, Les régimes matrimoniaux*, 12e éd., Litec, 2004

CONTE (Ph.) et MAISTRE DU CHAMBON (P.), *Droit pénal général*, 7e éd., Dalloz, Sirey, 2007

CORNU (G.), *Droit civil, Les biens*, 13e éd., Montchrestien, 2007

CORNU (G.), *Droit civil, La famille*, 9e éd., Montchrestien, Domat droit privé, 2006

CORNU (G.), *Linguistique juridique*, 3e éd., Montchrestien, Domat droit privé, 2005

COZIAN (M.), DEBOISSY (F.) et CHADEFAUX (M), *Précis de fiscalité des entreprises 2016/2017*, 40e éd., Lexis-Nexis, Précis fiscal, 2016

COZIAN (M.), VIANDIER (A.) et DEBOISSY (F.), *Droit des sociétés*, 29e éd., Lexis-Nexis, 2016

DAURIAC (I.), *Droit des régimes matrimoniaux et du PACS*, 4e éd., LGDJ, coll. Manuels, 2015

DAVID (S.) et **CLAUX (P.-J.)**, sous la dir., *Droit et pratique du divorce*, 3e éd., Dalloz référence, 2015-2016

DEBOISSY (F.), COZIAN (M.), et CHADEFAUX (M), *Précis de fiscalité des entreprises 2016/2017*, 40e éd., Lexis-Nexis, Précis fiscal, 2016

DEBOISSY (F.), VIANDIER (A.) et COZIAN (M.), *Droit des sociétés*, 29e éd., Lexis-Nexis, 2016

DE CLAVIERE-BONNAMOUR (B.) et NOURISSAT (C.), *Droit de la concurrence, libertés de circulation, Droit de l'Union, droit interne*, 4e éd., Dalloz, coll. Hypercours, 2013

DELBECQUE (Ph.) et COLLART DUTILLEUL (F.), *Contrats civils et commerciaux*, 10e éd., Dalloz, Précis, 2015

DEMOLOMBE (C.), *Cours de Code Napoléon, t. IX*

DUTOIT (B.), ARN (R.), SFONDYLIA (B.) et TAMINELLI (C.), *Le divorce en droit comparé Vol. 1*, Librairie Droz, 2000

DOCKES (E.) et AUZERO (G.), *Droit du travail*, 29e éd. Dalloz, Précis, 2015

DOUET (F.), *Précis de droit fiscal de la famille*, 15e éd., Lexis-Nexis, 2016

DROSS (W.), *Droit civil, Les biens,* Montchrestien, Domat droit privé, 2012

DROSS (W.), *Les choses*, LGDJ, 2012

DUPEYROUX (J.-J.), BORGETTO (M.) et LAFORE (R.), *Droit de la sécurité sociale*, 18e éd., Dalloz, Précis, 2015

FABRE-MAGNAN (M.), GHESTIN (J.) et GOUBEAUX (G.), *Traité de droit civil, Introduction générale*, 4e éd., LGDJ, 1994

FENOUILLET (D.) et TERRÉ (F.), *Droit civil, La famille*, 8e éd., Dalloz, Précis, 2011

FERRIER (D.) et FERRIER (N), *Droit de la distribution*, 7e éd., Lexis-Nexis, coll. Manuels, 2014

FERRIER (N.) et FERRIER (D.), *Droit de la distribution*, 7e éd., Lexis-Nexis, coll. Manuels, 2014

FLOUR (J.) et CHAMPENOIS (G.), *Les régimes matrimoniaux*, 2e éd., Armand Colin, 2001

FRISON-ROCHE (M.-A.) et PAYET (M.-S.), *Droit de la concurrence*, 1re éd., Dalloz, Précis, 2006

FULCHIRON (H.) et MALAURIE (Ph.), *Droit de la famille*, 5e éd., LGDJ, coll. Droit civil, 2016

GAUDEMET (S.), TERRÉ (F.) et LEQUETTE (Y.), *Droit civil, Les successions, les libéralités*, 4e éd., Dalloz, Précis, 2014

GAUTIER (P.-Y.), MALAURIE (Ph.) et AYNES (L.), *Les contrats spéciaux*, 7e éd., LGDJ, coll. Droit civil, 2014

GHESTIN (J.), GOUBEAUX (G.) et FABRE-MAGNAN (M.), *Traité de droit civil, Introduction générale*, 4e éd., LGDJ, 1994

GHESTIN (J.), LOISEAU (G.) et SERINET (Y.-M.), *Traité de droit civil, La formation du contrat, t. 1 : Le contrat – Le consentement*, 4e éd., LGDJ, 2013

GOUBEAUX (G.), GHESTIN (J.) et FABRE-MAGNAN (M.), *Traité de droit civil, Introduction générale*, 4e éd., LGDJ, 1994

GOUTTENOIRE (A.) et BONFILS (Ph.), *Droit des mineurs*, 2e éd., Dalloz, Précis, 2014

GRIDEL (J.-P.), *Introduction au droit et au droit français*, 2e éd., Dalloz, 1994

GRIMALDI (M.), *Droit civil, Successions*, 6e éd., Litec, 2001

GRIMALDI (M.), sous la dir., *Droit patrimonial de la famille*, Dalloz action, 2015-2016

HAUSER (J.) et HUET-WEILLER (D.), *Traité de droit civil, Fondation et vide de la famille*, 2e éd., LGDJ, 1993

HAUSER (J.) et RENCHON (J.-L.) (sous la dir.), *Le statut juridique du couple marié et du couple non marié en droit belge et français, Vol. 1 : Les statuts légaux des couples*, Larcier 2012

HUET-WEILLER (D.) et HAUSER (J.), *Traité de droit civil, Fondation et vide de la famille*, 2e éd., LGDJ, 1993

JACQUEMONT (V.), *Droit des entreprises en difficulté*, 8e éd., Litec, 2013

JOURDAIN (P.), *Les principes de la responsabilité civile*, 8e éd., Dalloz, coll. Connaissance du droit, 2011

JUBAULT (Ch.), *Droit civil, Les successions, les libéralités*, 2e éd., Montchrestien, Domat droit privé, 2010

KULLMANN (J.), BIGOT (J.), BAILLOT (Ph.) et MAYAUX (L.), *Traité de droit des assurances, Les assurances de personnes, Tome 4*, LGDJ, 2007

LAFORE (R.), DUPEYROUX (J.-J.) et BORGETTO (M.), *Droit de la sécurité sociale*, 18e éd., Dalloz, Précis, 2015

LAFORE (R.) et BORGETTO (M.), *Droit de l'aide et de l'action sociales*, 9e éd., Montchrestien, Domat droit public, 2015

LARROUMET (Ch.), *Droit civil t. 2, Les biens, Droits réels principaux*, 5e éd., Économica, 2004

LEQUETTE (Y.), TERRÉ (F.) et GAUDEMET (S.), *Droit civil, Les successions, les libéralités*, 4e éd., Dalloz, Précis, 2014

LEQUETTE (Y.), TERRÉ (F.) et SIMLER (Ph.), *Droit civil Les obligations*, 11e éd, Dalloz, Précis, 2013

LÉVY (J.-Ph.) et CASTALDO (A.), *Histoire du droit civil*, 2e éd., Dalloz, Précis, 2010

LEROY (M.), *Assurance-vie et gestion du patrimoine*, Lextenso, Les intégrales, 2011

LOISEAU (G.), GHESTIN (J.) et SERINET (Y.-M.), *Traité de droit civil, La formation du contrat, t. 1 : Le contrat – Le consentement*, 4e éd., LGDJ, 2013

MAISTRE DU CHAMBON (P.) et CONTE (Ph.), *Droit pénal général*, 7e éd., Dalloz, Sirey, 2007

MALAURIE (Ph.) et AYNES (L.), *Droit civil, Les biens*, 6e éd., LGDJ, coll. Droit civil, 2015

MALAURIE (Ph.) et AYNES (L.), *Droit civil, Les régimes matrimoniaux*, 5e éd., LGDJ, coll. Droit civil, 2015

MALAURIE (Ph.) et AYNES (L.), *Droit civil, Les successions, les libéralités*, 2e éd., Cujas, 1993

MALAURIE (Ph.), AYNES (L.) et GAUTIER (P.-Y.), *Les contrats spéciaux*, 7e éd., LGDJ, coll. Droit civil, 2014

MALAURIE (Ph.) et BRENNER (C.), *Les successions, les libéralités*, 6e éd., LGDJ, coll. Droit civil, 2014

MALAURIE (Ph.) et FULCHIRON (H.), *Droit de la famille*, 5e éd., LGDJ, coll. Droit civil, 2016

MALAURIE (Ph.) et MORVAN (P.), *Introduction au droit*, 5e éd., LGDJ, coll. Droit civil, 2014

MALAURIE-VIGNAL (M.), *Droit de la distribution*, 3e éd., Dalloz, coll. Sirey Université, 2015

MARTY (G.) et REYNAUD (P.), *Droit civil, Les personnes*, 2e éd., t. I, vol. 2, Sirey, 1967

MASSIP (J.), *Tutelle des mineurs et protection juridique des majeurs*, Defrénois, 2009

MAYAUX (L.), BIGOT (J.), BAILLOT (Ph.) et KULLMANN (J.), *Traité de droit des assurances, Les assurances de personnes, Tome 4*, LGDJ, 2007

MORVAN (P.) et MALAURIE (Ph.), *Introduction au droit*, 5e éd., LGDJ, coll. Droit civil, 2014

MOULY (Ch.), CABRILLAC (M.), CABRILLAC (S.) et PÉTEL (Ph.), Droit des sûretés, 10e éd., Lexis-Nexis, coll. Manuels, 2015

MURAT (P.) (sous la dir.), *Droit de la famille*, 5e éd., Dalloz action, 2016/2017

NOURISSAT (C.) et DE CLAVIERE-BONNAMOUR (B.), *Droit de la concurrence, libertés de circulation, Droit de l'Union, droit interne*, 4ème éd., Dalloz, coll. Hypercours, 2013

PAYET (M.-S.) et FRISON-ROCHE (M.-A.), *Droit de la concurrence*, 1re éd., Dalloz, Précis, 2006

PÉTEL (Ph.), CABRILLAC (M.), MOULY (Ch.) et CABRILLAC (S.), Droit des sûretés, 10e éd., Lexis-Nexis, coll. Manuels, 2015

PETIT (N.), *Droit européen de la concurrence*, Montchrestien, Domat droit privé, 2013

PLANIOL (M.), *Traité élémentaire de droit civil, t. I*, 4e éd., par G. Ripert, LGDJ, 1952

PLANIOL (M.) et RIPERT (G.), *Traité théorique et pratique de droit civil, t. II La famille*, 2e éd., par A. Rouast, LGDJ, 1952

RAYNARD (J.) et ANTONMATTÉI (P.-H.), *Droit civil, Contrats spéciaux*, 7e éd., Lexis-Nexis, coll. Manuels, 2013

RENCHON (J.-L.) et HAUSER (J.), sous la dir., *Le statut juridique du couple marié et du couple non marié en droit belge et français, Vol. 1 : Les statuts légaux des couples*, Larcier 2012

REVET (Th.) et ZÉNATI-CASTAING (F.), *Les biens*, 3e éd., PUF, Coll. Droit fondamental, 2008

REYNAUD et MARTY, *Droit civil, Les personnes*, 2ème éd., t. I, vol. 2, Sirey, 1967

RIPERT et PLANIOL, *Traité théorique et pratique de droit civil, t. II La famille*, 2e éd., par A. Rouast, LGDJ, 1952

ROCHFELD (J.), *Les grandes notions du droit privé*, 2e éd., PUF, Thémis droit, 2013

SAINT-ALARY-HOUIN (C.), *Droit des entreprises en difficulté*, 7e éd., Montchrestien, 2011

SÉRIAUX (A.), *Les successions, les libéralités*, 2e éd., PUF, Droit fondamental, 1993

SÉRINET (Y.-M.), GHESTIN (J.) et LOISEAU (G.), *Traité de droit civil, La formation du contrat, t. 1 : Le contrat – Le consentement*, 4e éd., LGDJ, 2013

SIMLER (Ph.) et TERRÉ (F.), *Droit civil, Les biens*, 9e éd., Précis Dalloz, 2014

SIMLER (Ph.) et TERRÉ (F.), *Droit civil, Les régimes matrimoniaux*, 7e éd, Précis Dalloz, 2015

SIMLER (Ph.), TERRÉ (F.) et LEQUETTE (Y.), *Droit civil Les obligations*, 11e éd, Dalloz, Précis, 2013

TERRÉ (F.), LEQUETTE (Y.) et GAUDEMET (S.), *Droit civil, Les successions, les libéralités*, 4e éd., Dalloz, Précis, 2014

TERRÉ (F.) et FENOUILLET (D.), *Droit civil, La famille*, 8e éd., Dalloz, Précis, 2011

TERRÉ (F.) et SIMLER (Ph.), *Droit civil, Les biens*, 9e éd., Dalloz, Précis, 2014

TERRÉ (F.) et SIMLER (Ph.), *Droit civil, Les régimes matrimoniaux*, 7ème éd, Dalloz, Précis, 2015

TERRÉ (F.), SIMLER (Ph.) et LEQUETTE (Y.), *Droit civil Les obligations*, 11e éd, Dalloz, Précis, 2013

TOURETTE (F.) et ALFANDARI (E.), *Action et aide sociales*, 5e éd., Dalloz, Précis, 2011

VIANDIER (A.), COZIAN (M.) et DEBOISSY (F.), *Droit des sociétés*, 29e éd., Lexis-Nexis, 2016

VINEY (G.), *Traité de droit civil, Introduction à la responsabilité*, 3e éd., LGDJ, 2008

ZÉNATI-CASTAING (F.) et REVET (Th.), *Les biens*, 3e éd., PUF, coll. Droit fondamental, 2008

II - OUVRAGES SPECIAUX, THESES ET MONOGRAPHIES

AERTS (J.), *Les dons et legs modiques, les présents d'usage*, thèse, Nancy, 1938

ALFANDARI (É.), *Le droit aux aliments en droit privé et en droit public*, th. Poitiers, 1958

AUNE (A.-C.), *Le phénomène de multiplication des droits subjectifs en droit des personnes et de la famille*, préf. A. Leborgne, th. Aix-Marseille III, PUAM, 2007

BABY (W.), *Les effets patrimoniaux du pacte civil de solidarité, L'invention d'une nouvelle forme de conjugalité*, préf. M. Nicod, Defrénois, coll. Doctorat et Notariat, T. 51, 2013

BADEL (M.), *Le droit social à l'épreuve du revenu minimum d'insertion*, PU Bordeaux, 1996

BAHANS (J.-M.), *Théorie générale de l'acte juridique en droit économique*, th. Bordeaux 1998

BAKOUCHE (D.), *L'excès en droit civil*, préf. M. Gobert, LGDJ, coll. Bib. droit privé, T. 432, 2005

BERLIOZ (P.), *La notion de bien*, préf. L. Aynès, LGDJ, coll. Bib. droit privé, T. 489, 2007

BERTHET (P.), *Les obligations alimentaires et les transformations de la famille*, préf. J. Rubellin-Devichi, L'Harmattan, coll. Logiques juridiques, 2000

BRENNER (C.), *L'acte conservatoire*, préf. P. Catala, LGDJ, coll. Bib. droit privé, T. 323, 1999

BRUN (A.-S.), *Contribution à la découverte d'un droit commun patrimonial du couple*, th. Grenoble 2, 2003

CALAIS AULOY (J.), *Essai sur la notion d'apparence en droit commercial*, LGDJ, coll. Bib. droit privé, T. 17, 1961

CASIMIR (J.-P.), *Les signes extérieurs de revenus : le contrôle et la reconstitution du revenu global par l'Administration fiscale*, préf. M. Cozian, LGDJ, 1979

CASTETS-RENARD (C.), *Notions à contenu variable et droit d'auteur*, L'Harmattan, 2004

CATALA DE ROTON (M.-C.), *Les successions entre époux*, préf. F. Terré, Économica, coll. Droit civil, série Études et recherches, 1990

COËT (Ph.), *Les notions-cadres dans le Code civil, Études des lacunes intra-legem*, (thèse publiée dans différents numéros de la revue) *LPA*, 30 juillet 1986, n° 91, p. 39 à 49 ; 1er août 1986, n° 92, p. 25-40 ; 4 août 1986, n° 93, p. 31-40 ; 6 août 1986, n° 94, p. 18-31 ; 8 août 1986, n° 95, p. 27-38 ; 13 août 1986, 97, p. 16-26 ; 15 août 1986, n° 98, p. 22-37 ; 18 août 1986, n° 99, p. 4-13 ; 22 août 1986, n° 101, p. 4-13 ; 1er septembre 1986, n° 105, p. 4-17

CHAMOULAUD-TRAPIERS (A.), *Les fruits et revenus en droit patrimonial de la famille*, PULIM, 1999

CHARDEAUX (M.-A.), *Les choses communes*, préf. G. Loiseau, LGDJ, coll. Bib. droit privé, T. 464, 2006

CLAVERIE-ROUSSET (Ch.), *L'habitude en droit pénal*, préf. V. Malabat, LGDJ, coll. Bib. sc. criminelles, T. 57, 2014

CONTE (Ph.), *L'apparence en matière pénale*, th. dactylographiée, 1984

COUTANT-LAPALUS (Ch.), *Le principe de la réparation intégrale en droit privé*, préf. F. Pollaud-Dulian, PUAM, 2002

COVIAUX (J.-C.), *L'habitude individuelle dans le droit des obligations*, Thèse Paris II, 1973

CRESP (M.), *Le temps juridique en droit privé, Essai d'une théorie générale*, préf. J. Hauser, PUAM, 2013

DANIS-FATÔME (A.), *Apparence et contrat*, préf. G. Viney, LGDJ, coll. Bib. droit privé, T. 414, 2004

DANOS (F.), *Propriété, possession et opposabilité*, préf. L. Aynès, Économica, coll. Recherches juridiques, T. 15, 2007

DEBOISSY (F.), *La simulation en droit fiscal*, préf. M. Cozian, LGDJ, coll. Bib. droit privé, T. 276, 1997

DE BOUARD (F.), *La dépendance économique née d'un contrat*, préf. G. Viney, LGDJ, coll. Bib. de l'institut André Tunc, T. 13, 2007

DEJEAN DE LA BATIE (N.), *Appréciation in abstracto et appréciation in concreto en droit civil français*, préf. H. Mazeaud, LGDJ, coll. Bib. droit privé, T. 57, 1965

DERRUPPÉ (J.), *La nature juridique du preneur à bail et la distinction des droits réels et des droits de créance*, préf. J. Maury, Dalloz, 1952

DEVERS (A.), *Le concubinage en droit international privé*, préf. H. Fulchiron, LGDJ, coll. Bib. droit privé, T. 416, 2004

DOUCHY (M.), *La notion de quasi-contrat en droit positif français*, préf. A. Sériaux, Économica, coll. Droit civil, 1997

DOUET (F.), *Le droit patrimonial de la famille*, PUF, coll. Que sais-je ?, n° 3517, 1999

DUPEYROUX (J.-J.), *Contribution à la théorie générale de l'acte à titre gratuit*, LGDJ, 1955

DURAND (F.), *L'apparence en droit fiscal*, préf. Th. Schmitt, LGDJ, coll. Bib. droit privé, T. 507, 2009

EVERAERT (D.), *L'obligation alimentaire, Essai sur les relations de dépendance économique au sein de la famille*, th. Lille, 1992

GABORIAU (B.), *L'obligation alimentaire*, sous la dir. de J. Hauser, th. Bordeaux, 2003

GAILLARD (E.), *Le pouvoir en droit civil*, préf. G. Cornu, th. Paris 2 1981, Économica, 1985

GALLUS (N.), *Les aliments*, Larcier, 2006

HUMBERT (H.), *Essai sur la fongibilité et la consomptibilité des meubles*, thèse Paris, 1940

JAOUL (M.), *La notion de fruits : étude de droit privé*, th. Montpellier, 2014

JARROSSON (Ch.), *La notion d'arbitrage*, préf. B. Oppetit, LGDJ, coll. Bib. droit privé, T. 198, 1987

JEMMAR (S.), *L'évaluation des biens et services en droit fiscal*, préf. L. Chatel, C. Goarant-Moaglia et D. Gutmann, l'Harmattan, coll. Logiques juridiques, 2010

JOBARD-BACHELIER (M.-N.), *L'apparence en droit international privé*, LGDJ, coll. Bib. droit privé, T. 178, 1983

LABBÉE (X.), *Le droit commun du couple*, PU du Septentrion, 2010

LAURENT (J.), *La propriété des droits*, préf. Th. Revet, LGDJ, coll. Bib. droit privé, T. 537, 2012

LEQUETTE (S.), *Le contrat-coopération, Contribution à la théorie générale du contrat*, préf. C. Brenner, Économica, coll. Recherches juridiques, T. 27, 2012

LEVENEUR (L.), *Situations de fait et droit privé*, préf. M. Gobert, LGDJ, coll. Bib. droit privé, T. 212, 1990

LOKIEC (P.), *Contrat et pouvoir, Essai sur les transformations du droit privé des rapports contractuels*, préf. A. Lyon-Caen, LGDJ, coll. Bib. droit privé, T. 408, 2004

MAISONNASSE (F.), *L'articulation entre la solidarité familiale et la solidarité collective*, préf. P. Murat, LGDJ, coll. Bib. droit. Social, T. 67, 2016

MARION (M.), *L'impôt sur le revenu au XVIIIe siècle principalement en Guyenne*, Slatkine-Magariotis-Reprints, Genève, 1976 (réimpression de l'édition de Toulouse de 1901)

MERCIER (V.), *L'apport du droit des valeurs mobilières à la théorie générale du droit des biens*, préf. D. Porracha, PUAM, 2005

MERLE (Ph.), *Les présomptions légales en droit pénal*, LGDJ, 1970

MOLIERE (A.), *Dissolution des couples et compensation patrimoniale*, th. Lyon, 2013

PÉLISSIER (J.), *Les obligations alimentaires, unité ou diversité*, LGDJ, 1961

PÉRINET-MARQUET (H.), sous la dir., *Propositions de l'Association Henri Capitant pour une réforme du droit des biens*, Litec, coll. Carré droit, 2009

PHILIPPE (C.), *Le devoir de secours et d'assistance entre époux, Essai sur l'entraide conjugale*, préf. G. Wiederkehr, LGDJ, coll. Bib. droit privé, T. 170, 1981

PICHARD (M.), *Le droit à, Étude de législation française*, préf. M. Gobert, Économica, coll. Recherches juridiques, 2006

PRAUD (J.-L.), *La réitération en droit privé*, th. Nantes, 2014

RABAGNY (A.), *Théorie générale de l'apparence en droit privé*, ANRT Lille, 2004

RABAGNY (A.), *L'image juridique du monde, Apparence et réalité,* PUF, coll. Droit, éthique et société, 2003

REGNAUT-MOUTIER (C.), *La notion d'apport en jouissance*, préf. J. Prieur, LGDJ, coll. Bib. droit privé, T. 242, 1994

REVET (Th.), *La force de travail (Étude juridique)*, préf. F. Zénati, Litec, coll. Bib. de droit de l'entreprise, T. 28, 1992

RIALS (S.), *Le juge administratif français et la technique du standard : essai sur le traitement juridictionnel de l'idée de normalité*, préf. P. Weil, LGDJ, coll. Bib. droit public, T. 135, 1980

ROBINNE (S.), *Contribution à l'étude de la notion de revenus en droit privé*, préf. R. Cabrillac, PU Perpignan, coll. Études, 2003

RUFFIEUX (G.), *Les sanctions des obligations familiales*, préf. P. Murat, Dalloz, coll. Nouvelle bibliothèque de thèses, vol. 138, 2014

SAYAG (A.), *Essai sur le besoin créateur de droit,* préf. J. Carbonnier, LGDJ, coll. Bib. droit privé, T. 94, 1969

SAYN (I.), sous la dir., *Un barème pour les pensions alimentaires ?*, Mission droit et justice, La documentation française, 2002, synthèse des travaux

STATI (M. O.), *Le standard juridique*, Th. Paris, 1927

TADROS (A.), *La jouissance des titres sociaux d'autrui*, préf. T. Revet, Dalloz, coll. Nouvelle bibliothèque de thèses, vol. 130, 2013

TEMPLE (H.), *Les sociétés de fait*, préf. J. Calay-Auloy, LGDJ, coll. Bib. droit privé, T. 141, 1975

VACRAME (S.), *La société créée de fait, essai de théorisation*, préf. H. Lécuyer, LGDJ, coll. Bib. Droit privé, T. 405, 2003

VAREILLE (B.), *Volonté, rapport et réduction*, préf. P. Spitéri, Publications de la Faculté de droit et de sciences économiques de Limoges, PUF, 1988

VIRASSAMY (V.), *Les contrats de dépendance, Essai sur les activités professionnelles exercées dans une dépendance économique*, préf. J. Ghestin, LGDJ, coll. Bib. droit privé, T. 190, 1986

VOUIN (R.), *La bonne foi, notion et rôle actuels en droit privé français*, LGDJ, 1939

ZALEWSKI (V.), *Familles, devoirs et gratuité*, L'Harmattan, coll. Logiques juridiques, 2004

III - ARTICLES, CHRONIQUES ET ACTES DE COLLOQUES

ALLEAUME (C.), « Solidarité contre solidarité - Étude comparative des avantages respectifs du mariage et du PACS au regard du droit du crédit », *D.* 2000, Chron. 450

AL SANHOURY (A.-A.), « Le standard juridique », in *Les sources du droit, Mél. En l'honneur de F. Gény, T. II*, Librairie du Recueil Sirey, 1934, p. 14

AMSELEK (P.), « Rapport introductif », in *La taxation d'office à l'impôt sur le revenu* (Actes des journées d'études organisées par la Société française de droit fiscal à Strasbourg les 3 et 4 mai 1979), LGDJ, 1980, p. 19

ARNAUDIN (C.), sous la dir. de J. Hauser et J.-L. Renchon, « Les modes de correction des déséquilibres patrimoniaux lors de la rupture du couple », *in Différenciation ou convergence des statuts juridiques du couple marié et du couple non marié ? Droit belge et français*, Bruylant et LGDJ, 2005, p. 465

AULAGNIER (L.), « Assurance-vie : l'exclusion des réservataires, ou la protection inopérante des primes exagérées », *Dr. et patrimoine* n° 242, décembre 2014, p. 20

BARBIER (N.), MARTIN (M.), MUSSIER (A.), PASSALACQUA (J.) et VAGOST (E.), « PACS : à quand le *coming-out* de la prestation compensatoire ? », *AJ famille* 2011, p. 201

BARRIERE (L.-A.), « Penser le(s) concubinage(s), La doctrine française et le concubinage depuis le Code civil », in *Mél. J. Rubellin-Devichi : Des concubinages, droit interne, droit international, droit comparé*, Litec, 2002, p. 143

BEAUBRUN (M.), « La loi du 3 décembre 2001 portant réforme du droit des successions », *Defrénois* 2003, p. 73

BEIGNIER (B), « L'apparence de mariage », *Dr. famille* mai 2010, Repère n° 5.

BEIGNIER (B), « La nouvelle protection des époux et des partenaires envers la solidarité en cas d'emprunts », *Dr. famille*, décembre 2014, Focus, n° 56

BENOIT (A.), « Protection sociale et concubinage », *JCP N* 1997, 4137, p. 1207

BERGEL (J.-L.), sous la dir., « Les standards dans les divers systèmes juridiques », *RRJ* 1988-4, Cahiers de méthodologie n° 3, p. 805 à 1193

BONFILS (P.), « La consomptibilité », *RRJ*, 2003, p. 181

BOUBLES (R.), « Des aspects successifs du devoir d'entretien entre époux séparés », *JCP* 1958, I, 1434

BRIAND (L.), « Autonomie de l'enfant majeur : la preuve devant le juge du fond », *AJ famille*, juillet-août 2010, p. 321

BRIDGE (Ch.), « L'engagement des concubins sur les conséquences de leur rupture à l'épreuve du droit des obligations (à propos des arrêts des 23 mai et 20 juin 2006) », *RLDC* n° 41, septembre 2007, p. 59

BRIGANT (J.-M.), « Vers bail un conjugal d'habitation ? », *Droit de la famille*, janvier 2011, Études n° 3

BRUNETTI-PONS (C.) (sous la dir.), *La notion juridique de couple*, Études juridiques, n° 4 , Économica, 1998

BUCHET (D.), « Concubinage, vie maritale, vie commune », *Droit social* 1997, p. 288

BUISSON (J.) et MAITROT (J.-C.), « Les avatars de l'article 180 du code général des impôts », *Rev. science financière*, 1975, p. 25

CAMPROUX-DUFFRENE (M.-P.), « Regard comparatiste sur le sort du devoir de secours après divorce », *AJ famille* 2003, p. 98

CAPORALE (F.), « La notion de relation commerciale établie », *Cahier de droits de l'entreprise*, n° 1, janvier 2014, Dossier : La rupture brutale des relations commerciales, p. 23

CARBONNIER (J.), « La notion de présent d'usage », *Rép. gén. not.* 1953, p. 75

CARBONNIER (J.), « Les notions à contenu variable dans le droit français de la famille », in *Les notions à contenu variable en droit*, études publiées par Ch. Perelman et R. Vander Elst (Travaux du centre national de recherche de logique), Bruxelles, Bruylant, 1984, p. 99-112

CASEY (J.), « Prestation compensatoire et disparité : et si l'on revenait à la causalité ? », *Gaz. Pal.* 24 juin 2014, n° 175, p. 5

CATALA (P.), « La transformation du patrimoine dans le droit civil moderne », *RTD civ.* 1966, p. 185

CATALA (P.), « L'immatériel et la propriété », *APD* 1999, T. 43, p. 61

CAYLA (O.), « Ouverture : La qualification ou la vérité du droit », *in* La qualification, *Revue Droits*, n° 18, 1993, p. 3

CHABAULT (C.), « Le financement des études par les parents », *Dr. famille*, juin 1999, chron. n° 12, p. 10

CHARLIN (J.), « Le contrat de concubinage, Formule », *JCP N* 1991, I, 460

CHETAILLE (M.) et DELECRAZ (Y.), « Le financement par les parents des études supérieures de leurs enfants », *JCP N* n° 18, mai 2011, 1154

CHILSTEIN (D.), « Les biens à valeur vénale négative », *RTD civ.* 2006, p. 663

CHOPLIN-TEXIER (M.) et ROLLE (M.), « Les conventions de concubinage ou les conventions préparatoires à la vie commune des partenaires », *Droit et Patrimoine* 2012, n° 217, Dossier : le notaire, le PACS et le concubinage

CHOQUET (L.-H.) et SAYN (I.), sous la dir., *Obligation alimentaire et solidarités familiales : entre droit civil, protection sociale et réalités familiales*, LGDJ, Droit et société, Vol. 31, 2000

COIFFARD (D.), « Le partenaire survivant », *AJ Famille* 2007, p. 16

CONTE (PH.) et MONTANIER (J.-C.), « Les actes patrimoniaux du mineur non émancipé », *D.* 1986, p. 401

CONVERS (S.) et JACOTOT (D.), « Le PACS et le droit des successions et des libéralités », *JCP N* 2009, 1269

COPRAT (I.), « L'amélioration de la protection *post mortem* des conjoints par la loi n° 2001-1135 du 3 décembre 2001 », *D.* 2002, chron. 2952

CORNU (G.), « Les définitions dans la loi », in *Études offertes à Jean Vincent*, Dalloz, 1981, p. 77

COUDRAIS (M.), « L'obligation naturelle : une idée moderne », *RTD civ.* 2001, p. 453

COULON (J.-M.) et FRISON-ROCHE (M.-A.) (sous la dir.), *Le temps dans la procédure*, Dalloz, coll. Thèmes et commentaires, 1996

COUTANT-LAPALUS (Ch.), « PACS et logements : dix ans après », *Dr. famille* 2010, Études 9

CUCHE (P.), « Du rapport de dépendance, élément constitutif du contrat de travail », *Rev. crit. législ. et jursipr.* 1913, p. 123

CUCHE (P.), « La définition du salarié et le critérium de la dépendance économique », *D.* 1932, p. 101

DABIN (J.), « Une nouvelle définition du droit réel », *RTD civ.* 1962, p. 20

DAGOT (M.), « Réflexions sur le droit à maintenance prévu dans le projet de loi modifiant le Code civil et relatif aux successions », *JCP G* 1994, I, 3806

DAUBRICOURT (R.) et FULCHIRON (H.), « La prestation compensatoire, mythes ou réalités », *D.* 2010, p. 2170

DAURIAC (I.), « Les couples à l'épreuve de la solidarité ménagère », *Gaz. Pal.* n° 346, 10 décembre 2008, p. 18

DAURIAC (I.), « Réversion d'usufruit et prévoyance conjugale », *Mél. G. Champenois*, Defrénois, 2012, p. 240

DAURIAC (I.), « La rupture des couples : questions patrimoniale », *Droit et patrimoine* n° 221, janvier 2013, Dossier : Couple et gestion de patrimoine, attraits et contraintes du mariage, PACS et concubinage, p. 59

DAURIAC (I.) et GAUDEMET (S.), « La rupture ou le vrai visage du PACS », *Mél. P. Courbe*, Dalloz, 2012, p. 141

DAVID (S.), « Le nouveau visage de la prestation compensatoire », *AJ famille* 2004, p. 218

DAVID (S.), « La fixation de la prestation compensatoire », *AJ famille* 2007, p. 108

DAVID (S.), « Calcul de la prestation compensatoire : proposition d'un expert », *AJ famille* 2010, p. 350

DEKEUWER-DEFOSSEZ (F.), « Illusions et dangers du statut des sociétés créées de fait », *D.* 1982, chron. p. 83

DELECRAZ (Y.) et CHETAILLE (M.), « Le financement par les parents des études supérieures de leurs enfants », *JCP N* n° 18, mai 2011, 1154

DELECRAZ (Y.), « L'aide des parents envers les enfants - Le financement des études supérieures et la mise à disposition d'un logement », *JCP N* , n° 17, avril 2013, Étude dossier, 1114, p. 103

DELMAS SAINT-HILAIRE (Ph.), « Le contrat d'assurance-vie nouveau est arrivé », *RJPF* 2008-3/12

DELMAS SAINT-HILAIRE (Ph.), « Rapport de synthèse du 106ème congrès des notaires : Couples, patrimoines : les défis de la vie à deux », *Defrénois* 2010, n° 12, art. 39130, p. 1319 à 1335

DELMAS SAINT-HILAIRE (Ph.), « Les maux en assurance-vie », *JCP N* n° 17, 27 avril 2012, 1200

DELMAS SAINT-HILAIRE (Ph.), « L'assurance-vie en droit patrimonial de la famille, droit commun ou droit spécial ? », *JCP N* n° 18, 2 mai 2014, 1173

DELMAS SAINT-HILAIRE (Ph.), « À propos de la clause d'exclusion de l'administration légale », in *Mél. R. Le Guidec*, Lexis-Nexis, 2014, p. 333 et s., spé. p. 342 et 343

DELMAS SAINT-HILAIRE (Ph.), « 2014 : L'assurance-vie encore plus réglementée ! » (Chronique annuelle de jurisprudence sur l'assurance vie), *Droit et patrimoine* juin 2015, n° 248, p. 80 et s.

DELMAS SAINT-HILAIRE (Ph.), « Janvier 2015 - janvier 2016 : l'assurance-vie, un droit bien spécial ! » (Chronique annuelle de jurisprudence sur l'assurance vie), *Droit et patrimoine* mai 2016, n° 258, p. 94 à 115

DESBOIS (H.), « Des donations de fruits et revenus », *JCP* 1929, I, 939

DOUET (F.), « La protection du survivant du couple : aspects fiscaux », *AJ Famille* 2005, p. 312

ENDRÉO (G.), « L'habitude », *D.* 1981, chron. p. 313

ESMEIN (P.), « Les donations de fruits et revenus », *Defrénois* 1934, art. 23958 et 23983

ESMEIN (P.), « Le problème de l'union libre », *RTD civ.* 1935, p. 747

FEHRENBACH (K.), « Devoir de secours des époux et pension alimentaire après décès », *LPA*, 29 décembre 2000, n° 260, p. 4.

FLEURY-LE GROS (P.) (sous la dir.), Préface in *Le temps et le droit*, Litec, coll. Colloques et débats, 2010

FORTIER (V.), « La fonction normative des notions floues », *RRJ* 1991-3, p. 755

FOSSIER (Th.), « La solidarité familiale en faveur du jeune majeur », *LPA* 28 avril 1999, n° 84, p. 54

FOSSIER (Th.), « La protection de la personne, un droit flexible », *Dr. famille* n° 5, mai 2007, étude 17

FOUQUET (O.), « Article 168 du CGI : la preuve contraire, enfin ! », *Droit fiscal* n° 4, 27 janvier 2011, act. 30

FRISON-ROCHE (M.-A.) et COULON (J.-M.), sous la dir., *Le temps dans la procédure*, Dalloz, coll. Thèmes et commentaires, 1996

FULCHIRON (H.) et DAUBRICOURT (R.), « La prestation compensatoire, mythes ou réalités », *D.* 2010, p. 2170

GARCON (J.-P.), « Le droit au logement du conjoint survivant en cas de détention indirecte de la résidence principale », *JCP N* 2002, 1402, p. 1005

GARÉ (Th.), « Prestation compensatoire : rappels sur les éléments à prendre en considération pour apprécier la disparité », *RJPF* décembre 2010, p. 17

GAUDEMET (S.) et DAURIAC (I.), « La rupture ou le vrai visage du PACS », *Mél. P. Courbe*, Dalloz, 2012, p. 141

GEBLER (M.-J.), « L'obligation d'entretien des parents à l'égard de leurs enfants poursuivants leurs études », *D.* 1976, chron. p. 131

GÉMIGNANI (F.) et PLAZY (J.-M.), « Le logement de la personne vulnérable », *JCP N* 2012, 1193

GERNEZ (V.), « Pour un statut matrimonial unifié, libre égale et solidaire pour tous », *Droit et patrimoine* n° 68, février 1999, p. 95

GHESTIN (J.), « L'ordre public, notion à contenu variable en droit privé français », in *Les notions à contenu variable*, études publiées par Ch. Perelman et R. Van Elst (Travaux du centre national de recherche de logique), Bruxelles, Bruylant, 1984, p. 77

GILLES (D.), « Nouveaux droits du conjoint survivant et volonté du disposant », *JCP N* 2003, 1359

GINOSSAR (S.), « Pour une nouvelle définition du droit réel », *RTD civ.* 1962, p. 573

GOLDIE-GÉNICON (C.), « Les libéralités rémunératoires », *Mél. G. Champenois*, Defrénois, 2012, p. 347

GOUTTENOIRE (A.), « Responsabilité civile et rupture unilatérale du concubinage », in *Mél. J. Rubellin-Devichi : Des concubinages, droit interne, droit international, droit comparé*, Litec, 2002, p. 257

GOUTTENOIRE (A.), « La capacité usuelle du mineur », *Mél. Jean Hauser*, Lexis-Nexis-Dalloz, 2012, p. 163 et s.

GRIMALDI (M.), « Réflexions sur l'assurance-vie et le droit patrimonial de la famille », *Defrénois* 1994, art. 35841

GRIMALDI (M.), « Droits du conjoint survivant : brève analyse d'une loi transactionnelle », *AJ famille* 2002, p. 48

GRIMALDI (M.), « Retour sur les donations de fruits et revenus (à propos de la mise à disposition d'un logement) », *Mél. G. Champenois*, Defrénois, 2012, p. 431

GUYENOT (J.), « Les nouveaux rapports résultant de l'article 1873 du code civil entre les sociétés en participation, les sociétés créées de fait et les sociétés de fait », *D.* 1979, chron., p. 155

HAUSER (J.), « L'obligation d'entretien du jeune majeur », in *L'enfant, la famille et l'argent*, LGDJ, 1991, p. 168

HAUSER (J.), « Jeunes majeurs et vieux mineurs », *Liber amicorum M.-Th. Meulders-Klein*, Bruylant, 1995, p. 315

HAUSER (J.), « L'établissement et l'entretien des enfants majeurs : une famille à titre onéreux ? », *Defrénois* 1999, p. 1217

HAUSER (J.), « L'émergence d'une notion de couple en droit civil », *RTD civ.* 1999, p. 27

HAUSER (J.), « Le logement, l'entretien et les aliments », in *Logement et famille : des droits en question*, Dalloz, coll. Thèmes et commentaires, 2005, p. 281

HAUSER (J.), « Prolégomènes : s'assurer contre la séparation de son couple ? Une conventionnalisation préventive du divorce », *RTD civ.* 2011, p. 519

HAUSER (J.),« Diversité et actualité des aliments en droit moderne », *Mél. Jerry Sainte-Rose*, Bruylant, 2012, p. 623

HÉBRAUD (P.), « Observations sur la notion du temps dans le droit civil », *Études offertes à Pierre Kayser*, T.2, PUAM, 1979, p. 1 à 58

HÉRAUD (J.), « Ces couples déclarés unis par les liens...de l'impôt. Le concubinage en droit fiscal », *JCP N* 2008, 1326

HÉRAIL (J.), « La fin du concubinage à travers les décisions du JurisData », *JCP N* n° 22, 3 juin 1994, 3002

HOVASSE (S.), « Les contours actuels de la notion de primes excessives », *Actes pratiques et stratégie patrimoniale* , avril-mai-juin 2014, p. 73

JACOTOT (D.) et CONVERS (S.), « Le PACS et le droit des successions et des libéralités », *JCP N* 2009, 1269

JULIENNE (M.), « Obligation naturelle et obligation civile », *D.* 2009, p. 1709

KAYSER (P.), « Les droits de la personnalité, aspects théoriques et pratiques », *RTD civ.* 1971, p. 448

KESSLER (F.), « Le principe de subsidiarité dans le droit de l'aide sociale », in *Drôle(s) de droit(s), Mél. E. Alfandari*, Dalloz, 2000, p. 303

KESSLER (G.), « Société créée de fait : les leçons du droit comparé », *D.* 2005, chron. p. 86

KESSLER (G.), « Le refus de la prestation compensatoire : panorama de jurisprudence », *Dr. famille*, janvier 2015, n° 1, p. 8

KESSLER (G.) et ZALEWSKI (V.), « Le principe de primauté de la famille après la réforme des incapacités par la loi du 5 mars 2007 », *RLDC* 2007/414, p. 2665

LABBÉE (X.), « L'aide matérielle a-t-elle un caractère alimentaire ? », *JCP G* 2008, I, 197

LABRUSSE (C.), « Propos introductifs au cours de droit patrimonial de la famille », in *Études offertes à Alex Weill*, Dalloz-Litec, 1983

LARGUIER (J.), « Rigueur des mœurs et rigueur des lois », *D.* 1961, chron. VI, p. 25

LASSERRE CAPDEVILLE (J.) et NAUDIN (E.), « La modification de l'article 220 du Code civil par la loi du 14 mars 2014 », *D.* n° 28, 31 juillet 2014, p. 1606

LECENE-VILLEMONTEX (M.), « Sanctions et parades », *Cahier de droits de l'entreprise*, n° 1, janvier 2014, Dossier : La rupture brutale des relations commerciales, p. 35

LE COUVIOUR (K.), « Regards critiques sur la rupture brutale des relations commerciales établies », *RTD com.* 2008, p. 1

LÉCUYER (H.), « Assurances-vie, libéralités et droit des successions : retour sur une question controversée », *Dr. famille* 1999, chron. n° 18

LÉCUYER (H.), « La loi n° 2000-596 du 30 juin 2000 relative à la prestation compensatoire en matière de divorce, Étude de droit civil », *Dr. famille 2000*, chron. 17

LEFRANC-HAMONIAUX (C.), « L'entraide entre les époux à l'épreuve du temps », *Dr. famille*, juillet-août 2009, chron. 99, p. 4

LEGROS (R.), « Les notions à contenu variable en droit pénal », in *Les notions à contenu variable en droit*, études publiées par Ch. Perelman et R. Vander Elst (Travaux du centre national de recherche de logique), Bruxelles, Bruylant, 1984, p. 21-37

LIBCHABER (R.), « La recodification du droit des biens », in *Le Code civil 1804-2004, livre du bicentenaire*, Dalloz-Litec 2004, p. 297

MAITROT (J.-C.) et BUISSON (J.), « Les avatars de l'article 180 du code général des impôts », *Rev. science financière*, 1975, p. 25

MALAURIE (Ph.), « Rapport de synthèse », in *Le temps et le droit*, sous la dir. de P. Fleury-Le Gros, Litec, coll. Colloques et débats, 2010, p107

MARTIN (D. R.), « Du corporel », *D.* 2004, Doctrine, p. 2285

MARTIN (D. R.), « De la solidarité dans le Pacs », *in Regards civilistes sur la loi du 15 novembre 1999 relative au concubinage et au pacte civil de solidarité*, colloque du LERADP, 2002, LGDJ, p. 117

MARTIN (M.), BARBIER (N.), MUSSIER (A.), PASSALACQUA (J.) et VAGOST (E.), « PACS : à quand le *coming-out* de la prestation compensatoire ? », *AJ famille* 2011, p. 201

MARTIN SAINT-LÉON (D.), « L'évaluation de la prestation compensatoire ou la recherche de la pierre philosophale », *Gaz. Pal.* 31 octobre 2002, n° 304, p. 11

MASSIP (J.), « Les nouvelles attributions du juge aux affaires familiales en matière de régimes matrimoniaux et d'indivision », *JCP N* 2011, 1086

MAUBRU (B.), « Les sociétés créées de fait entre époux », in *Mél. J. Derruppé : Les activités et les biens de l'entreprise*, GLN Joly éditions et Litec, 1991, p. 275

MAZEAUD (H.), « La maxime « *error communis facit jus* » », *RTD civ.* 1924, p. 929

MERCHIERS (Y.), « Les contrats de service, flou artistique, réalité économique ou catégorie juridique », in *Mél. Ph. Malinvaud*, Litec, 2007, p. 431

MIGNOT (M.), « La notion de bien, contribution à l'étude du rapport entre droit et économie », *RRJ*, 2006-4, p. 1805

MONTANIER (J.-C.), « Les actes de la vie courante en matière d'incapacité », *JCP G* 1982, I, 3076

MONTANIER (J.-C.) et CONTE (PH.), « Les actes patrimoniaux du mineur non émancipé », *D.* 1986, p. 401

MOUSSERON (J.-M.), « Valeurs, biens, droits », *Mél. A. Breton et F. Dérida*, Dalloz, 1991, p. 177

MULLER (M.), « L'indemnisation du concubin abandonné sans ressources », *D.* 1986, chron. p. 328

MULON (E.), Le devoir de secours pendant l'instance de divorce, *Gaz. Pal.* 21 et 22 novembre 2008, doctr. p. 14

MUSSIER (A.), BARBIER (N.), MARTIN (M.), PASSALACQUA (J.) et VAGOST (E.), « PACS : à quand le *coming-out* de la prestation compensatoire ? », *AJ famille* 2011, p. 201

NAST (A.), « Vers l'union libre ou le crépuscule du mariage », *DH* 1938, chron. 37

NAUDIN (E.) et LASSERRE CAPDEVILLE (J.), « La modification de l'article 220 du Code civil par la loi du 14 mars 2014 », *D.* n° 28, 31 juillet 2014, p. 1606

NEIRINCK (C.), « Vers un droit commun de la rupture », *LPA* 20 décembre 2007, n° 254, p. 28

NÉRON (S.), « Le standard, un instrument juridique complexe », *JCP G* n° 38, 19 septembre 2011, doctr. 1003

NEFUSSY-VENTA (N.), « Plaidoyer pour la reconnaissance d'un devoir unique d'entraide conjugale », *LPA*, 29 décembre 2009, p. 3 et s

NOGUERO (D.), « La typologie des actes patrimoniaux », in *Le patrimoine de la personne protégée* (sous la dir. de J.-M. Plazy et G. Raoul-Cormeil), Lexis Nexis, 2015

OPPETIT (B.), « Sur la coutume en droit privé », *Droits* 1986, p. 39

PASSALACQUA (J.), BARBIER (N.), MARTIN (M.), MUSSIER (A.) et VAGOST (E.), « PACS : à quand le *coming-out* de la prestation compensatoire ? », *AJ famille* 2011, p. 201

PERELMAN (Ch.), « L'usage et l'abus des notions confuses », *Logique et analyse*, Publication trimestrielle du Centre national belge de recherches de logique, n° 81, mars1978, p. 3

PERELMAN (Ch.), « Les notions à contenu variable en droit, essai de synthèse », in *Les notions à contenu variable*, Travaux du centre national de recherche de logique, Bruxelles, Bruylant, 1984, p. 365

PERELMAN (Ch.) et VANDER ELST (R.), sous la dir., *Les notions à contenu variables en droit*, Travaux du centre national de recherche de logique, Bruxelles, Bruylant, 1984

PERNEL (Ch.), « Le patrimoine des concubins après la loi du 15 novembre 1999 : indivision ou société créée de fait », *Droit et patrimoine*, janvier 2011, n° 94, p. 44

PERREAU (E.-H.), « Du rôle de l'habitude dans la formation du droit privé », *RTD civ.* 1911, p. 229

PIEDELIEVRE (S.), « Le droit au logement du conjoint survivant », *Mél. R. Decottignies*, PU Grenoble, 2003, p. 269

PIERRE (Ph.), « Entre utilité et conventionnalité, tandem des primes d'assurance-vie exagérées », *JCP N* 2014, n° 47, 1338, p. 33 et s.

PIERRE (S.), « La solidarité passive des partenaires d'un Pacs », *Dr. fam.* 2000, chron. 16

PLAZY (J.-M.), « L'incapable majeur et son logement », in *Logement et famille : des droits en question*, sous la dir. de M. Barré-Pépin et C. Coutant-Lapalus, Dalloz, coll. Thèmes et commentaires, 2005, p. 267

PLAZY (J.-M.), « Le maintien du cadre de vie du majeur protégé : approche juridique », in *Le logement du majeur vulnérable,* sous la dir. de C. Coutant-Lapalus, Éditions universitaires de Dijon, 2012

PLAZY (J.-M.) et GEMIGNANI (F.), « Le logement de la personne vulnérable », *JCP N* 2012, 1193

POIVEY-LECLERC (H.), « La nouvelle prestation compensatoire après la réforme du 26 mai 2004 », *Droit et Patrimoine*, n° 136, avril 2005, p. 83

POLLAUD-DULIAN (F.), « L'habitude en droit des affaires », *Droit et vie des affaires, Études à la mémoire d'Alain Sayag*, Litec, 1997, p. 349 et s.

PORTHAIS (A.), « Le droit commun palliant l'imprévoyance des concubins dans leurs relations pécuniaires entre eux », *JCP G*, I, 1990, 3440

PRADEL (J.), « L'obligation pour les parents d'entretenir un enfant au-delà de sa majorité pour lui permettre de poursuivre ses études », *JCP G* 1966, I, 2038

PUYGAUTHIER (J.-L.), « La prestation compensatoire après la réforme du divorce par la loi du 26 mai 2004 », *JCP N* 2005, 1001

RADÉ (Ch.), « Réflexions sur les fondements de la responsabilité civile, 2 – Les voies de réforme : la promotion du droit à la sûreté », *D.* 1999, chron. p. 323

RÉMY (Ph.), « Les droits du conjoint survivant dans le projet de réforme des successions », *Écrits en hommage à Gérard Cornu*, PUF, 1994, p. 377

RIVIER (M.-C.), « La solidarité entre concubins », in *Des concubinages, droit interne, droit international, droit comparé, Études offertes à Rubellin-Devichi*, 2002, Litec, p. 97

RIVOAL (O.), « La dépendance économique en droit du travail », *D.* 2006, p. 891

ROLLE (M.) et CHOPLIN-TEXIER (M.), « Les conventions de concubinage ou les conventions préparatoires à la vie commune des partenaires », *Droit et Patrimoine* 2012, n° 217, Dossier : le notaire, le PACS et le concubinage

SACOTTE (M.), « L'ordonnance n° 60-1245 du 25 novembre 1960 et la lutte contre le proxénétisme », *JCP* 1960, I, 1591

SAINTOURENS (B.), « La notion de rupture brutale de la relation commerciale établie », *Cahier de droits de l'entreprise*, n° 1, janvier 2014, Dossier : La rupture brutale des relations commerciales, p. 29

SAUVAGE (F.), « Le logement de la veuve », *Droit et patrimoine* janvier 2003, n° 111, p. 32

SAUVAGE (F.), « Preuves en droit de la famille : l'obligation parentale d'entretien du jeune majeur », *AJ famille*, janvier 2008, p. 15

SAVATIER (R.), « La vente de services », *D.* 1975, chron. 32, p. 223

SAYN (I.) et CHOQUET (L.-H.), sous la dir., *Obligation alimentaire et solidarités familiales : entre droit civil, protection sociale et réalités familiales*, LGDJ, Droit et société, Vol. 31, 2000

SÉGOR (L.), « Le rôle du train de vie dans l'application du droit civil », *JCP* 1963, I, 1783

SÉRIAUX (A.), « Le maintien du cadre de vie du conjoint survivant en droit successoral mauricien », *RRJ* 1995-1, p. 359

SÉRIAUX (A.), « La nature de la prestation compensatoire ou les mystères de paris », *RTD civ.* 1997, p. 53

SIMLER (Ph.), « Le « régime matrimonial » des concubins », in *Mél. J. Rubellin-Devichi : Des concubinages, droit interne, droit international, droit comparé*, Litec, 2002, p. 75

SOULEAU-TRAVERS (A.), « Solidarité légale entre époux et entre partenaires d'un Pacs (aspects comparatifs) », *Defrénois* 2002, p. 569

STORCK (M.), « Les contrats de concubinage », *LPA* 16 mai 1988, p. 75

TEILLIAIS (G.), « Présent d'usage et succession », *JCP N* 1997, 4151, p. 1265

THOLOZAN (O.), « L'obligation alimentaire entre parents et enfants et mutation sociale depuis le Code civil de 1804 », in *Mél. Michel Vidal : Histoire, théorie et pratique du droit*, PU Bordeaux, 2010, p. 1041

TISSERAND-MARTIN (A.), « La contribution aux charges du mariage, mécanisme régulateur du régime matrimonial », *Mél G. Champenois*, Defrénois, 2012, p. 803

TORRICELLI-CHRIFI (S.), sous. la dir., « La proportionnalité en droit patrimonial de la famille », *Defrénois* n° 8, 30 avril 2016, Dossier, p. 382 et s.

TROPER (M.), « Du fondement de la coutume à la coutume du fondement », *Droits* 1986, p. 11

VAGOST (E.), BARBIER (N.), MARTIN (M.), MUSSIER (A.) et PASSALACQUA (J.), « PACS : à quand le *coming-out* de la prestation compensatoire ? », *AJ famille* 2011, p. 201

VANDER ELST (R.) et PERELMAN (Ch.), sous la dir., *Les notions à contenu variables en droit*, Travaux du centre national de recherche de logique, Bruxelles, Bruylant, 1984

VAREILLE (B.), « Les droits au logement du conjoint survivants, *Mél. Prieur*, Dalloz, 2007, p. 1721

VAUVILLE (F.), « Les droits au logement du conjoint survivant », *Defrénois*, n° 20/02, 37608, p. 1277

VERDOT (R.), « De l'influence du facteur économique sur la qualification des actes "d'administration" et de "disposition" », *RTD civ.* 1968, p. 449

VIRASSAMY (G.), « Regard sur le phénomène de la réitération en droit privé français », *D.* 1989, chron. p. 279

VOUIN (R.), Chronique législative, *RSC* 1961, p. 373

WACHSMANN (P.), « L'article 168 et l'article 180 du code général des impôts », *Rev. science financière*, 1976, p. 645

ZALEWSKI (V.) et KESSLER (G.), « Le principe de primauté de la famille après la réforme des incapacités par la loi du 5 mars 2007 », *RLDC* 2007/414, p. 2665

ZENATI (F.), « L'immatériel et les choses », *APD 1999*, T. 43, p. 79

IV - ARTICLES D'ENCYCLOPEDIES JURIDIQUES

M. BOUDOT, *Rép. civ. Dalloz*, mai 2009, V° *Apparence*

BOUT (R.), *Rép. civ. Dalloz*, janvier 2008, V° *Obligation naturelle*

BRENNER (C.), *Rép. civ. Dalloz*, janvier 2013, V° *Acte juridique*

CASSON (Ph.) et COULOMER (A.), *Rép. civ. Dalloz*, juin 2012, V° *Don manuel*

COULOMER (A.) et CASSON (Ph.), *Rép. civ. Dalloz*, juin 2012, V° *Don manuel*

DELMAS SAINT-HILAIRE (Ph.) et HAUSER (J.), *J.-Cl civ.* Art. 266 à 285-1, Fasc. 10 : Effets du divorce – Conséquences du divorce pour les époux. Effets d'ordre patrimonial. Prestation compensatoire. Dommages et intérêts

DEVILLE (S.) et NICOD (M.), *Rép. civ. Dalloz*, juin 2012, *V° Réserve héréditaire – Réduction des libéralités*

DJOUDI (J.), *Rép. civ. Dalloz*, avril 2007, V° *Servitudes*

FORTIS (E.), *Rép. civ. Dalloz*, septembre 2011, V° *Divorce (conséquences)*,

GRANET-LAMBRECHTS (F.), *Rép. civ. Dalloz*, mai 2004, V° *Possession d'état*

GRANET-LAMBRECHTS (F.) et HILT (P.), *J.-Cl. civil*, art. 515-1 à 515-7, Fasc. unique : *Pacte civil de solidarité*

GUEVEL (D.), *Rép. civ. Dalloz*, septembre 2007, *V° Rapport des dons et legs*

HAUSER (J.) et DELMAS SAINT-HILAIRE (Ph.), *J.-Cl civ.* Art. 266 à 285-1, Fasc. 10 : Effets du divorce – Conséquences du divorce pour les époux. Effets d'ordre patrimonial. Prestation compensatoire. Dommages et intérêts

HILT (P.) et GRANET-LAMBRECHTS (F.), *J.-Cl. civil*, art. 515-1 à 515-7, Fasc. unique : *Pacte civil de solidarité*

KORNPROBST (M.), *Rép. civ. Dalloz*, janvier 2005, V° *Aliments*

LAMARCHE (M.), *Rép. civ. Dalloz*, septembre 2012, V° *Pacte civil de solidarité*

LAMARCHE (M.) et LEMOULAND (J.-J.), *Rép. civ. Dalloz*, avril 2014, V° *Mariage (4° effets)*

LARRIBAU-TERNEYRE (V.), *J-Cl. Civil code* art. 212 à 215, Fasc. 10 : Mariage – Organisation de la communauté conjugale et familiale – Principes directeurs du couple conjugal : réciprocité des devoirs entre époux (C. civ., art. 212) – Principes structurant la communauté familiale : direction conjointe de la famille et contribution conjointe aux charges du mariage (C. civ., art. 213 et 214)

LEMOULAND (J.-J.) et LAMARCHE (M.), *Rép. civ. Dalloz*, avril 2014, V° *Mariage (4° effets)*

LE TOURNEAU (Ph.), *Rép. civ. Dalloz*, juin 2014, V° *Quasi-contrat*

LEVENEUR (L.), *J.-Cl. Civil code* art. 205 à 211, Fasc. 10 : Aliments - Obligation alimentaire – Conditions d'existence

LIBCHABER (R.), *Rép. civ. Dalloz*, 2009, V° *Biens*

MAITROT (J.-C.), *J-Cl Procédures fiscales*, Fasc. 365 : Taxation forfaitaire du revenu d'après le train de vie (CGI, ART. 168 ; LPF, ART. L. 63) – Généralités – Champ d'application

MARCHADIER (F.), *Rép. civ. Dalloz*, juillet 2014, V° *Majeur protégé*

MAZAUD-LEVENEUR (S.), *J.-Cl, Civil code*, Art. 756 à 767, Fasc 30 : Successions, Des droits du conjoint successible, Du droit à pension

NAJJAR (I.), *Rép. civ. Dalloz*, janvier 2008, V° *Donation*

NICOD (M.) et DEVILLE (S.), *Rép. civ. Dalloz*, juin 2012, *V° Réserve héréditaire – Réduction des libéralités*

PIEDELIEVRE (S.), *Rép. civ. Dalloz*, mars 2006, V° *Usage-habitation*

SAINT-ALARY-HOUIN (C.), *Rép. civ. Dalloz*, mars 2012, V° *Bail à construction*

TIXIER (J.-L.), *Rép. civ. Dalloz*, avril 2006, V° *Bail emphytéotique*

V - DICTIONNAIRES

A – Dictionnaires de la langue française

Grand dictionnaire étymologique et historique du français, Larousse

Grand dictionnaire universel du XIXe *siècle, Pierre Larousse*

Le Grand Larousse

Le Grand Robert de la langue française

Le Robert, Étymologie du français

Le Robert, Expressions et locutions

Trésor de la langue française, Dictionnaire du XIXe et XXe siècle, Centre national de la recherche scientifique

B - Dictionnaires juridiques

Rolland (H.) et Boyer (L.), *Adages du droit français*, 4e éd., Litec, 1999

Dictionnaire du vocabulaire juridique, Lexis-Nexis

Dictionnaire élémentaire du droit, Dalloz

Dictionnaire juridique, Larcier, Paradigme

Lexique des termes juridiques, Dalloz

Vocabulaire juridique de l'Association Henri Capitant, 11ème éd., PUF, Coll. Quadrige, 2016

C - Dictionnaires d'économie

Capul (J.-Y.) et Garnier (O.), *Dictionnaire d'économie et de sciences sociales*, Hatier, 2013

Echaudemaison (C.-D.), sous la dir., *Dictionnaire d'économie et de sciences sociales*, Nathan, 2014

Silem (A.), sous la dir., *Lexique d'économie*, , 13e éd., Dalloz, 2014

VI - ARRETS CITÉS ET NOTES SOUS ARRETS

A - Juridictions du fond

- 10 décembre 1928, CA Bordeaux,
  - *D.P.* 1929, 2, p. 81, note P. Voirin
- 20 novembre 1930, Trib. civ. Angers
  - *Gaz. Pal.* 1931, I, 64
- 13 avril 1951, CA Colmar
  - *D.* 1951. 384
- 13 novembre 1952, CA Lyon
  - *D.* 1953. 755, note P. Gervésie
- 5 octobre 1955, CA Montpellier
  - *Gaz. Pal.* 1955, 2, 360
- 10 février 1959, CA Paris
  - *JCP* 1961, II, 2107
- 8 novembre 1962, CA Paris
  - *D.* 1963, 126
- 17 février 1966, CA Paris
  - *D.* 1966. 456
- TGI Paris, 16 décembre 1970
  - *Gaz. Pal.* 1971, I, 115
- 19 novembre 1974, CA Paris
  - *D.* 1975, p. 614, Concl. Cabannes
  - *JCP* 1976, II, 18412, note G. Synvet
  - *Defrénois* 1975, art. 31032, obs. J.-F. Vouin
  - *RTD civ.* 1976, p. 381, obs. R. Savatier
- 7 janvier 1983, CA Paris, 8ème ch. B, *JurisData* n° 1983-024706
- 20 novembre 1984, CA Paris
  - *JCP* 1986, II, 20584, note M. Dagot
- 23 janvier 1985, CA Paris
  - *D.* 1985, IR 69
- 16 décembre 1986, CA Bourges
  - *JCP N* 1988, p. 199, note Th. Fossier

- 9 avril 1987, CA Bordeaux, *JurisData*, n° 040861
- 27 mai 1987, CA Paris
- 25 octobre 1988, CA Paris, *JurisData* n° 026 516
- 12 janvier 1989, CA Versailles
    - *Gaz. Pal.* 1989, 2, somm. 398
- 10 janv. 1991, CA Bordeaux
    - *JCP* 1992, IV, 1045
- 26 mars 1991, CA Paris
    - *RTD civ.* 1992, p. 65, obs. J. Hauser et D. Huet-Weiller
- 7 septembre 1993, TI Pivas
    - *RTD civ.* 1994, p. 81, obs. J. Hauser
- 20 mars 1996, CA Paris
    - *Dr. famille* 1996, n° 1, note H. Lécuyer
- 14 octobre 1997, CA Paris
    - *Dr. famille* 1998, comm. 19, obs. H. Lécuyer
- 15 janvier 1999, CA Paris
    - *Dr. famille* 1999, comm. 111, obs. H. Lécuyer
- 6 juillet 2000, TGI Paris, 2ème section, 2ème ch., n° 99/20097 et 99/20096
    - *RJF* 2/2001, n° 257
- 20 décembre 2001, CA Paris, n° 2000/10661
    - *AJ famille* 2002, p. 66
- 15 mars 2002, CA Lyon, 3ème ch.
    - *Lettre de la distribution* 2002, n° 3, obs. V. Sélinsky
- 11 avril 2002, CA Paris, n° 2001/03791
    - *AJ Famille* 2002, p. 228
- 16 juin 2004, CA Colmar
- 9 novembre 2006, CA Paris, n° 05/13848, *JurisData* n° 2006-314683
    - *Dr. famille* 2007 n° 2, Comm. 30, p. 25, note V. Larribau-Terneyre
- 15 mai 2008, CA Amiens, n° 06/03869
- 24 juin 2009, CA Paris, pôle 5, ch. 4
    - *RJDA* 2010, n° 82
- 7 septembre 2009, TGI Lille
    - *D.* 2010, p. 69, note A. Koumadadj et X. Labbée
- 12 septembre 2009, CA Paris, n° 99-15368
    - *Lettre de la distribution*, novembre 2010, p. 2

- 14 avril 2010, CA Paris, n° 09/09279
    - *D.* 2010, p. 2393, obs. V. Brémond
- 4 janvier 2011, CA Montpellier
    - *Dr. famille* 2011, n° 89, obs. V. Larribau-Terneyre
- 10 février 2011, CA Douai, n° 10/05433
- 14 avril 2011, CA Douai, n° 10/02055
- 9 juin 2011, CA Douai, n° 10/07816
- 30 juin 2011, CA Douai, n° 10/08540
- 22 septembre 2011, CA Douai, n° 11/02631
- 31 mai 2012, CA Douai, n° 11/05993
- 12 juillet 2012, CA Douai, n° 11/04503
- 13 novembre 2012, CA Versailles, n° 10/09082
- 27 février 2003, CA Douai, n° 02/5614
- 6 mars 2013, CA Bastia, n° 11/00211
- 20 mars 2013, CA Bastia, n° 11/00739
- 29 mai 2013, CA Bastia, n° 11/00915
- 26 novembre 2013, CA Rennes, n° 12/06771
- 6 mai 2014, CA Limoges, n° 12/01413
- 13 mai 2014, CA Rennes, n° 13/02178 et 13/01854
- 2 septembre 2014, CA Rennes, n° 13/03712
    - *Dr. famille* 2014, comm. 155, obs. J.-R. Binet
- 16 septembre 2014, CA Rennes, n° 13/03562
- 15 décembre 2015, CA Toulouse, n° 15/1063, *JurisData* n° 2015-028279
    - *Dr. famille* n° 4, avril 2016, étude n° 6 par S. Ben Hadj Yahia

B – Cour de cassation

1 – Chambres civiles

a) 1re chambre civile

- 25 juillet 1949, n° 49-39.306, *Bull. civ. I*, n° 205, p. 152
    - *JCP* 1950, II, 5798, note D. Bastian

- 30 décembre 1952
    - *D.* 1953, p. 161
    - *JCP* 1953, II, 7475, note J. Mihura
    - *Gaz. Pal.* 1953, I, 148
    - *Rép. Gén. Not.* 1953, 75
- 6 octobre 1959
    - *D.* 1960, p. 515, note Ph. Malaurie
    - *JCP* 1959, II, 11305, note P. Esmein
- 15 octobre 1963, *Bull. civ. I*, n° 433
- 9 mai 1967, *Bull. civ. I*, n° 160
- 18 mai 1967
    - *D.* 1967, p. 633
    - *RTD civ.* 1968. 142, obs. R. Nerson
- 19 mai 1969, *Bull. civ. I*, n° 187, p. 150
- 10 décembre 1969, *Bull. civ. I*, n° 387
    - *RTD civ.* 1970, p. 559, obs. R. Savatier
    - *JCP 1970*, II, 16351, note M. D.
- 23 juin 1970, *Bull. civ. I*, n° 220
    - *D.* 1971, p. 162, note C. Larroumet
    - *RTD civ.* 1971, p. 822, obs. R. Nerson
- 17 février1971, n° 69-13.442, *Bull. civ. I*, n° 54
    - *JCP* 1971, IV, 77
- 9 mai 1972, n° 70-10.361, *Bull. civ. I*, n° 122, p. 110
    - *Gaz Pal.* 1972, II, 871
- 18 mai 1972
    - *JCP G* 1972, II, 17234
    - *D.* 1972, p. 678
    - *RTD civ.* 1973, p. 115, obs. R. Nerson
- 30 juin 1976
    - *D.* 1978, p. 489, note P. Guiho
- 29 novembre 1977, n° 75-12.386, *Bull. civ. I*, n° 449
- 4 juillet 1978, n° 76-15.253, *Bull. civ. I* n° 256 p. 202
    - *D.* 1979, p. 479, note Y. Chartier
    - *JCP* 1980, II, 19368, note J.-C. Labbouz
    - *RTD civ.* 1979. 585, obs. R. Nerson
- 18 décembre 1978, n° 77-11.699, *Bull. civ. I*, n° 393, p. 306

- 9 janvier 1979, n° 77-12.991, *Bull. civ I*, n° 11 p. 8
- 19 décembre 1979, n° 78-13346, *Bull. civ. I*, n° 331
    - *D.* 1981, p. 449, note C.-I. Foulon-Piganol
- 6 janvier 1981, 79-14.105, *Bull. civ. I*, n° 6, p. 4
- 20 mai 1981, n° 79-17.171 , *Bull. civ. I*, n° 176
    - *D.* 1983, p. 289, note J. Deveze
    - *JCP* 1981, IV, 281
- 10 juin 1981, 80-10.524, *Bull. civ. I*, n° 201
- 11 janvier 1984, n° 82-15.461, *Bull. civ. I*, n° 13
    - *Gaz. Pal.* 1984, Pan. p. 206, obs. M. Grimaldi
    - *Defrénois* 1984, art. 33354, p 933, obs. G. Champenois
    - *D.* 1984, IR, p. 276, obs. D. Martin
    - *RTD civ.* 1985, p. 171, obs. J. Mestre
    - *Gaz. Pal.* 1985, I, p. 133, note J. M.
- 11 janvier 1984, n° 82-16.198
    - *Gaz. Pal.* 1985, I, 133, note J. M.
    - *Defrénois* 1984, p. 933, obs. G. Champenois
    - *RTD civ.* 1985, p. 171, obs. J. Mestre
- 31 mai 1988, n° 86-14.019, *Bull. civ. I*, n° 164, p. 114
    - *Defrénois* 1989, p. 306, obs. J. Massip
- 14 février 1989, *Bull. civ. I*, n° 79
- 8 nov. 1989, n° 87-19768
    - *Defrénois* 1990, p. 296, obs. J. Massip
- 29 novembre 1989, n° 87-15.093
- 6 mars 1990, n° 88-17.555, *Bull. civ. I*, n° 61
- 5 février1991, *Bull. civ. I*, n° 42, p. 27
    - *Defrénois* 1991, p. 667, obs. J. Massip
    - *JCP G* 1991, IV, 125
    - *RTD civ.* 1991, p. 709, obs. J. Hauser et D. Huet-Weiller
- 19 mars 1991, n° 88-19.400, *Bull. civ. I*, n° 92, p. 60
    - *Defrénois* 1991, p. 942, obs. J. Massip
- 31 mars 1992, n° 90-18.760, *Bull. civ. I*, n° 97
    - *JCP N* 1992, p. 383, obs. M. Stork
    - *RTD civ.* 1993, p. 635, obs. F. Lucet et B. Vareille
- 16 juin 1992, *Bull. civ. I*, n° 185
    - *Defrénois* 1992, 1156, obs. G. Champenois

  - *JCP N* 1993, II, 109, obs. G. Wiederkehr
  - *RTD civ.* 1993. 636, obs. F. Lucet et B. Vareille

- 27 octobre 1992, n° 91-12.793, *Bull. civ. I*, n° 266
  - *JCP G* 1993, IV, 27
  - *RTD civ.* 1993, p. 329, obs. J. Hauser
  - *D.* 1993, p. 422, note C. Philippe
  - *RTD civ.* 1993, p. 181, obs. F. Lucet et B. Vareille
- 17 novembre 1995, n° 92-21.559, *Bull. civ. I*, n° 30
  - *D.* 1995, somm. 329, obs. M. Grimaldi
  - *JCP G* 1995, II, 22407, note A. Bénabent
  - *JCP N* 1995, p. 1087, note F. Monéger
  - *JCP N* 1996, p. 176, note J.-F. Pillebout
  - *Defrénois* 1995, p. 1022, obs. J. Massip
  - *RTD civ.* 1995, p. 348, obs. J. Hauser
  - *RTD civ.* 1995, p. 404, obs. J Patarin
  - *RTD civ.* 1996, p. 458, obs. B. Vareille
- 10 mai 1996, n° 93-15.187, *Bull. civ. I*, n° 197
  - *D.* 1996, p. 262, note R. Tendler
  - *Defrénois* 1996, p. 1279, note Bernard de Saint Affrique
  - *RTD civ.* 1996, p. 662, obs. J. Patarin
  - *JCP* 1996, I, 3968, n° 7, obs. R. Le Guidec
- 1er octobre 1996, n° 94-19.625
  - *JCP G* 1997, I, n° 4008, n° 18, note M. Storck
- 14 janvier 1997, n° 94-16813, *Bull. civ. I*, n° 22, p. 13
  - *D.* 1997, p. 607, note V. Barabé-Bouchard
  - *JCP* 1998, I, 133, n° 8, obs. R. Le Guidec
  - *JCP N* 1998, p. 360, note B. Barthe
  - *Defrénois* 1997, art. 36680, p. 1136, note Ph. Malaurie
  - *RTD civ.* 1997, p. 480, obs. J. Patarin
- 1er juillet 1997, n° 95-15674, *Bull. civ. I*, n° 217
  - *RGDA* 1997, p. 820, note J. Bigot
  - *D.* 1998, p. 543, note S. Choisez
  - *JCP G* 1998, I, 133, p. 811, note R. Le Guidec
- 18 mars 1997, n° 94-21396
- 3 juin 1998, n° 96-13.664

- *Defrénois* 1998, art. 36895, note J. Massip
- *JCP G* 1999, I, 101, obs. H. Bosse-Platière
- *LPA*, 17 février 1999, n° 34, p. 10, obs. J. Massip

- 17 novembre 1999, n° 97-17.541
  - *JCP G* 2001, II, 10458, note S. Chassagnard
  - *D.* 2000, p. 419, obs. J.-J. Lemouland
  - *Dr. famille* 2000, comm. 19, note H. Lécuyer
- 30 mai 2000, n° 98-15.242, *Bull. civ. I*, n° 169
  - *D.* 2000, p. 879, note J.-P. Chazal
  - *D.* 2001, p. 1140, obs. D. Mazeaud
  - *RTD civ.* 2000, p. 827, obs. J. Mestre et B. Fages
  - *RTD civ.* 2000, p. 863, obs. P.-Y. Gautier
- 17 octobre 2000, n° 98-19.527, *Bull. civ. I*, n° 44, p. 160
  - *JCP G* 2001, II, 10568
  - *JCP N* 2001, p. 1822, note Th. Garé
  - *D.* 2001, p. 497, note R. Cabrillac
  - *D.* 2002, somm. p. 611, obs. J.-J. Lemouland
  - *Defrénois* 2001, p. 93, obs. J. Massip
  - *Dr. famille* 2000, n° 139, obs. B. Beignier
  - *AJ famille* 2007, p. 33, obs. F. Chénédé
  - *RTD civ.* 2001, p. 111, obs. J. Hauser
- 2 mai 2001, n° 98-22.836, *Bull. civ. I*, n° 111
  - *D.* 2002, Somm. 612, obs. J.-J. Lemouland
  - *Defrénois* 2001, p. 1003, obs. J. Massip
  - *Dr. famille* 2001, n° 79, note L. Perrouin
  - *RTD civ.* 2001, p. 565, obs J. Hauser
  - *RTD civ.* 2002, p. 556, obs. B. Vareille
  - *JCP G* 2002, II, 10009, note R. Cabrillac
- 27 novembre 2001, n° 99-20546, *Bull. civ. I*, n° 294, p. 186
  - *D.* 2002, p. 2910, note Baudin-Maurin
  - *JCP* 2002, II, concl. Petit
  - *Defrénois* 2002, p. 1017, obs. G. Champenois
  - *Dr. fam.* 2002, n° 17, note H. Lécuyer
  - *RJPF* 2002-3/25, note F. Vauvillé
  - *RTD civ.* 2002, p. 558, obs. B. Vareille

- 3 avril 2002, n° 00-12.932, *Bull. civ I*, n° 108
    - *D.* 2002, p. 1861, note J.-P. Gridel et note J.-P. Chazal
    - 10*D.* 2002, somm. p. 2844, obs. D. Mazeaud
    - *JCP G* 202, I, 184, n° 6, obs. G. Virassamy
    - *JCP E*, 278, n° 3, obs. F. Chérigny
    - *Contra concurrence et consommation* 2002, n° 121, obs. L. Leveneur
    - *Defrénois* 2002, p. 1246, obs. E. Savaux
    - *RTD civ.* 2002, p. 502, obs. J. Mestre et B. Fages
- 24 septembre 2002, n° 00-21.035
    - *Dr. famille* 2003, n° 16, note B. Beignier
- 9 décembre 2003, n° 02-12.884, *Bull. civ. I*, n° 253
    - *JCP G* 2004, II, 10035, note A. Devers
- 25 novembre 2003, n° 01-16307
- 27 avril 2004, n° 02-16.291, *Bull. civ. I*, n° 113
    - *D.* 2004, Somm. 2968, obs. D. Vigneau
    - *JCP G* 2005, II, 10008, note Cavalier
    - *Defrénois* 2004, p. 1232, obs. J. Massip
    - *Dr. famille* 2004, n° 140, obs. V. Larribau-Terneyre
    - *RTD civ.* 2004, p. 487, obs. J. Hauser
- 12 mai 2004, n° 01-03.909, *Bull. civ. I*, n° 131, p. 108
    - *D.* 2004, AJ, p. 1672
    - *D.* 2004, Somm. p. 2928, obs. E. Lamazerolle
    - *RTD civ.* 2004, p. 488, obs. J. Hauser
- 19 octobre 2004, n° 01-15.094
    - *RJPF* 2005-2/40, p. 21, obs. F. Vauvillé
- 3 novembre 2004, n° 02-13.102
- 25 janvier 2005, n° 02-17.146
- 3 janvier 2006, n° 03-14.542, *Bull. civ. I,* n° 5, p. 4
    - *JCP* 2006, I, 141, n° 2, obs. G. Wiederkehr
    - *Dr. fam.* 2006, n° 47, note V. Larribau-Terneyre
- 3 janvier 2006, n° 04-11.016
    - *JCP* 2006, I, 199, n° 7, obs. H. Bosse-Platière
    - *AJ famille* 2006, p. 111, obs. F. Chénedé
- 31 janvier 2006, n° 02-19.277
    - *Dr. famille* 2006, n° 83, note V. Larribau-Terneyre

- 14 mars 2006, n° 04-20.352, *Bull. civ. I*, n° 155
    - *AJ famille* 2006, p. 377, obs. S. David
    - *RTD civ.* 2006, p. 544, obs. J. Hauser
    - *Defrénois* 2006, 1057, obs. J. Massip
- 14 mars 2006, n° 05-15.980, *Bull. civ. I*, n° 160
    - *AJ famille* 2006, p. 293, note P. Hilt
    - *JCP* 2006, I, 193, obs. G. Wiederkehr
- 23 juin 2006, n° 04-19.099, *Bull. civ. I*, n° 264, p. 231
    - *Dr. famille* 2006, comm. 42, note V. Larribau-Terneyre
    - *RJPF* 2006-7-8/48, obs. S. Valory
    - *AJ famille* 2006, p. 287, obs. F. Chénedé
    - *Defrénois* 2007, p. 467, note R. Libchaber
    - *RTD civ.* 2007, p. 119, obs. J. Mestre et B. Fages
- 3 octobre 2006, n° 04-14388, *Bull. civ. I*, n° 428, p. 368
    - *D.* 2007, Pan., p. 1465, obs. F. Granet-Lambrechts
    - *Defrénois* 2007, p. 306, obs. J. Massip et p. 467, obs. R. Libchaber
    - *AJ famille* 2006, p. 418, obs. F. Chénédé
    - *Dr. famille* 2007, n° 3, note P. Murat
    - *RJPF* 2007-1/36, obs. Th. Garé
    - *RTD civ.* 2007, p. 98, obs. J. Hauser
- 28 novembre 2006, n° 04-15.480, *Bull. civ. I*, n° 517, p. 458
    - *AJ famille* 2007, p. 33, obs. F. Chénédé
    - *Dr. famille* 2007, n° 32, note V. Larribau-Terneyre
    - *Defrénois* 2007, p. 297, obs. J. Massip
    - *RTD civ.* 2007, p. 94, obs. J. Hauser
- 31 octobre 2007, n° 06-20.867
- 6 février 2008, n° 07-14.275
    - *Dr. Famille*, mars 2008, comm. n° 36, obs. P. Murat
- 20 février 2008, n° 07-15.978
    - *D.* 2008, p. 1794, Pan., obs. J.-J. Lemouland et D. Vigneau
    - *AJ famille* 2008, p. 208, obs. F. Chénédé
    - *RDC* octobre 2008, p. 1303, S. Gaudemet
- 16 avril 2008, n° 07-12.814, *Bull. civ. I*, n° 112
    - *BICC* 15 septembre 2008, n° 1306
    - *AJ famille* 2008, p. 251, obs. S. David

- *D.* 2008, p. 1271, obs. V. Avéna-Robardet
- *Dr. famille* 2008, n° 83, note V. Larribau-Terneyre
- *RJPF* 2008-9/20, note E. Mulon
- *Defrénois* 2008, p. 1833, obs. J. Massip
- *RTD civ.* 2008, p. 464, obs. J. Hauser
- *RLDC* 2008/50, n° 3032, obs. G. Marraud des Grottes

- 15 mai 2008, n° 07-13.947
  - *Gaz. Pal.* 23/25 novembre 2008, n° 330, p. 24, obs. J. Le Meur
- 25 juin 2008, n° 07-14.628
  - *D.* 2010, Pan. 728, obs. J.-J. Lemouland et D. Vigneau
  - *Defrénois* 2008, 2420, n° 21, note J. Massip
- 24 septembre 2008, n° 06-11.294, *Bull. civ. I*, n° 211
  - *Dr. famille* 2008, comm. 152, note J.-L. Gracia
  - *D.* 2009, p. 140, note J.-J. Lemouland
  - *RLDC* 2009, 3427, p. 37, note C. Bernard-Xémard
  - *RTD civ.* 2008, p. 660, obs. J. Hauser
  - *Defrénois* 2008, art. 38874, obs. E. Savaux
- 8 avril 2009, n° 07-21.090, *Bull. civ. I*, n° 77
- 17 juin 2009, n° 08-13.620, *Bull. civ. I*, n° 136
- 25 juin 2009, n° 08-12.101
- 1er juillet 2009, n° 08-18.147
  - *D.* 2010, p. 1243, obs. Serra et Williatte-Pelliterri
  - *RTD civ.* 2009, p. 706, obs. J. Hauser
  - *AJ famille* 2009, p. 491, obs. S. David
- 20 janvier 2010, n° 08-13.200, *Bull. civ. I*, n° 11
  - *RJPF* 2010-4/18, obs. F. Vauvillé
  - *Dr. famille* 2010, comm. 35, obs. V. Larribau-Terneyre
- 20 janvier 2010, n° 08-13.400, *Bull. civ. I*, n° 14 et n° 08-16.105, *Bull. civ. I*, n° 15
  - *AJ famille* 2010, p. 132, obs. S. Milleville
  - *Dr. famille*, comm. 35, obs. V. Larribau-Terneyre
- 3 mars 2010, n° 09-11.005, *Bull. civ. I*, n° 50
  - *AJ famille* 2010, p. 188, note F. Chénedé
  - *RTD civ.* 2010, p. 305, note J. Hauser et p. 363, note B. Vareille
  - *Defrénois* 2010, p. 1136, note D. Autem

- 8 juillet 2010, n° 09-66.966
- 8 juillet 2010, n° 09-67135, *Bull. civ. I*, n° 169
    - *D.* 2010, p. 1870
    - *JCP* 2010, p. 967, note A. Sériaux
    - *RDC* 2011, p. 99, obs. I. Dauriac
    - *Defrénois* 2011, p. 706, obs. B. Vareille
- 1 décembre 2010, n° 09-71.863
- 15 décembre 2010, n° 09-68.076, *Bull. civ. I*, n° 269
    - *D.* 2011, p. 578, note C. Pérès
    - *D.*, Pan. 1040, obs. J.-J. Lemouland et D. Vigneau
    - *D.*, Pan. 2624, obs. M. Nicod
    - *AJ famille* 2011, p. 114, obs. F. Bicheron
    - *JCP* 2011, n° 265, note F. Sauvage
    - *JCP N* 2011, n° 1189, note Ch. Lesbats
    - *Dr. fam.* 2011, n° 22, obs. B. Beignier
- 12 janvier 2011, n° 09-72.248
    - *Dr. famille* 2011, comm. 34, obs. V. Larribau-Terneyre
    - *RTD civ.* 2011, p. 332, obs. J. Hauser
- 26 janvier 2011, n° 10-30.262
    - *RTD civ.* 2011, p. 332, obs. J. Hauser
- 18 mai 2011, n° 10-17.445, *Bull. civ. I*, n° 91
    - *AJ famille* 2011, p. 373, obs. S. David
    - *Dr. famille* 2011, comm. 108, note V. Larribau-Terneyre
    - *RTD civ.* 2011, p. 520, obs. J. Hauser
- 29 juin 2011, n° 10-12.018
    - *RDC* janvier 2012, p. 157, note Ch. Goldie-Genicon
- 18 janvier 2012, n° 09-72.542, *Bull. civ. I*, n° 8 ; n° 10-27.325, *Bull. civ. I*, n° 9 ; n° 11-12.863, *Bull. civ. I* ; n° 8; n° 10-25.685, *Bull. civ. I*, n° 7
    - *JCP G*, 23 avril 2012, 513, p. 835, note F. Sauvage
    - *JCP N* n° 16, 20 Avril 2012, 1188, p. 27, obs. Y. Delecraz
    - *RTD civ.* 2012, p. 353 obs. M. Grimaldi
    - *Dr. famille*, mars 2012, comm. n° 50, note B. Beignier
    - *RTD civ.* 2012, p. 307, obs. J. Hauser
- 6 juin 2012, n° 11-18.206
- 10 octobre 2012, n° 11-10.444
    - *Dr. famille* 2012, comm. 180, obs. V. Larribau-Terneyre

- 24 octobre 2012, n° 11-24.181
- 4 mars 2013, n°s 13-23.001 et 14-13.755
    - *Droit et patrimoine* mai 2016, n° 258, note Ph. Delmas Saint-Hilaire, p. 94
- 15 mai 2013, n° 11-26.933, *Bull. civ. I*, n° 94
    - *JCP G* 2013, doctrine 721, n° 19, obs. M. Storck
    - *D.* 2013, Pan. P. 2243, obs. V. Brémond
    - *AJ famille* 2013, p. 383 obs. S. Blanc-Pelissier
    - *RTD civ.* 2013, p. 582, obs. J. Hauser
- 12 juin 2013, n° 11-26.748, *Bull. civ. I*, n° 126
    - *D.* 2014, p. 1907, obs. J. Revel
    - *D.* 2013, p. 442, obs. V. Brémond
    - *AJ famille* 2013, p. 448, obs. B. de Boysson
    - *D.* 2014, p. 1342, obs. J.-J. Lemouland et D. Vigneau
- 25 septembre 2013, n°s 11-28.695 et 12-20.647
- 25 septembre 2013, n° 12-21.892, *Bull. civ. I*, n° 189
    - *Dr. famille* 2014, comm. 38, note. B. Beignier
    - *RJPF* 2013-12/5, note J. Vassaux
    - *AJ famille* 2013, p. 647, obs. P. Hilt
    - *RTD civ.* 2013, p. 821, obs. J. Hauser
    - *RTD civ.* 2013, p. 703, obs. B. Vareille
- 18 décembre 2013, n° 12-17.420, *Bull. civ. I*, n° 249
    - *D.* 2014, p. 527, note G. Viney
    - *AJ famille* 2014, 129, obs. P. Hilt
    - *JCP N* 2014, n° 1117, obs. F. Vauvillé
    - *Dr. fam.* 2014, n° 61, obs. B. Beignier
    - *RTD civ.* 2014, p 704, obs. B. Vareille
- 19 mars 2014, n° 13-12.076, *JurisData* n° 2014-52019
- 19 mars 2014, n° 13-10.513
    - *Gaz. Pal.* 2014, n° 175, p. 28, note E. Mulon
- 19 mars 2014, n° 13-14.139, *Bull. civ. I*, n° 51
    - *Dr. famille* 2014, comm. 77, obs. M. Nicod
    - *RJPF* juin 2014, p. 29, note F. Sauvage
    - *JCP* 2015, 101, p. 165, obs. R. Le Guidec
- 25 juin 2014, n° 13-16.409
    - *Dr. famille* 2014, comm. 131, obs. B. Beignier

- *JCP* 2015, 101, p. 165, obs. R. Le Guidec

- 24 septembre 2014, n° 13-20695
  - *Dr. famille* 2014, comm. 154, obs. J.-R. Binet
- 8 octobre 2014, n° 13-24949
  - *JCP G* 2014, chron. 1265, p. 2239 , obs. M. Storck
- 8 octobre 2014, n° 13-18.563
  - *RTD civ.* 2015, p. 107, obs. J. Hauser
- 22 octobre 2014, n° 13-24.802
  - *JCP G* 2014, Actualités 1136, obs. J. Casey
- 18 février 2015, n° 13-28.278, à paraître au *Bulletin*
  - *D.* 2015, p. 432
  - *RTD civ.* 2015, p. 371, obs. H. Barbier
  - *D.* 2016, p. 566, obs. M. Mekki
- 1er avril 2015, n° 14-14.349
  - *D.* 2015, p. 864
  - *D.* 2015, p. 1408, obs. J.-J. Lemouland et D. Vigneau
  - *AJ famille* 2015, p. 297, obs. J. Casey
  - *RTD civ.* 2015, p. 326, obs. J. Hauser
  - *RLDC* juin 2015, p. 56, obs. M. Jaoul
  - *RTD civ.* 2015, p. 687, obs. B. Vareille
- 8 juillet 2015, n° 14-20.480, à paraître au *Bulletin*
  - *RLDC* 2015, n° 130, actu. Personne et famille, n° 5979, obs. M. Desolneux
- 13 janvier 2016, n° 14-29746, *JurisData* n° 2016-007024
  - *JCP N* n° 16-17, 22 avril 2016, 1132, note B. Barthelet et Ch. Guilloteau-Palisse
  - *Gaz. Pal.* n° 15, 19 avril 2016, p. 73, obs. E. Mulon
  - *Gaz. Pal.* n° 10, 8 mars 2016, p. 66, obs. B. Bury

b) 2e chambre civile

- 7 mars 1962, *Bull. civ. II*, n° 272
- 17 décembre 1965
  - *D.* 1966. 465. note R. Savatier
- 21 janvier 1976, *Bull. civ. II*, n° 17
- 7 mai 1980, n° 78-15.739, *Bull. civ. II*, n° 97
  - *Defrénois* 1981, 32599, n° 4, obs. J. Massip

- 29 octobre 1980, n° 79-15301, *Bull. civ. II*, n° 226
    - *JCP* 1981, II, 19665, note O. Jambu-Merlin
- 25 janvier 1984, n° 82-14595, *Bull. civ. II*, n° 13
    - *D.* 1984, p. 442, note C. Philippe
    - *JCP* 1986, II, 20540, note A. Batteur
    - *Gaz. Pal.* 1984, 2, pano. 248, obs. M. Grimaldi
    - *RTD civ.* 1985, p. 148, obs. J. Rubellin-Devichi
- 27 juin 1985, n° 84-14663, *Bull. civ. II*, n° 131, p. 86
    - *D.* 1986, p. 230, note C. Philippe
- 9 mai 1988, n° 86-18561, *Bull. civ. II*, n° 111, p. 59
    - *D.* 1989, p. 289, note J. Massip
    - *Defrénois* 1989, p. 306, obs. J. Massip
- 24 novembre 1993, n° 92-13.640, *Bull. civ. II*, n° 337, p. 188 :
    - *D.* 1995, p. 11, note J. Hauser et H. Groutel
- 2 mars 1994, n° 92-19.313, *Bull. civ. II*, n° 77
    - *RTD civ.* 1994, p. 847, obs. J. Hauser
- 22 février 1995, n° 93-10.282
- 22 novembre 1995, n° 94-10.993
- 7 octobre 1999, n° 97-22.568
- 28 janvier 1999, n° 96-21.414
- 28 février 2006, n° 04-04.126
- 4 juillet 2007, n° 06-14.248, *Bull. civ. II*, n° 242
    - *Dr. famille* 2007, comm. n° 176, note V. Nicolas
- 11 février 2010, n° 08-22.061
- 22 février 2012, n° 11.13.633

c) 3e chambre civile

- 27 juin 1961, *Bull. civ. III*, n° 297, p. 255
- 31 octobre 2012 *(Maison de la poésie)*, n° 11-16304, *Bull. civ. III*, n° 159, *JurisData* n° 2012-024285
    - *D.* 2013, p. 53, note L. d'Avout et B. Mallet-Bricout
    - *RD imm.* 2013, p. 80, obs. J.-L. Bergel
    - *JCP G* 2012, 2352, note F.-X. Testu
    - *RD* imm. 2013, 80, note J.-L. Bergel

- *RLDC* 2013/101, p. 7, note J. Dubarry et M. Julienne
- *LPA* 16 janv. 2013, p. 10, note F.-X. Agostini
- *Defrénois* 2013, p. 12, note L. Tranchant
- *RTD civ.* 2013, p. 141, note W. Dross

- 28 janvier 2015, n° 14-10.013, *JurisData* n° 2015-001087
    - *RDC* 2015/02, p. 272, note R. Boffa
    - *JCP* 2015, n° 9, p. 417, note T. Revet
    - *D.* 2015, p. 599, note B. Mallet-Bricout
    - *JCP N* 2015, n° 8-9, p. 30, note M. Julienne et J. Dubarry
    - *Dr. et Patrimoine* mai 2016, n° 258, p. 42, note V. Strieff et C. Pommier
- Cass. civ. 3ème, 8 septembre 2016 *(Maison de la poésie 2)*, n° 14-26.953, à paraître au *Bulletin*
    - *JCP N*, 14 octobre 2016, 1294, p. 27, note J. Dubarry et V. Streiff

2 - Chambre commerciale

- 7 avril 1998, n° 96-13.400
- 17 mars 2004, n° 02-17.575
    - *Bull. rapide de droit des affaires*, avril 2005, inf. 23
- 23 juin 2004, n° 01-10.106 et 01-14.275, *Bull. civ. IV*, n° 134 p. 148 et n° 135 p. 149
    - *D.* 2004, Somm. p. 2969, obs. D. Vigneau
    - *RTD civ.* 2004, p. 488, obs. J. Hauser
    - *D.* 2004, AJ, p. 1976 ; *AJ famille* 2004, p. 324, obs. F. Bicheron
    - *JCP G* 2005, I, 116, n° 3, obs. Favier ; *Dr. famille* 2004, comm. 168, note V. Larribau-Terneyre
    - *RJPF* 2004-10/22, obs. F. Vauvillé
    - *JCP E* 2004, I, 1510, obs. J.-J. Caussain, F. Deboissy et G. Wicker
    - *Dr. sociétés* 2004, comm. 143, obs. F.-X. Lucas et 163, obs. F.-G. Trébulle
- 16 décembre 2008 (*Société idéal France c/ Société Guiot),* n° 04-13.178, , *Bull. civ. IV*, n° 207

- *D.* 2007, p. 653, obs. E. Chevrier et p. 1688, obs. A. Bellot-Léna
- *JCP G* 2007, II, 10108, note. F. Marmoz
- *RDC* 2007, p. 731, obs. J.-S. Borghetti
- *JCP E* 2008, p. 1638, obs. D. Mainguy
- *RTD civ.* 2007, p. 343, obs. J. Mestre et B. Fages
- *RTD com.* 2008, p. 210, obs. P. Delebecque

- Cass. com. 12 mai 2015, n° 14-13.229
  - *RTD civ.* 2016, p. 87, obs. J. Hauser
  - *D.* 2016, p. 1342, obs. J.-J. Lemouland et D. Vigneau

3 - Chambre criminelle

- 30 octobre 1989, n° 89-84.727
- 5 décembre 2001, n° 80-87.546
- 30 octobre 2002, n° 02-85.838
- 22 janvier 2003, n° 02-83.160
- 29 janvier 2003, n° 02-83.332
- 25 juin 2003, n° 02-86182
- 3 juin 2004, n° 03-84697
- 13 décembre 2005, n° 05-85.814
- 31 mai 2006, n° 05-80.777
- 8 novembre 2006, n° 05-85-271, *Bull. crim.*, n° 52 p. 204
- 31 janvier 2007, n° 06-85070, *Bull. crim.*, n° 26 p. 98
- 19 septembre 2007, n° 06-86.343
- 20 février 2008, n° 07-81.247, *Bull. crim.*, n° 47, p. 216
- 21 octobre 2009, n° 09-80.363
- 1er décembre 2010, n° 09-88.075
- 10 mars 2010, n° 09-80.480
- 7 septembre 2011, n° 10-87.152
- 6 décembre 2011, n° 11-81.081
- 3 janvier 2012, n° 11-80.757
- 31 mai 2012, n° 10-87641 et 11-84.843

4 - Chambres mixtes

- 23 novembre 2004, n°s 01-13.592, 02-11.352, 03-13.673 et 02-17.507, *Bull. civ. ch. mixte,* n° 4
  - Ph. Delmas Saint-Hilaire, *Dr. et patrimoine* mai 2006, n° 148, p. 111 et s.
  - *Resp. civ. et assurance* 2005, étude 3, note Ph. Pierre et F. Leduc
  - *JCP N* 2005, n° 1-2, 1003, note Ph. Grojean
- 21 décembre 2007, n° 06-12.769, *Bull. civ.* n° 13 :
  - *BICC* 1er mai 2008, p. 6, rapport Falconet et avis Sarcelet
  - *D.* 2008, AJ p. 218, obs. G. Bruguière-Fontenille
  - *D.* 2008, p. 1314, note. F. Douet
  - *D.* 2009, Pan. p. 253, obs. H. Groutel
  - *JCP* 2008, II, 10029, note L. Mayaux
  - *JCP* 2009, I, 109, n° 10, obs. R. Le Guidec
  - *JCP E* 2008, p. 1265, note S. Hovasse
  - *AJ fam.* 2008, 79, obs. F. Bicheron
  - *Dr. fam.* 2008, n° 30, note B. Beignier
  - *Dr. fam.* 2008, chron. 11 par V. Nicolas
  - *RJPF* 2008-3/29, note Ph. Delmas-Saint-Hilaire
  - *RTD civ.* 2008, p. 137, obs. M. Grimaldi

5 - Assemblée plénière

- 11 décembre 1992, n° 91-12.373, *Bull. A.P.*, n° 13
  - *Les grands arrêts de la jurisprudence civile T.1,* 12ème éd, Dalloz, n° 25 et 26, 2007
  - *RTD civ.* 1993, p. 325, obs. J. Hauser
  - *JCP G* 1993, II, 21991, concl. M. Jéol, note G. Mémeteau

6 - Chambre civile (ancienne)

- 21 novembre 1917
    - *DP* 1921, I, 21
    - *S.* 1917, I, 105, note C. Lyon-Caen
- 28 février 1938
    - *DH* 1938. 241

7 - Chambre des requêtes

- 14 août 1833
    - *S.* 1833, I, 769
- 20 novembre 1860
    - *D.* 1861. 304
- 17 mai 1870
    - *D.* 1871, I, 52
- 23 février 1898
    - *DP* 1898, I, 303, rapp. Denis
- 14 déc. 1903
    - *DP* 1904, I, 174

C – Autres juridictions

- CE, 15 oct. 1975, n° 93725 : *Rec. CE*, p. 508
    - *Dr. fisc.* 1976, n° 7, comm. 243, concl. D. Fabre
    - *RJF* 12/75, n° 574
- CEDH, 25 mars 1992
    - *D.* 1993, p. 101, note J.-P. Marguenaud
    - *JCP G* 1992, II, 21955, note T. Garé
    - *RTD civ.* 1992, p. 540, obs. J. Hauser
- CEDH, *Lopez Ostra c/ Espagne*, 9 décembre 1994
    - *RTD civ.* 1996. 507, obs. Marguénaud
    - *RUDH* 1995. 112, chron. F. Sudre
- Conseil constitutionnel, Décision n° 99-419 DC du 9 novembre 1999

- *Dr. famille,* décembre 1999, hors-série, n° 13, p. 46-51, comm. G. Drago
- *LPA*, 1999, n° 239, 1er décembre, p. 6-25, comm. J.-E. Schoettl
- *JCP G,* 2000, I, 210, p. 399-407, N. Molfessis
- *D.* 2000, somm. commentés, p. 424-425, obs. S. Garneri

- Conseil constitutionnel, Décision n° 2010-88 QPC du 21 janvier 2011
  - *Droit fiscal* n° 7, 17 février 2011, comm. 219, obs. M. Pelletier
  - *Revue de droit fiscal,* 2011, n° 4, p. 3-4, obs. O. Fouquet
  - *Les Petites Affiches,* 13 juillet 2012, n° 140, p. 4-5, obs. F. Perrotin
- Conseil constitutionnel, Décision n° 2011-155 QPC du 29 juillet 2011
  - *Dr. famille,* octobre 2011, n° 10, p. 23-24, obs. V. Larribau-Terneyre
  - *Dr. famille* n° 7-8, juillet-août 2013, p. 28-29, obs. A. Devers
- Conseil constitutionnel, Décision n° 2011-151 QPC du 13 juillet 2011
  - *Dr. famille* 2011, n° 148, note V. Larribau-Terneyre
  - *Dr. famille* 2011, n° 22, note E. Mulon
  - *AJ famille* 2011, 426, obs. N. Régis
  - *RTD civ.* 2011, p. 750, obs. Th. Revet
  - *RTD civ.* 2011, p. 565, obs. J. Hauser
  - *JCP N* 2011, 1297, note J. Massip
  - *Gaz. Pal.* 2011, n° 225, p. 18, note E. Mulon
  - *RLDC* 2011/86, n° 4391, obs. E. Pouliquen
- Conseil constitutionnel, Décision n° 2014-398 QPC du 2 juin 2014
  - *JCP G* 2014, doctr. 953, n° 9, obs. H. Bosse-Platière
  - *JCP G* 2014, doctr. 880, n° 20, obs. B. Mathieu
  - *Dr. famille* 2014, comm. 108, obs. J.-R. Binet
  - *Procédures* 2014, comm. 210, obs. M. Douvgy-Oudot
  - *AJ famille* 2014, p. 427, note S. Thouret

VII - SITES INTERNET

Conseil national des barreaux : www.cnb.avocat.fr

INSEE : http://www.insee.fr/

Légifrance : www.legrifrance.gouv.fr

INDEX ALPHABÉTIQUE

(Les chiffres renvoient aux numéros de paragraphes)

- A -

- B -

- D -

- G -

- H -

- I -

- J -

- P -

- Q -

- R -

- U -

- V -

TABLE DES MATIÈRES

Structures éditoriales du groupe L'Harmattan

L'Harmattan Italie
Via degli Artisti, 15
10124 Torino
harmattan.italia@gmail.com

L'Harmattan Hongrie
Kossuth l. u. 14-16.
1053 Budapest
harmattan@harmattan.hu

L'Harmattan Sénégal
10 VDN en face Mermoz
BP 45034 Dakar-Fann
senharmattan@gmail.com

L'Harmattan Cameroun
TSINGA/FECAFOOT
BP 11486 Yaoundé
inkoukam@gmail.com

L'Harmattan Burkina Faso
Achille Somé – tengnule@hotmail.fr

L'Harmattan Guinée
Almamya, rue KA 028 OKB Agency
BP 3470 Conakry
harmattanguinee@yahoo.fr

L'Harmattan RDC
185, avenue Nyangwe
Commune de Lingwala – Kinshasa
matangilamusadila@yahoo.fr

L'Harmattan Congo
67, boulevard Denis-Sassou-N'Guesso
BP 2874 Brazzaville
harmattan.congo@yahoo.fr

L'Harmattan Mali
Sirakoro-Meguetana V31
Bamako
syllaka@yahoo.fr

L'Harmattan Togo
Djidjole – Lomé
Maison Amela
face EPP BATOME
ddamela@aol.com

L'Harmattan Côte d'Ivoire
Résidence Karl – Cité des Arts
Abidjan-Cocody
03 BP 1588 Abidjan
espace_harmattan.ci@hotmail.fr

L'Harmattan Algérie
22, rue Moulay-Mohamed
31000 Oran
info2@harmattan-algerie.com

L'Harmattan Maroc
5, rue Ferrane-Kouicha, Talaâ-Elkbira
Chrableyine, Fès-Médine
30000 Fès
harmattan.maroc@gmail.com

Nos librairies en France

Librairie internationale
16, rue des Écoles – 75005 Paris
librairie.internationale@harmattan.fr
01 40 46 79 11
www.librairieharmattan.com

Lib. sciences humaines & histoire
21, rue des Écoles – 75005 Paris
librairie.sh@harmattan.fr
01 46 34 13 71
www.librairieharmattansh.com

Librairie l'Espace Harmattan
21 bis, rue des Écoles – 75005 Paris
librairie.espace@harmattan.fr
01 43 29 49 42

Lib. Méditerranée & Moyen-Orient
7, rue des Carmes – 75005 Paris
librairie.mediterranee@harmattan.fr
01 43 29 71 15

Librairie Le Lucernaire
53, rue Notre-Dame-des-Champs – 75006 Paris
librairie@lucernaire.fr
01 42 22 67 13

www.ingramcontent.com/pod-product-compliance
Lightning Source LLC
LaVergne TN
LVHW050051061026
849532LV00001BA/68
9782343158457